安徽大学汉语言文字研究丛书

主编 黄德宽

何琳仪

·卷·

北京师范大学出版集团
安徽大学出版社

图书在版编目(CIP)数据

安徽大学汉语言文字研究丛书.何琳仪卷/何琳仪著.
—合肥:安徽大学出版社,2013.3(2013.7重印)
ISBN 978-7-5664-0218-9

Ⅰ.①安… Ⅱ.①何… Ⅲ.①汉语—语言学—文集②汉字—文字学—文集 Ⅳ.①H1-53

中国版本图书馆 CIP 数据核字(2013)第 017080 号

AN HUI DA XUE HAN YU YAN WEN ZI YAN JIU CONG SHU
安徽大学汉语言文字研究丛书
HE LIN YI JUAN
何琳仪卷　　　　　　　　　　　　何琳仪 著

出版发行:	北京师范大学出版集团
	安徽大学出版社
	(安徽省合肥市肥西路3号 邮编230039)
	www.bnupg.com.cn
	www.ahupress.com.cn
印　　刷:	合肥远东印务有限责任公司
经　　销:	全国新华书店
开　　本:	170mm×240mm
印　　张:	32.5
字　　数:	330千字
版　　次:	2013年3月第1版
印　　次:	2013年7月第2次印刷
定　　价:	71.00元

ISBN 978-7-5664-0218-9

策划编辑:康建中	装帧设计:刘运来
责任编辑:高　兴　程尔聪	美术编辑:李　军
责任校对:程中业	责任印制:陈　如

版权所有　　侵权必究
反盗版、侵权举报电话:0551-65106311
外埠邮购电话:0551-65107716
本书如有印装质量问题,请与印制管理部联系调换。
印制管理部电话:0551-65106311

总　序

黄德宽

汉语言文字学是以汉语言文字为研究对象而形成的学科,这是一门渊源久远、积淀深厚的学科。对汉语汉字的研究,我国先秦时期即已肇绪,然而作为现代意义上的汉语言文字学,其历史大体上也只有百年左右。

安徽大学的汉语言文字学学科是从20世纪80年代之后才较快成长进步的。经过20多年的建设,目前这个学科不仅能培养硕士、博士、博士后等高层次研究人才,同时还成为全国高等学校重点学科之一,在教学、科研方面都取得了较为突出的成绩。

汉语言文字学学科的发展和进步,是本学科诸多先生艰苦努力的结果,对他们的学术贡献我们不应忘记。总结发扬他们的学术精神和学科建设经验,是新形势下进一步加强学科建设、推进学科持续健康发展的任务之一。因此,我们启动编纂了"安徽大学汉语言文字研究丛书"。

这套丛书共10种,入选的10位教师是对本学科发展做出贡献的众多教师的代表,他们基本上是本学科各个方向的带头人和学术骨干,各卷所收论文也基本上反映出各位老师的主要研究领域和代表性成果。除已经谢世的先生外,各文集主要由作者本人按照丛书的编选宗旨和要求自行选编完成。

在编纂这套丛书的过程中,我一直在思考,高等学校的学科建设到底如何开展才是应该提倡的? 学科建设最为关键的要素到底有哪些?对这些问题,我担任学校校长期间没少讨论过,时下我国高校关于学科建设的经验也可谓"花样翻新"、"层出不穷"。沉静下来,就我们这个学科的发展来看,我认为最重要的恐怕还是以下几点:

一是要以人为核心,尊重学者的学术追求。学者是学科的载体、建设者和开拓者。学科的发展主要靠学科带头人、学术骨干和以他们为主组成的团队。坚持"以人为核心"的学科建设思路,就要尊重学者,尊重他们的精神追求、研究兴趣和个性特色,最大限度地为他们提供自由发挥的空间,而不是用考核的杠杆和行政的手段迫使他们按设定的路径行事;那样很容易扼杀学者的研究个性和兴趣,也不大可能产生真正意义上的高水平研究成果。汉语言文字学学科的研究特色和重点,几乎都是各位教师自身研究领域的自然体现,他们坚持自己的研究方向,形成自身的研究风格,探索自己感兴趣的课题,因此能不为流俗左右,远离浮躁喧嚣,耐得住寂寞,甘愿坐冷板凳,最终取得累累硕果。

二是要以人才培养为根本任务,教学科研相得益彰。大学最根本的职能是培养人才,这就决定了大学的学科建设必须以人才培养为根本任务,将教学、科研紧密而有机地结合起来。汉语言文字学学科的教师,长期以来坚守在人才培养的第一线,他们将主要时间和精力都花在人才培养上,而且大家都很热爱自己的教师职业,像何琳仪先生就是在讲台上走完生命的最后历程的。汉语言文字学学科近年来不仅培养出一大批优秀的本科生、研究生,而且在汉语国际教育方面成绩突出,培养了许多外国留学生,在学校合作共建的孔子学院中发挥了关键作用。翻看这些文卷,不难看出,将科研与教学和人才培养工作密切结合,用科研成果丰富教学内容,结合教学开辟新的科研领域,是汉语言文字学学科教师的共同特点。一个学科建设的成就,既要看科学研究,更要看人才培养。围绕人才培养的学科建设,应该是大学学科建设必须坚持的原则。这一点我以为是大学学科建设尤为值得重视的。

三是要日积月累,聚沙成塔。学科建设是一个漫长的积累过程。

人文学科的发展关键是学者队伍的集聚、教学经验的积累和研究领域及特色的形成,更需要长期的努力。因此,开展学科建设不能急功近利,不能只寄希望于挖一两个有影响的学术带头人而收到立竿见影的效果。学科建设应该遵循学术发展的规律,通过创造环境、精心培育,让其自然而然地生长。近年来,许多高校将学科建设当重点工程来抓,纷纷加大投入,不惜代价争夺人才,虽然也可以见效一时,但是从长远看未必能建成真正的一流学科。这方面有许多教训值得记取。我校汉语言文字学学科的成长,尽管也得到国家"211工程"重点学科建设项目的支持,不过在实际建设中,我们还是坚持打好基础,通过持续努力,不断积累,逐步推进。我们深感,这个学科目前的状况离国内一流高水平学科的要求还有不小的差距。但我们相信,只要遵循规律、持之以恒,其持续发展应该是可以预期的。

四是要开放兼容,培育良好学风。学科建设应该注重自身特色和优势的培育。强调自身特色和优势并不意味着自我封闭,而是要通过学术交流不断开阔学术视野,以开放兼容的学术情怀向海内外同行学习。我校汉语言文字学学科较为重视学术交流,各学科方向的带头人或骨干,先后在中国语言学会、中国训诂学会、中国文字学会、中国古文字研究会、中国音韵学会、华东修辞学会、安徽省语言学会等全国和地区性汉语言文字研究的学术团体中兼任学会会长、副会长、秘书长、副秘书长、常务理事等职务,促进了本学科团队与国内同行的交流。同时,我们重视加强学术交流与合作,不仅经常性邀请国内外学者来校讲学交流,还特聘著名学者参与学科建设,承担教学科研任务,逐步形成开放兼容的学科建设格局。丛书中收录的高岛谦一、陈秉新、李家浩三位先生就是本学科的长期客座教授或全职特聘教授。开放兼容的学科建设思路,其核心就是要将学科建设放在本学科发展的总体背景下,跟踪学术前沿和主流,形成学科自身学习和激励的内在机制,并确立自身的发展目标、特色追求和比较优势。学科建设要实现开放兼容,要注意协调和处理好学科内外部的各种关系,这不只是要处理好相关利益关系问题,还要形成学科发展的共同理想,尤为重要的是形成优良学风。优良的学风是学人之间合作共事的精神纽带。一个学科只有崇尚学术、求真务实蔚然成风,学科成员才能做到顾全大局、团结协作、相互兼容。良好的学风,也是学科赢得学术声誉、同仁尊重和开展合作交流的基础。这一点应该成为汉语言文字学科建设长期坚持和努力的方向。

人文学科有自身的特点和发展规律,最让人文学者神往的,当然是产生影响深远的学术大师,形成风格独特的学术流派。在当前社会和教育背景下,这好像是一个高不可攀的目标。但我以为,只要创造良好的学术环境,遵循学科建设和发展的规律,经过代代学者持续不断的努力追求,在一些有条件和基础的高校将来产生新的具有中国作风和气派的人文学科学派也不是没有可能。

我校汉语言文字学学科还有一大批默默奉献的教师和很有发展潜力的青年教师,他们是学科建设的基础和生力军。我相信,这套丛书的编纂出版对他们也是一个激励和鼓舞。见贤思齐,薪火相传,一个良好的学术环境和氛围,必将促进汉语言文字学学科不断取得新的成绩和进步。

2012 年立春于安徽大学磬苑

目 录

前 言 ··· （1）

第一编　殷商文字

说"秋" ··· （3）
说"麗" ··· （7）
听簋小笺 ··· （13）

第二编　西周文字

晋侯苏钟释地 ··· （21）
晋侯断器考 ··· （29）
逨盘古辞探微 ··· （37）

第三编　春秋文字

莒县出土东周铜器铭文汇释 ······································ （49）
楚王领钟器主新探 ··· （61）
吴越徐舒金文选释 ··· （67）
句吴王剑补释 ··· （77）
　　——兼释冢、主、开、丂
程桥三号墓盘匜铭文新考 ··· （86）

徐沈尹钲新释 …………………………………………………（93）
作寻宗彝解 ……………………………………………………（98）

第四编　战国文字（上）

节可忌豆小记 …………………………………………………（103）
司夜鼎考释 ……………………………………………………（105）
鱼颠匕补释 ……………………………………………………（111）
　　——兼说昆夷
平安君鼎国别补证 ……………………………………………（124）
中山王器考释拾遗 ……………………………………………（128）
隣阳壶考 ………………………………………………………（139）
　　——兼释上海简"隣"字
楚鄝陵君三器考辨 ……………………………………………（144）
楚官肆师 ………………………………………………………（148）
长沙铜量铭文补释 ……………………………………………（156）
鄂君启舟节释地三则 …………………………………………（165）
南越王墓虎节考 ………………………………………………（171）
九里墩鼓座铭新释 ……………………………………………（174）
龙阳灯铭文补释 ………………………………………………（181）
者汈钟铭校注 …………………………………………………（185）
淳于公戈跋 ……………………………………………………（197）
皖出二兵跋 ……………………………………………………（201）
战国兵器铭文选释 ……………………………………………（206）
古兵地名杂识 …………………………………………………（226）
古玺杂识 ………………………………………………………（237）
古玺杂识续 ……………………………………………………（248）
古玺杂识再续 …………………………………………………（266）
战国官玺杂识 …………………………………………………（274）
楚官玺杂识 ……………………………………………………（284）
燕国布币考 ……………………………………………………（290）

余亡布币考 ·· (302)
　　——兼述三孔布地名
古陶杂识 ·· (306)
战国文字形体析疑 ·· (318)

第五编　战国文字(下)

舒方新证 ·· (325)
信阳楚简选释 ··· (329)
信阳竹书与《墨子》佚文 ···································· (341)
仰天湖竹简选释 ·· (347)
随县竹简选释 ··· (357)
包山竹简选释 ··· (366)
郭店竹简选释 ··· (385)
郭店简古文二考 ·· (397)
沪简诗论选释 ··· (403)
新蔡竹简地名偶识 ··· (417)
　　——兼释次竝戈
新蔡竹简选释 ··· (421)
楚都丹阳地望新证 ··· (437)
贵尹求义 ·· (446)
长沙帛书通释 ··· (451)
长沙帛书通释校补 ··· (477)

第六编　秦汉文字

秦文字辨析举例 ·· (489)

附录　生命的光华在字里行间闪烁 ············黄德宽(496)
编后记 ··· (501)

前　言

何琳仪先生是当代卓有成就的古文字学家，江西九江人，1943年8月生。1967年东北师范大学中文系毕业，任教于中学。1978年考入吉林大学历史系考古专业，师从著名的古文字学家于省吾先生学习古文字。1981年毕业获硕士学位，并留校任教，教授战国文字。1998年调入安徽大学中文系工作，担任博士生导师，并兼任历史系历史文献学科点带头人。他生前兼任中国古文字学会常务理事、副秘书长、中国钱币学会学术委员会委员等职。

先生一生著作丰硕，学术造诣深，在国内外学术界有深远的影响。

先生的第一本专著是《战国文字通论》，该书是在战国文字课程讲稿的基础上形成的，是第一部战国文字通论性质的著作，出版之后立即在古文字学界产生了很大的反响。全书共分五章：第一章"战国文字的发现和研究"，介绍了战国文字研究的历史和现状；第二章"战国文字与传抄古文"，寻觅出自《说文》、三体石经古文中战国文字的踪影；第三章"战国文字分域研究"，对战国时期齐、燕、晋、楚、秦五系文字资料做了梗概式的描述，便于初学者系统地熟悉战国文字原始资料；第四章"战国文字形体演变"，总结归纳出战国文字形体演变中的简化、繁化、异化、同化、特殊符号等方式，以便运用这些规律正确释读战国文字；第五章"战国文字释读方法"，归纳出历史比较、异域比较、同域比较、古文比较、谐声分析、音义相谐、辞例推勘、语法分析八种释读方法，总结出文字考释的三个步聚：辨认字形、征引辞例、使用通假。这些都是作者多年战国文字研究的结晶，可以为初学者指点迷津。李学勤先生在《序言》中对该书做了这样的评价："何琳仪同志从学于古文字学界前辈于省吾先生，取得学位后，在吉林大学讲授战国文字。他在古文字学方面有深厚基础，因而论述战国文字，能由古文字流变全局着眼。《通论》一书有两点优长，是特别值得向读者推荐的:第一是博采众说,去取矜慎。如前所言,战国文字材料本多琐碎,考释论著为数颇多,两者都不便搜集,读者苦于难观其全。《通论》篇幅虽属有限,但已将各家成说尽可能搜罗在内,予以系统化。书中特别注意吸收学术界最新研究成果,包括一些刚刚发表的,也已收入融会……第二是推陈出新,多有创见。本书虽然是一部《通论》,首先侧重于综述,而各章节中实含有作者精心研究的新获……《战国文字通论》的出版,在这一分支学科的成长过程中,是一件大事,必将促进学科的深入发展,有利于中国古文字学的进步。"裘锡圭先生在《古币丛考读后记》一文中对该书也多有褒赞:"所著《战国文字通论》是有关研究者必读的重要参考书。"

先生从1984年开始将自己的研究视角重点放在先秦货币文字上,十余年里撰写了20多篇关于先秦货币方面的学术论文,结成《古币丛考》集子在台北文史哲出版社出版。裘锡圭先生称先生是在先秦货币文字研究领域中用力最勤的一位,并对这个集子给予极高评价:"《丛考》所收文章的研究对象,几乎包括了先秦时代各地区的各类货币,而且对好多种货币作了相当全面、系统的研究。如《燕国布币考》、《周方足布考》、《锐角布币考》、《尖足布币考》、《三孔布币考》、《桥形布币考》、《三晋方足布汇释》、《三晋圜钱汇释》等文,都对题目所标明的那种货币作了全面、系统的研究。《首阳布考——兼述斜肩空首布地名》、《百邑布币考——兼述尖足空首布地名》二文,则分别对铭有地名的斜肩空首布和尖足空首布作了全面、系统的研究。在判断各种货币的国别和时代方面,作者较前人有不少进步。凭借他深厚的古文字学根底、丰富的战国历史和政治地理的知识,以及古钱学方面的修养,作者在释读币文和确定币文地名所指之地时,对前人和当代学者的有关成果一般能做到择善而从,而且自己也有很多值得重视的创见……总之,《古币丛考》是一本很有学术价值的古钱学和古文字学方面的重要著作。有关研究者都需要这本书。"

战国文字一直没有综合性的字典,而研究战国文字者日渐增多,先生应中华书局赵诚先生之邀于1990年开始启动《战国古文字典:战国文字声系》(以下简称《字典》)这一浩大工程,历时6年,1996年将书稿交付中华书局。全书凡1600页,200余万字,全由作者一人手工抄写。《字典》一改按《说文》部首编排的惯例,以韵部为经,以声纽为纬,以声首为纲,以谐声为目,兼及分域而排列战国文字字形,并对每一字的字形演变轨迹、音读、义训做详细说解。这一编排方法作者认为有如下三点可取之处:"1. 战国文字使用的时间与清儒所归纳上古音系的典籍年代平行不悖。以音系形,互为表里。2. 以声系排比字形,有利于字根的探索。原始声首一般是纯粹的象形字、会意字、指事字,也即字根。段玉裁首创谐声表,定声首1521字,朱骏声多有合并,定声首1137字。与之相比,许慎所定部首只有540字。虽然清儒所定声首未必准确,不过上述粗略的数字比较,也足以说明清儒所定声首更接近文字原始构件的数目。3. 声系系联法最明显的优长,则是有利于文字的形体比较。比较法是考释古文字的核心。一般说来,相同时代的横向比较往往比不同时代的纵向比较更为精确。声系系联为战国文字的横向比较提供了更为广泛的比较对象。本书'以韵部为经,以声纽为纬'似乎主音。然而,'以声首为纲,以谐声为目'仍然主形。比较同一声首系字的形体异同,显然是横向比较法的具体运用。因此,声系系联法的这一优长是部首系联法无法比拟的。"该书2001年获安徽省社会科学文学艺术优秀成果奖著作类一等奖,2002年获教育部"中国高校人文社会科学研究优秀成果奖"二等奖。李学勤先生在《战国文字通论订补·再序》中对这部煌煌巨著很是赞誉:"这部巨作不妨说是战国文字的一次普查,处处显示出作者的深厚功底与敏锐识见。"自1987年至2000年期间,有关战国文字方面的考古资料层出不穷,仅楚简一项文字总数已超过以往战国文字字数的总和。至于其他品类的战国文字,也不胜枚举。正如李先生在《再版序言》中所说:"如果说战国文字研究在当时还处于成长的阶段,作为学科分支没有为大家充分认识的话,在今天,这一学科分支可以说业已臻于成熟了。值得注意的是,战国文字研究本身又在进一步分支化……战国文字研究有很多新内涵,有待再加综合总结。何琳仪先生在此时增订再版他的《战国文字通论》,正是适应了这样的需要。"与时俱进的学术精神和实事求是的学术态度促使他十余年来一直坚持收集战国文字新材料,不断汲取学术新成果,对《战国文字通论》一书进行增补修订,2001年正式着手《战国文字通论订补》的出版事宜,2003年由江苏教育出版社出版。该书获教育部"中国高校人文社会科学研究优秀成果奖"二等奖、2003—2004年安徽省社会科学文学艺术优秀成果奖著作类一等奖。

先生一生笔耕不辍,发表学术论文多达120余篇,内容涉及先秦文献、甲骨文、金文、战国文字、秦汉文字、音韵、训诂、古史地理等诸多领域,足见先生学术视野之开阔。论文以古文字字形分析为基础,梳理字形演变的脉络,详细论证文字形音义之间的关系。如对九里墩鼓座中古国名"童丽"的辨认;对晋侯、楚王、楚陵君王子申、楚王熊丽、淳于公豫等历史人物的考证;对司夜鼎"司夜"、徐沈尹钲"沈尹"等职官的考释;对龙阳灯"龙阳",鄰阳壶"陵阳"、楚都丹阳、鄂君启节、古兵器所涉地名的考订等,均有助于我们了解中国古代社会,有力地推动了先秦史研究的发展。《墙盘賸语》、《逑盘古辞探微》二文考证出若干铜器铭文中的成词,对上古词汇的研究也大有裨益。《古玺杂识》、《古玺杂识续》、《古玺杂识再续》、《战国官玺杂识》等文对很多疑难艰深的字形做了精彩的释读,如对"殷"的识读与朱德熙先生不谋而合,对三晋官玺"掬(制)"、齐官玺"呴"、燕玺"勺(符)"、私玺"豫"、吉语玺"稷"等玺文的考释都是相当精准的。《包山楚简选释》、《郭店竹简选释》、《随县竹简选释》、《沪简诗论选释》、《沪简(二)选释》、《新蔡竹简选释》等一系列的楚简考释论文,解决了众多疑难字形的释读问题,其说法在学术界的引用率极高;《长沙帛书通释》、《长沙帛书通释校补》对帛书做了细致入微的考释,堪称楚帛书研究中的精品之作。

除此之外,先生还参与编写了一些古文字学界的重要著作,如《殷墟甲骨刻辞摹释总集》、《殷墟甲骨刻辞类摹》、《甲骨文字诂林》、《古文字谱系疏证》。其中《古文字谱系疏证》获第五届教育部"中国高校人文社会科学研究优秀成果奖"一等奖。

先生才情高雅,钻研古文字之余,工于诗词,著有《樗散韵语》、《残贝词钞》。

先生一生勤勤恳恳,诲人不倦。他讲授的战国文字、两周金文、上古音研究、《诗经》研究、说文解字等课程,深受学生喜爱和好评。他培养了一批高层次的人才,在吉林大学带的第一届硕士冯胜君先生已经是吉林大学古籍研究所所长、博士生导师,其他弟子也大多继承师业,在高校进行教学研究工作。

令人扼腕叹息的是,2007年3月30日下午,先生在上课时病发,抢救无效,于次日凌晨3时辞世,享年64岁。

第一编

殷商文字

说 "秋"[①]

20世纪前半叶,于省吾、唐兰两位大师分别释出甲骨文"春"、"秋"二字,其精凿不磨,堪称春兰秋菊各一时之秀也。然而二氏于文字构形尚未能尽详,后来学者亦众说纷纭,这说明探索文字构形的难度往往不亚于文字之释读。

"春"所从"屯"之构形过于简单抽象,本文暂置不论。而"秋"之籀文多有隶定古文以资模拟,且有演变踪迹可寻。甲骨文"秋"作"蠿"形,所象何物?除唐兰"龟属"说外[②],尚有"夔"[③]、"蝉"[④]、"蟋蟀"[⑤]、"蝗虫"[⑥]诸说。凡此多属"看图说话"之流亚,羌无故实。唯唐兰"龟属"说深得偏旁分析之真诠。今节录唐氏原文:

> 以字形言之,此蠿字者本象龟形而具两角,度以卜辞所见龟字对校之……自颈以下,背腹足尾,纤悉异同,固不待繁言而见也……《万象名义》廿五龟部有蠿字,"奇樛反,虬也,龙无角也。"……读为虬者,假借义。其本义当为龟属而具两角者,其物今不可知。

检甲骨文此字大致可分六式:

---

① 原载《古文字论集(二)》,《考古与文物》丛刊四号,2001年。
② 唐兰:《殷墟文字记》,北京:中华书局,1981年,第7—10页。
③ 孙诒让:《契文举例》,济南:齐鲁书社,1993年,第125页。
④ 叶玉森:《殷契钩沉》,引《甲骨文字诂林》,北京:中华书局,1989年,第1833—1834页。
⑤ 郭沫若:《殷契粹编》,北京:科学出版社,1965年,第345页。
⑥ 郭若愚:《释蠿》,载《上海师范学院学报》,1979年第2期。

a. 󰀀 拾 7.4　　　　󰀀 甲 3401
b. 󰀀 林 2.15.9　　 󰀀 后 2.12.14
c. 󰀀 天 20
d. 󰀀 铁 153.2
e. 󰀀 前 4.5.5　　　󰀀 安 4.15　　　󰀀 合 9615
f. 󰀀 合 33230　　　󰀀 屯 861

以上"䰜"上均有双角,故唐氏初释"鼃",于 d—f 三式所从"未详所状"。其后又据 c 式谓"其端有歧出者象其喙",其尾旁之揭起者为甲形,释为"觜觿",即"灵龟"。① 游移莫定,拘于象形,学者或疑之。②

"䰜"上从双角,是否即《逸周书·王会》"龙角神龟"或《抱朴子·对俗》"千岁之龟,五色具焉,其头上只双骨起,似角"③之双角神龟? 笔者不敢尽信。即便确有此神龟,其角形部分笔画也往往有表音作用。④ 疑"䰜"上双角也有声化趋势。换言之,上从"丘"声。古文字"丘"作:

󰀀 佚 733　　　　󰀀 前 6.35.5
󰀀 寝务簋　　　　󰀀 子禾子釜

本象双峰对峙之形。然而山麓与地平线脱离者则渐与角形相混。又检甲骨文相接近的两个偏旁往往借用一笔,如:

吉 󰀀 戬 40.14　　　　告 󰀀 甲 5
闻 󰀀 前 7.31.2　　　　学 󰀀 铁 157.4

至于战国文字"丘"或作"坔"形(玺汇 1476、陶汇 3.987、包山 237),则可证"丘"在偏旁中确可省其一横笔。基于以上认识,甲骨文"䰜"似亦可隶定为"龜",即《字汇》:

　　龜,龜兹,国名。俗字。

典籍通作"龟兹"。与甲骨文对勘,可知国名"龜"实乃"䰜"之古读(详下文),其形体远有所承,并非"俗字"。

---

① 唐兰:《天壤阁甲骨文存》,辅仁大学丛书,1939 年,第 20 页。
② 于省吾:《甲骨文字诂林》,载姚孝遂按语,北京:中华书局,1996 年,第 1835 页。
③ 于省吾:《释䰜》,载《史学集刊》,1982 年第 4 期。
④ 于省吾:《甲骨文字释林》,北京:中华书局,1979 年,第 435—443 页。

"蠚"所从龟背之侧或增⺊、⺀、⺀、⺊、⼅等形,非尾亦非翼,疑乃"ㄐ"字变异。从字形分析,d—f式右所从"ㄐ"借用龟背笔画,始作 d 形(秦简"句"作㫃,尚保存"ㄐ"旁这类形体)。⼅形加饰笔成⺀、⺀、⺊等形,后者与隋诸葛子恒造象"纠"作"糺",魏王悦墓志"虬"作"虯"形(《碑别字新编》72、74)吻合无间。作⺊形者又加一饰笔而已。凡此饰笔在古文字屡见不鲜,无庸赘述。至于作⼅形者已开隶书之先河,这从"蚪"(小篆)演变为"虬"中可以得到佐证。("纠"作"糺","鼽"作"鼽",属同类现象。)另外,"於"、"與"等字也有类似省变。现将有关诸字排比如次:

蠚　　　　　　　　　　　　

句　㫃 铸客鼎　　㫃 云梦 26

蚪　　说文　　　　　　　　虯 碑别字 74　　　虬 同左

纠　　　　　　　相马经2下　糺 碑别字 72　　　糺 同左

於　　包山 229　　曾侯乙墓漆箱　　　　　　　　吴王夫差矛

與　　三体石经　　　　　　　　　　　　　　　《说文》古文

综观上表,不难发现"ㄐ"形省变作"乚"形的趋势大致如次:

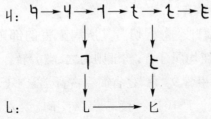

从字义溯源,"蠚"与"虬"关系密切。《广雅·释鱼》:"有角曰蠚龙。"王念孙曰:"《说文》蚪,龙子之有角者……虬与蠚同。"①《集韵》:"虬,或作蠚。"唐兰曰:"蠚正当作蠚,盖龟、黾易乱。"又引《新撰字镜》九卷龟部:"蠚,奇樛反。字书亦虬字也。"敦煌本《切韵》:"虬,渠幽反,虬龙。又居幽反。或作蠚。"故宫藏宋濂跋本《切韵》"虬,或作蠚"。② 故"蠚"实则"虬"之初文。如果本文分析不误,上揭甲骨文 d—f 可隶定为"蠚","ㄐ"为迭加音符(详下文)。卜辞中均读"秋"。

---

① 王念孙:《广雅疏证》,南京:江苏古籍出版社,1984年,第369页。
② 张涌泉:《敦煌俗字研究》,上海:上海教育出版社,1996年,第458页。

甲骨文有从"火"从"龜"之"龝",即《说文》"秋,禾谷孰也。从禾,龜省声。穐,籀文不省"之"龝"。卜辞中"龜"亦读"秋"。

上文已辨析"龜"之形体结构及其相关文字的关系,下文则列出这些文字的中古反切与上古声韵表:

    a. 龟   居追切(广韵)   见纽之部
       丘   去鸠切(广韵)   溪纽之部
             驱尤切(正韵)   溪纽之部
       龜   驱尤切(字汇)   溪纽
    b. 龜   奇樛切(万象名义)   群纽
       虬   渠幽切(广韵)   群纽幽部
       丩   居求切(广韵)   见纽幽部
    c. 龝   即消切(广韵)   清纽幽部
       穐   七由切(广韵)   清纽幽部

以上八字可分三组讨论:

1. 甲骨文"龜"字根为"龟",其象形部分笔画声化为"丘"。"龟"、"丘"均属上古牙音之部。"龜"与"丘"之或音均读"驱尤切",可证"龜"亦属上古牙音之部。这应是"龜"之本音。

2.《万象名义》"龜"读"奇樛切",其所属上古韵部则可据"虬"之读音推求。a组与b组之声纽均属牙音,韵部则为之、幽旁转。这应是"龜"之变音。

3.《说文》"龝"即甲骨文"龜"之省简。古音学家多归"龝"为宵部,唯严可均归入幽部可以信从。严氏曰:"读若焦,《广韵》误入宵。均按焦音杍。"①《春秋》"龝龟为兆"。《左传》"龝"作"焦"。b组与c组虽有牙音、齿音之别,然均属幽部。"龝"又为"龜"之变音。

综上分析,甲骨文"龜"从"龟",从"丘","丘"亦声。"虯"从"龜","丩"声。"龝"从"火","龜"声。籀文"穐"从"禾","龜"省声。"秋"从"禾",从"龜"省形。卜辞以"龜"、"虯"、"龝"为"秋",属"无本字假借"。关于古文字兼有两个声符的现象,学者或称"多声"②,或称"双重标音"③,不足为奇。

---

① 严可均:《说文声类》,引《清经解续编》,上海:上海书店,1988年,第489页。
② 裘锡圭:《文字学概要》,北京:商务印书馆,1988年,第157页。
③ 何琳仪:《战国文字通论》,北京:中华书局,1989年,第202—203页。

说 "麗"①

2004年8月,笔者在河南省安阳市博物馆见到一片私人所藏甲骨。其中"麗"字构形与笔者昔日之揣测暗合,私心甚慰!遂撰成小文,以乞大雅教正云。

这片甲骨不久前已著录于《殷墟甲骨拾遗·续二》031(简称焦文)②,兹隶定如次:

　　叀(惟)麗白(伯)取行

其中"麗"原篆见文本所附拓片,焦文释"麗",甚确。诚如焦文所言,这片甲骨应属第二期。众所周知,下部附有类似底座的"叀",第二期才开始出现。其底座略呈侧三角形者,多见于第三期甲骨,可参《合集》26896、26899、29228、34619、《怀特》1400、1432等。至于这片甲骨"取"所从"耳"旁或作回钩之状,亦见于第三期甲骨,参《合集》"耳"(282021)、"取"(28089正)、"茸"(29237)等字。总之,焦文的断代可以信从。这片私人所藏甲骨"麗"字,是古文字中时代最早的原始形体。

迄今为止,所见古文字"麗"大致可分四式:

A. 🅐 拾遗·续二 031(殷晚)　　　🅑 听簋(殷晚)

　　🅒 取盧匜(周晚)　　　　　　🅓 陶汇5.190(秦)

---

① 原载《殷都学刊》,2006年第1期。
② 焦智勤:《殷墟甲骨拾遗·续二》,《殷都学刊》,安阳甲骨学会论文专辑(第四集),2004年。

　　　　[图] 陶汇 5.191（秦）

B. [图] 尹光鼎（"邐"之所从，周早）　　　[图] 元年师旋簋（周晚）

C. [图] 随县 163（战早）

D. [图] 陈丽子戈（战中）　　　　　　　　[图] 篆文

关于"麗"字的构形，古今学者众说纷纭，主要有以下说解：

《说文》："麗，旅行也。鹿之性见食急则必旅行。从鹿，丽声。《礼》：麗皮纳聘，盖鹿皮也。（郎计切）[图]，古文。[图]，篆文麗字。"（十上九）

段玉裁曰："其字本从丽，旅行之象也，后乃加鹿耳。"①

徐灏曰："许云，麗皮纳聘，盖象两鹿之形。以其形略，故从鹿建类。"②

孔广居曰："[图]，耦也，从二元。元，首也，以二首相并为意，即伉俪字也。古文作丽，从一，从二几。一即奇耦之耦。几者，所以依倚也。两相依倚伉俪之象也。或作丽，中再加一，伉俪之情内外如一也。"③

孙诒让曰："古文丽盖从比，从[图]，会意。取两两相比，与旅行之义正合……后人以鹿性喜旅行，又增鹿为麗。"④

丁佛言曰："古文比象两人并肩而立，古伉俪字应作此。"⑤

林义光曰："按，麗为旅行其说未闻，本义当为华丽，从鹿者取其毛色丽晕也……丽声。""（丽）象两两相附之形。"⑥

以上诸家解说，虽分析角度不尽相同，然"从鹿，丽声"多无疑义。至于"麗"之构形，或沿用许慎"旅行"之象而引申，殊觉空泛；或据"古文"讹变形体以为"象两鹿皮之形"、"以二首相并为意"、"象两人并肩而立"等，尤不可信。

以往在甲骨文中尚未发现"麗"字。而甲骨文从二"叩"从二"万"之字鲁实先释"麗"，从二"鹿"之字叶玉森释"麗"，"协"字徐中舒亦释"麗"⑦，均误。

现在反观上揭新出甲骨文"麗"字，不难发现其上方实乃从双"角"旁。这

---

① 段玉裁：《说文解字注》，北京：中华书局，四部备要本，1936年。
② 徐灏：《说文解字注笺》，引《说文解字诂林》，北京：中华书局，1988年，第4368页。
③ 孔广居：《说文疑疑》，引《说文解字诂林》，北京：中华书局，1988年，第4369页。
④ 孙诒让：《名原》，引《金文诂林》，香港：香港中文大学，1975年，第5921页。
⑤ 丁佛言：《说文古籀补》，北京：中华书局，1988年，第45页。
⑥ 林义光：《文源》，引《金文诂林》，香港：香港中文大学，1975年，第5922页。
⑦ 李孝定：《甲骨文字集释》，台北："中央研究院"历史语言研究所，1960年，第3067—3069、3075页。

里有两点需要说明：

1. 双鹿角的上部分别与双"角"旁的下部借用部分笔画，遂使双"角"旁的下部开叉不显（听簋双"角"旁的下部略微开叉，可以参验）。

2. 为书写方便，双"角"旁的中部二笔平直且相连，遂使此二偏旁难以辨识。

关于"麗"之所以从"鹿"从双"角"，揆之先民见鹿角美丽，故造"麗"字，其本义应指鹿角之"美"。《玉篇》"鱺，角也。力兮切"之"鱺"，大概就是按照这种心理所创造的字，且与"麗"字同音，疑是"麗"之异文。人与万物之美皆可称"麗"，为古今恒诂，例不赘举。此乃"麗"之本义。鹿有双角，故又引申为"对偶"之义，参《说文解字系传通释》："麗，所谓侍俪也。"《小尔雅·广言》："麗，两也。"典籍多以"儷"为之，《广韵》："儷，并也。"《淮南子·缪称训》："与俗儷走，而内行无绳。"其中"儷"犹"侣"。《慧琳音义》卷九十四"伉儷"引《广雅》"儷，侣也"。"儷走"与《说文》"旅行"义本相涵。《说文》以"麗"之引申义为本义，恐非是。《集韵》："鱺，分也。所绮切。"音有分化，疑训"分"乃"麗"之引申义。

"麗"之所以从"鹿"从双"角"，还有另外一个原因，即三者的读音问题。

首先，讨论"鹿"、"麗"的音读。"鹿"、"麗"双声，均属来纽；"麗"从"鹿"，是"鹿"的孳乳字，典籍或可通假。《汉书·高五王传》："吕太后称制。元年，以其兄子郦侯吕台为吕王。"王先谦曰："《史记》作酈。徐广注，一作郦。"①包山楚简"卜筮祭祷记录"248 荆王"酓鹿"，即《史记·楚世家》楚王"熊麗"。②均"鹿"、"麗"相通之佐证。

其次，讨论"鹿"、"角"的音读。"鹿"、"角"不但双声（均属来纽），而且叠韵（均属侯部）。王念孙曰：

（鲁相韩勑造孔庙礼器碑）第五行"雷、洗、觞、爵、鹿、柤、桓、笾、柊、禁、壶"……今案，鹿，即角也；柊，即丰也。皆声之假借。古音角与鹿同。《周南·麟之趾》以角、族为韵，《召南·行露》以角、屋、狱、足为韵，《周颂·良耜》以角、续为韵。《丧大记》"实於绿中"，注"绿当为角，声之误也。"《史记·留侯世家》"角里先生"，李济翁《资暇

---

① 王先谦：《汉书补注》，北京：中华书局，1983年，第973页。
② 何琳仪：《楚王熊麗考》，《中国历史研究》，2000年第4期。

录》引荀悦《汉纪》作禄里。角、禄、绿、鹿四字,古并同音。故角通作鹿。①

又随县编钟铭文"赢",从"赢","角"声。古读"角"如"禄"。舟鱳爵(《集成》14.9097)之"鱳",即《魏书·江式传》"宫、商、鱳、徵、羽"之"鱳"。② 凡此种种,皆可证"角"确应读若"录"或"鹿"。

总之,"麗"、"鹿"、"角"三字,均属来纽,读音颇近。

回过头来再看上揭各式"麗"字的演变:

A. 甲骨文"麗"从"鹿",从双"角",会意。"角"亦声。听簋"麗"所从"角"顶端,各加一圆圈为饰。取盧匜双"角"略有省变,双圆圈则各浓缩为一横笔。秦陶文承袭西周金文,遂演变为籀文(按《说文》体例,已出古文、小篆形体,首字一般即籀文)。秦陶文"麗"所从"丽"旁,颇与二"丙"形近,这应是后世字书"麗"的来源。《篇海》:"麗,古文麗字。"

B. "麗"所从双"角"省简角形,而尚保存顶端,各加一圆圈,仍是听簋"麗"字之孑遗。

C. 疑 B 式之变,为战国文字新体。

D. 乃 C 式之简化,即省"鹿"而仅存双"角",应隶定"丽"。"丽"仅见于战国文字及其传抄古文(《说文》篆文、《说文》古文、《汗简》、《古文四声韵》等)。

另外,周原甲骨 11.123 也有"麗"字,但放大照片"丽"旁不十分清晰。③ 若据摹本,④似属 B 式。今暂不予讨论。

通过上文综合分析,可以归纳为如下几点认识:

1. 甲骨文"麗"本从"鹿",从双"角",会鹿角美丽之意。引申有"对偶"、"旅(侣)行"等义。

2. "麗"从双"角","角"也是"麗"的声符(均属来纽)。

3. "丽"是"麗"的简化,本是双"角"的讹变。既不象两"鹿皮",也不象两"几"或两"人",更不从"比"。

最后,试探上揭卜辞古地理的若干问题:

---

① 王念孙:《读书杂志·汉隶拾遗》,北京:中国书店 1985 年,第 91—92 页。
② 于省吾:《释能和赢以及从赢的字》,《古文字研究》8 辑,北京:中华书局,1983 年。
③ 曹玮:《周原甲骨文》,北京:世界图书出版公司,2002 年,第 84 页。
④ 王宇信:《西周甲骨探论》,北京:中国社会科学出版社,1984 年,第 307 页。

"麗白(伯)",典籍地名"酈",无疑与方国名"麗"有关。其地望先秦有二：

1.《史记·楚世家》顷襄王十八年："楚之故地,汉中、析、酈,可得而复有也。"在今南阳西北。

2.《春秋·僖公元年》："冬,十月壬午,公子友帅师败莒师于酈,获莒挐。"注"酈,鲁地。"《谷梁》作"麗",《公羊》作"犁"。按,"麗"即《汉书·地理志》琅邪郡"酈国",在今山东诸城南。① "麗"或"酈"本莒地,一度属鲁。杜注泛言"鲁地"并不准确。

以上二"麗"都有可能是卜辞之"麗",但考虑"麗伯取行"之"行"的地望,笔者更倾向"麗"和"行"均在山东。

"行",应读"横"。"衡"从"行"得声,可以通假。《史记·袁盎晁错列传》："白金之子不骑衡。"集解引徐广曰："衡一作行。"是其佐证。而"衡"与"横"相通,典籍尤为习见。如《书·禹贡》："覃怀底绩,至於衡漳。"疏："衡,即古横字。漳水横流入河,故云衡漳。"《诗·齐风·南山》："横从其亩。"释文："横亦作衡。"《左传·襄公三年》："克鸠兹至于衡山。"《初学记·州郡部》引"衡山"作"横山"。《战国策·魏策三》："一从一横。"《史记·田敬仲完世家》"衡"作"横"等。总之,"行"与"黄"均属阳部,声系可通,卜辞地名"行"疑即"横"。

检《汉书·地理志》琅邪郡"横",王先谦曰："《续志》后汉省,《一统志》故城今诸城县东南四十里。"②

如果以上推测不误,"麗"、"行(横)"均属琅邪郡,其直线距离只有二十余里。③ 发生在数千里之外的"麗伯取行"一事,居然引起商王的关注。这说明商王朝的影响已远播东海之滨,"麗伯取行"对探讨商王国的四至提供了珍贵的史料。

附言：

承蒙焦智勤先生惠赐甲骨拓片,藉此申谢。

2005年6月于庐州

---

① 何琳仪：《莒县出土东周铜器铭文汇释》,载《文史》,2000年第1期。
② 王先谦：《汉书补注》,北京：中华书局,1983年,第745页。
③ 谭其骧：《中国历史地图集》2册,北京：中国地图出版社,1996年,第2136页。

听簋小笺①

听簋,近几十年来论著多称"逦簋"。《贞松》4.47、《文录》2.16、《文选》下2.7、《续殷》上48.4、《小校》7.43.3、《三代》6.49.1、《历朔》3.37、《总集》2546、《集成》3975、《故宫》29等,皆有著录,现藏北京故宫博物院。

铭文旧以为20字,实则19字(详下文)。尽管字数不多,然而在言简意赅的商代金文中亦属尚有可观者。铭文记载:"商王宴饮群臣,器主列于其位。器主获得商王赏赐的两串贝,为太子作器。"下面暂且互参《文录》、《文选》所载"耶彝"隶定铭文如下:

辛子(巳).王酓(饮)多亚.
耶喜京逦.
赐贝二朋.用作大子丁.□.

吴注:"亚亦方州之长,位次于诸侯。虩敦:暨诸侯大亚。丙申角:王锡偏亚。是其证。多亚犹言群诸侯也。耶、京二人名。逦、俪同字,又见乙亥鼎。又有亚耶作祖丁尊彝,即此耶也。此疑商器。"②

于注:"亚次於侯,多亚犹侯之称诸侯。耶与京皆亚也。《攗古录》有亚丙彝、亚耶作祖丁尊彝,是耶为亚之证。尹光鼎:王飨酒,尹光逦。逦谓佐匹侑酒。《尔雅·释诂》献食物曰享。此言耶喜京逦者,言耶飨王而京为侑也。喜飨古通。"③

---

① 原载《古文字研究》25辑,北京:中华书局,2004年,第178—181页。
② 吴闿生:《吉金文录》,台北:乐天出版社,1971年,第537页。
③ 于省吾:《双剑誃吉金文选》,北京:中华书局,1998年,第288页。

以上旧注已经大体能够疏通簋铭的文意,并有许多精辟的观点。不过由于新见解的刊载和新资料的发现,簋铭释读尚有可补充者。

"耴",见甲骨文。学者已指出其为"听"之初文,从"耳",从"口",会意。①吴注、于注均认为铭文中"耴"是人名,于注以之为器主,十分正确。然而后来若干影响面甚广的著录则改称"耴彝"或"逦簋",如《总集》、《集成》等。这种释读水平的倒退,颇令人遗憾。因为不管铭文如何释读,都不能证明"逦"字为器主。当然也有著录仍然坚持吴、于之说者,直接称簋铭为"听簋"。② 验之铭文真正的器主,不但毋庸置疑,而且尤便于书写和称呼。

所谓"亯京"是相沿已久的误释。二字实乃一字,见甲骨文、金文、战国文字等资料,五十多年前,已有学者隶定此字为"喜",即"就"字初文,③惜不为世人所重。以新出史惠鼎"日就月将"之"就"字作"喜"(下方尚有从"辵"旁),以及传抄古文"戚"字作"喜"(二字均属幽部入声)等资料按验,现在此说业已成为定谳。④ 凡此可证,旧释"京"为人名(见上文),或地名,⑤均不能成立。另外,以往著录定听簋为 20 字,其实只有 19 字。今后编纂铭文著录应予更正。

"逦",可读"列"。"逦",来纽歌部(或归支部,恐不确⑥);"列",来纽月部;歌、月为阴、入对转。《玉篇·山部》:"峛,力尔切。峛崺山卑长也,或作逦迤。"《广韵》上声纸韵"峛"下云:"峛崺,沙丘状,峛音逦。"《广雅·释言》:"逦,迤也。"王念孙曰:"《尔雅》逦迤沙丘。郭璞注云,旁行连延。扬雄《甘泉赋》登临峛崺。李善注云,峛崺,邪道也。峛崺与逦迤同。逦下所缺或是迤字。"⑦此"丽"与"列"声系相通之确证。

准是,听簋"就逦"读"就列"。《论语·季氏》:"陈力就列,不能者止。"疏:"言当陈其力,度己所认,以就其位。不能则当止。"由此可见,"就列"即"就

---

① 王襄:《簠室文字考释》,引《甲骨文字诂林》,北京:中华书局,1996 年,第 657 页;于省吾:《甲骨文字释林》,北京:中华书局,1979 年,第 83—87 页。
② 曹锦炎:《商周金文选》,杭州:西泠印社,1990 年,第 2 页。
③ 朱德熙:《古文字论集》,北京:中华书局,1995 年,第 1—2 页。
④ 陈颖:《长安新旺村出土的两件青铜器》,载《文博》,1985 年第 3 期;李学勤:《史惠鼎与史学渊源》,见《新出青铜器研究》,北京:文物出版社,1990 年,第 122 页。
⑤ 故宫博物院:《故宫青铜器》,北京:紫禁城出版社,1999 年,第 57 页。
⑥ 陈复华、何九盈:《古韵通晓》,北京:中国社会科学出版社,1987 年,第 342—343 页。
⑦ 王念孙:《广雅疏证》,南京:江苏古籍出版社,1984 年,第 171 页。

位",犹言"就于所列之位",亦引申为"任职"。"就列"后世典籍习见,例如:《后汉书·邓彪传》:"审能而就列者,出身之常体。"刘桢《鲁都赋》:"舞人就列,整饰容华。"①

听簋"就迊(列)",相当西周铜器铭文中习见的"即立(位)"。"就",精纽;"即",从纽;均属齿音,字义可以互训。《诗·卫风·氓》:"来即我谋。"笺:"即,就也。"《广韵》:"就,即也。"是其佐证。"迊"(列)、"立"均属来纽半舌音,而"列"、"位"字义亦近。《左传·僖公十五年》:"入而未定列。"注:"列,位也。"是其佐证。由此看来,"就列"和"即立(位)"的音义关系如此巧合,绝非偶然。据《说文》"位,列中庭之左右谓之位。从人、立"的记载,已足以说明"位"、"列"都是在宗庙仪礼中性质相同的专用术语。至于"就迊(列)"用于宴饮,"即立(位)"用于册命。二者间的细微差别,似乎也就是所谓"周因於殷礼,所损益,可知也"(《论语·为政》)。

顺便讨论或称"迊方鼎"(《集成》2709)的命名,鼎铭:

乙亥,王□才(在)夒𠂤(次)。
王卿(飨)酉(酒),尹光迊,
隹(唯)各(格),商(赏)贝。用乍(作)父丁
彝。隹(唯)王正(征)井(邢)方。□

称此鼎为"迊方鼎"或"迊鼎"者,认为"光"读"贶",人名"迊"则是商王赏赐的对象。其实"迊"根本不是人名,而"光"才是人名,吴注早已正确地指出:"光,人名。迊,侍也……考辛子彝亦有𠂤享京迊语,其笔势与此正同。"②因此,该鼎仍然应以于注称"尹光鼎"③为宜。"迊",吴注训"侍",于注训"侑",如果参照听簋读"迊"为"列",指"列于其位",恰与吴注训"侍"的字义相涵。尹光鼎"王乡(飨)酉(酒),尹光迊(列)",与听簋"王飤(饮)多亚,耴(听)就迊(列)",句式相同,均记载君臣宴饮之事。由辞例比较,也可以证明"迊(列)"相当"就迊(列)"。无独有偶,西周铭文习见"立(位)中廷"亦作"即立(位)中廷"。这更加说明尹光鼎"迊"是听簋"就迊"的简称。

---

① 刘桢:《刘公幹集》,见张溥《汉魏六朝百三名家集》2册,南京:江苏古籍出版社,2002年,第157页。
② 吴闿生:《吉金文录》,台北:乐天出版社,1971年,第444页。
③ 于省吾:《双剑誃吉金文选》,北京:中华书局,1998年,第113页。

"大子丁",读"太子丁",亦见甲骨卜辞:

癸丑卜,争。复缶于大子。	《合集》3061 正
癸丑卜,争。勿复缶于大子。	《合集》3061 正
贞,御子……大子小牢。十月。	《合集》3256
……卜,王己……大子……橐。	《合集》20026
乙亥卜,王其侑大子,王受佑。	《英国》2350

检《史记·殷本纪》:"帝廪辛崩,弟庚丁立,是为帝庚丁。帝庚丁崩,子帝武乙立……武乙猎于河渭之间,暴雷,武乙震死。子帝太丁立。"听簋"大子丁",是"庚丁"? 抑"太丁"? 颇值得注意,志此备参。

□,上从"耵",下从"须",字不识。在铭文中为族名。

下面重新隶定听簋:

辛子(巳),王酓(饮)多亚。
耵(听)裛(就)逦(列)。
易(赐)贝二朋,用作大(太)子丁。覆

听簋铭文第二行3字,而不是4字,这可由"就"与"逦"2字各占高度相等的现象中得到证明。换言之,第二行只能是"耵就逦",而不能是"耵亯京逦"。

听簋铭文行款布局颇有特色。全铭左行且反书,已非常例。第一行6字,第二行只有3字,第三行多至10字,且左右横排4字,尤见作者匠心独具。短短3行19字的铭文,行款竟然如此横直、左右变化多端,疏密、多寡参差有致,在商周铜器铭文中殊为罕觏。

这篇小文主要纠正听簋铭文中已往所谓"亯京逦"的误释,新释其为"就逦",应读"就列"。并解释尹光鼎铭文中的"逦"也应读"列",是"就逦(列)"的简称。在此认识的基础上,沟通商代金文"就列"和周代金文"即位"之间的承袭关系。凡此对于研究商周宗庙仪礼制度,也许不无小补。

2003 年 7 月于庐州

听簋　　　　　　　尹光簋

第二编 西周文字

晋侯苏钟释地①

　　1992年，上海博物馆从香港古玩肆中抢救回归的晋侯苏编钟，是近年西周铜器铭文不可多得的重器。自材料公布以来，一时间引起轰动。铭文中有关月序、月相和日干等已有许多学者参加讨论。然而铭文中有关古地理的讨论，笔者孤陋寡闻，只见到马承源、②李学勤、③裘锡圭④三位学者的文章有所涉及。笔者认为，除马文所释"宿"、"郓"，裘文所释"范"，以及李文"淖列淖列"的断句确不可易之外，尚有若干问题值得深入探讨。

　　晋侯苏钟刻款计355字，下面节录铭文前半段（采宽式隶定）：

　　　　惟王卅又三年，王亲遹省东国、南国。正月既生霸戊午，王步自宗周。二月既望癸卯，王入格成周。二月既死霸壬寅，王薛⑤往东。三月方死霸，王至于A[图1]，分行。王亲令晋侯苏，率乃师左B[图2]，C[图3]，北B□，伐夙（宿）尸（夷）。晋侯苏折首百又廿，执讯廿又三夫。王至于熏（郓）城。王亲远省师，王至晋侯苏师。王降至自车，立南卿（向），亲令晋侯苏自西北遇（隅）敦伐熏（郓）城。晋侯率厥亚旅、小子、彧人先陷入，折首百，执讯十又一夫。王至淖列，淖列尸（夷）出奔。王令晋侯苏率大室、小臣、车仆从，逋逐之，晋侯折首

---

① 原载《东方博物》5辑，杭州：浙江大学出版社，2000年，第109—113页。
② 马承源：《晋侯苏编钟》，《上海博物馆集刊》，1996年第7期。
③ 李学勤：《晋侯苏编钟的时、地、人》，载《中国文物报》，1996年12月1日。
④ 裘锡圭说引《晋侯苏钟笔谈》，载《文物》，1997年第3期。
⑤ 原篆左从"人"，右上从"薛"省，右下从"貝"，可读若"薛"。该字又见趞鼎、包山简46、52、64等。钟铭此字疑读"躄"，《集韵》训"旋行貌"。

百又一十,执讯廿夫;大室、小臣、车仆折首百又五十,执讯六十夫。王惟反(返),归在成周……

一

A,即"朿"之异文。《说文》:"朿,木垂华实也。从木、马,马亦声。""A"与"朿"原篆均从二"马",二"马"亦见《说文》,应属繁文。小篆从"木"旁,钟铭在"朿"基础上迭加"茻"(从二"艸",即"莽"之初文)。形符"木"与"茻"义本相近,故A应是"朿"之繁化。

A在钟铭中是周王从宗周出发,经成周,然后与晋侯苏"分行"的起点,十分重要。其具体地望的限定,无疑会直接影响对这次军事路线来龙去脉的理解。

马文指出:"厉王伐夙夷的大军,在此分行出击。但铭文没有记载A地有任何战斗,说明A地尚在夙夷的境外。"李文谓A"即菡字,古音在谈部。以古音求之,应即《春秋·桓公十一年》的'阚'。在今山东汶上西。"裘文引师

翻鼎"范围"为证,谓钟铭"地名当读为范。"今据裘说补充如下:

按照《说文》谐声系统"朿"与"范"均属"马"声首,①故"朿"可读"范"。检《左传·文公十年》"楚范巫矞似"注:"矞似,范邑之巫。"《孟子·尽心》上"孟子自范之齐"注:"范,齐邑,王庶子所封食也。"《汉书·地理志》东郡"范"。《一统志》"故城今范县东南二十里",在今山东梁山西北。裘文以为"周王在此地分行,北路伐宿夷,南路伐郓城,是很合理的"。

二

马文认为 B 是"复"的指事字,钟铭"B 某"即"倾复某地"。李文则读 B 为"周"。钟铭 B 之构形至为明晰:左从"水",右从"舟",与典籍相合。《管子·小问》"意者君乘驳马而 B 桓迎日而驰乎",注"B,古盘字"。如果撇开这一直接比较对象而另求别解,难免有舍近求远之嫌。至于西周金文中习见辞例"逆 B"是否可读"逆复",尚可讨论。即便此说成立,B 读"复"亦属音转(皆为唇音)。② 何况西周金文除"逆 B"之外辞例尚多,若皆读"复",亦未必尽合。故仅据"逆 B"而径读 B 为"复",恐有不妥。B 字有两个读音:商周文字 B 据《管子》注可读若"盘",战国秦汉文字 B 据《集韵》"之由切"可读若"舟"。凡此已有拙文详述,③兹不具载。晋侯苏钟属西周文字,大概只能读若"盘",而不应该读若"舟"或"周"。

甲骨文"盘庚"合文之"般"多省作"凡"。《管子·乘山》"汎山"即"盘山"。④《古文四声韵》梵韵引《籀韵》"汎"作 B 形。⑤ 凡此可证,甲骨卜辞"B 舟"(合集 33691)即《左传·僖公十年》之"汎舟"。《国语·晋语》三"汎舟于河",注"汎,浮也"。

古人坐北朝南,其左为东,其右为西。参见《诗·唐风·有杕之杜》"生于道左",笺"道左,道东也"。《仪礼·大射礼》"山左房",注"左房,房东也"。

---

① 朱骏声:《说文通训定声》谦部第四,光绪十年上海积山书局石印本,第 10 页。
② 汤余惠:《洢字别议》,《容庚先生百年诞辰纪念文集》,广州:广东人民出版社,1998 年。
③ 何琳仪:《释洢》,载《华夏考古》,1995 年第 4 期。
④ 于省吾:《甲骨文字释林》,北京:中华书局,1979 年,第 93—94 页。
⑤ 何琳仪、黄锡全:《启卣启尊铭文考释》,《古文字研究》9 辑,北京:中华书局,1984 年,第 380 页。

钟铭"左BC"若读"左汜C",无疑是指向东渡过C水。而C字左下恰从"水"旁。

三

马文对C的隶定忠实原篆,李文隶定C脱"水"旁,二文均未讨论C之地望。

按,C之上从"尚"省形。"尚"可省其"口"旁,参见"堂"(兆域图)、"掌"(玺汇1824)、"敞"(玺汇3380)、"赏"(玺汇3494)等。C上从"尚",下从"瀖",应是"瀖尚"合文。

"瀖"可读"瓠"。《庄子·逍遥游》"则瓠落无所容",《太平御览》七六二引"瓠"作"瀖獲"。是其确证。《说文》"樗"或作"穫",亦可资佐证。至于"尚"可读为"上",更是典籍中司空见惯的现象。然则钟铭"瀖尚"应读"瓠上"。其与"汶上"、"颖上"、"淮上"应属同类,显然与瓠河有关。瓠河又名瓠子河,详下文所引《水经·瓠子河注》。瓠子河始见于《史记·孝武本纪》元封二年:

"过祠泰山,还至瓠子。"集解:"服虔曰,瓠子,隄名。苏林曰,在甄城以南,淮阳以北,广百步,深五丈许。瓒曰,所决河名。"索隐:"瓠子,决河名。苏林曰,在甄城南,淮阳北,广百丈,深五丈。"

瓠子河又见《史记·河渠书》、《汉书·武帝纪》、《汉书·沟洫志》等典籍,其所载内容互有繁简,兹不具载。

最后补充一点,钟铭"瀖尚"为上下结构合文。一般说来,这类合文的读序应自上而下,然而也确有自下而上者。例如:

须句①   三代6.4.5
亡(无)冬(终)②   文物1975.2.84

饶有兴味的是,这两个倒读之例也均为地名。钟铭合文C不读"尚瀖"而读"瀖尚",看来并非孤证。

---

① 郭沫若:《释须句》,《金文丛考》,1932年,第213页(引《金文诂林附录》第667页)。
② 裘锡圭:《释无终》,第八届古文字学会论文(太仓),1990年。(油印本)

四

马文读"夙尸"为"宿夷",甚确。《左传·僖公二十一年》:"任、宿、须句、颛臾,风姓也,实司大皞与有济之祀。"又《水经·汶水注》:"其右一汶西流迳无盐县之故城南,旧宿国也。"其地在今山东东平东二十里古无盐城南,南临汶水。

铭文"北 B 汜口"之缺文,疑为"汶"或"汶上"。北渡汶水恰好是古宿国,故铭文"北 B 口"下紧接"伐宿夷"。河道与地名的方位丝毫不爽。

五

钟铭"王至淖列,淖列夷出奔"。马文读"王至。淖淖列列夷出奔"。细审"淖列"二字右下各有重文符号,今据上下文意知李文断句远胜旧读。

"淖"应读"焦"。"卓"、"肖"、"焦"声系可通。《荀子·赋》:"头铦达而尾赵缭者邪。"注:"赵读为掉。"《说文》"譙"古文作"诮"。可资旁证。检《左传·僖公二十三年》:"秋,楚成得臣帅师伐陈,讨其贰于宋也。遂取焦、夷。"注:"焦,今谯县也。夷,一名城父,今谯郡城父县。二地皆陈邑。"《汉书·地理志》沛郡"谯",在今安徽亳县。

"列"应读"厉"。《礼记·祭法》:"是故厉山氏之有天下也。"释文:"厉山《左传》作列山。"《诗·大雅·思齐》"烈假不瑕",释文:"烈,郑作厉。"是其确证。检《春秋·僖公十五年》:"秋七月,齐师、曹师伐厉。"注:"厉,楚与国。义阳随县北有厉乡。"王夫之则认为《春秋》之"厉"即老子出生地苦县之厉乡。①(《史记·老子韩非列传》:"老子者,楚苦县厉乡曲仁里人也。")在今河南鹿邑东。

"焦"与"厉"虽分属皖、豫,然相距仅四十余里,故钟铭合称"淖(焦)列(厉)"。这与齐玺"绎蕃"(玺汇 0098)亦指"绎"、"蕃"二地如出一辙。②"淖列夷"即钟铭之"南国",这与"夙夷"即钟铭之"东国"恰好对应。"东国"和"南

---

① 王夫之:《春秋稗疏》,引杨伯峻《春秋左注传》,北京:中华书局,1981年,第 350 页。
② 何琳仪:《古玺杂识续》,《古文字研究》19 辑,北京:中华书局,1992年,第 470—471 页。

国"在这次军事行动中先后被周王所征服,所谓"九夷之国,莫不宾从"(《墨子·非攻》)。凡此对研究西周群夷的分布乃至华夷关系无疑有重要意义。

六

晋侯苏钟铭载有与古地理相关的名词共有10个:

东国——本铭特指"宿夷",在今山东郓城、梁山、东平地一带。

南国——本铭特指"焦厉夷",在今安徽亳县、河南鹿邑一带。

宗周——在今陕西西安西。

成周——在今河南洛阳东。

范——在今山东梁山西北。

濩上——先秦之濮水下游,汉代之瓠子河,北魏之瓠河。

汶(?)——汶水。

宿——在今山东东平东。

郓城——在今山东郓城东。

焦厉——在今安徽亳县、河南鹿邑。

上文"汎"字的释读,对沿循水道落实地名起关键作用,而"瓠上"的释读恰为这一串联提供明确的坐标。检《水经·瓠子河注》:

> 瓠子河出东郡濮阳县北河,县北十里即瓠河口也……暨汉武帝元光三年,河水南泆,漂害民居。元封二年,上使汲仁、郭昌发卒数万人塞瓠子决河。于是上自万里沙还临决河,沈白马玉璧,令群臣将军以下皆负薪填决河……于是卒塞瓠子口。筑宫于其上,名曰宣房宫,故亦谓瓠子堰为宣房堰。而水亦以瓠子受名焉。平帝已后,未及修理,河水东浸,日月弥广。永平十二年,显宗诏浪人王景治渠……瓠子之水绝而不通,惟沟渎存焉……瓠子北有都关县故城,县有羊里亭。瓠河迳其南为羊里水,盖资城地而变名……又东右会濮水……《地理志》曰,濮水首受沛于封邱县,东北至都关入羊里水者也……瓠河与濮水俱东流,《经》所谓过廪丘为濮水者也……瓠河又东迳郓城南……又北过东郡范县东北为济渠,与将渠合。

综观这段记载,再参以晋侯苏钟铭,可以明了以下诸事:

1. 瓠子河又称"瓠河"、"羊里水",钟铭"瀗上"当与瓠河有关。

2. 瓠子河先秦已称"瀗"。郦道元以其受名于瓠子堰,殊误。参上引《史记·孝武本纪》索隐,实则堰名"受名"于水名,更近情近理。

3. 瓠子河自宣房宫东流至都关(今山东鄄城东)一段河道,汉以后或存或湮。先秦以上是否旧有河道,待考。瓠子河自都关以下与濮水相汇,东流与济水相汇,这一段河道先秦以上早已有之,也即濮水下游,见《中国历史地图集》第一册第20—21页。不过据钟铭所载,都关以下先秦似应称"瓠(瀗)水"。

4. 瓠子河自都关以下基本为东西流向,至大野泽西始南北流向。郓城在其东岸,范在其西岸,南北遥遥相对。

瓠子河历代的地理沿革,以及其沿岸郓、范二邑的考察,使得晋侯苏钟铭的行军路线大致可以描绘。至于汶水流域的宿,乃至皖豫之交的焦、厉,也据此得以贯通。下面以意译方式叙述钟铭军事行动的整个过程:

周厉王二十三年,周王亲自出行东国和南国。正月周王从宗周出发,二月到达成周,继续东进,三月周王至范(可能取道卫之濮阳)。周王与晋侯苏在范兵分两路。东线晋侯苏渡过瓠河,又北渡汶水,攻伐宿国的老巢。这次战役斩首宿夷将领一百二十人,俘虏二十三人。南线周王至郓城。周王自远地前往晋侯苏巡视。周王命令晋侯苏从西北隅进攻宿国的另一军事重邑郓城,晋侯苏身先士卒夺取郓城,斩首一百人,俘虏十一人。周王至焦、厉,二地之夷望风而窜。周王命令晋侯苏率大室、小臣、车仆等追逐,又斩首焦厉夷将领一百一十人,俘虏二十人,太室、小臣、车仆等官斩首一百五十人,俘虏六十人。周王胜利返回成周……

细审钟铭,这次军事行动名义为御驾亲征,所谓"王亲遹省东国、南国"。然而起关键作用者乃是晋侯苏。观其率师由范东向伐宿,折回西南向攻伐郓城,在沿古之大野泽与瓠河之间狭窄通道,直达"南国",攻逐焦厉之夷。南北转战鲁豫皖数百里,何其壮哉! 前后斩首敌将三百三十二人,俘虏五十四人。甚至其佐助之官,诸如大室、小臣、车仆等也斩首敌将一百五十人,俘虏六十人。唯周王"分行"之后,其战绩只字未提,仅载其劳军而已。笔者猜测周王与晋侯苏"分行"之后,南征郓城,久攻不下(败绩也未可知),转而与晋侯苏军队靠拢,所谓"王亲远省师,王至晋侯苏师"。占领郓城的功绩仍然归晋侯苏,所谓"先陷人"。至于追逐焦、厉之夷的主力也应是晋侯苏,所谓"晋侯苏率大室、小臣、车仆从"。凡此种种,可以窥见钟铭作者的确用心良苦,既要倡导"尊王攘夷",又要切记"为尊者讳"。其运用《春秋》笔法之妙,诚古之良史也。

追记：

本文写就,又读到两篇文章。其一为黄盛璋《晋侯苏钟重大价值与难拨丁子指迷与解难》(载《文博》1998年第4期),亦释A为"范"。其二为黄锡全《晋侯苏编钟几处地名试探》(载《江汉考古》1997年第4期),从李文读"淖列淖列"。

晋侯斯器考①

山西省曲沃县北赵晋侯墓地重见天日，出土大量有铭青铜器，②这是上世纪 90 年代西周考古的重大发现之一。该墓所出铜器有流失域外者，③幸喜上海博物馆购回若干件。④ 凡此种种，为研究这批铜器铭文与《史记·晋世家》的关系提供了珍贵的考古资料。

M8 除出土晋侯苏鼎外，尚出土晋侯△簋 2、晋侯△壶 2，⑤上海博物馆收

---

① 原载上海博物馆编《晋侯墓地出土青铜器国际学术研讨会论文集》，上海：上海书画出版社，2002 年，第 289—295 页。
② 北京大学考古系、山西省考古研究所：《1992 年春天马——曲村遗址墓葬发掘报告》，载《文物》，1993 年第 3 期。《天马——曲村遗址北赵晋侯墓地第二次发掘》，载《文物》，1994 年第 1 期。《天马——曲村遗址北赵晋侯墓地第三次发掘》，载《文物》，1994 年第 8 期。《天马——曲村遗址北赵晋侯墓地第四次发掘》，载《文物》，1994 年第 8 期。《天马——曲村遗址北赵晋侯墓地第五次发掘》，载《文物》，1995 年第 7 期。
③ 李伯谦：《晋国始封地考略》，载《中国文物报》，1993 年 12 月 12 日。又见裘锡圭：《关于晋侯铜器铭文的几个问题》，载《传统文化与现代化》，1994 年第 2 期。
④ 马承源：《晋侯稣盨》，《第二届国际中国古文字学研讨会论文集》，香港：香港中文大学，1993 年。李朝远：《晋侯斯方座簋铭管见》，《第二届国际中国古文字学研讨会论文集》，香港：香港中文大学，1993 年。
⑤ 同注②。

购一件晋侯△簋,①估计至少有四件簋。② 以上晋侯之名"△",或隶定为"斨",③或隶定为"斳"。④ 在诸多晋侯名之中,恐怕晋侯△之隶定是最令人棘手的难题。

1994年,在东莞"纪念容庚先生百年诞辰"研讨会期间,笔者向大会提交一篇《晋侯仇器补证》论文提纲,将上揭晋侯之名"△"隶定为"斳"。由于当时第五次发掘材料尚未正式公布,笔者曾误将"斳"读为"仇"。另外,提纲对"斳"的释读整个过程并未详言,今藉此机会一并补充讨论。

△字原篆,清晰或较清晰者如下:

A. 壶(发掘品)
B. 簋(发掘品)
C. 簋(征集品)

此字右从"斤",诸家多无异辞。左旁形体诡异,其隶定则是问题的症结所在。隶定左旁为"囟"者的根据是 C 式,⑤已有学者指出其中折笔不是"卜",⑥何况 B 式无此折笔。隶定左旁为"臣"者的根据是 B 式,⑦然而古文字"臣"旁或说像"梳比"之形,⑧与 B 式不能尽合。⑨"臣"的主要特征基本是上下对称(《金文编》787—790),然而△之左旁呈曲尺形。至于认为△是"匹",⑩或"毗"⑪之变,其形体

---

① 马承源:《晋侯𪴂盨》,《第二届国际中国古文字学研讨会论文集》,香港:香港中文大学,1993年。
② 卢连成:《天马——曲村晋侯墓地年代及墓主考订》,《汾河湾——丁村文化与晋文化考古学术研讨会文集》,长治:山西高校联合出版社,1996年。
③ 李朝远:《晋侯斨方座簋铭管见》,《第二届国际中国古文字学研讨会论文集》,香港:香港中文大学,1993年。
④ 张颔:《晋侯斳簋铭文初识》,载《文物》,1994年第1期。
⑤ 李朝远:《晋侯斨方座簋铭管见》,《第二届国际中国古文字学研讨会论文集》,香港中文大学,1993年。
⑥ 裘锡圭:《关于晋侯铜器铭文的几个问题》,载《传统文化与现代化》,1994年第2期。
⑦ 张颔:《晋侯斳簋铭文初识》,载《文物》,1994年第1期;裘锡圭:《关于晋侯铜器铭文的几个问题》,载《传统文化与现代化》,1994年第2期。
⑧ 于省吾:《甲骨文字释林》,北京:中华书局,1979年,第66页。
⑨ 林圣杰:《晋侯斳小考》,《第三届国际中国古文字学研讨会论文集》,香港:香港中文大学,1997年。
⑩ 张颔:《晋侯斳簋铭文初识》,载《文物》,1994年第1期。
⑪ 李裕民:《晋侯毗壶考》,《汾河湾——丁村文化与晋文化考古学术研讨会文集》,长治:山西高校联合出版社,1996年。

分析也均缺少递变环节。因此,笔者拟从另一角度重新考释此字。

今按,△左旁疑是"曲"字。下面将△左旁与公认的"曲"字列为一表以资比照:

a. ◌　　　京都 268①

b. ◌　　　曲父丁鼎②

c. ◌　　　晋侯△壶

d. ◌　　　晋侯△簋

e. ◌　　　晋侯△簋

f. ◌　　　曾子斿鼎③

g. ◌　　　包山 260

h. ◌　　　《说文》古文

《说文》古文◌与包山简◌形体密合,由此上溯殷商甲骨文◌、金文◌、春秋文字◌,其嬗变之迹也不成问题。西周晋侯器三"曲"字恰可衔接商代文字与春秋文字的缺环。"曲"字为曲状物象形,其框内文饰笔画往往不拘多寡。◌、◌与已识的◌框内界栏均偏上,这对判定◌、◌为"曲"字颇有启示。壶铭◌上部锈蚀严重,据小篆似可复原为◌。◌不但与小篆有明显的演变关系,而且与◌也有承袭关系。具体而言,◌的>、∨省作一、丨即成◌。继续省作两点即成◌。◌下之◌则由◌右下∨演变而成。◌仅存框内界栏,◌索性省简所有文饰点画,与《说文》古文吻合。上揭各类"曲"字,a、b 最为繁缛,g、h 最为简单,其它各字点画省变的趋势井然有序。这是笔者释 c、d、e 为"曲"的字形依据。

如果以上推测不误,△应隶定"斪",字书所无,疑是"瓯"之异文。"曲"与"區"为同源字:

1.《庄子·大宗师》:"曲偻髪背。"《淮南子·精神训》引"曲"作"伛"。

2.《说文》:"苗,蚕薄也。"即《广雅·释器》"笛谓之薄"。又《集韵》"篕,吴人谓育蚕竹器曰篕。"

---

① 于省吾:《甲骨文字释林》,北京:中华书局,1979 年,第 413 页。

② 张颔:《晋侯斪簋铭文初识》,载《文物》,1994 年第 1 期。

③ 马承源:《记上海博物馆所搜集的青铜器》,载《文物》,1964 年第 7 期。曾子斿鼎应改称曾子韩鼎,详另文。

3.《广雅·释诂一》:"伛,曲也。"

4. 章炳麟曰:"凡委曲者或谓之区,臧匿也,或谓之句曲,并孳乳于曲。区孳乳为躯……躯犹躬,言曲也。"①

其实"區"即"曲"之分化字。甲骨文"區"或作品,从"品","㇄"声。"㇄"即"㇄"(曲)之简体。② 由此类推,晋侯之名"斲"疑为"斪"之初文。检《集韵》"斪,剜也。或作𨨏、𣂪、鏉、刉。"又"𣂪,斪劀,偃鉏(锄)也。"

"斲"也可能是"斫"之异文。《说文》:"句,曲也。"从字根分析"句"与"曲",亦属同源。③《说文》:"斫,斫也。"《尔雅·释器》"斫𣂪谓之定",注:"锄属。"

总之,通过形体分析,笔者倾向晋侯△诸器之"△"应隶定"斲",与字书"斪"、"斫"均一字之异体,本义为锄类工具,故均从"斤"。其功能用于斫、剜,应由句曲之语根所孳乳。

《中国文物报》1995年1月15日及《文物》1995年第7期刊载的第五次发掘报告,将8座17组墓墓主与《史记·晋世家》对应如下:

M9: ?   武侯(宁族)

M6: ?   成侯(服人)

M33:(㯱马)   厉侯(福)

M91:(喜父)   靖侯(宜臼)

M1:(对)   釐侯(司徒)

M8:(苏)   献侯(籍、苏)

M64:(邦父)   穆侯(费王)

M93: ?   文侯(仇)

根据出土文物时代特征、实地发掘状况、伴出铭文内容等方面综合考查,上揭表格无疑是比较合理的排列。然而正如报告所说:"其中还有不少问题,需作进一步的论证。如 M8 所出晋侯△器的归属问题无法给出合理的解释。"为了弥合这一矛盾,许多学者进行讨论。其中最有代表性的有两种意见:

---

① 章炳麟:《文始》6.3,杭州:浙江图书馆,1913年。
② 何琳仪:《战国古文字典》,北京:中华书局,1998年,第349页。
③ 王力:《同源字典》,北京:商务印书馆,1982年,第183—184页。

1. M8 的晋侯苏与晋侯△是一名一字的关系，即晋侯名"苏"字"斯"。其论证要点是释△为"斯"，即"斯"之异文。①

2. 根据墓地排列组合关系，将△与晋釐侯司徒对应。② 或主张△应是"斯"，即"斯"之异文，与"司徒"官名有关。③

虽然这两派学者的意见对晋侯△器主的确定有明显分歧，但是他们对△的释读则是相同的。因此有必要对"斯"与"斯"的关系予以辨析。

固然"从臣声的姬、箕等字与从其声的基、箕等字同音（《广韵》都音居之切，上古都是见部④之部字）"，不过这并不能得出"△应该就是斯的异体"的结论。检《说文》"斯，析也。从斤，其声。"衡之上古音"斯"属心纽支部，与从"臣"得声的见纽之部字其声纽、韵部迥异。退一步说，"臣"属喻纽之部，与"斯"的读音也不合。许慎分析"斯"从"其"得声肯定有问题。⑤ 因此，以"斯"为"斯"之异体，恐怕不妥，更何况"斯"之隶定尚有讨论的余地。

笔者倾向晋侯△应是晋侯司徒的意见。"司徒"本是官名，晋侯以之为名，这在《左传·桓公六年》有明确的记载：

> 周人以讳事神，名，终将讳之。故以国则废名，以官则废职，以畜牲则废祀，以器币则废礼。晋以僖（通釐）侯废司徒，宋以武公废司空，先君献、武废二山，是以大物不可以命。

以是推之，晋釐侯应名"司徒"，字"斯"。古官名"司徒"，铜器铭文作"司土"，已有学者根据铭文内容归纳其职掌为土地、农业、藉田、农副业等，⑥是名副其实的"农官"（《史记·平准书》）。凡此与《周礼·地官·司徒》记载其

---

① 裘锡圭：《关于晋侯铜器铭文的几个问题》，载《传统文化与现代化》，1994 年第 2 期。又李学勤：《〈史记晋世家〉与新出金文》，《学术集林》卷 4，上海：上海远东出版社，1995 年。

② 孙华：《晋侯櫘/斯组墓的几个问题》，载《文物》，1997 年第 8 期。刘启益：《晋侯邦父墓出土有铭铜器及相关问题》，《徐中舒先生百年诞辰纪念文集》，成都：巴蜀书社，1998 年。

③ 黄锡全：《古文字论丛》，台北：艺文印书馆，1999 年，第 157 页。

④ "部"字可能是"纽"字的笔误。

⑤ 1978 年 7 月，笔者致函王力先生，请教有关"斯"字的谐声问题。承其赐答，兹摘抄如次："《说文》斯从斤其声，其说不可信。段注云，其声未闻……其声在支部，断非声也。朱骏声云，按，从其会意。从其会意未必是，但段、朱都说其非声，则是对的。其属之部，斯属支部，韵部相近。但其属群纽，斯属心纽。"

⑥ 张亚初、刘雨：《西周金文官制研究》，北京：中华书局，1986 年，第 6 页。

管理农、林、牧、猎、渔等事项也是十分吻合的。

上揭文字训诂资料说明,"斲"从"斤"无疑与斫砍工具有关,可读"斷"或"斫"。从形音义分析,二字都与"斷"有明显的同源关系。进而推之,其与锄类工具的内在联系也就不言而喻了。

今以第五次发掘报告以及最近公布的第六次发掘报告为依据,①综合各家意见,重新排列晋侯墓主与《史记·晋世家》的对应关系如下:

M ？ （弔矢） 　　　唐（叔虞）
M114： ？ 　　　晋侯（燮）
M9： ？ 　　　晋武侯（宁族）
M6： （棘马） 　　　晋成侯（服人）
M33： （喜父） 　　　晋厉侯（福）
M91： （对） 　　　晋靖侯（宜臼）
M1： （斲） 　　　晋釐侯（司徒）
M8： （苏） 　　　晋献侯（籍、苏）
M64： （邦父） 　　　晋穆侯（费王）
M93： ？ 　　　晋文侯（仇）

晚期墓葬可出早期器物,这是以上推测的基点。例如:M92"对"夫人墓除有"对"器外,也伴出较早的"棘马"器、"喜父"器。M8"苏"墓除有"苏"器外,也伴出较早的"斲"器。由此推断,M8"斲"器的时代要早于"苏"器也就不足为怪了。如是排列已囊括铭文中所有的晋侯之名,似乎也可消弥第五次发掘报告中晋侯△器无所归属的矛盾。据云,晋侯墓地发掘者还将有新材料陆续公布,所以以上推测是否正确,尚待日后验证,再予修订。

附带试释晋侯斲簋"▽簋"。

▽,诸家多阙释。或释"铸",②亦有可商。兹抄录簋铭和壶铭(采宽式隶定)以资比较:

唯九月初吉庚午,晋侯△作▽簋,用享于文祖皇考,其万亿永宝

---

① 李伯谦:《晋侯墓地墓主推定之再思》,载《古代文明研究通讯》总第9期,2001年6月;又《弔矢方鼎铭文考释》,载《文物》,2001年第8期。北京大学考古文博院、山西省考古研究所《天马——曲村遗址北赵晋侯墓地第六次发掘》,载《文物》,2001年第8期。

② 张颔:《晋侯斲簋铭文初识》,载《文物》,1994年第1期。

用。(簋铭)

唯九月初吉庚午,晋侯△作尊壶,用享于文祖皇考,万亿永宝用。(壶铭)

将簋铭"▽簋"与壶铭"尊壶"相互比较,不难发现:▽应是修饰"簋"的定语。按,▽可与函皇父簋(《三代》8.41.1)"函"字相互比较:

  晋侯斷簋

  函皇父簋

关于"函"的构形,王国维以为"象倒矢在函中",又云:"），象函形其缄处,且所以持也。"① 王氏考释精当无疑。将函皇父簋的）形向左移动,即成晋侯斷簋的"入"形。二者笔势略有变化,不足为奇。至于两簋此字的外廓或近方形,或上部突起,可参见《金文编》1215"圝"字:

  番生簋

  毛公鼎

其实二簋此字的主要区别在于"函"内偏旁不同:函皇父簋"函"内为"倒矢"(箭),晋侯斷簋"函"内为"金"。因此,前者释"函",后者则应释"錋"。晋侯斷簋"錋",从"金","函"省声,"函"之异文。《集韵》:"函,匦也,杯也。或作錋。"

王国维云:"函本藏矢之器,引申而为其他容器之名。《周礼》伊耆氏共其杖咸。郑注,咸读为函。故函者,含也。咸,缄也。""函"既有"含容"之义,故晋侯斷簋"錋簋"之"錋"应是容器之泛称。上文已指出"▽簋"与"尊壶"应是相近的词组,于此得到证明。

陈逆簋"寊筴"(《三代》10.25.2),旧释"宝簋",殊误。首字下从"贝",上则从"容"之古文,应隶定"賥",读"容"。陈逆簋"賥(容)筴(簋)"与晋侯斷簋"錋(函)簋"构词方式相同,"容"与"函"义近。这为本文所释"函簋"提供一条颇有兴味的旁证。

附记:

承蒙李学勤先生惠寄《学术集林》,李零先生惠寄《古代文明研究通讯》,

---

① 王国维:《观堂集林》,引《金文诂林》9册,香港:香港中文大学,1974年,第4382—4383页。

张崇宁先生惠寄晋侯△壶铭文照片,兹一并鸣谢。

逨盘古辞探微①

今年元月,在陕西省宝鸡市眉县发现一批完整的青铜器窖藏,计 27 件铜器,均有铭文。其中逨盘铭有"文王"、"武王"、"成王"、"康王"、"昭王"、"穆王"、"恭王"、"懿王"、"孝王"、"夷王"、"厉王"11 位周王,比 1976 年出土的墙盘还多出 5 位。② 这件周宣王时的标准器,其史料价值的重要是不言而喻的。

逨盘与墙盘比较,不仅内容相近,而且词汇也相近或相同。除王名相同之外者,尚有"盭龢于政"、"万邦"、"四方"、"达殷"、"周邦"、"楚荆"、"天子"、"上帝"、"粦明"、"对扬"、"丕显"、"宝尊"、"黄耇"等。至于逨盘与其它两周铜器铭文相同者,诸如"桓桓"、"克明"、"悊(慎)德"、"夹绍"、"膺受"、"鲁命"、"匍(抚)有四方"、"厥堇(勤)疆土"、"用配上帝"、"逨(来)匹"、"用奠四国"、"柔远能迩"、"不廷"、"有成"、"扑伐"、"不坠"、"穆穆翼翼"、"虔夙夕"、"万年无疆"、"保奠周邦"、"死(尸)事"、"谏辞(义)四方"、"王若曰"、"丕显文武"、"膺受大命"、"爵(劳)勤大命"、"绅(申)就乃令"、"攀(班)司(详另文)四方"、"吴(虞)彙(林)"、"宫御"、"赤市"、"幽黄(衡)"、"攸(鋚)勒(革)"、"丕显鲁休"、"用追享孝"、"前文人"、"严在上"、"翼在下"、"蓬蓬勃勃"、"多福"、"眉寿"、"绰宽"、"康擱(强)"、③"屯(纯)又(佑)通录(禄)"、"永命霝(灵)冬

---

① 原载《安徽大学学报》(哲学社会科学版),2003 年第 4 期,第 9—14 页。
② 张廷皓:《黄土藏国宝一出举世惊——陕西眉县杨家村青铜器窖藏发现清理保护纪实》,载《收藏家》,2003 年第 4 期。陕西省文物局、中华世纪坛艺术馆:《盛世吉金——陕西宝鸡眉县青铜器窖藏》,北京:北京出版集团、北京出版社,2003 年。
③ 何琳仪:《莒县出土东周铜器铭文汇释》,载《文史》,2000 年第 1 期。

(终)"、"畯(骏)臣天子"、"子子孙孙"、"永保用享"等,更是不胜枚举。以上词汇多有成说,无须赘述。

本文只就逨盘首次出现的词汇10则予以考证。至于"盩龢"、"燹明"已见其它铭文,或论述简略,或又有新证,今并藉此补释。凡得12则。拙文《墙盘賸语》已云:"盖析辞为字以求其义,异说蜂起;援经验辞以求其义,往往得之。"①这仍是本文考证的原则。于其所不知,盖阙如也。另外,"享辟"谓"享祭国君","徙服"谓"迁徙职事"等。诸如此类,盘铭之中尚多,皆因无典籍辞例与之对应,故不赘述。

逨盘铭文372字,其中重文21字、合文1字、脱文1字。释文如下(多采宽式):

> 逨曰,丕显朕皇高祖单公,桓桓[重文]克明慎厥德,夹
> 绍文王、武王达殷。膺受天鲁命,抚有四方,竝
> 宅。厥勤疆土,用配上帝[合文]。雩朕皇高祖公叔,克逨
> 匹成王,诚受大命,旁狄不享,用奠四国万邦。
> 雩朕皇高祖新室中,克幽明厥心,柔远能迩,
> 会召康王,旁怀不廷。雩朕皇高祖惠仲盠父,
> 盩龢于政,有成于猶,用会昭王、穆王,盗政四方,扑
> 伐楚荆。雩朕皇高祖零伯,燹明厥心,不坠□(厥?)
> 服,用辟恭王、懿王。雩朕皇亚祖懿仲狂,谏谏[重文]克
> 匍保,厥辟孝王、夷王,有成于周邦。雩朕皇考
> 恭叔,穆穆[重文]翼翼[重文],龢訇于政,明隋于德,享辟历
> 王。逨
> 肇徙朕皇祖考服,虔夙夕,敬朕尸事。肆天子
> 多赐逨休。天子其万年无疆,耆黄耈。保奠周
> 邦,谏辪四方。王若曰,丕显文武,膺受大命,
> 抚有四方。则繇惟乃先圣祖考,夹绍先王,爵
> 勤大命。今余惟经乃先圣祖考,申就乃令,令[重文]汝疋
> 荣兑,攀司四方虞林,用宫御。赐汝赤市、幽黄、

---

① 何琳仪:《墙盘賸语》,载《古籍研究》,2003年第1期。

攸勒。逑敢对天子丕显鲁休扬,用作朕皇祖
考宝尊盘,用追享孝于前文人。前文人[重文]严在上,翼在
下。蓬蓬[重文]勃勃[重文],降逑鲁多福,眉寿绰宽,受余康
强,纯

佑通禄,永命灵终。逑畯臣天子。子子[重文]孙孙[重文],永
保用享。

竝 宅

"竝宅",见《南史·陆慧晓传》:"吾闻张融与慧晓竝宅,其间有水,此必有异味。"

盘铭"匍有四方竝宅",意谓"抚有天下,共处其间"。《南史·陆慧晓传》虽属较晚的典籍,但其中"竝宅"之词似远有所本。

旁 狄

"旁",训"溥"(《说文》),训"广"(《广雅·释诂》)。

"狄",应读"剔"。《诗·鲁颂·泮水》:"桓桓于征,狄彼东南。"笺:"狄,当作剔。剔,治也。"释文:"韩诗云,鬀,除也。"疏:"剔,治毛发,故为治也。"王先谦曰:"陈乔枞云,《士丧礼》四鬀去蹄。注,今文鬀作剔。是狄、剔、鬀古皆通用。笺训剔为治,治与除同义,其说即本之韩诗也。"①今按,"剔"之本义,当据《说文》"剔,解骨也"求之。董同龢曰:"郑氏的治分明就是治罪惩处,击破的意思。"②"不享",见《书·洛诰》:"汝其敬识百辟享,亦识其有不享。"杨筠如曰:"享,《释诂》献也。此因诸侯来助祭,而行享礼也。"③

盘铭"旁狄不享",应读"旁剔不享",有"普遍惩治不来祭献者"之义,也即"普遍击破不归顺者"。

以上解释,完全可以讲通。值得注意的是,"旁剔"一词又见于后世典籍。

---

① 王先谦:《诗三家义集疏》,北京:中华书局,1987年,第1074页。
② 董同龢说引《金文诂林》12册,香港:香港中文大学,1974年,第5951页。
③ 杨筠如:《尚书覈诂》,北强学社,1934年,第83页。

检《文选·潘安仁射雉赋》"亦有目不步体,邪眺旁剔"。注:"爰曰,目不步体,视与体违也。邪眺旁剔,视瞻不正,常惊惕也。善曰,《国语》单襄公曰,晋侯目不在体,而足不步目。《说文》曰,惕,惊也。剔与惕古字通。济曰,视与体相违,目邪望,足旁剔也。"①上文已指出"剔"本有"击破"之义,然则吕延济所谓"足旁剔"也即"足旁击",堪称确诂。《文选·潘安仁射雉赋》"旁剔"描写鸟足这一动作,很有可能是由盘铭"旁狄"一词引申而来。地下文献和地上文献的同一词汇,由于时间跨度遥远,尽管其含义的外延有时会扩大,然而有其共同的来源,则完全合乎词汇逐渐演变的规律。

顺便讨论金文"畢狄"。畢狄钟"畢狄不恭"(《集成》9.4631)。高田忠周曰:"按,《说文》畢,尽也。从攴,毕声。凡经传训毕为终也、尽也,畢为本字,毕为假借字也。"②按,畢狄钟"畢狄不恭"与盘铭"旁狄不享"互相比较,不但句式相同,而且"畢"与"旁"均属唇音。因此"畢狄"可能是"旁狄"的一音之转。志此备参。

幽 明

"幽明",见《书·舜典》"三载考绩,三考,黜陟幽明"。传:"幽明有别,黜退其幽者,升进其明者。"其中"幽"与"明"对文见义。

"幽明"在《书》中本为名词,在盘铭中则为动词。"幽明厥心",意谓"进退其心",即"根据不同的情况,变化其心"。

会 召

"召",原篆笔画繁缛,学界公认其从"召"得声,乃"召"之繁文。在以往金文中也屡见不鲜。③

"会召",应读"会绍"。《书·文侯之命》:"用会绍乃辟。"传:"当用是道合会继汝君以善。"

---

① 李善等:《六臣注文选》,北京:中华书局,1987年,第181页。
② 高田忠周说引《金文诂林》4册,香港:香港中文大学,1974年,第1943页。
③ 张亚初:《殷周金文集成引得》,北京:中华书局,2001年,第534—535页。

盘铭"会召康王",与《书》"用会绍乃辟"辞例相同,意谓"会合继续康王的事业"。

旁 怀

"旁",训"溥"(《说文》),训"广"(《广雅·释诂》)。"怀",原篆不从"心"。《尔雅·释言》:"怀,来也。"

"不廷",又见胡钟、毛公鼎、秦公钟等。"不廷"即典籍"弗庭"("不"与"弗"音义均近),指不肯归顺朝廷者。《书·周官》:"四征弗庭,绥厥兆民。"传:"四面征讨诸侯之不直者,所以安其兆民。"

盘铭"旁怀不廷",与《礼记·中庸》"怀诸侯"辞例甚近。而后世典籍有"包怀"一词,可能与盘铭"旁怀"有关。"勹"、"甫"与"方"声系相通。"匍"从"甫","勹"为叠加声符。这与古文字"匐"、"匊"、"匀"、"朋"、"复"、"雹"、"墨"等均以"勹"为叠加声符,可以类比。① 而"甫"与"方"声系阴阳对转。《周礼·考工记》:"搏埴之工陶瓬。"注:"郑司农云,瓬读为甫始之甫。"至于上引《说文》"旁,溥也",亦属声训。凡此均可证"包"与"旁"音近。

检《晋书·武帝纪》"廓清梁岷,包怀杨越"。其中"廓清"与"杨越"对文见义,皆指征服敌国。这与盘铭"旁怀不廷"的句意也相近。

盩龢

"盩龢",金文习见,如师询簋、墙盘、痶钟等。旧解多据《说文》"盩"音"读若戾",进而读"盩龢"为"戾和",训"致和",②或训"定和"。③ 或读"利和",乃"和利"之倒文,"利"与"和"义近。④ 以音韵、训诂而论,这些解释不无道理。然而典籍中并无"利和"这一词汇,故其结论实有可商。墙盘"盩龢"在同墓痶钟则作"盩龢",故《金文编》"盩"(1688)下云"孳乳为盩",无疑是正确的。《说

---

① 于省吾:《甲骨文字释林》,北京:中华书局,1979 年,第 374—380 页。何琳仪:《古玺杂识续》,《古文字研究》19 辑,北京:中华书局,1992 年。
② 唐兰:《略论西周微史家族窖藏铜器群的重要意义》,载《文物》,1978 年第 3 期。
③ 裘锡圭:《史墙盘铭解释》,载《文物》,1978 年第 3 期。
④ 孙常叙:《秦公及王姬钟镈铭文考释》,载《东北师大学报》,1978 年第 4 期。

文》:"𢿛,引击也。从幸、攴,见血也。扶风有𢿛庢县。(张流切)""𢄴,弼戾也。从弦省,从𢿛。读若戾。(郎计切)""𢿛",端纽幽部;"𢄴",来纽脂部。端、来均属舌音;幽、脂旁转。① 从音韵上分晓,"𢿛"与"𢄴"也属同源。又《集韵》"挞"字"古作𢾭"(曷韵十二)音"他达切"。按字形分析,"𥁃"本是从"皿","𢾭"声的形声字,许慎解说未必可信。"他达切"不过是"张流切"的变音而已,二字均属舌音。这似乎说明"幺"旁(即"糸"旁)可有可无。又检《集韵》"𥁃",或省作"𢾭"(霁韵十二)。这似乎说明"皿"旁也可有可无。凡次可证,"𢾭"、"𢿛"、"𥁃"均为一字之变,其本音当读若"张流切"。《吕氏春秋·节丧》:"蹈白刃涉血𥁃肝。"注"𥁃,古抽字。"可资旁证。

众所周知,金文习见之"卣",即"卤"。②《说文》:"卤,读若调。"而"卣"与"由"声系可以通假。《史记·赵世家》"烈侯逌然",正义:"逌音由。"《字汇补》:"逌为古由字。"《新序·杂事》:"国非事无逌安强。"裴学海读"逌"为"由"。③ 凡此可证"抽"之古字"𥁃"可读"调"。然则金文习见之"𥁃龢"、"𥁃𩱧"均可读"调和"。

"调和"本指烹调五味而言,如《吕氏春秋·去私》:"庖人调和而弗敢食,故可以为庖。"《淮南子·泰化训》:"伊尹忧天下之不治,调和五味,负鼎俎而行。"或指谐合音律而言,如《新书·六术》"五声宫商角征羽,倡和相应而调和"。引申为调理政事,如《墨子·节葬》"上下调和"、《韩诗外传》二"务之以调和"、《汉书·丙吉传》"三公典调和阴阳"等。以"调和"之引申义诠释金文"𥁃龢"、"𥁃𩱧",可谓怡然理顺。

上引《吕氏春秋》之"𥁃",今本讹作"𢿛"。《正字通》:"𢿛,𥁃字讹。"④这一重要线索,使我们有理由推测金文"𥁃龢"很可能就是典籍之"执和"。《逸周书·祭公》:"我亦维有若祭公之执和周国,保乂王家。"⑤孔注:"执,执持;

---

① 王念孙说引宋保:《谐声补逸》;何琳仪:《幽脂通转举例》,《古汉语研究》1辑,郑州:河南大学出版社,1996年。

② 容庚:《金文编》,北京:中华书局,1985年,第1141页。

③ 裴学海:《古书虚字集释》,北京:中华书局,1980年,第69页。

④ 陈奇猷:《吕氏春秋校释》"𥁃当即《说文》幸部之𢿛,音抽。《说文》云,引击也。从幸、攴,见血也。𥁃肝犹引出其肝而击之,正是此文之义……《说文》即训𢿛为引击,又训抽为引也,是𢿛、抽音义均同,则高谓𥁃为古抽字,信而有征。",上海:学林出版社,1984年,第529—530页。

⑤ 李学勤:《文物研究与历史研究》,载《中国文物报》,1988年第10期。

和,和爱。"其实孔注根据讹变的形体"执"解释"执和",当然不足为训。总之,《逸周书》"执和"乃金文"譺龢"之讹误,也即典籍习见之"调和"。

盗 政

"盗",应读"濯"。"盗"、"兆"、"翟"声系可通。《史记·秦本纪》:"得骥温骊。"集解:"温一作盗。"索隐:"盗,邹诞本作駣。《列子·周穆王》:"左骖盗骊",《广雅·释畜》:"盗骊"作"駣騄"。而《周礼·春官·守祧》"掌守先公之庙祧",注:"故书祧作濯,郑司农濯读为祧。"《书·顾命》:"王乃洮頮水。"《三国志·吴志·虞翻传》裴注引郑玄注:"洮读为濯。"均其旁证。然则"盗政"可读"濯征"。检《诗·大雅·常武》"不测不克,濯征徐国",传:"濯,大也。"林义光曰:"濯,读为逴。《说文》逴,远也。"①按,毛传与林解均可通。"翟"与"卓"声系亦可通。② 若以周穆王伐楚之事验之,似林说较胜。

盘铭"盗政四方",应读"濯征四方",意谓"大伐四方"。

舜 明

"舜明",金文习见,如墙盘"舜明亚祖祖辛"、师载鼎"用型乃圣祖考舜明"、尹姞鼎"弗忘穆公圣舜明"等。以上"舜明"笔者曾以典籍"文明"当之。《书·舜典》"濬哲文明",孔疏:"经纬天地曰文,照临四方曰明。"蔡传:"文理而光明。"因为上引诸铭文"舜明"均无宾语,笔者也曾从诸家之说以"瞚"(《说文》"瞚,目精也。")为"舜"之本字,《书·舜典》又以假借字"文"当之而已。③

逨盘"舜明厥心",说明"舜明"可以有宾语。"文明其心"可能比"瞚明其心"更为通顺。

---

① 林义光:《诗经通解》卷 25,衣好轩,1930 年,第 21 页。
② 高亨:《古字通假会典》,济南:齐鲁书社,1989 年,第 805 页。
③ 何琳仪:《墙盘賸语》,载《古籍研究》,2003 年第 1 期。

諫諫

"諫諫",应读"简简"。"柬"与"闌"声系可通。① 《诗·大雅·板》"是用大谏",《左传·成公八年》引"谏"作"简"。是其确证。检《诗·周颂·执竞》"降福简简",传:"简简,大也。"《尔雅·释训》:"简简,大也。"

"匍保",疑读"辅保",犹"扶保"。《论衡·率性》:"近恶则辅保禁防。"

盘铭:"諫諫克匍保,厥辟孝王、夷王。"意谓"能够大大地辅保其君孝王、夷王"。

龢訇

"訇",金文习见,即字书之"韵"。《集韵》"韵,或作訇。《六书统》:"韵,和也。"学者多以为即"询",② 甚确。

盘铭"龢訇",应读"和均"。《风俗通·正失》:"和均五声,以通八风。"本指调和音律,引申为调和政事。盘铭"龢訇于政",正用其引申义。上文"敖龢于政"读"调和于政",其中"调和"也本指调和音律,引申为调和政事,可谓无独有偶。

明隋

"隋",原篆右下从"妻",乃叠加音符。

"明隋",应读"明䊫"或"明齐"、"明粢"。《周礼·秋官·司烜氏》:"司烜氏掌以夫遂取明火于日。以鉴取明水于月,以共祭祀之明䊫,明烛共明水。"注:"郑司农云,明粢谓以明水涤粢盛黍稷。"释文:"䊫,音资。注作粢,音同。"孙诒让曰:"《诗·小雅·甫田》云,以我齐明,与我牺羊,以社以方。毛传云,器实曰齐。郑笺云,絜齐丰盛。彼释文云,齐本又作䊫。案,《诗》齐明即此明䊫倒文以协韵。又《士虞礼》祝辞亦有明齐。注云,今文曰明粢。王引之

---

① 高亨:《古字通假会典》,济南:齐鲁书社,1989 年,第 190 页。
② 钱大昕、于省吾说。引《金文诂林》3 册,香港:香港中文大学,1974 年,第 1276—1277 页。

谓,即此经文之明齍,其说甚塙。齍、齐、粢字并通也。"①《礼记·曲礼》下:"凡祭宗庙之礼,稷曰明粢。"疏:"稷,粟也。明,白也。言此祭祀明白粢也。"孙希旦曰:"稷之色白,故曰明粢。明,洁白也。"②关于"明齍"或"明齐"、"明粢"是否与"明水"有关,学者间见仁见智,姑且不论。然而祭品前之"明"取其洁白之义,则是明确无疑的。

盘铭"明隮于德",可读"明齍于德",意谓"修德有如祭祀之稷一般的洁白无瑕"。古人往往以祭祀所用"黍稷"与"明德"相提并论,如《书·君陈》"黍稷非馨,明德惟馨",又见《左传·僖公五年》。由此来看,典籍所载这句古谚,可能源于盘铭"明隮于德"。

荣兑

"兑"与"达"音近可通。《诗·大雅·绵》:"柞棫拔矣,行道兑矣。"传:"兑,成蹊也。"按,所谓"成蹊"失之空泛,并不确切。"兑"当如朱骏声所言"假借为达",③高亨亦谓"兑,通达"。④《诗·郑风·青衿》"挑兮达兮"之"挑达",即《易林·无妄之师》"跳脱东西"之"跳脱"。⑤臂钏名"条脱"(《真诰》),又名"条达"(《初学记·岁时部》)。朱起凤曰:"达、脱声之侈弇,犹佻达亦作佻脱。"⑥凡此均"兑"、"达"相通之证。

"荣兑",应读"荣达",见《亢仓子·贤道》:"穷厄则以命自宽,荣达则以道自正。"。

盘铭"令女疋荣兑",应读"令汝胥荣达",意谓"命令你辅佐显达"。

译文:

逨说:"我的显赫皇高祖单公,英武而能谨慎他的德行,佐助文王、武王,挞伐殷商。承受上天的嘉美之命,抚有四方,同居其间。这些勤奋扩充疆土

---

① 孙诒让:《周礼正义》卷70,四部备要本,第11页。
② 孙希旦:《礼记集解》,北京:中华书局,1998年,第155页。
③ 朱骏声:《说文通训定声》泰部,上海:上海积山书局,1887年,第1页。
④ 高亨:《诗经今注》,上海:上海古籍出版社,1980年,第380页。
⑤ 朱起凤:《辞通》,上海:上海古籍出版社,1982年,第2414页。
⑥ 朱起凤:《辞通》,上海:上海古籍出版社,1982年,第2406页。

的事业，以匹配上帝。我的皇高祖公叔，能匹配成王，诚然受大命，遍击不朝享者，以安定四方各国。我的皇高祖新室中，能在心中忖度下属职务的升降，安抚远者，亲善近者。会合继续康王的事业，使不肯归顺朝廷者服从。我的皇高祖惠仲盠父，调和政事，政策卓有成效，以合乎昭王、穆王的事业。大征四方，击伐楚荆。我的皇高祖零伯，高明其心，不坠其事，以奉恭王、懿王。我的皇亚祖懿仲𢓊，能够大大地辅保其君孝王、夷王，使周王朝大获成功。我的皇考恭叔，仪态美好，小心翼翼，调和政事，修德有如祭祀之稷一般的洁白无瑕，祭享国君厉王。逨承袭我皇祖考的职务，日日夜夜虔诚，恭敬我所主管的事。于是天子多多地予赐逨之福荫。天子万年无疆，至于长寿。保护安定周王朝，逨治四方。"

周宣王这样说："显赫的文王、武王，承受大命，抚有四方。由于这个缘故就应思念你的先圣祖考，辅佐先王，勤劳于重大使命。现在我以先圣祖考为法，再给予你任职的命令，命令你辅佐显达，掌管四方的狩猎之地，供给宫廷使用。赏赐给你红色的蔽膝、黑色的绶带、皮革饰铜的马笼头。"

逨对答天子显赫嘉美之赏赐，用来做我皇祖考的宝贵之盘，以纪念孝敬前世有文德之人。前世有文德之人严肃在上，我恭敬在下。蓬蓬勃勃，降给逨嘉美之多福、宽裕广大之寿命。给予我健康的身体、纯美的保佑和亨通的福禄、永恒的命运和美好长久。逨永远做天子之臣。子子孙孙永远珍宝，用来祭享。

第三编

春秋文字

莒县出土东周铜器铭文汇释[1]

20世纪30年代以前,莒州曾发现鱼觚、中驹敦、宰鼎、曹公子戈、左军戈等先秦有铭铜器。[2] 新中国建国以来,在山东省莒县境内又陆续出土若干有铭东周礼器和兵器。除新出右戈、不降戈之外,其它均已著录于油印本《沂蒙金文辑存》(下文简称《辑存》)。[3] 本文拟将1949年以来莒县所出6件有铭铜器,按其出土时间为序分别介绍如次:

司马南叔匜

著录《山东文物选集》图49。《辑存》:"建国初期,于莒县城东前集出土。60年代调入山东省博物馆收藏。器高13.8厘米,口宽处14厘米,兽头錾,四蹄足。口沿通流饰窃曲纹。"腹内有铭文17字(图1):

嗣(司)马南帬(叔)乍(作)
嫚(刚)姬媵它(匜)子=
孙=永宝用喜(享)。

"嫚",字书未见。其所从"㓁"旁则见于甲骨文(屯南4281),又见于"鳗"

---

[1] 原载《文史》,2000年第1期,第29—37页。
[2] 《重修莒志》卷49"金石",1936年铅印本。
[3] 临沂地区文物管理委员会、临沂地区历史学会《沂蒙金文辑存》(油印本),1984年。

(合集 28430)所从偏旁。诸家均以为"渔"字之异文。① 虢姜簋、颂器等屡见"康㝬",诸家释读亦颇多纷歧,②《金文编》1206 页列入附录。

按,"爰"从"受",从"网",会双手举网之意。由于声化的趋势,此字似应读若"网",疑即字书之"搄"。"㝬"所从"爰"或省作"㓝"(昊生钟),或省作"㝬"(辛鼎),凡此可证"爰"从双手与从单手本可不拘。"搄"亦从单手。"冈"则从"网"声。故"爰"可能是"搄"之初文。《集韵》:"搄,举也。或作抗、扛。"这与"爰"象双手举网义本相因。甲骨文"爰"、"鳗"拟另文详考。金文"康㝬"可读

图 1

"康搄"。"㝬"(搄)可读"强","刚"与"强"同源可通,③是其佐证。"康强"为典籍恒语,《书·洪范》:"身其康强。"

铭文"姬"之前往往冠以地名,如"吴姬"、"鲁姬"、"晋姬"、"蔡姬"等。④故本铭之"嫚"以音求之,似可读"刚"。《战国策·魏策》四"攻齐得刚",即《汉书·地理志》泰山郡"刚县"。在今山东省宁阳县东北堽城附近,春秋属郕国。

司马南叔,待考。故匜铭国别亦不详,然似不出齐系范畴。匜之器型、纹饰与曲阜 M202 所出匜类似,⑤可定为春秋前期。

诸仆故匜

《辑存》:"1974 年出土于莒县中楼乡崔家峪。该器兽口流,龙形卷尾鋬,四蹄足。全长 35、高 18.5、腹深 9、口沿宽处 16、兽头长 7、口径 5 厘米。鋬高 12.5、宽处 6 厘米。口沿外壁通流饰变形夔纹。"腹内有铭文 13 字(图 2):

---

① 李孝定:《甲骨文字集释》,台北:台湾"中央研究院"历史语言研究所,1960 年,第 3469—3471 页。

② 周法高等:《金文诂林附录》,香港:香港中文大学,1977 年,第 1723—1730 页。

③ 王力:《同源字典》,北京:商务印书馆,1982 年,第 341 页。郭店简《五行》"不强不矛",帛书本及《诗·商颂·长发》作"不刚不柔"。

④ 周法高:《金文诂林》,香港:香港中文大学,1975 年,第 6683—6686 页。

⑤ 山东省文物考古研究所:《曲阜鲁国故城》图版 47,济南:齐鲁书社,1982 年。

啫(诸)仆故乍(作)它(匜),
其万年釁(眉)
寿永宝用。

图 2

"啫",《辑存》直接隶定为"者"。该字右上方明确从"口",似可隶定为"啫"。古文字"口"与"言"旁"形旁互用可通",①然则"啫"应为"诸"之异文。

莒为东夷之国,前人已指出"莒君无谥,皆以地为号",并列举兹、纪、渠丘等为证:②

莒君	地名	文献
兹舆期	兹(诸城北)	《春秋·昭公五年》
纪公庶其	纪(赣榆北)	《左传·昭公十五年》
渠丘公朱	渠丘(莒县东)	《左传·成公八年》

其实下列二莒君之名亦以地名为号,而为前人所漏引:

《左传·昭公十四年》"著丘公去疾"之"著丘",即桓公五年"城祝丘"之"祝丘"。"著"与"祝"音近可通。《尔雅·释天》"在戊曰著雍",释文"著"字"本或作祝"。是其佐证。祝丘在今山东省临沂市东南。

《文献通考》封建三"厉公季陀"之"厉",即《谷梁传·僖公元年》"公子友帅师败莒师于郦"之"郦"。"厉"与"郦"音近可通。《周礼·秋官·司刑》"以丽万民之罪"、《孝经·五刑》疏引"丽"作"厉",是其佐证。《谷梁传》之"郦",即《汉书·地理志》琅邪郡"郦",在今山东省诸城市南。

不仅莒君"以地为号",莒贵族名之前也往往冠以地名,如"莒挐"(《春秋·僖公元年》)、"兹夫"(《左传·昭公十四年》)等。

依此类推,匜铭器主"诸仆故"之"诸"不是姓氏而是地名。《春秋·文公十二年》"季孙行帅师城诸及郓",注:"郓,莒鲁所争者。"然则"诸"亦一度属莒。《莒州志》:"古诸在石屋山东北,地名王村,城东壁依然。"在今山东省诸城市西南三十里。

---

① 高明:《中国古文字学通论》,北京:北京大学出版社,1996年,第151—152页。
② 《重修莒志》卷5,"封爵表",1936年铅印本。

"仆"可与下列晚周文字比较：

🈁　诸仆故匜　　　🈁　郘王剑"僕"①

🈁　玺汇 3551　　🈁　三体石经僖公

其"業"旁与西周金文习见的从"収"者不同，这说明匜铭的时代较晚。

"仆故"即"仆"，见《左传·文公十八年》："莒纪公生太子仆，又生季佗，爱季佗而黜仆，且多行无礼于国。仆因国人以弑纪公，以宝玉来奔，纳诸宣公。"这类异名现象参见：

兹舆（《春秋·隐公三年》疏）——兹舆期（《文献通考》封建三）

密州（《春秋·襄公三十一年》）——买朱鉏（《左传·襄公三十一年》）

关于后者，或谓"买朱鉏"与"密州"音同，②或谓"买朱鉏即密州，买密音近，朱鉏急读音近于州，州缓读音近朱鉏。"③春秋人名"披"或作"勃鞮"，"木"或作"弥牟"，④亦可类比。今按，"仆"或作"仆故"也所谓急读和缓读之别。在东夷和苗蛮民族中，诸如此类人名异读现象相当普遍。另外，剑名"仆姑"（《左传·庄公十一年》）是否与人名"仆故"有关，也颇值得注意。

"寿"，其上作帽形，春秋中期以后始盛行于齐系铭文之中。又诸仆故匜的口流呈管状，与《通考》图 864 著录春秋中期匜类似。凡此与《左传·文公十八年》记载的时间也十分吻合。

後生戈

1965 年出土于莒县东北三十公里的桑园乡土门村。戈短胡三穿，援部平缓，刃部陡窄，援与阑的夹角为 90°，胡部有梯形穿孔两个，援顶一孔，内上也有一长方形穿孔。通长 19.5，援长 11，胡长 10，内长 8.5 厘米，重 200 克。内上有铭文 3 字（图 3）：

後生戈

---

① 欧潭生、詹汉清、刘开国：《固始白狮子地一号和二号墓清理简报》，载《中原文物》，1981 年第 4 期，第 27 页。

② 阮元：《十三经校勘记》，引段玉裁说，北京：中华书局，1980 年。

③ 杨伯峻：《春秋左传注》，北京：中华书局，1981 年，第 1189 页。

④ 黄生：《义府》卷上，第 121—122 页。

"後",原篆从"口",与中山王方壶的"後"吻合。"口"乃装饰部件,并无意义。

"後生",见《诗·商颂·殷武》"以保我後生"、《论语·子罕》"後生可畏"、《孙子·行军》"前死後生"等。戈铭似是人名。

据铭文风格分析,戈铭应属战国齐系。

图3

汝阳戟

著录《考古》1990年第7期40页。1981年出土于莒县城阳镇桃园村。该村位于莒国故城东北角,故城垣外郭100米处。戟为群众挖土时所得。戟长胡三穿,援中间起脊,胡中部较大。援与阑的夹角为107°。胡有梯形二穿孔,援顶有一孔,内上也有一长方穿孔。援身近胡处特瘦,呈半圆形。通长24,援长15,胡长10.5,内长9厘米,重250克。内有铭文,笔画纤利,计22字(图4、图5):

十年,汝阳倫(令)长疋、司寇
嘌(平)相、左库工帀(师)重棠、
冶明潵(模)釸(铸)旋(戟)。

图4   图5

"汝",所从"女"旁右下方多一竖笔,参见《金文编》"妻"(1956)、"威"(1964)、"妆"(1981)等字"女"旁亦加竖笔。"汝阳",典籍亦作"女阳"。《汉书·地理志》汝南郡"女阳",注:"女读曰汝。"在今河南省商水县附近。"汝阳"在战国之时一度是楚、魏、韩接壤之地。楚之"汝阳",战国文字作"筕阳"(《玺汇》0332、《陶汇》9.4),汝阳戟之"汝阳"自可排除属楚之可能。该戟与新郑出土兵器铭刻款式(《文物》1972年第10期35页)相同,理应属韩。汝阳隶属汝南郡,其一度属韩可从两方面得到证明。首先,《战国策·秦策》三"应侯失韩之汝南",程恩泽谓"当为楚、韩、魏三国分据之地"。① 顾观光又引《韩非子·定法》"应侯攻韩,八年,成其汝南之封",明确指出,汝南"韩地也"。② 凡此可证汝南确曾属韩境,这与后来《汉书·地理志》"韩分晋得南阳郡及颍川之父城、定陵、襄城、颍阳、颍阴、长社、阳翟、郏,东接汝南"的分野也是吻合的。其次,汝南郡辖地及其附近也一度属韩。《战国策·韩策》三:"秦出兵于三川,则南围鄢、蔡、邵之道不通矣。"又《秦策》四:"王以十万戍郑,梁氏寒心,许、鄢陵婴城,而上蔡、召陵不往来也。"鲍注:"上蔡、召陵并属汝南。不往来,韩、魏不通。"其中鄢(鄢陵)、蔡(上蔡)均一度属韩。《史记·韩世家》宣惠王十四年"秦伐败我鄢"。《史记·楚世家》顷襄王十八年"而上蔡之郡坏矣",正义:"韩上蔡之郡。"由此可见,以鄢、邵、蔡为南北中轴线的颍、汝流域一度是韩、魏两国的交壤。汝阳距邵(召陵)只有三十多公里,其一度属韩是完全可能的。战国地名往往"朝秦暮楚",其交壤国别并不固定。汝阳先后属魏、韩、楚、秦,不过其中一例而已。

"鄩","谞"之异文,参上文"啫"为"诸"之异文。《说文》"鄩"从"谞"。《集韵》:"谞,言也。"戟铭"鄩"为姓氏,玺印文字作"粤"(《玺汇》2949—2968),均读"平"。③《路史》:"韩哀侯少子婼,食采平邑,后以为氏。"

"重",姓氏。又见《玺汇》3196、3197、3493。南正重之后,见《姓谱》。
"棠",原篆从"木","尚"省声。

"潕",本义为水名。韩国兵器铭文中的"冶"人均书名,而不书姓。故汝阳戟铭"冶明"下之"潕",只能属下读为"潕钊"。新郑兵器铭文"钊"前也有

---

① 程恩泽:《国策地名考》,上海:上海古籍出版社,1995年。
② 顾观光:《七国地理考》,金山高煌刻本,1915年。
③ 何琳仪:《古玺杂识》,载《辽海文物学刊》,1986年第2期。

"橅",或加"又"旁,或从"又"从"無",或从"力"从"無"等,均"模"之假借。"橅釪"读"模铸",意谓"制模铸造"。①

根据汝阳戟铭之文字风格、地名分野、监造制度等,可以断定该铭应属晋系韩国文字,其证如次:

1. "令"作"倫","冶"从"土"形("火"旁讹变),以"橅"为"模","戟"作"䣊"形,均见新郑出土韩国兵器。

2. "汝阳"属汝南郡,战国一度属韩国。

3. "令"后为"司寇"。迄今"有以令加司寇为监造,赵、魏尚未发现"。② 而凡由监造者"令"和"司寇"、主办者"工师"、制造者"冶"三级所构成的铭文款式、均为韩器。新郑出土韩国兵器铭文习见,例不备举。

4. "呼"氏即"平"氏,为韩侯宗亲,亦该戟铭属韩之旁证。

汝阳戟为韩器,其具体时间也可以推断。新郑出土韩国兵器铭文中,凡"令"加"司寇"者(9—27号),应属韩惠王和韩王安时器。③ 秦国于韩王安九年灭韩国,故十年汝阳戟只能隶属于韩桓惠王十年,其铸器绝对年代为公元前263年,为战国晚期。至于韩器出土于齐国莒地,其原因待考。

汝阳戟内之三面均有刃,乃战国后期习见的形制。这与戟铭的纪年也大致吻合。

右　戈

1986年出土于莒县阎庄镇周马官庄。戈胡窄长,有二梯形孔。援瘦而长、棱脊、窄陡刃。内上有一长椭圆孔。通长22.5,援长14,胡长10厘米。援与阑的夹角为90°。铭文仅一字(图6):

右

---

① 郝本性:《新郑出土战国铜兵器部分铭文考释》,中国古文字研究会第六届年会论文,1986年。

② 黄盛璋:《试论三晋兵器的国别和年代及其相关问题》,《历史地理与考古论丛》,济南:齐鲁书社,1982年,第145页。

③ 郝本性:《新郑故城发现一批战国铜兵器》,载《文物》,1972年第10期;黄茂琳:《新郑出土战国兵器中的一些问题》,载《考古》,1973年第6期。

该铭与《三代》20.1.2相同,但非一器。齐系兵器铭文往往在地名后缀以"左"、"右",如"城阳左"(《周金》6.46)、"昌城右"(《小校》10.26.1)。其"左"、"右"乃"左戈"、"右戈"之省称。"平阿左戈"(《小校》10.31.1)或作"平阿左"(《小校》10.25.1),是其确证。①

不降戈

著录《集成》11286。1983年3月,莒县夏家苗蒋村的蒋万禄献残戈内一件,上有铭文11字(图7、图8):

不(丕)降(隆)拜余子
之贰(职)金又(为)中军。

图6

检《奇觚》10.38.2、《缀遗》29.20.2著录一件矛铭(旧称"丕隆枪"或"帝降矛"),除读序与该戈铭相反之外,还少铭末三字(图9):

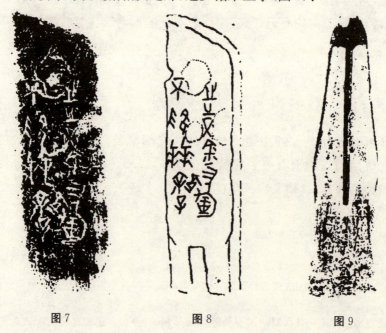

图7　　　　　图8　　　　　图9

---

① 何琳仪:《战国文字通论》,北京:中华书局,1989年,第81页。

不(无)降(穷)拜余子

之贰(职)金。

另外,《周金》6.86.3 矛铭"不降"、《小校》10.114.2 镦铭"不降",显然都与莒县所出戈铭有关。以上传世三铭"降"字原篆之下均从"土"旁,与莒县新出戈铭略有不同。战国文字凡从"阜"旁者,亦可迻加"土"旁,属繁化现象。

"不降",地名,读"无穷"。"不"与"无"音义均通,典籍往往互作。《书·洪范》"无偏无党",《史记·张释之冯唐传赞》作"不偏不党"。《书·吕刑》"鳏寡无盖",《墨子·尚贤》作"鳏寡不盖"。《战国策·秦策》"一战不胜而无齐",《韩非子·初见》引"无"作"不"。均其佐证。"降"古音读若"洪",①与"穷"音近可通。"穷"本从"吕"(雍)得声,②"隆"从"降"得声。而"雍"可与"隆"通假。《战国策·魏策》"得垣雍",帛书《战国纵横家书》"雍"作"壅"。是其佐证。检《战国策·赵策》二:"昔者,先君襄主与代交地,城境封之,名之曰无穷之门。"《史记·赵世家》:"遂至代,北至无穷。"关于"无穷"的地望,向有二说:其一,胡三省云:"自代北出塞外,大漠数千里,故曰无穷。"③《中国历史地图集》第一册 37—38②10 据胡氏之说定其地在今河北张北南,长城以北。其二,梁玉绳读"无穷"为"无终"。④ 程恩泽引顾炎武说以为"无终"之境"当在云中代郡之间",即今河北广昌附近。⑤ 按,梁氏读"无穷"为"无终",似无切证,故仍以胡氏旧说为是。"无穷"在赵、燕交界之处,有可能一度属燕。

"拜",旧多释"棘",惟孙怡让谓:"似从二手字古文即拜字也。"⑥按,孙说至确。《说文》"拜"下引扬雄说"从两手下"。三体石经《皋陶谟》古文、《说文》古文均与不降戈、矛"拜"字形体相近。

"余子",又见余子鼎(《考古》1983.2.188)、《玺汇》0109—0111"余子啬夫",典籍作"余子"。其本义为"适子"(《左传·宣公二年》注),后来演变为一

---

① 陈弟:《毛诗古音考》卷1,北京:中华书局,1988年。
② 于省吾:《甲骨文字释林》,北京:中华书局,1979年,第466页。
③ 胡三省:《资治通鉴》周纪三赧王八年注,北京:中华书局,1956年。
④ 梁玉绳:《史记志疑》卷23,北京:中华书局,1981年。
⑤ 程恩泽:《国策地名考》,上海:上海古籍出版社,1995年。
⑥ 孙诒让:《古籀余论》卷2.4,北京:中华书局,1989年。

种身份。《周礼·地官·小司徒》:"凡国之大事致民,大故致余子。"注:"大事谓戎事也,大故谓灾寇也……余子,卿大夫之子当守于王宫者也。"战国时期,作为庶出"余子",既无财产,又无封爵。上引三晋官玺"余子啬夫"连文,可见其地位不高,"啬夫"冠以"余子",徒具"卿大夫"出身而已。燕国兵器铭文"余子"监造兵器,其身份也可想而知。"拜余子"犹言"拜长官"。相同的称谓参见《玺汇》"王余子"(0594)、"赵余子"(0907)等。

"戠",为孙诒让所释,①可信。此字原篆"弋"旁上增"口"旁,乃装饰部件,无义(矛铭尚显,戈铭有脱笔)。"戠金"读"职金"。《战国策·魏策》三:"不识礼仪德行。"帛书《战国纵横家书》引"识"作"试"。是其佐证。《周礼·秋官·职金》:"职金掌凡金石锡石丹青之戒令,受其入征者,辨其物之媺恶,与其数量,揭而玺之。入其金锡于为兵器之府,入其玉石丹青于守藏之府,入其要,掌受士之金罚货罚,入于司兵。"

"又",读"为"。《诗·大雅·瞻仰》:"妇有长舌。"《大戴礼·本命》注引"有"作"为"。《孟子·梁惠王》:"善推其所为而已。"《说苑》引"为"作"有"。均其佐证。"有"与"为"双声(匣纽)借用,清代学者早有论及。② 而《周礼·考工记·辀人》:"今夫大车之辕挚,其登又难。"其"又"读作"为",③更是不降戈"又"字释读的佳证。

"中",左有"余",右上有"又",右下有"军",处于三字之间,无疑是补刻之字。根据文例,"中"只能与右行连读"中军"。"中军",又见燕国官玺"中军鼓车"(《玺汇》0368)。燕国兵器铭文尚有"右军"(《录遗》585)、"左军"(《剑吉》下20)。检《史记·燕世家》:"燕王怒,群臣皆以为可,卒起二军。"所谓"二军"应指"左军"和"右军"。至于"中军"则由燕王直接统领。参《左传·桓公五年》:"王以诸侯伐郑,王为中军,虢公林父将右军,周公黑肩将左军。"又据《资治通鉴·周纪四》载,赧王三十一年,燕乐毅以"左军、前军、右军、后军、中军"五路大军入侵齐国,则说明燕国已有五军。

不降戈、矛、镞铭"不降"一度属燕境,不降戈铭"中"又见燕刀币和燕官

---

① 孙诒让:《古籀余论》卷2.4,北京:中华书局,1989年。
② 王引之:《经传释词》卷3,北京:中华书局,1957年。
③ 裴学海:《古书虚字集释》,北京:中华书局,1954年,第156页。

玺，①不降矛铭"貮"也可参见燕兵铭(《河北》144)、燕玺文(《玺汇》)2724)、燕陶文(《陶汇》4.2)。凡此说明，不降四器是明确无疑的燕器。

小　结

莒国自西周受封以来，偏居"夏东"(莒叔之仲子平钟)，延续六百余年，形成颇有特色的青铜文化。从天井旺、大店所出成套的礼器和乐器的规模来看，②足可与华夏洋洋大国媲美。莒国铜器铭文属西周者有莒小子簋，属春秋者有莒侯簋、莒大史申鼎，然而其出土地均不明。新发现的春秋莒叔之仲子平钟、莒公戈则出土于莒县县境之外。③ 今莒县是古莒国的政治中心，因此莒县崔家峪出土的诸仆故匜也就显得特别重要。迄今莒器中尚未发现与典籍可以印证的人名，而诸仆故匜的"仆"恰可与《左传》印合，故该匜可定为春秋中期的莒国标准器。

战国中晚期，作为齐国的莒地，青铜文化仍很发达。新出莒公朝子钟的器主，虽已是受封在莒地的齐国贵族，但其墓葬出有成套的礼乐区，④犹存故国遗风。同时，齐国的莒城也是战略地位十分重要的都会。"莒旧城有三重，皆崇峻。子城方十二里，内城周二十里，外郭周四十里"。⑤ 据《史记·田单世家》载，燕国大将乐毅攻占齐国"既尽降齐城，唯独莒、即墨不下"。后五年，齐襄王凭借莒、即墨的武装力量打败燕军，光复齐国。笔者曾指出，齐币返邦刀、莒刀、即墨刀等都是齐襄王在莒前后所铸。⑥ 近年，在莒国故城城内发现一批完整的明刀范，⑦证明莒城确为齐国的经济、贸易中心之一，堪称齐国"战时陪都"。莒县新出不降戈很有可能是乐毅围莒时的遗物(不降矛为潍县

---

① 裘锡圭：《战国货币考》(十二篇)，载《北京大学学报》，1978年第2期。
② 齐文涛：《概述近年山东出土的青铜器》，载《文物》，1972年第5期；山东省博物馆等：《莒南大店春秋时期莒国殉人墓》，载《考古学报》，1978年第3期。
③ 山东省博物馆等：《莒南大店春秋时期莒国殉人墓》，载《考古学报》，1978年第3期；山东省文物考古研究所、沂水县文物管理站：《山东沂水刘家店子春秋墓发掘简报》，1984年第9期。
④ 山东诸城县博物馆：《山东诸城臧家庄与葛布口村战国墓》，载《文物》，1987年第12期。
⑤ 程恩泽：《国策地名考》，上海：上海古籍出版社，1995年。
⑥ 何琳仪：《返邦刀币考》，载《中国钱币》，1986年第3期。
⑦ 苏兆庆：《莒国故城出土的刀币陶范初议》，《山东金融研究》钱币专刊(二)。

陈介祺旧藏,出土地点则待考)。总之,齐国和燕国的地下文献资料加深了我们对于这一重大历史事件的理解。

另外,汝阳戟铭"貳(职)金"的释读,"中军"与其它燕器"左军"、"右军"所组成的"三军"关系,凡此对研究战国的兵器监造和军队编制都有十分重要的参考价值。

以上6件莒县出土有铭铜器,春秋二器,战国四器。从古文字角度而言,其中"嫚"、"啫"、"汝"、"嘌"、"棠"等字,在金文中尚属首见。这无疑是研究东周文字的新颖资料。

本文承蒙山东省莒县博物馆苏兆庆馆长诸多协助,谨此鸣谢。

楚王领钟器主新探①

在楚文化研究领域,载有楚王名的铜器铭文,诸如楚公䐨钟、楚公逆镈、楚王领钟、楚王酓审盏、楚王酓章钟、楚王酓前鼎、楚王酓忎鼎等,无疑占有特殊的地位。上揭楚王名多可与传世典籍相互印证,例如:䐨即熊渠,②逆即熊鄂,③酓审即熊审,④酓章即熊章,⑤酓前即熊元,⑥酓忎即熊悍。⑦ 然而楚王领究竟是谁? 学术界争议较大。本文拟就这一问题提出新的见解,以供学者参考。

楚王领钟著录于《贞松》图上 2、《通考》964、《大系》182、《三代》1.9 等,铭文 19 字:

  隹(惟)王正月初吉,丁亥,楚王领自乍(作)铃钟,其聿(律)其言(音)。⑧

关于此钟的器主,旧有七说:

一、"成王说"(前 671—前 625 年)

---

① 原载《东南文化》,1999 年第 3 期,第 93—95 页。
② 张亚初:《论楚公䐨钟和楚公逆镈的年代》,载《江汉考古》,1984 年第 4 期。
③ 孙诒让:《古籀余论》2 卷,北京:中华书局,1989 年,第 9—13 页。
④ 李学勤:《楚王酓审盏及有关问题》,载《中国文物报》,1990 年 5 月 31 日。
⑤ 赵明诚:《金石录》12,北京:中华书局,1983 年。
⑥ 陈秉新:《寿县楚器铭文考释拾零》,《楚文化研究论集》1 集,荆楚书社,1987 年。
⑦ 郭沫若:《寿县所出楚器之年代》,《古代铭刻汇考续编》,东京:文求堂书店,昭和 9 年,第 36 页。
⑧ 吴闿生:《吉金文录》2 卷 10。

罗振玉谓"领"是"頵"之坏字,即《左传》"成王名頵"的楚成王。①

二、"悼王说"(前401—前380年)

郭沫若云:"器有钮,枚平,花纹乃所谓秦式,盖战国时代之器,不得远至春秋中叶。准此求之,余意当即楚悼王。"又云:"《史记·六国年表》及《通鑑》均作类……类当既领字。"②夏渌则认为,"领"是"疑"之初文。《史记·楚世家》楚悼王名疑。③

三、"共王说"(前590—前559年)

陈梦家云:"楚王领,余释为楚恭王箴。今、咸古音同。"④周法高引《国语·楚语》上"庄王使士亹傅太子箴",韦注:"审,恭王名也。"黄丕烈札记:"此当是箴,或作审,恭王名也……箴、审音相近。"⑤发挥共王说。

四、"郏敖说"(前544—前541年)

白川静认为,《史记·楚世家》"郏敖"即《左传》之"麇"(见《史记》索隐)。"领"读"麇"为侵、谆音转,是楚方言互转的结果。⑥

五、"穆王说"(前625—前614年)

刘彬徽曾引笔者信函主熊囏说,⑦后来又更正为穆王说。刘氏以楚王领钟与秦武公钟作器形比较,指出:"笔者推定此钟的年代范围在公元前678—前600年之间,曾考虑可能是楚王堵敖即熊囏(艰)之钟。现在看来,年代似得稍早,也可能还要晚一点……我们认为可能为楚穆王之钟。"⑧

六、"昭王说"(前515—前489年)

董楚平认为,《左传·昭公二十六年》注"壬,昭王也","领"与"壬"皆侵部,可以通假。⑨

---

① 罗振玉:《贞松堂集古遗文》1卷14。
② 郭沫若:《两周金文辞大系考释》,东京:文求堂书店,昭和10年,第168、165页。
③ 夏渌:《铭文所见楚王名字考》,载《江汉考古》,1985年第4期。
④ 陈梦家:《长沙古物闻见记·序》,参见商承祚《长沙古物闻见记》注9,南京:金陵大学中国文化研究所,1939年,第11页。
⑤ 周法高:《金文零拾》,引自《金文诂林》,香港:香港中文大学,1974年,第5477页。
⑥ 白川静:《金文通释》40辑,白鹤美术馆,昭和39年,第534页。
⑦ 刘彬徽:《楚国楚系有铭铜器编年补记》,中国古文字研究所第八届年会论文,1989年。
⑧ 刘彬徽:《楚系青铜器研究》,武汉:湖北教育出版社,1995年,第302、296页。
⑨ 董楚平:《楚王领钟跋》,载《江汉考古》,1995年第2期。

七、"灵王说"(前540—前528年)

李零认为,楚王领钟与敬事天王钟的型式"酷似"。"领"与灵王名"虔"读音相近。①

按,楚王领钟铭文器主"领"字以形体分析从"页","今"声,明确无疑。"成王说"改字为释,实不足据,郭沫若早已驳之。"悼王说"以字形而论,"类"与"领"相混,典籍并无故实;以器形而论,将此钟归属所谓"秦式",断代未免失之过晚。周法高已驳之。读"领"作"疑"为一家之言,并无确证。"恭王说"虽于音理可通,然而新公布的传世品楚王酓审盏,使"领"与"审"、"箴"相通之说不攻自破。"郏敖说"已近揣测,可不深辩。"穆王说"与下文所引楚文字"钟"字的演变序列不合,且穆王名典籍缺载。"昭王说"已溢出刘氏断代范围之外,失之过晚。"灵王说"纹饰比较对象不尽相同,详见刘氏《楚系青铜器研究》第302页。

笔者认为楚王领是楚王熊虔,其证有四:

一、形制纹饰

楚王领钟形制属纽钟。关于纽钟产生的时代,郭沫若旧有"第三期(恭懿之后至春秋中叶)以后无甬钟,第四期(春秋中叶至战国末年)以前无纽钟"②的说法。其实纽钟出现很早,《殷周青铜器通论》图版壹伍肆著录一件纽钟,形制甚古,应属西周。过去一度将纽钟年代的上限定得偏晚,显然是有问题的。与楚王领钟形制纹饰完全相同的例证,一时还很难找到。最近刘彬徽将楚王领钟与春秋早期的秦武公钟、镈进行比较,非常值得重视。下面转引其文:

> 其隧部纹饰为相背的双龙形,龙头上又装饰一小龙。经与其他钟相比,这种纹样结构可上溯至西周晚期,而与春秋早期的秦武公(前697—前678年)钟、镈隧部上的花纹较为接近,在春秋中期以后的乐器隧部上似已绝迹了。此种龙纹体躯内有阴线卷云纹,这在秦公钟上未见。篆部纹饰也不同,楚王蘻钟篆部花纹为三角形卷体螭纹,口内吐舌,这种吐舌蟠螭纹出现年代,李学勤同志认为当在春

---

① 李零:《再论淅川下寺楚墓》,载《文物》,1996年第1期。
② 郭沫若:《两周金文辞大系》,东京:文求堂书店,昭和10年,第5页。

秋早期末年。① 而此钟之小三角吐舌螭纹一直到春秋晚期仍在使用，只是结构稍异。从上分析，由此种纹饰可看出其时代范围，即应晚于秦武钟的年代，下限则可到东周二期，若大致估定其年代范围，约当前678—前600年之间。②

刘氏将楚王领钟的年代限定为前678—前600年范围，相当楚君的庄敖、成王、穆王、庄王在位时间。这是本文推断楚王领钟年代的基点。

二、文字结构

在进行文字比较之前，首先要弄清江仲嬭南钟的年代。郭沫若云："江以楚穆王商臣二年（前623年）灭于楚。此江、楚尚通婚姻，自在亡国之前。成王熊恽之妹有江芈者，或即此江仲嬭……楚王殆即成王或其父文王。"③刘彬徽云："成王在位长达46年，到成王晚年江芈还能回国省亲，可知其时江芈年纪不会太大，这样，江芈出嫁江国之时不会早至文王世，而只能在成王时。"④刘氏推测江仲嬭南钟为成王晚年器，颇有道理。有学者也持与郭、刘类似的观点，⑤此不赘引。

其次，迄今尚未发现早于江钟嬭南钟的春秋楚国钟铭。因此，本文只能用西周晚期钟铭与楚王领钟、江仲嬭南钟铭进行文字比较。

楚器中若干"钟"字如下：

a. 　楚公家钟　　西周晚期
b. 　楚王领钟　　春秋早期偏晚
c. 　江仲嬭南钟　春秋中期偏早
d. 　王孙诰钟　　春秋中期
e. 　曾侯乙钟　　战国早期

非常明显，a、b为一系，c、d、e又为一系。二系形体结构的差异、年代的早晚，可谓泾渭分明。具体而言，楚王领钟"钟"字绝不会晚于江仲嬭南钟"钟"字。因为春秋中期以后，楚文字"钟"字右下方所从"土"形已演变为"壬"

---

① 李学勤：《光山黄国墓的几个问题》，载《考古与文物》，1985年第2期。
② 刘彬徽：《楚国楚系有铭铜器编年补记》，中国古文字研究所第八届年会论文，1989年。
③ 郭沫若：《两周金文辞大系考释》，东京：文求堂书店，昭和10年，第168、165页。
④ 刘彬徽：《楚系青铜器研究》，武汉：湖北教育出版社，1995年，第302、296页。
⑤ 李零：《楚国铜器铭文编年汇释》，载《古文字研究》13辑，北京：中华书局，1986年。

形,而"钟"字所从"东"形则演变为"目"形。这是典型的楚文字"钟"字的晚期形式,而楚王领钟"钟"字尚保存楚文字早期形式的遗风。

从字形学排比看来,楚王领钟肯定要早于江仲嬭南钟。换言之,楚王领钟是楚成王以前器。

三、书写风格

西周晚期的楚文字"字体奇肆",楚公家钟、楚公逆镈等是其代表作品。春秋早期的楚文字"奇肆"之风渐消,结体大致方正古茂,楚嬴盘、中子化盘、樊君鬲、痁父簠等是其代表作品。春秋中期以后,楚文字结体逐渐修长,笔画曲折,风格华美。王子婴次铲、王子申盏盂、王子午鼎、王孙遗者钟等是其代表作品。江仲嬭南钟虽属春秋中期偏早器,然而见此风之端倪。

楚王领钟字体虽不及西周晚期楚铭文那么酣恣雄奇,但与春秋早期楚铭文方正古茂之风相距甚近,而与江仲嬭南钟以后楚晚期铭文的华美修长之风相距甚远。因此,将楚王领钟铭作为春秋早期至春秋中期的过渡标本,是合乎文字发展规律的。

四、音转关系

关于楚王领钟的年代,上文从器形方面限定为秦武公(前697—前678年)以后,从字形方面限定为楚成王之前(前671—前626年),从书法方面限定为春秋早中之际。那么楚王领钟的年代应在公元前677—前671年之间,与之相应的在位楚王最有可能是楚王"熊囏"(前676—前671年)。

检《史记·楚世家》,文王"十三年卒,子熊囏立,是为庄敖"。(《十二诸侯年表》作"堵敖",索隐作"杜敖")集解引《史记音隐》云:"囏,古艱字。"《说文》"艱"从"堇","艮"声。甲骨文作:

明596

本从"堇","壴"(鼓字初文)声。籀文作"囏",则变"喜"声("壴"、"喜"一字之分化),均以双声谐声。后改从"艮"声。[①] 其实"艮"为"堇"的迭加音符。"艱"、"堇"、"艮"均属见纽文部。"艱"(囏)本读若"堇"。《周礼·地官·遗人》"以恤民之囏阨",注:"故书囏阨作撻阨。"可资佐证。"堇"则与"今"双声可通。《汉书·陈胜项籍传赞》"鉏櫌棘矜",注:"矜与穜同。"《方言》九"其柄谓之矜",注:"矜,今字作穜。"《集韵》:"矜,通作穜。"然则楚王领钟铭之"领"

---

① 唐兰:《殷墟文字记》,北京:中华书局,1981年,第83页。

自可读"酓"。楚王领即楚王熊囏。

五、余说

本文序言所举诸楚王之名,自"酓审"以下均在名前冠"酓"字,读"熊",[①]乃楚王族古姓。这是值得注意的现象。固然包山楚简246"酓(熊)丽"(详另文)也在名前冠以"酓"姓,但这是战国时代楚人对其先祖的追述称谓。就铜器铭文而言,迄今所知楚王酓审鼎器主是最早冠"酓"姓的楚王,而楚王领钟与楚公冢钟、楚公逆镈器主则不冠"酓"姓。这似乎暗示,铭文这一习惯称谓可能始于楚共王(或略早)。这也从另一侧面说明,楚王领钟的年代偏早。

本文从形制纹饰、文字结构、书写风格、音转关系诸方面论定楚王领钟器主为楚王熊囏(前676—前671年)。铜器铭文的断代往往是一项相当复杂的过程。单纯的"一音之转"固然不足为训,只注意器形的排队而忽视字形的排队同样也有欠完备。只有借助考古、文献、文字、音韵、书法诸学科的知识予以综合考察,才能使铜器断代日臻精确。

---

① 胡光炜:《寿春新出土楚王鼎考释》,《国风》4卷3期,1934年。

吴越徐舒金文选释①

春秋晚期以降,长江下游的吴、越、徐、舒等国铜器铭文,广义而言应属楚系文字。然而也不乏其自身的地域特征,诸如文字笔势曲折娟秀,鸟虫书颇为流行等等。如果按照白川静《金文通释》的分域法,似乎也可名吴、越、徐、舒金文为"东南诸器"。这不但可与《通释》"西北诸器"对应,而且也可与"南土诸器"区别。

一九九二年十二月,董楚平《吴越徐舒金文集释》由浙江古籍出版社出版。该书将传世与出土的"东南诸器"汇为一编,拓本清晰,材料齐备,甚便读者。本文依照《集释》顺序讨论其中六器的若干释读,并通释戎桓钟全铭,以供吴越文化研究者参考。(句吴王剑、九里墩鼓座已有专文考释②,本文不赘。)

者减钟 三〇

"自乍鷄钟"。第三字郭沫若读"瑶"③,唐兰读"榣"④,张亚初读"谣"⑤,

---

① 原载《中国文字》新 19 期(台湾),1994 年,第 137—153 页。
② 何琳仪:《句吴王剑补释》,第二届国际中国古文字研讨会论文(香港),1993 年。又《九里墩鼓座铭文选释》,《出土文献研究》待刊,1993 年。
③ 郭沫若:《两周金文辞大系图录考释》,北京:科学出版社,1957 年,第 153 页。
④ 于省吾:《双剑誃吉金文选》上 1.8。
⑤ 张亚初:《谈浙川下寺二号墓墓主年代及一号墓编钟的名称问题》,载《文物》,1985 年第 4 期。

李家浩读"椎"①。此字原篆作 a 形,其右明确从"鸟"旁。另外包山简有"条"、"瑈"(详下文),可证"条"自成一字。故李家浩认为 a 字从"木","脽"声,读"椎",显然有问题。其它三说据 a 从"肉"得声为释,不无道理,但未能与典籍印证,仍有讨论的必要。

包山简"条脜(廚)尹"278 反。其中地名"条"明确从"木","肉"声。字书未见,似是"柔"或"脜"之异文。《说文》:"脜,面和也。从百,从肉。读若柔。"朱骏声《说文通训定声》:"按,肉声,读若柔,字亦作腬。《诗·抑》辑柔尔颜,《礼记·内则》柔色以温之,《国语》戚施面柔,皆以柔为之。"旧说可信。凡此说明,从"木"、"矛"声的"柔",与从"百"(或从"页")、"肉"声的"脜",乃至从"木"、"肉"声的"条",均为一字之变。"矛"与"肉"均属幽部。这类互换音符的现象,详见拙著②,例不赘举。包山简"条",地名,疑读"鄾"。《左传·桓公九年》:"邓南鄙鄾人攻而夺之币。"在今湖北襄阳北。包山简"瑈"34,人名,应释"瑈"。《集韵》:"瑈,《说文》玉也。或从柔。"③

者减钟"鵬",从"鸟","条"声。字书所无。据上文对"条"的分析,"鵬"应释"鵣"。《尔雅·释鸟》:"鹩鵣、鹉鸫,如鹊短尾,射之衔矢射人。"释文"鵣本亦作柔"。"柔"与"调"音义均近。《礼记·乐记》"其声和以柔"。《说苑·修文》引作"和以调"。是其佐证。钟铭"鵬钟"即"鵣钟",读"调钟"。"调钟"见《淮南子·脩务训》:

> 昔晋平公令官为钟,钟成而示师旷。师旷曰,钟音不调。平公曰,寡人以示工,工皆以为调。而以为不调,何也?师旷曰,后世无知音者则已,若有知音者,必知钟之不调。故师旷之欲善调钟也,以为后之有知音者也。

其中"调钟"显然是指调和钟的音律,这也正是者减钟"鵬钟"的确解。"鵬"亦见卫文君夫人鬲"用从鵬征"。张亚初读"鵬"为"遥"④,甚适。"遥征"犹"远征"。

---

① 李家浩:《卫文君夫人叔姜鬲铭文研究》,第八届古文字研讨会论(太仓),1990 年。
② 何琳仪:《战国文字通论》,北京:中华书局,1989 年,第 212 页。
③ 何琳仪:《包山竹简选释》,载《江汉考古》,1993 年第 4 期。
④ 张亚初:《战国省声字考述》,第九届古文字研讨会论文(南京),1992 年。

第三编　春秋文字　69

配儿钩鑃　六三

"犬子配儿"。首字原篆作 b 形。沙孟海曰："应释犬或豕,但意义不相属。疑是冢字。冢子,嫡子也。见《礼记》、《左传》。"①

按,此字笔画完整,左上虽有锈蚀,然未伤大体,显是"犬"之象形字。参《金文编》"猶"1628、"猏"1635 等字所从"犬"旁。沙老误"犬"为"豕",惜失之交臂。

今人谦称己子为"犬子",一般以为典出《史记·司马相如传》"少时好读书,学击剑,故其亲名之曰犬子"。索隐:"孟康云,爱而字之也。"配儿钩鑃出现"犬子",使此称谓又上溯至春战之际。又"犬子"堂而皇之载入铭文,可证其确为爱称,并无"不雅训"之嫌。

者汈钟　一七四——一九二

1. "台克续光朕(佚)"。第三字李棪斋摹本作 c 形(《集成》135 页)。检《三代》1.40.1、《集成》122.2 此字上半部均不清晰,右上角从"睦"依稀可辨。如李摹不误,此字应释"续"。《玺汇》2604、2605 已有"续"字,由朱德熙、曹锦炎不谋而合释出②,十分可信。《尔雅·释诂》:"续,继也。"钟铭"续光"犹"继续光大"。旧释"总光"字形已误,释义失之弥远。

2. "晏安乃寿"。首字拙文旧释"妥"字③,吴振武疑释"晏"。检《录遗》13.2,此字原篆作 d 形,其右上角略有锈蚀,确有可能是"晏",其中"女"与"日"旁借用一笔,参见中山王鼎、圆壶"郾"所从"晏"旁。钟铭"晏安"即典籍"宴安"。《左传·闵公元年》:"宴安酖毒,不可怀也。"《后汉书·申屠刚传》:"不宜宴安逸乐。"

3. "丌没乃德"。首字诸家均释"元",读"元没"为"蠠没",此字右半锈蚀,《录遗》12、《集成》131.2 均不清晰,诸家所摹颇有可疑。据残存笔画,今提出两种可能:其一,释"丌",读"箅",犹"将"④,或"该"⑤。其二,释"无"。"无没"

---

① 沙孟海:《配儿钩鑃考释》,载《考古》,1983 年第 4 期。
② 朱德熙:《古文字考释四篇》,载《古文字研究》8 辑,北京:中华书局,1983 年。曹锦炎:《释䍃》,载《史学集刊》,1983 年第 3 期。
③ 何琳仪:《者汈钟铭校注》,《古文字研究》17 辑,北京:中华书局,1989 年。
④ 王引之:《经传释词》卷 5,南京:江苏古籍出版社,1985 年。
⑤ 于省吾:《甲骨文字释林》,北京:中华书局,1979 年,第 427—431 页。

与"颾没"、"黾勉"、"闵勉"、"牟勉"等为一音之转。旧释"元"与"没"并非双声,因此无法构成以唇音为枢纽的上揭诸联绵词①。当然此字应释"丌",抑或释"无",只有目验原器才能做出最后的裁断。

余子汭鼎 二五二

"余子汭"。"汭"原篆作 e 形,旧多释"佘"②。检《字林》"人在水上为佘,人在水下为溺"。鼎铭此字右不从"人",且不在"水"之上,当然不能释"佘"。

e 形左从"水",右上从"入"("入"上加一短横为饰,已有学者详说③)。在古文字中,"入"、"内"相通,《古文四声韵》5.22"入"或作"内"。准是,e 应释"汭"。《说文》:"汭,木相入皃。从水、内,内亦声。"鼎铭"汭"为人名。

徐郊尹鼎 三〇四——三〇五

1."徐𣪠尹尹瞽"。第二字、三字肩铭作 f1 形,盖铭作 f2 形。曹锦炎引三体石经《僖公》"𣪠"作 g 形为证,隶定 f1、f2 为从"贝",从"𣪠"④。刘广和引本铭"尹"为证,隶定 f1、f2 为从"尹",从"𣪠"⑤。固然古文字中"贝"或省作"尹"形,参《金文编》"賸"1005、"貯"1009、"宝"1011、"买"1017 所从"贝"旁;但是字书却无从"贝"、从"𣪠"之字,当然更无从"尹"、从"𣪠"之字(即便如下文分析"𣪠"为"孝"之借字,"孝"与"贝"或"尹"也不能组成新字)。因疑 f1、f2 是"𣪠尹"合文,官名(详下文)。其后"尹瞽"是人名。战国官名往往合文,如"司工"、"司马"、"司寇"、"冢子"、"余子"、"私官"、"私库"、"工师"等。

"𣪠"与"郊"音近可通。《礼记·礼运》:"是故夫政必本于天,𣪠以降命,命降于社之谓𣪠地。"《孔子家语·礼运》"𣪠"并作"郊"。是其确证。准是,鼎铭"𣪠尹"即"郊尹"⑥,楚官。《左传·昭公十三年》:"王夺鬭韦龟中䢵,又夺成然邑,而使为郊尹。"注:"成然,韦龟子。郊尹,治郊竟(境)大夫。"由此可见,"郊尹"官爵不高,只相当大夫。

---

① 何琳仪:《者汈钟铭校注》,《古文字研究》17 辑,北京:中华书局,1989 年。
② 心健、家骥:《山东费县发现东周铜器》,载《考古》,1983 年第 2 期。
③ 李学勤:《论博山刀》,载《中国钱币》,1986 年第 3 期。
④ 曹锦炎:《绍兴坡塘出土徐器铭文及其问题》,载《文物》,1984 年第 1 期。
⑤ 刘广和:《徐国汤鼎铭文试释》,载《考古与文物》,1985 年第 1 期。
⑥ 何琳仪:《战国文字通论》,北京:中华书局,1989 年,第 73 页。

下面试对"殽"之古文 g 做一番形体分析。笔者颇疑 g 及 f1、f2 所从右旁为"孝"字异体"①。

首先,g 与《金文编》1407"孝"之异体 h 形上部有明显的对应关系。"孝"上半部这类形体与"每"、"垂"上半部颇易相混,但与"来"上半部则有区别②。

其次,g 乃"子"之繁文,即在"子"竖笔上加短横为饰。除本铭 f1 加饰笔,f2 不加饰笔这一内证之外,还可参见战国文字"子"作 i1(《货系》1496"长子")、i2(《古币》19"莆子")及"嗣"作 j1(《曾墓》569.2)、j2(包山简 169)③所从"子"旁的饰笔。

另外,笔者又疑 g 是"孚"之形讹。《说文》"孚,放也,从子,爻声。"

总之,g 既有可能是"孝",也有可能是"孚"。三体石经以其为"殽"之古文,均属音近假借。

2. "昷良圣每"。首字旧多隶定外"凾"内"弓"。其实鼎铭此字并不从"弓"而从"人"。西周金文确有外"凾"内"弓"之字,见《金文编》1190,旧释"宏"。外"凾"内"人"与外"凾"内"弓"二字辞例亦不同,应予区别。前者有可能是"昷"之初文。古文字"昷"可分为 k 式和 l 式,l 式省简"凾"之提手。"煴"亦相应属 k 或作 m 形。详下表:

一、甲骨文

k1(《戬寿》46.14)　　　　　k2(《屯南》2298)

l1(《类纂》0055)

二、金文

k3(温弗生甗)　　　　　　k4(王子午鼎)

k5(王孙遗者钟)　　　　　k6(徐郊尹鼎)

k7(徐郊尹鼎盖)

l2(王孙诰钟)

三、战国文字

m1(随县简 66)　　　　　m2(随县简 98)

l3(包山简 260)

---

① 何琳仪:《长江铜量铭文补释》,载《江汉考古》,1988 年第 4 期。
② 何琳仪:《包山竹简选释》,载《江汉考古》,1993 年第 4 期。
③ 何琳仪:《包山竹简选释》,载《江汉考古》,1993 年第 4 期。

甲骨文"皿",近年学者多倾向读"温",即今河南温县①。有的学者还结合"温"与其它地名的同版关系,指出"温"在沁阳田猎区内②。这说明卜辞中地名"温"的释读十分可信。至于甲骨文有从"水"、从"人"、从"皿"的字,或释"温"③。二者是否是异体关系,待考。

金文"皿",旧多读"宏",文义也颇勉强。今与甲骨文字形比勘,显然也应释"皿"。温弗生瓶"皿"读"温",与卜辞同地,古国名。《左传·成公十一年》:"昔周克商,使诸侯抚封,苏忿生以温为司寇,与檀伯达封于河。"温弗生瓶是仅见的温国之器,殊堪注目。王孙遗者钟、王子午鼎、王孙诰钟"皿龏"即"温恭"。见《书·舜典》"温恭允塞"。《诗·商颂·那》"温恭朝夕"。徐郊尹鼎"皿良"即"温良"。见《论语·学而》"夫子温良恭俭让以得之"。疏"敦柔润泽谓之温,行不犯物谓之良"。

战国文字"皿"及从"皿"字,旧不识。随县简"煴韦"66、"煴毹"98 之"煴",见《玉篇》"韫,赤黄之闲色也"。包山简"夬皿"260 应读"夬韫",似指盛夬之匣。另外《玺汇》0408 有所谓从"皿"之"皿",隶定可疑,似是"盟"之省文。

最后试分析"皿"字结构。上揭古文字中"皿"之初文均从"人"(王子午鼎从"欠"是一例外),从"甾"(或省其提手)。因此"皿"之初文可能是从"人",从"甾","甾"亦声的会意兼形声字,疑即"韫"之初文。《后汉书·崔骃传》:"今子韫椟六径。"注"韫,匣也。"匣本属器皿,故小篆乃下增"皿"旁。《说文》:"皿,仁也。从皿,以食囚也。官溥说。"许慎误以"甾"为"囚",又曲解从"皿"之义,实不足为训。

"圣每",应读"圣海",《易林》:"颜渊子骞,尼父圣海。"

鼎铭"温良圣海"的"温良"和"圣海"均与孔子有关,由此可见儒家思想已流行于吴越之地。吴季札适鲁观周乐时有一段著名的议论(《左传·襄公廿九年》),表现了吴越之士对儒学的深刻理解。春秋晚期,中原文明与长江下游文明交相影响,儒学南渡,在吴越徐舒青铜器铭文中打下了深刻的烙印。这是研究吴越青铜器者应注意的现象。

---

① 刘桓:《殷契新释》,石家庄:河北教育出版社,1989年,第 174—180 页。
② 刘启益:《试说甲骨文中的皿字》,载《中原文物》,1990 年第 3 期。
③ 陈邦怀:《殷虚书契考释小笺》,1925 年石印本,第 23 页。

甚六钟 三二〇——三二一

"中鸣妲好"。第三字三号纽钟作 n1 形,四号镈钟作 n2 形,诸家均释"媞"①。检本铭已有"是"字作 o 形,与 m 比较显然多一横笔。这恰恰是"是"与"疋"的区别所在。m 应隶定"妲",即"媎"之省简。

"胥"与"且"音近可通。《易·夬》:"其行次且。"汉帛书本作"其行郪胥"。② 是其确证。钟铭"中鸣妲好"若读"中鸣且好",则与春秋金文中习见的"中翰且扬"句式完全相同。这类句式与《诗经》中"终风且暴"、"终温且惠"、"终窭且贫"、"终和且平"等句式也属同类③。至于"妲"从"女"旁,很可能因其后有"好"字从"女"而类化。

戎桓钟 三六四

著录《钟鼎》5、《积古》1、《探古》2.14、《集成》34 等。旧多称"董武钟",其实应据首二字改称"戎桓钟"(详下文)。全铭十二字,兹释读如下:

戎趄(桓) 　　　　(右鼓)

搏(布)武,敚

内(入)吴疆。　　　(钲)

关(?)世(叶),石末。 (左鼓)

首字钱坫释"戎"④,甚确。其所从"甲"旁竖笔上一横收缩为圆点,参见配儿钩鑃 p1 形,秦王钟 p2 形、荆历钟 p3 形。"戈"旁上加短横为饰,参见随县简 179 p4 形。阮元释"戊",《集释》释"越",均非是。第二字《集释》释"趄",可信。《尔雅·释诂》:"戎,大也。""趄"读"狟"或"桓"。《玉篇》:"狟,武貌也,威也。今作桓。"钟铭"戎趄"犹"大桓",威武之貌。

第二字吴东发读"董",殊误。阮元改释"动",仍不着边际。按,此字左从"手",右从"尃",应释"搏"。《说文》:"搏,索持也。""搏"与"布"音近可通。《礼记·月令》:"鹰化为鸠。"注"鸠,搏谷。"疏:"郭云,今之布谷也。彼云布此

---

① 曹锦炎:《北山铜器铭文新考》,载《东南文化》,1988 年第 6 期。商志𩆜、唐钰明:《江苏丹徒背山顶春秋墓出土钟鼎铭文释证》,载《文物》,1989 年第 4 期。

② 马王堆汉墓帛书整理小组:《马王堆帛书〈六十四卦〉释文》,载《文物》,1984 年第 3 期,第 6 页。

③ 徐中舒:《鷹氏编钟图释》,1932 年影印本,第 3 页。

④ 本文征引清人旧说均见《钟鼎》5 页、《积古》1—2 页。

云搏者,布、搏声相近。"是其佐证。第四字阮元释"武",可信。钟铭"搏武"即"布武"。《礼记·曲礼》:"堂上布武。"注:"武,迹也。谓每移足各自成迹,不相摄。"孙希旦《集解》:"堂上接武即徐趋,堂上布武即疾趋也。"钟铭"布武"应指快速行军。

第五字阮元释"敷",甚确。但读"镈"尚隔一间。按,"敷"见《诗·大雅·常武》"铺敦淮濆"。释文:"铺,《韩诗》作敷,大也。"亦作"溥"。《说文》:"溥,大也。"第六字阮元释"用",非是。按,剔除此字中间二装饰弧笔,显然是"内"字。"内"与"入"古本一字(详上文"余子汭鼎"),故钟铭"敷内"犹"大入"。

第七字、第八字阮元释"吴疆",精确无移。《集释》改释"疆"为"金",已失点画依据,反不及旧释。"吴疆"无疑是指吴国领土,这对判定钟铭的国别至关重要。

第九字疑为"关"之省简(即省"収"),参见包山简227"黎"作q形,"关"与"元"音近可通。《汗简》下2.74"完"作叁可资佐证。第十字"世",应读"叶"。中山王杂器以"叶"为"年",故钟铭"关世"疑读"元叶",犹"元年"。

末二字"石末"("末"字为阮元所释)。曾侯乙墓漆盒"石"作r形,可与钟铭"石"互证。"石末",人名,疑即"石买"①。"末"、"买"均属明纽。在吴越铭文中,此类人名音转者习见,例不赘举。

试释钟铭:为"威武疾趋,大举侵入吴国疆土。元年,石末。"

钟铭正文八字,与签署时间、人名四字的字体截然不同。正文属所谓"虫书",签署则是普通南系文字。这与后代流行的书写习惯是一致的。不过乐器铭文中这类"物勒主名"于铭文结尾者,则似属首见。

春秋晚期,能够大举进攻侵入吴境的国家最有可能是越国。如果本文对"全"字的释读不误,钟铭所载"敷内吴疆"似与檇李之役有关。检《左传·定公十四年》:"吴伐越,越子句践御之,陈于檇李……越子因而伐之,大败之。灵姑浮以戈击阖庐,阖庐伤将指,取其一屦。还,卒于陉,去檇李七里。"此役亦见《史记·越世家》:"允常卒,子句践立,是为越王。元年,吴王阖庐允常死,乃兴师伐越……吴师败于檇李,射伤吴王阖庐。"有明确的越国纪年,即句践元年(496BC)。高士奇《春秋地名考略》据《吴越春秋》谓:"与阖庐战时越境犹未至檇李,檇李当为吴地。"检《吴越春秋·阖闾内传》:"五年,吴王以越

---

① 《越绝书·外传记地传》:"句践与吴战于浙江之上,石买为将。"

不从楚,南伐越……遂伐,破檇李。""十年,秦师未出,越王元常恨阖闾破之檇李,兴兵伐吴。"又检《越绝书·外传记吴地传》:"柴碎亭到语儿、就李,吴侵以为战地。"其中"就李"与"檇李"为一音之转,在今浙江嘉兴附近。阖庐之时,檇李一带是吴、越交界之处①,句践元年之后应属越境(见上引《左传·定公十四年》"去檇李七里")。总之,钟铭"敢入吴疆……元叶",与典籍记载勾践元年吴被越所败"去檇李七里"似可印证。

以上推测是建立在对"关"字极不成熟释读的基础之上,也许不符合钟铭所载史实。然而退一步说,即便"关世"不是"纪年",将此器定为越国遗物也不会大错。

引用书目简称:

钟鼎	王厚之《钟鼎款识》
积古	阮元《积古斋钟鼎彝器款识》
据古	吴式芬《攗古录金文》
三代	罗振玉《三代吉金文存》
录遗	于省吾《商周金文录遗》
集成	考古所《殷周金文集成》
曾墓	湖北省博物馆《曾侯乙墓》
货系	马飞海《中国历代货币大系》
古币	张颔《古币文编》
玺汇	罗福颐《古玺汇编》
戬寿	王国维《戬寿堂所藏殷墟文字》
屯南	考古所《小屯南地甲骨》
类纂	姚孝遂等《殷墟甲骨刻辞类纂》

---

① 董楚平:《吴越文化新探》,杭州:浙江人民出版社,1992年,第160页。

句吴王剑补释①
——兼释冢、主、开、丂

1983年1月,山东省沂水县春秋古墓出土一件吴国铜剑②,其上錾款16字:

工(句)盧(吴)王乍(作)元巳(祀),用△乂江之台(涘)。北南西行。

"工盧",其它吴国铭文或作"工䥄"、"工敔"、"攻吴"等,即典籍之"句吴",毋庸赘述。

"乍元巳",读"作元祀",见《尚书·洛诰》:"记功宗,以功作元祀。""元祀"又见《洛诰》:"称秩元祀,咸秩无文。"旧均释"大祀"。剑铭"作元祀"与典籍若合符节,故剑铭"用"应属下读为"用△乂江之台"。

"用"后一字《文物》拓本照片不清晰。1989年4月,笔者赴沂水县文化馆参观,承蒙马玺伦馆长提供方便,有幸展示原器良久。经反复变换角度,尚可辨其点画结构。兹摹写原篆如次:

𠂤

分析其偏旁应由十、𠂤两部分组成,十为"土"旁省简。战国文字习见,详另文③。𠂤则𠂤之演变。圆点可作虚框者参见:

十　｜　中山王鼎　　　　　　𠂤　中山王墓帐杆母扣
宝　𠂤　侯马314　　　　　　𠂤　侯马314

---

① 原载《第二届国际中国古文字学研究会论文集(香港)》,1993年,第249—763页。
② 沂水县文物管理站:《山东沂水县发现工盧王青铜剑》,载《文物》,1983年第12期。
③ 何琳仪:《贝地布币考》,《陕西金融》钱币专辑(14),1990年。

壬	丨	少虚剑	丅	鄘侯簋
盛	䀇	中山王圆壶	盛	盛季壶
氐	丅	屬羌钟	丅	王子官鼎盖
眠	𠂤	兆域图	𠂤	平阴鼎盖

其中平阴鼎盖"眠"尤能说明问题。至于丅上短横乃饰笔,古文字习见。故丅即丁。丁见二十八年平安鼎盖铭"之冢(重)"合文下半部分:

"之"与丅借用横笔。其中丅是"冢"之省简①,亦即省"豖"后所剩偏旁。再者梁上官鼎"冢子"合文作:

其弧笔上圆点作虚框,与剑铭丅如出一辙。温县盟书"冢"作𠂤,如果撇开"豖"旁,所剩部分𠂤与丅显然也有对应关系。准是,丅可直接隶定"冢"。

《正字通》:"塚,俗冢字。"其实晚周文字往往增加"土"旁为饰,"塚"不过是"冢"的繁文而已,无所谓孰"正"孰"俗"。《尔雅·释诂》:"冢,大也。"

"乂",原篆作乂,中间偏下似有一竖笔,经目验应是泐痕。释"乂"②应无疑义。《尔雅·释诂》:"乂,治也。"剑铭"塚乂"应读"冢乂",训"大治"。

剑铭"用塚乂"由《尚书》"用乂"演化,例如:

降监殷民用乂雠敛(《微子》)

大放王命乃非德用乂(《康诰》)

亦敢殄戮用乂民(《召诰》)

惟德称用乂厥辟(《君奭》)

夏商官倍亦克用乂(《周官》)

剑铭"作元祀,用塚乂江之台。"与《尚书·召诰》:"惢祀于上下,其自时中乂。"均"祀"与"乂"联文,说明祭祀在治理国家时占有举足轻重之地位。

"台",读"涘"③,均从"㠯"声。《说文》:"涘,水涯也。""江之涘"与《诗经》下列句式相同:

---

① 李学勤:《秦国文物的新认识》,载《文物》,1980年第9期。
② 李学勤:《试论山东新出青铜器的意义》,载《文物》,1983年第10期。
③ 李学勤:《试论山东新出青铜器的意义》,载《文物》,1983年第10期。

在河之浒(《王风·葛藟》)

在水之浒(《秦风·蒹葭》)

在渭之浒(《大雅·大明》)

"北南西行"。"北"指中原各国,"南"指越国,"西"指楚国。

句吴王剑铭:"用塚又江之台,北南西行。"姑发訾反剑铭:"余处江之阳,至于南行西行。"二铭文意相仿,皆以吴国为出发点,其开拓疆土之雄心跃然笔端。然而二铭口吻亦略有不同。姑发訾反剑器主是尚未即王位之太子诸樊①,其时吴国似只能"南行西行",近与越国、楚国争雄;而句吴王剑器主"北南西行"问鼎中原,其气概似又胜一筹。故句吴王剑略晚于姑发訾反剑,王名则不敢臆断。

剑铭虽短,若按音节停顿断句,似是一篇韵文:

工虞王,乍元巳,用塚又,江之台,北南西行。
 △   ○   △   ○   △

其中"王"、"行"属阳部,"巳"、"台"属之部。这类首句与末句押韵,中间换韵者称"抱韵",《诗经》有其例②。剑铭每三字为停顿,繁音促节,殿以四字为结,颇有余音渺渺之感。

下面讨论"塚"字结构。

《说文》"塚,高坟也。从勹,豖声。"西周金文作:

   智壶　　　 多友鼎

其右均不从"勹"。战国文字"塚"亦习见,试举几例:

   侯马 324　　　 十三年上官鼎

   古玺 6b　　　 玺汇 4047

   陶汇 3.945　　　 陶汇 3.146

其右旁亦不从"勹"。殷周文字"勹"象人匍匐之形③,晚周文字"勹"亦习见④,与上揭"塚"之右旁均不同。

按,"塚"之右旁疑本从"主"。以往在古文字中未发现明显无疑之"主",

---

① 商承祚:《姑发訾反即吴王诸樊别议》,《中山大学学报》,1963 年第 3 期。
② 王力:《诗经韵读》,上海:上海古籍出版社,1980 年,第 75—76 页。
③ 于省吾:《甲骨文字释林》,北京:中华书局,1989 年,第 374—375 页。
④ 何琳仪:《战国文字通论》,北京:中华书局,1989 年,第 248 页。

自侯马盟书、中山王器"宝"被释出后①,战国文字中"主"及从"主"字多可释读:

《说文》:"主,镫中火主也。从呈象形,从丶,丶亦声。"《玺汇》:"王又(有)丁(主)政"4893,"主政"见《管子·禁藏》:"主政可往于民,民心可系于主。"②

《广雅·释言》:"注,疏也。"《玺汇》作 3428,人名。

"玞",疑"注"之异体。《货系》作 238、 239,地名,疑读"注",见《魏世家》③。《侯马》作 、 317,《玺汇》作 1838、 2650,均人名。

"玞","拄"之异文。《集韵》:"拄,穿也。"望山简:"黄 (玞)组。""玞"读"黇"。《集韵》:"黇,黄色。"

《集韵》:"砫,《说文》宗庙宝祏。或从石。"望山简:"丹 (砫)緅之纯。""砫"读"黇"。参"玞"字。

《说文》:"宝,宗庙宝祏也。从宀,主声。"段玉裁注:"经典作主,小篆作宝。"中山王鼎"臣 (宝)",读"臣主"。《新书·过秦》"臣主一心。"又中山王鼎"人宝"读"人主"。《荀子·仲尼》:"人主不务得道。"能原镈" (宝)伐"读"主伐",主掌征伐。莆反戈 (宝),人名。二年宝子戈" (宝)子"读"冢子",详下文。侯马盟书"宝"字几乎囊括了战国文字"宝"的各类形体,如 、 、 、 、 、 等。《玺汇》作 1442,读"主",姓氏④。望山简"公 (宝)"读"公主",包山简"地 (宝)"⑤读"地主",典籍习见。

"庌","宝"之异文。《古钱》" 阳"1206、" 阳"1207,均应释"宝阳",疑读"堵阳",见《地理志》南阳郡。

《说文》"狟,黄犬黑头。从犬,主声。"《玺汇》 2043,人名。

《说文》"驻,马立也。从马,主声。"随县简"骝 (驻)"163,马名⑥。

"茎",疑"蓫"之省简。《广韵》"蓫,好貌。又木苗出。"仰天湖简 14,简文已残,文意不详。

---

① 黄盛璋:《关于侯马盟书的主要问题》,载《中原文物》,1981年第2期。
② 何琳仪:《古玺杂识再续》,《中国文字》待刊。
③ 何琳仪:《古币文编校释》,《文物研究》6辑,合肥:黄山书社,1990年。
④ 何琳仪:《古玺杂识再续》,《中国文字》待刊。
⑤ 湖北省荆沙铁路考古队:《包山楚简》,北京:文物出版社,1991年,第54页。
⑥ 裘锡圭、李家浩释,参《曾侯乙墓》,北京:文物出版社,1989年,第527页。

《说文》"柱,楹也。从木,主声。"望山简"𣏂（柱）阳",疑读"堵阳",参上"庄阳"。

《玉篇》"赶,财赶也。"邡陵君豆"𧵳（赶）三朱（铢）","赶"读"冡"（重），详下文。

《说文》:"罜,罜䍡,小鱼罟也。从网,主声。"三年修余戈𦉭,应释"罜"读"主",姓氏。参上"宝"。

以上诸字所从 𦉭、𦉭、𤰔、𤰔 等,与"冡"所从 𤰔、𤰔、𤰔、𤰔 等多可对应,显然为同一偏旁,即"主"。其中陶文"冡"所从 𤰔,由 𤰔 穿透竖笔所致。𤰔 还可从商代金文"宝"作 𣎆（戍嗣子鼎）中寻到其古老来源。温县盟书"宝"作 𣎆,"塚"作 𣎆,所从"主"亦属戍嗣子鼎这一系统。比较侯马盟书 𣎆 与句吴王剑 𣎆,不难发现 𤰔 与 𤰔 的对应关系。至于二者中间竖笔是否弯曲,应具体分析。上举"冡"所从"主"旁固然以弧笔居多,但是也有作直笔者,如上举金村铜器、陶文等。上举"主"中间以直笔居多,但是也有作弧笔者,如上举邡陵君豆"赶"、包山简"宝"等。凡此为上文推测"冡"从"主"提供了字形依据。

"冡"既然从"主",则有可能从"主"得声。主,照纽三等（古归端纽）侯部；冡,端纽东部。侯东阴阳对转。"冡"从"主"得声音理契合。上文所引二年宝子戈"宝子"读"冡子",是战国文字中习见的官名。参见宁鼎、梁上官鼎、十三年上官鼎,《玺汇》3102、《陶汇》3.945 等"冡子"。邡陵君豆"赶三朱"读"冡（重）三铢"①,文意调畅。凡此均"冡"、"主"音近可通之佐证。以往小学家多谓《说文》"冡"从"豕"声,属侯东阴阳对转,实则"冡"从"主"声,亦属侯东阴阳对转。

《说文》"冡"从"豕"声,十分可疑。"豕",甲骨文作 𤯔②,金文尚未发现豕身与生殖器脱离的"豕"。上举两周文字"冡"并不从"豕",而从"豖"或"豭"。（所从偏旁参见《金文编》668—669、《玺文》242—243）《说文》:"豭,牡豕也。"甲骨文作 𤯔,豕身与生殖器相连③。"冡"似是"豵"之本字（"主"、"宗"一字之分化）,从"豖"（或"豭"）,"主"声。检《集韵》:"豵,牡豕。"引申则有"大"义。故"冡"《尔雅》训"大",《说文》训"高坟"。以往学者多认为 𤰔、𤰔 是"冡"之省

---

① 李学勤：《从新出青铜器看长江下游文化的发展》,载《文物》,1980 年第 8 期。
② 闻一多：《古典新义》,古籍出版社,1957 年,第 539 页。
③ 唐兰释,参《甲骨文字集释》,台北：台湾"中央研究院"历史语言研究所,1960 年,第 2979 页。

简,其实按照形声字一般省形不省声的规律,丁、干恰是不应省的音符。

下面分析"主"字来源。甲骨文⽶、⽶或释"主"①,但未得到学术界公认。上文已指出商代金文⾷应释"宝",戍嗣子鼎"才阑宝"读"在阑主"②,亦通畅。然而干并非本形,西周金文几父壶丅则应是"主"之原始形体。如果剔开装饰圆点不计,丅与甲骨文"示"作丅显系一字。唐兰最早提出:"卜辞示、宗、主实为一字。示之与主,宗之与宝皆一声之转也。"③陈梦家引卜辞和典籍证唐说④,十分可信。卜辞"示壬"、"示癸",《殷本纪》作"主壬"、"主癸",可证"主"、"示"确为一字分化(二字双声)。其演变序列为丅、示、示。"主"自身演变为:

```
丅 → 干 → 干
工 → 王 →  → 主 → 坙
干 → 千
```

与"主"相关字还有"开"。《说文》:"开,平也。象二干对称上平也。"检"干"字甲骨文、金文、战国文字均作⽊形,小篆作⽊形虽略有变化,但上方歧出则至为明晰。⽊与干不同,说明许慎所谓象二"干"肯定是一错字("干"、"开"均属元部,疑"象二干"缘音近而误)。"开"应从二"主",会"上平"之意。检甲骨文"䰜"、金文"㝵"所从"开"均作丅丅形⑤,从二"主"。战国文字"开"及从"开"字如次:

《说文》:"开,平也。"《货系》"丅丅(开)阳"1608,疑读"沃阳"⑥。

《说文》:"䀽,蔽人视也。从目,开声。读若携手。一曰,直视也。䀽,䀽目或在下。"或体见包山简䀽120。

《说文》:"汧,水出右扶风汧县西北入渭。从水,开声。"石鼓《汧沔》作汧。

《说文》:"豣,三岁豕也,肩相及也。从豕,开声。"望山简作豣,右下"＝"

---

① 商承祚:《甲骨文字集释》存疑,台北:台湾"中央研究院"历史语言研究所,1960年,第4498页。
② 何琳仪:《战国文字通论》,北京:中华书局,1979年,第291页。
③ 引李孝定《甲骨文字集释》,台北:台湾"中央研究院"历史语言研究所,1960年,第0041页。
④ 引李孝定《甲骨文字集释》,台北:台湾"中央研究院"历史语言研究所,1960年,第0042—0043页。
⑤ 唐兰:《殷墟文字记》,北京:中华书局,1981年,第45页。
⑥ 何琳仪:《赵国方足布三考》,载《文物春秋》,1992年第2期。

为省略符号,故此字非"狂"。包山简𤣩202索性"="亦省。因包山简与望山简辞例相同("肥𤣩酉食"),故包山简"狂"形仍是"𤣩",不是"狂"。当然或隶定包山简"𤣩"为"狂"①,则混淆"干"与"主"的区别,失之弥远。

"开"从二"主",是否从"主"字均可理解从"开"字?此不能一概而论。西周金文㐱(虡簋)、卬(墙盘)、卬(戈△盂),似乎可释"祈"②、"邢"、"刑"。然而战国文字"主"与"开"作为偏旁明显有别,不能以单复无别的规律将上文所举从"主"字一律释为从"开"字(加省略符号"="除外)。

"示"为"主"之分化字,同理"祘"亦"开"之分化字。"祘"、"开"均属元部字。《说文》:"祘,明视以筭之。从二示。《逸周书》曰,士分民之祘均分以祘之也。读若筭。"

附带辨析"主"与"丂",并讨论"夸"与"乎"。

早期文字"主"作丁,"丂"作丁,尚不混淆。战国文字"主"多作干形,作者应是变体。变体只出现在偏旁之中,受其它偏旁制约,才不至于与"丂"相混。独体如陈逆簠"生(皇)干(考)生(皇)母"、者汈钟"丂(考)之愻(逊)学"③,二铭"考"均作"丂",若读"主",显然不通。

"夸",《说文》以为从"于",然而奇怪的是,除秦文字"夸"作夸(《陶汇》5.33)从"于"外,六国文字"夸"均不从"于",而从"丂"(丁、于、于):

"夸",齐文字作夸(《陶汇》3.1285、夸(《陶汇》3.1286),韩文字作夸(《古研》7.230陶文),均人名。魏文字作夸(《货系》1342),《广雅·释诂一》:"夸,大也。"《说文》:"夸,奢也。从大,于声。"

"陓",楚文字作夸(包山简86),人名。《广韵》:"陓,阳陓,地名。"

"刳",楚文字作刳(《玺汇》2552),人名。楚帛书"𠈁(刳)步"读"跨步"。《说文》:"刳,判也。从刀,夸声。"

"骻",楚文字作骻(鄂君启舟节),或读"舸"。

"鋘",楚文字作鋘(包山简85),地名。

"勋",楚文字作勋(包山简180),人名。

上揭"夸"均从"丂"得声。"夸"、"丂"均属溪纽。"夸"早期金文作夸(夸甗),本

---

① 湖北省荆沙铁路考古队:《包山楚简》,北京:文物出版社,1991年,第33页。
② 张亚初:《古文字分类考释论稿》,《古文字研究》17辑,北京:中华书局,1989年。
③ 何琳仪:《者汈钟铭校注》,《古文字研究》17辑,北京:中华书局,1989年。

从"于"声,秦陶文与之一脉相承。六国文字"于"与"丂"形体易混,例如:

雩	亐	陶汇 3.1369		雩	陶汇 3.1368
芋	芓	二年郑令矛		亐	元年郑令矛
吁	吁	玺汇 5279		吁	玺汇 5280
𦉀	𦉀	古研 17.183			集成 286.2

小篆"于"作"亏",实则"丂"上增短横为饰而已,而《说文》"丂古文以为亏字",正反映"丂"、"于"相混的现象。六国文字"夸"是周秦文字"夸"的形变兼音变。

"夸"、"考"所从"丂",与"冢"所从"主"演变规律相似,这只能依据偏旁组合关系予以区别:

	中山王鼎		楚帛书		侯马 324
	中山王鼎		货系 1342		十三年上官鼎
	篱平钟		货系 1347		古墓 6b
	蔡侯申盘				句吴王剑
	郘公华钟		陶汇 3.1286		
	其次句鑃		陶汇 3.1285		侯马 324

包山简"丂"87 是一未识字。其下如果理解为"主",仍不能释读;如果理解为"丂",恰与小篆"兮"可对应。甲骨文"兮"作"丂","乎"作"乎",本一字分化(二字均属匣纽)。侯马盟书"虖"下多从"乎",或从"兮"作"𠄖"346。《老子》"兮"习见,河上公本或作"乎"(帛书本作"呵",与"兮"、"乎"均从"丂"得声)。故包山简"兮尹"87.116 亦可释"乎尹"。"乎"、"亚"音近相通。《周礼·夏官·职方氏》"虖池",《礼记·礼器》作"恶池"。是其佐证。"乎尹"即"亚尹",楚官名,见《亢仓子·政道篇》"拜为亚尹"。

本文涉及古文字较多,主要结论如次:

一,据句吴王剑原器释"塚",剑铭"用塚乂"与《尚书》"用乂"句式相近。

二,"冢"从"豕"(或"貑"),"主"声。

三,"主"、"示"同源,兼释从"主"得声字。

四,"开"从二"主"会意,兼释从"开"得声字。"开"、"祘"同源。

五,辨析"主"与"丂",兼释"夸"及其相关字。

1989 年初稿
1993 年修订

补记：

从"开"者尚有天星观简🈳，元年春平侯剑🈳等，从"主"者尚有栾书缶🈳、《玺汇》3099🈳等。

引用书目简称：

  集成 中国社会科学院考古研究所《殷周金文集成》
  古墓 怀履光《洛阳古墓考》
  侯马 山西省文物工作委员会《侯马盟书》
  古钱 丁福保《古钱大辞典》
  货系 马飞海《中国历代货币大系》
  玺汇 罗福颐《古玺汇编》
  玺文 罗福颐《古玺文编》
  陶汇 高明《古陶文汇编》
  古研 中国古文字研究会，中华书局编辑部《古文字研究》

程桥三号墓盘匜铭文新考

1988年,江苏六合程桥东周三号墓出土4件有铭铜器,盘、匜二铭比较重要。除发掘简报外②,曹锦炎③、徐伯鸿④、董楚平⑤、施谢捷⑥等学者均在其论著中讨论盘、匜二铭。本文在诸家研究基础上,再论二铭的释读及国别。

句吴太叔盘

工(句)盧(吴)大(太)弔(叔)疕(句)禹(余)自乍(作)行盘

曹文指出,器主为吴王余祭,引顾颉刚"太叔"为"吴王首弟",甚有见地。不过其对器主二字的隶定尚待商榷,董、施二书已有疑辞。器主二字曹文隶定"蚳甬",认为首字是"余祭"之或称,"甬"读"用"接下句读。徐文释"耇戉",读"寿越"(《左传·襄公五年》),为吴大夫。其他诸家多阙疑。

简报所附拓本照片非常模糊,几乎不能辨其笔画,所幸摹本可弥补这一缺憾(图1)。另外,施书亦附摹本(图2),似亦可信。今姑且参照2件摹本草撰此文。倘若他日有缘亲睹原器,再予修正。

---

① 原载《东南文化》,2001年第3期,第78—81页。
② 南京市博物馆、六合县文教局:《江苏六合程桥东周三号墓》,载《东南文化》,1991年第1期。
③ 曹锦炎:《程桥新出铜器考释及相关问题》,载《东南文化》,1991年第1期。
④ 徐伯鸿:《程桥三号春秋墓出土盘匜簠铭文释证》,载《东南文化》,1991年第1期。
⑤ 董楚平:《吴越徐舒金文集释》,杭州:浙江古籍出版社,1992年。
⑥ 施谢捷:《吴越文字汇编》,南京:江苏教育出版社,1998年。

必须说明，盘铭 10 字均为反书，这对正确隶定至关重要。盘铭笔画对称者，诸如"工"、"大"、"自"、"行"，可以不论。其他已识的笔画不对称者，诸如"虐"、"弔"、"乍"、"盘"，无疑应为反书。准是，器主二字亦应据反书之例分析其结构。

第一字右旁应释"疒"，其中二床足的笔画适有空隙，施摹比较精确地反映这一特点。第一字左下方骤视似是"司"旁，然据反书审视无疑应是"后"旁。参见东周"后"字：

后　　吴王光鉴　　　　后　　兆域图

后　　王后左□室鼎　　后　　廿九年漆尊

综上分析，第一字应隶定"疠"，从"疒"，"后"声，字书未见。"后"与"句"均属侯部，声系相通。《左传·昭公十三年》："投龟诟天而呼。"释文："诟本又作訽。"《尔雅·释草》"薢茩"，《广雅·释草》作"薢芶"。《易·姤》"姤其角"，马王堆帛书本"姤"作"狗"。《老子》七十八章"爱国之垢"，马王堆帛书本"垢"作"坸"。铸客为大后鼎"大句"即"太后"，铸客为王后鼎"王句"即"王后"，天星观简"句土"即"后土"。凡此可证"疠"应是"痀"之异文。《说文》："痀，曲脊也。从疒，句声。"

第二字若正书则可与下列金文"禹"及从"禹"字比照：

　　禹鼎　　　　　　　痰鼎

　　遇甗　　　　　　　甗鼎

其中"禹"所从"九"旁的横笔收缩，应是"禹"字习见的变体。这类变异战国文字亦颇习见，详见另文①。至于"禹"所从"虫"头部演变成短横，可与叔向父禹鼎比照：

盘铭"疠禹"可读"句余"。"疠"为"痀"之异文已见上文，自可读"句"。"禹"与"余"均属鱼部。二字相通典籍虽无直接例证，然有若干旁证可资参考。众所周知，《说文》"宇"之籀文作"寓"，而"于"与"与"、"余"声系相通。《左传·成公十三年》："国之大事，在祀与戎。"《周礼·天官·大宰》注引"与"

---

① 何琳仪：《九里墩鼓座铭文新释》，《出土文献研究》3 辑，北京：中华书局，1998 年。

作"于",而《说文》"妤读若余"。总之,盘铭"疴禹"即典籍之"句余"。

检《左传·襄公二十八年》载,齐国庆封"奔吴,吴句余予之朱方"。杜注:"句余,吴子夷末也。朱方,吴邑。"孔疏:"此时吴君是余祭也。明年余祭死乃夷末代立。昭十五年,吴子夷末卒是也。服虔以句余为余祭。杜以为夷末者,以庆封此年之末始来奔鲁,齐人来让,方更奔吴,明年五月而阍弑余祭,计其间未得赐庆封以邑,故以句余为夷末也。"

又检《史记·吴世家》:"寿梦有子四人,长曰诸樊,次曰余祭,次曰余眛,次曰季札。"索隐:"《左传》曰,阍戕戴吴。杜预曰,戴吴,余祭也。"又《左传·襄公二十年》齐庆封奔吴,句余与之朱方。杜预曰,句余,吴子夷末也。计余祭以襄二十九年卒,则二十八年赐庆封邑,不得是夷末。且句余、余祭或谓是一人,夷末惟《史记》、《公羊》作"余眛",《左氏》及《谷梁》并为余祭。夷末、句余音字各异,不得为一,或杜氏误耳。

综上文献注疏,"句余"已有"余祭"(服注)、"余(夷)眛(末)"及"余祭"或"余眛"①三种说法。今按,齐庆封奔吴一事,《史记·十二诸侯年表》、《吴越春秋·吴王寿梦传》等皆附于吴王余祭在位期间。故近代学者多主服虔之说,即吴王句余即吴王余祭②。至于"句余"与"余祭"的文字对应关系比较复杂,本文暂不讨论。今以出土文献句吴太叔盘验证服虔之说,亦合乎"太叔"的身份。

句吴太叔盘铭"疴禹"之前的"大弔"应读"太叔",表示疴禹的身份。《左传·隐公元年》:"及庄公即位,为之请制……请京,使居之,谓之京城大叔。"《史记·郑世家》:"庄公元年,封弟段于京,号太叔。"此"大"应读"太"之确证。顾颉刚云:"共叔段封京,尚系一少年,而称之曰京城太叔,以其为郑庄公之首弟也。"③"太"指其位列在前,则"叔"自应训"少"。《释名·释亲属》:"叔,少也,幼者称也。"另外《左传》中"大叔带"(僖公七年)、"大叔仪"(襄公十四年)、"大叔遗"(哀公十六年)、"大叔疾"(哀公十一年)等,金文中"幽大叔"(禹鼎)、"邵大叔"(邵大叔斧)等,其"大叔"应理解为"首弟",即最大的弟弟。如上所述,吴王寿梦四子的长幼顺序为:诸樊、余祭(句余)、余(夷)眛(末)、季札。如

---

① 周生春:《吴越春秋辑校汇考》,上海:上海古籍出版社,1997年。
② 杨伯峻:《春秋左传注》,北京:中华书局,1981年。
③ 顾颉刚:《太公望年寿》,《史林杂识初编》,北京:中华书局,1961年。

果按杜预之说句余是夷末,那么显然非诸樊之"首弟",当然其前也就不能冠以"太叔"。凡此说明,地下文献往往有助于解决地上文献旧注疏的纠葛。

进而论之,由盘铭"句余"称"太叔"而不称"王",可以判定盘铭应制作于余祭即位之前。换言之,其制器相对年代应在诸樊即位期间,即公元前560—548年。句吴太叔盘无疑是吴国的一件有大致年代的标准器。

句余即位后的称谓已见新出句吴王斁句此余剑铭①:

攻(句)盧(吴)王斁鈛(句)此郐(余)自乍(作)元用鐱(剑)

其中"斁鈛此郐"("郐"原篆左下"車"旁为迭加音符)显然是"句余"的缓读,这犹如句吴太子姑发剑"姑发臂反"即"诸樊"的缓读。

另外,保利艺术博物馆新近入藏句吴大斁矛铭:

工(句)盧(吴)大斁矢工(句)盧(吴)自元用

或读后一个"工盧"为"句余"②。该器及铭文原篆未见著录,来源不明,暂不讨论。

罗儿匜

罗儿□□余吴王之姓(甥)学(叕)卯(犹)公(?)□夷之子择毕(厥)吉金自乍(作)盥铊(匜)

"学"字拓本不清,不过其上从"臼",下从"子",尚可辨识。《说文》认为"学"从"臼"声,因此,匜铭此字的读音是明确的,"臼"中是否从"爻"并不重要。今暂从诸家之说释"学"。

"学"下之字(图3)曹文释"戕",徐文释"伐",均与原篆不符。此字可与下列战国文字"卯"比照:

→ 〽 陈卯造戈→ 〽 三体石经·僖公

〽 右卯戈— → 〽 包山简132→ 〽 小篆

其中包山简与罗儿匜形体密合无间,无疑均应释"卯"。凡此附加饰笔者,或

---

① 陈千万:《湖北谷城县出土攻盧王斁鈛此郐剑》,载《考古》,2000年第4期。
② 冯时:《工盧大斁鎉铭文考释》,《古文字研究》22辑,北京:中华书局,2000年。

四笔,或二笔,本多寡不拘,晚周文字中屡见不鲜①。

匜铭"公"字仅存其上半部,如果诸家所释不误,则"公"上之"学卯"应是地名,疑读"厹犹"(摹本误将"公"字两侧泐痕摹出)。

首先,"九"与"臼"音近可通。《战国策·韩策三》:"魏王为九里之盟。"《韩非子·说林上》"九"作"臼"。是其佐证。而"臼"与"臼"形音均近,故匜铭"学"可读"厹"。

其次,"卯"与"酉"声系可通。《说文》:"酉,古文作卯。"《周礼·天官·大宗伯》:"以槱燎祀司中、司命、风师、雨师。"《风俗通·典祀》引"槱"作"柳"。鄂君启车节"槱焚"即"柳棥"②。均其佐证。"犹"从"酋"得声,故匜铭"厸"可读"犹"。

检《汉书·地理志》"临淮郡"下有"厹犹,莽曰秉仪"。晋代称"宿预",在今江苏宿迁东南③。春秋时期,厹犹地望似在徐国与钟吾国之间,具体国属不易确定。参《左传·昭公二十七年》"吴公子掩余奔徐,公子烛庸奔钟吾"。注:"钟吾,小国。"既然地上文献"不足",只能借助地下文献以"征之"。

匜铭"罗儿"之"儿",是春秋金文中习见的人名后缀,如"庚儿"(庚儿鼎)、"沇儿"(沇儿钟)、"仆儿"(仆儿钟)、"乘儿"(仆儿钟)等。值得注意的是,庚儿鼎、沇儿钟、仆儿钟均为明确无疑的徐器,因此,罗儿匜可能也是徐器。诸家或说"罗"是国名,似乎不妥。

匜铭既为徐器,厹犹地望的国属也就不言而喻。《左传》"徐"、"娄林"、"蒲隧"④以及匜铭"厹犹",均在古泗水流域的下游,这与春秋晚期徐国疆域的范畴亦颇吻合。

匜铭"吴王之姓",曹文隶定"姓"为"侓",偶误。但其引《左传·庄公六年》杜注"姊妹之子曰甥"为证,进而读匜铭"姓"为"甥",甚确。如果上文推测匜铭属徐之说不误,吴与徐应有联姻关系。换言之,匜铭"学卯公"之子"罗儿"应是"吴王之甥"。检《左传·昭公四年》:"徐子,吴出也。"恰好说明徐子之母是吴王之女。

---

① 何琳仪:《战国兵器铭文选释》,载《考古与文物》,1999年第5期;又《战国古文字典》,北京:中华书局,1998年。
② 姚汉源:《鄂君启节释文》,《古文字研究》10辑,北京:中华书局,1983年。
③ 王先谦:《汉书补注》,北京:中华书局,1983年。
④ 顾栋高:《春秋大事表》,《清经解读编》,上海:上海书店,1988年。

综上所述,匜铭"学卯"可与《地理志》"厹犹"对应,应属徐境。匜铭"吴王之甥"可与《左传》"徐子吴出"对应,涉及徐史。交相验证,若合符契,故罗儿匜应是徐国之器。

据史料记载,徐国与吴国、楚国的复杂三角关系始于鲁昭公四年,终于鲁昭公三十年。兹选录《春秋左传·昭公》如下:

四年经:夏,楚子、蔡侯、陈侯、郑伯、许男、徐子、滕子、顿子、胡子、沈子、小邾子、宋世子佐、淮夷会于申。楚子执徐子。

四年传:徐子,吴出也,以为贰焉,故执诸申。

五年经:冬,楚子、蔡侯、陈侯、许男、顿子、沈子、徐人、越人伐吴。

十二年经:楚子伐徐。

十二年传:楚子狩于州来……帅师围徐以惧吴。

十三年传:楚师还自徐,吴人败诸豫章。

三十年经:冬十有二月,吴灭徐,徐子章羽奔楚。

三十年传:吴子怒。冬十二月,吴子执钟吾子。遂伐徐,防山以水之。己卯,灭徐。徐子章禹断其发,携其夫人以逆吴子。吴子唁而送之,使其迩臣从之,遂奔楚。楚师尹戌帅师救徐,弗及。遂城夷,使徐子处之。

综观以上史料,徐国作为淮泗间小国,只能骑墙于楚、吴两大国之间。徐与吴纵有联姻,但慑于楚之威逼(以为贰焉,故执诸申),与吴的关系只能若即若离,最终也难免亡国的命运。

载有徐王名的铜器铭文计有:宜桐盂、沇儿钟、㝬又觯、义楚镐、徐王之子羽戈。已有学者据文献、考古材料排出其序列是[①]:

僖、文时期	粮
宣、成时期	庚
昭公时期	㝬又
	义楚
	章羽

并推测"㝬又"即《左传·昭公四年》"吴出"的"徐子"。如果此说成立,罗儿匜

---

① 李学勤:《从新出青铜器看长江下游文化的发展》,载《文物》,1980年第8期。

之"罗儿"应是"弔又"未即位前的又一称谓,或与"弔又"为兄弟。以此类推,其父"学卯公"则是尚未即位的又一个"徐子"。其在位年代相当鲁襄公时期,恰好可以弥补上表中"宣、成时期"与"昭公时期"之间的缺环。

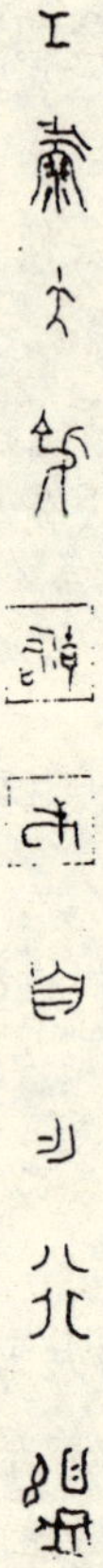

图1 简报摹本 　　图2 施书所附摹本 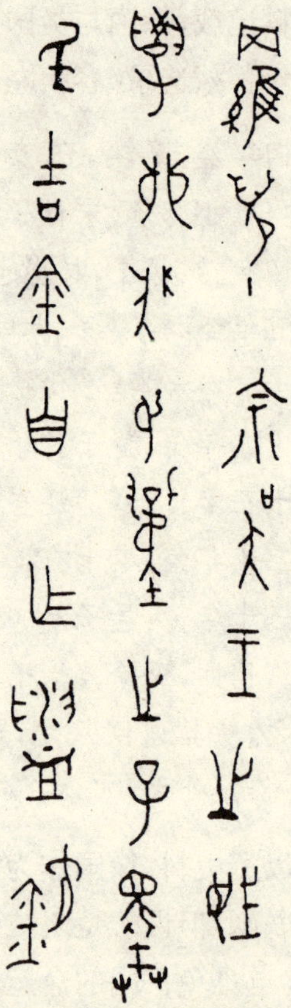　　　　图3 罗儿匜铭文

徐沈尹钲新释①

清光绪十四年(1888年),在江西省高安县西清泉市出土12件青铜器。有铭文者,诸如徐冘又觯、义楚鍴、徐王义楚鍴、徐沈尹钲等,均为研究古徐国历史的重要地下文献。其中徐沈尹钲铭文奇肆,罗振玉叹为"文多不可识",②嗣后诸家继有研究,若干释读仍然悬而未决,今特拣出重新考释。

钲铭著录于《周金》1.76、《贞松》1.20、《韡华》甲9、《大系》175、《希古》1.16、《小校》1.100、《三代》18.3.2—4、《总集》7218、《铭文选》574、《集成》425.1—2。潘祖荫旧藏,现藏上海博物馆,铭文稍有残泐,基本不影响释读,计42字,隶定如次:

      正月初吉,日才(在)庚。郐(徐)訧(沈)尹者(诸)故煕(?)自乍(作)征(钲)城(铖)。次唐(乎)爵祝。备至鑑(剑)兵。枼(世)万子孙,覺(眉)寿无疆。皿(盟)皮(彼)吉人会,士余是尚(常)。

铭文自始至终入韵。其中"庚"、"祝"、"兵"、"疆"、"尚"等属阳部。或谓"城"亦入韵,"城"属耕部,耕、阳通谐。

"訧",郭沫若、③吴闿生、④于省吾⑤等皆释"韶",高田忠周释"诒",⑥均与

---

① 原载《文物研究》13辑,合肥:黄山书社,2001年,第255—258页。
② 罗振玉:《贞松堂集古遗文》1.20。
③ 郭沫若:《两周金文辞大系》164,东京:文求堂书店,昭和10年。
④ 吴闿生:《吉金文录》4.35。
⑤ 于省吾:《双剑誃吉金文选》下3.17,北京:中华书局,1998年。
⑥ 高田忠周:《古籀篇》52.39。

字形不合。唯陈秉新据三体石经改释"訦"①甚有见地。今试为补说。"訦"之原篆与三体石经《君奭》"忱"之古文有相同的偏旁：

$$\text{（字形）}$$

"訦"之原篆左方本从"音"。古文字"言"与"音"一字分化,②故此字左旁可直接隶定"言"。这类现象晚周文字习见,例不赘举。至于此字左下方所从"臼"形,诚如陈文所云,应是"齿"之初文。"齿"与"言"其义相涵,因疑"齿"是"言"的繁化部件。《说文》："訦,燕代东齐谓信曰訦。从言,冘声。"

陈文读"訦尹"为"箴尹"。检"箴尹"见于鄂君启节,③可备一说。疑本铭"訦尹"可直接读"沈尹"。《左传》"沈尹某"习见,均为楚官,如"沈尹寿"（襄公二十四年）、"沈尹射"（昭公四年）、"沈尹赤"（昭公五年）、"沈尹戌"（昭公十九年）、"沈尹朱"（哀公十七年）等。关于"沈尹"之"沈",旧多据《左传·宣公十二年》"沈尹将中军"（《吕氏春秋·当染》作"沈尹蒸"）,杜注："沈或作寝。寝,县也。"释"沈"为地名。其实"沈尹"之"沈",清儒已指出其并非地名。④ 如果是地名,"沈"地之尹多为武官,难以解释。另外,据杜注"沈"或作"寝",而《左传·哀公十八年》有"寝尹",或以为官名。⑤ "寝尹"既为官名,"沈尹"之"沈"何以必是地名？据《左传》诸"沈尹"多为统领军队之武官,而钲的用途（详下文）及铭文文意足以说明"訦尹"也是武官。地上和地下文献交相验证,"沈尹"的性质十分明确。"沈"、"訦"可能均取义于"扰"。《说文》："扰,深击也。从手,冘声"。"沈"、"訦"均"扰"之假借。

"者",罗振玉释,于省吾读"诸",均确不可易。"诸"乃东夷集团习见的古姓氏,可能与古地名"诸"有关。⑥ "熙"为容庚所释,⑦近是。"诸故熙"为"沈尹"之姓名。

"征城",即冉钲钺之"钲钺",简称"钲"。《左传·宣公四年》："著于丁

---

① 陈秉新：《铜器铭文考释六题》,《文物研究》12辑,合肥：黄山书社,1999年。
② 于省吾：《甲骨文字释林》,北京：中华书局1979年,第458—459页。
③ 商承祚：《鄂君启节考》,《文物精华》2辑,1963年。
④ 梁履绳：《左通补释》,引《清经解续编》2.287,上海：上海书店,1988年。
⑤ 董说：《七国考》1.88,北京：中华书局,1998年。
⑥ 何琳仪：《莒县出土东周铜器金文汇释》,《文史》50辑,北京：中华书局,2000年。
⑦ 容庚：《商周彝器通考》,引董楚平《吴越徐舒金文集释》,杭州：浙江古籍出版社,1992年,第280页。

宁。"《国语·吴语》："王乃秉枹,亲就鸣钟鼓,丁宁、淳于。"杜预、韦昭注皆谓"丁宁"即"钲"。"丁宁"与"钲铖"实乃一音之转。罗振玉谓徐沈尹钲"器形似句鑃"。郭沫若谓"器之形制与句鑃同而自名为征城,可知征城即是句鑃"。检吴越铭文中有自名"句鑃"者,诸如配儿句鑃、姑冯句鑃、其次句鑃等。从铭文内容判断,似乎句鑃用于礼乐,钲铖用于军乐,兹摘选二类铭文如次:

    A. "以宴宾客,以乐我诸父。"(配儿句鑃)

       "以乐宾客,及我父兄。"(姑冯句鑃)

       "以享以孝,用祈万寿。"(其次句鑃)

    B. "余以行司师……余以伐徐"。(冉钲)

       "次于爵祝,备至剑兵。"(徐沈尹钲)

两相比较,"句鑃"与"钲"之形制虽近。然其用途有别,故其自名亦不同。"钲"本铭作"征城",似也有助于说明其用于军事。

"次",右上方略有残泐,诸家多隶定为"次",可信。"次"下之字诸家多阙释,郭沫若释"者",读"诸"。对照上文已出现的"者",可知"次"下此字断非"者"字。按,此字实可与郭店简《老子》甲 2"虖"字比照:

"虖",从"口","虎"声。郭店简中习见,或读"乎",①与介词"于"音义均通。钲铭"次乎"相当"次于",应指驻军,这与钲用于军礼恰好吻合。

"虖"下之字,诸家多阙释。强运开释"斗",②郭沫若释"父",均为臆测。检《礼记·缁衣》："故上不可以亵刑而轻爵。"新出楚简《缁衣》中与"爵"相应之字与钲铭此字形体密合无间:

此字亦见长沙出土铜量,③笔者曾误释"七月"合文,④藉此更正。另外,包山简 266 一字从"毛",从"爵"也应读"爵"("毛"为叠加音符)。西周史兽鼎"爵"作:

————
  ① 荆门市博物馆:《郭店楚墓竹简》,北京:文物出版社,1998 年,第 113 页。
  ② 强运开:《说文古籀三补》14.5,北京:中华书局,1986 年。
  ③ 载《江汉考古》,1987 年第 2 期封底。
  ④ 何琳仪:《长沙铜量铭文补释》,载《江汉考古》,1988 年第 2 期。

以其与上揭"爵"字比较,可知因时代不同,文字也有繁简之别。换言之,晚周文字"爵"乃西周文字"爵"的简化,其流部特征仍然作为主体保留。类似的简化,可参见"闻"字的繁体和简体。

按通常惯例,"次于"之宾语多为地名。若以声求其地望。"爵祝"似可读"取虑"。首先,"爵",精纽宵部。"取",清纽侯部。精、清均属齿音,宵、侯邻韵旁转。《周礼·考工记·钟氏》:"五人为觶。"注:"觶,今《礼》俗文作爵。"此"爵"可读"取"之确证。其次,"虑"从"虍"声,"虍"属晓纽鱼部。"祝"从"兄"声,"兄"属晓纽阳部。"虍"与"兄"属鱼、阳阴阳对转。章炳麟谓"庐"对转为"匡",①而"皇"与"兄"声系相通。② "匡"、"皇"均属"王"声系,故而"虍"与"兄"声系相通也就不难理解了。

"取虑",地名。《史记·陈涉世家》:"取虑入郑布。"索隐:"取,又音子臾反。"(又音与"爵"音甚近)即《汉书·地理志》临淮郡"取虑"。《读史方舆纪要》江南府虹县"取虑城,县北一百二十里。汉县,属沛郡"。在今安徽灵璧西北与江苏睢宁交界之处。又据《通志·氏族略》"徐偃王子食邑取虑,因氏焉",可知其地应属古徐国范围。

"備",郭沫若、吴闿生等释"徹",罗振玉、于省吾释"備"。杨树达引《荀子·赋》"无私罪人,憼革戒兵";杨倞说"憼与徹同,備也"③为证,引申郭、吴之说。其实从形体分析,罗、于之隶定更为可信。《说文》:"備,慎也。"释"備"与释"徹",以训诂而言并不矛盾,然字形不可不辨,笔者拟从另一角度分析。"備至",语出《颜氏家训·序教》"慈兄鞠养,苦辛備至"。今日犹沿用其词。本铭"備至剑兵"似谓"兵器均已完备",疑为当时军中恒语。

"皿",疑读"盟"。诸家多以"皿"上尚有偏旁,唯罗振玉释"皿"。细审《集成》拓本,"皿"上并无脱笔痕迹。④ 其实"皿"上是否有残泐并不重要,因为据

---

① 章炳麟:《文始》5.4《说文》凵,凵、庐,饭器也。以柳作之,象形。凵、庐本一语有重音,乃复制庐字。庐得声于虍则与凵皆喉音也。凵又变易为筥、籍者,一曰饭器也,容五升。凵对转阳变易为匡,饭器筥也。"浙江图书馆,1913年。

② 《书·无逸》:"无皇曰,今日耽乐。"汉石经"皇"作"兄"。《书·无逸》:"则皇自敬德。"正义:"王肃本皇作况。"

③ 杨树达:《积微居金文说》,北京:中华书局,1997年,第232页。

④ 李朝远先生赐示云"皿字上部器缘虽有残损,但并无阙失之处,故从皿字的位置和字之大小看,皿上确无笔画。"志此鸣谢。

《说文》"盟"本来就从"皿"声。

"吉人",见《书·泰誓》中"吉人为善",泛指有教养之人。

"会"旧注皆误释"享"。此字原篆可与《玺汇》5409"会"字比照:

二者相似至为明显,均为"会"之省简。附带说明,旧释"享",以为入韵。其实"士余是尚"已入韵,其前"皿皮吉人会"不一定要求入韵。

"皿皮吉人会"应读"盟彼吉人会",即"使彼善人盟会"之意。

"士",战士。《荀子·王霸》"王者富民,霸者富士",杨倞注:"士,卒伍也。"《孟子·梁惠王上》:"举甲兵,危士臣。"铭文"士余是尚"读"士余是常",语序倒装,意谓"战士以我为典常"。

铭文大意是:"正月初吉庚日,徐国沈尹诸故熙自造钲铖。驻军在取虑,武器十分完备。万世子孙,永寿无疆。会合彼诸侯盟誓,战士以我为典常。"

如上所述,楚官"沈尹"见于徐沈尹钲。与其相类,楚官"郊尹"(《左传·昭公十三年》)亦见于徐郊尹鼎。① 凡于此说明,徐国职官多沿袭楚制。楚、徐关系的密切不言而喻。"盟彼吉人会,士余是常"——徐沈尹自诩徐国之威,踌躇满志的口吻跃然文字之间。这与传世文献中记载徐国纵横捭阖于楚、吴大国之间的情势也颇吻合。估计铭文的制造应在春秋中晚期。至于"爵祝"地望的推测,也许有助于探索徐国的古地理研究。

附记:

"訧"之左旁稍残,或疑"酉"旁,则"訧"亦可隶定"酖",仍读"沈"。

---

① 何琳仪:《战国文字通论》,北京:中华书局,1989年,第73页。

作寻宗彝解[①]

秦公簋"民国初出于甘肃秦州,[②]是赫赫有名的春秋秦国标准器,器主"秦公"已有学者指出为秦景公。[③] 簋铭下有如下一句:

虔敬朕祀,乍(作)△宗彝。

△原篆作㲋,诸家多阙而不释。唯郭沫若隶定为"叒",并解释为:

从又吻声,当是敃之异文……此言叒宗,余意即文公之庙也。[④]

郭氏隶定似是而非,况且偏旁组合怪异,当然其解释也就落空了。因此,这一解释几乎无人相信。

近年商志𩄎、唐钰明在讨论甚六钟一文中顺便将秦公簋△隶定为"寻",并解释其在铭文中的用法:

《公羊传》成三年注云:"寻,犹寻绎。"……故寻可释为绎。《尔雅·释天》:"绎,又祭也。周曰绎,商曰肜,夏曰复胙。"今本《尚书·商书》有《高宗肜日》篇,《诗》中有《大雅·凫鹥》《周颂·丝衣》皆有绎祭之歌。……天子、诸侯在宗庙正祭后,次日再祭,称为绎,又称寻。而祭祀之礼在宗庙内,又可称寻宗。[⑤]

---

① 原载《中国训诂学研究会论文集(2002)》,北京:中国文史出版社,第398—400页。
② 容庚、张维持:《殷商青铜器通论》,北京:文物出版社,1984年,第36页。
③ 王辉:《秦铜器铭文编年集释》,西安:三秦出版社,1990年,第27—28页。
④ 郭沫若:《两周金文辞大系图录考释》,上海:上海书店出版社,1999年,第248—249页。
⑤ 商志𩄎、唐钰明《江苏丹徒背山顶春秋墓出土钟鼎铭文释证》,载《文物》,1989年第4期。

检秦公簋△与甚六钟"寻",均从"口",从二手伸臂之状。商、唐二氏隶定"寻",至确。不过其直接释"寻"为"绎",似尚隔一间。

今按,《说文》无"寻"有"𢑚",许慎分析"𢑚"为:

> 𢑚,绎理也。从工,从口,从又,从寸。口、工,乱也。又、寸,分理之。彡声。此与𧛙同意。度人之两臂为寻,八尺也。(3下14)

实则"𢑚"为"寻"之繁文。具体而言,"𢑚"所从"彡"乃"寻"之迭加声符。这犹如"藉"迭加"昔"声、"凤"迭加"凡"声,在古文字中是相当普遍的一种繁化形式。

基于这一认识,秦公簋"寻"(𢑚)可读"彡",即典籍之"肜"。众所周知,甲骨文"彡"应读《书·高宗肜日》之"肜"。① 关于"𢑚"与"肜"的关系,清代学者早已注意到这一点。如朱骏声云:

> 肜,《尔雅·释天》"绎,又祭也。周曰绎,商曰肜,夏曰复胙。"据字当从"肉"从"𢑚"省,会意。②

可谓颇有见地,关键问题是,"𢑚"(寻)与"肜"音读似乎有一定距离,下面列出与二者相关字的《广韵》反切和上古音的声韵:

彡	所衔切	心纽	侵部
𢑚	徐林切	邪纽	侵部
肜	丑林切	透纽	侵部
肜	以戎切	喻纽四等	冬部
肜	徒冬切	定纽	冬部

以上五字,前三字姑且称 A 系,后二字称 B 系。据《说文》"𢑚"、"肜"均从"彡"声,韵母属侵部,自然有谐声关系。至于心纽、邪纽中古音虽均属齿音,但邪纽与定纽最近。③ "肜"与"肜"韵部均属冬部,声纽均属舌音(喻纽四等古归定纽④),应是一字之变。据西周金文、战国文字有"肜"无"肜",似乎后

---

① 于省吾:《甲骨文字诂林》,北京:中华书局,1996年,第3379—3382页。
② 朱骏声:《说文通训定声》,北京:中华书局,1984年。
③ 钱玄同:《古音无邪纽证》,《师大国学丛刊》1卷,国立北平师范大学文学会,1932年,第117—127页。
④ 曾运乾:《喻母古读考》,载《东北大学季刊》,1927年第2期。

者是前者之讹①。字书中"舟彡"(《说文》训"船行")与"肜"每每相混,这不仅因为二者形体相近,读音也近。"舟彡"属透纽侵部,"肜"属喻纽四等冬部。透纽与喻纽四等(定纽)均属舌音,侵部与冬部关系密切(严可均主张冬、侵合并②)。凡此说明,这五字的 A 系和 B 系在声韵方面并不是绝不相通的。而"𤔔"(寻)可读"肜"也就不难理解了。

秦公簋"寻"可读"肜",还可从典籍中找到旁证。检《汉书·郊祀志》上:"上始巡幸郡县,寖寻于秦山矣。"注:"郑玄曰,寻,用也。晋灼曰,寻,遂往之意也。师古曰,二说皆非也。寖,渐也。寻,就也。"③朱一清曰:"《孝武记》索隐,侵寻即浸淫。故晋曰,遂往之意也。寻,淫声近假借耳。"其实,郑、晋、颜、朱等旧说似乎都有问题。笔者认为,"寻"应读"肜",其用法与秦公簋相同。

《书·高宗肜日》传:"祭之明日又祭,殷曰肜,周曰绎。"疏:"孙炎曰,肜者,相寻不绝之意。"旧注以"寻"训"肜"属声训,这更加证明笔者推测"寻"可读"肜"并非无稽之谈。甲骨卜辞记载"彡"(肜)祭屡见不鲜,这也说明"肜"确是"殷礼"。据《史记·秦本纪》"秦之先,帝颛顼之苗裔"。可以推断秦之先世来源于东方,近代学者亦多主司马迁之说,如"秦为颛顼之后,与殷商同属鸟系祖先传说系统"云云。④ 由此看来,秦公簋记载秦人之"寻"(肜)祭,大概应属秦"因于殷礼"了。

2001 年 7 月 19 日于庐州

---

① 何琳仪:《战国古文字典》,北京:中华书局,1998 年,第 275 页。
② 严可均:《说文声类》下篇侵类第十五。
③ 马非百:《秦集史》,北京:中华书局,1982 年,第 4 页。
④ 严可均:《说文声类》下篇侵类第十五。

第四编

战国文字（上）

节可忌豆小记[①]

《山东临沂出土一件有铭铜豆》(见《考古》1990年第11期,第1045页)介绍一件晚周齐国铜豆,铭文20字:

    隹(惟)王九月,唇(辰)
    在丁亥,□可
    忌乍(作)氒(厥)元子
    中(仲)姞媵镈(豆)。

拓片照片第二行第四字部分笔画不显。1987年,承蒙张龙海同志协助,笔者有幸亲睹原器,兹摹写"□"字如次:

该字左旁从"㠯",为"卪"(皂)之省简。类似省去簋部底座的现象,在古文字中不乏其例:

皂	㠯	窒叔簋	㠯	天亡簋
殷		不嬰簋		井姬簋
敱		章孜白簋		古玺汇编0194
节		中国历代货币大系2822		中国历代货币大系2823
饎		姚鼎		贞鼎
餴		堇鼎		蒍簋
饉				舀鼎

[①] 原载《考古》,1991年第10期,第939页。

餪	[字形] 古玺汇编 4038	[字形] 古玺汇编 0812
韽	[字形] 古玺汇编 0810	[字形] 古玺汇编 0811
餲		[字形] 古玺汇编 2352

凡此说明:"皀"或"食"确可省简为"白"或"仌"。此字右旁从"卩",也无疑问。至于上揭齐即墨刀"节"所从"卪"旁。与豆铭"卪"旁上部均相联,应是齐系文字"即"的一种特殊写法。故豆铭此字应隶定为"㮿",即"栮"字。

"栮",见《周礼·冬官》"刮摩之工,玉、栮、雕、矢、磬",注:"栮,读如巾栉之栉。"而《仪礼·士冠礼》"赞者奠纚笄栉于筵南"注:"古文栉为节"。此为"栮"可读"节"之确证。

"节"为古姓氏。《姓觿》卷九:"《路史》云:炎帝之裔。《姓谱》云:《周礼》掌节上士。子孙以官为氏。"节氏出于姜姓,见《姓氏寻源》:"姜姓后有节氏,炎帝居生节茎。节姓宜出此。"《古玺汇编》3105 有"节援",《汉印文字征》5.1 有"节同"。

总之,临淄所出豆铭可以正名为"节可忌豆"。器主为姜齐后裔。

豆自铭为"镈",颇值得注意。"豆"、"镈"均属定纽,双声可通。《书·舜典》"骥兜",《左传·文公十八年》作"浑敦"。"兜"作"敦"犹"豆"作"镈"。类似铭文与文献中异名的现象,试举几例:

繺伯鬲、番君鬲、弭伯鬲"鼎"读"鬲"。"鬲",来纽支部;"鼎",定纽耕部。定、来为复辅音,"鬲"、"鼎"属支、耕阴阳对转。

轨簠"轨"读"簋"。"轨"、"簋"均属见纽幽部。

义楚觯"觶"读"觯"。"觶"、"觯"均属端纽元部。

丧史宜铏"鈚"读"铏"。"铏",滂纽;"鈚",并纽。均属帮系,双声可通。

南疆钲"鉦铖"读"丁宁"。"鉦"、"丁"以及"铖"、"宁"均属耕部。

以上器名而异称,均属音转。其中二者间或有形制演变关系(如鬲与鼎)。在铜器铭文中,这类现象还有一些,值得进一步深入研究和探索。

司夜鼎考释[1]

《殷周金文集成》2108 著录一件所谓"裹门鼎",旧著录中似乎未见,20 世纪 50 年代始入藏于上海博物馆。鼎盖有刻款文字,笔画细浅,《集成》铭文的拓本照片效果极差,因此未能引起学者的注意。2003 年 12 月,笔者适在华东师范大学开会,有机会前往上海博物馆目验原器,审视铭文,兹特为考释如次。

三蹄足圆鼎,扁鼓腹,圜底。鼎壁素面,上腹部饰凸弦纹一周。双立耳,外撇。有盖,盖上有三个环状形钮。这类鼎普遍流行于东周时代中原地区,"由于鼎腹由深变浅,从而影响腿部由高变矮"。[2] 考虑该鼎形制腹部偏下,蹄足较矮,应属战国中晚期之际。与该鼎相似者,可参考中山王铁足大鼎(《文物》1979 年第 1 期 25 页图 30)、十四叶鼎(《文物》1980 年第 9 期图版贰 1)、廿八年平安君鼎(《文物》1980 年第 9 期图版叁 3)、同出南室铜鼎(《文物》1980 年第 9 期 23 页图 17)等。

该鼎铭文明显呈现晋系文字风格,几乎每字皆可与晋系文字比照:

申	𢆉	《集成》2108	𢆉	《玺汇》1294"申若"
腋	𠁥	《集成》2108	𠁥	《玺汇》0752"长腋"
宅	氏	《集成》2108	氏	《古币》81 方足布"宅阳"
裹	𡆠	《集成》2108	𡆠	《玺汇》1528"孙裹"
门	門	《集成》2108	門	《玺汇》0170"上东门"

---

[1] 原载《中国史研究》,2004 年第 3 期,第 3—8 页。
[2] 高明:《中原地区东周时代青铜礼器研究》,载《考古与文物》,1981 年第 3 期。

总之,从器型特点和文字风格两方面综合分析,该鼎属于战国晚期晋系铜器,具体国别则有待进一步研究。

鼎盖铭文 6 字,其中合文("之宅")1 字。第四字与第五字之间被盖钮分割为两段,参照《殷周金文集成释文》第 160 页的隶定,其行款应是:

申腋
之宅裏门

"申",可读"辰"。《说文》:"㫃,古文陳。"(十四下四)《礼记·缁衣》"君陳曰",释文"陳本亦作古阵字"。可见"阵"与"陳"为一字。而"陳"与"振"可以通假。例如:《吕氏春秋·慎人》"振振殷殷",《文选·曲水诗序》注引"振振"作"陳陳"。是其佐证。

"申",又可读"司"。"申",审纽三等,古归透纽,属舌音。① "司",心纽。然而从"司"得声之"嗣"(二字古文字通用)则属邪纽,与舌音近。② 然则"申"、"司"为准双声,典籍往往可以通假。例如:《庄子·大宗师》"申徒狄",释文"申徒狄,崔本作司徒狄"。《史记·留侯世家》"以良为韩申徒",集解引徐广曰"即司徒耳,但语音讹转,故字亦随改";《汉书·张良传》"申"作"司"。均其佐证。

综上音理和通假例证分析,本铭"申腋",既可读"辰夜",也可读"司夜"。

"辰夜"见《诗·齐风·东方未明》"折柳樊圃,狂夫瞿瞿。不能辰夜,不夙则莫"。传:"柳,柔脆之木。樊,藩也。圃,菜园也。折柳以为樊园,无益于禁矣。瞿瞿,无守之貌。古者有挈壶氏,以水火分日夜,以告时于朝。""辰,时。夙,早。莫,晚也。"笺:"挈壶氏,掌漏刻者。"

"辰夜"之"辰",异文甚多。马瑞辰曰:"按,《广雅·释言》时,伺也。伺、候同义。伺即司也……不能辰夜,即不能伺夜也。《说文》候,司望也。伺,候望也。伺古止作司。辰与晨通。《周语》农祥晨,正谓以房星为农事之候也。《说文》辱字注云,辰者,农之时也。故房星为辰田候也。《庄子·齐物论》见卵而求时夜。释文引崔注云,时夜,司夜。《淮南子·说山训》作见卵而求晨夜。此正训时伺之证。又《论语》晨门亦谓候门,汉时所谓城门候也。义与

---

① 黄侃:《音略》,《黄侃论学杂著》,北京:中华书局,1964 年,第 72 页。
② 钱玄同:《古音无邪纽证》,载《东北大学季刊》,1927 年第 2 期。

《诗》辰夜正同。"①王先谦曰:"司夜之官,不能举职,以致君之视朝不早则晚。"②按,马氏分析"司"、"伺"、"时"、"辰"、"晨"的音变,以及其义训,相当精审。

在"辰夜"诸多异文之中,"司夜"最为常见。《尸子》卷下:"鸡司夜,狸执鼠,日烛人,此皆不令自全。"《韩非子·扬权》:"使鸡司夜,令狸执鼠,皆用其能。"有鉴于此,本文称此鼎为"司夜鼎"。当然,鼎铭"司夜"仍是职官之名,相当"挈壶氏"。《周礼·夏官·挈壶氏》:"挈壶氏掌挈壶以令军井,挈辔以令舍,挈畚以令粮。凡军事,县壶以序聚橐。凡丧,县壶以代哭者。皆以水火守之,分以日夜。及冬,则以火爨鼎水而沸之,而沃之。"

"之宅"为合文,其右下有合文符号。

"申腋之宅",可读"司夜之宅",即掌管时辰职官的居所。

"褱",应读"鬼"。"懷"之异文作"褱"。参《汉书·外戚传》"褱诚秉忠",注:"褱,古懷字。"玄应《一切经音义》"懷孕"作"褱孕"。《隶释》三公山碑"咸褱人心",洪适曰"褱即懷字"。本铭"褱"所从"眔"旁就极似"鬼"旁,是其佳证。至于《诗·小雅·小弁》"譬彼壞木",《说文》引"壞"作"瘣"。云梦秦简《为吏之道》"以此为人君则鬼"之"鬼"读"懷",③亦可资旁证。"门",中间加两短横为饰笔,笔者有专门讨论,④兹不赘述。依此类推,"褱门"可读"鬼门"。

古代以东北方位为"鬼门",参《论衡·订鬼》:"《山海经》又云,沧海之中,有度朔之山,山上有大桃木,其屈蟠三千里,其枝间东北曰鬼门,万鬼所出入也。"(《论衡》所引《山海经》佚文,又见裴骃《史记集解》、刘昭《续礼仪志注》,唯文字小异而已。⑤)这一名词后来也成为阴阳家术语,被广泛地应用在八卦象数之中。《易·观》郑玄注:"艮为鬼门。"《隋书·萧吉传》:"艮地鬼门,西南人门。"《隋书·王劭传》:"时有人于黄凤泉浴,得二白石,颇有文理。遂附致其文以为字,而上奏曰,其大玉有天门、地户、人门、鬼门闭九字。"《神异经》:"东北方有鬼星,石室屋三百户,而其所石傍,题曰鬼门。"宋代杨惟德《六壬神

---

① 马瑞辰:《毛诗传笺通释》9.6,北京:中华书局,四库备要本。
② 王先谦:《诗三家义集疏》,北京:中华书局,1987年,第383页。
③ 睡虎地秦墓竹简整理小组:《睡虎地秦墓竹简》,北京:文物出版社,1978年,第285页。
④ 何琳仪:《战国文字通论》,北京:中华书局,1989年,第291—292页。
⑤ 黄晖:《论衡校释》,北京:中华书局,1990年,第939页。

定经》把六壬式盘"四维"的位置用文字表述为:"天门在西北,西北者戌亥之间;地户在东南,东南辰巳之间;人门在西南,西南申未之间;鬼门在东北,东北者丑寅之间。"其后,这一格局成为六壬式盘的固定模式。

以往,传世和出土六壬式盘实物已发现近10件。其地盘"四维"的位置上或有所谓"四门"及相关词,参见下表:

1. 荆门左塚漆桐(战国)——"天几"、"鬼几"、"乱(地)吾(户)"、"人几"。①

2. 阜阳双古堆漆木式(西汉)——"天豦(居)己"、"鬼月戊"、"土(地)斗戊"、"人日己"。②

3. 中国历史博物馆藏铜式(东汉)——"戊天门"、"己鬼门"、"戊土(地)门"、"己人门"。③

4. 上海博物馆藏铜式(六朝)——"西北天门乾☰"、"东北鬼门艮☶"、"东南地户巽☴"、"西南人门坤☷"。④

在式盘"四门"中,天与地相对,人与鬼相对。这两组既对立而又统一的关系,共同构成支撑宇宙的"四维"。式盘中"鬼"、"鬼门"应是同一概念,它的对立面是"人"、"人门"。《礼记·祭法》"人死曰鬼"。人死则化为鬼神,故艮为鬼门。⑤"四门"中人与鬼的方位,则是通过对角线连接"西南"和"东北",这正暗示着生与死的对立。

顺便解释荆门左塚漆桐的"乱吾"。"地",定纽歌部;"乱",来纽元部。定、来均属舌音,歌、元阴阳对转。故"乱"可读"地"。"吾"、"户"均属鱼部,故"吾"可读"户"。参"御"可以分别与"五"、"户"声系通假。⑥ 总之,漆桐"乱吾"相当上海博物馆藏铜式之"地户",也即式盘中常见的"地门"。

以上探索"鬼门"的来历,回过头来再看它与"司夜之宅"的关系。

---

① 黄凤春、刘国胜:《记荆门左塚楚墓漆桐》,第四届国际中国古文字学研讨会论文集(香港),2003年,第502页。

② 安徽文物工作队、阜阳地区博物馆、阜阳县文化局:《阜阳双古堆西汉汝阴侯墓发掘简报》,《文物》,1978年第8期第30页图24。

③ 罗福颐:《汉栻盘小考》,《古文字研究》11辑,北京:中华书局,1985年,第261页。

④ 罗福颐:《汉栻盘小考》,《古文字研究》11辑,北京:中华书局,1985年,第264页。

⑤ 连劭名:《式盘中的四门与八卦》,载《文物》,1987年第9期。

⑥ 高亨:《古字通假会典》,济南:齐鲁书社,1989年,第852页。

上文所引《论衡·订鬼》"沧海之中,有度朔之山"有"鬼门"。《论衡·乱龙》也有类似的记载:"上古之人有神荼郁垒者,昆弟二人,性能执鬼,居东海度朔山上,立桃树下,简阅百鬼。"《云笈七籤》:"东海有度索山,或曰度朔山。"《史记·五帝本纪》:"北至于幽陵,南至于交阯,西至于流沙,东至于蟠木。"集解:"东海中有山焉,名曰度索。上有大桃树,屈蟠三千里,东北有门,名曰鬼门,万鬼所聚也。"凡此可证:日出东方,东海度朔山(或"度索山")蟠木(或"大桃树")东北的"鬼门",恰好是在日出以前的方位。《汉书·郊祀志》所谓"东北神明之舍,西北神明之墓也"。有学者指出"东北"为尊位,①不是没有道理的。表面看来,"东北"的"鬼门"处"艮"位,其义为"终止",即《周易·序卦》所谓"艮,止也"。实际观察"始于震,终于艮"的八卦方位,都共处于一个循环圈,即旧的终止孕育新的开始。《周易·说卦》"艮,东北之卦也,万物之所成,终而成始也。故曰,成言乎艮"。对此有比较清晰的阐述。从这个角度而言,铭文"司夜之宅鬼门"似乎隐匿这样的含意:即昼夜之交,乃是新一天的开始。

天与地相对,属空间观念;人与鬼相对,属时间观念。两组矛盾对立的统一,构成宇宙人生的大框架。古人这一认识论,被浓缩在小小的式盘之中。在以往战国出土文献中,尽管曾侯乙墓漆箱盖和长沙楚帛书的图式有可能与战国时代流行的"式"有关,②但是其文字却与汉代及后代式盘的文字没有直接的对应关系。只有最近正式公布的荆门左塚楚墓漆桐中出现的"天"、"乱(地)"、"人"、"鬼",才是严格意义上的"四门"。而本铭"四门"之一的"鬼门"乃是式盘广泛被应用在日常生活中的折光反映。形而下的器皿赋予形而上的理念,这对于认识战国时代人们的意识形态也许有一定的启迪。

最后应该补充说明,上文所引《周礼·夏官·挈壶氏》透露两条信息:

1. "挈壶氏"与军事有关。所谓"军井"、"凡军事"云云,自然是其明证。而传世兵书,诸如李筌《太白阴经》卷九和卷一〇、曾公亮《武经总要后集》卷十八至二一、茅元仪《武备志》卷一六九至一八五等,③也都与式法有关。这似乎也间接地点明了本铭"司夜"与"鬼门"的关系。即司夜(挈壶氏)居处军

---

① 杨锡璋:《殷人尊东北方位》,《纪念苏秉琦考古五十五年论文集》,北京:文物出版社,1989年。按,上文所引中山王铁足大鼎、十四叶鼎均属中山国器,中山国是白狄族所建,而白狄族又是殷人的后代。因此若据杨说,也不排除司夜鼎为中山国器。誌此备参。
② 李零:《中国方术考(修订本)》,北京:东方出版社,2000年,第110页。
③ 李零:《中国方术考(修订本)》,北京:东方出版社,2000年,第42页。

营的东北方,称"鬼门"。

2."挈壶氏"与鼎有关。所谓"以火爨鼎水而沸之",证明司夜鼎应是"司夜"(挈壶氏)使用的器具。这也使鼎盖上有铭文"司夜"得到合情合理的解释。

附言:

本文所附器型、铭文照片均由上海博物馆周亚先生提供,谨致谢忱。

2004年1月7日于庐州

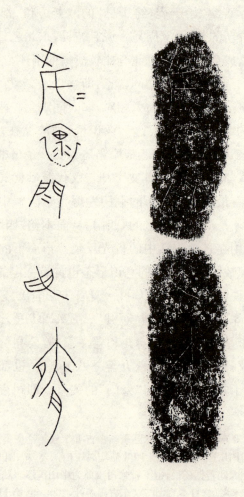

鱼颠匕补释

——兼说昆夷

1923年2月,在山西浑源西南李峪村恒山之麓出土铜器群,计数10件,多数已经流散到海外。②据传所谓"鱼鼎匕",也出自浑源。该器归罗振玉所有之后,罗氏始正式公布其拓本(图1)、摹本(图2)。③《贞松》11.10、《丛考》145、《文选》上3.30、《贞图》中42、《小校》9.98.2、《三代》18.30.1、《通考》373.7、《通论》42.1、《总集》5.3128、《集成》3.980、《全集》8.137等书均有著录,现藏辽宁省博物馆。

该匕的时代,学界或定为战国,④或定为战国早期。⑤ 该匕的国别,铭文内容已透露其中消息,详见下文。另外,"此式匕在山西原平塔岗梁等地屡有出土,也可证系晋人之物"。⑥春秋战国之际,今山西浑源一带属代郡。李峪村遗址的时代"上限早到春秋中、晚期,下限可到战国中、晚期"。⑦ 该匕的字体,与䢵羌钟、大梁司寇鼎、行气玉铭等三晋铭文皆十分相似。凡此说明,将该匕归属为春秋战国之际的晋系,不会有大误。

匕柄两面皆有错金铭文,现存36字。因为原器柄端已经残缺,所以有学

---

① 原载《中国史研究》,2007年第1期,第29—39页。
② 容庚:《商周彝器通考》,台湾:文史哲出版社,1985年,第9页。
③ 罗振玉:《贞松堂集古遗文》11.11,蟫隐庐石印,1930年。
④ 容庚:《殷周青铜器通论》,北京:文物出版社,1984年,第373页。
⑤ 朱凤瀚:《古代中国青铜器》,天津:南开大学出版社,1995年,第88页。
⑥ 马承源:《中国青铜器全集》,北京:文物出版社,1995年,第42页。
⑦ 陶正刚:《山西浑源县李峪村东周墓》,载《考古》,1983年第8期。

者认为,"曰"上阙一字;"水"下阙"中有"二字,①或阙"中之"二字。② 如是理解,则铭文可能原有 39 字。但也有学者认为,"此铭钦哉系叹词,余皆四言,似无阙文"。③ 今暂从有"阙文"之说,结合诸家之说,参以己意,隶定铭文如下:

[王]曰,征𠂤蚰尸,

述玉鱼

颠。曰,

钦哉

出斿,水

□□虫。下民无智,参蚩尤命。帛命

入㱿,蘸

入蘸

出,毋

处其所。

以往释文或有可商之处,笔者在拙著《战国文字声系》中间有乙正,兹重新补充考释如下:

"曰"上适有阙文,成为无主句,殊为可惜。主语应是颁器者,拟补"王"字。

"征",见甲骨文。孙诒让、罗振玉、王襄、郭沫若等学者释其为"延",即"延",读"诞"。④ "诞"为语首助词,以之释读匕铭,合乎先秦典籍文法。不过杨树达则认为,甲骨文"征"与"徙"的或体吻合,遂谓甲骨文"徙"从"之"得声。⑤ 于是近有学者沿循类似的途径,谓匕铭此字"从之得声",进而读"蚩",⑥或直接读"之"。⑦ 凡此似有必要予以澄清。其实甲骨文"征"与"徙"

---

① 王国维说:见罗振玉《贞松堂集古遗文》11.11,蟫隐庐石印,1930 年。
② 郭沫若:《金文丛考》,北京:科学出版社,2002 年,第 314 页。
③ 于省吾:《双剑誃吉金文选》,北京:中华书局,1998 年,第 228 页。
④ 于省吾:《甲骨文字诂林》,北京:中华书局,1996 年,第 2230—2231 页。
⑤ 杨树达:《积微居甲文说》,上海:上海古籍出版社,1986 年,第 26 页。
⑥ 詹鄞鑫:《鱼鼎匕考释》,《中国文字研究》2 辑,郑州:大象出版社,2001 年,第 176 页。
⑦ 史克礼:《鱼鼎匕铭文性质及下民无智的有关问题》,《中国文字研究》4 辑,桂林:广西教育出版社,2003 年,第 131 页。

的或体并非一字,今辨析如下:

1.《说文》"徙,迻也。从辵,止声。(斯氏切)𣥎,徙或从彳。"(2下4)其中"徙"的或体来源可疑,且所谓"止声"与"徙"的读音也不合。(止,端纽之部;徙,心纽歌部。)

2."彳𡧅"与"徙"均见于古文字,分别作:

　　　　商代文字　　　　　　周代文字　　　　　　战国文字

彳𡧅　𣥎 甲编528　　　　𠃋 孟鼎《集成》2837　　𣥎 陶汇9.46

徙　𣥺 徙觚《集成》6038　𣥻 徙遽僕盉《集成》9406　𣥻 睡虎61

"彳𡧅",从"彳"、从"止"会意,"止"亦声("彳𡧅"与"止"双声);"徙",从"彳"、从"步"会意。二者区别十分明显,"彳𡧅"与"徙"并非异体关系。

3.《说文》:"延,长行也。从𠃋,丿声。(以然切)"(2下11)"𨒂,安步𨒂𨒂也。从廴,从止。(丑连切)"(2下11)"延"乃"𨒂"之分化,形音义均近。碧落碑以"𨒂"为"延",是其佐证①。

4."彳𡧅",即"𨒂",此乃《说文》讹"彳"为"廴"所致。《说文》"征"之篆文"㣟"(2下2)即"𨒂"(2下11),可资参证。

5."彳𡧅"所从"止"上加一撇笔,则是"延"之前身。春秋金文已露其端倪:

彳𡧅　𣥼 蔡侯申钟《集成》210.2　　延　𣥽 王孙钟《集成》261

二者演变的细微联系,足以证明"彳𡧅"即"𨒂"。

6.匕铭"彳𡧅"旧多隶定"徝"。其实该字右下并非从"口"旁,实乃"丁"旁。"丁"为"彳𡧅"之叠加音符(二字为双声),这与伯真甗之"真"也叠加"丁"为音符(二字为双声),②十分相似:

真　𣥾 伯真甗《集成》870　　　　彳𡧅　𣥿 鱼颠匕《集成》980

凡此种种,从侧面证明"彳𡧅"本应读"诞"。至于先秦出土文献中"彳𡧅"读若"延"或"诞"的例证,更是屡见不鲜。

总之,匕铭中旧所隶定之"徝",或释"徙",偏旁分析和比较对象均误。应直接释此字为"彳𡧅",读"诞"。《诗》、《书》中"诞"多为"发语词"③,或称"语首

---

① 容庚:《金文编》0090,北京:中华书局,1985年。
② 裘锡圭、李家浩:《曾侯乙墓竹简释文与考释》,《曾侯乙墓》,北京:文物出版社,1989年,第512页。
③ 王引之:《经传释词》,长沙:岳麓书社,1985年,第134页。

助词"①。

"𤔲",旧多释"又",读"有"。唯史克礼释"司",远胜旧说,非常值得重视。然而其隶定尚欠精确,且误训"掌管"②,可谓失之交臂。按,"司"所从偏旁的竖笔下端适逢两处断裂,竖笔遂不显;然审其笔势,隶定为"司"字所从,极有可能。至于"𤔲"所从"㠯"旁,其笔势向右钩卷,更是显而易见。故隶定此字为"𤔲",应无疑义。众所周知,古文字"𤔲"或可省其左下之"口"旁,试比较下列"𤔲"字,其繁简关系自明:

𤔲	伯康簋《集成》4160	𤔲	皆𤔲鼎《集成》2024
𤔲	伯晨鼎《集成》2816	𤔲	逋盉《集成》10321
𤔲	莒平钟《集成》172	𤔲	莒平钟《集成》177
𤔲	左内𠈭壶《集成》9649.2	𤔲	鱼颠匕《集成》980

"𤔲"乃两声字,既可读"司",也可读"台"。如果采用前说,匕铭"𤔲"可读"嗣";如果采用后说,匕铭"𤔲"可读"诒"。《诗·郑风·子衿》:"纵我不往,子宁不嗣音。"马瑞辰云:"嗣,韩诗作诒……诒、嗣古通用。《虞书》舜让于德不嗣,《史记集解》引《今文尚书》作不台,是其证矣。"③王先谦云:"鲁诗曰,诒,遗也……诒我德音也者,王逸《楚辞·九章·惜颂》篇注文。"④今按,"诒",赠送。《说文》:"一曰,遗也。"典籍亦作"贻"。《尔雅·释诂》:"贻,遗也。"《说文新附》:"贻,赠遗也。"《集韵》:"诒,亦作贻。"以此类推,毛诗之"嗣"、韩诗之"诒"、通行本之"贻"、鱼颠匕之"𤔲",皆一音之转。其本字似应作"贻"。总之,鱼颠匕"诞贻虫尸"意谓"赠送给昆夷",详下文。

"虫",见《说文》"虫,蠱之总名也。从二虫。读若昆(古魂切)"(13下1)。"尸",为笔者新释。旧隶"匕",乃以往诸家附会本器属青铜器——匕的形制所定,并不可信。战国文字"匕"多右向,与《说文》从"反人"(8上15)一致,而与本铭此字左向明显不合。此字应释"尸",可与下列战国文字中"尸"及相关字比较:

---

① 杨树达:《词诠》,北京:中华书局,1963年,第64页。
② 史克礼:《鱼鼎匕铭文性质及下民无智的有关问题》,《中国文字研究》4辑,桂林:广西教育出版社,2003年,第131页。
③ 马瑞辰:《毛诗传笺通释》3.80,四部备要本,北京:中华书局,1989年,第20—21页。
④ 王先谦:《诗三家义集疏》,北京:中华书局,1987年,第365页。

尸 𠂆 鱼颠匕《集成》980　　𠃌 云梦51
尼 𠂇 侯马302　　　　　　𠂆 中山王鼎《集成》2840
尼 𠂇 陶汇5.48　　　　　　𠂆 麇尼节《集成》12088
尾 𠂆 古币283　　　　　　𠂇 随县89

退一步说，不考虑此字人体下肢是否弯曲，不释"尸"而释"人"，也与"尸"相通。因为"人"、"尸"、"夷"乃一字之分化①，所以"蚰尸"也自可读"昆夷"②，详下文。

"述"，记述。

"玉"，诸家多释"王"，唯容庚改释为"玉"③，甚有见地。"王"与"玉"的区别《说文》已能分辨，更何况匕铭此字第二横笔与其中间竖笔适有▼形相交，这恰好体现战国文字"玉"字的特点。

"玉鱼"，墓葬明器。《两京新记》："宣政门内，曰宣政殿。初成，每见数十骑驰突出，高宗使巫祝刘明奴问其所由。鬼曰，我汉楚王戊太子，死葬于此。奴曰，《汉书》戊与七国反，诛死无后，焉得葬此？鬼曰，我当时入朝，以道远不从坐，后病死，天子于此葬我。《汉书》自遗误耳。明奴因宣诏，欲为改葬。鬼曰，出入诚不安，改葬幸矣甚。天子敛我玉鱼一双，今犹未朽，勿见夺也。明奴以事奏闻。及发掘，玉鱼宛然，棺枢略尽。"④以玉鱼入敛虽说是汉代葬仪，不过据匕铭则可上溯至春秋战国。

"颠"，王国维引《说文》"顶"之籀文为证，并谓"此借为鼎"⑤。王氏释"顶"甚确，但以匕铭读"鼎"则未必。在古文字中，"鼎"为习见之字，一般说来不应用假借字代替。按，匕铭所谓"鼎"，已有学者改释"颠"⑥。实则"颠"、"顶"音义均近，本属同源，可以互训。《说文》："颠，顶也。""顶，颠也。"⑦总之，匕铭此字释"颠"或释"顶"均可，唯读"鼎"则非。诸家多宥于古代鼎匕相

---

① 于省吾：《释人尸仁尼夷》，《大公报·文史周刊》（天津）第14期，1947年1月29日10版。
② 何琳仪：《战国古文字典》，北京：中华书局，1998年，第1174、1227页。
③ 容庚：《金文编》0040，北京：中华书局，1985年。
④ 仇兆鳌：《杜诗详注·诸将五首》，北京：中华书局，1995年，第1364页。
⑤ 王国维说，见罗振玉《贞松堂集古遗文》11.11，蟫隐庐石印，1930年。
⑥ 裘锡圭、李家浩：《曾侯乙墓竹简释文与考释》，《曾侯乙墓》，北京：文物出版社，1989年，第512页。
⑦ 王力：《同源字典》，北京：商务印书馆，1982年，第325页。

配,解读烹鱼之鼎云云,似非的论。

"述玉鱼颠",指"记述在玉鱼头上的铭文"。匕铭内容本与"鱼"无关,"玉鱼"乃明器的代名词。"玉鱼颠"似指匕的椭圆形头部,这显然是一种形象化的比喻。饶有兴趣的是,李峪村还出土另一件铜匕,其勺部与柄部交界之处适有鱼形图案(图3)①,这才使铭文"述玉鱼颠"落到实处。有鉴于此,此器似应称"玉鱼颠匕"。本文为避免器名混杂,暂时从众,仍称"鱼颠匕"。

"曰",应指铭文所云。

"钦哉",见《书·尧典》"帝曰,钦哉";《尔雅·释诂》"钦,敬也"。

"出斿",读"出游",见《诗·邶风·泉水》"驾言出游,以写我忧"。而《庄子·秋水》"鯈鱼出游从容"与匕铭辞例正合。

"虫",见《说文》"虫,一名蝮。博三寸,首大如擘指,象其卧形。物之微细,或行或飞,或毛或蠃,或介或鳞,以虫为象(许伟切)"(12上16)。或作"虺"。《尔雅·释鱼》"蝮虺",释文"虺作虫"。《国语·吴语》:"为虺弗摧,为蛇将如何?"注:"虺小,蛇大也。"匕之形制与"虫"(小蛇)相似,故铭文以"水□□虫"为喻。

"下民",又见长沙楚帛书"下民之式"。《诗·大雅·皇矣》"下民之主",《书·益稷》"下民昏垫"。

"无智",见《吕览·分职》"无智,无为,无能,此君之所执也"。亦作"无知",见《老子》三章"常使民无知无欲",《荀子·王制》"草木有生而无知"。

"参",疑读"掺"。《广雅·释诂》:"掺,取也。"

"蚩尤",于思泊师所释,确不可易。这一重大的发现与陈侯因齐敦铭"黄帝",可谓相映成趣②。"蚩"原篆从"蚰"从"寺","寺"、"蚩"均从"之"得声,谐声吻合。"尤"原篆从"虫"从"尤"得声,自可读"尤"。

"帛命",旧多读"迫命",词例似有生造之嫌。近有学者改读"薄命"③,或可信从。"白"与"甫"声系可通,典籍多有其例④。《列子·力命》:"北宫子厚于德,薄于命;汝厚于命,薄於德。"《汉书·外戚孝成许皇后传》:"奈何妾薄

---

① 李夏廷:《浑源彝器研究》,载《文物》,1992年第10期。
② 于省吾:《双剑誃吉金文选》,北京:中华书局,1998年,第228页。1979年思泊师授课笔记。
③ 詹鄞鑫:《鱼鼎匕考释》,《中国文字研究》2辑,郑州:大象出版社,2001年,第178页。
④ 高亨:《古字通假会典》,济南:齐鲁书社,1997年,第919—920页。

命,端遇竟宁前。"

"欼","羹"之异文。《尔雅·释草》:"蕧,盗庚。"《经典释文》:"庚,本又作羹同。古衡反。"①

"藆",诸家多以为从"骨"得声,或读"滑"②,或读"忽"③;或据文意,疑为"蒴",读"稍"④。在此字左下偏旁未能确认以前,以上诸家所释似应重新考虑。多年前,这一偏旁曾有学者以《汗简》"檐"之古文与其相互比较⑤:

　　　鱼颠匕《集成》980　　　　《汗简》中1.34

然而这一比较并不准确。首先,《汗简》"檐"之原篆本应隶定"旍",即"榦"之异文。"檐",匣纽月部;"榦",见纽元部。匣、见唯深喉、浅喉之别,月、元为入阳对转。《汗简》以"榦"为"檐"属声训⑥。其次,《汗简》"檐"所从乃"认"旁,其右上旗旒部分,虽略有变化,然与匕铭此字左下所从似"宋"的偏旁则不能混为一谈。此字左下偏旁非"宋"旁,乃"柔"旁。"柔"这一特殊的形体,自有其来源:

　矛　　　　卅五年虎令鼎《集成》2611
　髹　　　　玺汇3432　　　　　玺汇3245
　柔　　　　玺汇3420
　渜　　　　信阳2.08
　缫　　　　侯马359⑦
　鞣　　　　鱼颠匕《集成》980

以上"矛"旁的演变轨迹,是显而易见的。具体而言,矛锋由弧形演化为∧形,矛柲由弧形演化为∣形;骹部之左纽由弧形简化为斜笔,最终消失:

　　　　→　　→　　→

---

① 陆德明:《经典释文》,北京:中华书局,1993年,第427页。
② 于省吾:《双剑誃吉金文选》,北京:中华书局,1998年,第228页。
③ 李零:《考古发现与神话传说》,《李零自选集》,桂林:广西师范大学出版社,1998年,第78页。
④ 郭沫若:《金文丛考》,北京:科学出版社,2002年,第314页。
⑤ 李家浩:《信阳楚简浍字及从类之字》,载《中国语言学报》,1983年第1期。
⑥ 何琳仪:《燕国布币考》,载《中国钱币》,1992年第2期。
⑦ 李裕民:《侯马盟书疑难字考》,《古文字研究》5辑,北京:中华书局,1981年,第299页。

以上"矛"的异体自成演变系列,以与其标准形体(骹部有右纽)相互比较,不难看出其大同小异的关系①。这类"矛"与"木"旁相接,显然就是"柔"字。不过这也容易造成误解,即甚似"宋"字。其与"𠂉"旁组合,又容易误解为"旍",而与《汗简》之"旃"混淆(详见上文)。"鷸"所从"骨"和"柔"旁都有作为声符的可能,不过"骨"也可以作形符,而"柔"则一般不作形符。因此,"鷸"最有可能是从"柔"得声的形声字。"鷸",字书未见,其所从"骸"旁疑"朕"之异文(古文字"骨"旁与"肉"旁往往可以互换)。《说文》:"朕,嘉善肉也。从肉,柔声。"(4下12)匕铭"鷸",疑读"鍒"。《说文》:"鍒,復也。从彳,从柔,柔亦声。""復,往来也。从彳,复声。"《说文》"復"、"鍒"二字前后相次(2下9),递相为训,其义自显。匕铭"鷸入鷸出",读"鍒入鍒出"。大意是"蚩尤"这条"水虫",在羹汤中时入时出地上下翻滚。"鷸",也可读"柔"。《淮南子·说山》"厉刀剑者,必以柔砥"注:"柔,濡。"《广雅·释诂》二:"濡,渍也。"《集韵》:"濡,一曰,霑湿也。"二说似均可通,今暂从前说读"鍒"。关于烹煮"蚩尤",可与"蚩尤醢"相互印证②。马王堆帛书《十六经·正乱》:"黄帝身禺(遇)之(蚩)尤,因而擒之……腐其骨肉,投之苦醢,使天子喋之。上帝以禁。帝曰,毋乏(犯)吾禁,毋留(流)吾醢,毋乱吾民,毋绝吾道。乏(犯)禁,留(流)醢,乱民,绝道,反义逆时,非而行之,过极失当,擅制更爽,心欲是行,其上帝未先而擅兴兵,视之(蚩)尤共工。"③其中黄帝针对蚩尤所"曰",与鱼颠匕所"曰",格式和语气颇为相似。比喻生动,有异曲同工之妙。今山西、河北某些地区农村有吃"白起豆腐"的习俗,显然与"蚩尤醢"也十分类似。看来同仇敌忾的心理,古今并无二致。

"毋处其所",参《孟子·万章上》:"昔者有馈生鱼于郑子产,子产使校人畜之池。校人烹之,反命曰,始舍之,圉圉焉;少则洋洋焉,悠然而逝。子产曰,得其所哉!得其所哉!"两相比勘,虫鱼在水可谓是"得其所哉",而虫鱼失水自应是"毋处其所"。④

---

① 何琳仪:《战国古文字典》,北京:中华书局,1998年,第256—258页。

② 李零:《考古发现与神话传说》,《李零自选集》,桂林:广西师范大学出版社,1998年,第78页。

③ 国家文物局古文献研究室:《马王堆汉墓帛书》[壹]《十六经·正乱》,北京:文物出版社,1980年,第67页。

④ 詹鄞鑫:《鱼鼎匕考释》,《中国文字研究》2辑,郑州:大象出版社,2001年,第178页。

根据以上考释的结论,将鱼颠匕铭文译成语体文:

王说:"赠送给昆夷,并记载在明器铜匕之上。"铭文说:"警惕其出游啊!水中的小蛇。因为百姓愚蠢,所以导致其自取蚩尤的命运。薄命的他们在羹汤中被烹煮,往来出入地翻滚,千万不要处于这一境地!"

鱼颠匕属于箴铭性质①,箴铭多为韵文,鱼颠匕也不例外。"尸"、"虫",脂部。"颠"、"命",真部。二韵隔句相押,为"交韵"②。也可视脂、真为对转谐韵。"羹",阳部;"所",鱼部。鱼、阳对转谐韵,十分罕见。《诗·大雅·绵》:"捄之陾陾(据《玉篇》),度之薨薨。筑之登登,削屡冯冯。百堵皆兴,橐鼓弗胜。"其中"陾",之部;"薨"、"登"、"冯"、"兴"、"胜",蒸部。之、蒸对转谐韵,也属此类。

最后,谈谈"昆夷"及相关问题。

鱼颠匕"蚰尸"的文字隶定,上文已经解决。"蚰"读"昆",有《说文》"蚰,读若昆(古魂切)"为证,显然可以通假。"尸"与"𡰥"本一字分化③,《玉篇》:"𡰥,古文夷。"至于古文字"尸"读"夷"的例证,更是不胜枚举。总之,"蚰尸"读作"昆夷"是不成问题的。

王国维在《鬼方昆夷猃狁考》一文④中曾指出,"昆夷"即商代之"鬼方",周代之"猃狁",汉代之"匈奴"。凡此少数民族名称演变的重要线索,可分下面几个层次推究:

1."昆夷",即"混夷"、"犬夷"、"畎夷"、"獯鬻"等。检《诗·大雅·绵》"混夷駾矣",《说文》(10上5)引《诗》"混夷"作"昆夷"。《说文》(2上8)又引《诗》作"犬夷呬矣"。《诗·大雅·绵》乃咏古公亶父(太王)事迹,而《孟子·梁惠王下》则谓"太王事獯鬻",则太王所事正是"混夷"。《史记·匈奴列传》古公亶父"其后百有余岁,周西伯昌伐畎夷氏"。按,"昆",见纽文部;"混",匣纽文部;"犬",溪纽元部;"畎",见纽元部;"獯",晓纽文部。晓、匣与见、溪唯深喉、浅喉之别,自是邻纽。元、文或可旁转。"鬻",喻纽四等幽部;"夷",喻纽四等

---

① 李零:《战国鸟书箴铭带钩考释》,《古文字研究》8辑,北京:中华书局,1983年,第62页。

② 王力:《诗经韵读》,上海:上海古籍出版社,1989年,第70页。

③ 于省吾:《释人尸仁𡰥夷》,载《大公报·文史周刊》(天津)第14期,1947年1月29日10版。

④ 王国维:《鬼方昆夷猃狁考》,《观堂集林》,北京:中华书局,1994年,第583—606页。

脂部。二字声纽相同,韵部为幽、脂旁转①。

2."昆夷",即"串夷"。《诗·大雅·皇矣》"串夷载路",笺"串夷即混夷"。按,"昆",见纽文部;"串"(古患切),见纽元部;二字双声,音近可通。

3."昆夷",即"獯狁"、"猃狁"。《诗·小雅·采薇·序》:"文王之时,西有昆夷之患,北有獯狁之难。"《逸周书·序》:"文王立,西距昆夷,北备猃狁。""昆夷"与"獯狁"、"猃狁"错综成文,其实一也。按,"昆",见纽文部;"獯"、"猃",晓纽谈部;见、晓为邻韵,声纽相近。"夷",喻纽四等脂部;"狁",喻纽四等文部。二字声纽相同,韵部为脂、文对转。

4."昆夷"、"猃狁"、"獯鬻"(或"獯粥"),即"荤粥"、"淳维"、"匈奴"。《史记·匈奴列传》:"匈奴,其先祖夏后氏之苗裔也,曰淳维。唐虞以上有山戎、猃狁、荤粥,居于北蛮,随畜牧而转移。"索隐引张晏曰:"淳维以殷时奔北边。"又引乐产《括地谱》云:"夏桀无道,汤放之鸣条,三年而死。其子獯粥妻桀之众妾,避居北野,随畜移徙,中国谓之匈奴。"又引应劭《风俗通》云:"殷时曰獯粥,改曰匈奴。"又引服虔曰:"尧时曰荤粥,周曰猃狁,秦曰匈奴。"按,"鬻"从"粥"得声,读音相近,自不待言。"昆"、"獯"与"荤"、"淳"均属文部,音近可通。"夷",喻纽四等脂部;"维",喻纽四等脂部;声韵均同。"粥"与"维"的关系,亦属喻纽四等幽、脂旁转。"獯",晓纽,"匈",晓纽;二字声纽相同。"鬻",喻纽四等幽部;"奴",泥纽鱼部。喻纽四等古归定纽,与泥纽均属舌头音。故"鬻"、"奴"双声。

5."昆夷",疑"鬼方"异称,"鬼"与"昆"为脂文阴阳对转。至于"犬戎"(《左传·闵公二年》)、"畎戎"(《国语·周语下》)、"绲戎"(《史记·匈奴列传》),也都是"犬夷"的异称。凡此种种,尚可在"犬"、"畎"、"绲"诸字与"犬夷"、"昆夷"之间找到音变关系。然而"西戎"、"山戎"大概只能依据《史记·匈奴列传》所载,知其也是"匈奴"的异称而已。

总之,"鬼方"乃至"匈奴"族的名称异常复杂,诸如"昆夷"、"混夷"、"犬夷"、"畎夷"、"串夷"、"獯狁"、"猃狁"、"獯鬻"、"獯粥"、"荤粥"、"淳维"、"犬戎"、"畎戎"、"绲戎"等,多达二十几种,而其间多数有音变的踪迹可寻。本文新释的"蚰尸",与"昆夷"读音最近,无疑又增加了史料的新知。

游牧民族原本居无定所,地上和地下文献记载或断或续,扑朔迷离,然其

---

① 何琳仪:《幽脂通转考》,《古汉语研究》1辑,北京:中华书局,1996年,第348—372页。

活动范围大体可知。根据《诗·小雅·出车》、《诗·小雅·六月》、不期簋、多友鼎、虢季子白盘、兮甲盘等记载，西周时代"猃狁"出入在泾水、洛水流域，即关中北部之外围①——这是先秦早期的大致情况。根据《史记·秦本纪》、《史记·李牧传》、《史记·匈奴传》、《说苑·君游》、"匈奴相邦"玺(《上海博物馆藏印选》11.2)等记载，战国晚期"匈奴"出入在赵、燕、秦三国之北②——这是先秦晚期的大致情况。先秦早期和晚期之间的情况如何？这正是本文关注的焦点。

战国晚期，与匈奴接壤的赵、燕、秦三国，应以赵国的边境为最长。如果再向上推溯至春秋战国之际，与匈奴边境接壤最长者，也应是三家分晋前后的赵氏领土。上文已指出，鱼颠匕的时代大致可定为春秋战国之际。这时赵氏所辖领土北部与匈奴接壤者，《史记·匈奴传》有较为明确的记载："赵襄子逾句注而破并代以临胡貉。其后既与韩魏共灭智伯，分晋地而有之，则赵有代、句注之北，魏有河西、上郡，以与戎界边。"鱼颠匕的出土地——浑源，恰好在代郡范围。凡此种种，说明上文对鱼颠匕的断代是大致可信的。

鱼颠匕铭文首字"曰"前之缺字，很有可能是"王"字。据《史记·赵世家》记载，赵襄子元年(前457)"阴令宰人各以枓击杀代王及从官，遂兴兵平代地"。这时赵氏尚未称王。因此，鱼颠匕铭文的"王"字最有可能是指代王。如果以上推测不误，鱼颠匕的时间下限应是公元前457年，即战国初年。鱼颠匕的国别可能是代国。

代王为何在铭文中言及"昆夷"？这当然与代国地接匈奴有关。代王赠给匈奴铜匕以示友好，并在铭文中蕴涵深意。这与赵王封赐匈奴官印("匈奴相邦")以示怀柔③，用意颇为近似。

鱼颠匕铭文"昆夷"与"蚩尤"的关系如何？此亦有可说者。众所周知，黄帝与蚩尤曾大战于涿鹿。涿鹿古城在今河北省涿鹿县矾山镇的三堡村东北④，恰好在代国的范围之内。具体而言，代郡在河北省蔚县东北，与蚩尤被擒之处——今河北省涿鹿县矾山镇的直线距离只有75公里左右。因此，

---

① 余太山：《古族新考》，北京：中华书局，2000年，第61—63页。
② 黄盛璋：《匈奴相邦印之国别年代及相关问题》，载《文物》，1983年第8期。
③ 黄盛璋：《匈奴相邦印之国别年代及相关问题》，载《文物》，1983年第8期。
④ 陈平：《古阪泉涿鹿地理考》，《燕秦文化研究》，北京：燕山出版社，2003年，第333页。

代王在铭文中因"地"制"夷"地告诫其北方邻国昆夷,不要像蚩尤一样无知而犯上作乱。如是分析,不但可使代郡与涿鹿的地望产生必然的联系,而且对古代箴铭的性质有了深层次的理解。

本文对传世的鱼颠匕铭文重新考释的结果,凡揭示新知者如次:

1. 新释"刢",读"贻",训"赠送"。

2. 新释"蚰尸",读"昆夷"。

3. 释"玉鱼"为墓葬明器。以李峪村另一件铜匕勺部、柄部交界之处的鱼形图案,印证"述玉鱼颠"。

4. 读"参"为"掺",训"取"。

5. 新释"䕞",读"徠",训"復"。

6. 疏理"昆夷"诸多异称之间的音变关系,揭示其与鱼颠匕铭文内容的内在联系。

7. 援引"匈奴相邦"玺,推测鱼颠匕是代王赠送给匈奴的礼品。

8. 定鱼颠匕的时间下限为战国初年——公元前457年,即赵国灭代之年。

以上不妥之处,敬请方家不吝指正。

2004 年 12 月 15 日初稿
2006 年 6 月 22 日定稿

第四编 战国文字(上) 123

图1

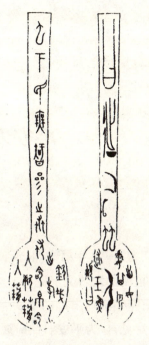

图2

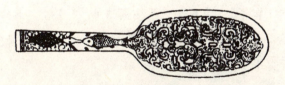

图3

平安君鼎国别补证[①]

《文物》1980年第9期《河南泌阳秦墓》一文刊载的平安君鼎铭文，是一件比较重要的六国文字资料。李学勤同志认为平安君鼎及同墓所出的漆器是"目前能够区别出来的唯一一组战国晚期卫国文物"。[②] 也有的同志不赞同这种意见，认为平安君鼎应属魏国器。[③]

平安君鼎和鼎腹均有铭文，且分两次刻写，其文如下：

　　廿八年，平安邦司客，肘（载）四分齋，一益十釿半釿四分釿之冢。卅三年，单父上官𠂤憙所受平安君者也。　　　　　　　（盖铭）

　　廿八年，平安邦司客，肘四分齋，六益半釿之冢。卅三年，单父上官𠂤憙所受平安君者也。　　　　　　　　　　　　　（器铭）

《恒轩所藏吉金录》21也著录了一件平安君鼎，现藏上海博物馆，[④]其文如下：

　　卅二年，平安邦司客，脣四分齋，五益六釿半釿四分釿之冢。
　　　　　　　　　　　　　　　　　　　　　　　　　　　　（盖铭）

　　卅三年，单父上官𠂤憙所受平安君者也。　　　　　　　（器铭）

---

① 原载《考古与文物》，1986年第5期，第81—83页。
② 李学勤：《秦国文物的新认识》，载《文物》，1980年第9期。
③ 黄盛璋：《新出信安君鼎、平安君鼎的国别年代与有关制度》，载《考古与文物》，1982年第2期。
④ 马承源：《高鞅方升和战国量制》，载《文物》，1972年第6期。

泌阳秦墓漆盒针刻文字为"平安侯",并补有"三十七年"的题记。

平安君鼎之所以为卫国遗物,除了有漆盒"卅七年"和鼎铭"单父"两条内证以外,还可以从鼎铭中找到另一条内证。

上揭鼎铭中的󰀀、󰀀、󰀀显然是一个字,旧释"宰"、①释"孝"、②或释"勺宰"合文,③或释"冢子"合文。④ 按,此字形体与"宰"或"孝"判然有别,不宜混同。合文一般要加合文符号"="(当然也有不加者)。本铭"之冢"作"󰀀"就加了合文符合。如果把󰀀、󰀀、󰀀释为"冢子"合文,那么在一篇短小的铭文中,"冢"分别作"󰀀"和"󰀀";而且一加重文符号,一不加重文符号,似乎不大可能。因此,这个字有重新考察的必要。

󰀀与󰀀相较多一竖划,应是正体。(《古玺汇编》0026 司作"󰀀",可资参证)󰀀与󰀀相较少一横划,应是脱笔。󰀀,《三代》4.20.1 和《文物》1972.6.23 都非常清晰:"子"脱笔作"󰀀",与上方横笔不联。《恒轩》摹本作󰀀,似从辛,殊误。

󰀀,应是嗣的六国古文。嗣的早期和晚期形体变化较大:

一、殷周: 󰀀 戍嗣鼎   󰀀 盂鼎
二、秦: 󰀀 石鼓
三、六国:
a. 󰀀 中山王方壶   󰀀 曾姬无卹壶
b. 󰀀 中山王方壶
c. 󰀀 令狐君壶   󰀀 曾侯乙䤾洗钟

c式与《说文系传》"嗣"作󰀀形体吻合(《汗简》引古《尚书》"嗣"亦作󰀀)。如果将其形体与平安君鼎的󰀀相比较,也只是省"口"或不省"口"的差别而已。众所周知,战国文字增"口"或减"口"往往无别。其实司省"口"作"󰀀"在西周文字中就已经出现。上举盂鼎"嗣"右旁作"󰀀"即其一例。西周金文司作"󰀀"亦屡见不鲜。上举中山王方壶的"嗣",其实亦省一"口"。至于六国古玺"司马"作"󰀀"(《古玺汇编》3782)、"司工"作"󰀀"(同上 2227)与󰀀的结构位置尤有相近之处。还有一个更直接的证据:魏三体石经《君奭》"嗣"作"󰀀",从"子"

---

① 马承源:《商鞅方升和战国量制》,载《文物》,1972 年第 6 期。
② 李芳芝:《河南泌阳秦墓》,载《文物》,1980 年第 9 期。
③ 李学勤:《秦国文物的新认识》,载《文物》,1980 年第 9 期。
④ 李家浩:《战国时代的冢字》,《语言学论丛》7 辑。

从"司",与平安君鼎"🔲"形体密合无间,(石经"🔲"作"🔲"形,与齐刀币文,"邦"作"🔲"形十分相似。两者的"🔲"与"🔲"均作弯环之笔势)。因此,释🔲为"嗣"是毫无疑义的。

鼎铭"嗣熹"乃"单父上官"的姓名。《通志·氏族略》第四"以族为氏"引《风俗通义》佚文:"嗣氏,卫国嗣君之后。"《姓觿》:"嗣,《风俗通》云,卫嗣君复之后。"①《姓解》卷三:"嗣,《姓苑》卫嗣君之后有嗣君。"

"单父"既属卫地,"嗣熹"又与卫嗣君同族,那么嗣熹只能是卫国贵族。由鼎铭"单父上官嗣熹所受平安君"可知嗣熹是从平安君手中接受了平安君鼎。李学勤同志曾指出:"平安君鼎和漆器上的纪年(二十八年到三十七年)决不能是秦昭王年号,因为昭王三十四年单父仍然属卫;也不能是秦始皇的年号,因为秦统一及后不会再用六国古文和衡制。这一时期的魏王没有在位达三十七年的,故这些纪年也不可能是魏的年号。鼎和漆器的纪年只能是卫嗣君的年号。"这一推断是非常重要的。应该补充的是:"平安君"既然是"平安邦"的主人,那么肯定不是一般的贵族。而且,卫嗣君既然贬为"君",那么像卫国这样弹丸之地也不会另有一个"君"。"邦"训"国"乃典籍常诂,晚周金文中也屡见不鲜,如"齐邦"(陈侯午镦)、"酅□邦"(陈骍壶)、"郱邦"(郱公华钟)、"楚邦""晋邦"(晋公盦)、"郑邦"(哀成叔鼎)、"籲邦"(齐刀)等。"邦"之"君"的地位相当于小国之国君,因此平安君很可能就是卫嗣君。根据《史记·卫世家》"成侯十六年更贬号曰侯……嗣君五年更贬号曰君",知嗣君五年以前尚称"侯",即《古本竹书纪年》所载之孝襄侯(见《卫世家》索隐)。这与平安君鼎称"君"、漆器称"侯"适可相互印证。但是,卫嗣君二十八年既然已称为"平安君",三十七年则何以反称为"平安侯"呢?我们认为这可能是卫嗣君末年卫人有意尊崇"孝襄侯"的称谓("侯"和"君"有时也可通用,如赵国兵器铭文中的"春平侯",亦见于《战国策·赵策》四,但《史记·赵世家》则作"春平君")。还有一种可能就是"平安侯漆器本卫嗣君五年以前所造"。"三十七年"乃"贬君"以后所补刻。漆器纪年之下的文字多难以识读,文义不能确知。因此,以上推测尚有待进一步证实。

《史记·穰侯列传》载秦昭王三十二年魏大夫须贾说穰侯曰:"秦兵不攻,而魏必效绛、安邑,又为陶开两道,几尽故宋,卫必效单父。"《战国策·魏策》

---

① 《归云别集》11.4。

则把"单父"误倒作"尤惮"。马王堆帛书《战国纵横家书》十五章"卫效惮尤",首字似"卫"(率),其实是"卫"的形讹。十六章"以率大梁","率"亦当读"卫",可以互证。这与"尤"是"父"的形讹应属同类现象,帛书中的两个"卫"如读作"率",殊不可解。因此,《史记》"卫效单父"之"卫"勿庸置疑。

"卫效单父"的时间,据《穰侯列传》在秦昭王三十二年(B.C275),相当卫怀君八年(帛书编者定为 B.C273,待考)。是年秦攻大梁,(《魏世家》:"拔我两城,军至大梁下,韩来救,以秦温以和。"《云梦秦简》作"攻启封"。)前此卫嗣君二十八年(B.C297)和三十七年(B.C288)之时,单父之地一般来说应属卫国(《卫世家》所谓"独有濮阳"未必尽确)。关键是据帛书二十六章"梁王保之东地单父","王不敢居梁地东保单父",则单父似乎属魏,这又如何解释呢?按,帛书二十六章记秦国"与楚、梁大战长社。楚、梁不胜,秦攻鄢陵"。《史记·秦本纪》载:"秦昭王三十三年(B.C274),客卿胡阳攻魏卷、蔡阳、长社,取之。"可知长社之战应晚于"卫效单父"一年。鄢陵之战虽未见于典籍,但其时间至少比长社之战略晚。战国时期的城邑,尤其是三晋地区的城邑,其所属国"朝秦暮楚",相当混乱。很可能卫地单父就是在"卫效单父"不久之后划入魏国版图的。长社、鄢陵在大梁的南方,单父在大梁东方,两处相距甚遥。魏国完全有可能采取失此取彼的战术,在公元前 274 年前后占领卫国的最后一个边远重镇——单父作为失地于秦国的补偿。典籍和帛书记载公元前 275 年—273 年之间所发生的历史事件的前后顺序,容有舛错,这可能与使用不同的历法有关。因此,帛书所载公元前 274 年魏"东保单父",并不能完全否定公元前 275 年"卫效单父"的事实。

平安君鼎的"上官"见于魏器,其衡量制度和字体与魏器也近,但这都不影响把平安君鼎定为卫器。因为战国时期卫国早已成为三晋的附庸。《卫世家》:"是时三晋强,卫如小侯,属之。"战国后期,卫国更是名存实亡。其君主由"公"贬为"侯",由"侯"贬为"君",已足以说明大国卵翼下的小国的地位是何等可怜。所以卫国的职官,衡量和字体深受三晋的影响自是情理中事。楚国与其附庸曾国的文字资料十分近似,也是这个道理。

本文通过对"𩰫"字的考释,确定了"嗣熹"是卫国的贵族。平安君鼎正是由卫嗣君(即平安君)转交给嗣熹使用的。单父的嗣氏乃卫国同族,凡此,对判断平安君鼎的国别无疑增添了重要的参证。

中山王器考释拾遗

中山王器铭文自发表以来,已经有不少同志撰写文章和专著,研究成果斐然可观。但是迄今仍有少数文字或未识,或误释。即便对已识的文字,如何分析其结构,确定其音读,证成其义训,也未能取得一致的意见。本文从中山器最主要的大鼎、方壶、圆壶三铭中仅选 10 句,对上述有关问题提出自己的一些看法,敬请识者匡正。

一、閈於天下之勿矣

閈,《广雅·释诂》二训"居",以之释毛公鼎"亡不閈于文武之耿光",于义符洽。旧释"扞"、"天"均非是。

本铭"閈",徐中舒、伍士谦读"幹"是对的。[2] 按,閈、幹音同。《楚辞·招魂》"去君之恒幹",王逸注"或作恒閈"是其证。然则本铭"閈……勿"可读"幹……物",与典籍"幹……事"同义。《易·乾》"贞固足以幹事",疏:"言君子能坚固贞正,令物得正,使事皆幹济。"《易·蛊》"幹父之蛊",注:"幹父之事,能承先轨,堪其任也。"《类篇》:"幹训能事,今俗犹有能幹之语。"本铭"閈於天下之勿矣"犹"堪任天下之事"。

矣,原篆作㠯,其上所从似"丩",最易引起疑窦,检《侯马盟书》"以事其主"

---

① 原载《史学集刊》,1984 年第 3 期,第 5—10 页。
② 徐中舒、伍士谦:《中山三器释文及宫室图说明》,载《中国史研究》,1979 年第 4 期,下引徐、伍之说均见该文。

的"㠯"有三种形体：

◌ 1.62　◌ 1.65　◌ 1.29

"㠯"与"台"为古今字，例可通用。(兵器文冶作㕣亦可参。)本铭◌与◌笔画吻合，非"㠯"字而莫属。其变异的原因，可从◌(《十钟山房印举》1.2)演变为◌(平安君鼎)中得到启示。① 显然◌即㕣，既可读"司"，也可读"㠯"。② 另外，《汗简》引王存乂切韵"治"作㕣，也与此属同类现象。总之，本铭"矣"并非从"厶"，◌乃"㠯"之变体。"矣"以其得声，毋庸置疑。

二、寡人帑尰

帑，从"子"、"幽"声，诸家均读"幼"。按，"幼"是会意兼形声字，"帑"则纯粹形声字。

尰，诸家多读"童"。"童"，《说文》作"僮"，汉碑作"偅"。"尰"从"立"与"僮"、"偅"从"人"义本不殊。三晋兵器"命"或作"伦"，亦作"竜"，是其证。从"东"、"重"得声与从"中"得声之字可通。《说文》冲"读若动"。《释名·释宫室》："栋，中也。"《诗·召南·草虫》传："忡忡，犹冲冲也。"均其佐证。然则"尰"可读"冲"。

"帑尰"即"幼冲"。《书·大诰》云："洪惟我幼冲人。"传："我幼童人。"《汉书·叙传》："孝昭幼冲，家宰惟忠。"至于《后汉书·冲帝纪》注"幼少在位曰冲"，与本铭"尰"(童)适可相互印证。

三、非恁与忠

恁，隶定为"恁"，释"信"，③甚确。今试补充说明：

首先必须指出，恁与恁(王孙钟)、恁(古玺)、恁(《说文》"任"古文)皆非一字。"赁"，大鼎、方壶均作恁，圆壶作恁，其所从"壬"确为"壬"字，而与本铭"玉"迥乎不同。"玉"应隶定为"玉"，试比较下列"玉"字即可知：

---

① 朱德熙、裘锡圭：《战国时代的料和秦汉时代的半》，《文史》8辑，第4页。
② "冏"，邪纽之部，"㠯"，喻纽四等之部，古均读定纽之部。
③ 朱德熙、裘锡圭：《平山中山王墓铜器铭文的初步研究》，载《文物》，1979年第1期，下引朱、裘之说均见该文。

古玺	信阳楚简	古玺	中山王鼎
江陵楚简	汗简	说文古文	玉篇

"恁",从"心"、从"玉"、从"人","人"亦声,是会意兼形声字。其从"心"从"人"易于理解。然而何以从"玉"呢?按,古人每析玉为信。《公羊传·哀公六年》载,齐陈乞之遣阳生,"与之玉节而走之",注:"节,信也。析玉与阳生,留其半为后,当迎之合以为信,防称矫也。"推而广之,大多数玉器都可以用做信物。《周礼·春官·典瑞》注:"瑞,符信也。"《说文》"瑞,以玉为信也",段注:"瑞为圭璧璋琮之总称,自璧至瑁十五字皆瑞也,故总言之。"《国语·晋语》记载晋文公"沉璧以质",注:"因沉璧以自誓为信。"类似的记载,典籍屡见不鲜。十几年前出土的侯马盟书,很多就是书写在玉片上的信誓之物,这更是人所尽知的考古实证。战国文字"恁"同样也是古人"以玉为信"的文字参证。

西周𣪘叔鼎的 ? 是否"信"字,待考。晚周则出现了许多"信"字的异体。除"从言、从人、人亦声"的 信 外,尚有 ?、?、?、?、?、?、? 等。它们的基本含义,其实都是"人言为信"的不同翻版而已。如"人心为信"、"心言为信"云云。而最值得注意的是莫过于本铭从"玉"的"恁"。《左传·襄公九年》"信者,言之瑞也"具体而微地透露出信与言、玉之间相关的线索。"恁"字出现于战国,这表明"信"作为一种道德观念,已由"求诸内心"沦丧为"求诸外物"了。这种"抽绎玉之属性赋以哲学思想而道德化"①的造字方法,或许也是"饰伪萌生"时代人们精神世界的折光反映吧?

另外,《书·吕刑》"罔中于信"与本铭"非恁与忠"辞例暗合("罔"、"非"均否定词。"中"读"忠"。"于"通"与"),也是"恁"应读"信"的参证。

顺便谈谈本铭下文的"敓学备恁"。

"敓学"读"修教"(《广韵》尤韵"䈊"或作"䉁")。"備"、"畐"音近可通。《礼记·祭统》"福者,備也"。(《广雅·释诂》、《说文系传》、《方言》七作"禶",《集韵》作"䙬")"備"、"副"义亦相涵。《左传》哀公十五年"寡君使盖備使"注"犹副也"。《广韵·至韵》"備,副也"。然则本铭"備恁"可读"副信"。《礼

---

① 郭宝钧:《中国青铜时代》,北京:北京三联书店,1963年,第62页。

记·檀弓》"不诚于伯高",注:"礼所以副忠信也。"《汉书·礼乐志》"正人足以副其诚",注:"副,称也。"本铭的"备恁"读"副信",与《檀弓》注合,亦即《礼乐志》"副诚"。"修教副信"谓"修饬政教,符合于信"。

四、㗊邦难䇞

㗊,诸家引长沙马王堆《周易》、《老子》帛书释"邻"是对的。但或隶定为"吝",或以"叩"为声符,则均有未当。

吝,见甲骨文,长沙帛书、《说文》古文,均从"口"(ㅂ)文声。中山王器中凡从"口"者均作"ㅂ",而凡与城邑相关者(㗊)则均作"〇"。古文字偏旁"ㅂ"虽偶误作"〇",但像城邑形的"〇"一般不可以作"ㅂ",这表明二者有截然不同的形体来源。以"㗊"为"吝"显然是不妥当的。

㗊之所以从"〇〇"亦见陶文〇〇(《说文古籀补》)。孙根碑、衡立碑作〇〇,碧落碑作〇〇(见《汗简》),典籍隶古定误作"厸","叩"是"即形见义"的会意字,像一对比邻的城邑。其形体有更古老的来源。有关这一问题另有专文论述,兹不赘。

"㗊"与"吝"虽然形符毫不相干,但均从"文"得声,读若"邻"。《易·蒙》"以往遴",虞本"遴"作"吝"。《汉书·高惠吕后功臣年表》"遴拣"、《地理志》"贪遴",注并云:"遴与吝同。"《汗简》引《史记》"吝"作"遴"。《说文》"麐",典籍作"麟",甲骨文则作"麎",《正字通》"麎同麐"。"麟"、"麐"、"麎"形符全同,声符有别,而实为一字。这表明"粦"、"吝"、"文"音近可通。"粦",来纽真韵;"文",明纽文韵。来、明复辅音通转,真文旁转(战国货币文字"闵"从"火"、"门"声,"读若粦"亦属此例)。

总之,"叩"是会意字,"㗊"是从"叩"、"文"声的形声字。具体而言,"㗊"是在会意字"叩"的基础上另加声符。这在古文字中是种极普通的现象。如"耤"加声符作"䰯","耴"加声符作"聖"等。至于邻阳壶的㗊则是从"阜"、"㗊"声的形声字。

五、亡义鞭息

诸家对本句鞭字的隶定至为分歧。我认为只有朱德熙、裘锡圭的隶定是正确的,但未予解释,今详证如次:

首先，根据偏旁分析，可知"鞞"字所从"商"字中的"⟟"是"辛"字的异构。试看下列"商"字：

鞞佚518　　觴攸簋　　觴中山王鼎　　觴古文四声韵

"辛"字竖画上的横画可作圆点，乃古文字中习见的现象。这一圆点有时也可索性省去，如"夒"，甲骨文作夒，本从辛；曾伯簠作夒，古玺作夒，则从"⟟"。另外，"章"字分别作夒（曾侯六墉钟）、夒（哀成叔鼎"郑"字偏旁）、夒（《说文》古文），也可窥见短横、圆点消失的过程。

其次，参照商字《玉篇》作"䪜"，《古文四声韵》引崔希裕纂古所载的另一异体"䪜"的笔画关系，可以确认《古文四声韵》的"臼"乃是《玉篇》"𠙹"的讹变。中山王器铭中的这种漏脱笔画的现象并不乏其例，如大鼎夒缺一横画，方壶夒缺一竖画，方壶夒圆壶亦作夒，后者缺一弯画。因此，"𠙹——臼"的讹变与以上各例的缺笔应是同类现象。至于"臼"与"夒"实际是一字。如夒（侯马盟书）或作夒（古玺）。然则觴之所从"夒"乃是"○○"（𠙹）之讹变。

综上分析，朱、裘隶觴为"商"颇有根据。

《龙龛手鉴》1.9："啇，商、的二音。"按，"啇"应读若"商"，"啇"则读若"的"。大鼎"克啇大邦"，"啇"读"敌"，是其证。《龙龛手鉴》误合"啇"、"啇"二音于一形，非是。① 但其保存了"鞞"字所从"啇"的形、音则非常可贵。然则"鞞"本从"车"从"牛"从"啇"，"车"与"牛"一般都不作声符（金文疑或从"牛"得声，但也仅此一例而已）。而"商"作声符在古文字和典籍中却屡见不鲜。如："滴"（甲骨文）、"賌"（金文）、"謫"（《荀子·儒效》）、"蔏"（《尔雅·释艸》）、"鶛"和"螪"（《广韵》阳韵）、"墒"（《字汇》）等。本铭"啇"亦从"商"得声，②因

---

① 赵㧑叔：《六朝别字记》第22页"以商为商"，旧字书每有相混者，实不足据。

② 疑"啇"是"殷人"之"商"，"鞞"则是"商贾"之"商"（《说文》谓"卖，行贾也"非是。《金文编》谓"贾为赏赐之专字"甚确。）众所周知，王亥"服牛"是商民族的古老传说。商民族曾以"肇牵车牛，远服贾"（《书·酒诰》）而著称。这说明商民族之所以称"商"，显然与其善于经商有直接关系。《山海经·大荒东经》、《楚辞·天问》等典籍都记载王亥发明牛车后，前往有易族进行原始贸易。有易的地望在"滹沱河与漳河之间"（邹衡《夏商周考古学论文集》第215页），恰好也是中山国活动的范围。李学勤指出"鲜虞等白狄国是在商文化繁荣的地区建立起来，也许可以帮助我们理解鲜虞子姓的传说"。（《平山墓葬与中山国的文化》，《文物》，1979年第1期第38页）果如其说，中山国实则商民族后裔所创建。鞞字的寓意明显是"商人牛车"，难怪他的发明者——中山国人对其祖先借助牛车行商的传说理解的如此削切。"鞞"与早期金文"鵅"，甲骨文"鵅"都是商民族传说在文字自身中的缩影。以上推测尚有待更多的材料印证，识此备参。

此,"鞞"从"倚"得声读作"商",应无疑义。

"尚"、"常"典籍通用,而与"商"声韵均合。如《说苑·修文》:"商者,常也。"《广雅·释诂》一:"商,常也。"王念孙《疏证》:"常,商声相近。故《淮南子·缪称训》'老子学商容,见舌而知守柔矣'。《说苑·敬慎篇》载其事,'商容'作'常枞'。《韩策》'西有宜阳常阪之塞',《史记·苏秦传》'常'作'商'。"至于金文和典籍中以"贾"为"赏"(从"贝"、"尚"声)之例更是不胜枚举。本铭"鞞"从"倚"得声,读若"商",当然亦要读"尚"或"常"。

《诗·小雅·苑柳》:"有苑者柳,不尚息焉。"刘淇《助字辨略》:"不犹无也。"于省吾先生《诗经新证》读"尚"为"常"。本铭"亡(无)又(有)鞞(常)息"与《诗》"不尚(常)息焉"词例相若。又《诗·小雅·小明》"无恒安息",《汉书·董仲舒传》引"恒"作"常",亦可资参证。

总之,本铭"鞞"读若"常",不仅有形、音、义的根据,而且"亡又鞞息"读"无有常息",以《诗》"不尚息焉"交相验证,亦若合符契。

附带说明,方壶"则堂逆于天"之"堂"读"上","可法可尚"之"尚"读"崇尚"之"尚",惟本铭"鞞"读"常",由此可见,"尚"、"堂"、"鞞"虽声韵可通,但在中山王器铭中的用法还是有区别的。

六、不旧诸侯

《说文》:"柩,棺也;从木匚声,匶,籀文柩。"《汗简》引孙强《集字》"柩"作"匶",其中省"萑"为"隹"与本铭正合。尽管本铭"匶"字左方缺一竖画,但因其声符确切,读为"旧"应无疑义。

《公羊传·庄公廿九年》"修旧也"。注:"旧,故也。"《论语·泰伯》:"故旧不遗。""故旧"乃典籍常语。本铭"旧"即此义之活用,不必改读。具体而言,"旧"本名词,但因其所处谓语位置,只能用如动词,《韩诗外传》:"不臣天子,不友诸侯。"其中"友"与本铭"旧"音义均近,词例亦若出一辙。"不旧诸侯"意谓"不以诸侯为故旧"。俞樾《古书疑义举例》卷三称此为"实字活用",近代语法家称此为"名词意动用法"。

本铭"燕君子哙,不顾大义,不旧诸侯,而臣宗易位"的"诸侯"系泛指。然而从燕国所属地理位置和当时各列强力量对比来分析,本铭"诸侯"则尤与齐和中山等国切合。

首先，战国七雄中燕国相对弱于其邻齐国。《战国策·燕策》一："燕，弱国也，东不如齐，西不如赵。"《史记·燕世家》太史公曰："燕处迫蛮貊，内措齐晋，崎岖强国之间，最为弱小，几灭者数矣。"燕王哙曾"质子"于齐（《燕世家》），就颇能说明这个问题。因此，就"质子"这种意义上看，齐国也应算燕国的"故旧"。当然，这种所谓的友谊只是虚伪的表面现象而已。

其次，据《古本竹书纪年》知齐宣王在子之执政后不久，大举伐燕。① 而中山王大鼎明确记载中山国也参加了这次伐燕之役，并趁火打劫地夺取了燕国土地"方数百里，列城数十"。中山王的一言一行显然要站在齐宣王立场上。因此，在中山王眼里齐宣王及其伙伴（即中山王）都应是燕王的"故旧"。

总之，本铭"不顾大义，不旧诸侯"应是中山王对燕王哙不与齐、中山等"故旧"合作的痛斥之词。

七、厬怎深则挈人寴

厬，从"厂"从"歨"，诸家据《说文》古文、《汗简》等形体隶定歨为"步"是对的，但读作从"步"得声之鱼部字则未当。唯徐中舒、伍士谦隶"厬"为"陟"可从，其解说则有误。

古文字偏旁"厂"与"阜"有时互作，如甲骨文"降"或作（《乙》5297），玉戈铭"属"作"隓"。《楚辞·九歌·湘君》"隐思君兮陫侧"，《说文系传》引"陫"作"厞"。《说文通训定声》："厌即陕之异体。"厂，《说文》训"山石之厓岩"，与"阜"义近。换言之，"陟"象以"步"登"阜"，"厬"象以"步"登"厂"，二者并无本质区别。

"陟"于本铭读"德"。《周礼·春官·太卜》"掌三梦之法，三曰咸陟"，注："陟之言得也。读若'王德翟人'之德。"沈子簋"陟上公"即"德上公"。均其佐证。

方壶"厬怎深则挈人寴"当读为"德爱深则贤人亲"。"德爱"犹"德惠"。（《说文》："怎，惠也。"）《淮南子·兵略训》："行仁义，布德惠。"本铭"諱豊敬则挈人至，厬怎深则挈人寴"为骈句，"諱礼"谓"言辞礼节"，"厬怎"谓"德泽惠爱"。两相比勘，文从字顺。

---

① 《史记·燕世家》载齐湣王伐燕，年代舛错，今据朱右曾《汲冢纪年存真》更正。

大鼎、方壶、圆壶的䖒是"德"的本字,这并不影响上述读"陟"为"德"的结论。因为中山器铭中本字和借字互见者习见。如大鼎"是"(是克行之)和"氏"(氏以寡人䧹賃之邦)。大鼎"不"(夙夜不解)和方壶"𢎒"(夙夜𢎒解),方壶"与"(将与虖君并立于𦩎)和大鼎"蔞"(蔞其汋于人也),方壶"䛊"(余知其忠䛊也)和大鼎"㥞"(非㥞与忠)等。典籍中也有这类现象,俞樾《古书疑义举例》卷一称之为"上下文异字同义"。

八、脔昇孖蚃

𢆶,诸家皆释"胤"。检"胤"字金文作𢆶(遹鼎)、𢆶(遹簋)、𢆶(秦公簋)、𢆶(秦公鎛)、𢆶(晋公𦉢)等形,汉印作𦙫、𦙫等形,均从"肉"、从"八"、从"幺"。其形体与《说文》小篆吻合,而与本铭𢆶有别。《说文》:"胤,子孙相承续也;从肉从八,象其长也;从幺象重累也。"本铭𢆶根本不从"八",当然就不是"胤"字。

按,𢆶上部作𢆶形,显系"率"字,自甲骨文下至小篆屡见。虽然"率"也偶有作𢆶、𢆶等形者,或在"衛"字偏旁中省去四点者,但是与"胤"之所从𢆶却决不相混。至于本铭及大鼎中"達"均作𢒧,更是𢆶本从"率"的确证。然则𢆶应隶定为"脔",即《说文》"膟"之或体"脻"。

《说文》:"膟,血祭也。①膟,脻或从率。"《礼记·祭义》:"取膟膋乃退。"注:"血与肠间脂也。"孙希旦《集解》:"膟,血也。膋,肠间脂也。""膟"的本义是"血"或"血祭"。"膟"与"类"音义均近。如《书·尧典》"肆类于上帝",隶古定本作"䋣膟于上帝"。《汗简》引古尚书"类"亦作"膟"。《周礼·考工记·梓人》注:"是取象率焉。率音类,本又作类。"王引之《经义述闻》卷廿一:"率与类古同声同义,而字亦通用。"《国语·周语》:"类也者,不忝前哲之谓也。"《礼记·曲礼》:"既葬,见天子曰类见。"注"代父受国,类犹象也。"《大戴礼记·礼三本》:"先祖者,类之本也。"《广雅·释诂》四:"肖、似、类、鼎,象也。"从以上文献记载中不难看出:作为子孙是否与先祖先考类似,乃是古人重视血缘关系的一种具体表现。"膟"之通"类",不仅是音近所致,而且有意义上的必然联系。

---

① 据钮树玉《说文解字校录》、段玉裁《说文解字注》等校正。

"孳",从"妾"从"子"。显然是"妾子"的会意字。固然"妾子"不及"嫡子"的地位优越。不过由于种种原因,一旦"妾子立,则母得为夫人"(《公羊传·隐公元年》注)。张政烺先生引《汉书·南粤传》汉文帝自称"朕高皇帝侧室之子",谓"古人不以庶出为嫌"是颇有道理的。①"孳"这一会意字,由于"声化"的结果应读若"子",②即"庶子"、"孽子"的专用字。如果参照张先生"作壶者是单名,盗不与孳相联"的意见。那么"脽昇(嗣)孳(子)盗"的词义停顿应是"脽——嗣子——盗"。诸侯在丧自称"嗣子",如《左传·哀公十二年》:"今越围吴,嗣子不废旧业而敌之。"《礼记·曲礼》"不敢自称嗣子某",孙希旦《集解》:"嗣子某,诸侯在丧之辞。"这不仅证明了"嗣子"是固定词组,而且也与本铭是王礜死后不久盗为了悼念其父所作的时间相符。

"脽嗣子盗"还可从蔡侯尊"籲文王母"辞例中得到印证。"籲"读"类"与本铭之"脽"近。

盗的母方虽然出身卑微,但"母以子贵",何况他又从父方继承了"高贵"的血统。因此,"孳"这一身份中不够体面的因素,一经父方血统——"脽"的文饰,也就被抵销了。这大概就是在"嗣孳"前缀以"脽"的缘故吧?

九、百每竹周无强

"百",当读"慔"。《诗·大雅·皇矣》"貊其德音"韩诗作"莫其德音"是其证。《说文》:"慔,勉也。"朱骏声注:"百假借为慔,《左·僖廿八年传》"距躍三百,曲踊三百",注:"犹励也。""每",当读"敏",天亡簋"每瓢王休",晋姜鼎"每瓢乓光刺",其中"每瓢"均读"敏扬",是其佐证。《礼记·中庸》"人道敏政",注:"敏,犹励也。""敏"亦通"闵",《释名·释言语》:"敏,闵也。"《书·君奭》:"予惟用闵于天越民。"传:"闵,勉也。"

《诗·邶风·谷风》"黾勉同心",释文:"犹勉勉也。"众所周知,"黾勉"这类双声连语,本无定字,或作"密勿"、"蠠没"、"闵免"、"文莫"等,其实都是以

---

① 张政烺:《中山王胤嗣孳壶释文》,《古文字研究》1辑,北京:中华书局,1979年,第233页。

② 唐兰:《古文字学导论》,第46页:"每一个字里有主语和附加的两个方面,则以主语为声。"

唇音为声纽的音转。甚至二字也可互倒，如"僶勉"或作"俛僶"（薛君章句），"黾勉"或作"茂明"（《汉书·董仲舒传》）。"密勿"或作"俛密"（《韩非子·忠孝》）。因此本铭"百每"应读"慔敏"或"勉闵"，即典籍"闵勉"（《汉书·谷永传》、《五行志》）的倒文。

"竹"，同"竺"。典籍或作"笃"，《吕览·孝行》"朋友不笃"，注："笃，信也。"䇹，上半与本铭䇹上半全同。而本铭"司马䇹"即大鼎和方壶的䇹，人名。是知䇹乃"用"之异体，《说文》"䛜，古文周字从古文及"。其实䛜即本铭的䇹，下半与《说文》古文"及"作弋同，至于上半繁简的差别，古玺"周"或作䛜形（《古玺汇编》2991）可资比照。由此类推，近出中山国十四叶鼎的䇹，简报隶定为"䇹"也是完全正确的①（䇹，见《山海经·中山经》"䘸䇹之山"）。《谷梁传·成公十七年》"公不周乎伐郑也"，注："周，信也。""竹周"双声叠韵謰语，均应训"信"。

十、隱㺇先王

㥯，诸家多隶定为"隱"，甚是。晚周叔夷钟"湮"之偏旁㥯与"隱"之偏旁㥯，形有繁简，均"㐋"字。"隱"，从"心"、"㐋"声。"垂"、"㐋"古今字，然则"隱"、"㥯"实乃一字。《集韵》："㥯，思也。"

㺇，诸家多隶定为"逸"，非是。于豪亮隶定为"㺇"，②可从。按，"象"和"兔"的区别主要在尾部，即前者下垂，后者上翘：

　㺇　长沙帛书　　　㺇　中山王圆壶

　㺇　石鼓　　　　　㺇　秦子矛

中山王三器中豕和象的尾部相同，均下垂：

　㺇　大鼎　　㺇　方壶　　㺇　圆壶　　㺇　圆壶

"豕"、"象"与"兔"尾部区别，在殷周古文中就泾渭分明，而在战国古文中也惟妙惟肖地保存了这些象形文字的主要特征。然则本铭㺇隶作"㺇"，殆无疑义。需要说明的是本铭"㺇"与大鼎㺇，兆域图㺇均从"象"的歧异现象如何

---

① 尚志儒：《凤翔县高庄战国秦墓发掘简报》，载《文物》，1980年第9期，第12页。
② 于豪亮：《中山王器铭文考释》，载《考古学报》，1979年第2期，第181页。

解释？其实圆壶与其他同出各器异体互见的例证俯拾皆是，参《中山王𪿕器文字编》"隁"、"夜"、"赒"、"道"、"赁"、"宁"等字下。因此，亻或作彳并不足为奇。"豫"即"像"。鄂君启节"德"作"惪"，三晋兵器"倫"或作"侖"，温县盟书"徒"作"徏"，《说文》"役"古文作"伇"，古尚书"偃"作"偠"，"很"作"佷"[1]等，"亻"和"彳"互作的例证在后世碑文和字书中更是不胜枚举。《广雅·释诂》三："像，效也。"《书·舜典》注："像，法也。"

　　总之，"愇像先王"即"思欲效法先王"。这与上句"德行盛生（旺）"语意相贯。

1982年4月初稿
1984年1月修定

---

① 小林信明：《古文尚书の研究》，东京：东京大修馆书店，1959年，第64、85页。

隣阳壶考①

——兼释上海简"隣"字

近年首都博物馆入藏一件战国有铭铜壶②,由北京市昌平县人大常委会移交。这件传世品从未见于著录,可能原是大内藏品,何时流入于民间尚待考察。

铜壶铭文仅二字,原篆作:

壶铭第一字已有学者引用,认为与"夘"一字,隶定为"陊",相当小篆之"鄰"③。此字释"鄰"可信,然而隶定则稍欠精确。笔者旧曾隶定此字为"陾",释为"地名"④。今补说如次。

此字从"阜",从"夘",一般说来应是一从"夘"得声的形声字。"夘"是学术界公认的"鄰"字之战国古文。"夘"从"叩","文"为叠加声符(复辅音旁转)。"叩"会二城邑比鄰之意⑤,"鄰"之初文。"夘"字在战国秦汉文字中屡见不鲜,例如中山王鼎、郭店简、望山简、篆书阴阳五行、马王堆帛书《老子》等。其中中山王鼎、郭店简⑥、马王堆帛书《老子》的"夘"字有明确的辞例,均

---

① 原载《文史》,2002年第4期,第31—34页。2001年12月于庐州。
② 陈平:《北京出土征集拣选青铜器的铭文》,《首都博物馆丛刊》15集,2001年。
③ 高明:《古文字类编》,北京:中华书局,1980年,第436页。
④ 何琳仪:《战国古文字典》,北京:中华书局,1998年,第1149页。
⑤ 何琳仪:《汗简古文四声韵与古文字的关系》,硕士论文,1981年;又《中山王器考释拾遗》,载《史学集刊》,1984年第1期。
⑥ 张守中等:《郭店楚简文字编》,北京:文物出版社,2000年,第18页。

可读"鄰"。准是,壶铭第一字亦可隶定为"陔",相当"隣"字,与"鄰"同字。《集韵》:"隣,鄰或从阜。"《广韵》:"隣,俗鄰字。"今据壶铭、上海简(详下文)等资料,可知此字远有所本,并不"俗"。

壶铭第二字"昜",读"阳",为地名后缀,战国文字中习见,例不赘举。

壶铭"陔昜",可读"鄰阳",即"陵阳"①。"鄰"、"陵"均属来纽,音近可通。"粦"与"夌"声系每多通假,例如:《史记·万石张叔列传》"万石君徙居陵里"。《集解》引徐广曰:"陵,一作鄰。"《楚辞·天问》:"鲮鱼何所。"《考异》:"鲮,一作陵。"《补注》引《山海经》作"陵鱼"。《书·蔡仲之命》:"囚蔡叔于郭鄰。"《逸周书·作雒》:"乃囚蔡叔于郭凌。"《史记·天官书》:"凌杂米盐。"《汉书·天文志》引"凌杂"作"鳞杂"。《鹖冠子·能天》:"譬如渊其深不测,凌凌乎泳澹波而不竭。"其"凌凌"即"鄰鄰"。

"陵阳",地名。《淮南子·览冥训》:"武王伐纣,渡于孟津。阳侯之波,逆流而击。"高诱注:"阳侯,陵阳国侯也。其国近水,溺水而死。其神能为大波,有所伤害,因谓之阳侯之波。"此"陵阳"亦作"凌阳"。《楚辞·九章·哀郢》:"凌阳侯之泛滥兮。"王逸注:"凌,乘也。阳侯,大波之神。"洪兴祖《补注》引《淮南子》注"阳侯,陵阳国侯也"。又《哀郢》:"当陵阳之焉至兮。"王逸注:"陵,一作凌。"洪兴祖《补注》曰:"前汉丹阳郡,有陵阳仙人。陵阳,子明所居也。《大人赋》云:'反大壹而从陵阳。'"戴震注:"上云陵阳侯之泛滥,此言当陵阳,省文也。"②"阳侯"除上引《淮南子·览冥训》之外,又见《淮南子·泛论训》:"阳侯杀蓼侯而怼其夫人。"注:"阳侯,阳陵国侯也。"其它有关"阳侯"资料尚多③,兹不具载。凡此说明《哀郢》这两句中的"凌阳侯"与"陵(凌)阳"肯定有关。虽然《楚辞》"凌阳侯"未必就是《淮南子》之"阳侯","阳侯"也不一定就是古陵阳国④,但是"陵阳"无疑是地名。至于高诱注"陵阳,古陵阳国",当有所本,不容忽视。此"陵阳"疑即《汉书·地理志》丹阳郡之"陵阳",其地望

---

① 陈平:《北京出土征集拣选青铜器的铭文》,《首都博物馆丛刊》15集,2001年。陈说与拙说不谋而合,特此志之。
② 戴震:《屈原赋注》,引《戴震全集》2册,北京:清华大学出版社,1992年,第979页。
③ 姜亮夫:《楚辞通故》,济南:齐鲁书社,1985年,第308—309页。
④ 刘文典:《淮南鸿烈集解》,合肥:安徽大学出版社,昆明:云南大学出版社,1999年,第192页引俞樾说。

王先谦有详密地考证①：

> 先谦曰：平帝封东平思王孙嘉为侯国，见《表》、《续志》。《后汉》因刘注，"陵阳子明得仙于此县山，故以为名"。《沔水注》"旋溪水出陵阳山下，泾陵阳县西为旋溪水，又北合东溪水，下入宛陵"。《浙江图考》云："《江南通志》'舒溪在石埭县。'"《续文献通考》谓之"旋谿"，本陵阳子明垂钓处。谿源一出太平县弦歌乡，一出石埭县舒泉乡。先谦案：据《一统志》今石埭县，汉陵阳县地。贵阳铜陵半入陵阳境。陵阳故城在青阳东南六十里，石埭东北二里陵阳镇。是陵阳山在石埭北五里，陵阳潭在县东舒溪东南岸，长里许。

汉之陵阳，在今安徽省青阳县九华山南麓陵阳镇②。或说在今安徽省石台（埭）县东北广阳镇③。战国之陵阳应即《哀郢》之"陵阳"，在楚国境内。

鄰阳壶发现于北京市昌平县，按常理推断壶铭中的地名应在燕国境内，然而本文却在楚国境内寻求其地望。这一思路的形成，还有两个方面的佐证：

其一，铭文字体呈现典型楚系文字风格，其中"叟"旁又见望山简、郭店简等。其中"昜"字，与楚器正阳鼎之"昜"如出一辙。

其二，关于铜壶器型，可与江陵望山 M1、张家山 M201 所出铜壶类比，属东周楚墓第六期④。至于壶盖顶部作莲花瓣状，也是楚器的传统作风，适与笔者所推断壶铭为楚系文字相吻合。

总之，从古文字学、考古学两方面考察，可以证明鄰阳壶应属楚器。壶铭"鄰昜"应读"陵阳"，在今安徽省青阳县境。至于鄰阳壶何时入京，则不得而知。

顺便谈谈最新公布的《上海简》之"鄰"字。

> 孔子曰，诗亡（无）隐志，乐亡（无）隐情，文亡（无）隐言。（《孔子诗论》1）

---

① 王先谦：《汉书补注》，北京：中华书局，1983 年，第 759 页。
② 谭其骧：《中国历史地图集》2 册，北京：中国地图出版社，1996 年，第 24—25 页②3—4。
③ 魏嵩山：《中国历史地名大辞典》，广州：广东教育出版社，1995 年，第 974 页。
④ 刘彬徽：《楚国青铜礼器初步研究》，《中国考古学会第四次年会论文集》，北京：文物出版社，1985 年。

丌(其)陜志必有以俞(逾)。(《孔子诗论》20)

"志"、"情"、"言"联文,颇值得注意。《诗序》:"诗者志之所之也,在心为志,发言为诗。情动于中而形于言,言之不足故嗟叹之,嗟叹之不足故永歌之,永歌之不足。不知手之舞之,足之蹈之。"可与简文互证。关键是简文"志"、"情"、"言"的限制字"陜"的释读。

简文第一和第二个"陜"字左旁稍有残泐,唯第三个"陜"笔画完整。其原篆作:

此字上从"陜",下从"心"。可以有两种理解:

1."心"旁为装饰部件,属"无义偏旁"。① 故此字乃"陜"之繁文。
2. 从"心","陜"声,疑"怜"之异文。

无论那种理解,此字与"鄰"读音相近,殆无疑义。

关于"陜"在简文中的释读,诸家多有分歧。或读"离",②或读"吝",③或读"隐"。④

根据上文分析,壶铭"陜"可读"陵",简文"陜"似亦可读"陵"。《玉篇》"陵,驰也"。《礼记·学记》:"不陵节而施之谓孙。"疏:"陵,犹越也。"字亦作"凌"。《楚辞·大招》:"冥凌浃行。"注:"凌,犹驰也。"《广雅·释言》:"凌,驰也。""凌"字又作"凌"。《文选·江赋》"凌涛山颓"。注:"《广雅》曰,凌,驰也。"《吕氏春秋·论威》:"虽有江河之险,则凌之。"注:"凌,越也。"至于20号简"陜(陵)"训"越"与"俞(逾)"训"越"恰可互证。

另外,《书·泰誓》:"予盍敢有越厥志。"其中"越志"似乎可以作为对简文"陵志"的注解。

总之,"陜"有驰骋超越之意,在简文中为使动用法。其大意是:"诗歌不可使心志陵越,音乐不可使感情陵越,文章不可使言辞陵越。"凡此种种,都合乎儒家"过犹不及"的中庸之道,"游于艺"则应体现所谓"温柔敦厚"之旨也。

---

① 何琳仪:《战国文字通论》,北京:中华书局,1989年,第197—198页。
② 马承源:《上海博物馆藏战国楚竹书》(一),上海:上海古籍出版社,2001年。
③ 饶宗颐:新出简帛国际会议(北京),2000年。
④ 李学勤:安徽大学学术演讲(合肥),2001年。

附记：

二十多年前，读《古文字类编》始知有"鄝阳壶"。然遍询师友皆不详其著录，唯知其发现于北京市附近。因矻矻于燕地搜求壶铭地名，终未能得之。近时初读上海简，又见"陞"字。因函询陈平先生，承蒙惠赐其新作及拓片、照片，旋悟壶铭为楚器，且疑其出自皖南。廿年疑惑，一朝冰释，乐何如之。陈先生之高谊感佩曷似，谨志此鸣谢。

楚郳陵君三器考辨①

《文物》1980年第8期发表了无锡前洲新出土的3件有铭铜器。李零、刘雨同志《楚郳陵三器》认为三器"大约作于公元前306—223的八十四年间,而且比较大的可能是在这一段时间的靠后,即在楚徙都寿春后的十八年间"。又云"郳"或与"宜兴县东的义山有关"。李学勤同志《从新出铜器看长江下游文化的发展》则认为王子申可能是楚幽王之子,其受封年代"只能在黄歇被李园刺杀以后,即公元前237年之后"。凡此有关三器的器主、封地、年代等问题,均有进一步探讨之必要。

前洲三器铭文大致相同,仅举鉴铭释文如下:

郳陵君王子申,攸(悠)哉造金鉴,②攸立岁嘗③,以祀皇祖,以会父兄。永用之,官攸无疆。④

铭文中的"王子申",我们认为就是春申君黄歇。

春申君的身份是首先应该解决的问题。据《史记》记载,"四公子"之中,孟尝君其父田婴是"齐威王少子而齐宣王庶弟",平原君赵胜是"赵惠文王弟",信陵君无忌是"魏昭王少子而魏安釐王异母弟",独于《春申君列传》则云:"春申君者,楚人也,名歇,姓黄氏。游学博闻,事楚顷襄王。"似乎春申君

---

① 原载《江汉考古》,1984年第1期,第103—104页。
② "攸哉"与中山鼎字形全合,均应读"悠哉"。《诗·关雎》"悠哉悠哉",传"思也"。"悠哉造金鉴"即"思念着(先祖)造金鉴"。
③ 王引之:《经传释词》"攸,犹用也",长沙:岳麓书社,1985年。
④ 王引之:《经传释词》"攸,犹用也",长沙:岳麓书社,1985年。

与楚王族并无亲属关系。按一般逻辑推理,既然其他三公子均属齐、赵、魏三国王族,那么春申君也不应例外。钩稽旧籍,却发现两条反证:其一,《游侠列传》:"近世孟尝、春申、平原、信陵之徒,①皆因王者亲属,籍于有土卿相之富厚,招天下贤者,显名诸侯。"其二,《韩非子·奸劫弑臣》:"楚庄王之弟春申君。"此"庄王"乃"顷襄王"之误。② 凡此都足以证明,春申君不仅属楚王族,实乃楚王之胞弟。被《游侠列传》和《韩非子》保存下来有关春申君的史料,值得我们特加重视,如果仅凭《春申君列传》的史料,是很难置春申君于"四公子"之列的。

先秦典籍中所谓"公子",或与"世子"相对而言,③在楚国也可称为"王子"。如《说苑·善说》载越人歌:"今日何日兮,得与王子同舟。"所谓"王子"系指楚鄂君子晳,其身份是"亲楚王母弟也"。如按一般惯例则应称"公子"。楚令尹鄂君子晳与楚令尹春申君黄歇均称"王子",其身份完全吻合。

春申君姓黄氏,推其本源与楚王族也是一家之眷属。《世本》:"黄氏,陆终之后,后为楚所灭,因以为氏。"《楚世家》:"陆终生子六人……六曰季连,芈姓,楚其后也。"春申君身为王族,却冒姓黄氏,是否与他仕于黄国故地有关,由于史料的局限,尚有待进一步研究。

根据古人名与字义训相应的通例,春申君名"歇",本铭"申"则应是其字,《说文》:"歇,一曰气越泄。"《广雅·释诂》二:"歇,泄也。"是"歇"有发散舒通之义。《文选·颜延之和谢灵运诗》"芳馥歇兰若"是其例。《方言》十:"泄,歇也。楚谓之歇泄。""歇"、"泄"互训,声韵亦近。"泄"乃"洩"之异体,典籍每多通用。"洩"、"泄"均与"申"义训相近。如《论语·述而》"申申如也",马注"和舒之皃",皇疏"心和也"。《左传·隐公元年》"其乐亦泄泄",杜注"和乐也"。《文选·张衡思玄赋》"展洩洩兮彤彤",注"和皃",又引杜注"舒散也"。尤其重要的是"申洩"可以构成固定词组。《淮南子·本经》:"含吐阴阳,申洩四时。"④注:"申洩,犹伸引和调之也。"这是"申"和"歇"(泄、洩)义训相通的确证。故春申君名歇、字申,有充分的训诂依据。

---

① 据梁玉绳《史记志疑》、张文虎《校刊史记集解索隐正义札集》删"近世"后"延陵"二字。
② 马骕《绎史》"庄王弟误",陈奇猷《韩非子集释》"此庄王疑顷襄王之误"。
③ 《仪礼·丧服》"公子为其母"注"公子,君之庶子也。"《礼记·玉藻》"公子曰臣孽",注"嫡而传世曰世子,余则但称公子而已。"
④ 刘文典:《淮南鸿烈集解》卷八:"《艺文类聚》十一引'伸曳'作'申洩'。"

"王子申"的封号"䣫陵君"是印证"申"即黄歇的又一重要依据。"䣫",未见字书,但"义"从"我"得声,从"义"与从"我"得声之字多可通用。如《诗·蓼莪》,鲁峻碑引《诗》"莪"作"義"。《礼记·檀弓》"蟻结于四隅",释文"蟻又作蛾"。《吕览·勿躬》"常仪"即后世之"常娥"。然而"䣫"应读"郯"。《说文》:"郯,临淮徐地,从邑義声。《春秋传》曰,'徐郯楚'。"按,今本《左传·昭公六年》作"徐仪楚",传世徐国义楚锗与新出土義楚盘作"徐義楚"。① "䣫"、"義"、"仪"均《说文》"郯"之异文。段注:"今安徽泗州州北五十里有故徐国城废县。郯者,徐县地名。"《读史方舆纪要》卷二十一徐城废县:"州西北五十里,古徐子国。"淮北之郯(䣫)春秋时属徐国,战国后期早已归入楚国版图。至于地后加"陵"字,典籍习见。仅检《汉书·地理志》临淮郡就是"睢陵"、"淮陵"、"富陵"、"开陵"、"兰陵"、"海陵"、"乐陵"等七例。然则《地理志》临淮郡之"徐",战国时或称"郯(䣫)陵"应无疑义。

《春申君列传》载黄歇封地与上述考察的结果适可印证:

> 考烈王元年,以黄歇为相,封为春申君,赐淮北地十二县。后十五年,黄歇言之于楚王曰:"淮北地边齐,其事急,请以为郡便。"因并献淮北十二县,请封于江东。考烈王许之。春申君因城故吴墟以自为都邑。

所谓"封为春申君"乃史家追叙之辞,根据前洲器知黄歇初封淮北,其封号应是"䣫陵君"。改封江东的封号,才应该是"春申君"。以春申君命名的地理称谓如"春申"、"春申江"、"春申涧"多在江南是其明证。前洲三器是黄歇受封淮北十五年间所制造,其封地"䣫"(郯)属临淮郡,与《史记》"淮北地十二县"地望正合("淮北地十二县"在战国是不算小的政治区域,那里再分封一个与黄歇身份相若的王族,似乎是不可能的)。从时间上来看,䣫陵器与考烈王时酓肯器字体十分相似,均属战国晚期。② 至于黄歇改封之后,把家祭礼器捆载运至江东,而今天又在江东故地无锡附近前洲重见天日,③当然也是情理中事。

---

① 江西省历史博物馆等:《江西靖安出土春秋徐国铜器》,载《文物》,1980年第8期。
② 唐兰:《寿县所出铜器考略》,《国学季刊》,1934年第4卷。
③ 《越绝书》载"无锡塘"、"无锡湖"等均与春申君有关。

根据对出材料和文献材料的综合考察,我们的主要结论是:

一、楚令尹黄歇属楚王族,故可称为"王子",其名"歇",字"申",名与字相应。

二、黄歇初封于淮北郲陵,其封号为"郲陵君";改封江东后,其封号为"春申君"。

三、前洲器制作时间推定为楚考烈王元年至十五年间,即公元前262—248年间。

四、前洲三器是黄歇改封后携至江东的,因此出土于无锡附近。

综上所述,前洲三器的器主乃是战国著名的四公子之一春申君。器主和年代的确定,可与文献相互印证,也可弥补文献之不足,这无疑增添了这组铜器群的史料价值。

楚官肆师①

20 世纪 30 年代，在安徽省寿县朱家集李三孤堆发现战国楚幽王大墓②。墓中所出酓忑铜器群铭刻一类特殊职官名称，其款式基本相同，见于《三代吉金文存》者如次：

字形	释文	出处
𢆶	帀(师)史秦，差(佐)苛䏻为之。	4.17.1 鼎
𢆶	帀(师)盘野，差(佐)秦忑为之。	4.17.2 鼎
𢆶	帀(师)槊圣，差(佐)陈共为之。	17.16.1 盘
𢆶	史秦、苛䏻为之。	18.27.2 勺
𢆶	槊圣、陈共为之。	18.28.1 勺
𢆶	盘野、秦忑为之。	18.28.2 勺

以上铭文首字，旧释颇有分歧，主要有下列三说：

其一，据《说文》古文"𢆶"释"刚"③，读"工"④。或释"弜(工)帀(师)"⑤。按，"弜"应释"弘"，本作"𢎘"形（墙盘"宖"字所从），讹变为"𢎨"形（盟弘卣）。《春秋·僖公廿二年》"宋公及楚人战于泓"，注："泓，水名。"帛书《春秋事语》作"宋荆战弘水上"，其"弘"作"𢎨"⑥，是其证。因《说文》"强"从"弘"声，故战国文字"弜"或可读"强"。"弜"所从"="，不过是战国文字习见的"装饰符号"

---

① 原载《江汉考古》，1991 年第 1 期，第 77—81 页。
② 楚文物展览会《楚文物展览图录》，北京：北京历史博物馆，1954 年。
③ 刘体智：《小校经阁金文》2.91。
④ 朱德熙：《寿县出土楚器铭文研究》，载《历史研究》，1954 年第 1 期。
⑤ 何琳仪《战国文字通论》，北京：中华书局，1989 年，第 137 页。
⑥ 马王堆汉墓帛书整理小组：《马王堆汉墓帛书（叁）》图版 6.78，北京：文物出版社，1983 年。

而已。选录"弜"读"强"者如次：

右明辝(司)㲼(镪)　《中国钱币》1984.3.29①　《管子·国蓄》"藏镪千万"

　　　　㲼梁　《侯马盟书》宗盟四 16.9　《墨子·公孟》"身体强梁"

　　　　㲼死　天星观楚简②　　　　《左传·文十》"三君皆将强死"

"强"与"刚"音义均近，是一组同源字③。《广韵》："刚，强也。"《诗·小雅·北山》"旅力方刚"，《一切经音义》十三作"旅力方强"，是其证。因此，传抄古文多以"弜"为"刚"：

　　　　㲼《说文》古文　　㲼《汗简》中 1.41　　㲼《古文四声韵》2.17

后者与战国文字"弜"形体最近。《古玺汇编》0096"弻"作"㲼"形，《上海博物馆藏印选》14.3"强"作"㲼"④，即这类讹变。或以为《说文》"刚"之古文不可靠，则是忽视了"弜"与"㲼"的讹变关系。然则朱家集器之"㲼"，是否由"弜"讹变呢？确定是否讹变，除应有文字点画方面的佐证，还必须具备明确的词例相与制约。假如"㲼"释"弜"或"刚"、读"工"，那么习见的战国文字"攻帀"、楚文字"攻尹"等以"攻"为"工"的通假现象，则成为不可回避的障碍。所以，无论是根据传抄古文"刚"读"工"，还是隶定"弜"读"工"，都是行不通的。

其二，释"侃"，读"炼"⑤。按，《说文》"侃"从"川"，古文字从"彡"，例如：

　　　　㲼　兮仲钟　　　㲼《侯马盟书》315

"㲼"既不从"川"，也不从"彡"。王人聪有详辩⑥，兹不赘述。

其三，释"冶"⑦。按，战国文字"冶"最繁式做"㲼"形(《商周金文录遗》581)，也有省"太"(火)的简体：

齐系㲼　《中国钱币》1985.3.6

晋系㲼　《考古学报》1974.1.33

楚系㲼　《江汉考古》1983.2 图版八.4

---

① 何琳仪：《燕国布币考》，待刊。
② 李家浩：《战国邙布考》，《古文字研究》3 辑，北京：中华书局，1980 年，第 163 页。
③ 王力：《同源字典》，北京：商务印书馆，1982 年，第 341 页。
④ 李家浩：《战国邙布考》，《古文字研究》3 辑，北京：中华书局，1980 年，第 163 页。
⑤ 杨树达：《积微居金文说》，北京：科学出版社，1959 年，第 147 页。
⑥ 王人聪：《关于寿县楚器铭文中㲼字的新释》，载《考古》，1972 年第 6 期。
⑦ 李学勤：《战国题铭概述》，载《文物》，1959 年第 9 期。

这类"冶"字与"㠯"比较,虽然有相同的部件"="和"凵",但是"亻"与"⺄"形体有别。王人聪曾正确地指出:"冶"所从"⺄"即"刀"①("刀"是"冶"的声符②)。"㠯"所从"⺄"并非"刀",当然不能释"冶"。"亻"是否"⺄"的讹变?望山简"恕"作"㕶",或作"㕷",似乎说明有这种可能。然而在楚国标准铜器铭文中,"⺄"与"亻"并不混淆:

鄂君启节　㝵(恕)㞢(凥)

舍志盘　㮯(絮)㠯

如果释"㠯"为"冶",那么舍志盘同一器铭中的"刀"旁,一作正体"⺄",一作讹体"亻",颇难解释。何况还有兼陵公戈公认的楚国"冶"字作"㕵"这一反证。因此,释"㠯"为"冶"亦有不妥。另外,"冶师"似始见于《列仙传》,先秦典籍是否已有"冶师",待检。

以上三说,释"侃"明显有误,可以不论。通过形体辨析,又可知"㠯"所从"亻"。既不是"弓",也不是"刀"。从上揭舍志盘"⺄"、"亻"同器互见的现象中,不难看出:"㠯"所从"亻"非"人"即"尸"。其实"人"与"尸"亦一字之分化:"尸",式脂切,审纽,古入透纽,脂部。"人",如邻切,日纽,真部。透、日均属端系,脂、真阴阳对转。分化的结果形体亦略有变化,即"人"之下体直,"尸"之下体曲。"亻"之下体曲,自应释"尸"。这与鄂君启节"㞢"释"凥"(居)亦并行不悖。

"㠯"所从"="(或"—")是"装饰符号",所从"凵"也是"装饰符号"。二者在战国文字中可以互换(西周、春秋文字也偶见),例如:

原形	从"="	从"凵"
上 丄《古币文编》300	𠄞《古玺汇编》4207	坐《古玺汇编》5429
尚 尚《古玺汇编》2054	尚伯尚鼎	尚《古玺汇编》5061
大 大《古钱大辞典》988	𡘡《说文》古文"泰"	杏《古钱大辞典》988
长 𠃵《古玺汇编》0777	長《古玺汇编》0870	𠩺长陵盉
郁 𣂦叔卣	𣂦小子生尊	𣂥《汗简》中 2.49
如 卬《古玺汇编》1859	㢈《古玺汇编》1860	如石鼓

---

① 王人聪:《关于寿县楚器铭文中㠯字的新释》,载《考古》,1972年第6期。
② 何琳仪:《战国文字通论》,北京:中华书局,1989年,第268页。

娄♦长陵簠　　♦廿八宿漆书　　♦长沙帛书
四♦石鼓　　　♦大梁鼎　　　　♦《说文》
再♦《说文》　　♦陈璋壶　　　　♦《陶玺文字合证》4
贰♦蔡侯镈　　　♦召伯簠　　　　♦《古玺文编》附11
助♦《侯马盟书》310　♦《侯马盟书》310　♦《侯马盟书》310
共♦《古玺汇编》5129　♦《古玺汇编》5149　♦《古玺汇编》0746
弃♦《古玺汇编》1428　♦中山王鼎　　　　♦《古玺汇编》0872
与♦《侯马盟书》338　♦《信阳楚墓》1.19　♦《信阳楚墓》1.24
差♦吴王夫差剑　　♦《说文》籀文　　♦酓忎鼎

饶有趣味的是，"="（或"一"）与"廿"有时则共见于一字之中，例如：

原形　　　　　从"="　　　　　从"廿"　　　　　从"="与"廿"

右♦《古玺汇编》3155　♦《古玺汇编》4818　♦中山王鼎　　　♦南季鼎
命♦《侯马盟书》311　♦蔡侯镈　　　　　♦《侯马盟书》311　♦楚简
若♦盂鼎　　　　　♦三体石经　　　　♦诅楚文　　　　　♦中山王鼎
向♦《甲骨文编》7.16①　♦《秦陶文》895　♦《古币文编》90　♦《古玺汇编》7.9
仓♦《古币文编》162　♦《古玺汇编》1323　♦《古玺汇编》0967"苍"　♦《古玺汇编》3996"苍"
石♦《甲骨文编》9.7　♦《古文字研究》17.182　♦中山王圆壶　　　♦石圣刀鼎
水♦《古玺汇编》4061　　　　　　　　　　♦《古玺汇编》3111
勺♦《甲骨文编》9.5　♦《古玺汇编》1565　　　　　　　　　♦《古钱大辞典》1193"筍"
戒♦《古玺汇编》0163　♦蚭生不戈　　　　　　　　　　　　♦《古玺汇编》1238
冶♦舎奴戈　　　　　♦七年导工戈　　　　　　　　　　　♦新城戈
尸♦獃钟　　　　　　♦中山王鼎　　　　♦右谒肓壶盖"屁"　　♦酓忎鼎

以上这类叠加"装饰符号"的现象，在战国文字中出现频率较高，并带有一定的规律性，应引起战国文字研究者特加重视。

这类"装饰符号"有时还是文字分化的手段之一，例如："女"与"如"、"又"与"右"、"令"与"命"、"若"与"喏"、"大"与"太"、"又"与"寸"、"四"与"呬"、"勺"与"匀"、"贳"与"贰"、"尸"与"仁"等，其形、音、义均有关联。尤其值得注意的是，

---

① "向"，晓纽；"宀"，明纽。晓、明为准双声。《乙》8896"乍宀"读"作乡"，《京》4345"东宀"读"东乡"。

上表中"命"、"仓"、"若"、"向"、"石"、"水"、"匀"、"戒"、"冶"等字,均含有"="和"廿"。这说明楚文字"𣥺"既不是"冶",也不是"弜",而只能是"尸"(𡰥)。

《说文》"仁"古文作"𡰥",中山王鼎作"𡰥",可以互证。东周国"尸氏"方足币(《东亚钱志》4.32)"尸"作"𠂆"①,亦属这类分化。《左传·昭公廿六年》"刘人败王城之师于尸氏")上文提及"尸"与"人"阴阳对转,其实"尸"与"仁"(𡰥)也属阴阳对转。由此可见,"人"、"尸"、"𡰥"、"仁"实乃一组分化字。因此,"𣥺"既可理解为"尸",也可理解为"𡰥"。

"尸"(𡰥)与"肆"音义均近。朱骏声《说文通训定声》以"肆"、"迡"(迟)归并同一声系——"尾",又以"肆"为"尸"(𡰥)之假借,引"《周礼》掌戮肆之三日,注,犹申也,陈也。《礼记·月令》毋肆掠,注,谓死刑暴尸也。《论语》吾力犹能肆诸市朝,郑注,有罪既刑,陈其尸曰肆也。又《周礼·小宗伯》大肆,注,始陈尸伸之。《郁人》共其肆器,注,陈尸之器"等文献为证,其说可信。其实典籍传疏中已指出,"𡰥"是"夷"之古文(《孝经·仲尼居》释文),在古文字材料中也可以得到验证,例不赘举。而"夷"与"肆"声韵亦近,如《书·多士》"予惟肆矜尔",《论衡·雷虚》作"予惟夷怜尔",是其佐证。

总之,"尸"(𡰥)、"夷"、"肆"均有陈列之义,声韵亦通,可以假借。由此类推,朱家集器铭"尸帀"应读"肆师"。检《周礼·春官·序官》:

> 礼官之属,大宗伯,卿一人。小宗伯,中大夫二人。肆师,下大夫四人,上士八人,中士十有六人。旅,下士三十有二人。府,六人。史,十有二人,胥,十有二人。徒,百有二十人。[注]肆,犹陈也。肆师佐宗伯,陈列祭祀之位,及牲器粢盛。[疏]大宗伯则揔掌三十礼之等,小宗伯副贰大宗伯之事,肆师主陈祭位之等,此并非转相副贰之事也。

又《周礼·春官·肆师》详细地记载肆师职掌诸事:

> 肆师之职,掌立国祀之礼,以佐大宗伯。立大祀,用玉帛牲牷;立次祀,用牲币。立小祀,用牲。以岁时序其祭祀,及其祈珥。大祭祀,展牺牲,系于牢,颁于职人。凡祭祀之十日,宿为期。诏相其礼。眡涤濯,亦如之。祭之日,表斋盛,告絜展器,陈告备,及果筑向,相治

---

① 何琳仪:《东周国布币考》,待刊。

小礼,诛其慢怠者。掌兆中庙中之禁令。凡祭祀礼成,则告事毕。大宾客,涖筵几,筑向,赞果将。大朝观佐宾,共设匪甕之礼,饷食授祭,与祝侯襘于灵及郊。大丧大洰以垦则祝鬻,令外内命妇序哭,禁外内男女之丧不中法者,且授之杖,凡师甸,用牲于社宗,则为则为位,类造上帝,封于大神,祭兵于山川,亦如之。凡师不功,则助牵主车。凡四时之大甸猎,祭表位,则为位。尝之日,涖卜来岁之芟。狝之日,涖卜来岁之戒。社之日,涖卜来岁之稼。若国有大故,则令国人祭。岁时之祭祀,亦如之。凡卿大夫之丧,相其礼。凡国之大事,治其礼仪,以佐宗伯。凡国之小事,冶其礼仪,而掌其事,如宗伯之礼。

根据《周礼》所记,可归纳肆师有如下特点:

1. 肆师是仅次于"礼官之长"大宗伯和小宗伯的职官。有时还可行使宗伯的职权。实际是大宗伯的副佐。《春官》肆师位于大、小宗伯与郁人以下六十七官之际。可见其地位之显赫。

2. 由肆师直接管辖者,多达数百人。起码《春官》郁人、鬯人、鸡人、司尊彝、司几筵、天府、典瑞、典命、司服、典祀、守祧、世妇、内宗、外宗等,都是肆师的直接下属①。可见其机构之庞大。

3. 肆师掌管国家各类重大典礼和祭祀,可见其掌管事之繁多。

朱家集铜器群是楚幽王生前的祭器,这可由铜器铭文自身得到证明:

  楚王酓(熊)忎(悍)战隻(获)兵铜. 正月吉日,窑(室)盥(铸)乔(镐)鼎之盍(盖),㠯(以)共(供)歲(岁)棠(尝)。尸(肆)帀(师)史秦、差(佐)苛脛为之。集脰(羞)。(《三代吉金文存》4.17.1)

其中"岁尝"即上引《周礼》"岁时之祭祀"、"尝之日",显然指祭祀。幽王墓中还出土许多铸客器,铭文多为"盥(铸)客为某某为之"的款式,其中"某某"一般认为是食官:

1. "集脰"(《三代吉金文存》3.13.2),读"集羞"。《周礼·天官·腊人》"凡祭祀,共豆脯",注:"脯非豆实,豆当为羞,声之误也。"②

---

① 张亚初、刘雨:《西周金文官制研究》,北京:中华书局,1986年,第121页。
② 郝本性:《寿县楚器集脰诸铭考释》,《古文字研究》10辑,北京:中华书局,1983年,第211页。

2."集既"(《寿州楚器铭文拓本》18),读"集餼"。《国语·周语》"廪人致餼"。《周礼·地官·廪人》"大祭祀则共其接盛"。①

3."集𦏴"(《三代吉金文存》3.26.1),读"集腏"②。"腏",《集韵》或作"餟",或作"醊"。《说文》:"餟,祭酹也。"

"羞"、"餼"、"餟"均与祭祀饮食相关,证明朱家集器确为楚王室祭器。该铜器群理所当然应由掌管祭祀的"尸(肆)帀(师)"监造,由其属官"盥(铸)客"制造。

附带说明,"铸客"乃"铸器客"省称。上海博物馆芦甔铭"盥㺇客为集腏七腐(府)"。第二字或释"冶"③。按,字右从"犬"、左从二"口",(下"口"的"左边一竖很浅,在原拓片上可见。"④)应隶定"㺇",释"器"。"器"本从四"口",或省二"口",赵国春平侯铍"伐器"作"伐㗊"是其例⑤。"铸器",见《淮南子·俶真训》"今夫冶工之铸器"。

"尸帀"后的"差"读"佐"。乃"尸帀"的副职,可参见长沙铜量"攻(工)尹"与"攻(工)佐"的关系⑥。至于勺铭单言"尸",疑是"尸帀"之简称。"尸"可分左、右。《三代吉金文存》3.12.1鼎铭"伸(胂)腐(府)之右𡊒口(盍?)盛",是其证。

无独有偶,在燕国铜器铭文中则有"肆尹":

右㞢君(尹)　　《山东省出土文物选集》54罍

右㞢君(尹)　　《河北省出土文物选集》敦

右㞢君(尹)　　《文物》1982.3.91 图 2 壶

右㞢君(尹)　　《文物》1982.3.91 图 3 壶盖

左㞢　　　　　《文物》1982.3.91 图 5 壶

---

① 郝本性:《寿县楚器集脰诸铭考释》,《古文字研究》10辑,北京:中华书局,1983年,第205—206页。

② 同窗黄锡全函示"腏"之隶定。

③ 郝本性:《试论楚国器铭中所见的府和铸造组织》,《楚文化研究论集》,武汉:荆楚书社,1987年,第322页。

④ 陈佩芬函示,并惠寄铭文拓片复印件,谨致谢忱。

⑤ 何琳仪:《战国文字通论》,北京:中华书局,1989年,第254页。

⑥ 何琳仪:《长沙铜量铭文补释》,载《江汉考古》,1988年第4期。

按，望山楚简"㲋"，或作"㲋"①。后者与《说文》"迟"之或体"邌"吻合无间。古文字"辵"与"止"形符相通，故上揭燕文字"㲋"自应释"邌"。"㲋"或作"㲋"，是"＝"与"凵"可互换的又一佳证。"邌胥"，即"肆尹"，典籍缺载，应与"肆师"有关，燕器"邌胥"或省作"邌"，分左、右；与楚器"尸帀"或省作"尸"，分左、右似可互证。

楚官玺"埶䏾"(《古玺汇编》0337)，"埶"同"剺"，或作"肆"。《说文》："剺，解骨也。"《周礼·春官·大宗伯》"以肆献祼享先王"，注："肆者，近所解牲体。""埶䏾"可读"肆府"，是宰割牲体的机构，其"肆"训"解骨"。"肆师"之"肆"训"陈列"。二者不尽相同，应于区别②。

综上所述，战国文字"弭"、"冶"、"尸"分别从"弓"、"刀"、"尸"，形体亦混，应于辨析。楚铭"㘴帀"应释"尸师"，即《周礼》"肆师"。楚官"尸师"与周官"肆师"掌事范围虽不必全同，然其渊源关系则不言而喻。"肆师"的释读再一次证明，"《周礼》出自春秋以后，乃杂采春秋各国官制为之"③的观点是值得重视的。

补记：

拙文《长沙铜量铭文补释》刊于《江汉考古》1988年第4期，兹赘语二则：

一、承同窗吴振武见告，守丘刻石"㝆贤"，见《文选·剧秦美新》"亲九族，淑贤以穆之"。

二、赵国官玺"阳邑州左右朩司马"(《古玺汇编》0046)之"朩"应读"少"。《释名·释亲属》"叔，少也。"是其证。《周礼·夏官》有"小司马"，即"少司马"。

---

① 中山大学古文字研究室：《战国楚简研究》3辑，第14页。
② 何琳仪：《古玺杂识》，载《辽海文物学刊》，1986年第2期。
③ 杨筠如：《周代官名考略》，《国立中山大学历史语言研究所周刊》2.1。

长沙铜量铭文补释

《江汉考古》1987年第2期刊载一件战国中晚期量器铭文。内容涉及楚国的历法、城邑、职官、量器等方面,史料价值甚高。周世荣同志已有专文研究。② 周文隶定矜慎,考释简赅,多有可采。

1987年秋,笔者赴湘西开会,归次长沙,承周同志热情帮助,有幸摩挲铜量原物。不但得以核对铭文若干文字笔画,而且识出"七月"合文。嗣后又形成一些看法,凡得10则,缀成此文,以作为对周文的补充,并藉此向周同志鸣谢。

铜量铭文56字,加上合文(享月、之日、二十、七月),整60字。全铭隶定如次(加"△"号为本文讨论者):邡(?)客臧(臧)嘉酓(问)王于葳(郊)郢之歳(歲)亯(享)月已栖(西)之日,酆(罗)莫嚣(敖)臧(臧)旡、连嚣(敖)屈(?)让(上)吕(以)命攻(工)尹穆丙,攻(工)差(佐)竞之,橐(集)尹陈夏,少橐(集)尹龏(龚)赐(?)、少攻(工)差(佐)孝癸,炅(铸)二十金卂(筲)吕(以)賹,秋七月。

葳 郢

"某问王於葳郢之岁",是楚文字资料中特殊的纪年法,"郢"前之字通常有两种类型:

---

① 原载《江汉考古》,1988年第4期,第97—101页。
② 周世荣:《楚邡客铜量铭文试释》,载《江汉考古》,1987年第2期,第87—88页。

第四编　战国文字(上)　157

〿 天星观简　　　〿 天星观简①　　　〿 鄂君启节

此字的释读颇为纷如,已有"茂"、②"栽"、③"栽"、④"蔉"、⑤"蔽"⑥等多种隶定。其中最后一种隶定是正确的。下面试补充说明之。

检汉代文字"叔"作下列各形:

〿 马王堆简⑦　　　〿《印征》3.17

以之与天星观简比照,虽然有相同偏旁"〿",即"朱"字。由此可见,"〿"、"〿"上部所从虽似"止"而实非"止"。《韵学集成》"茮与菻同",尚保存"朱"作"米"这一变体。

其实六国文字也有"朱"字,但为旧所不识,例如:

敢谒后〿(淑)贤者　　《中山》100

阳州邙右〿(督)司马　《玺汇》0046

周〿(朱)　《玺汇》3022

肖〿(朱)　《玺汇》0921

以上诸"朱"的上部也均演变为从"止",如无汉代文字比照,则颇难辨识。

《玺文》附六九"朱"或作"米"形,其下从四点,如果参照下列晚周文字:

光　〿诅楚文　　　　〿者汈钟　　　　〿《中山》21

凿　〿《侯马》354"鑿"　〿同左　　　　〿《玺文》附7"酆"

余　〿秦公钟　　　　〿《玺文》2.2　　〿《中山》57"郐"

朱　〿鄂君启节"蔽"　〿天星观简"蔽"　〿《玺文》附69"朱"

可知两点或四点本是装饰笔画,故多寡不一,并无实际意义。上揭楚文字

---

① 湖北省荆州地区博物馆:《江陵天星观1号楚墓》,载《考古学报》,1982年第1期,第109页。

② 郭沫若:《关于鄂君启节的研究》,载《文物参考资料》,1958年第4期,第4页。

③ 殷涤非、罗长铭:《寿县出土的鄂君启金节》,载《文物参考资料》,1958年第4期,第9页。

④ 殷涤非、罗长铭:《寿县出土的鄂君启金节》,载《文物参考资料》,1958年第4期,第9页。

⑤ 湖北省荆州地区博物馆:《江陵天星观1号楚墓》,载《考古学报》,1982年第1期,第109页。

⑥ 俞伟超、李家浩:《论兵阑太岁戈》,《出土文献研究》,北京:文物出版社,1985年,第142页。

⑦ 湖南省博物馆、中国科学院考古研究所:《长沙马王堆一号汉墓》,北京:文物出版社,1973年,第296页。

"朿"或作"朿",显然省减了装饰笔画。① 至于"朿"与"朿"的关系,可以参看下列秦汉文字"叔"的正体:

朿 睡虎地简②　朿帛书老子③　朿汉石经④

因此,鄂君启节此字所从"朿"亦应释"朿"。

古文字从"戈"与从"戊"每多通用。故"㦮"、"芇"应隶定为"蔵"。《集韵》:"蔵,艸也。"应该说明的是,战国秦石刻诅楚文"㦮"(戚)与"朿"(叔)共见,而所从"朿"形体迥异。前者延续使用到汉代,当另有形体来源。

"蔵",新出包山竹简或作"樬",则以"木"旁置换"朿"的下半部。"酉"本作"酉"形,铜量铭义则作"酉"形,亦以"木"旁置换"酉"的中间笔画(包山简作"樬"⑤),可以与"樬"类比。古文字中"木"旁与"艸"旁义近,往往可以叠加。这应是"蔵"又作"樬"的原因。

"戚"与"高"音近⑥,《书·盘庚》中"保后胥戚",汉石经"戚"作"高",是其证。"高"与"郊"典籍每多通用,如《礼记·月令》"高禖",即《诗·大雅·生民》传之"郊禖"⑦。《左传·文公三年》"取三官及郊",《史记·秦本纪》"郊"作"鄐"。《战国纵横家书》一六"邯郸之鄐"⑧。总之,"蔵鄐"以音求之,当读"郊鄐"。

《左传·桓公十一年》:"郧人军于蒲骚,将与随、绞、州、蓼伐楚师。莫敖患之,鬪廉曰,郧人军其郊必不诫,且日虞四邑之至也。君次于郊鄐以御四邑。我以锐师宵加于郧。"杜注:"郊鄐,楚地。"顾栋高云:"令安陆府治钟祥县鄐州故城是其地也,前代置鄐州,盖以楚郊鄐故。案,府治旁控石城,下临汉水,盖险固地,绞在郧阳,辽远不能遽集。而此居中扼要,故欲据之以离其党

---

① 西周金文"朿"从"弋"。"弋"喻纽四等(古读定纽),之部;"朿"审纽三等(古读透纽),幽部。定、透同属舌头音,之、幽旁转。故"弋"与"朿"可能同源。
② 睡地虎秦墓竹简整理小组:《睡地虎秦墓竹简》12.43,北京:文物出版社,1978年。
③ 国家文物局古文献研究室:《马王堆汉墓帛书》,北京:文物出版社,1980年,第431页。
④ 马衡:《汉石经集存》春秋襄公廿四年。
⑤ 《文物》1988年第5期图版二,2。
⑥ 孙海波:《魏三字石经集录》古文11引王国维说。
⑦ 王引之:《经义述闻》卷14,北京:商务印书馆,1935年。
⑧ 马王堆汉墓帛书整理小组:《战国纵横家书》,北京:文物出版社,1976年,第59页。

羽,因以伐郧之孤军耳。"①

鄂君启节"葴郢"和"郢"同文互见,可证"葴郢"是有别于江陵"郢"的另一地名,如以《左传》"郊郢"当之,颇为吻合。

鄂君启节铭"葴郢之游宫",是楚怀王虘跸之处,楚王经常在"葴郢"接见商鞅等外国使臣(天星观简),长沙所出铜量又记楚王于"葴郢"接见"邢客"。凡此说明,在战国时代,"郊郢"确为楚国十分重要的城邑。

亯 月

"亯",细审原器作"合"形②,已见长沙帛书,望山简等。"亯月"即"享月"。乃楚国特有的代月名,有关楚国代月名的名称已有学者进行研究③。下面以秦简《日书》甲种《岁》篇"秦楚月名对照表"与楚国铜器、竹简、帛书、《尔雅·释天》相互比较,列为一表:

秦简 (秦月)	秦简 (楚月)	楚简 楚铜器	楚帛书	《尔雅》
十月	冬夕	冬柰	昜	阳
十一月	屈夕	屈柰	姑	辜
十二月	援夕	遠柰	荃	涂
正月	荆夷	䣄柰	取	陬
二月	夏䯄	夏层	女	如
三月	纺月	[亯月]	秉	寎
四月	七月	七月	余	余
五月	八月	八月	欨	皋
六月	九月	九月	臧	且
七月	十月	十月	仓	相
八月	爨月	燹月	臧	壮
九月	虡马	献马	玄	玄

---

① 顾栋高:《春秋大事年表》7,《皇清经解续编》卷 19.11。
② 李学勤、黄锡全二位亦释"享"。
③ 朱德熙:《䣄篢屈柰解》,《方言》,1979 年第 4 期,第 303 页;曾宪通:《楚月名初探》,《古文字研究》5 辑,北京:中华书局,1981 年,第 303 页;于豪亮:《秦简日书记时记月诸问题》,《于豪亮学术文存》,北京:中华书局,1985 年,第 160—161 页。

上表楚简、楚铜器所载楚代月名与秦简均可对应。据秦简七月、八月、九月、十月不用代月名，"言月"与"纺月"恰好可以对应，即楚之六月。值得注意的是，楚代月名唯"纺月"、"爂月"称"月"。"爂"、"夃"、"臧"、"壮"声纽均属精系，为双声通假；"纺"、"言"、"秉"、"病"韵母均属阳部，为叠韵通假，以上只是一种推测，尚待新出材料进一步验证。

羅

"羅"，原篆作"䍜"形，从"𦉰"从"隹"从"邑"。"𦉰"，骤视之颇难辨认，然而据仰天湖简"羅"作"䍜"形，①如果再参照《侯马》345"罵"作"䍜"形，可知"𦉰"应是"网"（網）的变体，其演变顺序如下：

$$ \otimes \longrightarrow \bowtie \longrightarrow 𦉰 $$

由此可见，"䍜"应隶定"鄿"。其左旁与《说文》"覆鸟令不飞走也"之"瞿"并非一字，而是"羅"之省简，《古文四声韵》下平声十引云台碑"羅"既可省"隹"作"𦉰"，也可省"糸"作"𦉰"。后者与铜量"瞿"吻合，至于"鄿"省"糸"，还有可能是因为"糸"的位置被"邑"所占用的缘故。楚文字之"歲"以"月"置换"止"，其造字法与此相类。

"鄿"从"邑"，周文已指出"当属地名"。"鄿"即文献之"羅"。《左传·桓公十二年》："楚师分涉于彭，羅人欲伐之。"注："羅，熊姓国。在宜城县西山中，后徙南郡枝江县"。《汉书·地理志》"长沙国"下"羅"注"应劭曰：楚文王徙羅子自枝江居此。师古曰，盛弘之《荆州记》云，县北带汨水，水原出豫章艾县界西注湘，沧汨西北县三十里，名为屈潭，屈原自沉处。"由文献可知，羅本在湖北宜城，始迁湖北枝江，再迁湖南。羅城旧址在今天湖南湘阴河市乡，是一座东周遗址。② 铜量发现于距羅城不远的长沙，看来并非偶然。

---

① 余锴堂：《锴堂楚简释文》，晒蓝本。郭若愚：《长沙仰天湖竹简文字的摹写和考释》，《上海博物馆集刊》3辑 34.27。郭摹"䍜"，从二"糸"。

② 湖南省文管会：《湖南湘阴古罗城的调查及试掘》，载《考古通讯》，1958年第2期，第10页。

莫嚻

铜量记载七种官名,由"以命"二字可知其应分为两类:

1."莫嚻"、"连嚻"分别见《玺汇》0161、0318,文献或作"莫敖"(《左传·桓公十一年》)"连敖"(《史记·淮阴侯传》)。随县简作"大莫嚻"①,"连嚻"。众所周知,"大"和"少"是古代正副官职的前缀。参照随县简"大莫嚻",可以推测铜量中属于同级的"莫嚻"和"连嚻"应是正、副职关系。又据随县简"邻连嚻"、"囗陵连嚻"②、铜量"罗莫嚻连嚻",可知"莫嚻"、"连嚻"应是楚国地方长官。与汉代以"连帅"为太守之称(《后汉书·马援传》注),颇为类似。

2."攻尹",鄂君启节、随县简作"大攻尹"③。燕、赵器作"大攻君"或"攻君",《左传·昭公十二年》作"工尹"等。"佐",亦见畲忎器,有副佐之义。因此,"攻佐"应是"攻尹"的副职。"集尹"亦见鄂君启节,"少",周文指出为"副贰"之意,甚是。因此,"少集尹"和"少攻佐"分别是"集尹"和"攻佐"的副职。

综上分析,铜量所载职官隶属关系如下:

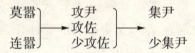

旡

旡,原篆作"旡",目验原器,两横笔的确相联。《汗简》中2.47"旡"字作"旡"形,与"旡"形体基本吻合。另外,"旡"的反文"欠"或作"欠"形,也可资旁证。《说文》"旡,歙(饮)食气屰(逆)不得息曰旡,从反欠。"

铜量"臧旡"为人名。

---

① 裘锡圭:《谈谈随县曾侯乙墓的文字资料》,载《文物》,1979年第7期,第20页。
② 裘锡圭:《谈谈随县曾侯乙墓的文字资料》,载《文物》,1979年第7期,第20页。
③ 裘锡圭:《谈谈随县曾侯乙墓的文字资料》,载《文物》,1979年第7期,第20页。

孝

"孝",原篆作"▢",与浙江绍兴所出铜鼎盖铭"▢"所从偏旁显然是一字。此字绍兴所出另一件铜鼎铭作"▢"形,与三体石经《僖公》"殽"作"▢"形,吻合无间。①

按,"▢"应是楚文字"孝"。"孝"、"殽"音近,故三体石经以"孝"为"殽"。

"孝"字异体甚多:齐系作"▢"(陈侯午錞)、燕系作"▢"(《玺汇》2794)、晋系作"▢"(郸孝子鼎)、楚系作"▢"(铜量)等,于此可见战国"文字异形"之一斑。至于长沙帛书"▢"与"孝"形体有别,应释"字"。② 或释"殽",恐非是。

铜量"孝"为姓氏,齐孝公之后,参见《风俗通义》(引《广韵》卷四效第36)。

金 龙

"龙",原篆作"▢",根据形体分析,可有两种隶定:

1. 按偏旁分析,隶定为"▢",又根据"龙"简体作"▢"(《玺汇》3391),此字似应隶定"▢",从"刀"、"龍"声,但仍不识。

2. 检三体石经《君奭》"龔"字作"▢"形③。由此可上溯秦公殷"▢",可知"▢"即"龍"之变。

"龙",周文指出"当指器名",十分正确。按"龙"可读"笼"或"筲"。检《方言》五:"箸筲、陈、楚、宋、卫之间谓之筲,或谓之籯:自关而西谓之桶檧。"注:"今俗亦通呼小笼为桶檧。"《太平御览》卷760器物部五引《方言》注"桶音笼"。由此可见,铜量"龙"与"桶"、"筲"音义均近。

"金龙"读"金筲"。谓铜制量器。不但其名称与"盛匕箸"(《方言》注)的箸筲相同。而且与铜量呈圆筒形也正相吻合。饶有兴味的是,1976年在安

---

① 曹锦炎:《绍兴坡塘出土徐器铭文及相关问题》,载《文物》,1984年第1期,第27页。
② 何琳仪:《古玺杂识》,载《辽海文物学刊》,1986年第2期,第142页。
③ 孙海波:《魏三字石经集录》拓本13。

徽凤台发现的郢大府量自铭"笒"即"筲",①也与上引《方言》"陈、楚、宋、卫之间谓之筲"正相吻合。楚国这两件铜量似可据铭文正名为"郢大府筲"和"罗金筲"。

附带谈谈古玺中的"龙"和"龘"。检《玺汇》箸录的三方晋系官玺：

柒(漆)垔(丘)靣(廩)剢 0324

邵(三)鄋(蜀)靣(廩)剢 2226②

靣(廩)剢 3327

根据上文分析,知"刀"乃"刃"之演变,这类"刀"和"刃"互作的例证,战国文字习见。上揭诸玺末字应隶定为"龘"、"龍"。"靣龘"或"靣龍"均读"廩筲",即仓廩所用之量器。由此推测,三玺很可能都是钤印量器的玺印。

另外,"龙"的名称通行晋、楚,应是通言;"笒"的名称仅通行"陈、楚、宋、卫之间",应是方言。

賹

周文引《集韵》十五卦,《类篇》贝部 229 训"賹"为"记物",甚是。铜量铭"铸二十金龍以賹",意谓"铸造二十个铜量以记容量"。"賹"的这一训释唯见字书,恰与铜量铭文互证,是训诂方面的可贵资料。

秋

"秋",原篆作"𥝩"。该字上从"禾",竖笔上短横乃装饰笔画,并无实际意义。检《玺汇》"禾"作"禾"5537。"采(穗)"作"𥝩"3765,可资佐证。该字下从"日"而省中间一笔,《玺汇》"秋"作"𥝩"4919,可资佐证。

---

① 李零:《楚国铜器铭文编年汇释》,《古文字研究》13 辑,北京:中华书局,1986 年,第 380 页。

② 《玺汇》2245 姓名私玺"邵(三)鄋(蜀)苍",应读"三州苍"。《公羊传》隐公四年"卫州吁",《谷梁传》作"卫祝吁"。"州"、"祝"同属幽部,故可通用。《诗·鄘风·干旄》"素丝祝之",笺"祝"当作"蜀",释文"祝,之蜀反"。"祝",幽部;"蜀",侯部。幽、侯旁转,此"州"、"祝"与"蜀"音近之旁证。《通志·氏族略·以地为氏》《孝子传》有三州昏。"三州",本地名,地望待考。

"秋",长沙帛书作"※",《玺汇》4449作"※",均从"日"从"禾",与铜量"※"显然都是一字之变。这类偏旁互易的现象,战国文字习见,例不赘举。

还有一重要参证,检《隶续》卷四,"魏三体石经左传遗字":

辛 辛 米 常 未 凿 夾 夾 卒 呈 和 風

与此相应,今本《春秋·襄公五年》"辛未季孙行父卒",六年"春王三月壬午祀伯姑容卒夏宋华弱来奔秋葬祀桓公"。关于《隶释》所引石经古文与今本经传每有舛错,上揭石经"凿"和"和"应是一字。战国文字"日"与"凵"形往往混用,如"昌"或作"凿"(《玺汇》0178)"易"或作"易"(《三代》20.57.4)等。故上揭石经古文均"秋"之异体,若移于"宋"之后,便与今本《春秋》吻合。

总之。偏旁分析和石经古文均可证铜量"凿"应释"秋"。

七 月

"七月"。原篆合书作"※"。"七月"合书亦见楚简"※"(《考古学报》1982.1.108)。古玺"※"(《玺汇》5333);或加合文符号,或不加合文符号。

"七",战国文字一般作"十"形,但已出现"七"形。例如:

七《信阳》2.012　　七审阳王鼎①

"月"左下方之斜笔为区别符号。众所周知,古文字"月"和"肉"形体,颇为相似。因此战国文字往往在"月"的左下方加斜笔作"※"。而在"肉"右上方加斜笔作"※"。以示区别。《玺汇》"月"以及从"月"之字如次:

月 ※ 1723　　明 ※ 0961

夜 ※ 2946　　閒 ※ 2947

萌 ※ 2279　　岘 ※ 2754

肖 ※ 0895　　胼 ※ 1580

铜量铭文"秋七月",是作器者签署的时间,与上文"享月"遥相呼应,值得重视。

1988年于长春

---

① 《湖南考古辑刊》4辑,长沙:岳麓书社,1987年,第27页。

鄂君启舟节释地三则①

鄂君启节自 1957 年发现以来。考释文章已逾 30 余篇,而间接涉及铭文考释者,亦更仆难数。铭文之"鄂",经日本学者船越昭生定有"西鄂"之后,②舟节路线脉络渐趋明朗,地理考证也有新的突破。③ 凡此为本文考察舟行所经域邑提供相应的限定条件。

一、厝

自鄂坿(市)④逾(降)⑤油(淯)⑥,让(上)滩(汉),就⑦厝(阴),就芑⑧(郎)昜(阳)。

以上属舟节交通路线西路:从西鄂出发,顺淯水而下,至今湖北襄樊溯汉水而上。因此"就"下二地必在襄樊以上汉水流域寻找。

"厝",以往学者大致有四种隶定:

---

① 原载《古文字研究》22 辑,北京:中华书局,2000 年,第 141—145 页。
② 船越昭生:《关于鄂君启节》,《东方学报》43 册,1972 年。
③ 陈伟:《鄂君启舟节之鄂地探讨》,载《江汉考古》,1986 年第 2 期。
④ 裘锡圭:《战国文字中的市》,载《考古学报》,1980 年第 3 期。
⑤ 汤余惠:《战国铭文选》,长春:吉林大学出版社,1993 年,第 46 页。
⑥ 陈伟:《鄂君启舟节之鄂地探讨》,载《江汉考古》,1986 年第 2 期。
⑦ 李零:《古文字杂识(两篇)》,《于省吾教授百年诞辰纪念文集》,1996 年,第 272—273 页。"就"字原篆乃释"裛"者之省简(重迭其部分笔画),详拙著《战国文字声系》,北京:中华书局,1998 年,第 232 页。
⑧ 郭沫若:《关于鄂君启舟节的研究》,载《文物参考资料》,1958 年第 4 期。

1. 殷涤非、罗长铭①、郭沫若②、谭其骧③等隶定为"屓"(厭)。
2. 于省吾④、黄盛璋⑤、朱德熙、李家浩⑥等隶定"屓",认为从"冃"得声。
3. 商承祚隶定"屓",认为从"员"得声。⑦
4. 汤余惠隶定"屖",认为从"者"得声。⑧

关于其地望:郭、谭、商均谓在今湖北潜江。黄读"鄢",在今湖北宜城。朱、李读"鄖",在今湖北鄖县(船越昭生亦读"鄖")。汤读"谷",在今湖北谷城。罗长铭读"漫"疑为"漫口",在今湖北黄陂南。⑨

从表面看,第二种、第三种隶定似乎忠实原篆,但隶定后字仍不识。如果将此字与包山简的"厭"、"𨍷"等字比较:

A. 厭　　包山 219

B. 𨍷　　包山 188

C. 屖　　鄂君启舟节

就不难发现楚文字"厂"旁所加饰笔的轨迹:

厂→斤→戶→戸

B式"厂"旁中间弧笔非常容易演变为V形,这与横笔演变为V形显然也一致。⑩ 至于B式"厂"下无"口"旁,则缘其为上下结构笔画过于繁多、不便书写而省简,不足为异。

顺便说明"厭"字构形。《说文》:"厭,笮也。从厂,猒声。""猒,饱也。从甘,从肰"。金文"猒"均从"肰"从"口"会意,战国文字承袭金文,小篆"口"作

---

① 殷涤非、罗长铭:《寿县出土的鄂君启金节》,载《文物参考资料》,1958年第4期。
② 郭沫若:《关于鄂君启舟节的研究》,载《文物参考资料》,1958年第4期。
③ 谭其骧:《鄂君启节铭文释地》,《中华文史论丛》2辑,1962年。
④ 于省吾:《鄂君启节考释》,载《考古》,1963年第8期。
⑤ 黄盛璋:《关于鄂君启节交通路线复原问题》,《中华文史论丛》5辑,1964年。
⑥ 朱德熙、李家浩:《鄂君启节考释(八篇)》,《纪念陈寅恪先生诞辰百年学术论文集》,北京:北京大学出版社,1989年。
⑦ 商承祚:《谈鄂君启节铭文中几个文字和几个地名等问题》,《中华文史论丛》6辑,1965年。
⑧ 汤余惠:《战国铭文选》,长春:吉林大学出版社,1993年,第47页。
⑨ 罗长铭:《鄂君启新探》,《罗长铭集》,合肥:黄山书社,1994年。
⑩ 何琳仪:《战国文字通论》,北京:中华书局,1989年,第218页。

"甘"形有声化趋势("厭"、"甘"均属谈部)。鄂君启舟节"脜"应是"厭"之省简,既不从"冃",也不从"员",更不从"者"。然则上揭三种隶定,大概只有一种隶定是正确的,即隶定"脜",乃"厭"之省文。

另外,郭店简《老子》丙7:"兵者[不祥之器,不]得已而甬(用)之,銛䌛为上,弗娩(美)也……战胜以丧礼处之。"其中"銛"原篆作:銛,整理者隶定"銛",引"裘按"云"右上部似非舌"。① 今按,此字右上确不从"舌"。据鄂君启舟节"脜",无疑应隶定"銛"。竹简本"銛䌛",帛书甲本作"銛袭",帛书乙本作"恬憺",王弼本作"恬淡"。疑"銛"为"恬"之假借。"厭"与"恬"均属谈部,《说文通训定声》谦部也一并隶属于"甘"声首。"銛"下之字的演变则比较复杂。"袭",邪纽缉部;"淡",定纽谈部。邪、定均属舌头音,缉、谈例可旁对转。"龙",来纽东部,来纽亦属舌头音,缉、谈与东则韵部较隔。也可能是:"憺"误作"䶒"(形符互换),而"䶒"属叶部,遂与谈部之"淡"假借(叶、谈对转)。郭店简是迄今时代最早《老子》古本。尽管古本"銛䌛"误为今本"恬淡"也可解释,但结合上下文通读,毕竟颇为牵强。一般来说,该词的本义应据竹简本义为准。竹简"銛䌛"可与典籍"厭降"对应。"龙"、"降"声系可通。《左传·成王二年》"围龙",《史记·晋世家》"龙"作"隆"。《荀子·礼论》"尊祖先而隆君师",《大戴礼·礼三本》"隆"作"宠"。是其佐证。检《文选·齐竟陵文宣王行状》:"逮衣裳外除,心哀内疚。礼屈于厭降,事迫于权夺。"李善注:"《礼记》曰,有从有服而无服,公子于其妻之父母。郑玄曰,凡公子厭于君,降其私亲,女君之子不降也。"五臣注:"良曰,《礼》父在母丧服期为尊在,屈厭而降之。"上引《礼记》及郑玄注与今本《礼记·大传》及郑玄注文字略有不同(不具引),不过"厭"训"损"则毫无疑义。参《左传·文王二年》"及晋处父盟而厭之"。注"厭,犹损也"。所谓"厭降"犹"厭损降格"。竹简《老子》这段话大意谓:"战争是不祥之物,若不得已而进行战争,应尽量控制其规模,即便取胜也不值得称道……战争取胜之后,要以丧事的礼仪来哀悼战争。"值得注意的是,文末以"丧礼"为比,这与《文选》"厭降"亦就丧礼而言正相吻合。总之,郭店简"銛降"的释读也可作为确认鄂君启节"厭"的佐证。

"厭"与"今"声系可通。《书·禹贡》"厥篚檿丝",《史记·夏本纪》作"其篚酓丝"。《淮南子·说林》"使工厭窍",《文选·上德》"厭"作"捻"。是其佐

---

① 荆门市博物馆:《郭店楚墓竹简》,北京:文物出版社,1998年,第122页。

证。然则舟节"厣"(厭)可读"阴"。

检《水经·沔水注》:"沔水东南阴县故城西,故下阴也。《春秋·昭公十九年》楚工尹赤迁阴于下阴。是也。"(《春秋》应作《左传》)江永曰:"《汇纂》今湖广襄阳府光化县西汉水东岸有古阴县城,即下阴邑也。"①其地在今湖北老河口市西北汉水东岸。

舟节"厣"读"阴",是西路汉水之滨的城邑,其地望又恰好在近湖北襄樊和今陕西旬阳之间。②

附带解释楚系文字地名同地异名的现象。包山简地名"阴"51,显然也是《左传》之"下阴"。包山简另有地名"邻"23,整理者认为"疑读为阴",③可信。"阴"、"邻"、"厣"实则一地。类似现象参见包山简"文平夜君"之"坪夜"200,或作"坪䜌"203,或作"坪虡(夏)"240,④均读《汉书·地理志》汝南郡之"平舆"。故舟节以"厣"为"阴"不足为奇。

二、郢

逾(降)灘(汉),就郢(襄)。逾夏。内(入)邔(涢)。⑤

以上属舟节交通路线南路:自今襄樊顺汉水而南下,经过郢,会合古夏水,进入今涢水。

南路唯一的地名"郢"之隶定,诸家基本一致,然而其释读则不尽相同。殷、罗、谭、商等读"黄",即《战国策·秦策》、《史记·楚世家》之"黄棘"。郭、

---

① 江永:《春秋地名考实》,《清经解》2册,上海:上海书店,1988年,第253页。
② "芑"疑读"芸"。《广雅·释诂》"云,有也。"王念孙《疏证》,《大雅·桑柔篇》民有肃心,荓云不逮。言使有不逮也。为民不利,如云不克。言如有不克者……《小雅·正月篇》"洽比其邻,昏姻孔云。郑笺云,云犹友也。"按以"有"或"友"训"云"属声训。"有",匣纽之部;云,匣纽文部。之、文旁对转,参杨树达《古音德部与痕部对转证》(《积微居小学金石论丛》第148—154页)。"有"与"以"、"巳"声系相通,参高亨《古文通假会典》第390—391页。胡簋"有!余佳小子"。《书·大诰》作"巳!予惟小子"。参拙文《《古文字研究》7辑第110页)。由此类推,"巳"也可读"云"。"芑昜"读"芸阳",即《战国策·楚策》"郧阳"。在今陕西旬阳。参注13。该文直接释"云"旁与"芑"所从"巳"旁明显有别,不大可能是一字的异体。
③ 湖北省荆沙铁路考古队:《包山楚简》,北京:文物出版社,1991年,第42页。
④ 何琳仪:《包山楚简选释》,载《江汉考古》,1993年第4期。
⑤ 殷涤非、罗长铭:《寿县出土的鄂君启金节》,载《文物参考资料》,1958年第4期。

黄等认为在汉水以北,于省吾读"鄀",均未确指其地望。

"生"(往)与"亡"、"襄"音近可通。《说文》"生,艸木妄生也"。《管子·权修》"则往而不可止也",注"谓亡去也"。凡此"亡"、"妄"训"生"均属声训。而"亡"与"襄"声系可通。《史记·仲尼弟子列传》"公良孺",索隐作"公襄孺","娘"或作"孃","蜋"或作"蠰",其例甚多。因此,甲骨卜辞"生"祭即"禳"祭,① 新郑兵器铭文"生库"(《集成》11376"邤库")即"襄库"。② 故舟节为"邤"亦应读"襄"。

检《汉书·地理志》江夏郡"襄,莽曰襄非"。王先谦曰:"《高纪》襄侯王陵。薛瓒以为此是封地。"③ 其具体地望不详。但据舟节铭文以及《地理志》江夏郡的范畴,大致可以推求其地应在今湖北钟祥至沔阳之间的汉水沿岸。

舟节"邤"读"襄",是南路汉水之滨的城邑。

三、𣥺

辻(上)江,内(入)湘,就𣥺(誓),就𨛭(洮)易(阳)。

以上属舟节交通路线西南路之一线:"溯长江而上,进入湘江,首先至𣥺,然后至洮阳。"洮阳即今广西全州,早有定论,因此𣥺之地望必在洮阳之北的湘江流域。

"𣥺",以往学者也有四种隶定:

1. 商承祚、谭其骧等隶定"𣥺",熊传新、何光岳④ 隶定"𣥺"。
2. 殷涤非隶定"𣥺"。
3. 郭沫若、于省吾、孙剑鸣⑤ 等隶定"𣥺"。
4. 朱德熙、李家浩等隶定"𣥺"。

关于其地望:郭以为在今湖南城陵矶。谭以为在《水经·湘水注》"锡口戍",在今湘阴南湘水西岸濠河口与乔口之间。熊、何认为在今湖南长沙望城

---

① 于省吾:《甲骨文字释林》,北京:中华书局,1979年,第154页。
② 何琳仪:《战国兵器铭文选释》,1988年中国古文字研讨会第七届年会论文(长春)。
③ 王先谦:《汉书补注》,北京:中华书局,1983年,第711页。
④ 熊传新、何光岳:《鄂君启节舟节中江湘地名新考》,载《湖南师范学院学报》,1982年第3期。
⑤ 孙剑鸣:《鄂君启节续探》,《安徽省考古学会刊》6辑,1982年。

县铜官镇。孙疑即今湖南长沙。

按,舟节"䁂"可与包山竹简"䁂"相互比较:

䁂　鄂君启舟节　　䁂　包山 164

䁂　包山 138　　　䁂　包山 175

因此上揭四种隶定,只有第一种隶定最为可信。

"䁂"从"见"、"枼"声,字书未见,疑"睫"之繁文。《玉篇》"睫,闭一目"。

舟节"䁂"之地望,诸家多在今湖南省长沙市附近觅求,思路正确。然而均未能指明"䁂"与文献直接对应关系的佐证。

今按,"䁂"从"世"得声,(均属舌音,由月部转入盍部。)与"折"声系可通。《汉书·礼乐志》"体容与,迣万里"。注:"孟康曰,迣音逝。如淳曰,迣,超逾也。晋灼曰,古迾字。师古曰,孟音非也。迣读与厉同,言能厉渡万里也。"钱大昕曰:"晋读迣为迾,虽据《说文》,却于文义未协。迣当读如遰鸿雁之遰。言去之远也。孟、如二说近之。"①其实钱氏所谓"遰"亦"逝"之异文。《集韵》"逝,往也。或作遰"。总之,"迣"、"逝"、"遰"均属月部,自可通假,与从"世"得声之"䁂"例亦音近。故舟节"䁂"疑读"誓"。

检《水经·湘水注》:"又右迳临湘县故城西……湘水左合誓口,又北得石梘口,并湘浦也。"其中"誓"在今湖南长沙西北六十五里湘江东岸(疑即"誓港市")。古代此地乃舟船由长江进入湘江将近长沙的重要港口,故设关卡以征过往船只之税。

舟节"䁂"读"誓",是西南路湘江之滨的城邑。

---

① 钱大昕说引自王先谦:《汉书补注》,北京:中华书局,1983年,第 487 页。

南越王墓虎节考①

20 世纪 40 年代，在楚国旧境长沙曾出土有铭龙节，与传世品相同（《金文总集》7895—7898）。无独有偶，近年在广州南越文王墓中又出土一件有铭虎节。或据《周礼·地官·掌节》"山国用虎节，土国用人节，泽国用龙节，皆金也"所载指出："龙节出土于长沙，所在云梦洞庭，正为泽邦；番禺在五岭以南，故被目为山邦，使者用虎节，殆以此欤？"②所言甚有理致。

"节"或作"卪"，实乃假借。《说文》："卪，瑞信也。守国者用玉卪，守都鄙者用角卪，使山邦者用虎卪，土邦者用人卪，泽邦者用龙卪，门关者用符卪，货贿用玺卪，道路用旌卪，象相合之形。"检甲骨文"卪"作"㔾"形，象人曲踞。许慎所谓"象相合之形"，非是。符节之"节"从"竹"，盖先秦"节"或以竹制，从"即"乃声符，与"卪"之形体无关。然而战国文字确有从"卪"得声的"节"字。燕国古玺文"岊"（《古玺汇编》0117），从"山"，"卪"声，读"节"，③即其例。除龙、虎节外，战国有铭铜节，还有熊节、马节、雁节、鹰节等（《金文总集》7891—7894）。著名的鄂君启节，据形制可称"竹节"，典籍或称"竹使符"（《汉书·孝文帝纪》）。另外，秦国有杜、新郪、阳陵三虎符，与楚国虎节均肖虎形。凡此种种，对理解古代符节制度提供了极其珍贵的考古实物资料。

---

① 原载《汕头大学学报》，1991 年第 3 期，第 26—27 页。
② 饶宗颐：《南越文王墓虎节考释》，陕西省考古研究所，西安半坡博物馆成立三十周年学术讨论会论文。
③ "岊"旧释"丞"或"危"，均误。"岊"所以"卪"，与《古玺汇编》0355"僎"（李家浩释，承蒙裘锡圭先生面告）所从"卪"，形体相同或相近，详见另文。《说文》"卪，聑隅，高山之卪也。从山、卪。"《集韵》引《说文》"岊"作"节"。又《诗·小雅·节南山》之"节"，本亦作"岊"。

虎节铭文四字：

王命＝车🔲

最后一字形体奇谲，无疑是通读铭文的症结所在。此字右下从"垂"，或引《说文》"社"古文作"𥙊"，释"土"，①确切无疑。但又以其上方所从"＝"为"繁衍之形"，则似有可商。

按，此字右上方"＝"应与左偏旁相连组成一个偏旁。换言之，此字由"🔲"和"垂"两部分所组成。前者应释"马"。因节铭马首与马鬃、马身脱节，遂使"马"旁颇难辨识。马首与马鬃脱节者参见：

🔲 仰天湖竹简　　　　　🔲 望山竹简

马首与马身脱节者参见：

🔲 中山王圆壶　　　　　🔲 古币文编 127

马首、马足似"又"形者，乃"🔲"形之省简，例如：

🔲 中山王圆壶　　　　　🔲 先秦货币文编 36

战国文字"马"的马鬃一般为三笔，但也可省作两笔，例如：

🔲 燕侯载簋　　　　　　🔲 乘马戈

🔲 古玺汇编 0268　　　　🔲 古玺汇编 0042

🔲 古陶文汇编 5.57　　　🔲 先秦货币文编 144

最近安徽舒城秦家桥出土一件铜壶，②铭文"驹"作如下之形：

🔲

马鬃为两笔，马身、马足似"又"形，恰可与虎节"马"旁互证。

综上分析，此字可隶定为"駐"。"駐"又见中山王圆壶铭"四駐滂滂"，诸家已指出，即《诗·小雅·北山》"四牡彭彭"。"駐"为"牡"之异体。《古文四声韵》3.27"牡"作"駐"，可资佐证。"马"与"牛"作为形符往往互作，古文字"牢"或作"寫"，"犅"或作"䭴"；字书"骍"或作"牸"，"骆"或作"牿"，③均属其例。

《说文》："牡，畜父也。从牛，土声。"节铭"车牡"显然指"车马"，典籍

---

① 饶宗颐：《南越文王墓虎节考释》，陕西省考古研究所，西安半坡博物馆成立三十周年学术讨论会论文。

② 陈秉新：《安徽新出楚器铭文考释》，楚文化研究会第五次年会论文。

③ 高明：《中国古文字学通论》，北京：文物出版社，1987年，第162—163页。

习见。

《商周金文录遗》537也著录一件虎节铭文,旧释"王命传赁"。细审末字并非"赁"字,疑"虡"之残文,与上揭鹰节铭文"传虡"可以互证。"传虡"即"传遽",见《周礼·秋官·行夫》"掌邦国传遽之小事",注"传遽,若今时乘传骑驿而使者也"。《录遗》虎节"传遽"因龙节有"传赁"而误释,实不足据。又《录遗》虎节"传遽"与广州所出虎节"车牡"均为"王命"宾语,词例吻合,适可互证。

龙节铭文旧读"王命＝傅,任一擔飤之。"近或引中山王方壶铭"而尃(专)賃(任)之邦",读龙节"剸賃"为"专任",① 可信。其断句为:"王命,命专任一担飤之。"据虎节"王命＝车牡",再参照龙节正反面各铸四字的格式,② 则龙节铭文四、四停顿,读作"王命＝专任,一担食之"似更为合理。

总之,龙节铭文意谓:"王命专门负责使命者,所到之处供给一担食馔。"《录遗》著录虎节铭文"王命＝传虡(遽)"与广州所出虎节铭文"王命＝车駐(牡)",均与王命传遽车马有关,这为研究战国时代的交通提供若干颇有价值的史料。

龙节、虎节均为战国楚器,应无疑问,属于何王则有待研究。战国楚器发现于汉初墓葬之中,也殊堪注目。这似乎有两种可能:

其一,据《史记·南越列传》记载,武王赵佗曾"攻长沙边邑"。虎节疑为赵佗攻占楚国旧地时所获,传至文王赵胡时成为随葬品。

其二,不能排除战国时代楚国势力已逾越岭南的可能性,当然这一推测尚待更多的出土文物加以证明。

---

① 刘雨:《信阳楚简释文与考释》,《信阳楚墓》,北京:文物出版社,1986年,第133页。
② 方濬益:《缀遗斋彝器款识考释》20.25。

九里墩鼓座铭新释①

1980年9月,安徽省舒城县九里墩春秋晚期古墓中出土一件圆形鼓座。其外围上下圈各铸铭文。"由于字迹浮浅,锈蚀严重,大部分模糊不清,缺笔太多,全铭难以通读"②。发掘报告推测上圈98字、下圈52字,但仅识40字,尚不及全铭的三分之一。就这件鼓座铭文已有若干文章讨论③,提出许多颇有价值的观点。其中曹文识出近百余字,这益发引起笔者浓厚的兴趣。

今据鼓座铭文原拓逐字核对,重新写出释文。其中"□"表示文字完全锈蚀,或锈蚀严重不能释读。"△"表示文字少有缺笔,但仍可释读。"○"表示据文意拟补,仅供参考。全铭150字,上圈97字,下圈53字(其中合文一)。铭曰:

隹(唯)正月初吉庚午,余受此于之玄孙童鹿公鈗,择其吉金,玄镠钝(纯)吕,自乍(作)隼(晋)鼓。□从若愷,咣□闻于□。□□谷,逆(迎)□郐(徐)人陈□达(却)蔡,寺(持)其神□。□□□□□□□□□□□□以□野。帀(师)□□□山之下。余寺□参,□□□□□□于之雩。水□是孜。
〔上圈〕

---

① 原载《文物研究》11辑,合肥:黄山书社,1998年,第294—298页;《出土文献研究》3辑,1998年,第67—78页。
② 安徽省文物工作队:《安徽舒城九里墩春秋墓》,载《考古学报》,1982年第2期。
③ 殷涤非:《舒城九里墩墓的青铜鼓座》,《古文字学论集》初编(香港),1983年。陈秉新:《舒城鼓座铭文初探》,载《江汉考古》,1984年第2期。曹锦炎:《舒城九里墩鼓座铭文补释》,《中国文字》新17期(台湾),1993年。

□隻(获)飞龙,曰夜白。□即撞□□□□。余以共旂(毓)示,□□庶□。余以酓(会)同生(姓)九礼,□□大夫[合文]朋友□□于东土,至于淮之上。世万子孙永保。[下圈]

上圈铭文为韵文,其中"午"、"䰻"、"吕"、"鼓"、"野"、"下"、"雩"、"玫"等,均属鱼部,为入韵字。

一、童鹿公䰻

"童",原篆作:

上从"辛"旁左斜笔锈蚀。字系反书。鼓座铭文多反书,如"隹"、"此"、"于"、"之"、"䰻"、"乍"、"隼"、"鼓"、"若"、"愷"、"飞"、"龙"、"夜"、"以"、"九"、"淮"、"孙"等,可谓触目皆是,固不足为奇。

"鹿",原篆作:

其鹿腿方向相反,似悖于常理,然战国文字多有其例:

鹿	兲	陶汇 3.153	炎	包山简 190
驦	鑢	天星观简	鑢	天星观简
麋	橐	玺汇 0360	纛	石经·无逸
鄜	鶔	包山简 175	鶔	包山简 190

"䰻",拓本不清,诸家均隶定为"夐"。检六国文字"角"下部均封口,唯秦国文字及小篆开口,故鼓座此字右上方所谓"角"旁甚有可疑。

按,此字右从"鱼"之反文,参见:

鱼　食　江鱼戈
鲁　食　陶汇 3.1145

此字左从"又",竖笔上着短横之"又",笔者已在另文中举例①,兹不赘述。此字左从"又",右从"鱼",有可能是"䰻"。《说文》:"籞,禁苑也。从竹,御声……䰻,籞或从又,鱼声。"另外,"䰻"属鱼部为入韵字,也是释"䰻"的

---

① 何琳仪:《返邦刀币考》,载《中国钱币》,1986 年第 3 期。

旁证。

"童鹿公叙"为人名，本无关宏旨，因其为器主，故不惮词费，说解如上。

二、自作隼鼓

"隼"，原篆作：

㠯

发掘报告释"建"，诸家或释"隽"读"晋"。该字读"晋"十分正确，但其字形尚待斟酌。"隽"，战国陶文从"隹"，从"弓"（《陶汇》5.309），与小篆一脉相承。

按，上揭之字可与新出包山简 183 比较：

㠯

此字应释"隼"（《说文》以"隼"为"雏"之或体）。从字形分析，"隹"足上加"一"即是"隼"。"隹"，定纽脂部；"隼"，定纽（据"准"、"準"反切①）文部。脂文对转，读音甚近。故古音家多以"隼"为"隹"之准声首。试举几例从"隼"之字：

脽	辨	鄂君启节
觲	觲	包山简 22
觲	觲	包山简 24
雎	雎	随县简 206

众所周知，若干象形字往往竖笔上加"一"为饰，而且"一"还可以演化为"九"形，众如"萬"、"禹"、"禺"、"禽"、"是"等。上揭包山简"隼"亦属此类。也许有人会提出质疑：鼓座铭文此字从"冂"，不从"九"，与包山简"隼"未必是一字。然而试比较下列文字或从"九"，或从"冂"：

萬	㠯	玺汇 4794	㠯	玺汇 4810
禹	㠯	杨家湾简 26	㠯	十四年相邦冉戈
禹	㠯	玺汇 5124	㠯	天星观简"蹋"
离	㠯	货系 2423	㠯	古钱 326
隼	㠯	包山简 183	㠯	九里墩鼓座

就不难理解其间的平行演变规律。至于"隼"下从"土"形，乃是战国文字中习

---

① 沈兼士：《广韵声系》，北京：中华书局，1985 年，第 700 页。

见的繁化部件,其在"九"形之下者可参见:

萬　[字形]　玺汇 4484

禺　[字形]　仰天湖简 4

隼　[字形]　包山简 182

准是,鼓座铭文此字可隶定"隼",即"隼"之繁文。包山简"隼"是人名,另有"雗"183(《篇海类编》:"雗,飞也。")"雦"183,也是人名。凡此尚不足以说明以上释读是否正确。随县简"雕旃"46 则有明确的词例,首字原篆作:

[字形]

或释"雕"之异体①,可信。《说文》:"雕,祝鸠也。从鸟,隹声。隼,雕或从隹、一。一曰鹑字。"古代旌旗往往画鸟,"雕旃"若读"隼旃"似更直接。《周礼·春官·司常》"鸟隼为旟"。

总之,晚周文字"隼"有二体。一为从"隹"从"一"之"隼";二为从"隹"从"九"从"土"之"隼"。前者"一"形演化为"九"形,是二者的主要区别。

文字确认之后,可以讨论其释读。上文指出"隼"的读音据"准"、"準"反切,归入舌音定纽。然而据《说文》大徐本"思允切"、《广韵》"思尹切",无疑应归入齿音心纽。此属音变。鼓座铭文"隼"即读心纽,音转为"晋"。"隼",心纽文部;"晋",精纽真部。精心均属齿音,真文旁转。"隼"、"晋"相通虽无直接证据,但却有若干旁证。《谷梁传·僖公三年》"桓公委瑞搢笏而朝诸侯",释文"搢"音"进"。又《说文》、《尔雅·释诂》、《释名·释州国》均释"晋"为"进"(声训)。凡此说明"晋"读若"进"。《说文》分析"进"从"闑"省声肯定不对。或以为"进"从"隹"得声②,颇有道理。"隹"属定纽,但据《集韵》"遵绥切"、"祖猥切"则属精纽。"隹"与"隼"均有舌音、齿音两读,属平行音变现象。如是"进"从"隹"声也就不难理解(脂真对转)。"晋"读若"进","进"、"隼"均从"隹"得声,故"隼"可读"晋"。

《周礼·地官·鼓人》"以晋鼓鼓金奏",注:"晋鼓长六尺六寸。金奏谓乐作击编钟。"关于"晋鼓"何以名"晋",旧注无说。今发现考古资料"晋"本作"隼",似乎可以讨论其命名的来由。

---

① 裘锡圭、李家浩:《曾侯乙墓竹简释文与考释》,《曾侯乙墓》,北京:文物出版社,1989年,第 516 页。

② 林义光:《文源》,引《金文诂林》2 册,香港:香港中文大学,1975 年,第 879 页。

九里墩鼓座"有两个对称的虎头",这令人不禁想起楚墓中习见的鸟架鼓,见信阳 M2(《信阳楚墓》彩版 10)、江陵葛陂寺 M34、江陵拍马山 M4(《文物》1964.9)、湘乡牛形山 M1、M2(《文物资料丛刊》三集)、包山 M2(《包山楚墓》彩版 2.1)。这类鼓架底座为漆绘木雕伏虎形,其上插两根漆绘木雕鸟形立柱,用以悬挂鼓。河南南阳画像石也有类似图像。鼓座及鼓架作虎负鸟形,大概是南方先民的古老习俗。九里墩铜虎鼓座上面的鼓架很可能也作鸟形,说不定就作隼形。所以铭文称"隼鼓"。"隼"与"进"形音均近,又进而音变为"晋鼓"。《周礼·夏官·大司马》"军将执晋鼓",此"晋鼓亦军事所用"(孙诒让《正义》)。"晋"训"进",有击鼓进军之意,这似乎也是"晋鼓"命名的来由。《鼓人》与《大司马》"晋鼓"疑非一物。前者为乐鼓,后者为军鼓。九里墩鼓座据同墓所出甬钟,知其为乐鼓底座,即所谓"隼鼓"。

综上所述,鼓座铭文"隼"应释"晋","隼鼓",以其鼓架上有鸟形装饰而命名,文献音转作"晋鼓"。凡此尚须今后实物进一步验证,志此仅供考古工作参考。

三、隻飞龙曰夜白

"隻飞龙",殷文读"获飞龙",认为是"降服舒龙"。"舒龙"为群舒之一。

按,古人每以龙比喻骏马。《周礼·夏官·廋人》:"马八尺以上为龙。"而《文选·张衡南都赋》"驷飞龙兮骙骙",注:"善曰,飞龙言疾也。"《唐书》:"仗内六闲,一曰飞龙。"则明确以"飞龙"为骏马。

"曰夜白",三字为曹文新识,并谓"夜白"为"飞龙"之名。

按,"夜白"典籍似未见,然唐玄宗时西域、大宛献名马曰"照夜白"[①]。杜甫《韦讽录事宅观曹将军画马图歌》:"曾貌先帝照夜白,龙池十日飞霹雳。"以"龙池"之"龙"与名马"照夜白"巧妙地联系在一起[②],这犹如鼓座铭文"飞龙"曰"夜白",盖谓骏马其色雪白可照亮黑夜。

铜器铭文中往往有获异兽的记载,如《中鼎》"归(馈)生凤于王",养陵公

---

① 张彦远:《历代名画记》190 页"时主(唐玄宗)好艺,韩君间生,遂命悉图其骏,则有玉花骢、照夜白等。"上海:上海人民出版社,1964 年。

② 杨伦:《杜诗镜铨》引朱注"言霸画逼真,龙马故能感动龙池之龙,随风雨而至也。"

戈"肤(虎)嬴(熊)之岁"等①。获"生凤"、"熊"、"夜白"均属特异之事,故铭以记之。

四、會同生九礼

"會",原篆作:

窗

殷文、曹文均隶定"宫"读"享",陈文引晋公䵼释"會"读"答"。

按,陈文隶定正确。"會"除晋公䵼外,又见长會鼎、槁朝鼎、《玺汇》2243、信阳简 1.90、1.015、1.046、2.024、望山简 2.3、2.037、包山简 83、166、214 等。"會"从"合",从"曰"(装饰部件),"合"之繁文。"合"、"会"本一字分化,音义均近(均属匣纽)。故《玉篇》以"會"为"会"之古文。包山简人名"应会"(201)或作"应會"(214),是其佳证。以此类推,鼓座铭文"會同生"可读"会同姓",即"会合同姓"。

礼,原篆作:

礼

诸家均释"祀"。此家右旁明显不从"巳"。检《说文》"礼"之古文作:

礼

古文"礼"从"示","乙"声。"礼",来纽脂部;"乙",影纽质部。质为脂之入声,谐声吻合②。鼓座铭文此字从"示"从"乞"。"乞"、"乙"不但形近,而且音亦近(均属影纽),颇易相混。这在文献和古文字资料中都有反映:

1.《庄子·人间世》:"名也者,相札也。"释文:"札亦作轧,崔又云或作礼"。"札"、"轧"均从"乙"声,"礼"则从"乞"声。《说文》:"乞,空大也,从穴,乙声。"按,"乞"古音家归月部,显然应从"乞"声。《释名·释天》:"乙,轧也。"按,"轧"从"乙"声。《字汇》:"乞,《说文》燕乞之乞。甲乙之乙,字异音异。隶文既通作乙,而燕乞字亦与甲乙字同音。故甲乙之乙,亦云燕鸟。"

2."扎"本从"乙",《玺汇》1349 则从"乞"。"穵"本从"乙",《陶汇》4708 则从"乞"。

---

① 黄锡全:《湖北出土商周文字辑证》,武汉:武汉大学出版社,1992 年,第 40 页。
② 何琳仪:《说文声韵钩沉》,《说文解字研究》1 辑,郑州:河南大学出版社,1991 年。

凡此说明"乞"、"乙"相混由来已久。二字有可能为一字分化。"乙"横笔稍上扬即是"乞"。由此类推,鼓座铭文此字无疑也是"礼"之古文。"礼",《说文》古文从"乙",《集韵》则从"乞",与鼓座铭文吻合无间。

"九礼",见《周礼·秋官·掌交》:"以谕九税之利,九礼之亲。"注:"九礼,九仪之礼。"疏:"九礼、九仪之礼者,以其大行人、小行人、掌讶,皆掌九仪之礼,以其专据诸国,不得大宗伯九仪解此也。"据疏文知此"九仪"与《大宗伯》"九仪"无关,但却与《大行人》"九仪"相当。检《周礼·秋官·大行人》:"以九仪辨诸侯之命,等诸臣之爵,以同邦国之礼,而待其宾客。"注:"九仪,谓命者五,公、侯、伯、子、男也。爵者四,孤、卿、大夫、士也。"总之,鼓座铭文"會同姓九仪"与《掌交》"九礼之亲"性质相同,系指合会同姓中公、侯、伯、子、男、孤、卿、大夫、士的九种仪礼。下文"大夫"亦透露出其间的信息。

附记:

承蒙陈秉新先生惠寄鼓座铭文原拓,刘彬徽先生提供鸟架鼓两条材料出处,兹一并鸣谢。

引用书目简称:

《玺汇》　罗福颐《古玺汇编》

《陶汇》　高明《古陶文汇编》

《货系》　马飞海等《中国历代货币大系》

《古钱》　丁福保《古钱大辞典》

龙阳灯铭文补释①

1996年，西安北郊尤家庄战国墓地出土若干铭文，最近公布。② 其中铜带钩铭文"左"和"无"、银带钩铭文"心"、铜铺首铭文"脩"等，均为孤字(图1)，其义待考。只有铜灯铭文载4字(图2)，比较重要。《简报》对铜灯铭文解释多有可取之处，但过于简略，今特为补释。

《简报》隶定铜灯铭文如次：

　　龙阳
　　庶子(合文)

《简报》考释如次：

　　"龙阳"为地名，魏有"龙阳君"(《魏策四》)，今天在何地已不可考。"庶子"为官名，系宿卫之官(缪文远：《七国考订补》)。字体为三晋文字。据此，该灯为三晋之器当无大误。

《简报》所释"龙"之原篆上从"龙"，右下从"文"，应隶定为"龑"，似未见于字书。《简报》直接读"龙"，亦可以信从。按"龑"之结构，是在"龙"的基础上又叠加音符"文"旁。"文"，明纽；"龙"，来纽；可以构成复辅音通转。中山王鼎"叟"读"吅"("邻"之初文)；"文"，明纽；"吅"，来纽；③其叠加音符方式与

---

① 原载《东南文化》，2004年第4期，第85—86页。
② 西安市文物保护考古所：《西安北郊尤家庄二十号战国墓地发掘简报》，载《文物》，2004年第1期。
③ 何琳仪：《中山王器考释拾遗》，载《史学集刊》，1984年第3期。

"夔"相同。《诗·大雅·文王》"亹亹文王",《韩诗外传》五引"亹亹"作"斖斖";"斖斖"所从"文"旁亦为叠加音符,与此类似。总之,"夔"可读"龙"是有根据的。

"龙阳君",见《战国策·魏策四》"魏王与龙阳君共船而钓",吴师道注:"幸姬也。《策》言美人,又言拂枕席,此非安陵君、鄢陵君、寿陵君、赵建信君之比。""龙阳君"既然是魏王的"幸姬",她的封号就不一定必在魏国境内求之。笔者推测"龙阳君"是楚国女子,原籍在龙阳。龙阳在今湖南常德北,战国时期属楚。顾祖禹云:

  龙阳县。府东南八十里,南至长沙府益阳县百里,东北至岳州府华容县二百四十里。本汉武陵郡索县地,后汉为汉寿县地。三国吴析龙阳县,属武陵郡。①

龙阳,可能在战国时期早已有之,三国时期吴国仍其旧名而已。另外,河南汝州也有龙阳,具体地望不详。② 二地战国时期均属楚境,但设置较晚。楚国的疆土广袤,很多地名在较早文献中失载,往往幸赖出土文献得以保存。例如:长沙出土矛铭"宜章",③在今湖南桂阳,乃隋末所置。④ 寿县出土鄂君启车节铭"象禾(河)",在今河南泌阳,⑤出处更晚。⑥ 诸如此类的地名,在战国文字中屡见不鲜。

下面讨论《简报》中的所谓"庶子"。

其实"庶"字的隶定是有问题的。检战国文字"庶"起笔均为一横,连结左方一竖,构成"厂"形。⑦ 而铜灯铭文该字起笔隆起,连结左方一竖,则构成"广"形。⑧ 不仅如此,"庶"本从"石",而战国文字"石"及"石"声系之字并无从"广"者。⑨ 另外,铜灯铭文该字不从"火",而在古文字中也未见有不从

---

① 顾祖禹:《读史方舆纪要》,上海:上海书店出版社,1998年,第543页。
② 李兆洛:《历代地理志韵编今释》,南京:江苏广陵古籍刻印社,1992年,第143页。
③ 周世荣:《湖南楚墓出土古文字丛考》,《湖南考古辑刊》1辑,长沙:岳麓书社,1982年。
④ 顾祖禹:《读史方舆纪要》,上海:上海书店出版社,1998年,第552页。
⑤ 殷涤非、罗长铭:《寿县出土的鄂君启金节》,载《文物参考资料》,1958年第4期。
⑥ 顾祖禹:《读史方舆纪要》,上海:上海书店出版社,1998年,第356页。
⑦ 何琳仪:《战国古文字典》,北京:中华书局,1998年,第458—459页。
⑧ 于省吾:《甲骨文字释林》,北京:中华书局,1979年,第431页。
⑨ 何琳仪:《战国古文字典》,北京:中华书局,1998年,第545—550页。

"火"的"庶"。凡此种种，说明将该字释为"庶"，似应重新考虑。

该字右下方有合文符号，并且"借用偏旁"，①应读"某子"。如果撇开"子"之双臂，所剩部分无疑应隶定"庒"。"庒"这很容易使人联想到在楚文字中习见的"㠯"字。因为在古文字中，"广"旁与"宀"旁往往可以互换，例不赘举。② 一般认为"㠯"是"邑"之繁文，但二字在包山楚简中出现频率都很高，似有一定区别，详见下文。

细审铜灯铭文拓本，"子"旁右臂清晰，左臂则不明显。笔者怀疑上文分析的"广"旁左方一竖就是"子"旁的右臂，只不过与"子"旁稍微脱离而已（本文所附《简报》摹本有误，可参拓本）。如是理解，该字也可直接隶定为"㠯"。

以上两种理解，都不妨碍将该字释为"㠯子"合文。

铜灯铭文"㠯子"，参见典籍"邑子"。《史记·张耳陈余列传》："臣之邑子素知之。"《汉书·尹翁归传》："属托邑子两人。""邑子"相当"邑人"（83、86、95、97、100、124、143、150、163、164、169、171、174、175、179、182、195、188、190、193）。有学者根据包山楚简中大量的"某邑"，推测"邑"有可能是"具有一定范围的乡间地域概念"。③ 又由"㠯大夫"（《包山》12、26、47、126、128、130、157、188、《玺汇》0097、0100、《文物》1988.6.89.）相当楚县长官，认为"㠯"相当楚县。④ 如果这一推测不误，"㠯子"应是楚县长官的同县之人。

《简报》根据墓葬出土一定数量的漆器和铜带钩楚铭文"无"等现象，认为"该墓主可能是在秦为士的楚人"，这是非常正确的见解。上文所论龙阳地望属楚，"㠯"文字结构也近楚；另外，"阳"所从"阜"旁呈六国文字风格，已排除是秦文字的可能。凡此无疑都有利于《简报》的观点。不过从器物形制、墓主身份等方面综合考察，将铜灯铭文定为楚系文字似乎比晋系文字较为稳妥。该墓葬既有铜带钩楚铭文"无"，也有铜铺首秦铭文"脩"（参脩武府耳杯、青川木牍等）。多元文化的共存现象，这在以往墓葬中也屡有发现，并不奇怪。

综上所述，铜灯铭文基本属于楚文字，这是由墓主身份决定的。墓主是居住在秦地的楚人，原籍在楚国龙阳。铜灯的制造者"邑子"是墓主的同乡，

---

① 何琳仪：《战国文字通论》，北京：中华书局，1989年，第192—193页。
② 高明：《中国古文字学通论》，北京：文物出版社，1987年，第173页。
③ 陈伟：《包山楚简初探》，武汉：武汉大学出版社，1996年，第73页。
④ 陈伟：《包山楚简初探》，武汉：武汉大学出版社，1996年，第100页。

这与后代墓志铭落款"同里"有几分相似。若干精美的漆器和简短的四字铭文,使墓主思乡的情结跃然"纸"上。

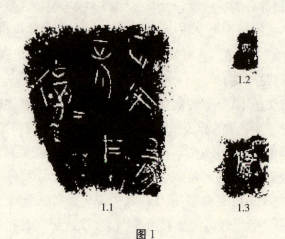

图 1

1.1 灯(M20:10)　1.2 带钩(M20:5)　1.3 铺首(M20:31)

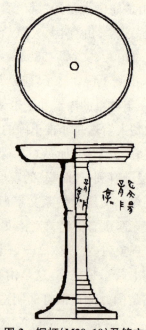

图 2　铜灯(M20:10)及铭文

者汈钟铭校注[①]

传世者汈钟铭,《从古》《捃古》《窓斋》《缀遗》《奇觚》《周金》《贞松》《大系》《小校》《三代》《金匮》《录遗》《书道》等书先后著录。由于钟铭残泐过甚,20世纪50年代以前很少有人问津。1952年,饶宗颐教授始专文考释钟铭,[②]解决了若干释读问题。1958年,郭沫若根据《录遗》所收九器,参照《大系》所收四器,临摹13钟铭文94字。[③] 从此这篇旧书以为断烂朝报的地下文献材料才得以拨云雾而见青天。尤为重要的是,郭老以犀利的目光,考证出钟铭"者汈"即典籍"诸咎",[④]为越国铜器编年增添了一件标准器。嗣后,李平心、白川静等学者相继有考释文章。[⑤]

本文会萃诸家之说,参以己意,重新考校钟铭。

一、校记

关于13钟铭文的衔接顺序,本文一仍郭本旧贯。但郭本若干文字摹写欠精,或减点画,或脱偏旁、或误笔势,乃至影响对文字的正确释读。今据各

---

① 原载《古文字研究》17辑,1989年,第147—159页。
② 饶宗颐:《者沪编钟铭释》,《金匮》1期,香港:香港亚洲石印局印行,1950年,第73—93页。
③ 原篆92字,包括合文、重文各1字,故全铭实94字。
④ 郭沫若:《者汈钟铭考释》,载《考古学报》,1958年第1期,第3—6页。
⑤ 李平心:《者汈钟铭考释读后记》,《中华文史论丛》3辑,第91—100页。白川静:《金文通释》40辑,白鹤美术馆,昭和39年,第604—609页。

家著录拓本校正郭本明显误摹者凡七则:

第二行第八字"澄"《愙斋》(2.16)、《大系》(162)、《三代》(4.12)等作"㇒"形,郭摹作"㇒"形,脱一短横。

第五行第二字"玫",《大系》(162)、《三代》(40.1)等作"㇒"形。郭摹作"㇒"形,减一椭圆形点。

第六行第六字"譎",《大系》(159)、《三代》(1.39)作"㇒"形,右下方从"牛"。郭摹作"㇒",欠精。

第六行第七字"乃",《金匮》(78.3)《录遗》(6.1)作"㇒"形。《愙斋》(2.15)、《周金》(1.42)、《大系》(159)、《小校》(1.45)、《三代》(1.39)、《书道》(1.66)等作了"㇒"形。郭摹作"㇒"形,本铭其他二"乃"字郭亦误摹为两笔。

第七行第六字"叟",《金匮》(92)、《录遗》(13.1)作"㇒"形。郭摹作"㇒"形,脱一短横。

第九行第一字"妥",《金匮》(92)、《录遗》(13.2)作"㇒"形。郭摹作"㇒"形,脱"爪"旁。拓本虽有残泐,但右下方从"肉"至为明晰。

第九行第六字"膌"《録遗》(13.2)作"㇒"形。郭摹作"㇒",稍误。拓本虽有残泐,但右下方从"肉"至为明晰。

二、考释

"隹惟戉越十有九年","戉",越国之"越"晚周金文多作"戉",楚简文字或作"邺"。"十有九年",越王翳之十九年,详下文。

"王曰""王",原篆作"㇒",与《说文》古文形体吻合。本铭"王"指越王翳。

"者诸汈咎""汈"原篆作"㇒"。旧释"㲽"、①"沪"、②"汲"、③"湎"④等。郭云:"所从刀字与铭中刺字作'㇒',所从全同,故知当为汈字,汈者舠之异文,《诗·河广》以刀字代之。(谁谓河广?曾不容刀)舠行于水,故字从水。"又谓"者汈"即"诸咎","汈""咎"音相近,案,郭说至确。今补充说明:"汈"属宵部,

---

① 吴大澂:《愙斋集古录释文賸稿》。
② 容庚:《商周彝器通考》,北京:哈佛燕京学社,1941年,第500页。
③ 高田忠周《古籀篇》,引《金文诂林》12册,香港:香港中文大学,1975年,第6356页。
④ 徐中舒:《汉语古文字字形表》,成都:四川人民出版社,1980年,第432页。

"咎"属幽部,幽、宵二韵最近,故"咎"可读"刃"。典籍中虽不见"咎"、"刃"直接相通的例证,但下列现象可资旁证:"咎繇"或作"皋陶"。"皋"音"羔",《礼记·檀弓》"季子皋"即"子羔"(详《论语·先进》"柴也愚"注疏),是其证。而"羔"据《说文》则从"照省声"。"照"的基本声符为"刀"。然则从"刀"得声的"刃",自可读若"咎"。据古本《竹书纪年》"翳王三十三年迁于吴,三十六年七月太子诸咎杀其君翳",可知本铭乃越王翳十九年申训太子诸咎之辞。

"女汝亦虔秉不汭坠泾经(合文)悳德"、"虔秉",饶引《诗·商颂·长发》"武王载旆,有虔秉钺",传"虔,固",笺"固持其钺"为证,甚适。"澄",原篆作"[字]",郭与容庚①等释"泾",饶引强运开②说释"汭"。案,晚周文字中复音地名和复姓往往合文,如《盟书》(355)"邯郸"作"[字]"形,《汇编》(3918)"公孙"作"[字]"形。前者借用偏旁"邑",后者借用偏旁"口"。本铭"澄"亦当释"汭泾"合文,借用偏旁"水"。《周礼·夏官·职方氏》"其川泾汭",疏云"泾"、"汭"均为水名。比较特殊的是,本铭"汭"应属上读,"泾"则属下读。既读作"女亦虔秉不汭——泾悳。""不汭",应依强说读"不坠"。强引《左传·闵公二年》"虢败犬戎于渭汭",服虔曰"汭谓汭也",杜预本作"渭汭",谓"汭、汭同音,古相通假",甚确。然则"不汭"可读"不汭"。"汭"、"坠"本一字之孳乳,金文多以"家"为之。"不家",金文习见。《国语·晋语》"敬不坠命",注:"坠,失也。""泾悳",读"经德"。陈曼簠"肇勤经德"。《书·酒诰》"经德秉哲",传"常德持智"。"秉……德"之辞例亦见《诗·周颂·清庙》"秉文之德"。本句"经德"是"虔秉"和"不坠"的共同宾语,反正为言,益见"经德"之重要。

"台以克总光朕(辟)"。"总",《说文》训"聚束"。"总光",与《汉书·司马相如传》"总光耀之采旄"词例相近。"辟",郭据残文补,可参。《说文》:"辟,法也。"

"丂之懸学","丂"原篆作"[字]"。诸家皆释"于",并以"于之"属上读,殊误。案,本铭"于"字凡两见,均作"[字]"形,与"[字]"形不尽相同。《说文》"丂古文以为亏字",段注"亏与丂音不同,而字形相似,字义相近,故古文或以丂为亏",其实这是一种误解,《说文》古文"亏"并非"于"字,只是在"丂"字上方加一赘笔而已。齐侯镈"皇丂(考)"之"丂"作"[字]",是其例,这类赘笔在晚周文字中习

---

① 容庚:《商周彝器通考》,北京:哈佛燕京学社,1941年,第500页。
② 强运开:《说文古籀三补》11.3,北京:中华书局,1986年。

见。如"正"、"丞"、"痩"、"何"等，不胜枚举。总之，小篆"ㄋ"乃"ㄋ"形之讹变，与"ㄋ"形的"丂"无涉，其区别如下：

晚周文字：　ㄋ　　ㄋ

小篆：　　　ㄋ　　ㄋ

隶定：　　　于　　丂

"丂"读"攷"，典籍多作"考"。《易·复》"中以自考也"，向秀注："考，察也。""之"，犹"于"也。① "愻"，见《说文》"愻，顺也；从心孙声，《唐书》曰，五品不愻"。今本《书·舜典》作"五品不逊"。饶引《书·兑命》"惟学逊志务时敏"，蔡传"逊，谦抑也"，以证本铭"愻学"，其是。

"趩趩趩趩（重文）哉"，"趩趩"亦见虢季子白盘"趩趩子白"，秦公簋"剌剌趩趩"等。典籍作"桓"。《书·牧誓》"尚桓桓"，传"武儿"（《说文》引作"尚狟狟"）。郭、李以"趩趩"属上读为"愻学趩趩"。殊不知"逊学"谓文事，"趩趩"乃"武儿"，岂能合而为一，今从饶读。

"弼王佗宅""佗"，原篆作"仉"，乃"佗（託）"之古文。郭读"宅"，可从。碧落碑"宅"作"仉"，《汗简》则引作"仉"，是其证。"弼王宅"与《书·微子之命》"以蕃王室"意近。

"宦往攷扞庶戬盟"。"宦"饶、郭均读"往"，可从。"攷"，原篆作"仉"，与《汗简》"捍"作"仉"正合。"攷"同"扞"。《左传·桓公十二年》"请无扞采樵者以诱之"，注"扞，卫也"。"戬"，原篆作"仉"。饶释"戛"，白川释"贼"，欠妥。郭不识。李读"盟"，可信。但对其形体分析不够确切。案：《说文》"盟"篆文作"盟"，古文作"盟"，然则"盟"，非籀文即古文。"盟"之所以从"囧"形在《说文》古文中每与"目"形混同。如"罙"、"睦"、"省"、"冒"、"直"的古文分别作"罙"、"眷"、"眷"、"眷"、"眷"等形。"盟"在晚周文字中亦往往从"目"形。如"盟"（王孙诰钟）、"盟"（邾公钇钟）、"盟"（邾公华钟）、"盟"（蔡候盘）、"盟"（《盟书》342）等。其中"囧"与本铭"戬"之所以"目"形只是侧正之别而已。值得注意的是，战国文字"明"或作"明"（《盟书》313），更是"囧"、"目"相混的确证。至于秦汉文字的"盟"（《云梦》726）、"盟"（《隶辨》2.41）则直接承袭了本铭"戬"所从"盟"这一晚周讹变形体。东周列国之间盟会的主要宗旨之一是"弭兵"，故"戬"从

---

① 王引之：《经传释词》卷9，北京：中华书局，1957年，第198页。

"戈"见义,从"皿"(皿)表声。总之,"戬"与"㮣"(王孙诰钟、楚简等)均为"盟"字的晚周异体。"庶盟",《书·皋陶谟》作"庶明",①即"庶民"。典籍亦作"庶萌"、"庶氓"。又张亚初释"庶盟"为"诸盟国",亦可通。

"台以甫祗光朕立位","甫",与三体石经《君奭》"祗"作"𢒈"形近。《说文》:"祗,敬也。"

"今余其念[譎]"。"念",原篆作"𢖩",与三体石经《君奭》"𢖩"形吻合。"譎",原篆作"譎"。其右上方漫漶不清,旧多释"讥"。②饶释"诵"。陈世辉、张亚初据该字右下方笔画释"譎",近是。至于右上方的四个圆圈,疑乃锈斑。案:"譎"通"卫"、"蹶"。③《尔雅·释诂》:"卫、蹶、假,嘉也。""嘉"训"善",然则"念譎"犹"念善"。

"乃有齐斋休祝成"。"齐休祝成",郭云"斋戒祝祷均获神庥"近是。

"用曼偁剌烈𪧀壮"。"曼"原篆作"𢏆"《录遗》(13.1)。饶、郭、李均隶定为"禹",训"治"。容庚释"受"。④均非是。案,三体石经《君奭》"称"作"𤕫"形,与本铭"𢏆"上部所从吻合。二者前身应是西周金文中的"禹"(歔殷)。至于"𢏆"形所从"肉"与上文"漼"所从"肉"形体虽同,但并非一字。这与三体石经"称"作"𤕫","纳"作"𤕫"(《皋陶谟》)均属异字同形现象,不足为奇。另外,楚金版"郢𤰞"、"陈𤰞"旧释为"郢爰"、"陈爰"殊误。林巳奈夫始读"爰"为"禹"。⑤安志敏引长沙出土西汉初年的泥版"郢称"或作"郢𤰞",金村器的"禹"或作"𤰞"(《古墓》1.101)为例,证成林说。⑥其实金村器和金版中的"禹"与本铭"𢏆"乃一字,只不过前者的笔画略草率而已。以上诸字均应隶定为"曼",即"禹"之繁文。《说文》:"禹,并举也。"本铭"禹"读"偁",典籍亦作"称"。《说文》:"偁,扬也。"剌,应读"烈",金文习见。《尔雅·释诂》:"烈,光也。""壮",原篆作"𪧀"。罗振玉误摹作"𪧀",释"疾"。⑦郭、李亦径隶定为"疾",并释"用

---

① 俞樾:《群经平议》,引自《皇清经解续编》卷192上,上海:上海书店,1988年,第7—8页。
② 吴闿生:《吉金文录》附编4页。
③ "卫"、"蹶"音义均通。《尔雅·释木》"蹶泄苦枣",释文"蹶本亦作𧃒",亦见《太平御览》。
④ 容庚:《金文编》,北京:中华书局,1985年,第0534页。
⑤ 林巳奈夫:《战国时代の重量单位》,《史林》51卷2号,1968年,第125—126页。
⑥ 安志敏:《金版与银饼》,载《考古学报》,1973年第2期,第71页。
⑦ 罗振玉:《贞松》1.6。

鬲烈疾"为治疗重病。案:战国文字"疾"作"□"(《盟书》324)、"□"(上官鼎)、"□"(《汇编》)2153、"□"(《睘录》7.3)、"□"(江陵楚简)等形,均从"疒"而不从"爿"。本铭"□"从"爿"从"立",断非"疾"字。战国文字"土"字也往往作"立"形。如《汇编》"坻"作"□"(0547)、"地"作"□"(0625)、"均"作"□"(0784)、"垄"作"□"(1163)、"坤"作"□"(1263)、"块"作"□"(1695)、"垣"作"□"(1763)、"堨"作"□"(3003)等,俯拾即是。然则"□"应隶定为"壮",从"土"、"爿"声,同"壮"。《说文》:"壮,大也,从士爿声。"检殷周文字尚未见"壮",战国文字则从"土",而不从"士"。如中山王鼎作"□",《汇编》作"□"(0455),《云梦》"莊"作"莊"(006—008)。至于战国文字"壮"或从"土"或从"立",与"堂"或作"□"(兆域图)、或作"□"(《汇编》5421),应是平行现象。由此类推,《汇编》(3520)"□角"读"庄角",也是读"□"为"壮"的佳证。"烈壮"犹"壮烈",《后汉书·袁绍传》:"意气壮烈。"

"光之于聿笔"。"聿","笔"之初文。《说文》:"聿,所以书也。"楚王领钟"其聿其言",吴闿生曰:"聿,笔也。"①本铭与楚王领钟的"聿"均指铭文所载的文辞。《释名·释书契》:"笔,述也,述而书之也。"或读"聿"为"肆",李读"于"为"虔",均非是。案:《国语·晋语》"歌钟二肆"之"肆",金文作"録"(洹子孟姜壶)、"□"(多友鼎)、②"□"(繁卣)等形,而与本铭"聿"无涉。

"女汝其用经丝兹"。"兹"指上文的"聿"。

"妥绥安乃寿"。"妥",原篆作"□"(《录遗》13.2),从"爪"从"女",至为明晰("妥"之上"爪"一般在"女"左上方,也可在"女"右上方,瘋钟"□"是其例)。饶释"女",郭亦摹作"□",脱"爪"旁。"安"原篆作"□"。郭云:"殆是安之省文,金文安字作□,此省宀作。"其说可从。《说文》:"妥,安也。"典籍亦作"绥"。《汉书·宣帝纪》:"朕承至尊,未能绥安。""乃",犹"则"也。③"寿",见《国语·楚语》"臣能自寿也",注:"寿,保也。"

"宙惠□逸康乐"。"宙"饶读为"惟"。郭读"惠",训"顺"(见《尔雅·释诂》)"□",原篆虽有残泐,尚可复原为"□"。据三体石经《多士》"逸"作"□",

---

① 吴闿生:《吉金文录》2.10。
② 李学勤:《论多友鼎的时代及意义》,载《人文杂志》,1981年第6期,第89页。谓"□"字"即三体石经逸字古文,音近假为肆。"
③ 王引之:《经传释词》6卷,北京:中华书局,1957年,第128页。

从"水"从"𦰩",因知"𦰩"应该读"逸"。"康"与"乐"同。《尔雅·释诂》:"康,乐也。"

"勿有不义"。"义",同"宜"。长沙帛书"捨拮不义"。

"訵之于不啻适"。"訵",亦见《汇编》(0194)。本铭"訵",饶属下读,郭属上读,均引《玉篇》训"谋"。案:饶断句正确,"不啻",饶谓"犹不止",郭读"不适"。案,《吕览·过理》"不适也",注:"动中礼仪之谓适。"

"隹唯王命"。"唯王命",乃"唯王命是听"之省语,《左传·隐公元年》"他邑唯命",即"他邑唯命是听"之省语,可资参证。

"元乾颛没乃恩聪"。"元颛",饶、郭均读"蠠没",不确。检"蠠没"之类的联绵词,如"黾勉"、"傂俛"、"俛勉"、"闵勉"、"闵免"、"瞀勉"、"敯勉"、"蓩密"、"悗密"、"牟勉"、"侔莫"、"勏莫"、"茂勉"、"茂明"、"懋漠"、"眊穆"、"文莫"、"罔莫"、"密勿"、"百每"、①"马母"②等,均属唇音之声转,无一例外。若读"元"为"蠠",不但声纽相悖,而且于典籍亦无例可援。今案,"元"可读"乾",检"元",疑纽元部,"乾",群纽元部。群、疑同属见系,从"元"与从"倝"得声之字或可相通。如《礼记·礼运》"衣其澣帛",《家语·问礼》作"浣帛"。《说文》:"𣂪读若浣。""浣,𣂪或从完。""乾"亦从"倝"得声,自可读若"元"。"颛",亦见《盟书》(350),《说文》:"颛,内头水中也。从页从叟会意,叟亦声。""颛"与"浸"(没)音义均近。《说文》:"浸,沉也,从水从叟会意,叟亦声。"本铭"元颛"即典籍之"乾没"。《史记·张汤传》"始为小吏,乾没",集解:"徐广曰,随势沉浮也。骃案,服虔曰,射成败也。如淳曰,得利为乾,失利为没。"正义:"此二说非也。案,乾没谓无润及之而取他人也。又云阳浮慕为乾,内心不合为没也。"近人又有谓"乾没"即"幹末"、③"健昧"④之音转,《史记》以降,对"乾没"一词的解释多侧重一点,而未能溯其本源。今案"元颛"乃"乾没"初形。《尔雅·释诂》:"元,首也。"《左传·僖公三十三年》,"狄人归其元",《孟子·滕文公》下"勇士不忘丧其元",均用"元"字的本义。本铭"元颛"乃"头没于水中"之意。这与"颛,内头水中"正相贯通。"元颛",即所谓"灭顶之灾",可以

---

① 中山王圆壶铭"百每竹周无彊",何琳仪:《中山王器考释拾遗》,载《史学集刊》,1984年第3期,第9—10页。

② 燕侯载毁铭"永以马母"。

③ 朱起凤:《辞通》22卷,开明书店,1934年,第20页。

④ 蒋礼鸿:《义府续貂》,北京:中华书局,1981年,第28页。

引申为"浮沉"、"侥幸"、"贪婪"等义。嗣后音转为"乾没",遂使解者纷如。"恩",原篆作"▢",郭释为"惪",不确。本铭"惪"作"▢",与"▢"有别。李引上文"总"作"▢",释"▢"为"恩",颇为有见地。但以其训"忠"或"心",则非是。案:"恩",应读"聪"。《诗·王风·兔爰》"尚寐无聪",传:"聪,闻也。"

"子孙永保"。"子孙永保",乃"子孙永保用之"的省语,金文习见。

三、译文

越(王翳)十九年。王说:"诸咎!你也应固守不坠失常德,因之能够聚集光明于我的法制。考察于谦学之道,英武地辅佐王室,前往捍卫庶民,因之崇敬我的王位。现在我常思念向善,于是有斋戒祝祷之神庥,以此发扬壮烈,彰著于铭文。你应按着这些(话去行动)。安静则能保住(地位),顺从恬逸(则带来)康乐。不要有不适宜(的行动),谋划那些不合礼仪(的事情)。唯有听从王的命令!(如果生)贪婪(之心),则将(被我)所闻知。"子孙永远保持(使用这套钟)。

四、余论

传世和出土的越国有铭铜器虽然不多,但多著越王之名。如越王鸠浅剑器主为句践,①越王者旨於赐钟,矛、戈、剑等器器主为鼫与,②越王兀北古剑器主这盲姑,③越王州句剑,矛等器器主为朱句。④ 者汈钟虽未著越王翳之名,但由钟名"者汈"即"诸咎"考之,该钟必作于越王翳十九年。这是郭老重要的发现。但是他把越王者旨于赐器的"者旨"与"者汈"混为一谈,实乃千虑

---

① 湖北省文化局文物工作队:《湖北江陵三座楚墓出土大批重要文物》,载《文物》,1966年第5期,第33页。

② 马承源:《越王剑、永康元年群神禽兽镜》,载《文物》,1962年第12期,第53—54页。陈梦家:《蔡器三记》,载《考古》,1963年第7期,第382页。林沄:《越王旨於赐考》,载《考古》,1963年第8期,第448页。曹锦炎:《越王姓氏新考》,载《中华文史论丛》,1983年第3期,第220页。

③ 马承源:《越王剑、永康元年群神禽兽镜》,载《文物》,1962年第12期,第53—54页。

④ 容庚:《鸟书考》,载《中山大学学报》,1964年第1期,第79—80页。

一失。"者旨"之"旨"作"⿰"、"⿰"等形,①与"者汈"之"汈"作"⿰"形,判然有别。因此郭云"诸咎于弑王之前已自称王"显然是错误的。如果把"者旨"和"者汈"分别视为二人,那么上述越王之器可序列为一表:

铭文	典籍	年代(公元前)
鸠浅	句践《史记》	496—464
者旨于赐	鼫与《史记》	464—458
亢北古	盲姑 古本《竹书纪年》	458—448
州句	朱句 古本《竹书纪年》	448—441
王	翳《史记》	441—376
者汈	诸咎 古本《竹书纪年》	376—375

像这样记有王名,前后承接凡六世,又与典籍所载吻合的铭文编年,在其他东周列国古文字材料中是绝无仅有的。者汈钟铭所载内容,不但为我们提供了越王诸咎名的本字,而且有明确的纪年——越王翳十九年,因此者汈是战国前期的标准器,有重要的历史和考古价值。

越王翳以降,《史记》、《吴越春秋》等典籍只载诸王世系,唯《史记》索隐引《纪年》保存一条史实:"翳三十三年迁于吴,三十六年七月诸咎弑其君翳,十月粤杀诸咎。粤滑,②吴人立子错枝为君。明年,大夫寺区定粤乱,立无余之。十二年,寺区弟忠弑其君莽安,次无颛立,无颛八年薨,是为荥蠋卯。"由此可见,酿就越王翳以下"三世弑其君"(《庄子·让王》)之乱的"始作俑者"应是诸咎。者汈钟铭从侧面揭示出诸咎弑君的动机。

诸咎弑君在越王翳三十六年,前此17年前年轻的诸咎已是一位桀骜不训的储君了。通读钟铭首先可以看出:这位储君的狂傲颇引起父王的忧虑(考之逊学)。其次,父王希望他能英武地辅佐王室,保卫百姓。然后,现身说法地教训他,"只有经常向善,才能获得神灵的保佑"。至于"绥安乃寿"云云,实际上是对太子申诫:"你要安分守己,才能得到安乐。不要图谋不轨,不守

---

① 容庚:《鸟书考》,载《中山大学学报》,1964年第1期,图3、图4。
② 郭沫若:《两周金文辞大系考释》补录以"粤滑"属上读为"诸咎粤滑",并谓"诸咎粤滑盖即此者招于赐",殊误。案,"粤"通"越"。"滑"读"蛮夷猾夏"之"猾",训"乱"。今据中华书局出版标点本《史记》断句。

礼仪。"而"唯王命"当然完全是命令的口气。最后,父王警告太子:"如果你有贪婪的野心,则休想瞒过我的视听。"

诚然,很多先秦铭文中充满了歌功颂德式的词藻和套语,陈陈相因,味如嚼蜡。但是文笔新颖的铭文则不然。我们往往能透过其冠冕堂皇的言词背后窥见作器者的心理,从而对史实作出合理的推测,以加深对旧史料的理解。例如中山王鼎铭云:"寡人闻之,事少如长,事愚如智,此易言而难行也。非信与忠,其谁能之。其谁能之,唯吾老賙,是克行之。"表面上看,这是中山王赞扬其老臣賙的才干和忠诚,实际上是对賙的猜忌和约束。① 同理,我们也不能被者汈钟铭诸如"桓桓哉"、"惠逸康乐"等套语所迷惑,而应该根据旧史料,揣度当时的情势,反面理解这些套语为对太子的申诫和约束。何况"乾没"成性的太子难道还不值得父王担忧吗?

知其子莫如其父,越王翳深明太子的秉性,当然除了以文辞申诫外,肯定还会采取其他约束太子的相应措施。这期间的详情虽不得而知,但根据铭文的内容推测,壮年后的诸咎已不愿服从父王的约束。这或许是他弑君的主要动机吧!

者汈钟铭是战国文字资料,这不仅取决于钟铭载有越王"者汈"之名,书体风格,尤其是文字结构的特点,也是有力的证明。众所周知,《说文》、三体石经、《汗简》所载"古文"多转抄于战国文字。而钟铭文字合于《说文》古文者二字("王"、"丂"),合于三体石经者四字("祇"、"念"、"禹"、"將"),合于《汗简》者二字("佗"、"技")。90余字的铭文,竟有8字合于传抄古文,殊堪注目。另外,"者"、"光"、"昷"、"剌"、"壮"、"訛"、"頗"等字,也见于其他战国文字资料,有明显的时代色彩。至于"淦"更是战国文字所特有的合文形式。总之,者汈钟铭是典型的战国南系文字。战国文字本来长铭者不多,该钟94字,无疑是研究战国文字的绝好材料。

关于钟铭的韵读,由于断句和释字的不同,各家对用韵的位置,乃至对合韵的掌握,多有歧异。② 今检钟铭入韵字如下:"汈"、"学"(宵部)与"慰"、"哉"(之部)交韵,"戲"、"壮"(阳部)与"成"(耕韵)为阳耕合韵,至于后半段

---

① 赵诚:《中山壶、中山鼎铭文试释》,《古文字研究》1辑,北京:中华书局,1979年,第269页。
② 白川静:《金文通释》40辑,白鹤美术馆,昭和39年,第609页。陈世辉:《金文韵读续辑》,《古文字研究》5辑,北京:中华书局,1981年,第175页。

"寿"、"乐"、"保"可能属幽、宵合韵。但"乐"与"保"之间隔四句,是否为疏韵,待考。"聿"与"兹"是否为脂之合韵,亦待考。

上文所述,以拓本校正郭摹本,识出"禹"和"妥";比较和分析文字点画,识出"丂"和"壮";利用晚周文字"借用偏旁"的特点,识出"汭泾"合文,追溯语源和语音流变,论证"元顈"和"乾没"的关系,探索铭文文意,钩稽"寿"和"恩"的义训。凡此均不同于旧释之处,另外,本文对铭文的若干断句和训释,或折中众说,或补充旧解,力求全铭文意通畅,至于对诸咎弑君的看法,只是一种推测。不当之处,敬请识者匡正。

附志:

比来较释者刌钟铭文字,深得力于《录遗》。盖先师虽归道山,而高文典册沾匄后学多矣。谨以此文,永托怀想云。又本文承师兄陈世辉、张亚初指正,顺致谢忱。

1984 年 11 月 4 日

引用书目简称:

《从古》　徐同柏《从古堂款识学》

《攈古》　吴式芬《攈古录金文》

《愙斋》　吴大澂《愙斋集古录》

《缀遗》　方濬益《缀遗斋彝器款识考释》

《奇觚》　刘心源《奇觚室吉金文述》

《周金》　邹安《周金文存》

《贞松》　罗振玉《贞松堂集古遗文》

《古墓》　W. C. White, Tombs of Old Lo-yang

《大系》　郭沫若《两周金文辞大系图录》

《小校》　刘体智《小校经阁金文拓本》

《三代》　罗振玉《三代吉金文存》

《金匮》　陈仁涛《金匮论古综合刊》

《录遗》　于省吾《商周金文录遗》

《书道》　平凡社《书道全集》

《香录》　顾廷龙《古陶文香录》

者汈鐘銘摹本

集十三鐘之銘文而成
一九五八年二月廿二日

釋文

佳惟戉越十有九年。王曰：一者諸汈咎！女汝亦虔秉不沕墜淫經恵德，台以克總光朕（辟），丂考之懋學，趣趕趕哉！鄮王佗宅，室往役杆庶戲盟，台以庸祇光朕立位。今余其念（諹），乃有齊齋休祝盛，用夒儕剌烈壯壯，它之于韋韋，女汝其用絲兹，妥綏安乃壽，甶惠滑逸康樂，勿有不義宜，訊之于不誉適。佳惟王命！元乾顥沒乃恩愬。子孫永保。

《匯編》　羅福頤《古璽匯編》
《盟書》　山西省文物工作委員會《侯馬盟書》
《云夢》　云夢睡虎地秦墓編寫組《云夢睡虎地秦墓》

淳于公戈跋①

淳于公戈著录于《三代》20.14.1、《贞松》12.3、《双吉》下 30、《集成》11125 者为于省吾旧藏，现藏故宫博物馆。著录于《集成》11124 者则为首次公布，疑仿 11125 之赝品，亦藏故宫博物馆。

戈铭计 7 字，然而旧著录均以为 6 字，这是因为第五字"高"与第六字"豫"上下距离过于紧凑所致。笔者曾隶定 7 字，②有学者也隶定 7 字，但其释文与笔者不同。③ 为便于印刷，今采宽式隶定铭文如次：

      臺于公之高豫造

原篆上从"亯"，下从"羊"，会祭享之意。《说文》训"孰"（熟），读若"纯"。于省吾释"淳"，④甚确。近年山东新泰、泰安新出淳于左造戈、淳于右造戈之"淳"也均作臺形。⑤ 秦系文字"羊"旁讹作"子"形，遂讹作"享"形。"臺于"，齐玺作"敦于"（《玺汇》4033），秦印作"淳于"（《十钟》3.6）。相互比较，可知"臺于"应是"淳于"的早期形式。戈铭"臺于"为地名，玺印"敦于"、"淳于"则为复姓（以地为姓）。据文献记载"淳于"先后是州国和杞国的京城。《左传·桓公五年》"冬，淳于公如曹"，注："淳于，州国所都，城阳淳于县也。"又《左传·昭公

---

① 原载《杞文化与新泰》，北京：中国文联出版社，2000 年，第 98—103 页。
② 何琳仪：《战国文字通论》，北京：中华书局，1989 年，第 81 页。
③ 黄盛璋：《燕齐兵器研究》，《古文字研究》19 辑，北京：中华书局，1992 年，第 48 页。
④ 于省吾：《双剑誃吉金图录》卷下考释 5，1934 年。
⑤ 魏国：《山东新泰发现淳于戈》，载《中国文物报》，1990 年 3 月 1 日；程继林《泰安发现战国墓群》，载《中国文物报》，1999 年 6 月 6 日。

元年》"城淳于",注:"襄二十九年,城杞之淳于,杞迁都。"其地在今山东省安丘县东北三十余里古杞城。"淳于"称"公",亦见淳于公之御戈(《中国文物报》1990年3月1日)。地上和地下文献若合符节,《水经·汶水》:"(汶水)又北过淳于县西,又东北入于潍。"注:"故夏后氏之斟灌国也。周武王以封淳于公,号曰淳于国。"郦道元认为"淳于公"始封于周初,而据《史记·陈杞世家》,杞君初封称"东楼公",索隐:"又州,国名,杞后改国曰州而称淳于公。"知杞建国时在河南陈留雍丘,杞君不可能称"淳于公"。当以索隐说为是。又出土和传世伯敏亡铜器群杞君称"伯",与地上文献不合。杞伯何时又称"公",尚需今后更多的地下出土材料予以证明。总之,"淳于公"应是杞迁都于之后的杞君之称。

"高",原篆上从"夘",乃繁化偏旁,战国文字中习见。乔君钲中旧释为"乔"字者也应据此释为"高"之繁文。至于"高"下省"口"形,战国文字中习见,不足为异。当然也不排除"高"与其下"豫"借用部分相似偏旁,类似现象在战国文字中也不乏其例。① "高"有至高无上之义。《礼记·月令》"以大牢祠于高禖",疏:"高者,尊也。"戈铭"高豫"之"高",可能是"豫"的修饰字。

"豫",战国文字习见,可分二式。一类从"予"从"象",如淳于公戈、《玺汇》1894、《陶汇》5.123、《包山》7等。另一类从"八"从"予"从"象","八"为装饰笔画,无义。如陈豫戈、乘马大夫戈、《玺汇》1492、1831、1839、2083、《包山》520、171等。二式"象"旁下部或作"夕"形,或作"肉"形,以往一直对此困惑不解。鄂君启节"象"旧多隶定为上从"兔"头,下从"肉",不过是权宜之计而已。淳于公戈"豫"所以从"象"尾部稍稍拖出,而腹部又似"夕"形。这无疑是"象"之标准字形向从"夕"形过渡的中间环节。至于"夕"与"肉"字形本来就容易相混。然则战国文字"象"及"豫"所从"象"其下或作"肉"者则不难理解。总之,戈铭"豫"字是正确理解战国文字"象"字结构的关键形体,弥足珍视。戈铭"豫"为杞君之名,详下文。

"造",原篆左从"舟",右从"告",与《说文》"造"之古字同形,齐系铭文中习见。如左之造戈、羊子戈、阴平剑、滕侯寿戈等。

淳于公戈形制:长胡三穿,援长而窄并微作弧形,中部起脊。该戈(《集成》11125)与滕侯昃戈(《集成》11123)形制近似,但年代略晚。《集成》编者定

---

① 何琳仪:《战国文字通论》,北京:中华书局,1989年,第191页。

为春秋晚期,大体可信。上文所述"豫"所从"象"旁尾部稍稍外拖,说明其略早于战国中期习见从"夕"或从"肉"之"豫"。戈铭时代似乎可定为春秋战国之际,有学者定其为战国晚期,则失之为晚。

戈铭"豫"应是"淳于公"之名,即杞君之名。《史记·陈杞世家》载杞国世系十分完备,今制表如下:

东楼公—西楼公—题公—谋娶公—武公—靖公—共公—德公—桓公姑容—孝公丐—文公益姑—平公郁—悼公成—隐公乞—釐公遂—闵公维—哀公阏路—出公敕—简公春

上文已论淳于公戈的形制可限定在春秋战国之交,那么戈铭"豫"应在闵公、哀公、出公、简公四君中寻求其文字对应关系。

"阏"从"於"得声,"豫"从"予"得声,均属鱼部。"於"、"与"、"予"声系相通。《易·系辞》上"而察於民之故",集解"於"作"与"。而典籍"与"与"予","与"与"豫"相通,更是不胜枚举。① 凡此可证戈铭"豫"可读"阏"。戈铭"豫"即《史记》"阏路"。犹如杞平公"郁"或作"郁厘","郁来"(索隐)。这可能是东夷民族"急读"和"缓读"的差异。参见另文。② 另外,"郁厘"、"郁来"或作"郁"所失落的"厘","来"以及"阏路"或作"豫"(阏)所失落的"路"均属来纽,是否属复辅音音变? 也颇值得注意。总之,戈铭"豫"有可能是杞哀公"阏路"。

《史记·陈杞世家》载杞闵公"十六年,闵公弟阏路弑闵公代立,是为哀公。哀公立十年卒"。十三年之后,杞国被楚国(楚惠王四十四年)所灭。杞哀公阏公在位的时间,据杞灭国之年(公元前 455 年)上推,应为公元前 468—458 年,属战国初年。凡此考订与《集成》春秋晚期说基本吻合,淳于公戈应是为数不多的杞国铜器铭文中的一件标准器。

---

① 高亨:《古字通假会典》,济南:齐鲁书社,1989 年,第 840—844 页。
② 何琳仪:《莒县出土东周铜器铭文综释》,待刊。

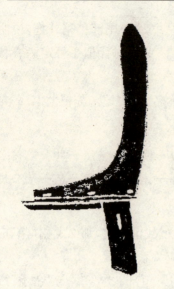
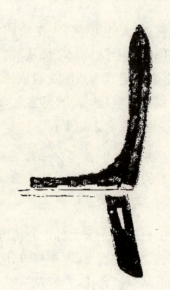

皖出二兵跋①

者旨於赐戈

1959 年，安徽省淮南市蔡家岗赵家孤堆战国古墓出土一件错金铜戈。铭文拓本有些字不十分清晰，②目前已有两种摹本，③出入不大，戈胡正、反面皆有铭文：

　　𢍏亥郐□𤇾𤇾（正面）
　　□王者旨於赐（反面）

铭文首字从"圭"，与曾侯乙墓所出二十八星宿漆书"奎"作"圭"④，适可互证，"土"又作"上"，见《玺汇》0146。

"𢍏"，是从"戈"从"圭"得声的形声字，由辞例推勘，"𢍏亥"应读"癸亥"，乃干支名。"圭"，见纽，支部；"癸"，见纽，脂部。支、脂二部或可通转，⑤故"圭"、"癸"音颇近。《汉书·息夫躬传》"至有武蜂精兵，未能窥左足而先应者

---

① 原载《文物研究》3 辑，合肥：黄山书社，1998 年，第 118—121 页。
② 安徽省文化局文物工作队：《安徽淮南市蔡家岗赵家孤堆战国墓》，载《考古》，1963 年第 4 期，第 208 页。
③ 容庚：《鸟书考》，载《中山大学学报》，1964 年第 1 期，图七；殷涤非：《者旨於赐考略》，《古文字研究》10 辑，北京：中华书局，1983 年，第 220 页。
④ 载《文物》，1979 年第 7 期图版伍，2。
⑤ 于豪亮：《古韵支锡耕与脂质真通转说》，中国古文字学术研究会第二届年会论文。

也",注:"窥,音跬,半步也。"《老子·德经》四十七章"不窥牖",马王堆帛书《老子》乙本"窥"作"䂓",①由此可见,"圭"、"规"音同。而《说文》"䪳,媞也。从女规声,读若癸"。此"䢅"可读"癸"之旁证。

战国文字盛行通假,干支字也不例外,新出包山楚简"乙酉"作"乙栖",②即借"栖"为"酉",可资参证。

铭文第三字,陈梦家释"郐",③甚确。徐国之"徐",铜器铭文皆从"邑"旁作"郐"。

铭文第五字,如果剔除其左方装饰笔画,应作"丫"形。试将此字与下列战国文字比较:

至　　丫　　兆域图
侄　　伫　　骉羌钟
室　　全　　望山简

"丫"形之下如果再加一横笔,即是"至"字,其实"至"字之下一横笔有时可省减,例如:

至　　丫　　《玺汇》4903
室　　向　　仲殷父簋
晋　　丫　　《侯马盟书》324

因此,"丫"应释为"至"。

铭文第六字,殷涤非释"子",④可信。

铭文反面虽有缺文,然诸家补足为"越王者旨於赐",则是没有问题的。

综上文字分析,戈铭正、反面应联属读为:

䢅(癸)亥,郐(徐)□至子越王者旨於赐。

通读以上戈铭的关键,是"至"字的释读。案,"至"应读"姪"。《尔雅·释亲》:"女子谓晜(昆)弟之子为姪。"《国语·周语》"则我皇妣大姜之姪",注"女子谓昆弟之子,男女皆曰姪。"戈铭"至子",应读"姪子",即"姪之子"。"智君

---

① 马王堆汉墓帛书整理小组:《马王堆汉墓帛书·老子》,北京:文物出版社,1976年,第38页。
② 《文物》,1988年第5期图版贰,2。
③ 陈梦家:《蔡器三记》,载《考古》,1963年第7期,第382页。
④ 殷涤非:《者旨於赐考略》,《古文字研究》10辑,北京:中华书局,1983年,第218页。

子",读"智君之子",①与戈铭同例。

　　自从郭沫若指出,"春秋初年之江浙殆犹徐土者"之后,②徐国和越国的同源关系越来越被学术界所注目。例如有的文章指出,"诸(者)稽(旨)氏与徐国王室的关系是甚为密切的","诸稽氏的一支逐渐统治了当地的土著民族——越族,后来创建了越国"等等。③蔡家岗所出这件铜戈,明确地记载了徐国"郐□"与"越王者旨於赐"有着姑姪关系,似可为这一观点提供一条重要的佐证。

　　由"者旨於赐"在位年代(B.C464—458)这一线索,我们推测戈铭"郐□"应与徐国最后一位君主有关。《录遗》590 著录一件春秋晚期徐国戈铭:

　　　　郐(徐)王之子羽之元用戈

戈铭全为反书,故"羽"即为"羽"。《春秋·昭公三十年》:"冬十有二月,吴灭徐,徐子章羽奔楚。"戈铭"羽"即"章羽"。吴国灭徐国二年以后(B.C510),"吴伐越"(《左传·昭公三十二年》)。据《史记·赵世家》记载:"允常之时,与吴王阖庐战而相怨伐。"可知章羽和允常当是同一代人。允常与者旨於赐为祖与孙的关系,章羽(之妻)与者旨於赐为姑与"姪子"的关系,皆隔一代,时间大体相当。或云越俗从母姓,④而蔡家岗所出戈铭"者旨於赐"自称是徐国母家的"至子",由此可见,"者旨"很可能本为徐国古姓氏。江西靖安所出徐国炉盘铭云"痎(癥)君之孙徐令尹者旨䚘",⑤就是很有力的证据。

吴王光剑

　　1974年,安徽省庐江县汤池发现一件吴王光剑,⑥为春秋晚期吴国之兵器,铭文为:

---

① 唐兰:《智君子鉴考》,《辅仁学志》7 卷 1、2 期,第 101 页。
② 郭沫若:《殷周青铜器铭文研究》,北京:科学出版社,1982 年,第 91 页。
③ 曹锦炎:《越王姓氏新证》,《中华文史论丛》3 辑,1983 年,第 221 页。
④ 吕思勉:《吕思勉读史札记》,上海:上海人民出版社,1975 年,第 111 页。
⑤ 载《文物》,1980 年第 8 期,第 14 页。
⑥ 马道阔:《安徽庐江发现吴王光剑》,载《文物》,1986 年第 2 期,第 64 页。

攻(句)敔(吴)王光自乍(作)用鐱(剑),逗(桓)余允(以)①至,克㈱多攻(功)。

铭文倒数第三字,简讯释"肇"。案,此字左旁从"戈",右旁则不从"户"。从语法角度来分析,此字在副词"克"与名词"多攻"之间,必是动词。我们认为应是"寻"字的省体。

"寻",甲骨文作"㇉"形,象"伸两臂与杖齐长"之形②。在古文字偏旁之中,手形"彐"与"彐"往往可以省作"㇉"和"丨",例如:

攻　㇉　《古玺文编》3.15　　㇉　同左
史　㇉　《金文编》0417　　㇉　同左
殷　㇉　《金文编》附上495　㇉　同左
叚　㇉　《金文编》0465　　㇉　同左
晨　㇉　《金文编》0424　　㇉　同左
婁　㇉　《金文编》0422　　㇉　二十八星宿漆书

由此类推,剑铭此字右旁"㇉"本应作"㇉"形。值得注意的是,剑铭此字两臂相接之处有明显的隆起,这也是释"寻"的重要根据。

"寻"作"㇉",在《小屯南地甲骨》78(H2:87)有更直接的来源:

辛巳卜,㇉乇于㇉。

《释文》谓第四字"殆㇉之异构"。以《库方》1717"其㇉(乇)"与《屯南》相互比堪,二者辞例吻合,可证"㇉"确为"㇉"之"异构"。"㇉"与"㇉"反正无别,均应释"寻"。

戈铭此字从"戈"从"寻",自应隶定为"戏",字书未见。

《说文》"䊵"或体作"䕩",其中"㇉"应是"戏"的讹变形体。"支"讹变作"爻"③,可参见"襄"的演变关系:

㇉(《古玺文编》2.8)→㇉(籀文)→㇉(小篆)

---

① 王献唐:《黄县㠱器》,《山东古国考》,济南:齐鲁书社,1983年,第32—33页。
② 唐兰:《天壤阁甲骨文存》42片甲,北京:北京辅仁大学,1939年。
③ 刘心源:《奇觚室吉金文述》2卷,南京:江苏广陵古籍刻印社,1991年,第38页;王国维:《盂鼎铭考释》第2页,《王国维遗书》,《观堂集林》6册,上海:上海书店,1989年。

前人已指出,"𦎧"(敤)即"寻"之异文。① 春秋寻仲盘"搻",亦"寻"之异文。②古文字"又"(手)、"支"、"戈"三个偏旁每多通用,故"搻"、"敤"、"𢧵"均"寻"之孳乳字。与之相同的偏旁互换现象可参看《金文编》0504"啟"字的异体:

　　𢼄(启卣)　　　𢼄(攸簋)　　𢼄(虢叔钟)

　　总之,"𠂎"为"寻"之省体,"搻"为"𢧵"之或体。

　　检《方言》一:"搻,取也,……卫、鲁、扬、徐、荆、衡之郊曰搻。"春秋吴国奄有汉代"扬州"。剑铭"𢧵"读"搻",与古方言所使用的地理范围也是相应的。

　　剑铭"克𢧵多攻"应读"克搻多功",意谓"能取得很多功绩"。

---

① 朱骏声:《说文通训定声》临部,北京:中华书局,1984年。
② 孙敬明、何琳仪、黄锡全:《山东临朐新出铜器铭文考释及有关问题》,载《文物》,1983年第12期,第14页。

战国兵器铭文选释[1]

兵器铭文殷商早已有之，传世和新出的兵器铭文则多属战国。战国兵器铭文一般字数都不多，内容也比较简单，但其所载人名、官名、器名及相关词语等，多可与文献印证，或可补文献所缺，"其为重要实与甲骨彝器同"[2]。本文拟从齐、燕、晋、楚等四系的兵器铭文中选释10例，并讨论若干问题。

释卯

《三代》19.33.3 著录戈铭：

陈㡭锆（造）钱（戈）

第二字旧多摹写为"㡭"形，遂不可识。《金文编》收入附录741。细审拓本，此字实由"㡭"加四笔斜画作"㸚"所构成。这与三体石经《僖公》"卯"作"㡭"形结构密合，显然是一字。《说文》古文"卯"作"㠯"形，中间脱笔，已有讹变。

"陈卯"即"田瞀"。"陈"与"田"古本一姓，无庸赘述。"瞀"谐"矛"声，"矛"与"卯"音通，例如：

1.《书·禹贡》"包匦菁茅"，《文选·三月三日曲水诗序》注引"茅"作"茆"。《周礼·天官·醢人》"茆菹麇臡"，注："郑大夫读茆为茅。"《通典·礼门》九引"茆"作"茅"。《左传·僖公四年》："尔贡包茅不入"，《吕氏春秋·音

---

[1] 原载《古文字研究》20辑，北京：中华书局，2000年，第107—129页。
[2] 王国维：《桐乡徐氏印谱序》，《观堂集林》卷6，北京：中华书局，1959年，第21页。

初》注引"茆"作"茅"。《国语·晋语》八"置茆蕝",《说文》"蕝"下引作"茅"。《汉书·古今人表》"茅侯",《潜夫论·五德志》作"茆侯"。

2.《左传·成公元年》"王师败绩于茅戎",《公羊传》、《谷梁传》均作"贸戎"。

3.《书·益稷》"懋迁有无化居",《尚书大传》"懋"作"贸"。

4.《山海经·海外北经》"柔利国……一云留利之国"。

5.《荀子·非十二子》"瞀瞀然",注"不敢正视之貌"。朱骏声曰:"犹《檀弓》之贸贸然。"①

6.《吕氏春秋·圆道》二十八宿"昴",曾侯墓漆箱作"矛"(《文物》1979.7图版伍)。凡此均"卯"可读"瞀"之确证。

检《战国策·齐策》三载"孟尝君谦坐",与"三先生"交谈,其中一人名"田瞀"(姚本"瞀"或作"盘",亦一音之转)。齐戈铭"陈卯",应即《齐策》"田瞀"(《玺汇》1476"陈卯"姓名私玺,据文字风格知是楚物,与齐戈铭偶而重名,但并非一人)。

《三代》20.38.3著录矛铭:郾(燕)王詈(哙)②乍(作)巨敓[矛]

末字或释"釛",可从③,但未予说明。按此字应隶定"铆",通"镏"。《玉篇》以为古"刘"字,《说文》训"杀"。不过根据上文"卯"可读"矛",则读"铆"为"釛"尤为符洽。《玉篇》:"釛,古文矛。"

《玺汇》2747"虞[留]",为燕国姓名私玺,应释"献留"。"献",古姓氏,见《风俗通义》佚文。

《玺汇》还著录下列姓名私玺:

一、王[留]　　　　0398

二、长(张)[留]　　0731

三、肖(赵)[留]　　0920

四、牛[留]　　　　1204

---

① 朱骏声:《说文通训定声》孚部,北京:中华书局,1984年。
② 陈梦家:《六国纪年》,上海:上海人民出版社,1956年,第90页。
③ 黄盛璋:《试论燕国兵器及其相关问题》,《古文字研究》19辑,北京:中华书局,1992年。

五、郾(燕)🈳　　1960

六、移🈳　　　3192

上揭诸例末字无疑是常见的人名用字，《玺汇》隶定"🈳"，《玺文》2.8隶定"🈳"。前者可能是后者的误写。"🈳"，字书未见。

固然，古玺文字"🈳"可作"🈳"形（"刀"亦作"🈳"形）。但是细审上揭之字并非从"🈳"和"🈳"，尤其第四例更为明显。第三例左上部颇似"🈳"，可能是误刻。此字如果释"🈳"，并不能解决问题；如果释"留"，则是一常见的人名。检《汉征》13.13有"屯留"、"孙留"等姓名私玺。

同理，《玺汇》3257"🈳口"应读"贸口"。"贸"，古姓氏，见《姓苑》。此字也见于《玺汇》2310"阳贸"。

战国文字"卯"作"🈳"（《玺汇》3832）、"🈳"（《玺汇》3268）等形，而"卵"作"🈳"（《云梦》10.4"䰩"）、"🈳"（望山楚简）等形，二者很难区别。故典籍也易相混①。战国文字"卵"或作"🈳"、"🈳"等形，加四笔斜画大概是一种区别方法；而小篆"卵"作"🈳"形，也是一种区别方法。不过前者渐被淘汰，而后者则成为正体。

释郻

1976年，山东临沂发现一件齐系戈，胡部铭一字：

🈳　《文物》1979.4.25图1

《简报》不识。据形体分析其左旁应隶定"睪"。这一偏旁已见北京顺义县所出西周鼎铭：

🈳《文物》1983.11.65

为人名，《简报》亦未释。甲骨文、金文中"执"和"圉"除有从"幸"的一般写法之外，还有从"睪"的异体。例如：

执　🈳　《续》3.36.2

圉　🈳　《林》2.25.10

---

① 《战国策·燕策》二"臣之所[重]处重卵也"，吴师道"一本卵作卵"，上海：商务印书馆，1934年。

囗　　囡　《集成》2505.1

囗　　囡　《集成》2505.2

由此类推，"𦎧"也是"㚔"的或体，"𦎧"应据《类编》445页隶定"郣"。"㚔"是地名，故增"邑"旁以标明。

"㚔"，《说文》："一曰读若瓠。"段玉裁曰："五字未详。疑当作，一曰读若执。"①《汉书·王子侯表》上"瓠节侯息"，王念孙云"师古曰，瓠即瓡字也，又音孤。《地理志》北海郡，瓡，师古曰，瓡即执字……韦昭以为诸蛰反。念孙案，瓠与报，皆执字之讹也。隶书执字或作𡒍，故讹为瓠……《地理志》之瓡，师古以为即执字，正与诸蛰之音相合。而《说文》、《玉篇》皆有执无瓡。隶书执字又与瓡相似，则瓡为执之讹明矣。《史》、《汉》中无作瓡者，惟县名之执作此字。盖执持之执，隶书作𡒍者，人皆知其为执字之讹，故随处改正。惟县名之瓡，不敢辄改，遂相沿至今。师古既云瓡即执字，又云瓠即瓡字，又音孤。前后自相矛盾，则涉河东郡之瓠讄而误也。《广韵》入声二十六辑，瓡，之入切，县名，在北海。而平声十一模无瓡字。是读瓡为执而不读为瓠矣，但未知瓡为执之讹耳。又案《说文》㚔字，注云读若瓠，一曰读若籋。瓠亦瓡之讹也。隶书瓠或作𡒍，执或作𡒍，二形相似，故执讹为瓠。"②

按，王氏分析"执"讹变为"瓠"的论证，详审可信。除王氏引隶书汉淳于长夏承碑"执"作"𡒍"（《隶篇》10.20）之外，还可用战国文字证明之。战国文字"丮"或作"𠃌"形（详下文释𡒍），与"瓜"或作"𠂇"形（《玺汇》3987"狐"）十分相似，遂使后人误认"执"从"瓜"，进而与"瓠"混淆。

"执"，据《说文》"从丮，从㚔，㚔亦声"。戈铭"郣"亦从"㚔"，自可读"执"。其地见于《汉书·地理志》"北海郡"下"瓡，侯国。莽曰道德"，师古曰："瓡即执字。"汪士铎曰："瓡，潍县东。"③又曰："在今县东。今有故城名驿埠，在县城（按指潍城）东五十里于家庄北，或即其地欤？"④戈铭出土临沂当另有原因，待考。

---

① 段玉裁：《说文解字注》卷十下，上海：上海古籍出版社，1988年，第12页。
② 王念孙：《读书杂志》3.160，南京：江苏古籍出版社，1985年。
③ 汪士铎：《汉志释地略》，《二十五史补编》，北京：中华书局，1955年，第1245页。
④ 常之英、刘祖干：《潍县志稿》卷七疆域志，遗迹第6页，1941年。

释厇

山东临沂地区曾出土两件文字款式相同的戟铭：

䢻右厇《考古》1983.2.118

䣒右厇《考古》1984.4.351

"䢻"，旧释"郳"，或作"倪"。春秋名小邾，战国属齐。"䣒"，旧不识。按，应释"鄸"，即"乘氏"，见《汉书·地理志》济阴郡"乘氏"，注："应劭曰，《春秋》败宋师于乘丘，是也。"全祖望曰："乘丘在泰山，鲁地。乘氏别一邑。"① 按，"氏"、"丘"均为地名后缀，故"乘"、"乘氏"、"乘丘"实为一地。《括地志》"乘丘，在瑕丘县西北，居之者以为氏，望出平阳"，可资佐证。

二戟辞例相同，第三字应为一字。后者下脱"止"，应是前者之省简。与前者相似者亦见旧著录：

䢼厇八族(?)弋《三代》19.41.2

"厇"与"厇"相较，仅少一装饰笔画而已，无疑是一字。

检《说文系传》"居"或作"厇"，而西周金文作"匞"，《汗简》作"厇"。如果以之与上揭兵铭诸字比较：

匞 农卣　　　　　　　　　　　　厇《汗简》中之1.43

厇《三代》19.41.2　　厇《考古》1983.2.118　　厇《说文系传》

不难看出，"匚"可演变为"厂"，而"厂"应是这类演变的中间环节。据《说文系传》"居"之或体"厇"，可以推知"厇"与"厇"均为"居"之异体。

与上揭二戟铭文款式相近的齐系兵器铭文有：

平阿左戟(戈)《小校》10.31.1

平阿右戟(戈)《小校》10.30.3

由此类推，"居"应是兵器名称，疑即燕国戟铭中常见的"锯"。

"锯"和"鍨"均兵器自铭，与《书·顾命》"一人冕执瞿，立于东垂；一人冕执戣，立于西垂"，注"戣、瞿皆戟属"，可以相互印证。"锯"即"瞿"，"鍨"即

---

① 全祖望：《汉书地理志稽疑》卷3，北京：北京出版社，1998年，第6页。

"戮"①。"锯"、"瞿"声韵均同。《管子·小匡》"恶金以铸斤斧钼夷锯欘",注"锯欘,鐱类也",是其佐证。于省吾引《六韬》"镢锸斧锯杵臼,其攻城器也",《淮南子·齐俗训》"今之修干戚而笑镢舌",注"镢,斫属",曰:"钼非专指田器,亦兵器之名也。又可证锯非专指治木者。"又曰:"萃锯者,五戎之副车所用之雄戟也。"②都颇有道理。同理,"屋"亦应是"戟"之异名,与典籍"瞿"、"镢"同类。临沂地区所出二戟的胡部均有锯齿形隆起,这正是"锯"戟的特异之处。铭有"锯"的燕国戟的形制,也可资证明,参看《三代》20.15.2、20.16.1、《文物》1982.8.45 图九、46 图一四等。

上揭齐兵"毫屋"即燕兵"攺锯",详下文"释攺"。

《汗简》中之 2.51"屋"(居)作"屋"形,是否"屋"之讹变,颇值得注意。

"屋"、"屈"如何隶定?据《说文》系统隶定"屈",似无可厚非。然而据战国文字资料"足"、"疋"实一字分化,例如:

疋　　"乌疋"　　(《货系》1950)即"乌疋",读"阏与",地名。

邔　　"邔阳"　　(《货系》2468)即"邔阳",疑读"沮阳",地名。

証　　"証鈢"　　(《玺汇》0008)即"谞玺","谞"读"胥",官名。

栣　　"栣"　　(《侯马》322)即"栣",人名。《集韵》梳或作栣。

閊　　"塙閊"　　(《陶汇》3.406)即"塙閊",读"高鱼",地名。

闞　　"闞"　　(《陶文》12.79)即"闞"之繁文。

楚　　"楚王"　　(楚王酓章钟)即"楚王"。

胜　　"胜"　　(《玺汇》2177)即"胜",人名。《字汇》"胜,牡胜也。"

至于《陶汇》3.811"事屋",第二字与"屋"显然为一字,可隶定为"屈"。

"屈",从"厂"、"疋"声,与"居"音近可通。《荀子·子道》:"由是裾裾何也?"《韩诗外传》三"裾裾"作"疏疏"("疏"从"疋"声),是其确证。然则《说文系传》以"屋"(屈)为"居"实乃假借。当然也可以将"屈"理解为"居"之异体,只不过声符不同而已。

总之,"屈"是"居"的异体,在兵器铭文中是一种特殊戟的名称,典籍作"瞿"或"镢"。

---

① 于省吾:《双剑誃尚书新证》卷四,1934 年石印本,第 24 页。
② 于省吾:《双剑誃吉金图录》卷下考释,1934 年,第 7—8 页。

燕国礼器铭文中另有一字，与"疋"形近，但并非一字：

罍　　右㞋肖　　《山东》54
敦　　右㞋肖　　《河北》149
壶　　右㞋肖　　《文物》1982.3.91 图二
壶　　左㞋　　　《文物》1982.3.91 图五

检望山楚简"㞋"，或作"㞋"。后者与《说文》"迟"之或体"遟"吻合无间①。古文字"辵"与"止"形符通用，故上揭诸燕器"㞋"自应释"迟"之异文。

"㞋"从"尸"，其中"二"为装饰部件。"二"与"口"在战国文字中往往可以互换，其例甚多，详见另说②。上揭壶铭的盖部亦有铭文：

右㞋肖　　《文物》1982.3.91 图三

第二字应隶定"㞋"，据辞例无疑为"㞋"之异体。《玉篇》："㞋，俗豚字。""尸"，审纽，古入透纽，脂部；"豚"，定纽，文部。透、定均属端系，脂文对转，音读吻合。这说明"㞋"确从"尸"声。

楚国礼器铭文"㞋市"应读"肆师"，见《周礼·春官·肆师》③。楚文字"㞋"与燕文字"㞋"实乃一字，均应释"㞋"或"尸"，读"肆"。"㞋肖"读"肆尹"，相当"肆长"，见《周礼·地官·肆长》"肆长各掌其肆之政令"，疏"此肆长谓一肆之一长，使之检校一肆之事，若今行头者也"。铜器铭有"肆长"，为研究战国官市属官的构成提供一则珍贵的资料。

释攸

燕王职兵器铭文中，兵器"锯"、"铅"往往冠以前缀：

戟　　郾（燕）王职乍（作）攸锯　　　《三代》20.16.1
戟　　郾（燕）王职乍（作）巨攸锯　　《三代》20.17.1
矛　　郾（燕）王职乍（作）攸铅　　　《三代》20.38.1
矛　　郾（燕）王职乍（作）巨攸铅　　《三代》20.37.4

---

① 中山大学古文字研究室：《战国楚简研究》（三），油印本，第 14 页。
② 何琳仪：《战国文字通论》，北京：中华书局，1989 年，第 232 页。
③ 何琳仪：《楚官肆师》，载《江汉考古》，1991 年第 1 期。

兵器名称的前缀字，或释"扜"①、"钕"②、"攸"③等。其中只有隶定为"敊"，是正确的。"乇"作"㐄"形，是演变为"斥"的滥觞。"乇"、"斥"古本一字，可参中山王鼎"宅"作：

斥 《中山》25

其中"斥"与"㐄"有明显的演变轨迹。

或据辞例谓"敊"有"攻击之意"④，也是合理的推测。下面试阐明"敊"何以训"击"。

检《说文》"烝"之古文作"㲃"形。其中"㐄"旁，清代小学家早已指出即"乇"⑤。以《说文》"宅"之古文"㡯"、《玉篇》"烝"之古文"㻈"，交相验证，当无疑义。至于"彡"旁，则可能由"攴"（攴）旁演变而来，曾子斚鼎"敢"作：

敢 《集成》2757

所从"攴"旁，可资佐证。然则燕兵铭之"敊"，即《说文》"烝"之古文。

"烝"，《说文》训"草木华叶下烝"，典籍多以"垂"为之。《说文》古文作"敊"，应是假借。"敊"从"乇"得声，属透纽，鱼部；"垂"，属禅纽，歌部。禅纽古读定纽，透、定均属端系；鱼歌例可旁转。检《庄子·知北游》"大马之捶钩者"，释文"捶，郭音丁果反"，正与"敊"音读相合。另外，《说文》"唾读若垜"、"遹读若住"，《集韵》"埵"、"峬"均"都戈切"，《广韵》"唾汤卧切"、"稇徒果切"，亦均属此类声转。

燕兵铭"敊"，应据《说文》古文读"捶"，音若"朵"。检《说文》"捶，以杖击也"。引申泛言"击杀"。《广雅·释诂》三："捶，击也。"《后汉书·杜笃传》："捶驱氐僰。"上揭戟、矛等自名"敊锯"、"敊鈘"，显然都指击杀之武器而言。

《剑吉》下二十著录一件戈铭：

---

① 于省吾：《双剑誃吉金图录》卷下考释，1934 年，第 4 页。
② 黄茂琳：《新郑出土战国兵器中的一些问题》，载《考古》，1973 年第 6 期，第 373 页。
③ 李学勤：《战国题铭概述》，载《文物》，1959 年第 7 期，第 50 页。
④ 黄盛璋：《试论燕国兵器及其相关问题》，《古文字研究》19 辑，北京：中华书局，1992 年，第 12 页。
⑤ 王筠：《说文句读》，《说文诂林》卷 6 下，北京：中国书店，1983 年，第 2696 页。

左军之捶仆大夫殷之卒公孳(思)①里脽之口,工杖里瘟之弋戈。

"攴仆"即"捶扑",见《后汉书·申屠刚传》"捶扑牵曳于前"、《后汉书·左雄传》"加以捶扑"。或作"捶朴",见《三国志·魏志·何夔传》"加其棰朴"。燕兵铭"捶仆大夫",大概是隶属于"左军"的下级军官。至于"攴戈",与"攴锯"、"攴釪"均指击杀兵器。

最后从语言学方面考察,"攴"也有"打击"之意。"攴"的语根是"度"(殳)或"打"。《周礼·地官·司市》"凡市入则胥执鞭度守门",注:"必执鞭度,以威正人众也。度谓殳也。"王引之曰:"《方言》曰,殳,宋卫之间谓之樬殳,或谓之度。郭璞注曰,殳,今连枷,所以打谷者。殳亦杖名也。今江东呼打为度。《广雅》曰,殳、度,杖也。然则古人谓殳为度,以打得名。"②按,王氏说甚确。"攴"、"度"、"打"均一音之转。"捶",本训"以杖击也",与"度"音义相涵,显然亦属一音之转。另外,《集韵》"拆,击也",似也与"攴"有关。

释霎

燕王兵器铭文"萃锯"前往往冠一奇字,以往著录颇为模糊。1973年,燕下都第23号遗址出土百余件兵器,此字习见,拓片摄影相当清晰(《文物》1982.8)。以之与传世铭文相互比较,可分三式:

一、🗌　图版八.一　　🗌《小校》10.46

二、🗌　图版八.四　　🗌《剑吉》下三三

三、🗌　图版八.六

此字上部根据第一式,自应隶定"雨"。第二式"雨"中间竖画多一短横,或作肥笔,可与《说文》"霸"古文作🗌形相互印证。"雫"或作"粤",也属这类演化③。古文字中竖画上赘加短横,是习见的演变规律,例不备举。第三式"雨"中间虽无竖笔,但根据第一式、第二式,也可判断为"雨"之省简。因

---

① 于省吾:《双剑誃吉金图录》卷下考释,1934年,第3页。于释"孳",可信。按,"孳"应读"思"。《释名·释丧制》"总,丝也。"是其证。鲁季氏之族曰公思展,后人以字为氏,见《古今姓氏书辨证》,上海:商务印书馆,1936年。

② 王引之:《经义述闻》8卷,南京:江苏古籍出版社,1985年,第328页。

③ 刘心源:《奇觚室吉金文述》2卷,南京:江苏广陵古籍刻印社,1991年,第38页;王国维:《盂鼎铭考释》,《王国维遗书》6册,上海:上海书店,1983年,第2页。

此,旧释此字从"雨"可信。

此字下部似从"人"或"卩",但"雫"或"霄"①均不成字,只能另外考虑。检《说文》"及"古文作:

以往学者对"及"之古文形体困惑不解,自中山国器发现后,"及"之古文得到证实:

中山王圆壶　　　　十三叶左使车夫齐□鼎

第一式应释"周"②,或释"胄"非是。据《说文》"周,古文周字从古文及",《古文四声韵》下平二十四"周"引《说文》作形,可知第一式即古文"周"。同理,第二式《简报》释"笰"③,无疑也是正确的。上揭燕王兵器奇字所从与《说文》古文形近,所从则与《说文》古文形近。《陶汇》3.714"□里□",首字亦应释"霎"。"霎□",地名。

根据上述分析,燕王兵器此字应隶定"霎"。《玉篇》:"霎,霎霎,雨声。"《集韵》:"霫,或作霎。"

燕王兵器"霎",典籍作"钑"或"阇"。《史记·商君列传》"持矛而操阇戟者",集解"屈卢之劲矛,干将之雄戟",索隐"阇,亦作钑"。《集韵》"钑"又作"阇"。《后汉书·舆服志》上"凤凰阇戟,皮轩鸾旗",注"综曰,阇之言函也,取四戟函车边"。王先谦曰"《东京赋》阇戟缪輵,薛注,阇,铤也。与此薛说异。《史记·商君传》持矛而操阇戟者,傍车而趋,则古不函于车边。正义说阇,引顾野王云,铤也,与薛赋注合。今《玉篇》阇,戟名,亦与正义引顾说异。《史记·匈奴传》索隐,铤,小矛铁矜。是与戟为二物矣。函义不见他书志。言凤皇阇戟,则似阇与戟各二也。"④

燕王职监造兵器铭文,有如下几种类型:

戈　郾(燕)王职乍(作)王萃　　　　《三代》19.43.1

矛　郾(燕)王职乍(作)黄卒铩　　　　《三代》20.38.2

---

① 容庚:《金文编》1876"霄"(格伯簋)释"霄",北京:中华书局,1985年。

② 李学勤、李零:《平山三器与中山国史的若干问题》,载《考古学报》,1979年第2期,第161页。

③ 雍城考古工作队:《凤翔县高庄战国秦墓发掘简报》,载《文物》,1980年第9期,第12页。

④ 王先谦:《后汉书集解》,北京:中华书局,1984年。

戠　郾(燕)王职乍(作)巾萃锯　　《三代》20.17.6
戠　郾(燕)王职乍(作)霓萃锯　　《三代》20.15.2

"王萃",是王车之名。《周礼·春官·车仆》"掌戎路之萃",注:"萃犹副也。"孙诒让曰:"戎仆掌王倅车之政。注,倅,副也。萃、倅字通。"①"黄萃",应读"广萃"。《车仆》"广车之萃",注:"横阵之车也。"孙诒让曰:"萃即谓诸车之部队,"②"巾萃",疑与《周礼·春官·巾车》有关③。以此类推,"霓萃"亦应与车制有关。"霓"读"阘",可证《后汉书》注"取四戟函车边",颇有根据。而《史记》集解以"雄戟"释"阘戟",与上文"释疐"论及"雄戟"即"锯",适可互证。又检《晋书·舆服志》"猎车驾四马,天子校猎所乘也。一名阘戟车"。"阘"与"阘"音近可通。《集韵》"鞈"亦作"阘",是其佐证。然则"阘戟"即"阘戟","阘戟车"与"霓萃锯"的关系也就不言而喻。天子乘"阘戟车"与燕王作"霓萃锯",身份也十分吻合。

总之,"霓"、"钑"、"阘"、"阘"均一音之转。"阘戟"是猎车上的戟。"霓萃锯"与"阘戟"、"阘戟车"有关。

释戒

《三代》19.54.1—2 著录一件战国早期燕国戈铭:

　　𧈢(虻)生不(丕)乍(作)戒𫖮,郾(燕)侯载自洹来,□□□庸(祇)白□。

"虻生丕",人名。《孟子·公孙丑》下"虻鼀","虻"为古姓氏。"某生某"是燕国姓名私玺中常见的格式,例不赘举。

"戒"后一字旧多不释。按,此字可与齐侯镈铭互证:

　　不敢弗憼𫖮

　　台(以)𫖮戒攸(作)

---

① 孙诒让:《周礼正义》53卷,北京:中华书局,1987年,第2页。
② 孙诒让:《周礼正义》53卷,北京:中华书局,1987年,第2页。
③ 李学勤、郑绍宗:《论河北近年出土的战国有铭青铜器》,《古文字研究》7辑,北京:中华书局,1982年,第124页。

镈铭此二字旧皆释"戒",可信。其中"="为装饰性对称符号①,无义。镈铭"以戒戎作"即《诗·大雅·抑》之"用戒戎作"②。毛传:"用此备兵事之起。"

戈铭"戎戒"当读"戎戒",骤视之似与《诗》有关,其实不然。《诗》"戒戎"是动宾结构,戈铭"戎戒"则是名词。《周礼·春官·巾车》"以即戎",注:"戎,谓兵事。"《说文》:"戒,警也。"戈铭"戎戒"显然与兵事相关。《宋书·礼志》"戎戒淹时",正指兵事。戈铭"作戎戒"似指制造兵器,词义的引申也很清楚。

"燕侯载自洹来",似乎与"会盟或参加他国联合征伐有关"③。戈铭后半部文字不十分清晰,待考。

释生

1971年,在"郑韩故城"发现大批韩国兵器。铭文兵库之名除有"郑左库"、"郑右库"外,尚有:

奠(郑) 生 库　　《文物》1972.10.39 图二十

生 库　　《文物》1972.10.40 图二五

"库"上之字,自郝本性隶定"生"之后④,诸家多从之。以下列晚周文字检验:

生　生　陈逆簠　　生　《侯马》317
往　往　吴王光监　　往　《说文》古文

隶定上揭兵铭中库名为"生库",应无疑义。然而"生库"是否见于文献记载,则值得探讨。

由于历史和地理的原因,韩、赵、魏三国的兵器铭文有很多共同的特点。然而"郑生库仅见这次新郑出土,郑地所造许多兵器中,是韩国都郑特有的库名"。⑤ 因此,"郑生库"应在有关郑韩文献材料之中寻觅。

检《左传·襄公三十年》"伯有闻郑人之盟己也,怒。闻子皮之甲不与攻

---

① 何琳仪:《战国文字通论》,北京:中华书局,1989年,第226页。
② 孙诒让:《古籀拾遗(上)》,北京:中华书局,1989年,第12页。
③ 黄盛璋:《试论燕国兵器及其相关问题》,中国古文字研究会第六届年会(烟台)论文,第17页。
④ 郝本性:《新郑郑韩故城发一批战国铜兵器》,载《文物》,1972年第10期,第35页。
⑤ 黄盛璋:《试论三晋兵器的国别和年代及其相关问题》,《历史地理与考古论丛》,济南:齐鲁书社,1982年,第91页。

己也,喜。曰,子皮与我矣。癸丑晨,自墓门之渎入,因马师颉介于襄库,以伐旧北门"。关于"襄库",杜预无注,清儒和近代学者或以为"(郑)襄公(公元前604—588年)所作之武库也"①,并不可信。"襄库"疑即上揭戈铭"生库"。

"生"、"襄"均属阳部字,音近可通。甲骨文"生"祭,即典籍之"禳"祭②,可资佐证。典籍中也有相通的线索。首先,"生"可读"亡"。《说文》:"生,草木妄生也。"《管子·权修》"无以蓄之,则往而不可止也",注:"谓亡去也。"二者以"亡"训"生"(往),均属声训。其次,"襄"亦与"亡"音近。《史记·仲尼弟子列传》"公良孺",索隐作"公襄孺"。"娘"或作"孃","娘"或作"孃",亦属其例。"良"正从"亡"得声。凡此可证,读若"亡"的"生"确与"襄"可以通假。

总之,新郑所出韩国兵铭"生库",疑即《左传》之"襄库"。据《左传》文意考察,"襄库"应是武库之名。这与兵器铭有"生库"颇为吻合。春秋郑国和战国韩国先后以新郑为都城。郑国"襄库"设在新郑,韩国铭有"生库"的兵器出土于新郑。文献材料和考古材料如此密切,绝非偶然巧合。

本文1988年初稿谓"新郑所出韩国兵铭生库,即《左传》之襄库,相当赵、魏两国兵铭上库。"今按,韩国是否有"上库",过早下结论,未免卤莽灭裂。但这不影响"生库"即"襄库"的结论。

释器

赵国春平侯铍传世品甚多,其中往往有一固定的铭文辞例:

邦左伐☒　《周金》6.80.3
邦左伐☒　《录遗》600
邦左伐☒　《三晋》图2.2
邦左伐☒　《三晋》图2.4
邦左伐☒　《三晋》图2.6
邦左伐☒　《录遗》602
邦左□☒　《三晋》图三

---

① 梁履绳:《左通补释》,《皇清经解续编》卷五十一中29页。竹添光鸿:《左氏会笺》卷十九,台湾:新文丰出版社,1978年,第34页。
② 于省吾:《甲骨文字释林》,北京:中华书局,1979年,第154页。

邦左伐㿿　　《三晋》图四
邦右伐□　　《贞松》12.23.1
邦右伐㿿　　《三晋》图2.5

上揭诸铭第三字，《周金》释"伐"，近时有文引申其说①，应无疑义。笔者曾指出，战国文字中"亻"旁可作"彳"旁②。上揭鈹铭"伐"或作"彶"，又增添一例。至于《三晋》释"佼"读"校"，并接上读"左校"、"右校"，殊误。

《三晋》图2.5第四字，作者隶定为"器"③，其它鈹铭则仅存原篆，不予隶定。其实根据辞例排比，其它鈹铭最后一字也都应隶定为"器"。今说明理由如次：

在战国文字中，"艸"或省作"艹"，例如：

草　䒑　石鼓·作原　　　　草　　青川木牍
莽　茻　工师初壶　　　　　莽　　长沙帛书④

由此类推，"品"亦可省作"叩"。金文"嬰"，小篆作"喪"；《说文》"嚻"，或省作"囂"，古玺作"嚻"（《玺文》附108）。均可资旁证。金文已出现省二"口"的"器"，作"㗊"形（《金文编》0313），更有直接的证明，即战国文字确有似"哭"形，而必读"器"者：

1. 陶文"㗊"（《季木》83.5），应释"器"，指陶器。
2. 陶文"左匋(陶)胥(尹)鐈疋㗊鍴(瑞)"（《艺术丛刊》21）。"鐈"、"久"音近可通。《书·无逸》"旧劳于外"、"旧为小人"，《史记·鲁世家》作"久劳于外"、"久为小人"，均其佐证。秦国陶文"久"字习见，均可读"记"。《说文》"玖"下引《诗》曰，贻我佩玖，读若芑"。是其确证。《云梦秦简·工律》"刻久"，正读"刻记"。陶文"鐈疋"可读"久疋"，或"记疏"。《说文》："记，疏也，从言己声。"《系传》："疏，谓一一分别记之也。"段注："疋，各本作疏，今正。疋部

---

① 张琪：《关于三晋兵器若干问题》，《古文字论集(一)》（考古与文物丛刊第2号），1983年，第58页。
② 何琳仪：《中山王器考释拾遗》，载《史学集刊》，1984年第3期，第10页。
③ 黄盛璋：《试论三晋兵器的国别和年代及其相关问题》，《历史地理与考古论丛》，济南：齐鲁书社，1982年，第105页。"释器"已收入拙著《战国文字通论》。近见俞伟超、李家浩：《论兵闢太岁戈》（载《出土文献研究》140页）亦隶定"㗊"为"器"，特此志之。
④ 何琳仪：《长沙帛书通释》，载《江汉考古》，1986年第2期，第84页。齐乔史喜鼎（《集成》2586）"茻"亦应释"莽"。

曰,一曰,疋,记也。此疋、记二字转注也。疋,今本作疏,谓分疏而识之也。"陶文"左匋尹镕疋×端",意谓"左陶尹识记陶器之陶玺"。"×"显然应释"器"。

3. □阳鼎"□易(阳)大×"(《考古》1984.8.76)。"大×"应释"大器",典籍习见。或专指某种宝器,如《左传·文公十二年》,"重之以大器",注"大器,圭、璋也";或泛指重要之器,如《荀子·王霸》"国者,天下之大器也"。鼎铭"大器"应属前者,指鼎。

4. 武平钟"武坪(平)君子□×"(《攈古》2.2)。"×"应释"冶器",与新出陈𦫳钟"造器"(《文物》1987.12.49),可以互证。

5. 铸器客甗"×客为集糈七廥(府)"(上海博物馆藏)。"×"应读"铸器",见《淮南子·俶真》"今夫冶工之铸器"。

综上,燕国陶文、□阳鼎、武平钟和楚国铸器客甗诸"哭"形,赵国春平侯铍诸"×"字释"器",殆无疑义。

铍铭"伐器",见《楚辞·天问》"争遣伐器,何以行之",王注"伐器,攻伐之器也"。"伐"训"击刺"(《书·牧誓》"不愆于四伐、五伐、六伐、七伐"传),故"伐器"自应是"攻伐之器"。

关于"伐器",或据典籍、西周金文、战国古玺等有"戎器",遂谓《天问》"伐乃戎字之形讹"①。今释出赵国兵器铭文"伐器",与《天问》契合,益证王注确不可易,而古书不宜擅改。

除"邦左(右)伐器"之外,春平侯器还铭有"邦左(右)库"(《小校》10.103.3、《周金》6.80.1等)。两相比勘,"伐器"似为藏兵之所。

释鞈

《剑古》上四五著录一件错金戈铭:

  楚王酓璋严觑(龏)寅乍(作)鞈戈,台(以)邵(昭)𩣡(扬)文武之戍(茂)用(庸)。

---

① 于省吾:《泽螺居楚辞新证》,北京:中华书局,1982年,第272页。

"戈"上之字，诸家隶定分歧较大，如"軳"①、"輲"②、"輊"③等。

按，此字分明由三个偏旁所组成：

一、从"车"。

二、从"𦣴"。两周文字"𦣴"或作横斜状，例如：

师 [字形] 齐侯镈

官 [字形] 元年师旋簋

又，晚周文字"𦣴"或横写于其它偏旁之上，传抄古文中时存其例：

师 [字形] 三体石经《僖公》

归 [字形] 三体石经《僖公》

至于"𦣴"内趁隙加点，乃是战国文字习见的现象。二十七年大梁鼎"官"作：

[字形]《集成》5.26.12

其中"𦣴"内有一装饰性短横，与戈铭"[字形]"内有二装饰性短横性质相同。隶书恰有与戈铭"𦣴"相同的偏旁：

[字形] 鲁峻碑

三、从"它"。战国文字"它"及从"它"之字习见：

它 [字形]《中山》20

铊 [字形] 畬肯鼎

陀 [字形] 望山楚简

䮰 [字形]《玺文》13.4

䮚 [字形]《玺文》14.6

墮 [字形] 长沙帛书

戈铭"[字形]"与上揭诸"它"旁相较，只多一赘笔。检《玺汇》"沱"分别作：

[字形] 4057　　　[字形] 4058

是其佳证。

综上偏旁分析，此字应隶定"轊"，但不见于字书。如果视为合文，则可释读。战国文字中有一类共用偏旁的合文，例如：

---

① 容庚：《鸟书考》，载《中山大学学报》，1964年第1期，第83页。
② 张政烺释，引《金文编》，第570页。
③ 李家浩：《楚王畬璋与楚灭越的年代》，《文史》24辑，第17页。

邯郸　𦤀　《侯马》355

邯邢　𦤀　《东亚》4.32

公子　𠫔　《类编》553

君子　𠱾　《玺汇》3219

纴组　𦈢　仰天湖楚简①

汭泾　𦈢　者汈钟②

准是，"轊"也可读"帕鸵"。

"帕"，已见《玺汇》2497—2500，为古姓氏。《集韵》："韎，车盛貌，或作帕。"又《玉篇》残卷："韎，他回反。韩诗，大车韎韎。盛貌也。""帕，字书亦韎字也。"③（今本《诗·王风·大车》作"大车啍啍"，传"啍啍，重迟之貌"）。古玺"帕"疑读"韎"。《通志·氏族略》平声"韎氏，晋七舆大夫韎歜，郑有韎甥"。戈铭"帕"即"韎"。

"鸵"，已见《季木》16.11，为人名。《集韵》："鸵，车疾驰。"《玉篇》残卷："鸵，徒多反。"《埤仓》："鸵鸵，驱疾貌也。"④

综上义训，可知"帕鸵"是与古代车辆相关的联绵词（双声），应读"韎韎鸵鸵"。如果急读之，则车辆疾行碾地的声音依稀在耳。正因为"帕"、"鸵"是相关的联绵词，其写成合文"轊"也就容易理解。

"帕鸵"本是形容词，在戈铭中则是名词。拟声联绵词有时合读二音，成为与之相关的名词。诸如"丁宁"即"钲"、"鍺雍"即"钟"⑤等，可资旁证。因此，所谓"轊戈"即"帕鸵戈"，而与"车戈"（《严窟》下52）、"车戟"（《三代》10.19.1）等辞例并无本质区别。凡此对研究先秦词汇颇有参考价值。

"戊用"应读"茂庸"。《逸周书·小开》"不庸不茂"。《文选·褚渊碑文》"帝嘉茂庸，重申前册"，注"茂，盛；庸，功也"。

---

① 何琳仪：《战国文字与传抄古文》，《古文字研究》15辑，北京：中华书局，1986年，第125页。

② 何琳仪：《者汈钟铭校注》，《古文字研究》17辑，北京：中华书局，1989年，第149页。

③ 顾野王：《原本玉篇残卷》，北京：中华书局，1985年，第338页。

④ 顾野王：《原本玉篇残卷》，北京：中华书局，1985年，第339页。

⑤ 孙常叙：《秦公及王姬钟镈铭文考释》，载《吉林师范大学学报》，1978年第4期，第17—18页。

释𡎺

1971年，湖北江陵拍马山楚墓 M10 出土一件楚式戈（《考古》1973.3.156），上有鸟篆铭文四字，结体异常繁缛（见下图）①。《简报》释"䣄君用宝"。其中除"君"字所释正确，其它三字均有可商。

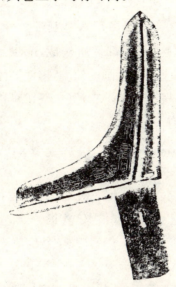

戈铭首字上从"艹"，左下从"邑"，右下从"土"，皎然可辨，已无疑问。"土"上"ㄔ"旁，应是"丮"旁之省简。"丮"本从两臂，有时则省一臂，见《金文编》：

执　𣪘　0444

孰　𡱈　0445

襄　𧞫　1392

扬　𨺅　1941

至于卅三年大梁戈有人名作"𠂇"形（《三晋》图9），自应释"丮"。小篆"丮"，今隶作"丸"，也颇能说明二者的繁简关系。二"艹"间的偏旁，如果剔除其装饰性延伸笔画，应作"𠔿"形，即小篆"執"之所从"𢆉"旁。以往学者都认为"𢆉"是

---

① 承蒙同窗吴振武借用戈铭原拓，志此鸣谢。

西周金文"坙"的讹变。然而收缩"木"的竖笔只能作"火"形,并不能作"业"形。如果把战国文字"㕵"视为西周金文与小篆间的过渡形体,似乎更为合理,即:

米《金文编》0444→火《玺汇》0172→㕵墊君戈→业小篆

尽管后两个形体的嬗变之迹已比较明了,不过这类"先"的来源尚有待研究。退一步说,如果视"㕵"所从"冖"为装饰笔画,"丈"亦可隶定为"先"。战国文字"豙"(埶)作"㲋"(《玺汇》0172),是其证。分析至此,知戈铭首字由"艹"、"先"、"土"、"丮"、"邑"五个部件所构成,应隶定为"墊"。此字"土"与"邑"偏旁位置互易,再加上装饰笔画的纠缠,遂使形体奇诡难识。

"墊",从"邑",地名,疑读"艾"。"蓺"(鱼祭切)与"艾"(鱼肺切)均属疑纽月部字,可以通用,其证有三:

1."蓺"、"艾"均训"治"。《广雅·释诂》:"蓺,治也。"《诗·小雅·小旻》传:"艾,治也。"

2."蓺"、"乂"均训"才"。《礼记·礼运》:"义者,艺之分仁之节也。"注:"艺,犹才也。"《广韵》:"艺,才能也。""乂,才也。"

3."艾"假借为"嫛"①。《说文》:"嫛,至也。"《广雅·释诂》一:"艾,至也。"

凡此说明"蓺"和"艾"音义全同,应是一组同源字。故戈铭"墊"亦可读"艾"。《左传·哀公二十年》"吴公子庆忌出居于艾",注:"吴邑,豫章有艾县。"其地在今江西省修水县"西百里地名龙岗坪"②,位于湘、鄂、赣交通要冲,地理位置十分重要。

"君"字四周笔画与"墊"字中部笔画均属图案,无义。

戈铭第三字从鸟形,从"凡",疑释"凤",乃"墊君"之名。

戈铭第四字或释"宝有"合文③,甚是。按,"宝"所从"乁"旁应隶定为"勹",乃"伏"字之初文,读"包",是"宝"的叠加声符。类似"双重声符"详另说。□建鼎"宝器"作"匋器"(《集成》2073),其中"匋"亦从"勹"声,可资旁证。戈铭

---

① 朱骏声:《说文通训定声》泰部,北京:中华书局,1984年。
② 顾祖禹:《读史方舆纪要》卷84第4册,北京:中华书局,1955年,第3564页。
③ 李零:《楚国铜器铭文编年汇释》,《古文字研究》13辑,北京:中华书局,1986年,第378页。

"宝有"合文应隶定为"寓"。

拍马山楚墓 M10,《简报》定为春秋晚期,或定为战国早期①。以后说近是。上引《左传·哀公二十年》记载"吴公子庆忌出居于艾"之后,"遂适楚。闻越将伐吴。冬,请归平越。遂归。欲除不忠者以说于越。吴人杀之"。鲁哀公二十年,相当公元前 475 年,恰值春秋、战国之际。吴公子庆忌归国被杀,其子(或后人)理应袭封"嫛(艾)君"。故"艾君凤"很可能是庆忌的继承人。至于嫛君戈出土于湖北江陵,当与艾君"适楚"有关。

补记:

"释器"主要内容已收入拙著《战国文字通论》。最近黄盛璋《关于加拿大多伦多市安大略博物馆所藏三晋兵器及其相关问题》(《考古》,1991 年第 1 期,第 58 页)公布两件赵国铍铭:

1. 十七年,相邦春平侯,邦左伐器,帀(工师)□酷,冶馥敊(调)斎(剂)②。正面

大攻(工)肴(尹)虱(韩)峕。背面

2. 十八年,相邦平国君,邦右伐器,段帀(工师)吴痃,冶疠(瘨)敊(调)斎(剂)。正面

大攻(工)肴(尹)肖(赵)阜(触)。背面

其中"器"均从"品",这为笔者释"伐器"提供两条佳证。

---

① 黄盛璋:《江陵拍马山鸟篆戈铭新释》,《楚文化新探》,武汉:湖北人民出版社,1981年,第 158—159 页。

② 施谢捷说。

古兵地名杂识[1]

本文是《战国兵器铭文选释》的续篇,[2]集中讨论战国兵器铭文中若干地名(附带涉及相关问题):齐地一、燕地二、赵地一、魏地一、楚地四、秦地一、凡10则。本文征引古文字或铭文之后的数字前不标书名者,均为《殷周金文集成》序号。

安釆

《三代》20.35.3—4 著录 2 件传世铜矛,铭文:"安△右"。其中"△"原篆作:

    11489   11490

旧不识,故多称"安右矛"。11489 与 11490 相互比较,似前者更为准确。

据 11489 可释"釆"。《说文》:"釆,辨别也。象兽指爪分别之形,读若辨。"

"釆"、"平"均属并纽,双声可通。《诗·小雅·采菽》:"平平左右。"《左传·襄公十一年》引"平平"作"便蕃"("蕃"从"釆"声)。是其确证。据《说文》"釆"读若"辨",而"辨"与"平"亦相通。如《书·尧典》"平秩东作",《风俗通·祀典》引"平"作"辨",《文选·典引》"惇睦辨章之化洽"注:"《尚书》曰,平章百

---

[1] 原载《考古与文物》,1996 年第 6 期,第 68—73 页。
[2] 何琳仪:《战国兵器铭文选释》,中国古文字研究会成立十周年学术研讨会(长春)论文,1988 年,《古文字研究》20 辑待刊。

姓，辨与平古字通也。"可资佐证。

"乑"与"平"不但音近，而且形亦近，齐文字"平"或作：

丕 陶汇 3.648　　　丕 说文古文

与"△"相互比较，仅多一横笔而已。另外三体石经《僖公》"聘"作：

粂

其下从"平"，①也与"乑"形甚相近。战国文字"平"与"乑"相混。既有音变的因素，也有形变的可能。如是观察，上揭典籍之中"平"、"番"、"辨"相混的现象则易于理解。

矛铭"安乑"可读"安平"。"安"字结构呈典型齐系文字风格，这与"安平"地望正相吻合。"安平"为齐国名将田单的封地。《战国策·齐策》："安平君，小人也。"吴师道注："徐广云，北海东安平。《正义》云，在青州临淄县东，古纪国之酅邑。《索隐》云，单初起安平，故以为号。"包括《括地志》"安平城在青州临淄县东十九里"，在今山东临淄东北。

洀坣

《文物》1982.8图版捌著录一件罕见的燕王职戈。正面铭文七字：

郾(燕)王职乍(作)霋(鈒)②萃(倅)锯

背面铭文四字：

洀△郄(都)緜　　11304

"洀"，殷周文字读若"盘"，战国文字读若"舟"（《集韵》："洀，水文也。之由切。"）燕兵"洀"理应读若"舟"。③

"△"原篆作：

坣

下从"土"十分明显，上从"州"则比较特殊，"州"两侧撇笔偏下，与通常写法不同。这类双撇下移的现象，参见下列文字的变异：

---

① 何琳仪：《古玺杂识》，载《辽海文物学刊》，1986年第2期。
② 何琳仪：《战国兵器铭文选释》，中国古文字研究会成立十周年学术研讨会(长春)论文，1988年，《古文字研究》20辑待刊。
③ 何琳仪：《释洀》，中国古文字学术研讨会第八届年会(太仓)论文，1990年，《华夏考古》待刊。

坪 𡏋 随县67　　　盂 包山184
坃 㘦 货系44　　　埮 陶汇3.649

故"△"应隶定"塱",字书所无,疑"州"之繁文。

戈铭"洝塱",即"洝州",见燕国矛铭"右洝州罨(县)"(《河北》92),检《水经·㶟水注》,"㶟水又东迳阳原县故城南,《地理志》代郡之属县也。此俗谓之北郍州城",在今山西阳原西南。《水经注》之"郍州"即燕国兵器铭文的"洝州"、"洝塱",也即《地理志》代郡属县"阳原",三孔布作"阳渧"。① 戈铭、矛铭为燕器,三孔布为赵器,国别不同,故各有异名。所谓"北俗谓之"实乃燕国之旧称。《水经》保存了"郍州"这一阳原异名,弥足珍贵。

矛铭"洝州"前冠以"右"字,应表示地理方位。如《陶汇》有"右北平"3.752,见《史记·匈奴列传》。② 还有"左北平"4.136与"右北平"对应。《水经注》"郍州"前冠以"北"字,亦应表示地理方位,典籍习见。至于"右洝州"之"右"与"北郍州"之"北"是否为同一概念,因材料所限,暂不讨论。

"緂",亦见中山王方壶,诸家多根据《汗简》中2.52释"张"之异文,可信。戈铭"洝州郙緂",应读"郍州都长",指阳原县地方长官。《后汉书·章帝纪》"以辅长相",注:"长,谓县长。"这与矛铭中"洝州"为"罨"(县)正相吻合。

不降

《集成》著录4件载有"不降"的燕国兵器铭文:

不降拜余(馀)子,之責(职)金又(为)中军	11286 戈
不降拜余子之責金	11541 矛
不降	11470 矛
不降	11987 镞

以上"不降"的隶定不成问题,若以假借字求之,则可与典籍"无穷"系联。

首先,"不"与"无"音义均通,典籍中往往互作,《书·洪范》"无偏无党",《史记·张释之冯唐传赞》作"不偏不党"。《书·吕刑》"鳏寡无盖",《墨子·尚贤》作"鳏寡不盖"。《战国策·秦策》"一战不胜而无齐",《韩非子·初见》

---

① 李家浩:《战国於疋布币考》,载《中国钱币》,1986年第4期。
② 何琳仪:《古陶杂识》,载《考古与文物》,1992年第4期。

引"无"作"不",均其佐证。

其次,"降"古音读若"洪"①,而与"穷"音近可通。"穷"从"吕"(雍)得声②。"隆"从"降"得声,而"雍"可与"隆"假借。《战国策·魏策》"得垣雍",帛书《战国纵横家书》"雍"作"蕯",是其佐证。

检《战国策·赵策》二"昔者,先君襄主与代交地,城境封之。名之曰无穷之门"。《史记·赵世家》"遂至代,北至无穷"。关于"无穷"的地位,向来有二说:

其一,胡三省云:"自代北出塞外,大漠数千里,故曰无穷。"③《中国历史地图集》1册37—38②10 据胡氏之说,定其地在今河北张北南、长城以北。

其二,梁玉绳读"无穷"为"无终"④。程恩泽引顾炎武说以为"无终"之境"当在云中代郡之间",即今河北广昌附近⑤。

按,梁氏读"无穷"为"无降",似无切证,故仍以胡氏说为是。"无穷"是赵燕交界,有可能一度属燕。

"拜"⑥,姓氏,《万姓统谱》:"拜见《姓苑》。今直隶山阳县有拜氏。"

"余子",又见《玺汇》0109—0111 之"余子啬夫",典籍作"馀子",其本义为"适子"(《左传·宣公二年》注),后演变为一种身份。《周礼·地官·小司徒》:"凡国之大事致民,大故至馀子。"注:"大事谓戎事也,大故谓灾寇也……馀子,卿大夫之子当守于王宫者也。"战国时期,作为庶出"余子",既无财产,又无封爵。上引三晋官玺"余子啬夫"连称,可见其地位不高。"啬夫"冠以"余子",徒具"卿大夫"出身而已。燕兵"余子"督造兵器,其身份也可想而知。"拜余子"犹言"拜长官",相同的称谓参见《玺汇》"王余子"0594,"赵余子"0907等。

"賁⑦金"读"职金"。《战国策·魏策》三:"不识礼义德行。"帛书《战国纵横家书》引"职"作"试。"是其佐证。《周礼·秋官·职金》:"职金掌凡金石锡

---

① 陈第:《毛诗古音考》卷1,北京:中华书局,1988年。
② 于省吾:《甲骨文字释林》,北京:中华书局,1979年,第466页。
③ 胡三省:《资治通鉴》周纪三赧王八年注,北京:中华书局,1992年。
④ 梁玉绳:《史记志疑》卷23,北京:中华书局,1981年。
⑤ 程恩泽:《国策地名考》(丛书集成初编)卷9.6,北京:中华书局,1991年。
⑥ 孙诒让:《古籀余论》卷上10。
⑦ 孙诒让:《古籀余论》卷上10。

石丹青之戎令,受其入征者,辨其物之媺恶,与其数量揭而玺之。入其金锡作为兵器之府,入其玉石丹青于守藏之府,入其要,掌受士之金罚货罚。入于司兵。"

"又",读"为"。《诗·大雅·瞻卬》:"妇有长舌。"《大戴礼·本命》注引"有"作"为"。《孟子·梁惠王》:"善推其所为而已。"《说苑》引"为"作"有"。均其佐证。"有"与"为"双声(匣纽)借用,清代学者早有论及①。而《周礼·考工记·辀人》"今夫大车之辕挚,其登又难",其"又"读"为"②,更是戈铭"又"字释读的佳证。

"中军",又见燕国官历"中军鼓车"(《玺汇》0368)。燕国兵器铭文中尚有"左军"(《剑吉》下 20)、"右军"(《录遗》585)。《史记·燕世家》:"燕王怒,群臣皆以为可,卒起二军。"所谓"二军",应指"左军"和"右军",至于"中军"则由燕王直接统领。参《左传·桓公五年》"王以诸侯伐郑,王为中军,虢公林父将右军,周公黑肩将左军"。又据《资治通鉴》周纪四载报至三十一年,燕乐毅以"左军,前军、右军、后军、中军"五路大军入侵齐国。则说明燕国已有五军。

䣜余

《集成》11317、11319 著录 3 件晋系兵器铭文,其内容除"冶"之人名不同之外,其它完全相同,下面仅隶定 11317 铭文:

三年,△余命(令)馭(韩)谯,工帀(师)罜③瘳④,冶隔(?)

"△"三戈铭原篆作:

𠂤 11317　　　𠂤 11318　　　𠂤 11319

或释"脩",读"脩余"为"修鱼"⑤。笔者撰文中也曾沿用此说。近见 11319 始知 11317、11318 均其讹误。据 11319 "△"应释作"䣜",战国文字

---

① 王引之:《经传释词》卷 3,北京:中华书局,1954 年。
② 裴学海:《古书虚字集释》,北京:中华书局,1954 年,第 156 页。
③ 何琳仪:《句吴王剑补释——兼释冢、主、开、丂》,《第二届国际中国古文字学研讨会论文集》(香港中文大学三十周年校庆),1993 年。
④ 何琳仪:《包山竹简选释》,载《江汉考古》,1993 年第 4 期,初稿 1992 年在中国古文字学术研讨会第九届年会(南京)上散发与会代表。
⑤ 黄盛璋:《试论三晋兵器的国别和年代及其相关问题》,载《考古学报》,1974 年第 1 期。

"𦥑"或"臣"在"付"之上。参见《玺汇》0524、1875、2162、2765;或"臣"在"付"之下,参见:

　　　中山王方壶　　　　　癳𦥑陶罐

　　　包山 164　　　　　　包山 192

戈铭"𦥑余"即包山简之"付毄"91 或"㧁毄"34。"余"、"与"声亦可通。如《礼记·曾子问》"遂舆机而往",注"舆机或为俆机"。而《尔雅·释草》"藒车芎舆",《释文》"舆众家并作藸"。《论语·乡党》"与与如也",皇疏"与与,犹徐徐也"。《说文》"嬩读若余"。帛书《战国纵横家书》"秦俆楚为上交"。《战国策·赵策》一有同类句式"秦与韩为上交",①均其佐证。

晋兵"𦥑余"与楚简"付毄"既为同一地名,其地望则应于今河南南部求之,疑即"扶予"。

首先,"付"与"夫"声系可通。《淮南子·人间》"俞跗",《群书治要》引作"俞夫"。《尔雅·释草》"莞,符离",《说文》作"夫离",均其佐证。

其次,"余"与"予"、"与"与"予"相通,典籍可见②。

"扶予",见《水经·灈水注》:"灈水出灈阴县西北扶予山东过其县南。《山海经》曰,朝歌之山灈水出焉,东南流,注于荥。经书扶予者,其山之异名乎?"盖"扶予"本为山名,但由包山简 91"𦥑(扶)毄(予)之闉(关)人"可知"扶予关"亦为地名。在今天河南泌阳西北灈水发源处。

今天河南泌阳一带,正是战国楚、魏交界之处。魏之"𦥑余"与楚之"付毄"似乎反映这一地区"朝秦暮楚"领土更叠的现象。

倄

《集成》11424 著录矛铭,仅一字:

　　　倄

此字笔画清晰,其上从"高",其下从"人"。易为左右结构,自应隶定"倄"。

《篇海》:"倄,北方地名。"根据"北方"这一线索,"倄"应读"鄗"。《左传·

---

① 王辉:《古文字通假释例》,台北:艺文印书馆,1993 年,第 122 页。
② 高亨:《古字通假会典》,济南:齐鲁书社,1989 年,第 16 页。

哀公四年》:"国夏伐晋,取邢、任、栾、鄗、逆畤、阴人、盂、壶口。"《史记·赵世家》:"武灵王三年,城鄗。"在今河北柏乡北二十二里。

"鄗",春秋属晋,战国属赵。铭文颇工秀,应是春秋之际手笔。

说明两点:其一,《左传·哀公四年》之"鄗"与《左传·宣公十二年》"晋师在敖、鄗之间"、《公羊传·桓公十五年》"公会齐侯于鄗"均无关。其二,《玺汇》1693 ▢ 虽与矛铭甚近(仅少"口"旁),然并非一字,应释"亮"。

䢵

《录遗》556 著录戈铭鸟书一字:

▢ 10912

众所周知,鸟书中的鸟形多属装饰图案,故此字下方鸟形可以剔除文字之外不论。又古文字"止"旁往往是装饰部件,故此字左方"止"旁也可不论。然则此字只剩"邑"和"云"旁,应隶定"䢵"。"云"及其从"云"字参见:

云　▢　　姑发耆反剑①
雲　▢　　陶汇 3.1297
區　▢　　随县 4②
阴　▢　　曼伯盨

"䢵",或作"鄖",《左传·宣公四年》"若敖娶于䢵",《释文》"䢵本又作鄖"。《左传·桓公十一年》"鄖人军于蒲骚",注"在江夏云杜县东南"。在今湖北沔阳县。又据《括地志》、《元和郡县志》则在今湖北安陆县。今安陆、沔阳一带大概都属古鄖国的范围③。

鄖(䢵)战国属楚,故䢵戈系楚器。

长郢

《湖南考古辑刊》第一集图版拾参及图二著录两件内容相同的戈铭二字:

---

① "云",旧多释"以",不确。姑发耆反剑铭"云用云隻(获)"之"云"为发语词,参王引之《经传释词》卷 3,北京:中华书局,1954 年。

② 裘锡圭、李家浩释,参《曾侯乙墓》,北京:文物出版社,1989 年,第 508 页。

③ 杨伯峻:《春秋左传注》,北京:中华书局,1981 年,第 130 页。

长△　　10914　10915

其中"△"原篆作:

或释作"陵"、"邦"①,或释"郢"②。文字点画与"△"均不能吻合,且以之读"长△"亦颇勉强,故其释读应重新考虑。

按,"△"右上方应是"尾"旁的省写,类似"尾"参见下列战国文字:

尾　　　二十八宿漆书
屉　　　随县 1
鼍　　　玺汇 1927
遌　　　玺汇 5592
𡲬　　　玺汇 1267
犀　　　玺汇 3438

其中"尾"旁演变如次:

"尸"旁省简的轨迹十分明晰。至于下面的二撇可以理解为"小"的二撇。具体而言,"尾"与"小"借用中间竖笔,显然就成为。故"△"右上方就可隶定为"屎"。"小"与"少"本一字分化,故"屎"即"屖"。西周金文之"彤屖"(师毂殷)、"彤屖"(逆钟),均读"彤沙(纱)"(裒盘、休盘、无叀鼎)。其"屎"、"屖"分别作:

　　师毂殷　　　　逆钟

战国文字"屖"及从"屖"之字习见,但也有从"屎"者:

遌　　　包山 250
䃽　　　包山木签

综上所述,"屎"、"屖"实乃一字,其结构从"尾"、"少"声,例可读"沙"。包山简"长沙"写作"长𡲬"78,其"𡲬"原篆③作:

---

① 周世荣:《湖南楚墓出土古文字丛考》,《湖南考古辑刊》1 辑,长沙:岳麓书社,1982 年。
② 李学勤:《湖南战国兵器铭文选释》,《古文字研究》12 辑,北京:中华书局,1985 年。
③ 何琳仪:《包山竹简选释》,《江汉考古》,1993 年第 4 期,初稿 1992 年在中国古文字学术研讨会第九届年会(南京)上散发与会代表。

将其与"△"比较,不过少一"土"而已。众所周知,晚周文字"土"旁或为叠加之形符,可有可无。故戈铭"长廊"也即包山简"长廊",均应读"长沙"。长沙戈出土湖南长沙识字岭 M1,这也是上文释读的有力佐证。

长沙在战国已是楚国南方的重要都市。《史记·越王勾践世家》:"复雠,庞、长沙,楚之粟也。"在今天湖南长沙。

龓

江陵雨台山楚墓出土一件铜戈,铭文:

龓公戈　10977

"龓"读"龙"不成问题,不过楚境内似无单称"龙"的地名,《左传·成公二年》:"二年春,齐侯伐我北鄙,围龙。"注:"龙,鲁邑,在泰山博兴县西南。"鲁虽灭于楚,但已在战国晚期,与龙公戈器形的年代不合。该戈援短而宽,栏侧三穿,内上有楔形穿,呈春战之际特点,故"龓"断非山东之"龙"。

楚文字中有两条"龙城"的材料:

龙城飤鉌　　玺汇 0278
龓城莫嚣　　包山 174

检《水经·获水注》,"获水又东历龙城,不知谁所创筑也"。在今天安徽萧县东,春秋战国属楚境。龓公戈之"龓"应即"龙城。"

䢅

《录遗》566 著录一件楚戈,铭文四字:

△之新郜(造)①

"△"的原篆作:

䢅　　11042

旧释"邦",不确,应释为"䢅"②。"邦"与"奉"虽均从"丰"得声,但"邦"从

---

① 裘锡圭:《谈谈随县曾侯乙墓的文字资料》,载《文物》,1979 年第 7 期。
② 何琳仪:《战国文字通论》,北京:中华书局,1989 年,第 140 页。

"邑","奉"从"収",并非一字。战国文字"奉"习见,试举数例:

　　🀆　　货系 505　　　　🀆　　侯马 318

　　🀆　　玺汇 0898　　　　🀆　　望山 2.10

　　🀆　　包山 73　　　　　🀆　　楚帛书甲 4

小篆"奉"则在"収"中间加"手",殊为重复。

望山简 2.55 有"奉阳公",包山简 177 有"奉阳司败",可证"奉"为地名。《水经·江水注》:"洲上有奉城,故江津长所治,旧主度州郡贡于洛阳,因谓之奉城,亦曰江津戍也,戍南对马头岸。"在今湖北江陵南。

泥阳

《集成》11460 著录戈铭二字"△阳",其中"△"原篆作:

🀆

《集成》编者隶定"㴸",按,"△",右下非"斤"旁,疑反向"人"旁(竖笔上短横可能是划痕)。故"△"可释为"泥"。战国文字"尼"字参见:

　　🀆　　麃尼节　　　　　🀆　　陶汇 5.48

"泥阳",见《史记·樊郦滕灌列传》"苏驵军于泥阳",《正义》:"故城在宁州罗川县北三十一里。泥谷水源出罗川县东北泥阳。"《读史方舆纪要》陕西庆阳府宁州:"泥阳城在州东南五十里,本秦邑。"在今甘肃宁县东。戈铭呈秦国晚期风格。

附记:

拙文《古陶杂识》(载《考古与文物》1992 年第 4 期)对山东莒县出土不降戈铭文释读有误,特于本文修正。

引用书目简称:

　　三代　　罗振玉《三代吉金文存》

　　录遗　　于省吾《商周金文录遗》

　　集成　　考古所《殷周金文集成》

　　河北　　河北省文物管理所《河北省出土文物选集》

货系　马飞海《中国历代货币大系》
侯马　山西文物管理委员会《侯马盟书》
玺汇　罗福颐《古玺汇编》
陶汇　高明《古陶文汇编》
随县　湖北省博物馆《曾侯乙墓》
包山　湖北省荆沙铁路考古队《包山楚简》

古玺杂识

由已故的罗福颐先生主编的《古玺文编》和《古玺汇编》已先后出版。二书互为表里,堪称集古玺资料大成的双璧。其对今后古玺文字的研究,必将产生深远的影响。

二书对文字的隶定,应该说绝大部分都是相当精审的,对未识之字,能隶定则隶定之;不能隶定,则存于附录。这反映作者对原始资料的态度是比较客观的。然而,《古玺文编》附录中有相当数量的一部分字应纳入正编;反之,正编中也有个别字应纳入附录;甚或隶定有误者,这也是不必讳言的。今不揣谫陋,择取十二例,以伸鄙见,仅供读者参考。

啟

齐燕玺文和陶文中有一个非常引人注目的字,其形体大致可分三类:

a. 〖字〗 汇 0194　　〖字〗 季木 79.11
b. 〖字〗 汇 0041　　〖字〗 季木 60.8
c. 〖字〗 汇 0345　　〖字〗 季木 80.10

此字旧多释"啟",并引《说文》"啟,追也;从攴,白声"。《周书》曰"常啟常任",而今本《尚书·立政》作"常伯常任"为证,读"啟"为"伯",解释为官名。其实把此字隶定为"啟"是缺乏根据的。因为此字除陶文偶有作〖字〗者外(陶

---

① 原载《辽海文物学刊》,1986年第2期,第138—143页。

3.22),其左旁均不从"白"。白可以写作㊆,但绝不能写作㊉,更不能写作㊀或○。与此字左旁形体相近的有"卣"字,那么此字是否可隶定为"啟"呢?也不能。因为"卣"虽然可写作㊀或○,但绝不能写作㊉。能同时写作㊉、㊀、○三种形体的字,只有"貞"之所从"占"。

首先,上揭三类陶玺文字中"貞"这一偏旁,在"殷"字偏旁中都曾有出现:

🈺 秦公殷　　🈺 追殷　　🈺 作宝殷

其次,"貞"有时可省作㊀(天亡殷)。至于"貞"在偏旁可省作"占"的例证,更是屡见不鲜:

🈺 輨侯鼎　　🈺 貞鼎　　🈺 舀鼎　　🈺 敌殷

还可以从齐国文字"节"的演变来证实这一点:

🈺 陈猷釜　　🈺 起源图版28　　🈺 同左26　　🈺 泉·亭3.8

不难看出🈺可省作○。至于🈺所从之"攴",和"殷"所从之"殳",作为形符往往可以互换,乃是古文字习见的现象,无须举例。陶文"左里🈺"(季木80.9)与铜量"左里🈺"(代18.24)辞例吻合,这是○和🈺通用的佳证。总之,上揭🈺、🈺、🈺等字均为"殷"之省体。

齐玺文"殷"当读"廄"。《说文》于"殷"字下云:"廄字从此。""殷",邵王殷作"铭"(编按:此处"铭"应为🈺),录盨作🈺,伯御殷作🈺。杨树达云:"铭文假廄为殷。"① 信阳长台关墓出土黄肠木烙印"□王殷正",正以"殷"为"廄"。凡此,皆"殷"、"廄"互通之证。

《说文》:"廄,马舍也。"古玺"司马廄"(汇0035)、"左司马廄"(汇0038)、"右司马廄"(汇0040)系指齐王直接管辖的廄。《周礼·夏官·司马》领有校人、趣马、巫马、牧师、廋人、圉师、圉人等职官,均与养马有关。因此,古玺这类"廄"也应是隶属掌管军政"司马"的职官。由地方管辖的廄则有"鄙廄"和"里廄"。例如"鞘鄙右廄"(汇0196)、"郊鄙右廄"(题铭52)、"右里廄"(代18.4)、"左里廄"(季木80.8)等。至于"左闻(门)廄"(汇0285)、"长闻廄"(汇0193),则可能是城门附近的廄。廄分左右,与《周书·夏官·校人》"六廄成校,校有左右",《后汉书·梁冀传》"左右廄驺",适可相互印证。在廄内服务的人员或称"王卒",如"王卒左廄城阳柤里土"、"王卒左廄昌里□"(题铭52)

---

① 杨树达:《积微居金文说》,北京:科学出版社,1959年,第239页。

等。《汇》1285 还收录一方姓氏私玺"呈敀",其实这是一方官玺,当读"驵廄",①即典籍之"廄置"(《史记·田横传》)。关于燕国陶文中隶属于"陶尹"的"敀",其性质尚有待进一步研究。

综上所述,陶玺文字"敀"乃"殻"(编按:"殻"应为"殼")之省文,应读"廄"。"敀"的释读提供了战国廄制的新知,可补史之阙文。②

隬

《汇》收录三方燕国官玺,其文如下:

螶都司徒 0012　　　螶陰都信□左 0191　　　螶都清左 0215

首字《汇》阙释。分析其结构,应由四个偏旁组成:"阜"、"山"明确无疑。"工"是"土"字异构,参上玺文"陰"作█(隆)即可知。"爻"则是"网"(網)字初文,象形,"网",甲骨文作█(甲 0909),金文省简作█(金 1040)。古玺也有繁简二体:

a.　█ 汇 0390　　　█ 汇 2613
b.　█ 汇 2459　　　█ 汇 0011

显而易见,螶 a 组和 b 组有平行的省简轨迹可寻。如果把爻与█相互比较,也不难看出前者的两短斜画是由后者两长竖画演变而来的。然则"螶"隶定为"壟",殆无疑义。战国文字从"阜"之字,又往往增"土"。如"陳"作"墜"、"陵"作"墜"、"阿"作"陞"、"陽"作"墬"等。以次类推,"壟"即"隬"。《篇海》:"隬音冈,岭也。"《正字通》:"隬,俗冈字。""冈"的本义是"山冈",从"山""网"声,义符本来已很明确,加"阜"又加"土"殊为重复。然而这类繁化现象恰恰反映了战国文字的特点,另外《汗简》引义云章"冈"作█,虽然讹变甚钜,但是其左旁从"冈"从"山"则至为明晰,这也是"冈"或从"阜"的旁证。总之,"壟"即"隬",均"冈"之繁文,从"山"从"冈"从"土",义本相涵。

上揭三方燕官玺中的"壟",据文义知其为地名,均应读"刚"。《一切经音义》廿二"冈篆古作刚",《古文四声韵》引古老子"刚"作"冈",均"冈"、"刚"互

---

① 朱德熙、裘锡圭:《战国文字研究》,载《考古学报》,1972 年第 1 期。
② 朱德熙:《战国陶文和玺印文字中的者字》(《古文字研究》1 辑)已将此字隶定为"殻",并在注释中云"详另文"。笔者与朱先生的隶定不谋而合。谨志于此,以示不敢掠美。

通之证。《读史方舆纪要》直隶永平府保安州广宁城条:"罡城"亦在州西。《水经注》:大宁东有罡城。《史记》:燕人蔡泽谢病归,相秦,号罡城君,疑即泽所邑,世名"武罡城"。今按,"罡"乃"刚"之俗字。"罡城"即"刚城",在今河北省怀安县东北,战国时应属燕地,故燕人蔡泽以其故土为封号。燕官玺的"㘷"即此地。①

《汇》4126—4129 㗱应定为"䚻",乃"喦"字之繁文,玺文中为姓氏,读"古"。至于 㝢(汇1666)、㚕(汇2826、5658)、㝫(汇1533、1929)则应分别隶定为"圁"、"割"、"㖞",均人名。

壴

燕国官玺"中军㪍车"(汇0368)三字《题铭》释主。或隶定为"壴",但亦释"主"。②《汇》则释"生"。

按,燕王喜兵器铭文中"喜"字均作㪍,古玺亦作㪍(汇0395)。"喜"所从壴的形体与上揭燕玺第三字吻合无间,均应隶定为"壴"。众所周知,"壴"是"鼓"之初文,象形。甲骨文、金文以"壴"为"鼓"之例习见,兹不赘举。燕玺"壴车"应读"鼓车"。《汉书·韩延寿传》"鼓车歌车"注引孟康曰:"如今郊驾时车上鼓吹也。"师古曰:"郊祀时备法驾也。"《后汉书·循吏列传》序:"建武十三年,异国有献名马者,日行千里,又进宝剑,贾兼百金,诏以马驾鼓车。"王先谦《集解》引惠栋曰:"汉有黄门鼓车……王幼学云,鼓车,载鼓之车也。卤簿中有记里鼓车。"综上两汉文献所言,可知所谓"鼓车"乃驾鼓之车,多用于仪仗。燕玺"中军鼓车"乃军队中之仪仗车。燕王兵器铭文中屡见"行议",或读"行仪",③其兵器也用于仪仗。"行议"与"鼓车"可以互为参证。

---

① 河北省文物管理处:《河北易县燕下都44号墓发掘报告》考释燕王职戈,也识出"刚阴都司徒"古玺,但未指出其地望,初稿漏引,谨志于此。
② 裘锡圭:《战国货币考》,载《北京大学学报》,1978年第2期。
③ 李学勤:《论河北近年出土的战国有铭青铜器》,《古文字研究》7辑,北京:中华书局,1982年。

扼

《汇》2227 收录一圆形玺,其文如下:

[玺文图]

与近年郑州商城遗址采集陶文中的[字]形体吻合。① 按,[字]乃[字]之省简,象以斤断草,会意,为"折"字。"筴"(策)字中山王方壶作[字],马王堆帛书老子乙本(241 下)则作[字]。"折"和"析"的省简途径完全一致。然则上揭陶玺文均应隶作"扼"。

"扼"乃地名,故从"邑"。"折"与"制"声韵可通。如《书·吕刑》"制以刑",《墨子·尚同》引作"折则刑"。《论语·颜渊》"片言可以折狱"。郑注:"鲁读折为制。"《后汉书·五行志》"宋国逐狾犬",《淮南子·氾训》作"猘狗"。《云梦秦简·日书乙种》"利以裚衣裳","裚"即"制"之异体。陶玺文之"扼"应即典籍之"制"。(《左传·隐公元年》:"制,严邑也,虢叔死焉。")制,西周东虢地,春秋先后属郑和晋,战国属韩,在今河南省郑州市北。陶文扼出土郑州,地望正合。

[字],《汇》释"左"。按,[字]是"司"字省体。"司"在文字偏旁中往往可省"口",如孟鼎之[字]、[字],平安君鼎之[字],三体石经君奭之[字],均其例证,然则[字]乃"司工"合文。《汇》3782"司马"作[字],与[字]结构和布局相互比较,也完全一致。

"扼司工"即"制地之司工(空)",属韩国官玺。这类圆型官玺尚有"公啬夫"(汇 0112)、"司工"(汇 0081)等,文字风格亦属三晋。《汇》将"扼司工"玺归为姓名私玺,非是。

鄩

《汇》0281 收录一方官玺,其文如下:

[玺文图] 之新[字]

首字亦见曾肯盘和楚金版"陈禹",是典型的楚文字形体,而与田齐之[字]不尽

---

① 牛济普:《郑州、荥阳两地新出战国陶文介绍》,载《中原文物》,1981 年第 1 期,第 15 页。

相同。

㿱应隶定为"邮"。"盐"见信阳楚简"篮"字偏旁作㲌。其所从"皿",古玺习见,"孟"作㿽(汇1362)"盟"作㿾(汇0198)是其证。"邮",从"邑"、"盐"声,为地名;"盐"从"止"声,以声类求之,当读"郜"。郜为春秋古国,其地在今山东省济宁市东南。《春秋传·襄公十三年》:"夏,取郜。"郜成为鲁国附庸。公元前256年鲁被楚考烈王所灭,郜又归属楚国。因为郜是战国晚期楚迁陈后所开辟的新土,所以称"陈之新郜"。至于《汇》2096之㿿,《汇》2097之㿾乃"郜"本字,它与楚文字"邮"有地域性的差别。这一现象与上揭"陈"字的齐和楚的异体是一致的,不足为怪。

剭

《汇》0337释"㿽府"为"□□府。"其实这方官玺只是两个字。㿽,从"衣"从"刀"。"衣",侯马盟书作㿾,三体石经"狄"之古文作㿽。"衣"和"卒"本一字之分化,因而盟书从"衣",石经从"卒",义本不殊。上揭玺文"衣"字右上角之"匕",乃"刀"字反书。姑冯句鑃之㿽,曩伯盨之㿽,大殷之㿽,均"刀"作反书之证。然则㿽当隶定为"剭",即"剭"。

"剭",后世作"剔",《集韵》:"剔古作剭。"《说文》:"剔,解骨也。"典籍或作"肆"。《周礼·春官·大宗伯》"以肆献祼享先王",注:"肆,解骨体。"释文"他历切",其音正读"剔"。《周礼·夏官·小子》"羞羊肆牛殽肉豆",注:"肆,读为鬄。"朱骏声《说文通训定声》:"鬄,解骨也,字亦作剔。"总之,"剭"、"剔"、"鬄"、"肆"均为一音之转,训"解骨"。

《周礼》对"肆"的记载比较详备。"肆"是割宰牲体用以祭祀的专用名词,所谓"肆解牲体以祭",一般都是"荐腥"(详孙诒让《正义》)。古玺中的"剭府",当是主管"肆"的机构,其职官可能与《周礼》大宗伯的属官"肆师"相近。

"剭"亦见于姓名私玺(《汇》3488、3306),当读"剔","剔"为古姓,亦作"易"。《汉书·古今人表》"剔成君",《竹书纪年》作"易成君"。另外,《汇》2087—2089有"郪"字,则应读"狄",亦古姓,春秋狄国之后。"郪"在战国兵器铭文中或作"衣",详新郑兵器二十三年戈。总之,"剭"(剭)与"郪"虽然音符相同,但是在姓氏私玺中前者读"易",后者读"狄",判然有别。

郭

《汇》2461—2462 收录四十九方姓名私玺,其姓氏之字作⿳、⿳、⿳、⿳等形,隶定为"㝅"。新郑兵器铭文"郑令⿳洛"(《文物》1972.10 图版伍),其姓氏也是上揭玺文的变体。

按,朱公钰钟"陆终"之"终"作⿳,从"㐭"(庸)得声。长沙帛书"祝融"之"融"作⿳,亦应从"㐭"得声。"祝融",武梁祠画像作"祝诵"。《史记·周本纪》"成王名诵",《竹书纪年》作"庸"。《国语·周语》"服物昭庸"。王引之《经义述闻》卷二十:"庸与融通"。然则帛书之"⿳"自应读"庸",故与"融"通用。如果从形体分析,"⿳"显然又是"⿳"的变体。其演化序列为:

　⿳　朱公钰钟　　⿳　哀成叔鼎　　⿳　随县六墉钟

　⿳　望山竹简　　⿳　长沙帛书

《说文》"㐭"的音读有二:卷十三以为"墉"之古文,余封切;卷五以为"郭"之初文,古博切。姓名私玺的"㐭"读"庸"读"郭"都未尝不可,然而考虑到这一姓氏在古玺中出现的频率甚高,应该是常见的姓氏,所以读"郭"的可能性更大。段玉裁《说文解字注》:"盖古读如庸,秦以后读如郭。"以古玺按验,"㐭"的音读在战国以前就开始分化。

《汇》5601 收录一方官玺,其文为"⿳公里钰"。首字亦应读"郭"。《春秋·庄二十四》:"赤归于曹郭公。"《公羊》、《谷梁》以"曹郭公"连读,以为"赤"即郭公,乃人名。杜预以为经有阙误。清儒则以"郭"为"虢"。① 按,铜器铭文有"虢",也有"㐭",均为地名,清儒误混为一,殊不可据。杜预云"阙误"实乃疑似之辞。《公羊》、《谷梁》连读虽有可取之处,然而以人名解之,遂使经文扞格难通。"郭公里钰"的释读,为释读这句聚讼纷纭的经文提供了新的线索。众所周知,"里"是由古代乡里制度产生的地名称谓。古玺"安昌里鉩"、"乐成里鉩"、"郓里之鉩"、"威䣕里鉩"中的某某里都是地名,"郭公里"当然也是地名。《春秋》"曹郭公"谓曹国属地郭公。西周周公殷铭"州人、东人、郭人",其中"州"见于《左传·桓五年》"州公如曹",春秋时也属曹国(今山东安

---

① 汪喜孙:《孟慈文集》,洪亮吉:《左传诂》等。

邱)。郭的地望当与之相近。总之,典籍州、郭均属曹国,又与西周铜器铭文吻合,似乎并非偶然。古玺"郭公"即《春秋》之"郭公"。

《汇》0044 还收录一方官玺"左◻司马",与《汇》0031—0033"右闻(门)司马"辞例相同。古代城郭有门,故或称"门司马",或称"郭司马"。

孝

《汇》2794—2837 收录四十四方姓名私玺,其姓氏之字形体主要有下列几种:

◻ ◻ ◻ ◻ ◻

此字由两个偏旁所构成,上部作◻或◻应隶定为"耂",金文"考"可资参证:

◻ 颂殷   ◻ 迟盨   ◻ 叔皮父殷

把第三个"考"字的上部稍整齐化,即与古玺◻或◻形体一致。此字下部所从"◻"、"◻"、"◻"均为"子"的美术化形体。"子"头部趁空加点或加短横乃晚周文字通例,不足为异。"子"双臂平举,古玺中亦有其例,如◻(汇4732)、◻(汇 4512)、◻(汇 0339)、◻(汇 2154)、◻(汇 3911)等。值得注意的是,战国早期的郼孝子鼎的"孝"字作◻,与古玺中上揭诸字形体尤为相近,这应是西周文字过渡到古玺文字的中间环节,也是释上揭古玺之字为"孝"的确证。

孝,古姓。《广韵》卷四效第三十六引《风俗通》:"孝氏,齐孝公之后。"或云秦孝公之后。

附带说明:《汇》3611 ◻ 隶定为"孛",《汇》3503 ◻ 阙释。按二字均应释"孛"。长沙帛书"◻岁"读"悖岁"是其证。姓名私玺中的"孛"应读"茀"。《春秋·文公十四年》"有星孛入于北斗",《谷梁传·昭十四年》作"有星茀于大辰"。《汉书·李寻》"则伏不见而为彗茀",注"茀与孛同"。《汉书·息夫躬传》"又角星茀于河鼓",注"茀读与孛同"。均"孛"、"茀"相通之证。"茀"亦古姓。《汉书·古今人表》"孛肸",即《论语·阳货》之"佛肸"。

粤

《汇》2949—2968 收录 20 方姓名私玺,其姓氏之字主要有下列几种形体：

最后一个形体省两点，古玺"坪"作无（汇0003）是其例。检三体石经《春秋·僖公三十年》"聘"作𩂣，与上揭玺文形体有演变踪迹可寻。𩂣从"平"，𩂣亦从"平"。首先，𩂣的第一笔弯画由横画讹变而成，这是石经文字的笔画特点之一。如"成"字长沙帛书作𢦏，石经君"奭"作𡙕；"才"字小篆作才，石经无逸作𰀕，均其例证。其次，𩂣的下部两撇赘笔，与石经无逸"平"作𭀱密合无间。然则，𩂣实从"平"，殆无疑义。

由石经"聘"作𩂣，还可以推知其为"粤"字的变体。"粤"，从"由"从"丂"，本是会意字。"丂"变作"平"，则变为形声字，《说文》："平，从于从八。"又："丂，古文以为于字。"上揭玺文"粤"或从"于"，正与《说文》"以为于字"吻合。古文字有一种特殊的演变方式，即借用会意字某一偏旁局部笔画，略加变化，成为形声字。如"圣"加声符"壬"作"圣"，"桑"加声符"亡"作"丧"，"閒"加声符"外"作"𨵿"等。"粤"和𩂣也是这类演变的结果。

"粤"、"平"双声迭韵。典籍中"俜"、"伻"音义全同，实为一字。《说文》："俜，使也。"《尔雅·释诂》："伻，使也。"《楚辞·湘夫人》："登白薠兮骋望，"注："骋，平也。"亦为声训。故玺文中的"骋"（粤）可读"平"，乃姓氏。《路史》："韩哀侯少子婼，食采平邑，后以为氏。"

蜀

《汇》3302收录一方姓名私玺，其文为"𧋾子"。

检《汗简》引林罕集缀"蜀"作𧋾，这一形体亦见《汗简》"趯"、"韃"、"燭"等字偏旁。《说文》："蜀，葵中蚕也；从虫从目，象蜀头形，中象其身。"《汗简》之"蜀"省"身"存"虫"作𧈢形。"虫"古玺作𧈢，亦作𧈢（汇0536、3845）。上揭𧋾显然从"目"、从"虫"，与《汗简》形体吻合。蜀，古姓氏。帝喾支子封于蜀，其后以国为氏，详《路史》。

"蜀"字这一变体也见于信阳楚简文字偏旁：

一承𧋾之盘　　　遣册廿二简

袛蓆皆绦𧋾　　　遣册十九简

第一简第三字当隶定作"鸀",通"烛"。"炙"、"火"义近,《汗简》引古《尔雅》"燔"作"鐇",《说文》"燅"亦作"鐕",可资佐证。"承烛之盘"即汉代的"承烛盘"。① 第二简末字当释"襑"。《礼记·内则》"歛簟而襑",注"襑,韬也"。

以

《汇》4852—4865 收录十四方吉语玺,其排列款式大致分为四类:

　　a　　　　　b　　　　　c　　　　　d

《汇》释上揭诸印为"正下可私"。按,"正下可私"语义难通,当读"可以正下"。古玺文字往往反正无别,如"司"作" "(汇 0066)、"羌"作" "(汇 0413)、"千"作" "(汇 4464)、"惎"作" "(汇 4937)等。因此上揭诸玺 和 都是 (以)字。b 类"可"、"以"均作反文,d 类"下"亦作反文,是其内证;"肖 "(汇 1010)或作"肖 "(汇 1017),是其外证。"可以正下",即《论语·子路》"其身正,不令而行;其身不正,虽令不从"之意。另外《易·渐》"可以正邦"与"可以正下"词例相若,可作为语法方面的旁证。

悬

《文》10.10 收录 6 个"悬"字,《汇》将其分属四类:

姓名私玺——氏悬(汇 3344)

　　　　——悬坎(汇 3345)

单字玺——悬　(汇 5381、5382)

吉语玺——中悬(汇 4653、4654)

---

① 李家浩:《信阳楚简浍字及从关之字》把"鸀"隶定为"爂",谓"当是膏烛之烛的异体"。与我们的隶定虽然略有出入,但其征引"承燭之盘"即汉车宫承盘铭文所说的承烛盘。长台关一号墓出土一件空柱陶盘,与汉车宫承盘形制相同,应即简文所记承烛之盘。陶盘中间凸起的空柱,即承燭之处。则是非常正确的(详《中国语言学报》第 1 期)。

《说文古籀补》卷八隶为"忍",释"仁",与形体不合,也无法通读上揭词例。《汇》虽隶定正确,但未确指何字。

按,"悥"从"心""身"声,与单字玺"悥"(汇5287、5427)实乃一字,均应读"信"。"信",从"言"从"人","人"亦声。"人"与"身"旁近,乃一字之分化。"信"从"人"得声,犹"狭悥"、"谞"从"身"得声。西周默叔鼎的仢用作人名,是否"信"字,待考。晚周则出现了"信"字的多种异体,如信(文3.3)、仢(陶3.17)、卄(文3.3)、𣂈(说文古文)、𣂈(梁上官鼎)、𠊱(中山王鼎)、𠱭(汇5587)等。这些形体虽然变化较大,但其义符言、口、心等蕴藏的"人言为信"的道德观念则是十分明显的。只不过这几个义符由于意义相近,可以互换而已。

"悥"读"信",上揭古玺辞例皆可涣然冰释。姓名私玺"氏悥"无须讨论。"悥圶"即"信鉨",与《汇》4574"信鉨"同。《汉书·霍光传》"昌邑王受皇帝信玺"。因此,"悥圶"应归属吉语玺一类。单字玺"悥",与"信"(汇5283)、"谞"(汇5287)同。吉语玺"中悥"当读"忠信",与古玺"忠信"或"中信"同(汇4502—4506)。中山王方壶则作"忠悥"。《论语·学而》"主忠信"。又姓名私玺(汇2706)"中悥"应归入吉语玺,至于姓名私玺中习见的"中身"疑也应读"忠信"。

1983年成稿于长春

引用书目简称:

文:古玺文编　　起源:我国古代货币的起源和发展

汇:古玺汇编　　题铭:战国题铭概述

陶:陶文编　　　甲:甲骨文编

季木:季木藏陶　金:金文编

泉:古泉汇　　　代:三代吉金文存

古玺杂识续[1]

1983年，笔者在《古玺杂识》一文中对《古玺汇编》一书的若干文字作出新的解释[2]，其中包括：释"㕬"为"毁"（廏），释"𠇑"为"𨻶"（刚），释"𠦪"为"𢮰"（制），释"隨"为"邮"（邦），释"𣎵"为"劣"（肆），释"𥑆"为"𥑆"（郭），释"𠂞"为"孝"，释"𤯍"为"粤"（平），释"𢖻"为"蜀"，释"㠯"为"㠯"（以）等。近若干年，研究古玺的论著相继发表。管见所及，或有已成定谳者。今复拣选《古玺汇编》若干文字予以考订，作为《古玺杂识》的续编，并藉古文字年会之际就正于方家。

㒼

《玺汇》0098 著录一方齐系官玺，其文为：

㒼郯大夫鉥

首字《上海》五释"墨"。案，古玺"墨"作"𤆾"（《玺汇》5477），"黑"作"𤆈"、"𤆉"、"𤆆"（《玺文》10.5）。其形体虽颇多变化，但表意部件"炎"的火点则不省。"㒼"恰恰无火点，故不能释"黑"或"墨"。

"㒼"之上方从"目"，《中山》"眠"作"𥉁"（47），"睘"作"𥊮"（63），其所从之"目"形可资佐证。"㒼"之下方从"矢"，《玺汇》"厌"作"𠪝"（1085），"疾"作"𠕇"

---

[1] 原载《古文字研究》19辑，北京：中华书局，1992年，第470—489页。
[2] 何琳仪：《古玺杂识》，载《辽海文物学刊》，1986年第2期。

(0466)，其所从之"矢"形可资佐证。然则此字应隶定为"関"或"昳"。"昳"、"戟"音近①。"昳"审纽三等，古读透纽②；"戟"，喻纽四等，古读定纽③。"昳"、"戟"为端系双声，故金文中习见之"亡関"均读"无戟"，典籍或作"无斁"。"関"，春秋铜器栾书缶作"✦"，战国长沙帛书作"✦"，其所从"関"与玺文"✦"形体尤近。

"邾"原篆作"✦"。其中"✦"比习见的"✦"多一赘笔，亦见"播"字偏旁：

✦ （《金文》1943）　　　　　✦ （《题铭》上.51）

显然将"✦"的赘笔拉平即是"✦"。《六书统》"蹯"作"✦"，也保存有这一赘笔。"采"、"番"本一字之分化，故玺文"邾"即"鄱"。

玺文"関邾"为地名，读"峄鄱"或"绎蕃"。"峄"或作"绎"，鲁邑名。《左传·文公十二年》"邾文公卜迁于绎"，注："绎，邾邑。鲁国邹县北有绎山。""绎"或作"蕃"，亦鲁邑名。《集韵》："鄱，县名，在鲁。或作蕃。"《水经注》卷二十五泗水"漷水从东采注之"，注"漷水又经鲁国邹山东南而西南流,《春秋左传》所谓绎山也……京相璠曰:《地理志》绎山在邹县北，绎邑之所依为名……漷水又西南迳蕃县故城南。"案，郦道元时代"绎"和"蕃"都在漷水流域④，相距甚近，战国时代均属鲁境。

勹

《说文》："勹，裹也，象人曲形，有所包裹。"于省吾曾指出，甲骨文"✦"字"象人侧面俯伏之形，即伏字初文"。⑤ 进而论定甲骨文的"芍"、"梦"、"鸟"、"匍"、"匐"，金文的"匍"、"匐"、"匊"、"匋"等字均从"勹"。这是非常精辟的见解。

其实战国文字也有许多"勹"及从"勹"之字，只是以往多未被发现而已。《玺汇》下列长条形燕系官玺殊堪注目：

----

① 戴家祥：《関字说》，引《金文诂林》，香港：香港中文大学，1975年，第1920页。
② 周祖谟：《审母古音考》，《问学集》，第120—135页。
③ 曾运乾：《喻母古读考》，载《东北大学季刊》，1927年第2期。
④ 王献唐：《春秋邾分三国考、三邾疆邑图考》，济南：齐鲁书社，1982年，第60页。
⑤ 于省吾：《甲骨文字释林》，北京：中华书局，1979年，第374页。

大司徒长㇇乘(证)　　　　　　　(0022)

　　单佑䣫(都)市王㇇鍴(瑞)　　　　(0361)

　　东昜(陽)浲澤王𠃊鍴(瑞)　　　　(0362)

　　中昜(陽)䣫(都)朹王㇇　　　　　(5562)

　　以上"㇇"、"𠃊"、"㇇"诸形，《补补》9.3释"卩"。案，燕玺文"卩"作"𠂎"、"𠂆"、"己"等形(《玺文》6.12"䣫"字偏旁)，象人侧面跽形。"㇇"形则"象人面俯伏之形"，故应释"勹"。"𠃊"形虽形体小异，但据辞例也应释"勹"。

　　"勹"可读"苻"。《尔雅·释艸》："苻，鬼苢。"郝懿行云："《后汉书》(案《刘玄传》)云：'王莽末，南方饥馑，人庶群入野泽掘凫苢而食。'注引《续汉书》作'苻䔃'。同声假借字也。"①"凫"本"从鸟、勹，勹亦声。"②然则读"勹"为"苻"殆无疑义。

　　"苻"是先秦用为凭信之物，即"苻节"。后来成为玺印之泛称，参《史记·秦始皇本纪》"奉其符玺，以归帝者"。确认了"勹"字的释读，上揭四玺玺文均可得到合理解释。

　　第一方玺文"〇"，《上海》一释"乘"，甚是。"〇"是燕文字"〇"(《三代》20.5.18)的省写。《释名·释姿容》："乘，陞也，登亦如之也。"叶德炯曰："《诗·豳风·七月》：'亟其乘屋'。传，乘，升也。《释诂》登，陞也。乘、升、登三字叠韵。"③此"乘"可读"证"之证。"证"同"征"。《史记·苏秦传》"焚秦符"，正义："符，征兆也。"玺文"符乘"系指符验之功用。另外，《周礼》有所谓"掌节"，属"地官司徒"。这方"勹乘"玺亦系"司徒"，似可互证。

　　第二方玺文"勹鍴"应读"符瑞"，是"单佑都市"的官玺。与此相类者还有"单佑都市鈢"(《玺汇》0297)，可见"勹鍴"与"鈢"的地位相当。"符"、"瑞"联文，均训"信"(《说文》)。《周礼·春官·典瑞》注："瑞，节信也。典瑞若今符玺郎。"于此可见"符"、"瑞"与"玺"的关系。

　　第三方玺文"〇"，《补补》9.3释"洭"，又与附录19引或说释"汇"、"淮"、"汪"。《上海》一释"尹"。案，《宾虹》"〇"与此玺"〇"原系一字，均应释"浲"。

------

① 郝懿行：《尔雅义疏》，上海：上海古籍出版社，1983年。
② 于省吾：《甲骨文字释林》，北京：中华书局，1979年，第376页。
③ 王先谦：《释名疏证补》，上海：上海古籍出版社，1984年。

燕国十三年子䮓戈(《河北》144)"䮓"从"㔾",与此玺所从形体颇近。《货币》4.70"安"作"㘱"、"㘰"等形,亦可资比照。"洝"水名,见《集韵》。《说文》:"洝,溪水也。"朱骏声云:"疑即《水经》之濡水,今北方之滦河。"①案,"洝"、"溪"、"滦"皆一声之转,"濡"则"溪"之讹字。濡水,战国属燕境。

第四方玺文"㭰",参照第三方玺文"洝泽",可知也是地名。"㔾"与"㔾鍴"地位相当。

与上揭燕官玺辞例相同的陶文有:

　　易(陽)安郎(都)王㔾　　(《中国钱币》1985.1.9)
　　易(陽)郎(都)㭰王㔾　　(《季木》31.6)

下列古玺和陶文中的"㔾"则是人名:

　　鲁㔾　　　　　　　(《玺汇》5566)
　　缶(陶)攻(工)㔾　　(《季木》29.1)

陈侯因𦋿戟胡部有铭文三字

　　㔾易(陽)右　　(《三代》20.13.2)

首字与上揭第三方玺文"㔾"形体吻合,故亦应释"㔾"。"㔾易"即"復陽",见《汉书·地理志》"清河郡"下,在"东武城"北近二十公里处。战国时的这一地区处齐、赵两国接壤。《玺汇》0150"东武城攻(工)(师)鋊",呈典型齐系风格,应是齐玺。陈侯因𦋿戟,则是众所周知齐威王时兵器。考古材料可以证实"东武城"和"復陽"两地战国曾属齐国管辖:

1.《侯马》1.43"闬(判)丌(其)𢎗心。"第三字应隶定"匓"。《说文》:"匓,重也。从㔾,復声。匓,或省彳。"案,"匓"当云"从复,㔾声"。"匓心"或"腹心"。

2. 长沙帛书"䨢䖒"。首字应隶定"䨢",从"䨣"(《说文》"雹"古文)省,"㔾"声。"䨢䖒"读"雹戏",即"伏羲"②。

3.《古钱》981"节(即)墨㔾"。第二字应隶定"墨㔾"或"匌",从"墨","㔾"③。"节匌"读"即墨",齐国地名。

4.《季木》35.8"夻(大)匋里迅"。第二字应隶定"匋"。《说文》:"匋,瓦器也。从缶,包省声。古者昆吾作匋。案,《史篇》读与缶同。"案,许谓"包省

---

① 朱骏声:《说文通训定声》乾部,北京:中华书局,1984年。
② 金祥恒:《楚缯书雹戏解》,《中国文字》28册,台北:艺文印书馆,1968年。
③ 详另文。

声",似嫌迂曲。"匋"当云"从缶,勹声。"陶文"匋"、"缶"均读"陶"。

5. 艺君戈"艺名凤㠯"(《考古》1973.3.156)。末字或释"宝有"合文①,可从。案,"宝有"中"宝"应隶定"寶",从"寶","勹"声。

6.《玺汇》0199"▨皿(盟)之鉨"。首字应隶定"逌"。《说文》:"匊,在手曰匊,从勹米。"案,"勹"亦声。"逌皿"读"告盟"。

以上从"勹"得声之字,除"匊"之外,都是叠加声符字:即"复"、"霝"、"墨"、"缶"、"匋"分别叠加"勹",成为新形声字"匐"、"霸"、"𡐦"、"匋"、"寶"。甲骨文和金文中的"䖐"、"匍"、"匐",也是叠加声符字。"勹"多为叠加声符,是十分值得注意的现象。

桼

《玺汇》0324 著录一方晋系官玺,其文为:

※ 垕(丘)靣(廩)䐃(箭)

首字应释"桼"。"桼"字见曾伯霥匿铭"霥"字偏旁,作"※"形,象漆木两侧漆汁溢出状。这类漆汁外向的"桼",亦见秦三年上郡戈、秦高奴权等。还有一类漆汁内向的"桼",如晋系圜币面文"※垣"(《古钱》251)即"漆垣"②。玺文"※"与币文"※"的漆汁方向一致,非一字莫属。至于玺文"木"作"禾"形,古文字中屡见不鲜。而玺文从"木"之"休"或作"㦼"(《玺文》6.4),从"木"之"柏"或作"㭯"(《玺文》6.2),更是确凿的佐证。另外,齐系文字"桼"的漆汁亦内向,但有所省简,作"※"(《玺汇》0157)、"※"(《补补》6.1)等形。

"丘",原篆作"垕",与《中山》20"垕"均为"丘"字异体,应隶定"垕"。"垕"从"土"、"垕","㞢"从"丘"、"丌"(其)声。"垕"是战国习见的叠加声符字。

"桼垕",读"漆丘"。春秋称"漆里",《国语·齐语》:"反其侵地台、原、姑与漆里。"注:"卫之四邑"。战国称"漆丘",《水经》卷八济水"又东北与濮水",注:"濮渠之侧,有漆城,《竹书纪年》梁惠成王十六年,邯郸伐卫,取漆富丘,城之者也。"玺文"漆丘"可能是"漆富丘"省称。"漆城",在河南省长垣县西,战

---

① 李零:《楚国铜器铭文编年汇释》,《古文字研究》13 辑,北京:中华书局,1986 年,第 378 页。

② 裘锡圭:《战国货币考(十二篇)》,载《北京大学学报》,1978 年第 2 期。

国属卫境。

"劘",原篆作"🔣"。其所从"🔣",与长沙所出铜量"🔣"应是一字(《江汉考古》1987.22 封 3),乃"龍"之异文,读"箁"①。《方言》五:"箁筩,陈、楚、宋、卫之间谓之筩,或谓之籥;自关而西谓之桶榓。"注:"今俗亦通呼小笼为桶榓。"《太平御览》卷 760 器物部五引《方言》注"桶音籠"。由此可见,"龍"与"桶"、"箁"音义均近。长沙铜量形制呈圆筒状,自铭"金龍",与《方言》所记吻合。玺文"亩劘"读"廩箁",指仓廩所用之量器。《玺汇》还著录两方"廩箁"玺"邸(三)鄩(州)亩(廩)劘"(2226)、"亩(廩)劘(箁)"(3327),亦为三晋官玺。《玺汇》归入"姓名私玺"殊误。由此类推,"廩箁"玺很可能是铃印量器的官印。

陰

《玺汇》2319 至 2323 著录五方"姓名私玺",其中姓氏作"🔣",或释"陰"。其实根据《说文》"磬"之古文作"🔣",知"🔣"乃"石"之异称。然则"🔣"应释"砯",即"嵁"(形符"石"和"山"每可互换)。《集韵》"嵁,山之岑嵁也。或从石。"《补补》9.5 曾释"峇"为"嵁",本不误。玺文"嵁"为姓氏,应读"岑"。"岑"、"嵁"音义均近,乃一字之分化。岑姓出周文王异母弟耀之子岑子之后,见《通志·氏族略》。

《玺文》14.4"陰"作"🔣"、"🔣"等形。其实这些字也不是"陰",而应隶定为"陊"或"隆"。不过"陊"或"隆"在玺文中的确读"陰",或为"陰陽"之"陰",或为人名,但不是姓氏。古玺自有"陰"姓。《玺汇》2324"🔣钝",首字阙释。检"陰晋"布币文"陰"作"🔣"、"🔣"、"🔣"等形(《货币》14.190),从"阜"从"含"。然则"🔣"释"陰",殆无疑义。依次类推,《玺汇》3161 至 3165"姓名私玺"之中:

🔣 🔣 🔣 🔣 🔣

均应隶定为"含"。下面再从字形方面补充说明:

《说文》:"雾,云覆日也。从云,今声。🔣,古文或省。🔣,亦古文雾。"其中二古文均从"今",从"云",不过"云"的倒正不同罢了。古玺"🔣"与第一个古

---

① 何琳仪:《长沙铜量补释》,待刊。

文形体吻合,而"㠯"与第二个古文所从"㠯"尤近。晚周文字"云"或作"☐"(姑发䣄反剑),与上揭玺文"㇠"这一偏旁比较,显然也有演变的痕迹。如果再参照玺文"陰"作"☐"(《补补》14.4)、"☐"(《印征》14.9),那么将上揭"☐"、"☐"等字释为"侌",是没有疑问的。

除上引五方玺外,还有"侌矩"(《玺汇》3138),亦私名玺。"侌"均读"陰"。《史记·龟策传》"陰兢",索隐:"陰姓,兢名也。"

"侌"又见于《玺汇》三晋官玺,亦读"陰",乃地名。

1. "侌成君邑大夫俞安"(0104)。"侌成"读"陰成"①。《战国策·赵策》四:"抱陰成,负葛薛。"程恩泽于"陰"下云:"陰地凡有二处,皆在魏境,但不知何指耳。"于"成"下云:"据《策》当是魏地,但不知所在。《路史》汉有陰城国,属赵郡。或以陰城二字连读作一地,亦可备一说。"②《中国历史地图集》即以"陰城"为一地,在今河南省卢氏县和洛宁县之间③。

2. "侌陰司寇"(0067)。"侌陰"读"陰陰"。上"陰"是地名。战国地名称"陰"者:"楚陰在光化,周陰在孟津,晋陰在霍州(此与《左传》晋陰地别)。"④据玺文风格,"侌陰"可能是周、晋之"陰"。下"陰"是地名后缀,即《说文》所谓"山之南,水之北"之"陰"。玺文"侌"和"陰"形、义均有别,只不过音同而已。

3. "侌☐司寇"(0068)。第二字疑"阪"之异文。《左传·襄公九年》:"济于陰阪。""陰阪",在今河南省新郑县。

综上所述,古玺"侌"或为地名,或为姓氏。"侌"或作"陰",与表示地名后缀的"陰"(陰)有别,与"碒"(岑)更是截然不同的两个字。

舭

《玺汇》1856 著录一方私名玺,其文为:

事(史)☐

第二字是人名,形体奇诡,编者未释。

---

① 李学勤:《战国题铭概述》,载《文物》,1959 年第 8 期。(拙文初稿漏引)
② 程恩泽:《国策地名考(丛书集成初编)》卷 11,北京:中华书局,1991 年,第 21 页。
③ 谭其骧:《中国历史地图集》1 册,北京:中国地图出版社,1982 年,第 33—34(4)4。
④ 程恩泽:《国策地名考(丛书集成初编)》卷 17,北京:中华书局,1991 年,第 31 页。

此字左部从"舟"。战国文字"舟"旁参见:"朝"作"▇"(朝诃右库戈)、"▇"(《玺汇》4065),"洀"作"▇"(郾王职戈)、"▇"(《玺汇》0363)。其中"▇"、"▇"与"▇"有明显的嬗变之迹。而《玺汇》2657"朝"作"▇",是"▇"应释"舟"的确证。

此字右部从"▇",已见于战国文字:

▇(《中山》9)　　　▇(《玺汇》3278)

前者有明确的辞例,公认读"尺";后者是姓氏,但古无"尺"姓。这一形体亦见于战国文字偏旁:

▇　(《中山》25)　　　▇　(郾王职戟)

前者或据三体石经古文"▇",释"宅"读"度"①;后者据《说文》古文"垂"作"▇",应隶定为"敧"(古读"捶"如"毛")②。凡此说明"毛"与"尺"似有一定联系。

严格说来,"▇"应隶定为"斥",从"厂",从"斥"。清代小学家多以"斥"为"庶"之俗字。《说文》:"庶,邸屋也。从广,屰声。"段玉裁云:"俗作厈,作斥,几不成字。"③其实以战国文字验证,隶定"▇"为"斥"十分合理。而"斥"汉代文字作"厈"(《隶辨》5.48)与上引石经古文"宅"作"▇",更有明显的笔画对应关系。"毛"与"斥"形体演变顺序如次:

▇→▇→▇→▇→▇→▇

从古音考察,"斥"与"毛"实乃一字。"斥",昌石切,穿纽,鱼部;"毛",他各切,透纽,鱼部。穿纽古读透纽,正是舌上音和舌头音的关系④。《易传·解》"百果草木皆甲坼",释文:"坼,马、陆作宅。"是其证。

从古义考察,"斥"与"毛"亦同源。《说文》:"庶,(斥),邸屋也。"段玉裁云:"邸屋者,谓开拓其屋使广也。"⑤《小尔雅·广诂》:"斥,开也。"《说文》:"庀,开张屋也。"由此可见,"斥"、"庀"(斥)义训相涵。

下面在讨论"尺"。《说文》:"尺,十寸也。人手郤十分动脉为寸口,十寸

---

① 张政烺:《中山王䜜壶及鼎铭考释》,《古文字研究》1辑,北京:中华书局,1979年,第226页。
② 详另文。
③ 段玉裁:《说文解字注》,北京:中华书局,1983年。
④ 钱大昕:《舌音类隔之说不可信》,《十驾斋养新录》卷5。
⑤ 段玉裁:《说文解字注》,北京:中华书局,1983年。

为尺。尺所以指尺规矩事也。从尸从乙,乙所识也。周制寸、尺、咫、寻、常、仞诸度量皆以人之体为法。"迄今为止,青川木牍"尺"可能是古文字中最早的"尺"字,与小篆"尺"形体基本吻合。但若以"从尸从乙"解释青川木牍①"尺"字,殊觉牵强。许慎从"乙"之说颇值得怀疑。"尺"是否为"斥"的误写?尚有待进一步研究。但"斥"可读"尺",则无疑义。"尺",昌石切,与"斥"同音。《庄子·逍遥游》"斥鷃笑之",释文:"司马云,小泽也。本亦作尺。崔本同。"《文选·七启》"山鷞斥鷃",注:"斥与尺古字通。"《尔雅·释虫》"蚢蠖",释文:"蚢亦作尺。"《周礼·考工记·弓人》作"斥蠖"。银雀山汉简《王兵》"尺鲁",即"尺卤"。典籍以"斥"为"尺",犹之乎以"又"为"寸"(二字形、音均通)。"尺"和"寸"都是长度单位,只能借用已有的文字以替代。而与"人之体为法"无关。兆域图以"毛"(斥)为"尺",不能直接释"尺"。

总之,从形、音、义综合考察,"毛"、"斥"古本一字,与"尺"通用。

上面提到古玺中"毛"是古姓氏,应释"斥"。《元和姓纂》云"斥"姓,出于斥章,以地为氏。案,"斥章"见《汉书·地理志》"广平国",在今河北省曲周县东南。

"舺",从"舟,从"毛",应隶定"舺"。《五音集韵》:"舺,舟名。"又《字汇》:"舺,就舟也。"

豫

《玺汇》"姓名私玺"著录一奇字,形体诡异。凡见四:

(1492)　　(1831)　　(1839)　　(2083)

此字左从"八",从"吕";右从"象",抑从"兔",遽难确定,但此字应与下列金文有关:

蔡侯镈　　淳于公戈

在辨认此字左旁所从为何字以前,首先讨论"野"字。《说文》:"野,郊外也。从里,予声。壄,古文野。从里省,从林。"案,古文字"野"作"埜",秦汉以后才出现"墅",但并不从"里"。如"埜"(《秦陶》335)、"野"(《相马经》31 下)、

---

① 银雀山汉墓竹简整理小组:《临沂银雀山汉墓出土王兵篇释文》,载《文物》,1976 年第 2 期。

"墅"(汉石经《诗·东山》)。至于"野"的异体"埜"(《睡虎》6.45)"𣏟"(《隶辨》3.52),则与《说文》古文吻合。值得注意的是,这些"野"字所从"予"作"吕"、"8"、"8"等形,与"8"(予)形体有别。在早期古文字中并未发现有"予"字,战国秦文字才出现"8"形(石鼓文"迁"),六国文字"予"尚作"8"形(《玺汇》3457"抒"①)。凡此可证,"予"本作"吕"形。("予"疑即"吕"的分化,留待后考。)其形体演变顺序如次:

吕—8—[8—8 / 8—8]

上表"8"或作"8",与甲骨文"向"或作"向"属同类现象;"8"、"8"或作"8"、"8",与战国文字"合"或作"合"(陈㢘铸)属于同类现象。总之,"野"本作"埜",从"林",从"土"会意。后加声符"予"作"壄",又演变为"从田从土予声"的"墅",小篆误连"田"和"土"成为"里",遂有许慎"从里"之说。"野"的声符"予"本作"吕",后演变为"8"。

蔡侯铸铭奇字所从"吕",与秦陶文"野"所从"吕"形体吻合,声符均为"吕"(予)。至于铸铭所从"八",应是装饰笔画,无义。古文字"博"或作"博"、"𢔛"或作"𢔛",可资佐证。然则铸铭此字应隶定"㯷",即小篆"豫"的繁化字。铸铭"豫"凡两见:"豫命祇祇"、"窜窜豫政"。"豫",旧多隶定"𧰼",以右旁从"为",殊误。或读"抝"②,或读"为"③,亦尚隔一间。案,"豫"与"舍"音近可通。《书·洪范》"曰豫",《史记·宋世家》、《汉书·五行志》引"豫"作"舒"。《尔雅·释地》"河南曰豫州",释文引李巡云"豫,舒也"。《古文四声韵》有下列古文:

舍 𦎫𧰼𦎫 (4.33)
捨 𦎫 (3.22)
舒 𦎫𦎫𦎫 (1.22)

尽管这些传抄古文笔画多有讹变,但其所从"𧰼"则应释"象"。《古文四声韵》3.23"象"字作"𧰼"形,可资比照。笔者过去曾隶定此字为"𧰼",应更正为"㯷"。

---

① 黄锡全:《利用汗简考释古文字》,《古文字研究》15辑,北京:中华书局,1986年,第137页。

② 郭沫若:《由寿县蔡器论到蔡墓的年代》,载《考古学报》,1956年第1期。

③ 于省吾:《寿县蔡侯墓铜器考释》,《古文字研究》1辑,北京:中华书局,1979年,第42页。

(豫)。《古文四声韵》"豫"读"舍"、"捨"、"舒"等,是镈铭"豫"读"舍"的佳证。镈铭"豫命"读"舍令",与西周金文毛公鼎"父厝舍命"、克鼎"王命善夫舍命于成周",适可印证。"舍命",又见《诗·郑风·羔裘》"舍命不渝"。"舍"、"施"音义均近。《楚辞·天问》"何三年不施",注:"施,舍也。"综上,"舍命"犹言"施令",有"发号施令之意"①。"舍政"犹言"施政"。《论语·为政》"施于有政",注:"施,行也。"

臺于公戈铭"𤕫"所从"象"已有省简,但象尾下垂洞若观火。《印征》9.14"豫"作"𤕫",与戈铭形体吻合,不过所从"象"繁简有别而已。故"𤕫"应释"豫"。戈铭"䎽(乔)豫"为"臺于公"之姓名。上引《印征》"王君豫宜子孙"之"豫",亦人名。

确认镈铭、戈铭之"豫",上揭古玺奇字即可迎刃而解。此字左从"𠂇",与镈铭"豫"所从"𠂇"形体吻合,应释"予"。此字右从"𧰼",乃戈铭"𧰼"之变,应释"象"。然则玺文"豫"无疑亦应释"豫"。玺文"豫"均为人名。

京

《玺汇》0279 著录一方官玺,文字风格、布局款式与一件传为山东所出的陶文酷似。今将玺文和陶文摹写如次:

玺文第三字,笔者曾隶定为"京"②。根据是三体石经《僖公》"京"作"🅾"形。"𢎛"的竖笔多一短横,属装饰笔画,无义。驫羌钟"京"作"𢎛",也有装饰笔画,可以参照。

"京",甲骨文一般都作"𢎛"形,或作"𢎛"形(《前编》4.31.6),则与"亭"同形。秦陶文"咸(即咸阳)亭"之"亭"一般作"𢎛"形。而秦权"咸阳亭"之"亭"作"𢎛"形(《度量》195),显然是"京"字。至于秦陶文"咸巨阳𢎛"(《考古》1962.

---

① 于省吾:《双剑誃吉金文选》上 2.26 引吴闿生语。
② 何琳仪:《战国文字与传抄古文》,《古文字研究》15 辑,北京:中华书局,1986 年,第 117 页。

6.289)①，也是以"京"为"亭"。战国文字中"六国文字"也有以"京"为"亭"的例证：

〔䇂〕市　（《玺汇》3093）

昃〔䇂〕　（《中原文物》1981.1.14.10）

以上"京"字，由辞例推勘只能读"亭"。

研究先秦古音者均以"京"属阳部，以"亭"属耕部。阳部"京"在汉代韵文中每与耕部字，诸如"宁"、"征"、"平"、"形"、"情"、"灵"、"成"、"营"等相叶。②而耕部"亭"偶尔也与阳部字相叶，如班固《高祖泗水亭碑》"寸木尺土，无竢斯亭。扬威斩蛇，金精摧伤"。以"亭"叶阳部字"伤"，故《韵补》谓"亭"有"徒阳切"之读音。凡此说明，秦汉"京"、"亭"二字读音相近。

陶文"亭"作"䇂"、"䇂"等形(《匋文》5.37)，其年代上限不会早于战国晚期。因此，有的学者认为古文字"亭"即"京"③，不无道理。"京"字本象高台上有亭形。"𩫖"(郭)，甲骨文作"𩫏"形，《说文》云"象城郭之重，两亭相对也"，可资参证。秦汉"亭"字陶文甚多，"亭"前之字均为地名④。上揭玺文和陶文首二字均为地名(详下文)，地名下的"京"应据秦汉陶文的辞例读"亭"。

上揭陶文"亭"上二字均从"邑"，无疑是地名。第一字与三晋布币"鄝"（《古币》232）实乃一字。此字或不从"邑"作"𮏰"形（《古币》233），与陶文右部所从如出一辙。"𮏰"右下横笔与"𮏰"右上横笔共用一笔，属"借用笔画"现象。"𮏰"是"𮏰"(畬肯鼎)的省简，应隶定为"盉"释"铸"。"𮏰"应隶定为"鄝"，释"镥"。"异"乃"兀"之异体，望山简或作"𣅥"，均应释"其"。类似的"重叠形体"属古文字"繁化"现象，例如：

各　名　（长沙帛书）　　　叄　（《信阳》1.01）

尧　𠂹　（长沙帛书）⑤　　𦰩　（《玺文》13.12）

然则"𮏰"应隶定"邛"，释"郏"。

---

① 《荀子·解蔽》"桀死于亭山"，或本作"鬲山"。即因"亭"似"鬲"而误。
② 顾炎武：《唐韵正》卷5，《音学五书》，北京：中华书局，1982年，第16页。
③ 马叙伦：《读金器刻辞》，北京：中华书局，1962年，第152页。
④ 俞伟超：《秦汉的亭市陶文》，《先秦两汉考古学论集》，北京：文物出版社，1985年，第132—141页。
⑤ 李学勤：《论楚帛书中的天象》，《湖南考古辑刊》1辑，第70页。

"鑄郳",即"祝其"。《礼记·乐记》"封帝尧之后于祝",注:"祝或作铸。"凡此"铸"可读"祝"之确证。"祝其",见《左传·定公十年》"公会齐侯于祝其,实夹谷"。《汉书·地理志》"东海郡"之"祝其"。《地理志》"东海郡"又有"厚丘,莽曰祝其亭"。以上"祝其"和"祝其亭"分别在今江苏省东海县北和县南,相距六十多里,战国后期均属楚境。楚国文字至为罕见,"鑄郳亭鉨"陶文国别的确认,使我们对楚国陶文有所了解。

根据陶文"铸其亭"可以推断:玺文"童其亭"也应是楚地名。另外,玺文"童"作"童"形,则是典型的楚文字,也有助于判定古玺的国别。《汉书·地理志》地名称"某其"者,除"祝其"以外,尚有"不其"(琅玡郡)、"魏其"(琅玡郡)、"赘其"(临淮郡)等①。由此可见"其"应是常见的地名后缀,诸如"阴"、"阳"、"丘"、"陵"之类。值得注意的是,《地理志》四个"某其"都分布在"琅玡"、"临淮"二郡,属"徐夷"古地。因此,"其"可能是"徐夷"古方言。检《书·微子》"若之何其",郑注:"其,语助也。齐、鲁之间声如姬。《记》曰,何居。"《史记·高祖本纪》"其以沛为朕汤沐邑",集解:"《风俗通义》曰,《汉书》注,沛人语初发声皆言其。其者,楚言也。"以上所谓"齐、鲁之间"、"沛"都在"徐夷"范围之内,可见"其"的古方言在典籍中不绝如缕。检《地理志》虽未见"童其",但"临淮郡"下有"僮"。全祖望云:"宜依《水经注》作潼,盖以潼水得名。"②在今安徽省泗县,战国属楚境。据以上对"其"的考察,玺文"童其"很可能即《地理志》所载地名"僮"。

史称汉高祖秦末官为"泗水亭长","泗水亭长"旧为楚地。陶文"铸其亭"、玺文"童其亭"亦属楚境。这为推溯秦汉时代亭里制度的起源提供了考古方面的线索。

十

《玺汇》0146 著录一方楚系官玺,其文为:

⊥ 尹之鉨

首字编者释"上",按,战国文字"上"作"上"、"丄"、"⊥"等形,均与"⊥"有别。

---

① 《玺汇》0253"会丌坙鉨",风格近齐。"会丌",待考。
② 全祖望:《汉书地理志稽疑》卷3,北京:中华书局,1955年,第9页。

检楚系文字"吉"有下列异体：

㙷（其次句鑃）　　　　　　㙷（姑冯句鑃）

㙷（邻脾尹鬱鼎）　　　　　㙷（邻调尹征城）

其所从"土"均作"⊥"，与上揭楚系文字"⊥"吻合无间。而邻调尹征城"⊥余是尚"，旧"士余是尚"，亦"⊥"应释"士"之确证。另外，战国文字"士"或作"土"形。例如《中山》"在"作"㘴"(23)，"壮"作"㘽"(31)等。与之相应，楚系文字"土"亦或作"⊥"形。例如二十八星宿漆书"奎"作"⊥"，者旨於赐戈"武"作"武"等①，均可资旁证。

"士尹"为楚官，见《吕览·招类》"士尹池为荆使于宋，司城子罕觞之。"有些学者根据《太平御览》419引《吕览》作"工②尹他"为证，认为"士"乃"工"之讹。固然《左传·文公十年》有"工尹"，但不能成为否定"士尹"的理由。楚玺文字证明"士尹"确为楚官，今本《吕览》不误。至于《御览》所引《吕览》乃浅人所改，《文选·张景阳杂诗》注引《吕览》作"士尹陫"尚且不误。

楚官往往以"尹"为名，楚系文字材料中，除"士尹"之外，尚有"命（令）尹"、"攻（工）尹"、"连尹"、"脾（郊）尹"、"调（莠？）尹"等，凡此多可与典籍相互印证。

马

战国文字中从"马"（巴）谐声者甚多。其中若干字旧或不识，或误释。自中山圆壶"馬"被识出之后，以此为基点，其他铜器、玺印、缣帛文字中的"马"及从"马"得声之字皆可贯通。今疏证如次：

1."乙"长沙帛书，旧释"乙"③，或释"巳"④。案，晚周文字"乙"作"乁"(《侯马》298)、"乙"（畬肯匜）等形，"巳"作"㇏"（吴王光鉴）、"巳"（《玺汇》2039）等形，均与帛书此字形体有别。检《分韵》267"范"作"范"、"范"、"范"等形，以其所从与帛书比较："乙"、"巳"、"巳"、"马"（小篆）之间的演变关系十分明晰，

---

① 详另文。
② 董说：《七国考》卷1，北京：中华书局，1956年。
③ 巴纳：《楚帛书研究》引饶宗颐说。
④ 严一萍：《楚缯书新考》，《中国文字》28册，1968年。

"虐",三体石经《君奭》作"㞕"形,《说文》古文作"㞕"形,徐锴云:"当从辰巳之巳。"①段玉裁云:"当从户而转写失。"②均未得其解。案,"虐"之文均从"马"。"马"、"户"双声,故"㞕"通"虐"。"彡"形或作"彡"形,正反映了战国文字"马"可作"彡"这种近于"巳"的形体。填实"彡"的空间,即与帛书"乙"形相同。《说文》:"马,嘾也。艸木之华未发函然,象形。"帛书"乙"正象茎端蓓蕾含苞之状。帛书"马则至",应读"范则至"。《说文》:"范,軷也。""軷,出车将有事于道,必先告其神。"所谓"马则至"系指启程前祭道路之神则能达到目的,这与下文"不可以口敊(叙)"语义相因。《说文》:"叙,楚人谓卜问吉凶曰叙。"③

2. "軓"(《玺汇》3517),《宾虹》释"軓"。"軓"在玺文中为姓氏,读"范"。此字又见望山简"軓获"④,"軓"亦为姓氏。由此可见,这方私名玺为楚物。"軓",典籍亦作"軓",见《周礼·考工记·辀人》注。《说文》:"軓,车轼前也。"案,"马"、"凡"音近,典籍从"马"得声之字多读若"凡"。

3. "汎"(鄂君启节),旧释"邔"。对照节铭"甘"作"甘",知释"汎"为"邔"不确。案,"汎"应隶定为"邔",读"汎"。《水经注》卷二十八:"沔水又南,汎水流注之,水出梁州阆阳县。魏遣夏侯渊与张郃于此水,进军宕渠,刘备军汎口,即是水所出也。""汎水又东流,注于沔,谓之汎口也。"王先谦征引《读史方舆纪要》:"乾汉河在谷城西南三里,或以为汎水也。今故流渐湮。"节铭"逾夏入汎"系指西北路行程。今汉水下游古亦称"夏水",汎水是汉(沔)水中上游的支流,在今湖北省谷城县附近会合。"逾夏"然后"入汎",逆水而上,水路明确。⑤

4. "囧"(《信阳》2.01),应隶定"囧"。

5. "羿"(《文物》1966.5.图版五),应隶定为"翡"。望山简"翡翠"以音求之,应读"翡翠"⑥。

6. "朏"(《玺汇》3273),应隶定为"朏",读"肥",在玺文"朏象"中是姓氏。

---

① 徐锴:《说文解字系传通释》卷12,《四部丛刊初编》本,北京:商务印书馆,1936年。
② 段玉裁:《说文解字注》,北京:中华书局,1983年。
③ 何琳仪:《长沙帛书通释》,载《江汉考古》,1986年第2期。
④ 中山大学古文字研究室:《战国楚简研究》(三)第37页。
⑤ 何琳仪:《长沙帛书通释》,载《江汉考古》,1986年第2期。
⑥ 陈邦怀:《战国楚文字小记》,湖北省社会科学院历史研究所编:《楚文化新探》,武汉:湖北人民出版社,1981年,第151页。

肥氏或云《战国策》赵贤人肥义之后。"肥"从"巴"声。《玺汇》1642作"❂"。

7. "❂"(《玺汇》3417)、"❂"(《玺汇》5348),均应隶定"芭"①,属三晋文字。"芭"、"朿"之异文。《说文》:"朿,艸②木垂华实也。从木、马。"案,"芭"从"屮","朿"从"木"。"屮"(艸)、"木"义近,在偏旁中往往通用,故"芭"、"朿"实为一字。玺文"芭"读"苊",为古姓氏。"苊"姓见《姓解》引《姓书》。

8. "❂"(《中山》50)应隶定为"跐",壶铭"殈殈母跐",诸家均读"世世毋犯"。

9. "❂"(《玺汇》1825),应隶定为"軋",人名。

10. "❂"(《玺汇》2169),应隶定为"邔",读"范"。玺文中为姓氏。

11. "❂"(《玺汇》0054)、"❂"(《玺汇》0287)、"❂"(《玺汇》5552),均应隶定为"梐",属燕系文字。"梐",疑亦"朿"之异文。"芭"本从"屮",复增"木"做"梐",是叠加形符的结果。玺文"梐澅",地名。《水经》卷十一"(易水)东过范阳县西南",注:"(梁门)淀水东南流,出长城注易,谓之范水。易水自下有范水通目,又东迳范阳县故城南,即应劭所谓范水之阳也。"玺文"梐澅"应读"范澅"。《补补》6.2读"枝澅",并以远在四川的"梓潼"附会之,失之。以"范澅"联文案验,"澅水"应在范水附近。待考。

12. "❂"(《玺汇》2284),应隶定为"範",读"范",玺文为姓氏。此字所从"❂"与上揭"梐"所从"❂",呈燕系文字风格。"範"或作"❂"、"❂"、"❂"等形(《匋文》14.93),则是齐系文字。

13. "❂"(《玺汇》0232),应隶定为"迊",同"犯"。"犯"古"犯"字,见《玉篇》。玺文文意不明,文字呈齐系风格。

14. "❂"(《补补》5.1),应隶定为"笵"。《说文》:"笵,法也。从竹。竹,简书也。氾声。古法有竹刑。"陶文"笵舍"为人名,"笵"读"范"。

15. "❂"(诅楚文),释"犯"。《睡虎》20.191作"❂"。

以上"巴"(马)及从"巴"得声字有"軋"、"邔"、"回""芭"、"犯",从"軋"得声字有"範",从"芭"得声字有"跐"、"軋"、"邔"、"迊",从"氾"得声字有"笵",从"肥"得声字有"❂"、"脆",凡得15字。其中"巴"(马)的形体基本相同,但

---

① 李学勤、李零:《平山三器与中山国史的若干问题》,载《考古学报》,1979年第2期。
② 段玉裁:《说文解字注》引《玉篇》补"艸"。

也有若干区别,这是战国文字"异形"的结果。大体而言,齐系文字作"𖠌"、"𖠍"、"𖠎"、"𖠏"等形,燕系文字作"𖠐"、"𖠑"、"𖠒"、"𖠓"等形,晋系文字作"𖠔"、"𖠕"、"𖠖"、"𖠗"等形,楚系文字作"𖠘"、"𖠙"、"𖠚"、"𖠛"等形,秦系文字作"𖠜"、"𖠝"等形。

爻

"爻",甲骨文作"✕"、"爻"等形(《甲骨》3.33),西周金文作"爻"、"爻"等形(《金文》3.231)。"爻"的上下两个部件,战国文字或交叉作"※"形:

教 𘒀 郾侯毁　　　𘒁 宜安戈
敩 𘒂 中山王鼎　　𘒃 者汈钟

确认了战国文字偏旁"※",下列铜器、玺印、竹简文字皆可贯通。

1. "𘒄"(子婗壶),应隶定为"婗"。战国文字"口"往往是装饰偏旁,故"婗"即"姣"。《类篇》:"婆,姣媱也。"《集韵》:"婆同姣。""爻"、"交"音义均同。《说文》"爻,交也。""妭"同"姣",犹"效"同"效","較"同"较","絞"同"绞","筊"同"筊","恔"同"恔","駁"同"駮","鵁"同"䴔"等①。壶铭"子姣"为人名。西周九年卫鼎铭"𘒅",或释"咬"②。

2. "𘒆"(楚简),应隶定为"驳"。《说文》:"驳,马色不纯也。"

3. "𘒇"(《玺汇》3262),应隶定为"牥"。《说文》:"犖,驳牛也。从牛,劳省声。"段玉裁云"马色不纯曰驳。驳、犖同部叠韵。"③《广雅》:"驳牢,牛杂色。"案,"牥"应是"犖"的异文,音义均同。马色不纯曰驳,牛色不纯曰牥(犖)。所谓"三十维物"也。

4. "𘒈"(瘐公鼎),应隶定为"𡉈"。战国文字"土"往往是装饰偏旁,故"𡉈"即"爻"之异文。鼎铭"瘐公上爻"是人名。

5. "𘒉"(申鼎),应隶定为"鄗"或"䴔"。"䴔"同"肴"(《广韵》),然则"䴔"可能是"鄗"之异文。《集韵》:"鄗,山名。"鼎铭"鄗安"为人名。

---

① 朱骏声:《说文通训定声》小部,北京:中华书局,1984年。
② 唐兰:《陕西省歧山县董家村新出西周重要铜器铭辞的释文和注释》,载《文物》,1976年第5期。
③ 段玉裁:《说文解字注》,北京:中华书局,1983年。

6. "🔲"(《籀补》附九)，应隶定为"校"。《集韵》："校，桷也。"陶文"🔲涂"(《河北》36)之"校"为姓氏，读"校"。"校"姓见《路史》。

7. "🔲"(《玺汇》2602)，应隶定为"绞"。《玉篇》："绞，绿色也，嫁者衣也。"玺文"绞帅参"之"绞"，为姓氏。《左传》有绞国，在隋唐之南，以国为氏，见《古今姓氏书辨证》。

8. "🔲"(长陵盉)，应隶定为"劾"。其所从"刀"，是叠加声符。"刀"、"爻"均属宵部。然则"劾"乃"绞"之异文。盉铭"联绞"待考。

9. "🔲"(《玺汇》2778)，应隶定为"肴"。《说文》："肴，啖也。从肉，爻声。"

10. "🔲"(《玺汇》3245)，应隶定为"疥"。同"疫"。《说文》："疫，痛也。"

11. "🔲"(东陵鼎)，应隶定为"剻"，"爻"之异文①。"厂"是表示建筑的形符，与战国文字"厨"作"厑"相同；"刀"是是叠加声符，与上文"劾"相同。"肴"，典籍或作"殽"。《诗·小雅·宾之初筵》"殽核维旅"，传："殽，豆实也。"《文选·西京赋》注："肴，膳也。"鼎铭"东陵剻"可能是"东陵"盛肉之器，也可能是"东陵"膳食之所。寿春鼎的"剻"亦读"肴"。

12. "🔲"(叔夷镈)，"应隶定为"鬶"。镈铭"脓鬶"，疑读"密膠"。《释名·释姿容》："寐，谧也。"《古尚书》"昧"作"脒"，与"脓"形体最近。此"脓"读"密"之证。朱骏声谓"鬶"字"经传多以狡为之"。②《汉书·赵皇后传》"即自缪死"，注："缪，绞也。"此"鬶"和"交"音近之证。"胶水"和"密水"(均见《水经注》卷二十六)属古莱国。这与镈铭"鳌(莱)都脓(密)鬶(膠)"地望相吻合。

13. "🔲"(《玺汇》2875)，应隶定为"屐"，不识。

1986年7月初稿
1988年7月订补

---

① 李零：《楚国铜器铭文编年汇释》，《古文字研究》13辑，北京：中华书局，1986年，第384页。拙说与李零暗合。

② 朱骏声：《说文通训定声》孚部，北京：中华书局，1984年。

古玺杂识再续①

杀

《玺汇》3233 著录一方齐玺，印文三字：

〇〇 鍴

《释文》"郳逷鍴"。战国文字"兒"旁习见，其上多作"臼"形（参《玺汇》2127"郳"），而与〇旁有别。故旧释"郳逷"均应重新考虑。

检三体石经《僖公》"殺"作：

〇

其左旁与上揭齐玺首二字所从偏旁形体吻合。由《说文》"殺，戮也，从殳，杀声"类推，石经左旁应释"杀"。

首字从"邑"，从"杀"，可隶定"邻"，亦可隶定"鄡"（"杀"、"祟"古本一字，详下文）。《广韵》："鄡，颊下。"

"邻"在玺文中读"殺"，姓氏，见《姓苑》。

第二字从"辵"，从"杀"，应隶定"逤"，字书所无，玺文中似是人名。该字亦见子禾子釜，凡二见：

中刑□逤   厥辟□逤

句中纵有不识之字，然与"刑"、"辟"相关之"逤"读"殺"，似亦可通。

《说文》无"杀"有"殺"，从"殺"得声字则有"摋"、"䉤"、"鎩"等。至于其他

---

① 原载《中国文字》新 17 辑，台北：艺文出版社，1993 年，第 289—300 页。

字书中"弑"、"刹"等更是习见之字。因此有必要对这一偏旁有所认识。《说文》"殺"下附有古文三字:

钱大昕《说文答问》:"杀不成字,当从古文㣇。"实则第三古文应隶定"㣇",与"杀"形体无涉。《说文》以"㣇"为"殺",取其音近可通而已。另外二古文则确与战国文字"殺"有演变关系:

殺 盟书326　　殺 盟书326

殺 帛书　　　殺 叔孙殺戈

上揭第一古文如果剔除其"介"旁不计("介"与"殺"叠韵,为附加音符),则与叔孙殺戈之"殺"形体最近,又与三体石经"𢽤"作"𢽤",亦有笔画演变轨迹。"𢽤"乃"敍"之讹变,甲骨文、金文习见:

敍 粹275　　敍 簋

晚周文字"又"多作"攴"或"殳","木"讹变为"朮",遂与古文甚近。古文字"木"与"禾"旁往往互作,此盟书、帛书"殺"左上从"禾"之故。《五音篇海》"殺"作殺,适与盟书密合。《孟子·万章》上"殺三苗",《说文》引作"𢽤三苗"。沈兼士《㣇殺祭古语同源考》指出"祟"为"殺"之古文,甚有见地,从古文字演变分析,"殺"为"敍"(𢽤)之分化字。

由此类推,《玺汇》下列晋玺之字亦可释"杀":

以其与盟书比较,玺文竖笔上端多一斜笔,颇似"人"形。类似现象在《玺汇》中习见:

未	未	4072	朱	4070
康	康	1114		2059
呈	呈	4517	呈	4520
城	城	1310	咸	0150

晋玺中"杀"为人名。另外下列燕玺:

郗 2223　　刹 3872

应分别释"郄"、"刹"。前者为姓氏,已见上揭齐玺。后者为人名,见《说文新附》"刹,柱也,从刀,未详。杀省声"。

综上分析,大致可见"杀"之演变序列:

a 㭒—㭒—㭒—㭒—㭒
　　　｜
　　㭒—㭒—㭒—朮

b 𢆉—𢆉—𢆉

　b式与a式之关系尚不明了，b式与传抄古文之关系则至为明晰。b式形体或另有来源，然其读"杀"似无疑义。从战国文字地域特点分析，"杀"齐系作𢆉，燕系作㭒，晋系作㭒，楚系作㭒。

汕

《玺汇》0363著录燕长条玺，印文六字：

洞汕山金贞鍴

首字可隶定"洀"，其"舟"旁可参照战国文字"朝"作𓃂（朝歌戈）、𓃂（《玺文》7.3）所从"舟"。商周文字"洀"，从"水"，从"舟"，会意。（拙文《释洀》1990年上海古文字研讨会论文。）战国文字"洀"，从"水"，"舟声"。《集韵》："洀，水父也。之由切。"

第二字从"水"，从"山"，且借用中间竖笔，释"汕"应无疑义。其中"水"作小形，燕玺"洵"作𣳡（《玺汇》0359）可以类比。"洀"与"汕"均从"水"笔势小有差异，不足为奇。

"洀汕"，应读"朝鲜"。

"洀"从"舟"得声，据《说文》"朝"亦从"舟"得声。故"洀"可读"朝"。

"汕"可读"鲜"。《史记·朝鲜列传》集解："张晏曰，朝鲜有濕水、洌水、汕水，三水合为洌水。疑乐浪、朝鲜取名于此。"又："鲜音仙，以有汕水故名也。"

"洀汕"即"朝鲜"，均从"水"，应是水名。"汕"为汕水，"洀"俟后考。战国文字可证旧注并非子虚。"朝鲜"见《山海经》、《管子》等先秦典籍。该玺印面为长条形，其文字、形制呈典型燕国风格。凡此与《朝鲜列传》所载燕国东拓朝鲜史实若合符节。

"山金"，山铜，见《管子·国准》"益利搏流，出山金立币"。

"贞"，信。"贞鍴"读"贞瑞"，犹"信玺"。

族

《玺汇》0369 著录燕长条玺，印文四字：

　　□易郻卩

释文"□□都丞"，多有可议。

首字应释"族"，参见下列战国各系文字：

　　晋　𭥦　盟书 329

　　齐　𭥦　陈喜壶

　　楚　𭥦　曾侯乙编钟

尽管各系文字笔势略有差异，然而其从"㫃"从"矢"则至为明显。

第二字上半钤印多有断笔，然参照下列燕国文字"易"：

　　　易　玺汇 3879　　　易　玺汇 1675

　　　易　陶汇 4.13　　　易　陶汇 4.29

知其应是典型燕系"易"字。

第三字应隶定"郻"，读"都"。

第四字疑释"卩"，读"节"。

"族易"，可读"聚阳"。"族"、"取"声系相通。《左传·宣公二年》："公嗾夫獒焉。"释文："嗾，服本作瘷。"是其确证。聚阳，地名，见《汉书·地理志》右北平郡，新莽时易名"笃陆"，其确切地望已不可考。右北平郡战国属燕，长条玺为燕玺，地望与形制完全吻合。

栖

《玺汇》著录两方燕私玺，印文各三字：

　　𣄃　劓　3371

　　𣄃　騸　3410

释文分别为"□□□"、"桌□䴷"均有可商。

首字《玺文》7.6 将其与㮿、桌等均列于"枲"（栗）下。𣄃 与"卥"（卣）迥别，不应混为一谈。𣄃 应是"西"之变异，参见：

[图] 货系60　　　[图] 籀文

"西"内斜笔相交演变为直笔相交,有可能是为与其下"木"之竖笔借用笔画。类似变异参见"栗"字:

[图] 帛书　　　[图] 古钱1018

上揭玺文从"木",从"西",自应释"栖"。《集韵》"棲,鸟棲。或从西。""栖"为"棲"之异体,从"木","西"声。"栗"则从"木",从"卤","卤"亦声。二字截然不同。

第二字应释"帀",即"师",为典型燕系文字。参见《玺汇》0158、0519等。"栖师"应读"栖疏","师"与"疋"双声可通。《战国策·赵策》:"黄金师比。"《史记·匈奴列传》作"黄金胥比"。"胥"、"疏"均从"疋"声。此"师"可读"疏"之佐证。"栖疏",复姓,夏世侯伯,见《路史》。

穊

《玺汇》4430—4457著录大量"千秋"吉语玺,其中4444—4448之"秋"字释读颇有可疑:

[图] 4444　　　[图] 4448　　　[图] 4447

凡此与古玺标准"秋"字作[图](4454),除从"禾"相同外,了不相涉。

上揭三类所谓"秋"均应释"穊"。甲骨文"異",从"兴",从"甶","甶"亦声,"戴"之初文。"甶"后来讹作"田"形,战国文字作:

[图] 石鼓　　　[图] 玺汇1584

所从"兴"象人两臂上举。其手指或可省简,见二十八星宿漆书"翼"作:

[图]

下从"異",与上揭第三类所谓"秋"字所从吻合。第一、第二类所从"兴"手臂上举,尤合本义,而与"火"作[图]形迥然不同。

"穊",从"禾","異"声。《五音集韵》:"穊,耕也。"吉语玺"穊"应读"禩"。《说文》"祀"或体作"禩"("巳"与"異"均属之部,故可通用)。吉语玺"千穊"读"千禩",即"千祀"。《文选·谢赡张子房诗》:"惠心奋千祀。"《尔雅·释天》:"载,岁也。夏曰岁,商曰祀,周曰年,唐虞曰载。"疏:"孙炎曰,取四时祭祀一讫。"

总之,"千穋"读"千祀"与"千秋"虽然意近,但毕竟是截然不同之两组吉语玺。

穋

《玺汇》"千秋"吉语玺中,二"秋"字隶定亦明显有误:

      [图] 4442   [图] 4443

该字左旁应释"叟",参战国文字"穋",作:

      [图] 中山王鼎   [图] 陈纯釜

相互比较不难看出,玺文从"禾",从"叟",理应释"穋"。

"千穋"疑仍应从旧读为"千秋"。"穋",清纽之部;"秋",精纽幽部。精、清均属齿音,之幽旁转。《逸周书·王会》:"穋慎大尘。"孔注:"穋慎,肃慎也。"而《左传·襄公十八年》:"及秦周伐雍门之楸。"《晏子春秋·外篇》上作"见人有断雍门之楰者"。凡此可证"穋"、"肃"、"秋"音近可通。

上揭二玺释文不误,然隶定非是,将为乙正。

主

《玺汇》4893 著录吉语玺,印文四字:

      王又(有)丅正

第三字旧不识,骤视之与甲骨文"示"之初文相同。诚然,商代文字丅、示确为一字(象神灵之位,两侧为饰笔)。不过战国文字中二者已截然不同:即丅(或示)为"主",示为"示"。"主",端纽;"示",定纽。均属舌头音。卜辞中"示壬"、"示癸"即《史记·殷本纪》之"主壬"、"主癸"。典籍中"主"为神主,即神灵之位。凡此说明"主"、"示"之形、音、义均有关联。下面试举战国文字"宔"与"宗"各三例,以见其异同:

  宔 [图] 盟书314   [图] 中山王鼎   [图] 玺汇1442

  宗 [图] 盟书314   [图] 兆域图   [图] 玺汇1437

玺文"宔"、"宗"截然不同。由此类推,丅确应释"主"。(玺文"宔"读"主",姓氏。《通志·氏族略·以次为氏》:"主,嬴姓,即主父氏也,或单言主氏。")

玺文"主正"可读"主政"。《管子·禁藏》:"故主政可往于民,民心可系于主。"注"谓系属于主。"玺文与《管子》互证,可知"主政"应是先秦习见成语。《玺汇》著录"王又主正"与"王兵戎器"(5707)都是罕见王室之玺。

遙

《玺汇》3528 著录私玺,人名字作:

释文不识。

按偏旁分析,此字明确从"辵"、从"缶"、从"肉"。如果将"缶"与"肉"上下位置互易,此字无疑应隶定"遙"。《说文新附》:"遙,逍遙也。从辵,䌛声。"

者

《玺汇》5536 著录圆形私玺,印文二字:

释文误以为一字而阙释。

首字参见《古文四声韵》引《古孝经》"箸"作:

   4.10

此字形体奇谲,其上部与战国文字"者"作:

  配儿钩鑃 陈侯午錞

相近,其下部则殊不可解。疑为"者"之变体。《古文四声韵》以"者"为"箸"属假借。玺文"者"为姓氏,云南苗族有者氏,见《姓氏考略》。者姓出现较晚,与古玺无涉。越国铜器"者旨於赐"器甚多,其中"者旨"读"诸稽",为越国古姓(曹锦炎《越王姓氏新考》,《中华文史论丛》1983 年第 3 期)。可证"者"应读"诸"。关于诸姓来源向有二说:

其一,春秋鲁有诸邑,大夫食采于其地者子孙以为氏。(见《姓苑》)

其二,越大夫诸稽郢之后(见《尚友录》)。其实二说并不矛盾。诸姓源于鲁邑,衍为复姓诸稽,则属越方言之变。此与越民族源于北来说,亦十分吻合。玺文"者"读"诸",似仍为单姓,与诸邑有关。如果考虑"者"之变体又来源于鲁壁中书《古孝经》,该玺属齐系之可能性较大。

第二字从"言",从"户",可隶定为"訏",字书所无,玺文中为人名。

艘

《玺汇》著录两方私玺,首字作:

　　3200　　3201

释文阙释。

按,此字右上乃"凶"之异文。参见石鼓《作原》"櫏"作:

"凶"本作凶形,两侧弧笔相交即成⊗形,而与"西"之简体混同。玺文可硬性隶定为"艘",其右旁即"峱"。《集韵》"峱,嵿峱,山峻。"又因"凶"、"夒"本一字之分化,故"峱"亦可隶定为"嶩"。(《说文》:"嶩,九嶩山也。在冯翊谷口。从山,夒声。")"峱"即"艘"。

玺文"艘"可读"猱",姓氏。古猱天氏之后。见《通志·氏族略·以名为氏》。

战国官玺杂识①

在大量传世古玺之中,官玺的数量只占百分之七左右(据《古玺汇编》统计,下文简称《玺汇》),然而其历史学方面的学术价值却远胜于数量浩繁的姓名私玺。这是因为官玺往往刻有官名、地名及其它专门术语,这为战国时期的职官、地理等方面的研究,无疑提供了最真实的原始资料。本文从《玺汇》中甄选8方官玺:絇(齐)、遖、米粟、身(燕)、阳邑(赵)、专室、飤、朡(楚),予以考订,谨供治印者参考。

一

《玺汇》著录3方齐系官玺,其辞例均为"左司马△"。△原篆分别作:

　　　▢　　0037(图1)

　　　▢　　0039

　　　▢　　5540

《封泥考略》著录一方齐系封泥,辞例为"左司马闻(门)△信玺"。△原篆作:

　　　▢　　1.1

以文字风格和辞例比照,封泥和玺印之△显然是一字之变。旧多阙而不释。

按,封泥△下从"立",其实玺印△下亦从"立"。后者"立"呈典型齐系文字风格,参下列齐系文字:

---

① 原载《印林》16卷2期(台湾),1995年,第2—11页。

第四编 战国文字(上) 275

　　㊀　　陈璋壶
　　㊁　　货系 2656
　　㊂　　玺汇 0289
　　㊃　　陶汇 3.4

△上从"丩",参见下列从"句"之齐系文字:
　　句　㊄　玺汇 0340
　　均　㊅　陶汇 3.16
　　郇　㊆　陶汇 3.813
　　购　㊇　陶汇 3.449

然则△应隶定"丩"。战国文字"丩"在偏旁中往往是"句"之省简。例如《玺汇》3559"迅"即《字汇补》"迿",0326"忇"即《玉篇》"恟",2127"圤"即《玉篇》"均",2143"馴"即《说文》"驹",2839"習"即《说文》"翑",4124"刏"即《说文》"刓",0445"貝丩"即《集韵》"购",随县简 143"礼"即《玉篇》"祠"。准此,齐官玺、封泥之"丩"应释"竘"。

《说文》:"竘,健也。一曰,匠也。从立,句声,读若龋。《逸周书》有竘匠。"齐官玺封泥之"竘",应是隶属司马的匠人。至于"竘"训"治"(《方言》7),训"巧"(《广雅·释诂》3),皆训"匠"之引申。

二

《玺汇》0021 著录一方燕系官玺"△都右司马"(图 2)。△旧多阙释,原篆作:

　　㊈

按,△应隶定"遹",参见下列晋系文字之"遹":
　　㊉　行气玉铭
　　㊊　玺汇 2636
　　㊋　中山杂器
　　㊌　中山杂器

燕玺"遹"所从"玄"旁的下圈内似⌒形,疑钤印时印泥不匀所致,并非笔画。《玉篇》:"遹,行貌。"

"遒"在"都"字之前,无疑是地名。以音推求应读"酒",即"遒"。"遒"、"遒"均属舌音幽部。《说文》:"𪎮读畜牲之畜。""楢读若糗。"是"畜"、"酉"音近之证。《汉书·地理志》涿郡有"遒",注"遒,古遒字。"在今河北涞水之北,战国属燕境。

三

《玺汇》0287 著录一方燕系巨型官玺,原释"枝洹都□玺"(图3)。其实阙释的□并非一字,而是二字。即左右各三字,布局对称。第四字、第五字原篆作:

第四字应释"米"。古文字"米"本作:

为书写便利,晚周文字"米"旁往往将中间两点相连接成为一竖笔作:

古玺文字"米"旁均如此。参见《玺汇》"迷"(1083)、"麋"(3693)、"精"(5574)、"粱"(2373)、"糶"(1873)等字所从"米"旁。而"耀"(0618)作:

所从"米"旁的笔势与上揭燕玺"米"字的笔势完全一致,只不过后者横画稍短而已。这一点对于文字结构本无关重要,然而对于读者确实造成一定障碍。战国文字号称奇谲难识,笔画方面诸如此类的收缩、延长,往往就是其中原因之一。

第五字下半与第四字密合无间,无疑应是"米"旁。第五字上半不易辨识,暂不讨论。然而就其结构整体而言,可与云梦睡虎地秦简《效律》24"禾粟"之"粟"作:

直接比照。从而可以确认燕玺第五字亦应释"粟"。

"米粟"是先秦文献中的习见词汇。《孟子·公孙丑》下:"米粟非不多也。"《周礼·地官·舍人》:"掌米粟之出入,辨其物。"疏:"粟即粱也。《尔雅·释草》:粱,稷也。稷为五谷之长,故特举之以配米也。其实九谷皆有。"

燕官玺"枝(应隶定桵)湩都米粟玺",应是"桵湩"地区掌管谷物机构的印章。根据《周礼》记载,这一机构的长官称"舍人"。

最后讨论"粟"字结构。

《说文》:"粟,嘉谷实也。从卤,从米。𥻆,籀文粟。"许慎以为"粟"上从"卤",这在古文字材料中无法证明。以往学者已指出"卤"即"卣"字,古文字中习见,作:

　　🔾

其形易讹为"卤"。许慎列"卤"为部首,反而遗漏"卣",可谓舍本求末。所以《说文》"粟"从"卤"之说颇值得怀疑。

检《玺汇》著录楚官玺和晋私玺中均有"粟"字,分别作:

　　🔾　　5549
　　🔾　　3613

其中楚官玺"鄩之粟客",被学者频频征引,可以信从。其根据大概是认为此字上方从"卤"。根据上文分析,古文字中并无"卤","卤"不过是"卣"的形讹。准是古玺"粟"上半并不从"卤",而应从"角"。"角"在战国文字屡见不鲜,均与上揭楚官玺、晋私玺密合,勿庸举例。这一现象不但与小篆从"卤"者不合,而且与隶书从"西"者亦不合,应如何圆满解释呢?

笔者认为,"粟"本从"米","角"声。"粟"、"角"均属侯部,谐声吻合。至于就声纽而言,"角"属牙音,"粟"属齿音,这与从"角"得声的"数"也属齿音有平行的声纽转化关系("数"从"娄"声,"娄"从"角"声。中山王鼎"数"正从"角"声,是其确证)。然则"粟"应是"角"之准声首。"角"与《说文》之"卤"(卣)虽然形体亦略近,但是并非一字。试举几例战国文字的"卣"及从"卣"之字:

　　卣　🔾　蚩生戈
　　卣　🔾　石鼓
　　粟　🔾　玺汇 3101

其所从偏旁"卣"与上揭楚玺、晋玺"粟"所从"角"判然有别。许慎以为"粟"从"卤",大概缘"粟"从"卣"(卤)而误。

饶有趣味的是,从"卣"的"粟"与从"角"的"粟",在汉代文字中又殊途同归地从"西"。试举战国文字、秦汉文字"粟"字如下:

　　　　🔳　玺汇 5549

　　　　🔳　玺汇 0287

　　　　🔳　秦简·效律 24

　　　　🔳　帛书老子甲后 430

　　　　🔳　帛书老子乙前五上

　　　　🔳　西狭颂

其中"角"讹变为"西"的轨迹井然有序，而燕玺"粟"恰好是演变过程中的关键形体。这进一步证明本文对燕玺"粟"字的考证是可信的。其实在战国文字自身中已出现"角"与"西"相混淆的现象。试比较：

　　　　西　🔳　货系 0149

　　　　酁　🔳　玺汇 3247

古玺"酁"所从"角"与币文"西"形体完全一致。这也有助于理解"角"讹变为"西"的原因。

　　另外，《玺汇》下列二字：

　　　　🔳　3100

　　　　🔳　0160

旧释"栗"不确，似是"粟"之异体。盖"米"旁与"禾"旁义符相近，可以互换。战国文字"稟"或作"稟"可资旁证。0160"群粟客"与上揭 5549"酁之粟客"辞例相同，当然也是"粟"可从"禾"的佐证。

四

《玺汇》0364 著录长条形燕官玺"易文△鍴"（图 4）。"易文"，地名。是否即后世的"阳门"，待考。△原篆作：

　　　　🔳

形体奇谲难识，旧多阙释。

　　按，△可与《玺汇》5685 著录燕姓名私玺的"訡"字相互比较：

　　　　🔳

十分明显，将"訡"所从"身"旁的竖笔向左弯曲作弧形，即是△。准是，△应释"身"。△字笔画颇多诘曲，似是缪篆的雏形，值得治印者特加注意。

燕官玺"身鍴",应读"信瑞",相当"信玺",是古玺中习见的术语。《汉书·霍光传》:"受皇帝信玺,行玺大行前。"

另外,《玺汇》3463 著录燕圆形箴言玺(原书误入姓名私玺)"忠▽",其中▽的原篆作:

也是典型的燕文字"身",只不过与上揭燕官玺"身"字的方向相反而已。"忠身"读"忠信",是古玺中习见的箴言。《礼记·礼器》:"忠信,礼之本也。"

五

《玺汇》0046 著录一方三晋官玺,原篆"扬州郘右□司马"(图5)。检"扬州"见《左传·昭公二十五年》,在今山东东平,战国属齐。这与该玺文字风格属三晋显然不合。

按,该玺"邑"下有重文符号,应与其右"阳"字视为合文,即"阳邑"合文。类似布局参见《玺汇》0353"句犊"合文、3228"上各"合文等。

"阳邑",见《水经·洞过水注》引《竹书纪年》:"梁惠成王九年,与邯郸榆次、阳邑。"隶《汉书·地理志》太原郡,在今山西榆次北。赵尖足步铭文亦有"易邑"(《货系》982),因此,该玺无疑亦是赵官玺。

第五字应释"叔",读"小"。《释名·释亲属》:"叔,少也。"是其佐证。其实"叔"的金文下部本来就从"小",自然二者音近。《周礼·春官·小司马》:"小司马之职掌,凡小祭祀、会同、飨射、师田、丧纪、掌其事,如大司马之法。"

六

《玺汇》0228、0229 著录楚圆形官玺(图6),原书释"专室之玺"。其中"专"字所释不确。近已有著作改释"尃",可从。然谓"尃室"即"簿室",相当秦简的"书府",则失之迂远。

按,"尃室"应读"簿室"或"暴室"。《汉书·宣帝纪》:"为取暴室啬夫许广汉女。"注:"应劭曰,暴室,宫人狱也。今曰薄室。许广汉坐法腐为宦者作啬夫也。师古云,暴室者,掖庭主织作染练之署,故谓之暴室,取暴晒为名耳。或曰,薄室者,掖庭主织,今俗语亦云薄晒。盖暴室职务既多,因为置狱主治其罪人,故往往云暴室狱耳,然本非狱名。应说失之矣。"《汉书·外戚传》:"取牛官令舍妇人新产儿,婢六人,尽置暴室狱。"《后汉书·邓皇后纪》:"废后送暴室,以忧死。"注:"《汉官仪》曰,暴室在掖庭内,丞一人。宫中妇人疾病者,其皇后贵人有罪,亦就此室也。"《晋书·左贵嫔传》:"姿陋无宠,以才德见礼,体羸多患,常居薄室。"

综上典籍记载,"薄室"或"暴室"不外乎是幽禁后宫妇女之室,相当后世的"冷宫"。然而旧注释"薄"、"暴"为"暴晒",似嫌迂曲。楚官玺"尃"字的释读为解决这一问题提供了一条新的线索。

"尃"与"敷"（敷）为古今字。从古文字学角度分析,从"寸"与从"攴"均表动作,义本相通。"敷"应是"尃"之繁文。"敷"则是"敷"的进一步演变。（《正字通》:"敷,敷本字。"）《汉书·礼乐志》"尃与万物",注:"师古曰,尃,古敷字。"《后汉书·荀淑传》"汪爽肃尃",注:"尃,本作敷。"凡此均"尃"、"敷"实为一字之确证。《书·禹贡》:"禹敷土。"马注:"敷,分也。"《汉书·地理志》上"禹敷土",注:"师古曰,敷,分也,谓分别治之。"

居"尃(薄)室"者的身份,由上引典籍可知其地位并不低,甚至贵为王后。因此,她们即便有罪被贬,也不宜群居。君王派"啬夫"或"丞"在贬所"分别治之",这才应是"尃室"的原义。"尃室"典籍作"薄室"、"暴室",音有假借而已。

顺便纠正以往被误释的两个楚文字"尃":

1. 熊悍鼎铭人名"△秦",△原篆作:

旧释"事",读"史",非是。据上揭楚玺,包山简176等应释"尃",读"傅"。傅姓见《通志·氏族略·以地为氏》:"商相傅说之后,筑于傅岩,因以为氏。"

2. 楚金版铭有所谓"专称"（《货系》4265）。旧多读"专"为"郯",即山东临沂与江苏交界的古郯国。其原篆作:

可与三孔布铭"上尃(博)"、"下尃(博)"的"尃"相互比较:

这类"尃"字上方所从"父"旁不明显,即少一撇笔,而使"父"旁似"山"形。不过这类省简的"尃"在战国文字中司空见惯。除上引三孔布"尃"外,还可见于石鼓文"趯"（汧洓）、"搏"（銮车）、《玺汇》"博"（1837）、"鄟"（0152）、随县简"髆"（53）等。故金版此字亦应释"尃",读"鄟"。《说文》:"鄟,汝南上蔡亭。

从邑,甫声。"在今上蔡西南。1980年,河南固始出土郙王剑(《中原文物》1981年第4期)。传世品有辅伯匯父鼎(《贞松》3.7)。其中"辅"、"郙"、"尃"均为一地,不过时代有早晚而已。战国时期,今河南上蔡一带无疑应属楚国。

七

《玺汇》0278著录楚官玺(图7),原书释"龙城口玺"。

"龙城",楚地名,包山简作"龓城"(174)。检《水经·获水注》:"获水又东历龙城,不知谁所创筑也。"在今安徽萧县东。又湖北江陵出土龓公戈(《集成》10977),其中"龓"亦是"龙城"。

"龙城"下之字原篆可与另一晋玺比较:

        戠　0278

        飤　2019

前者左从"皀",后者左从"食"。在古文字中"食"旁往往与"皀"旁互作,例如《金文编》"卿"或从"食"(9.646)、"殷"或从"食"(5.300)、"饒"或从"皀"(5.357),包山简"飤"或从"皀"(247)等。又战国文字"弋"旁往往作"戈"形,例不赘举。故上揭楚、晋二玺之字均应释"飤"。

《玉篇》、《一切经音义》十三均以"飤"为"饐"之古文。或据《古文四声韵》"饐"作:

可以推测楚玺"飤"应是晋玺"飤"之省简,或许即"貣"之异文。《说文》:"貣,从人求物也。从贝,弋声。"典籍亦以"贷"为之。包山简有许多"貣越异之金"的记载(107—119)。一般说来,借贷要有借据,上揭楚玺"龙城飤玺"似是借贷之凭证。相同的辞例亦见另一方楚玺"蒉里貣玺"(《文物》1988.6.89)。"飤"、"貣"均从"弋"声,例可通用。上揭晋玺"饒府",应是借贷之府,即古代信贷机构的雏形。《周礼·地官·泉府》:"民之贷者,与其有司辨而授之,以国服为息。"孙诒让《正义》:"《左传·文公十四年》云,齐公子商人骤施于国,而多聚士,尽其家,贷于公有司以继之。彼贷公财者,公有司主之,疑即此泉府之属。"所谓"饒府"疑为"余府"之一(参贾公彦疏)。

八

《玺汇》0351 著录楚官玺"△玺"二字(图8)。△旧不识,原篆作:

㑒

按,△下从"贝",上从"命"之反文。这类反文"命"参见《玺汇》:

亼 4228

亼 4229

故此字应隶定"賹"。"賹"又见包山简九二"賹尹",显然应读"令尹",为楚国官名。由此可见,"賹"应是"命"之繁文,读"官令"之"令"。

在战国文字材料中,"官令"之"令"习见。多用"命"及各类"命"之繁文代替。下面试举部分材料:

a."命":《玺汇》0261、1333(齐系)、虡令鼎、高都令戈(晋系)、王子午鼎(楚系)。

b. 从"人"从"命"之"命":喜令戈、邢令戈、汝阳令戟(晋系)。

c. 从"立"从"命"之"命":邺令戈、鄀令戈、启封令戈(晋系)。

d. 从"攴"从"命"之"命":鄂君启节、包山简166、随县简4(楚系)。

e. 从"贝"从"命"之"命":《玺汇》0351、包山简92(楚系)。

大体而言,a式通用各系;b、c式属晋系;d、e式属楚系。这不但反映了战国文字繁复的特点,也反映了战国文字地域的差别。

附言:

本文初稿写就,施谢捷先生惠赐其《古玺汇编释文校订》一文。其中释文"䞛"与拙见不谋而合。

第四编　战国文字（上）　283

图1

图2

图3

图4

图5

图6

图7

图8

楚官玺杂识[1]

一

《玺汇》0003 着录一方官玺,白文六字:
镸坪君佢室鈢　　（图1）

该玺与《玺汇》0002"邻（弋）昜（阳）君鈢"风格酷似。"弋阳"属楚境,[2]"镸坪"无疑亦应属楚境。

《玺汇》对该玺之隶定十分可信,其中"镸坪"应读"长平"。战国时代地名中有两个"长平":

1.《史记·秦本纪》昭襄王四十七年:"秦使武安君白起击,大破赵于长平,四十余万尽杀之。"在今山西高平西北,战国属赵。

2.《战国策·魏策》二:"秦之所欲于魏者,长羊、王屋、洛林之地也。"鲍本改"羊"为"平",认为"长平"即《汉书·地理志》汝南郡"长平"。在今河南西华东北,战国属楚。[3]

关于鲍彪改"羊"为"平",清代学者多有疑义。[4] 今据古文字资料,可知鲍本所改不无道理。检曾侯乙编钟有一习见的乐律之名"坪皇",其"坪"字

---

[1] 原载《南京师范大学学报》,2002年第1期,第165—168页。
[2] 李家浩:《战国邻布考》,《古文字研究》3辑,北京:中华书局,1980年。
[3] 谭其骧:《中国历史地图集》1册 33—34⑤7,上海:中华地图学社,1975年。张琦:《战国策释地》,引诸祖耿《战国策集注汇考》,南京:江苏古籍出版社,1985年,第1242页。
[4] 诸祖耿:《战国策集注汇考》,南京:江苏古籍出版社,1985年,第1242页。

《集成》300.3作:

其"平"旁与"羊"形体甚近,这大概是通行本误"平"为"羊"的原因所在。另外,该玺"坪"作:

与标准"坪"字比较,显然缺二短横,因此很容易误认为"圩"。如果将楚玺"坪"与燕方足布"纕(襄)坪(平)"之"坪"相互比较,不难发现其省变序列:

货系2317 → 货系2323 → 玺汇0003 → 货系2326

还有一个问题需要说明:该玺"坪"与楚系文字"坪"的区别较大,而与北方文字"坪"显然属于同一系列。这大概是因为汝南郡"长平"地处魏、楚边境,楚玺文字接受晋系文字的影响所致。

"怚室",或释"相室"。① 以形声字为会意字,颇有"屈形就义"之嫌。

按,"怚"可读"作"。《诗·大雅·荡》"侯作侯祝",释文:"'作'本或作'诅'。"《诗·邶风·谷风》"既阻我德",《太平御览》八三五引韩诗"阻"作"诈"。《说文》"殂,古文作殓"。均其佐证。

"怚室",应读"作室"。《汉书·王莽传》下"烧作室门",王先谦注:"程大昌曰:未央宫西北织室、暴室之类。《黄图》谓为尚方工作之所者也。作室门前则工徒出入之门,盖未央宫之便门也。"② 程氏认为"作室"与"织室"、"暴室"相类,甚有见地。检《玺汇》著录"戠(织)室"(0213)、"専(暴)室"(0228),现在又发现"怚(作)室"。三玺均属楚玺,这为程氏之说提供了珍贵的考古实证。以往学术界认为汉制多继承楚制,于此又得一佳例。另外,由"长平君作室玺"可以看出:不但楚王室有"作室",地方也有"作室"。这与楚王室有"莫嚣"、"连嚣",地方也有"莫嚣"、"连嚣"的现象十分类似。③

二

《玺汇》0219著录一方官玺,阴文四字:

---

① 于豪亮:《古玺考释》,《古文字研究》5辑,北京:中华书局,1981年。
② 王先谦:《汉书补注》,北京:中华书局,1983年,第1723页。
③ 何琳仪:《长沙铜量铭文补释》,载《江汉考古》,1988年第4期。

成乐之鉨　　　　　　　　　　（图2）

其读序为：左上→右上→右下→左下。相同的读序可参"王右酖鉨"(《玺汇》0001)、"舒匆(间)之鉨"(《玺汇》0218)、"邔裔朒官"(《玺汇》5605)、"抔(莫)嚣之鉨"(见下文)等，均为楚玺，疑此类读序乃楚玺行款特征之一。

第二字"乐"字主体部分从"丝"，从"白"比较明确。然而中间之"中"偏右，中间之"白"下部分叉亦偏右，刀法十分荒率。如果参照《玺汇》"药"(1384)、"㦗"(0970)，其笔画错位的现象并不难理解：

"成乐"，疑读"盛乐"。《礼记·月令》："命有司为祈祀山川百源，大雩帝，用盛乐。"注："自籈鞞至柷敔皆作，曰盛乐。"楚玺"盛乐"可能是指掌管音乐之机构。

三

《玺汇》5603 著录一方楚官玺，阴文四字：

安埊之鉨　　　　　　　　　　（图3）

第二字原释文阙如。按，该字上从"宀"，第一字"安"之所从可资佐证。该字左下从"也"，楚文字中习见。右下从"工"形，实则从"土"旁。古玺文字"土"旁或作"工"形，参《玺汇》0011"刚阴"左下所从二"土"旁：

然则上揭楚官玺第二字应隶定"埊"，①即"地"之繁文。古文字上加"宀"旁，往往是繁化部件，并无确切含义。试举楚文字四例如下：

集　　鄂君启节　　　　躬　　包山2.210
福　　郭店·老甲31　　兽　　随县152

众所周知，古地名中"地"往往是地名之后缀，例如："阴戎"又名"阴地"(《左传·哀公四年》)，"阳城"又名"阳地"(《战国策·齐策》四)，"上郡"又名"上地"(《战国策·魏策》三)，"东国"又名"东地"(《战国策·楚策》二)，"怀"又名"怀地"(《战国策·魏策》三)，"贝丘"又名"贝地"(《货系》2224)②等。上

---

① 何琳仪：《战国古文字典》，北京：中华书局，1998年，第1532页。
② 何琳仪：《贝地布币考》，《陕西金融》钱币专辑(14)，1990年。

揭"戎"、"城"、"郡"、"国"、"丘"等地理名词与"地"字均可互换,以此类推"安痽(地)"很可能即"安陵"。战国时代地名中有二"安陵":

1.《史记·田敬仲完世家》齐宣公四十三年:"田庄子伐鲁葛及安陵。"在今河南鄢陵北,战国属魏。

2.《说苑·权谋》:"安陵缠以颜色美壮,得幸于楚共王。"《文选·阮籍咏怀诗》:"昔日繁华子,安陵与龙阳。"注:"《说苑》曰,安陵君缠得宠于楚恭王。"按,"安陵君缠"之封地"安陵",即《后汉书·郡国志》汝南郡召陵所辖"安陵乡",在今河南漯河东,战国属楚。

该玺呈现楚系文字风格,故"安地"应是漯河之"安陵"。

四

《玺汇》5605 著录一方楚官玺,阴文五字:

郢䌞叕官　　　　　　　（图4）

其读序与上揭"成乐之鈢"相同。第三字右旁虽略有残泐,但复原之后仍可与《玺汇》3144"胾"相互比较:

𠂇𠂆①

"䌞叕",应读"脔胾"。《说文》脔,"一曰,切肉也。""胾,挑取骨间肉也。"又据寿县朱家集所出铸客鼎铭文"铸客为集脀②、伸脀、䙆䐁脀为之。"可知"某脀"应与饮食有关,然则"脔胾"可能是楚之食官。

五

安徽省博物馆馆藏一方楚玺,据云1964年由合肥市食品公司转售。印面长宽各2.4厘米,坛纽,白文四字:

大虚之鈢　　　　　　　（图5）

第二字下从"丘"作𠀎形,中间增一短横为饰。相同的写法参见《玺汇》0277、3508、3757,《陶汇》3.43等,均为齐器。这方楚玺的文字风格接受北方

---

① 丁佛言:《说文古籀补补》,北京:中华书局,1988年,第19页。
② 黄锡全:《肴脀考辨》,载《江汉考古》,1991年第1期。

齐鲁的影响,大概与楚国晚期东迁淮水流域有关。该玺"虚"所从"虎"头过于简略,但若与下列楚系文字"虎"头相互比较,仍不难看出"虎"头省变的序列:

󰋀 玺汇 5559→ 󰋁 郭店·成四→󰋂 郭店·老乙 7→󰋃 安博古玺

因此,该玺"虚"字的隶定,似乎不成问题。

"大虚",应读"太虚"。宋玉《小言赋》:"超于太虚之域。"《文选·孙绰游天台山赋》:"太虚辽廓而无阂,运自然之妙有。"李善注:"曰,太虚,谓天也。"楚玺"大虚之鉨"疑是掌管天文机构的玺印。"大虚"犹如楚文字资料中的"大府"(郘大府量)、"大厩"(《玺汇》5590)、"大殿"(随县 13)等,可补文献之阙。

六

蚌埠市博物馆馆藏一方楚玺,据云为建国初年楚墓所出。印面长 2 厘米,宽 1.9 厘米,瓦纽,白文四字

弄器之鉨　　　　　　　(图 6)

其读序为:左上→右上→右下→左下。相同的读序参见上文"成乐之鉨"。

首字从"廾","不"声(长横笔右侧之斜笔明显为泐痕),即字书之"抔"。"廾"与"手"义近互换,如"𢨋"即"择","弊"通"擎"等。《广韵》:"抔,手掬物也。"又"抔"之异文,见《集韵》:"抔,《说文》引取也。或从包,从不。"

"弄(抔)器",应读"莫嚣"。"不"与"莫"均属唇音,作为否定词音义均通。《词诠》:"莫,否定副词,不也。"①又《老子》三十二章:"道常无名朴,虽小,天下莫能臣也。"景龙本、河上公本、敦煌本、英伦本并作"天下不敢臣"。由此可见,"不"可读如"莫"应无疑问。众所周知,楚官"莫嚣"(《玺汇》0164),或作"莫鄡"(包山 117)、"莫鄡"(随县 1)、"莫敖"(《左传·桓公十二年》)等。既然"嚣"可以借用"鄡"、"戬"、"敖"等字为之,那么借"抔"为"莫"也就不足为怪了。

"莫敖",楚武官名,见《左传·桓公十二年》"莫敖屈瑕"。亦作"莫嚣",见《淮南子·修务训》"莫嚣大心"。

考古文字资料中的"莫嚣"已经不少,然而多出土于两湖地区。蚌埠"抔

---

① 杨树达:《词诠》,北京:中华书局,1965 年,第 26 页。

嚣"玺的发现,是否暗示"抔"是"莫"的淮北古方言？这似乎也是值得注意的问题。

图1　　　　　　图2　　　　　　图3

图4　　　　　　图5　　　　　　图6

燕国布币考①

刀币是燕国的主要货币品类，面文仅有一字——"明"，其数量则异常浩繁。燕国还流通方孔圜钱和方足布，其数量虽远不及刀币，而铭文内容则比较丰富。本文不拟全面系统地研究燕国货币，仅就燕国布币铭文的若干问题予以探讨。

就目前所知，燕国布币铭文计有7种。下面按《货系》顺序逐一讨论（下文编码前凡无书名者，均为《货系》），并顺便介绍新发现的"宜平"布，《货系》24页涉及的"新城"布，真伪待考，暂不讨论。

安阳　2290

"安易"（图1），旧释"陶阳"，殊不可据，近多释"安阳"。② "安"字可与下列燕国"安"及从"安"之字相互比较：

安	𢆉	玺汇0012
安	𢆉	玺汇1226
𡧛	𡧛	襄安君鈚
姣	姣	河北144

其中"女"旁左竖均向右作弧状，这是燕文字的地域特点。赵国方足布（图2）和三孔布（图3）也均有"安阳"，其中"安"字与燕国方足布"安"形体迥异，而

---

① 原载《中国钱币》，1992年第2期，第6—12页。
② 日人编：《朝鲜古文化综览》1卷（图版4.15）。

与下列晋系布币文字接近：

  ⊞　文编 75 "安臧"　　 ⊕　文编 75 "安周"
  ⊞　文编 73 "安邑"　　 ⊕　文编 76 "武安"

有的著作将赵"安阳"方足布列入燕币，①似乎没有考虑燕、赵文字的差异。

  赵国有东、西两安阳，据《汉书·地理志》，东安阳隶代郡、西安阳隶五原郡。一般认为东安阳为三孔布铸地，西安阳为方足布铸地，《水经注》安阳为燕方足布铸地。② 前两说似无疑义，燕布"安阳"在何处，则值得研究。

  检《水经·㴲水注》有"安阳亭"、"安阳圹"、"安阳关"等"安阳"，王先谦据"官本"均改作"阳安"，③有的版本则仍作"安阳"。④ 判断版本的是非优劣，不能仅据地上文献，也应参照地下文献。近年发现两件与"阳安"有关的战国铭刻材料：

  1. 辽宁省建平县出土陶文"阳安都勹鍴"（《中国钱币》1985 年第 1 期第 9 页）。

  2. 吉林省集安县出土铍铭"七年，相邦阳安君，邦右库工师吏䇞胡，冶吏疴调剂。"（《考古》1982 年第 6 期第 66 页）。

  陶文据同类古玺材料可定为燕国文字，⑤铍铭据同类兵铭款式可定为赵国文字。⑥ 二器中的"阳安"，除《水经注》之外，似不能以其他地望比附。因此，王先谦所据版本不容忽视。战国时期的"阳安"，据陶文应属燕，据铍铭则应属赵，这是因为其地处燕、赵交壤的缘故。

  "阳安"与"安阳"显然无关。燕布"安阳"是否可读"阳安"？检燕布尚无"传形"之例证。所以这种可能只得排除。

  按，燕方足布"安阳"与赵三孔布"安阳"疑为一地，即代郡所辖东安阳。顾观光云："东安阳，《汉志》属代郡。《水经·㶟水注》引《地理风俗记》曰：五原有西安阳，故此加东也。《史记》惠文王三年，封长子章为代安阳郡。《正

---

① 朱活：《古钱新探》，济南：齐鲁书社，1984 年，第 64 页。
② 裘锡圭：《战国货币考（十二篇）》，载《北京大学学报》，1978 年第 2 期。
③ 王先谦：《合校水经注》11.24，成都：巴蜀书社，1985 年。
④ 杨守敬：《水经注疏》11.19，南京：江苏古籍出版社，1989 年。王国维《水经注校》11.401，上海：上海人民出版社，1984 年。
⑤ 徐秉琨：《说阳安布》，载《中国钱币》，1985 年第 1 期。
⑥ 集安县文物保管处：《吉林集安县发现赵国青铜短剑》，载《考古》，1982 年第 6 期。

义》引《括地志》云：东安阳故城在朔州定襄县界（在今宣化府蔚州东北一百里）。"①东安阳战国属代郡，一般说来应属赵国，但也可能一度属燕国。检《战国策·燕策》一："燕东有朝鲜、辽东，北有林胡、楼烦，西有云中、九原，南有呼沱、易水。"鲍彪注："西有上谷、代郡、雁门。"或以为上引《燕策》为苏秦"夸词非实也"。②又检《汉书·地理志》："燕地，尾箕分野也……东有渔阳、右北平、辽西、辽东，西有上谷、代郡、雁门。"虽然不能否认文献和古文字材料中"代"属赵的记载，但是上引《燕策》、《地理志》所载也不容抹杀。唯一恰当的解释是：代郡、雁门一度属赵，也一度属燕。代郡与上谷接壤，与赵都邯郸又间隔中山国，一度被燕所控制是完全可能的。战国时期，各国边邑屡易其主，不但史书记载不绝如缕，而且在货币文字中也有所反映。例如：赵方足布"平阴"与燕方足布"坪（平）阴"，韩方足布"斝（长）子"与赵方足布"长子"，韩方足布"鄡（襄）垣"与赵尖足布"襄洹（垣）"，韩方足布"涅"与赵尖足布"日（涅）"，均为一地在不同国家文字中的异写。因此将燕方足布"安易"与赵三孔布"安阳"视为一地，并不足为奇。

总之，东安阳在今河北阳原东南，战国一度属赵，也一度属燕，是赵"安阳"三孔布和燕"安阳"方足布的共同铸造地。

襄平　2317

"纕坪"（图4）。"纕"亦见燕玺（《玺文》13.2）。《说文》："纕，援臂也。从糸，襄声。"燕器"纕"多读"襄"，如襄安君钍（《三代》18.15.1）器主"纕安君"即《战国策·赵策》四"襄安君"，可资参证。以此类推，燕布"纕坪"可读"襄平"。

襄平，见《史记·匈奴列传》："燕亦筑长城，自造阳至襄平。"《汉书·地理志》隶辽东郡，在今辽宁辽阳。

---

① 顾观光：《七国地理考》4.3，引诸祖耿《战国策集注汇考》，南京：江苏古籍出版社，1985年。

② 张琦：《战国策释地》，引诸祖耿《战国策集注汇考》1504，南京：江苏古籍出版社，1985年。

平阴　2329

"坪险"(图五)。二字原篆均从"土",与燕官玺"坪险都司徒"(《玺汇》0013)吻合无间,呈典型燕文字风格。"坪险"均读"平阴"。

平阴,见《史记·赵世家》幽缪王"五年,代地大动,自乐徐以西,北至平阴,台屋墙垣大半坏,地坼东西百三十步",正义:"乐徐在晋州,平阴在汾也。"胡三省云:"余谓上书代地震,则乐徐、平阴皆代地也,乌得在晋、汾二州界?《水经注》徐水出代郡广昌县东南大岭下,东北流迳郎山入北平郡界。意乐徐之地当在徐水左右。又代郡平邑县,王莽曰平湖。《十三州志》平湖城在高柳南百八十里。《水经注》曰:代郡道人县城北有潭,渊而不注,俗谓之平湖。平阴之地盖在此湖之阴也。"① 其地在今山西阳高东南。② 赵方足布"平阴"(1799)(图6),与《赵世家》"平阴"适可互证。货币材料说明胡氏的推断颇有根据。或以《左传·昭公二十三年》"晋师在平阴"(今河南孟津)当之,则"平阴"布属西周国货币,恐非是。

根据上文分析,文献中代郡属赵,又一度属燕。"安阳"三孔布属赵,"安阳"方足布属燕。这与"平阴"方足布属赵,"坪阴"方足布属燕,属同一现象。"平阴"二字是否从"土",正体现了赵、燕两国不同的文字风格。

总之,山西阳高之平阴,可能是赵"平阴"布和燕"坪阴"布的共同铸造地。

广昌　2334

"悁昌"(图7)。"悁",原篆大致可分三类:

A. 苟 2334　　苟 2337
B. 苟 2338　　苟 2339
C. 苟 东亚 4.13　　苟 东亚 3.13

以往对此字的解释,《辞典》下 22 页计收释"恭"、"益"、"燕"、"谷"、"偶"等说。

首先分析"恭"字说。此字下方确从"心",但上方并不从"共"(参叔夷镈,

---

① 胡三省:《资治通鉴》注 1.222,承钱林书先生赐示。
② 谭其骧:《中国历史地图集》1 册,北京:中国地图出版社,1982 年,第 37—38③9。

《玺汇》0794、1880,《货系》1438,酓肯鼎,楚帛书等)。战国文字"恭"作:

  ▨ 楚帛书 ▨ 玺汇 5389

与燕布所谓"恭"字相较,了不相涉。另外,地名"恭昌"不见文献记载,也是此说不能成立的重要障碍。

  其次分析"益"字说。或将《说文》"嗌"之籀文(亦见齐圜钱"賹"旁)与此字上部比较:

  ▨ 籀文 ▨ 2338

然而,"嗌"所从毛状物省略,就不成为"嗌",古文字中亦无此同类例证。所以这种似是而非的比附,也难以令人置信。尽管燕国境内确有地名"益昌",然而从字形分析,释"益"说仍不能成立。

  其他三说,无论从字形、抑或从地望分析,都一无可取,可以不论。

  按,此字上从"兄",其下两笔一长一短,方向不拘。A 式参见伯公父匝"兄"字作:

  ▨ ▨

对称 A 式其下两笔即成 B 式,收缩 B 式两笔即成 C 式,C 式参见下列战国文字"兄":

  ▨ 玺汇 2400 ▨ 侯马 304

  ▨ 货系 10

总之,此字从"心"从"兄",应隶定"怳"。《说文》:"怳,狂之貌。从心,兄声。"

  "兄"与"黄"音近可通,古文字和古文献均有佐证。王孙钟"兄"作"䶂",叠加"生"声;叔加父匜"眲"作"韈",叠加"黄"声。"忽怳"或作"忽恍",①许瀚谓"㹈"字"加光则为谐声"(引《攈古》2.1.39),而《说文》"黄"许慎谓"光亦声"。又帛书《老子》乙本卷前古佚书《十六经·立命》"吾爱地而不兄",释文"兄"读"旷"。故"怳"可读"广"。

  "怳昌"应读"广昌",见《史记·樊郦滕灌列传》:"破得綦毋印、尹潘军于无终、广昌。"

  《汉书·地理志》隶代郡,在今河北涞源。汉初广昌在燕、赵交壤,所谓"常山之北"。《战国策·赵策》二"燕守常山之北",程恩泽引胡三省云:"燕之

---

① 朱起凤:《辞通》15.75,长春:长春古籍出版社,1982 年。高亨:《古字通假会典》,济南:齐鲁书社,1989 年,第 278 页。

西南界。"又云:"常山之北易州宣化之地,即燕上谷郡。"①

检《水经·滱水注》引《竹书纪年》:"燕人伐赵,围浊鹿。赵武灵王及代人救浊鹿,败燕师于勺梁。"程恩泽云:"今广昌东岭之东有山,俗名浊鹿逻。"② 既然浊鹿地处燕、赵交壤,广昌地望也可以推知。又检《水经·易水注》:"是水(南易水)出代郡广昌县,东南郎山东北燕王仙台东……燕昭王求仙处。"此亦广昌一度属燕之旁证。

韩号 2341

"斺刀"(图 8)。其国别或定宋国,③或定燕国。④ 按,该布耸肩、束腰,呈燕布典型特点,且出土辽宁凌源,⑤故燕国说可信。铭文旧释"封化",⑥或"市化",⑦均不确。

按,右字从"㫃",从"木",应隶定为"斺"。"㫃"、"執"为一字分化,早在甲骨文"旋"字偏旁中已可见其互换的现象:

 后编 2.35.3   拾掇 2.130

《说文》:"旋,从㫃,从疋。疋,足也。"其实这是许慎的误解。"旋"本从"止",或从"執"声,或从"㫃"声。小篆从"疋",乃误合"執"之"日"旁与"止"旁为一体。类似"執"与"㫃"互换的现象,在战国文字中也可找到若干例证:

執　　　玺汇 2371　　　　　货系 633

看　　　说文或体　　　　中山 70

戟　　　大良造鞅戟　　　郑右库戈

榦　　　中山 69　　　　　货系 2341

以上平行演变的异体,证明"斺"即"榦"。《说文》:"榦,筑墙耑木也。从木,倝声。"字亦误作"幹"。

---

① 程恩泽:《国策地名考》15.15,奥雅堂丛书。
② 程恩泽:《国策地名考》9.8,奥雅堂丛书。
③ 郑家相:《中国古代货币发展史》,上海:上海三联书店,1958 年,第 104 页。
④ 朱活:《古钱新探》64.149,济南:齐鲁书社,1984 年。
⑤ 张颔:《古币文编》,北京:中华书局,1986 年,第 276 页。
⑥ 郑家相:《中国古代货币发展史》,上海:上海三联书店,1958 年,第 104 页。
⑦ 朱活:《古钱新探》64.148,济南:齐鲁书社,1984 年。

《汗简》中1.34"旛"之古文作：

此字从"㫃"，从"木"，无疑是上文所讨论的𣄴（榦）"。《汗简》以"旛"释"𣄴"属声训。旛，匣纽月部；榦，见纽元部。匣、见为准双声，月、元对转。

"榦"与"韩"均从"倝"得声，可以通用。《说文》："韩，井垣也。"即《庄子·秋水》"井榦"，可资佐证。

币文左字为"刀"字反书，参见燕明刀"刀"字（《货系》2920、3355、3444等）。旧均以其与"化"右从倒"人"形相混，遂释"化"之省，非是。燕文字"刀"旁也往往反书，参见：

　　剌　　　　玺汇3903
　　劈　　　　陶汇9.12

可证燕文字"刀"确可反书。

燕布"𣄴"（榦）与《诗·大雅·韩奕》之"韩"有关。顾炎武引《水经·圣水注》"圣水又东南迳韩城东。《诗·韩奕》章曰：'溥彼韩城，燕师所完，王锡韩侯，其追其貊，奄受北国。'郑玄曰：'周封韩侯，居韩城为侯伯，言为猃夷所逼，稍稍东迁也。'王肃曰：'今涿县方城有韩侯城，世谓寒号，非也'"。以及《潜夫论·志氏姓篇》"昔周宣王亦有韩侯，其国也近燕，故《诗》云'溥彼韩城，燕师所完'"，遂定其地在河北固安①。上引《水经注》文前尚有"东径方城县故城，李牧伐燕取方城也"，然则"方城"所辖"韩侯城"战国属燕，殆无疑义。顾氏之说确不可移。

王肃谓"韩侯城"又名"寒号"，殊堪注目。按，"寒号"即"𣄴（韩）刀"之音转。首先，"寒"、"韩"音近可通。《左传·襄公四年》"寒浞"，《汉书·古今人表》作"韩浞"。《世本》"韩哀"，《吕览·勿躬》作"寒哀"。《史记·游侠列传》"韩孺"，《汉书·游侠传》作"寒孺"。《吕览·观表》"寒风"，《淮南子·齐俗》作"韩风"。均其佐证。其次，"号"、"刀"音近可通。《左传·文公十八年》"饕餮"，《书·多方》正义作"叨餮"，《说文》"饕或作叨"。均其佐证。

"𣄴刀"、"寒号"均为借字，本字当作"韩皋"。《史记·赵世家》悼襄王"二年，李牧将攻燕，拔武遂、方城……城韩皋。""号"、"皋"音近可通。《周礼·春

---

① 顾炎武：《日知录》，引《清经解》1.66，上海：上海书店，1988年。

官·乐师》"诏来瞽皋舞",注:"皋之言号。"是其佐证。关于"韩皋"的地望,旧注未了,实则"寒号"之音转,即"韩奕"之"韩"。"韩皋"之"皋"义近"泽",为地名后缀,如"橐皋"、"平皋"等。上引《赵世家》李牧"拔武遂、方城"与"城韩皋"之间虽夹述"秦召春平君"一段文字。但"城韩皋"似与赵伐燕有关。这也是"韩皋"即"韩侯城"的旁证。

总之,《韩奕》之"韩",战国时名"寒皋","皋"为地名后缀。燕国布币铭文"㳽刀"乃"韩皋"之音转,《水经注》引王肃说作"韩号"为这一推测提供了珍贵的佳证。众所周知,《水经注》多保存先秦古地名,诸如"尚子"即"长子"、"北鄋"即"北寻",均为货币铭文所证实。王肃所谓"今涿郡方城有韩侯城,世谓韩号,非也",盖未经深思。

右明司鐲 2343

"右明𡴎𨒙"(图9)。铭文四字,又非地名,是燕布中仅见的品类,十分重要。据云已发现12枚。[1]

第三字或释"辛",读"新",[2]不确。按,此字应隶定"𡴎",释"辝",读"司"。[3] 检《中山》七三"辝"作"諄",正从"𡴎"。据《说文》"辝"乃"辭"之籀文。"辭"西周金文作"嗣",晚周文字多省作"司"。因此,燕布"𡴎"也应读"司"(三晋方足布有从"邑"之"鄝",地望待考)。

第四字释读颇有分歧。其中释"㠯(刚)"、[4]"冶"、[5]"𨒙(工)",[6]与此字形体密切,但又不可不辨其得失。

第一说据《说文》"刚"之古文作𠟎释"㠯"(按当作"𨒙"),颇有见地。然谓"刚"有"平贾之意",又误读"𡴎"为"新",遂使币文扞格难懂。

第二说释"冶",然"冶"从"刀",[7]而此字并不从"刀",故不能释"冶"。

---

[1] 王一新:《右明新货小布之再现》,载《中国钱币》,1984年第3期。
[2] 郑家相:《中国古代货币发展史》,上海:上海三联书店,1958年,第106页。
[3] 何琳仪:《战国文字与传钞古文》,《古文字研究》15辑,北京:中华书局,1986年,第128页。
[4] 郑家相:《中国古代货币发展史》,上海:上海三联书店,1958年,第106页。
[5] 李学勤:《东周与秦代文明》,北京:文物出版社,1984年,第317页。
[6] 何琳仪:《战国文字通论》,北京:中华书局,1989年,第98页。
[7] 王人聪:《关于寿县楚器中㠯字新释》,载《考古》,1972年第6期。

第三说隶定作"弜",不误,但读"工"则非是。燕文字自有"司空"(《玺汇》0082),"工"不作"弜"。

今按,"弜"乃"弘"之战国古文,其中"="为分化符号。因"强"从"弘"得声(《说文》:"强,蚚也。从虫,弘声。"强、弘双声),故战国文字"弜"可读"强"。例如:

1.《侯马》323"弜梁"即"强梁",词见《墨子·公孟》:"身体强梁。"

2.天星观楚简"弜死"即"强死",词见《左传·文公十年》:"三君皆将强死。"①

3.《玺汇》0336"武弜"即"武强",词见《汉书·地理志》信都国"武强"。

上文引《说文》"刚"古文作"弜"属声音通假。"刚"、"强"一字分化。② 总之,燕布铭文"弜"读"强"殆无疑义。

"夆弜"可读"司绳"或"司镪"。"绳"本义为贯钱之索。《管子·国畜》:"岁适凶,则市籴釜十绳。"又:"使万宝之都,国有万钟之藏,藏绳千万;使千室之都,必有千钟之藏,藏绳百万。"《汉书·食货志》"臧绳千万"、"臧绳百万"。"绳"或作"镪"。《西京杂记》三:"茂陵人袁广漠,藏镪巨万。"《文选·蜀都赋》"藏镪巨万",注:"镪,钱贯也。"《集韵》:"镪,以绳贯钱。"战国刀币、圜钱及若干布币皆有穿孔,此战国货币可用绳贯之确证。引申而言,以绳索贯穿之货币也可称"绳"。《正字通》:"镪,钱谓之镪。"《南史·郭祖深传》:"累金藏镪。"这应是"绳"改变形符作"镪"的原因。"镪",又是金的别名。《正字通》:"镪,白镪,金别名。"这是字义的进一步引申。梳理"绳"和其分化字"镪"的义训,可知燕布"司镪"的"镪"显然指货币。"司镪"可能是燕国管理货币的职官,相当周官"司货"(《礼记·曲礼》下),"右明"则可能是管理货币的机构。

迄今为止,燕国大量刀币中的"明"字,含义尚不明了。"右明司镪"的释读,为探索"明"字的蕴义提供了一条重要线索。

---

① 李家浩:《战国邡布考》,《古文字研究》3辑,北京:中华书局,1980年,第163页。
② 王力:《同源字典》,北京:商务印书馆,1982年,第341页。

宜 平

"宜平"(图10)。1989年北京市钱币学会公布发现"宜平"布的消息①,这使燕方足布又增添了一种新的品类。据云此布系河北省某县农民带到北京出售时发现的。币重6.9克,幕文左上角有"左"字,中间有"小"形纹,是明确无疑的燕布。

"宜"字与韩国"宜阳"方足布(《奇觚》12.18)的"宜"字相同,北京市钱币学会释"宜平",应无疑义。

"宜平",典籍未见。检《水经·㶟水注》:"㶟水又东迳无乡城北,《地理风俗记》曰:燕语呼亡为无,今改宜乡也。"王先谦注:"赵释曰:一清按,《地理志》东燕州太和中分恒州,东部置,孝昌中陷。天平中领流民置寄治幽州宜都城,即宜乡也。"②燕布"宜平"是否与"宜乡"、"宜都"有关,有待研究。

以上7种燕国布币铭文:"襄平"释读向有定论,不成问题。"安阳"、"平阴"、"宜平"的地望,以及"广昌"、"寒号"、"右明司锾"的释读,乃笔者管见,仅供参考。

值得注意的是,燕国布币6个地名除"襄平"以外,均在燕、赵两国接壤处:

平阴——山西阳高

安阳——河北阳原

广昌——河北涞源

寒号——河北固安

宜平——河北涿鹿

从上述文献材料分析,五地均一度属赵国管辖,或被赵国占领。其中"安阳"又见赵三孔布、方足布,"平阴"又见赵方足布。赵"安阳"方足布(《新探》59)与燕"安阳"方足布形制类似,二者的渊源关系似乎可以从中得到启发。

燕系和晋系方足布的形制基本相同,但也有若干差异。燕布耸肩(或微耸肩)、束腰、长足,故或称"长足布"③;晋布平肩、直腰(或微束)、短足。燕布

---

① 《北京市钱币学会简况》,中国钱币学会成果汇报会暨第三次年会论文,1989年。
② 王先谦:《合校水经注》13.18,成都:巴蜀书社,1985年。
③ 唐石父:《陈铁卿先生之古泉解》,载《中国钱币》,1980年第3期。

背文或铭"左"、"右"。

燕系和晋系方足布的文字风格迥异。燕文结体宽松,笔画圆转;晋文结体紧凑,笔画方折。

承蒙程纪中同志慨允发表"宜平"布拓片,志此铭谢。

编后记

原稿篇幅较长,刊登时编辑有所删削,今据旧稿补入,特此说明。

"宜平"疑读"安平"。宜、安音义俱近,本一字孳乳(章炳麟《文始》1.10),或可通用。《地理志》辽西有"新安平",在今河北栾县西,战国属燕。赵尖足布"安平"(《辞典》391),在今河北安平,与燕布"宜(安)平"并非一地。疑二地本来读音易讹,故辽西郡之"安平"前加"新"以区别。

《中国钱币》1992年第4期载程纪中《燕布四珍》文内,又公布燕布新品(图11)。疑释"眝坪"(《龙龛手鉴》:"眝,陟雨切,音贮。"《字汇补》:"贮或作眝。")读"重平"。郯陵君豆"眝三朱"读"重三铢"(参拙文《句吴王剑补释》,《第二届国际中国古文字学研讨会论文集》,1993年),可资旁证。"重平"见《地理志》勃海郡,在今河北吴桥附近,战国时地处燕、赵、齐三国交壤。

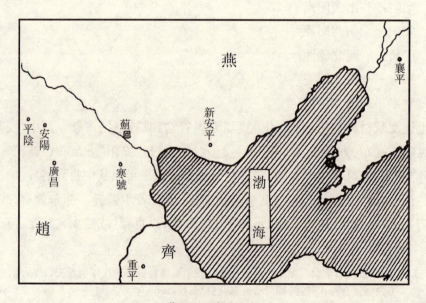

燕国方足布分布图

图1

图2

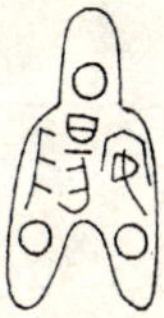

图3

图4

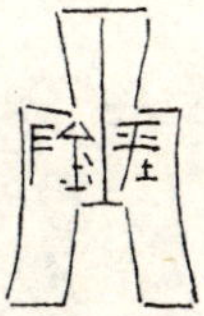

图5

图6

图7

图8

图9

图10

图11

余亡布币考①

——兼述三孔布地名

最近出版《中国历代货币大系》第一册收录的几品日本银行所藏三孔布，是十分罕见的珍品。其中 2482 号(图 1)，似乎未见于著录。布币面文二字，《货系》定"□余"，又于 1112 页云："疑释亡余。"

一般说来，三孔布面文和背文均自右向左读，故此品宜颠倒《货系》的读法，改读"余亡"。

"亡"与"亡邻"三孔布之凵相互比较，仅一笔之差。这一短横属赘笔，在战国文字中屡见不鲜。战国铜器和玺印文字均有这类"亡"字，例如：

凵 中山王圆壶　　凵 玺文 12.9

总之，从字形分析，币文左字释"亡"，应无疑义。币文读序自右向左，读"余亡"。

"余亡"，即"余无"。文献和古文字资料中"亡"读"无"的例证甚多，兹不备举。至于"亡邻"三孔布读"无终"，更是货币文字"亡"读"无"的佳证。古音"无"属明纽鱼部，"亡"属明纽阳部。二字声母为双声，韵母为阴阳对转。

"余无"，见《后汉书·西羌传》注引古本《竹书纪年》："太丁四年，周人伐余无之戎，克之。"或作"余吾"，见《汉书·地理志》上党郡。又作"徐吾"，见王先谦《汉书补注》："吴卓信曰：《通典》作徐吾。"陈梦家云：

　　王季所伐的余无之戎，徐文靖《竹书统笺》以为是余吾与无皋二

---

① 原载《中国钱币》,1990 年第 3 期,第 11—14 页。

戎。他说:"《左传》闵二年晋申生伐东山皋落氏,《上党记》东山在壶关县城东南,今名无皋(按,此引《郡国志》上党郡壶关注文)。成元年刘康公败绩于徐吾氏,《上党记》纯留县有余吾城,在县西北四十里。"但《春秋地名考略》(一三·二一)则以为皋落在垣曲西北六十里。若余无与余吾或徐吾有关,则王季所伐的余无之戎仍在隗姓的潞境,仍是鬼方的一支①。

按,"余"与"徐"、"无"与"吾",均属音近假借。余吾,在今山西屯留北,战国属赵。

"南行唐"三孔布之"衢"字右下有"="号,乃"合文符号"②。"余亡"三孔布之"余"字右下也有"="号,则可能表示合音。《国语·郑语》:"北有卫、燕、狄、鲜虞、潞、洛、泉、徐、蒲。"注:"潞、洛、泉、徐、蒲,皆赤狄隗姓也。"上文"余无之戎"也属隗姓。所以"余无"即"徐",参见《中国历史地图集》1册17—18①4"徐"(余无戎)。"余亡"布的"合音符号"相当罕见,颇值得注意。

下面简述三孔布币文中的地名。

三孔布品类以王贵忱《三孔币汇编》收录最当(26种),近年又有新发现的"宋子"、"无终"二种和新公布的"王夸",再加上"余吾",共计30种。关于三孔币文字和地名的考释,以裘锡圭《战国货币考》创获最多,其他学者也解决了若干地名的释读。诸家研究情况大致如下:

裘锡圭考释"南行唐"、"上艾"等17种。其中"上邙阳"、"下邙阳"、"邓与"三种已被李学勤、李家浩考释所更正。"家阳"地望尚待进一步研究。"雁即"是否属雁门郡,待考。"鄎鬵"拓本不清晰③。

李学勤考释"上曲阳"、"下曲阳"二种④。

朱华考释"宋子"、"无终"二种⑤。

---

① 陈梦家:《殷墟卜辞综述》,北京:中华书局,1988年,第293页。
② 裘锡圭:《战国货币考(12篇)》,载《北京大学学报》,1978年第2期。
③ 裘锡圭:《战国货币考(12篇)》,载《北京大学学报》,1978年第2期。
④ 引李零:《战国鸟书箴铭带钩考释》,《古文字研究》8辑,北京:中华书局,1983年,第61页。
⑤ 朱华:《山西省平朔县出土宋子三孔布》,载《中国钱币》,1984年第3期;又《略谈无终三孔布》,载《中国钱币》,1987年第3期。

李家浩考释"且居"、"沮阳"等五种①。

汪庆正考释"封斯"一种②。

今试讨论其余的几种：

1. "戯"（2485）（图 2），即"戏"。见《逸周书·世俘解》："吕他命越、戏、方。"注："越、戏、方，纣三邑也。"朱右曾《逸周书集训校释》："戏，戏阳，在彰德府内黄县北。"其地在今河南内黄西北，战国属赵③。

2. 郻（2488）（图 3），即"莵"。《说文》："莵，山羊细角者。从兔足，苜声。"徐铉注："苜非声，疑象形。"按，币文纯为象形，其上从羊角形，与"山羊细角者"正合。"郻"，读"权"（详拙文《三孔布币考》）。

3. 轅（2481）（图 4），读"辕"，见《左传·哀公十年》："赵鞅帅师伐齐，取犁及辕。"注："祝阿县西有辕城。"在今山东禹城西南，春秋属齐。据《左传》记载，辕是齐、晋相争之地。战国这里仍是齐、赵争夺的要地。赵惠文王时屡犯齐国，《史记·赵世家》：惠文王"二十五年，燕周将攻昌城、高唐，取之"。辕城就在高唐南 20 公里处，一度属赵是完全可能的。④

4. "安阴"，可能与裘文中的"安阳"有关，在《地理志》代郡"东安阳"附近。如果读"阴安"，则见《地理志》魏郡，在今河南清丰附近，战国属赵。三孔布币文是否可以自左向右读，待考。

5. "家阳"，读"华阳"（详拙文《王夸布币考》）。

6. "王夸"（《中国古今泉币辞典》4425），地望不详。

综上对三孔布地名的考察，列表如次（参《三孔布币考》）。

以上 30 个地名，除少数地望尚需研究之外，多数地名基本可以落实。

过去一直以为三孔布是秦币，现在已很少有人相信。目前通行的看法主要有两说：赵国晚期货币⑤、中山国货币⑥。上述地名虽大多数属中山国，但也有例外，如"无终"、"阳原"、"戏"、"辕"、"余无"等，大概只能属赵国。因此，

---

① 李家浩：《战国於疋布考》，载《中国钱币》，1986 年第 4 期。
② 汪庆正：《中国历代货币大系·总论》，上海：上海人民出版社，1988 年，第 20 页。
③ 何琳仪：《战国文字通论》，北京：中华书局，1989 年，第 117 页。
④ 何琳仪：《战国文字通论》，北京：中华书局，1989 年，第 117 页。
⑤ 李学勤：《战国题铭概述》，载《文物》，1959 年第 8 期。裘锡圭文见注 2。
⑥ 张颔：《中山王礜器文字编序》，北京：中华书局，1981 年，第 4—5 页。汪庆正《三孔布为战国中山国货币考》，上海市钱币学会第一次年会论文集。

三孔布的国别还有待今后进一步深入研究。

本文承蒙胡学源先生诸多帮助,谨致谢忱。

编后记:

原文中"莧"误读"元","家阳"误读"固阳"。原文附表,此次编订移于拙文《三孔布币考》文中,有所改动。

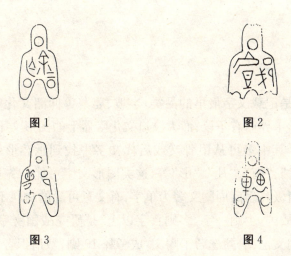

图1　　　　　　　　图2

图3　　　　　　　　图4

古陶杂识①

陶文可能是记载汉字最早的品类,半坡、姜寨等仰韶文化陶器上的刻画是否为文字,学术界尚有争议;而大汶口文化陶器上的图形文字,一般都认为是汉字的祖型,其中多可从甲骨文或后代文字中找到承袭形体,诸如"斤"、"戉"、"炅"、"封"、"南"、"凡"、"彤"等,这类图形文字可能与先民的祭祀活动相关,学术价值极高。商周陶文多为单字,有文意可寻的材料不很多,现存陶文绝大多数属战国,少则一字,多则百字以上,是研究战国文字的重要资料。本文拟从《古陶文汇编》甄选若干陶文,成考释 10 则,敬请识者匡正。

勹

《陶汇》1.22 著录吴城所出商代陶文:

第一字应释"勹"。检甲骨文"𠂉"字从"鸟"从"勹"。"勹"象人体俯伏之形,或释"伏",②或释"俯"。③ 按,轻唇音古读重唇音,④故"伏"或"俯"之古音均应该读若"包",即《说文》"勹,裹也。象人曲形有所包裹"之"勹",许慎释形虽稍欠精确,但读"勹"为"包",与古音相合,第一期卜辞有"伏风","伏"作

---

① 原载《考古与文物》,1992 年第 4 期,第 76—81 页。
② 于省吾:《甲骨文字释林》,北京:中华书局,1979 年,第 374 页。
③ 裘锡圭:《甲骨文考释》,《古文字研究》4 辑,北京:中华书局,1980 年,第 161 页。
④ 钱大昕:《十驾斋养新录·古无轻唇音》5,北京:商务印书馆,1957 年。

"兀",①与陶文所载"冂"应是一字。凡此说明,商代确有"勹"字,至于战国文字"勹"及从"勹"之字,详见另文。②陶文"勹"可读"匍"。"匍"从"勹"、"甫"为叠加声符。

第二字"⺈"与小篆"ᡘ"形体吻合,应隶定"尢","又"、"尢"为一字分化,故陶文"尢"可读"有"。

第三字"土",第四字"田",甲骨文可见,无庸赘述。

陶文四字旧或读"□且帚田",③顺序有误,义不可晓,今试改读"匍有土田"。

"匍有",见孟鼎和瘋钟"匍有四方",墙盘"匍有上下";或作"匍又",见秦公钟"匍又四方";或作"勹又",见《玺汇》的 23"勹又上下";④典籍作"敷佑",见《书·金滕》"敷佑四方";或谓即典籍"抚有",见《左传·襄公十三年》"抚有蛮夷"。"抚与有义同,故而二字连文。"⑤其实"勹"、"包"均有"包含"之义,与"敷"训"徧"训"大"(溥)字义相因,不必改读"抚"。

"土田",见《诗·大雅·崧高》"王命召伯,彻申伯土田",又《诗·大雅·江汉》"锡山土田",传:"诸侯有大功,赐之名山丰田附庸。"

众所周知,西周铜器铭文屡见"易(赐)田"的记载,据毛传"土田"乃周王赏赐诸侯的土地,陶文"勹尢土田"即"广有土地",这似乎都说明了陶钵器主是拥有大量土地的江南方国诸侯,"周因于殷礼",陶文是否为纪念商王赐田而书? 颇值得探讨,如果这一推测不误,西周"易田"实滥觞于商代。

江西清江吴城商代遗址,根据《发掘简报》第三期,"勹尢土田"陶文属第一期,⑥相当于郑州二里冈上层,约为商代中期,陶文"勹"显然比甲骨文"勹"偏早,而赏赐"土田"可以上溯至商代中期,其范围播及长江以南,如果再结合最近江西新干出土大量商代铜器予以综合观察,这件陶文的历史价值是不言而喻的。

---

① 曹锦炎:《释甲骨文北方名》,载《中华文史论丛》3 辑,1982 年。
② 何琳仪:《古玺杂识续》,《古文字研究》待刊。
③ 唐兰:《关于江西吴城文化遗址与文字的初步探索》,载《文物》,1975 年第 7 期。
④ 刘钊面告已有文考释。
⑤ 杨树达:《积微居金文说》,北京:科学出版社,1959 年,第 62 页。
⑥ 江西省博物馆等:《江西清江吴城商代遗址发掘简报》,载《文物》,1975 年第 7 期。

圐

《陶汇》2.5著录周代陶文：

🖼乍僑埙

第一字吴大澂释"豹"。① 字不从"勺"，释"豹"无据。按，此字从"口"，从"马"。"马"，《说文》籀文、古文作"🖼"，与陶文所从"马"基本相吻合，故此字应隶定"圐"，参见：

🖼 《玺汇》3223　　🖼 《汗简》中1.33

或据《汗简》"满"作"圐"，释古玺"圐"为"满"，引《汉书》"满昌"、《三国志》"满伟"为证，谓"满"为古姓氏，②可信，"马"、"满"双声，"圐"似是从"马"得声之形声字。

与该陶文辞例相近者还有几件，合录如次：

　　a. 令乍（作）僑（韶）埙 2.3
　　b. 令嗣（司）乐乍（作）太室埙 2.4
　　c. 圐乍（作）僑（韶）埙 2.5

由b知a"令"后省官名"司乐"，《周礼·春官·大司乐》"大司乐常成均之法"，注："郑司农云，均，调也。乐师主调其音，大司乐立受此成事已调之乐。"由b知c省动词"令"，而"圐"则应是与"司乐"相关的乐官。"圐"疑读"瞒"，与"矇"音义均近。《说文》："矇，一曰不明也。"《广韵》："瞒，目不明也"。《左传·成公十年》"州蒲"，释文"州蒲本或作州满"，《史记·晋世家》则作"寿曼"，而《尔雅·释艸》"蒙华"，注"一名蒙华"。此"满"、"蒙"双声可通之旁证。

检《周礼·春官·瞽矇》："瞽矇掌播鼗，柷、敔、埙、箫、管、弦、歌。"《春官·序官·大师》注："凡乐之歌，必使瞽矇为焉。郑司农云，无目眹谓之瞽，有目眹眹而无见谓之矇。"其实二者均指盲者，所谓"对文则殊，散文则通"。陶文"圐"似乎就是师旷之类失明乐官，其"作韶埙"与《周礼》"瞽矇"掌"埙"也正相吻合。

---

① 吴大澂说，引《古陶文春录》9.2。
② 黄锡全：《利用汗简考释古文字》，《古文字研究》15辑，北京：中华书局，1984年，第13页。

与 c 式相类的陶文还有"圖乍僧埍尸九成"(《艺术丛编·金泥石屑》卷一下一),乃赝品。《叕录》2.4 亦征引了一件文例相同的陶文,真伪待考。

盼

《陶汇》齐"画阳"①陶文有一习见人名：

a. 🔣 3.157　　b. 🔣 3.156

c. 🔣 3.136　　d. 🔣 3.135

a、b 为标准式,c、d 为变体,其下从"目"应无疑义,上从"弁"参见：

  a. 🔣 《玺汇》1523　　　b. 🔣 《玺汇》2233
  c. 🔣 《侯马》328　　　d. 🔣 曾侯乙编钟
  e. 🔣 《信阳》2.09　　　f. 🔣 望山简
  g. 🔣 《玺汇》1653　　　h. 🔣 昭王鼎
  i. 🔣 《玺汇》0537　　　j. 🔣 《玺汇》2908
  k. 🔣 《玺汇》2478　　　l. 🔣 《陶汇》9.10

或据传抄古文"变"作：

🔣　　🔣 《汗简》中 2.48

释 c、d、e、f 为"敎"、"辩"、"笲"、"欨",②可信,其余各字也多可释读：

a."孙弁","弁"为人名,朕所造鼎"弁鼎"读"飯鼎",详下文。

b."邻同","邻"即"弁",古姓。《史记·东方朔传》有"弁严子"。

c."敎改",即"抪改",读"变改",《信阳》2.07"敎绩"读"辫绩",天星观简"敎丑"之"敎"读"弁",古姓。

d."辩商",读"变商"。见《淮南·地形》"变商生羽",即"商"之变音。

e."阳笲","笲"见《仪礼·士昏礼》"妇执笲枣自门入",注："笲,竹器而衣者,其形盖如今之筥,笭篚矣。"

f."以欨","欨"读"繺",见《说文》"繺,欠皃,从欠䜌声"。

g."左貪"。"貪",见《篇海》"貪,钱财也"。玺文中为人名。

h."饡鼎",读"飯鼎"。"飯"实乃"飯"之异文。《汗简》"饭"正作"飯",《集

---

① 孙敬明:《齐陶新探》,《古文字研究》14 辑,北京:中华书局,1986 年,第 232 页。
② 李家浩:《释弁》,《古文字研究》1 辑,北京:中华书局,1979 年,第 392 页。

韵》:"饭,食也。"《尔雅·释言》释文:"饭,飤也。""饭鼎"犹言"食鼎"或"飤鼎",铜器铭文中习见。上引䐙所造鼎铭"卣鼎"即"弁鼎",也应读"饭鼎"。大膺盏铭"餠盏"即"饭盏"。

i."王糒"。"糒"即"粰",见《集韵》"粰,粉也"。玺文中为人名。

j."长绺"。"绺"即"绔",上文引《汗简》"变"由此形讹变。其所从"糸",参见《说文》"糸"古文作"𢆶"。《说文》"繁"或体作"绔",《周礼·春官·司服》"凡弔事弁绖服",注"故书弁作绔",玺文中为人名,吴王光钟"𦂕"亦应释"绔"。

k."稣栟"。"栟",见《玉篇》"栟,柱上薄栌也"。亦作"閞",玺文中为人名。

l."牵瘦"。"牵",也见《玺汇》2949—2968,古姓。"牵"与三体石经"聘"作"𢆶"形体基本吻合。"弁"、"平"以及"甹"均一音之转。"牵"从"平"从"弁",二者都是古姓。考虑古玺已有"弁"姓,写作"郍","牵"可能读平。① 司马成公权"𢆶石"读"平石",也颇为吻合。

另外,战国文字还有若干从"弁"的字,诸如《玺汇》2179、2969、《陶汇》3.861,温县盟书等,多为人名,且很难与字书相对应,兹一并从略。

战国文字"弁"及从"弁"之字甚多,这证明上揭陶文从"目"从"弁"之字,自应释"眄",即"䁾"之异文,《说文》:"䁾,目䁾䁾也,从目䜌声。"

弍

《陶汇》著录两件辞例相同的齐国陶文:

a. 夳(大)坏(市)九月 3.656

b. 夳(大)坏(市)𠭯月 3.658

互相比照可知 b 条第三字应是数目字,检春秋齐国国差𦉜铭"国差立事岁,𠭯丁亥"。"丁亥"前之字旧释"咸"。王国维云:"咸下夺一月字。"② 杨树达云:"咸字从日从戌,疑即戌亥之戌也。以表时日,故字从日耳。"③ 据𦉜铭辞例,此字后"夺一月字"可信。但古文字"咸"均从"口",不从"日",故此字定非

---

① 何琳仪:《古玺杂识》,载《辽海文物学刊》,1986年第2期。
② 王国维:《观堂集林》齐国发崛史,北京:中华书局,1959年。
③ 杨树达:《积微居金文说》,北京:科学出版社,1959年,第41页。

"咸"字。虽然齐国铭文有"饭者月"、"槐月"等专用月名,但是由上揭陶文可知,此字与"九"应为普通数词,而与专用月名并非同类。杨树达释此字为"戌"非是,但以为其"日"旁"以表时日",则不无道理。对照陶文b可知,此字或从"弌",疑即"弌"之繁文,与"弌"适可对比:

弌:　[图]　　　[图]　　　[图]　　　[图]
　　召伯簋　　中山王方壶　　襄安君鈼　　《说文》古文

弋:　[图]　　　[图]　　　　[图]　　　　[图]
　　国差𦉜　《陶汇》3.1177　《陶汇》3.658　《说文》古文

这样平行的演变关系说明:

1. "戌"演变为"戈",演变为"弋"。

2. "弌"加"贝"孳乳为"贰"。

3. "弌"加"日",犹"期"作"[图]",(《玺汇》250),"冬"作"[图]"(楚帛书)等,表示时日。

4. "弋"右下或加"="为装饰部件。

5. 加"肉"不详,或"月"之讹。信阳简"[图]"从"月",与陶文"[图]"相同。

总之,国差𦉜铭"咸"疑为"一月"之省,陶文"咸"应释"弌",即"一"之古文,陶文"一月"与"九月"对文见义,辞例相同。迄今战国文字中尚未发现"弍",据《说文》古文知战国文字肯定有"弍",我等拭目以待。

祭豆

《陶汇》3.838 著录一件齐国陶文:

[图]

旧多释"祭"字异体,如吴大澂云:"从手从示置肉于豆间以祭前代始为饮食之人也。"[①]诚然齐国陶文有单字"祭",(《陶汇》3.841、844、845)但是此字左上从"豆",则与"祭"不同。按,《陶汇》有"合文"之例,如"公区"3.279、"梱豆"3.858、(《集韵》"梱,屋梠也,两楹间谓之梱,或从臣。")"十一"4.15、"八月"4.70 等。以此类推,上揭陶文名也应释"祭豆"合文。"祭豆",见《仪礼·牲特馈食礼》,"祝左执角、祭豆"。显然"祭豆"应指祭祀所用祭器——豆。另

---

① 吴大澂说,引《古陶文舂录》1.1。

外,《陶汇》3.836"祭壶"与"祭豆"辞例相同,可资旁证。

北平

《陶汇》3.752 著录一件山东所出陶文:

右巨

第一、三字参照其它燕国文字写法,毫无疑义。第二字应释"北平"合文,除上引陶文"合文"外,还可参考燕"北宫"复姓合文:

▦ 《玺汇》3274①   ▦ 《考古》65.11.568

至于"北平"所从"平",参考下列燕国文字

▦ 《玺汇》0013   ▦ 《古币》115

从文字风格特点分析,该陶文无疑是燕器。

"右北平",见《史记·匈奴列传》:"燕亦筑长城,自造阳至襄平,置上谷、渔阳、右北平、辽西、辽东郡以拒胡。"在今河北东北部,也包括辽宁和内蒙一角。

倈

燕国陶文一习见字,在《陶汇》计有六式:

a. ▦ 4.16   b. ▦ 4.12
c. ▦ 4.2   d. ▦ 4.6
e. ▦ 4.3   f. ▦ 4.7

比较 a、b、c、d 四式,其右上方加点,或加短横,或无点,可见点或短横是装饰笔画,比较 a 与 c、d、e 各式,可见竖笔上短横可有可无,也是装饰笔画。e 式右旁笔画错位,应属讹变。f 式无"人"旁,该文"汤"无水旁,似均脱笔。然则此字右旁本应作"来",参金文"鳌"、汉印"莱"等字所从"来"旁("䅲"或从"来"声):

▦ 芮伯壶   ▦ 《汉征》补遗1.5

---

① 吴振武:《〈古玺汇编〉释文订补及分类修订》,《古文字论集(初编)》,香港:香港中文大学,1983年,第514页。

这类收缩笔画的现象,笔者曾有论述。① 旧释"来"为"来",②可信。至于"倈"偶尔作"来"也与典籍吻合。检《诗·大雅·常武》"徐方既来",《汉书·景武昭宣元成功臣表》"来"作"倈",注:"倈,古来字。"

《陶汇》有关"倈"的资料如下:

左陶尹旧疋器瑞,左陶倈易,殹国,左陶工敢。4.7

左陶尹旧疋器瑞,左陶倈汤,殹国,左陶工□。4.31

左陶尹旧□□□,左陶倈……4.25

左陶尹旧疋器瑞,倈汤,殹国。4.21

廿二年正月,左陶尹,左陶倈汤,殹国,左陶工敢。4.1

廿二年□月,左陶尹,左陶倈汤,殹国。4.14

廿□年三月,左□□,左陶倈汤,殹国。4.17

□二年十一月,左陶尹,□陶倈汤,殹国。4.30

左陶倈汤,殹国。4.27

廿一年八月,右陶尹,倈疾,殹貢,左陶工徒。4.2

廿一年八月,右□□,倈疾,殹□。4.12

廿一年……倈疾,殹貢。4.4

十六年四月,右陶尹,倈敢,殹貢,右陶工徒。4.6

□六年四月,右陶尹,倈敢,殹貢,右陶工徒。4.9

十八年十二月,右陶尹,倈敢,殹貢。4.3

十九年二月,右陶尹,倈敢,殹貢。4.31

十七年八月,右陶尹,倈看,殹貢。4.15

十七年十月,左陶尹,左陶倈甾,殹室。4.16

廿二年八月,……倈……4.5

来疢。3.830

从中不难看出,"倈"和"殹"是两级职官,隶属于"尹"。"殹"原篆作"敔",或读"殿"。③ 近或改读"轨",④可从。检《国语·齐语》:"管子于是制国,五家为

---

① 何琳仪:《战国文字通论》,北京:中华书局,1989年,第216页。
② 丁佛言:《说文古籀补补》05.10,北京:中华书局,1988年。
③ 朱德熙:《战国陶文和玺印文字中的者字》,《古文字研究》1辑,北京:中华书局,1979年,第20页;何琳仪《古玺杂识》,载《辽海文物学刊》,1986年第2期。
④ 孙敬明:《齐陶新探》,《古文字研究》14辑,北京:中华书局,1986年,第227页。

轨,轨为之长,十轨为里,里有司。"《管子·小匡》:"五家为轨,轨有长,十轨为里,里有司。"在齐国陶文中"里"确实在"毀"(轨)前:

华门陈棱参左里毀亳豆。　　3.7
王孙陈棱再左里毀亳区。　　3.12
王孙□这左里毀亳釜。　　　3.16
痁都陈得再左里毀亳区。　　3.26
昌桮陈固南左里毀亳区。　　3.27
昌桮陈固北左里毀亳豆。　　3.28
平门内□賚左里毀亳□。　　3.34
閒陈賚参立事左里毀亳区。　3.35

凡此与上引文献"十轨为里"的两级行政单位吻合,但也有"里"在"毀"后者:

王卒左毀,城阳栌里土 3.449

王卒左毀,城阳栌里宝,3.500

王卒左毀,昌时支,3.506

这类"王卒毀"可能是直接隶属王室的"轨",地位较高并带有军事性质,[①]故在"里"前。

燕国典章制度深受齐国影响,齐国陶文有"里"、"轨"制度,燕国也应有之。上揭燕陶文"毀"前的"俫"或"来",疑即"里"。

"来"、"里"双声叠韵,典籍每多通假。《书·汤誓》"予其大赉汝",《史记·殷本纪》作"予其大里女",《诗·周颂·思文》"贻我来牟",《汉书·刘向传》引"来"作"釐"。《左传·昭公二十四年》"杞伯郁釐卒",《释文》"釐"作"蔾"。《汗简》引《古尚书》"貍"作"狭"等,均其确证。

燕国陶文"俫"即齐国陶文"里",可能方言所致。齐、燕陶文里均有"里"、"轨"制度,这无疑是研究战国乡里制度的绝好资料。

顺便说明上揭陶文中人名"敢"和"貳"。

"敢",原篆作"",颠倒其偏旁位置即可与"敢"字作比较:

 温县盟书　　《陶汇》3.1351

这类陶文"敢"均为"工"名。"工"原篆作"",与""偏旁结构相同,应是燕文字特点之一。此字或释"鼓"。检《陶汇》4.34"鼓"作"",与"敢"有别。

---

① 李学勤:《齐语与小匡》,载《清华大学学报》,1986 年第 2 期。

"貳",见下列战国文字:

a. 俅疾,毁⯑。《陶汇》4.4

b. 蒦阳陶里人⯑。《陶汇》3.217

c. 夏⯑。《玺汇》2724

d. 十三年正月,豫左乘马大夫子駮⯑。《河北》144

e. 不(无)降(穷)拜余子之⯑釪。① 《奇觚》10.38

此字若与下列晚周文字相比较:

⯑ 邵大叔斧　　⯑《玺汇》735

唯多一"口"形(与"弋"旁共用横笔)。古文字"口"往往是装饰部件,故"戬"即"貳"。

a、b、c均为人名可以不论,d、e之"貳"读"督"。"弋"、"未"本一字之分化。② 《说文》:"忒,惕也。"《春秋国语》曰:"于其心忒然。"今本《国语·吴语》作"于其心戚然",注"戚犹惕也",是其佐证。所谓"貳釪"即"督铸",《后汉书·第五伦传》:"乃署伦为督铸钱掾。"

窑亓

《陶汇》6.216著录一件三晋陶文:

窑亓

或释"淇陶",③ 按,该陶文应自左读作"窑(陶)亓(其)","亓"、"丘"音近可通,"亓",群纽之部;"丘",溪纽之部。群、溪均属见系。魏国兵器铭文"丘"作"异":

戈(甾)　⯑(丘)　《三代》20.22

邮(顿)　⯑(丘)④　《考古》73.3

其中"异"所从"亓"是"丘"的叠加声符,陶文"窑亓"应读"陶丘"。

《书·禹贡》:"济入于海,溢为荥,东至于陶丘。"或简称"陶",《史记·魏

---

① "釪"据新出不降戈铭补。
② 何琳仪:《长沙铜量铭文补释》,载《江汉考古》,1988年第4期。
③ 牛济普:《五方印陶新释》,载《中原文物》,1987年第1期。
④ 黄盛璋:《试均三晋兵器的国别和年代及其相关问题》,载《考古学报》,1974年第1期。

世家》:"又长驱梁北,东至陶卫之郊,北至平监。"《水经·济水注》:"战国之世,范蠡既雪会稽之耻,乃变姓名寓之于陶,为陶公。以陶天下之中,诸侯四通货物之所交易也。"在今山东定陶西南,战国应属魏境。陶丘地处"天下之中",是战国著名的商业城市。"陶丘"陶文出土河南新乡,①也属魏境,自是情理中事。

笔者旧释楚国陶文"鄯邔"为"祝其",并指出"其"是东夷文化圈习见的地名后缀。诸如"不其"、"魏其"、"赘其"等。② 本文所考"窑亓"亦恰属东夷古地。因此,地名后缀"其"很有可能是"丘"的方言。

襄

三晋陶文有一地名与尖足布相同:

城　[字]　《陶汇》9.50
成　[字]　《辞典》442

70年代,北文已释尖足布铭文第二字为"襄"。③ 故陶文和尖足布均应读"城襄"。"襄"与"乡"音近可通。《左传·庄公二十三年》"乡者",《史记·鲁世家》"乡"作"曩"。《史记·秦始皇本纪》"非及乡时之士也",《汉书·陈胜传》"乡"作"曩"。至于尖足布"平襄"(《货系》1108—1110)读"平乡"(隶《汉书·地理志》广平国),④均其佐证。

"城乡",见《汉书·地理志》广平国,确切地望不可考,战国属赵则无疑问,尖足布是公认的赵国货币,由此类推,"城乡"陶文也应是赵器。

菏

《陶汇》9.106著录一件三晋陶文:

十六年,[字]工师[字]高□。

---

① 孙新民、张新斌、杜彤华:《河南新乡县丁固城古墓地发掘报告》,载《中原文物》,1985年第2期。
② 何琳仪:《古玺杂识续》,《古文字研究》待刊。
③ 北文:《秦始皇书同文字的历史作用》,载《文物》,1973年第11期。
④ 何琳仪:《尖足布币考》,待刊。

第四字从"水"从"屮"从"丂"。古文字"屮"与"艸"通用,"可"是"丂"的分化字,故此字应释"菏"。

《书·禹贡》:"东出于陶丘北,又东至于菏。"又:"导菏泽,被孟猪。"《汉书·地理志》:"《禹贡》菏泽在定陶东。""菏"是水名,"荷泽"是泽名。由陶文可知"菏"也是邑名,可能在今山东菏泽县附近,战国属魏。

第七字从"艸"从"从",应释"苁",《玉篇》:"苁,古文从。"《元和姓纂》谓从姓出汉将军从公之后。以陶文验之。从姓汉以前早已有之。此字又见侯马盟书,旧释"炋"可疑。

1990年8月初稿
1990年10月修订

战国文字形体析疑

豕——豕

《玺汇》0175 著录一方齐国官玺"⿱尸豕母飤（司）開（关）"，首字旧不识。如果视为反书，则易于辨识。"⿱尸豕"反书作"豕"，无疑可与《玺汇》2599 齐国私玺"开（渊）幾豕"之末字比较。换言之，"豕"省左撇即是"豕"。此类省简参见《侯马》307"陸"作"𡉻"，或作"𡋛"。准是，上揭齐玺二字均应释"豕"，不过一反一正而已。私玺正文之"豕"为人名，可以不论。官玺反文之"豕"为地名，较为重要。"豕母"疑读"泥母"。《诗·邶风·泉水》"饮饯于祢"，《仪礼·士虞礼》注引"祢"作"泥"。《说文》"瀰"或作"祢"。"瀰"与"祢"实为一字。《说文》："瀰，秋田也。"《说文系传》："祢，秋畋（田）也。"是其确证。"祢"之异文作"泥"，亦作"祢"，可证"泥"、"豕"音近。"泥母"亦作"宁母"，齐国地名。《春秋·僖公七年》："公会齐侯、宋公、陈氏子款、郑世子华，盟于宁母。"注："高平方与县东有泥母亭。音如宁。"《后汉书·郡国志》"泥母"作"宁母"，在今山东鱼台北。

与齐私玺"豕"字形体全合者，亦见赵国昌国鼎"豕工帀（师）"。首字或释"㝬"，或释"賕"。前释距字形甚远，并不可信；后释以为从豕省，似有根据。不过笔者认为"豕"字的独体在战国文字中尚未见。目前公认的"豕"字均从"豕"（或省豕），"主"声（详另文）。"豕"与"豕"的区别在战国文字中暂时无法证明，故"豕"之隶定，与其释"豕"之省，不如直接释"豕"。"賕"字字书所无，

---

① 原载《于省吾教授百年诞辰纪念文集》，长春：吉林大学出版社，1996 年，第 224—227 页。

"豚"字则有之。《集韵》:"瞬,目动。或作豚。"此字亦见赵国银节约"䚈工",首字与昌国鼎"䚈"相较,笔画略有穿透而已。"豚工"疑读"稽工"。"豕"叠加音符"矢"为"豖",典籍往往通用(《古字通假会典》555)。《释名·释兵》:"矢,指也。"此"豕"、"稽"音近之旁证。《周礼·天官·内宰》"稽其功事",疏:"稽,计也。"似可证银节约官名"豚工"之来源(稽训考亦可通)。至于昌国鼎"豚(稽)工帀(师)",似为稽考之工师。《广雅·释言》:"稽,考也。"

角——西

《玺汇》0284"栒湩郶(都)〲十二 粟鉨",其中第四字、第五字有一相同的偏旁。据《说文》"米"作"米"形。"〲十二"应释"米"。据睡虎地简《效律》24"禾粟"之"粟"作"粟","粟"释"粟"似亦非臆测。《周礼·地官·舍人》:"掌米粟之出入,辨其物。"燕玺"米粟鉨",可能是掌管谷物机构所用之玺印。

值得探讨的是,"粟"何以从"田"。据《说文》"粟,嘉谷实也,从卤从米。粟,籀文",则"田"似应释"卤"。众所周知,"卤"实为"卣"字。参见"粟"字甲骨文作"粟",石鼓文作"粟",《玺汇》作"粟"(0233)、"粟"(3101),小篆作"粟"。而"田"则与"卣"字有别,这一矛盾现象令人怀疑"粟"本不从"卤"(卣)。如果参照《玺汇》"粟"字作"粟"(5549)、"粟"(3613),疑"田"为"角"之变体。"粟"、"角"古韵属侯部,故"粟"有可能是"从米,角声"的形声字。由"田"而"田",由"田"而"西",大概都因讹变所致。"角"讹作"西"形,亦可参《玺汇》3666,"娄"(从角)作"娄",《货系》1049尖足布"西"作"西"形。至于《玺汇》"粟"(3100)、"粟"(0160),下从禾,上从角,疑为"粟"之异体。"粟"之从"禾",犹战国文字"稟"亦从"米"作"稟"。

《玺汇》燕私玺"粟帀"(3371、3410),首字可以有两种隶定,即"栖"或"桷",均见字书。采用前说,"栖帀(师)"可读"栖疏"(《战国策·赵策》"黄金师比",《史记·匈奴列传》作"黄金胥纰",是其佐证)。复姓,见于《路史》。采用后说,"桷帀(师)",可读"斛斯"(《左传·文公十一年》"获长狄缘师",《史记·鲁世家》引"师"作"斯",是其佐证),亦复姓,见《通志·氏族略·代北复姓》:"其先居广牧,世袭莫弗大人,号斛斯部,因氏。"考虑"粟"与"粟"上部应有统一的隶定,即均释"角",似乎后说的可能性较大。

次——欠

《说文》:“次,不前,不精也,从欠冫声。”“欠,张口气悟也。象气从人上出之形。”一般说来,“次”与“欠”不会发生混淆。不过楚系文字中确有从“欠”之字作从“次”形者,如“韽”作“”(《玺汇》0008)、“歆”作“”(《包山》255)等。反之,齐系文字从“次”之字亦可省作“欠”形。如陈侯因資錞作“”,而陈侯因資戈作“”。下面不妨再举字书中类似的例证:

《集韵》:“扻,治发也。”(侧吏切)又:“栉,《说文》梳比之总名。或作扻。”(侧瑟切)。

《正字通》:“赼,俗趑字。”《说文》:“趑,趑趄,行不进也。从走次声。”

《字汇补》:“趴,却行也”(侧私切),《集韵》:“趦,或作趴。”

以上三字的义训和音读,说明其虽从“欠”,实为“次”之省简。如果这一判断不误,下列战国文字的释读似应重新考虑:

(包山简 183),原释“玩”,今改释“扻”,读“次”,姓氏。《路史》:“楚公族又次氏。”

(二十一年㫐鏃),应隶定“饮”,疑“趑”之异文,人名。

(侯马盟书 326),应释“趴”,人名。

(包山简 162),应隶定“跌”,释“趴”,人名。“趴”或作“跌”,与其读“侧私切”正合。

(随县简 137),旧隶定“趴”而阙释。今试读“纹”,以《说文》:“纹,绩所缉也。”读简文“紫趴之滕”,似亦可通。

(兆域图),旧多读“坎”,非是。今改释“趴”,读“堲”。《书·康诰》“义刑义杀勿庸以次”,《荀子·教士》引“次”作“即”。《说文》“垐”古文作“堲”,是其佐证。《礼记·檀弓上》:“有虞氏瓦棺,夏后氏堲周,殷人棺椁,周人墙置翣。”注:“火熟曰堲,烧土治以周于棺也。”兆域图“丘趴(堲)”,应指灵堂四周丘坡是用砖(烧土)所砌。

(中山侯钺),或隶定“忢”,检《方言》:“青齐呼意所欲为忺。”读“虚严切”,可证其为“欠”之繁文。“忺”与“忢”并非一字。今据战国文字“次”旁或可省作“欠”旁,释“忢”为“恣”之省文。《说文》:“恣,纵也。从心,次声。”中山

侯钺"中山侯恣"可与中山王圆壶"脾嗣孜（子）盗"对读,器主"恣"即"盗",乃中山侯之名。同一人名形体有异不足为奇。中山相名"赒"。鼎铭作"🉂",壶铭作"🉂",应属同类现象。中山国诸君至䰯均称王,䰯之子恣（盗）则贬称侯,日薄西山的国运已可想而知。

总之,"欠"旁或作"次"形,楚系文字习见;"次"旁省作"欠"形,战国文字亦非孤例。至于如何确定其音读,首先分析其偏旁组合关系,其次以其与字书对应,最后验之以辞例。从而做出合理的选释。

复——畐

《说文》:"复,行故道也。从夂,畐省声。"甲骨文作"🉂",金文作"🉂",显然均不从"畐"。然而战国楚系文字确有从"畐"之"复",如包山简"腹"作"🉂"（236）,"🉂"（242）。其中"畐"旁与楚系文字"福"作"🉂"所从之"畐"旁吻合无间。"🉂"演变为"畐"形,疑属声化现象（"畐""复"均为唇音）。许慎分析"复"字从"畐省声",以战国文字验之,不无道理。参见包山简下列各例:

"🉂笞"（90）,读"復引"。《论语·学而》"言可復也",疏"復,验也"。

"🉂心疾"（236）,读"腹心疾"。《史记·商鞅传》:"譬如人之有腹心疾。"

"🉂𢦏"（10）,读"復域"。復,地名,疑即后世之復州,在今湖北沔阳西。

"绸𢪉"（牍1）,读"绸𫐓"。《说文》:"𫐓,车轴缚也。从车,复声。"

值得注意的是,包山牍"𢪉"所从"🉂"的中间多二饰笔,容易理解为"童"字的上半部,即"辛"旁。其实包山简207"疠（病）腹疾"之"腹"作"🉂",亦似从"辛"旁。《玺汇》著录晋玺"復"字作"🉂"（0508）,"🉂"（0509）,亦属同类现象。看来战国文字"復"字既可作"🉂"、"🉂"形,也可加饰笔作"🉂"形,还可省"日"形作"🉂"形。基于这一认识,随县简释文缺释之二字,均可理解为从"复":

A. 🉂　　(69)

B. 🉂　　(133)

A,从车,复声,应释"𫐓"。简文"黄金之𫐓",黄铜所制车之伏兔,设于舆下当轴之处。《广韵》:"𫐓,车伏兔。"《易·小畜》:"舆说（脱）𫐓。"《左传·僖公十五年》:"车脱其𫐓。"

B,从糸,从复,应释"复"。简文"紫复之縢"之复,见《玉篇》:"复,绢复。"

另外，《玺汇》"腹"字作"▨"（1505）、"▨"（3174），所从"复"旁显然与随县简所从"复"旁可视为同类。其中"▨"形确似"童"字之省，难怪或释上揭随县简二字为"辖"和"缠"。

色——印

诅楚文《湫渊》"亲△大沉氒湫而质焉"，《亚驼》"亲△丕显大神亚驼而质焉"，《巫咸》"亲△丕显大神巫咸而质焉"。以上三石之△，原篆均作"▨"，唯《绛帖》作"▨"。旧皆据《绛帖》释"▨"为"印"，读"仰"。"印"《玺汇》2060作"▨"，《珍秦》139作"▨"，《说文》："▨，望欲有所庶及也。从匕，从卩。《诗》曰，高山印止。"凡此与《绛帖》"▨"相似，但也不尽相同。既然《湫渊》、《亚驼》、《巫咸》三石之△均从爪，从卩，则应另寻比较材料而确定其释读。检晚周文字中从爪，从卩字有下列二式：

A. ▨（曾伯霥匜） ▨（玺汇 0150）
B. ▨（鼫铸） ▨（信阳 1.01）

A."爪"在上，"卩"在下，会压抑之意，应释"印"。《说文》："印，执政所持信也。从爪，从卩。""▨，按也。从反印。▨，俗从手。""印"、"抑"一字分化，音义均通。

B."爪"在左，"卩"在右，会以手示"颜气"之意，应释"色"。《说文》："▨，颜气也。从人，从卩。"信阳简"卩"旁着一短横为饰，也可能为与"印"字区别而施。鼫铸"灵（令）色如华"，参《诗·大雅·烝民》"令义令色"，传"令，善也"。信阳简"戠（慨）然匨（作）色"，参《荀子·宥坐》"孔子慨然叹曰"，《礼记·哀公问》"孔子愀然作色而对"。

诅楚文三石之△与B式偏旁组合及偏旁位置密合无间，自应释"色"。

"色"与"赛"音近可通。《礼记·中庸》"不变塞焉"，注，"塞或为色"，是其佐证。《史记·封禅书》"冬赛祷祠"，索隐："赛，谓报神福也。"《说文新附》："赛，报也。从贝，塞省声。"郑珍注："自汉以前例作塞字。祀神字从贝，于义为远，盖出六朝俗制。"按，郑注非是。楚简"赛"作"▨"，均从"贝"，从"珏"，表示以贝玉祭祷神灵。诅楚文以"色"为"赛"，属音近假借。"亲赛"意谓秦王亲自赛祷诸神而正之。《礼记·中庸》"质诸鬼神而无疑"，疏："质，正也。"

第五编

战国文字(下)

舒方新证①

近年湖南常德夕阳坡战国二号楚墓出土两枚完整的竹简,各长6.8厘米、宽1.1厘米。一枚32字,另一枚22字,计54字。二简文意相属,涉及楚、越、舒三国,殊为引人注目。杨启乾《常德市夕阳坡二号楚墓竹简初探》②、刘彬徽《常德夕阳坡楚简考释》③先后就这两枚竹简进行讨论。刘文后出转精,若干释读颇有见地。在此基础上,笔者重新释读二简如下:

简一:越湧(甬)君赢遅(将)④其众以归楚之岁,荆层之月,己丑之日。王处于葴(郊)郢⑤之游宫。士尹帀(?)王

简二:之上与(举),念哲(?)王之畏(威)。偌(箮)迅(讯)尹吕逯(?)以王命(令)赐舒方御岁愲(课)。

---

① 原载《安徽史学》,1994年第4期,第15—16,22页。
② 杨启乾:《常德市德山夕阳坡二号楚墓竹简初探》,《楚史与楚文化研究》(《求索》增刊),1997年。
③ 刘彬徽:《常德夕阳坡楚简考释》,纪念徐中舒先生百年诞辰学术讨论会论文(油印本),1998年。
④ 徐中舒:《金文嘏辞释例》,《历史语言研究所集刊》6.38,1936年。
⑤ 何琳仪:《长沙铜量铭文补释》,《江汉考古》,1988年第4期。笔者曾据江永、顾栋高等清人的说法,认为《左传》"郊郢"在今湖北钟祥。其实"郊郢"据沈钦韩《左传地名补注》"在其所都之郊,故曰郊郢"的解释,也可能指楚都纪南城城郊的"郢"。即《汉书·地理志》南郡"郢,楚别邑故郢。"在今湖北江陵东北。此"郢"据《史记索隐》、《括地志》所载为楚平王所建。在今江陵城内的"渚宫"大概就是战国楚文字资料中习见的"葴郢之游宫"。换言之,"葴郢"即"郊郢",相当于纪南城以南的广大郊野。至于《古玺汇编》)0101"江陵"只能证明战国晚期设江陵县,不能证明战国晚期以前这片广大郊野不称"郊郢"。验之《左传·桓公十一年》"君次于郊郢以御四邑",莫敖率楚师驻扎于纪南城之郊以御四国联军,也是可能的。

"湧",杨文读"涌",即《水经·江水注》载流入夏水之"涌水",认为"此涌君当是楚国涌水地区的封君"。刘文则引《史记·越王句践世家》"楚威王兴兵而伐之,大败越,杀王无疆,尽取故吴地至浙江,北破齐于徐州,而越以此散。诸族子争立,或为王,或为君,滨于江南海上,服朝于楚"。认为"这个涌君有可能就是这类或为王,或为君的越地某个小郡长"。揆以战国楚、越二国形势,刘说颇有理致,惜未能确指其地望。今按,"涌"应读"甬"。《左传·哀公二十二年》:"越灭吴,请使吴王居甬东。"注:"甬东,越地。会稽句章县东海中洲也。"《史记·吴大伯世家》:"句践欲迁吴王于甬东。"集解:"贾逵曰,甬东,越东鄙甬江东也。韦昭曰,句章东海口外洲也。"江永曰:"《汇纂》句章,今浙江宁波府慈溪、镇海二县地。海中洲即舟山,今之定海县也。县东三十里有翁山,一名翁洲,即《春秋》之甬东也。"①钱穆曰:"甬江在鄞县东北二里,东入镇海县界为大浃江,至县东入海曰大浃口……《春秋》所谓甬东当指今鄞、镇海二县境海中洲,即舟山。"②总之,楚简中"涌"应读"甬",即甬江之东的"甬东",在今浙江定海东之翁山。"越涌君"即楚国越地甬东之封君。其率众归顺楚国的年代,应如刘文所云,"在楚威王于公元前333年大败越之后"。

"士尹",又见《古玺汇编》0146③《包山楚简》122等,楚国职官之名。《吕氏春秋·召类》:"士尹池为荆使于宋,司马子罕筋之。"

"上与",读"上举"④。《管子·大匡》:"得之,成而不悔,为上举。"注:"得此大夫,故有成功,终然允当,无有可悔,如此者举,善之上。"

"佉迅尹",《包山楚简》16作"新佉迅尹"。"佉迅"读"籓讯",疑楚国司法之职官。留俟后考。

"舒",杨文释"徐"(予),非是。刘文释"舒",甚确,然缺释。有关"舒"字构形及"舒方",详见下文。

"御",为刘文所释,近是。《集韵》:"御,进也。"引申有下奉于上之义。《后汉书·清河王传》:"赐什物,皆取乘舆上御。"

"悁",又见《包山楚简》249,人名。《广韵》:"悁,心乱。"夕阳坡简"岁悁"

---

① 江永:《春秋地名考实》,引《皇清经解》,上海:上海书店,1988年,第257页。
② 钱穆:《史记地名考》,台北:三民书店,1984年版,第592页。
③ 何琳仪:《古玺杂识续》,《古文字研究》19辑,北京:中华书局,1992年,第482—483页。
④ 高亨:《古字通假会典》"与与举",济南:齐鲁社,1989年版,第846—847页。

疑读"岁课"。

夕阳坡二简除"士尹"至"王之畏"之间尚有二字未能确认之外,其它字句均可释读。二简大意如下:越甬君率众归附楚国这一年四月己丑之日,楚王熊跸在郊郢之游宫。士尹……楚王之嘉善推举,思念……楚王之声威。佶迅尹吕逯承楚王之命令,把舒方进奉的每年税收赏赐[士尹]。

刘文以夕阳坡简与包山简比较,识出的"舒"字至关重要。战国文字"舒"字习见,如十八年冢子戈、十一年皋落戈、新郑兵器、《古玺汇编》5633,《包山楚简》131 等。以上材料"舒"或为姓氏,或为人名,唯夕阳坡简"舒方"乃方国之名。以上"舒"字均上从"余",下从"吕"。《说文》:"舒,伸也。从舍,从予,予亦声。一曰,舒,缓也。"战国文字与《说文》小篆的构形显然不同。笔者推测:战国文字"舒"本从"余",迭加"吕"声。而"吕"下之圆圈形曳出一笔即是小篆"予"字。故"吕"与"予"实一字之分化。战国文字"豫"从"吕"声,是其确证。"余"、"吕"、"予"、"舍"、"舒"、"豫"均属鱼部。还有一种可能:战国文字"舒"本从"舍",迭加"吕"声。因"舍"下"口"旁与"吕"上之圆圈形相似,遂借用这一相似的偏旁。① 相类似的现象参见战国文字"邰"(《古玺汇编》2203)、"郘"(《商周金文录遗》599)、"嗣"(平安君鼎)、"路"(《古玺汇编》0148)等②。两种理解有一共同的基点:"吕"分化为"予",这是战国文字演变为小篆的症结所在。

1983 年,江苏丹徒北山顶春秋墓出土甚六钟铭文载有"舍王",已有学者读"舒王"。并举《春秋·僖公三年》"徐人取舒",《玉篇》引作"徐人取郘"为证,指出"舒国之舒可能本作舍,春秋时期或加邑旁作郘,作舒则为后起的同音假借字"。③ 上文笔者对"舒"字构形的第二种理解,似乎也有助于"舒"本作"舍"的观点。地下文献证明:舒国之"舒"早期作"舍",晚期作"舒",尚未发现"郘"。当然也不排斥舒国自称"舍",楚国称其为"舒"的可能。

以往学者或主张徐、舒同源之说④,不过春秋战国时代的徐与舒已是完全不同的地域范畴。这不但有"徐人取舒"同文见异的地上文献为证,而且还

---

① 何琳仪:《战国古文字典》,北京:中华书局,1998 年。
② 何琳仪:《战国文字通论》,北京:中华书局,1989 年版,第 191 页。
③ 曹锦炎:《关于甚六钟的舍字》,载《东南文化》,1990 年第 4 期。
④ 徐旭生:《中国古史的传说时代》,北京:文物出版社,1985 年版,第 167 页。

有徐国作"余"、"郐"与舒国作"舍"、"舒"相互对应的地下文献为证。凡此"二重证据法"加深了我们对徐、舒有别的认识。

先秦方国多称"某方",例如甲骨卜辞有"工方"、"土方"、"龙方"、"马方"、"周方"、"鬼方"、"羌方"、"人方"等(《殷墟卜辞综类》458),铜器铭文有"夷方"、"邢方"、"蛮方"、"鬼方"等(《金文诂林》8.1159)。以此类推,夕阳坡简"舒方"无疑应与舒国有关。先秦典籍中所谓"群舒",据《世本》记载包括"偃姓:舒庸、舒蓼、舒鸠、舒龙、舒鲍、舒龚"。又据《左传·文公十二年》:"群舒叛楚。夏,子孔执舒子平及宗子,遂围巢。"注:"宗、巢二国,群舒之属。"还包括宗、巢二国。再加上典籍中习见的"舒"。"群舒"至少有9个小方国。如果将英、六也计算在内①,"群舒"的分布更为广袤。战国时代楚之封地"舒方"是"群舒"之总称,抑或"舒"之特指,暂不能确定。然而"群舒"的大致范围在今安徽省淮南、江北之间,似无疑问。②

战国中期偏晚,楚威王灭越,春秋时代骑墙于吴、楚之间的群舒理应被楚国兼并。领土的扩张,为楚王带来巨大的财富也不言而喻。越甬君来归之时,楚王居然将"舒方"偌大的财政主要收入"岁课"通过"偺迅尹"之手转赐给"士尹",实令人惊叹其"大方"!如笔者释读不误,夕阳坡楚墓的墓主"士尹某"可能生前在"舒方"任职,所以书写二简陪葬墓中,以期在阴界永享楚王赏赐的特权。

---

① 徐中舒:《蒲姑徐奄淮夷群舒考》,载《四川大学学报》,1998年第3期。
② 高士奇:《春秋地名考略》。

信阳楚简选释①

本文讨论河南信阳长台关 1 号墓出土竹简的部分内容,②其中"竹书"、"遣策"各 4 则,计 8 则。

䇞

"竹书"1—03 号简云:

□教箸③(书)厽(参)散(岁),教言三散(岁),教△与□□□。

"箸",应读"书"。《说文》:"书,箸也。从聿,者声。"《说文·序》:"箸于竹帛谓之书。"凡此以"箸"训"书"属音训。"教箸"指学习文墨,下文"教言"则指学习辞令,互文见义。

"厽",原篆作"晶",乃"曑"(长沙楚帛书)之省文,应释"参"。商承祚释"晶",④中山大学读"星",⑤非是。本简"三"或作"厽"(参),或作"三",义本无别。

"△",原篆作:

中山大学疑"辟"之异体。按,"△"左上从"召",下从"収",右上从"玉"。其中

---

① 原载《文物研究》8 辑,合肥:黄山书社,1993 年,第 168—176 页。
② 河南省文物研究所:《信阳楚墓》图版一一三——二八,北京:文物出版社,1986 年。
③ 刘雨:《信阳楚简释文与考释》,见上注。
④ 商承祚:《信阳出土战国楚简摹本》(晒蓝),1964 年。
⑤ 中山大学古文字学研究室:《战国楚简研究》二(油印本),1977 年。

"玉"旁参见"竹书"1—033号"金玉"之"玉",楚简中屡见不鲜。① 故"△"应隶定"珨",即"珌"之繁文。《集韵》:"珌,美玉。"

简文"珌"应读"韶"。《说文》:"韶,虞舜乐也。《书》曰,箫韶九成,凤皇来仪。从音,召声。"典籍亦作"磬"(《周礼·春官·大司乐》"九磬之舞"注),或作"招"(《左传·襄公二十九年》"见舞韶濩者"释文)。其中"招"从"手",与简文"珨"从"収"义本相通。故"珨"也可理解为从"玉",从"殳"(招)。

"韶",相传是舜所制乐曲,自古以来被视为雅乐的经典作品。难怪孔子"在齐闻韶,三月不知肉味"(《论语·述而》)。后来"韶"则被纳入儒家"六乐",(《周礼·地官·保氏》注:"六乐:云门、大咸、大韶、大夏、大濩、大武也。")成为贵族子弟的必修之课。简文"箸"、"言"、"韶"基本可与"六艺"中"书"、"礼"、"乐"对应,颇值得重视。

迊

"竹书"1—04号简云:

[相]△如盇(合),相保如芥(介)。

"△",原篆作:

迊

商承祚隶定"迚"。细审照片及摹本均不从"付"。笔者曾从旧说诠释,②不妥。

"△",亦见天星观简,从"辵",从"化",应隶定"迊",其所从"辵"仅表动作,可有可无。"竹书"1—01号简"这"即"攴",读"扑",可资旁证。天星观简"迊"即读"化",指"化祝",见《周礼·春官·大祝》。"迊"即"化"之异文,本义为变化,引申训"生"。《礼记·乐记》:"和故万物皆化。"注:"化犹生也。"

"如",训"与",③连词。

"盇",疑"蛤"之异文。(《龙龛手鉴》:"盇,音精。出《西江赋》。"不详。)"合"与"会"本一字分化。《说文》:"会,合也。"其音义均通。

---

① 马国权:《战国楚竹简文字略说》,《古文字研究》3辑,北京:中华书局,1980年,第154页。
② 何琳仪:《战国文字通论》,北京:中华书局,1989年,第281页。
③ 王引之:《经传释词》卷七,北京:中华书局,1956年。

"相迆如盍"读"相化如合",有"互相生化与互相合洽"之义。参见《周礼·春官·大宗伯》"以礼乐合天地之化,百物之产"。注:"能生非类曰化。"疏:"万物感化,则能合天地之化。"

"保"与"介"均有辅助之义,合成"保介"一词,见《诗·周颂·臣工》"嗟嗟保介"。"保介"可分可合,"化合"的衍生词"化洽"也可分可合。(《诗·小雅·正月》"洽比其邻"传:"洽,合。")"化洽",见《三国志·魏志·苏则传》"陛下化洽中国"。"化"与"洽"则见《皇极经世》"俟化之,必洽教之"。

竴

"竹书"1—05号简云:

君子之道必①若五浴之△。

"五浴",中山大学以为"即儒家所谓浴德","五浴殆指五种美德,疑即《书·洪范》之貌、言、视、听、思"。汤余惠则引谢灵运《山居赋》:"九涧别泉五谷异穰。"读"五浴"为"五谷"。按,"五浴"乃卜筮术语。《博物志》:"龟三千岁游于卷耳之上,蓍千岁而三百茎同本,以老故知吉凶。""筮必沐浴斋洁烧香,每朔望浴蓍,必五浴之,浴龟亦然。"《广博物志》:"蓍一千岁而三百茎,其本以老,故知吉凶,浴蓍必五浴之。"蓍草需经浸浴,先秦文献也有记载。《诗·曹风·下泉》:"浸彼苞蓍。"传:"苞,本也。"按,"苞"通"葆",《说文》训"草盛儿"。②

"△",原篆作:

旧多隶定为"竴",非是。古玺""(《古玺汇编》5573)旧不识,黄锡全引《汗简》人部华严碑"傳"作""为证释"剸",③可信。战国文字"專"及从"專"字习见:

專　　《玺汇》1837　　鄟　　《玺汇》1870

---

① 汤余惠:《楚器铭文八考》,《古文字论集》(一),香港中文大学,1983年。
② 马瑞辰:《毛诗传笺通释》卷十五,北京:中华书局,1989年。
③ 黄锡全:《利用汗简考释古文字》,《古文字研究》15辑,北京:中华书局,1986年,第136页。

剸	〔图〕	《陶汇》4.11	槫	〔图〕	《玺汇》0254
傳	〔图〕	《玺汇》0583	譜	〔图〕	《中山》76
瘻	〔图〕	《玺汇》1782	溥	〔图〕	《陶汇》3.513

"△"左从"水"（稍残），右从"專"，自应释"溥"。《说文新附》："溥，露皃。从水，专声。"

简文"溥"应读"簿"。《楚辞·离骚》："索藑茅以筳篿兮。"注："索，取也。藑茅，灵草也。筳，小折竹也。楚人名结草折竹以卜曰篿。"朱珔曰："案方氏《通雅》云，《后汉书·方术传序》有逢占挺专须臾之术。注曰，挺專，即筳篿……《说文》别有篰字云，以判竹圜以为穀器。尚与專通，则篿亦判竹也。又专字云，六寸簿。段氏以簿为手板，当亦可剖竹为之。观此，筳篿直相似破竹以卜，宜如今之杯珓。《广韵》云，杯珓古以玉为之。《演繁露》云，或用竹根，珓一作筊。《石林燕语》云，高辛庙有竹杯筊，正所以问卜。"①朱说可信。在《离骚》"索藑茅以筳篿兮"中"以"连词，②"藑茅"与"筳篿"对文见义，前者均从"艸"，即所谓"结草"；后者均从"竹"，即所谓"折竹"。《太平御览》卷七二六方术部引《楚辞》"索瓊茅以筳篿"，注："楚人折竹结草以卜，谓为篿也。"可以参证。"专"为"篿"之省，"溥"从"水"应缘上文"五浴"之"浴"从"水"而类化。本应作"篿"，指破竹制成的筮篿。

简文"君子之道必若五浴之溥（篿）"中"必若五浴之篿"，相当上引《博物志》、《广博物志》"浴蓍必五浴之"。简文似以"五浴之篿"喻"君子之道"老成可用，隐含"君子务本，本立而道生"（《论语·学而》）之意。

殊

"竹书"1—034号简云：

㠯（以）叟（冲）嚻（乱）△

"叟"，原篆作：

〔图〕

旧多释"吏"，殊误。按，此字上从"中"，战国文字习见，古文字学界早有

---

① 朱珔：《文选集释》，引游国恩《离骚纂义》352，北京：中华书局，1980年。
② 汪瑗：《楚辞集解》"以犹与也"，引《离骚纂义》350。

定论。① 故此字应隶定"叓",从"又",从"中"。字书所无,但见于甲骨文:

㞢　（《类纂》2927）

简文"叓"从"中",似可读"冲"。《广韵》:"冲,和也。"《淮南子·诠言》:"谓之太冲。"注:"冲,调也。"

"䚢",刘雨引长沙楚帛书"䚢"释"乱"。《尔雅·释诂》:"乱,治也。"

"△",原篆作:

其左旁可与"竹书"1—2号简"殠"之右旁相互比较:

"殠",诸家均释读"殢"。"歹"无疑是"歹"之变体。楚文字"歹"在天星观简"死"、"殇"、"硈"等字偏旁中作"歺",在望山简"死"字偏旁中作"歺"。二者与信阳简"歹"的演变关系,犹有踪迹可寻:

歹—歺—歺

故"△"应隶定"殢"。《玉篇》:"殢,病也。"（又《方言》二:"痿殢,微也。宋卫之间曰痿,自关而西,秦晋之间,凡病而不甚者曰痿殢。"注:"病半卧半起也。"）

简文"㠯叓䚢殢"读"以冲乱殢",即"以调和之真气治疗（较轻微的）疾病"。我国古代医学理论十分重视养生之道,提倡调节"真气"以预防或治疗疾病。《素问·上古天真论》:"夫上古圣人之教下也,皆谓之虚邪贼风,避之有时,恬憺虚无,真气从之,精神内守,病安从来?"《老子》第四十二章:"万物负阴而抱阳,冲气以为和。"《文选·东方朔画赞》:"嘘吸冲和,吐故纳新。"注:"冲和,谓真气也。"人体以气为本,气和则上下不失其度,运行不已,百病皆除。战国楚简与战国文献的内容相同。后代医学家对此多有阐发,所谓"气血冲和,万病不生。一有怫郁,诸病生焉。故人身诸病,多生于郁"。② 楚简虽属断简残篇,却涉及古代医学的重要理论,弥足珍贵。

---

① 李学勤:《谈近年新发现的几种战国文字资料》,《文物参考资料》1956.1;朱德熙、裘锡圭《战国文字研究》（六种）,载《考古学报》,1972年第1期。

② 朱震亨:《丹溪心法·六郁》,上海:上海科学出版社,1963年,第201页。（承胡永盛教授指示,志此鸣谢）

劃

"遣策"有一字，见 2—01、2—03、2—018、2—026、2—028 号简，凡五见：

旧多隶定"彖"，读"缘"，似是而非。此字可与随县简（6 号）一字比较：

裘锡圭、李家浩分析，"从刀从㚔。㚔与画字所从聿旁相同"。① 颇有见地，但在其所写"释文"中仍存原篆。信阳简与随县简二字形体基本相同，唯前者省中间竖笔而已。富奠剑（《录遗》589）铭"斲"字（《玉篇》"斲同斵"），原篆作：

其所从"畫"的"聿"旁，已与信阳简十分接近。"聿"的演变序列如次：

"畫"，从"聿"，从"周"（"彫"之初文），会意；或从"聿"（"规"之初文），从"周"（多讹变为"田"形），会意。兹选录其形体如次：

宅簋　　　张畫戈

吴方彝　　上官灯　　《玺汇》1720

最后一个形体省"田"形为"一"，楚简则索性省"一"。楚简此字上从"聿"，下从"刀"，亦见三晋古玺（《古玺汇编》2865）：

楚简与晋玺此字均应隶定"剚"，乃"劃"之省。《说文》："劃，锥刀畫曰劃。从刀，从畫，畫亦声。"《正字通》："畫，古止有画字，后加聿作畫、畫，加刀作劃。"按，《正字通》解释"畫"的来源，虽本末倒置，但以"畫"、"劃"为古今字，则十分正确。《说文》"畫"古文作"剚"，是其确证。

在信阳简中"劃"读"畫"均可通。例如：

屯（纯）青黄之劃（畫）2—01

郄（漆）青黄之劃（畫）2—03　2—028

---

① 裘锡圭、李家浩：《曾侯乙墓竹简释文考释》，《曾侯乙墓》，北京：文物出版社，1989 年，第 510 页。

柜(虡)①条(修)郯(漆)劃(畫)2—018

屯(纯)□劃(劃)2——26

其中"漆畫"汉简作"髌畫",②典籍亦习见,如《后汉书·五行志》:"延熹中,京都长者皆箸木屐,妇女始嫁,至作漆畫,五采为系。"《北堂书钞》卷一三三—一三四曹操《上杂物疏》"有纯银缕带漆畫书案一枚","有上车漆畫重几大小各一枚","御物有漆畫韦枕二枚"。《太平御览》卷七一七引曹操《上杂物疏》"油漆畫严器"。

"遣策"2—02号简还有一从"糸"的"劃"作:

可隶定"纗"即"繐"。《集韵》"繐,徽也。"简文云:

一两纗(繐)鞸(鞸)缕(屦),一两丝纴(綖)缕(屦),一两郯(漆)缇缕(屦)。

《说文》:"徽,一曰,三纠绳也。"《集韵》:"鞸,鞍鞸,刀靶韦也。"在简文中应读"鞸"。《广韵》"鞸,鞍鞸,胡履也。"《释名·释衣服》:"鞍鞸,鞾之缺前壅者,胡中所名也。鞾鞸犹速独,足直前之言也。"简文"一两纗鞸缕"读"一两繐鞸屦",指一双三股绳缝制的胡靴。众所周知,战国赵武灵王始用胡服,信阳地区出现的胡靴应受这一风气影响。

瓦

"遣策"2—04号简云:

一良△轩,载纺籣(盖)。紋良马頁(首)翚(翠)鞳(造)。一良女乘,③一乘良辆(耕),二乘□逗□。

"良"训"善"《说文》。本简四"良"字均有"优良"之义。"良马",见《诗·郑风·干旄》"良马四之"。至于"良△轩"、"良女乘"、"良辆"似均属"良车"之类。《周礼·春官·巾车》:"凡良车、散车不在等者。"

---

① 河南省文物研究所:《信阳楚墓》图版一一三——二八,北京:文物出版社,1986年。
② 湖南省博物馆等:《长沙马王堆一号汉墓》,北京:文物出版社,1973年,第165—219页。
③ 彭浩:《信阳长台关楚简考释》,载《江汉考古》,1984年第2期。

"△",原篆作：

商承祚将其与"遣策"2—01号简中、类比,均释为"圆"。按,应释"囧",即"畐"之异文①。"△"与其结构、笔势判然有别,不宜混同。"△"应释"亙",楚文字"亙"习见：

"△"虽无"卜"旁,但却直接承袭甲骨文和金文：

所不同者,楚简"亙"所从"月"填实而已。这也是古文字中习见的现象,例不赘举。《说文》"恆"古文作"亙"。《说文》："恆,常也。"引申有"安"义。《周礼·夏官·司弓矢》："恆矢痺矢。"注："恆矢,安居之矢也。"

"轩",其"车"旁左半稍残,旧隶定为"𩪗",非是。"轩"亦见随县竹简"囿轩"(4号)。《左传·闵公二年》："鹤有乘轩者。"疏引服虔曰："车有藩曰轩。"

"亙轩",读"恆轩",指"安居之轩",即"安车"。见《周礼·春官·巾车》"安车彫面鷖緫,皆有容盖"。注："安车,坐乘车,凡妇人车皆坐乘。""亙轩"与下文"女乘"虽均属妇人之车,但据《周礼》,"安车"为王后之车,后来则成为贵族夫人之车的泛称,其规格显然要高于一般妇人之车"女乘"。

"载",其"车"旁左半稍残,与上字"轩"所残部位相同。《说文》："载,乘也。"简文"载"应指车箱。

"箌",原篆可与曾侯乙墓所出编钟铭文、编磬漆书相互印证：

《信阳》2—04 《集成》313.5 《古研》17.182.5

均从"竹","割"声。"箌"之繁文。《广韵》："箌,拾箌。"简文"箌"读"盖"。《书·君奭》："割申劝宁王之德。"《礼记·缁衣》注："割言盖也。"《尔雅·释言》："盖,割,裂也。"释文："盖,舍人本作害。"均其佐证。

"载纺箌",读"载纺盖",指车箱上有纺丝车盖。参见《信阳》图版五〇实物。

"𧴪",原篆作：

———————
① 何琳仪：《战国文字通论》,北京：中华书局,1989年,第258页。

应是"首"之繁文,即在"首"下加"儿"形。试比较下列二字:

首　　🖼(天星观简)　　　🖼(《玺汇》3487)　　　🖼(《汉征》9.3)

貢　🖼(《陶汇》3.796)　　🖼(《玺汇》3645)　　🖼(《信阳》2—021)

不难看出二字"首"上之发状均有讹变为"止"形的共同趋势。故"首"、"貢"一字。

"翠",读"翠"。望山简"翡翠"(《文物》1966.5 图版伍)读"翡翠",①是其佐证。《说文》:"翠,青羽雀也。"

"䎃",见高密戈,"造"之异文。在简文中疑读"纛"。《集韵》"纛"读"杜皓切",正以"皓"叶"纛"。"毒"与"朮",②"朮"与"告"③声系均可通假。凡此均"䎃"读"纛"之旁证。《汉书·高帝纪》上"黄屋左纛"。注:"应劭曰,纛,雉尾为之,在左骖,当镳上。"又疑"䎃"读"造",与随县简"䌷貤"、"䌷貤"类同。

"翠䎃",读"翠纛"或"翠造",指羽状马饰。

"軿",同"軿"(《正字通》),见《释名·释车》:"軿车。軿,屏也。四面屏蔽,妇人所乘牛车也。""軿"与上文"互轩"(安车)、"女乘"均为妇人乘车。参《烈女传·贞顺齐孝孟姬传》:"妃后逾阈,必乘安车辎軿。今立车无軿,非所敢受命。"

试译 2—04 号简如下:

一(辆)优良的贵妇所乘安车,其车盖系纺丝制成,良马首系翠羽饰物。一(辆)优良的普通妇人乘车,一辆四面有精良屏蔽的妇人乘车,二辆……

槌

"遣策"有一个与木制食具相关的"△"字,见下列各简:

丌(其)木器,一郯(漆)朿(案?),□鈇(铺)首,屯(纯)又(有)鐶(環),一△。2—017

丌(其)木器,杯豆卅,杯卅,一△,五筴(箅)。④ 2—020

---

① 陈邦怀:《战国楚文字小记》,《楚文化新探》,1981 年,第 151 页。
② 《说文》:"裻,读若督。""襡,读若督。"
③ 朱起凤:《辞通》0639"造然",或作"欶然",或作"戚然",上海:上海古籍出版社,1982 年。
④ 朱德熙、裘锡圭:《信阳楚简考释》(五篇),载《考古学报》,1973 年第 1 期。

丌(其)木器,十皇豆,屯(纯)剝(漆)彤碑=之硅(蛭),①二敛(会)豆,一△。2—025

丌(其)木器,一△,剝(漆)彤。2—029

"△",原篆作:

[字形]

旧多隶定"櫌",殊误。"△"可与长沙楚帛书"遅"字比照:

[字形]

或谓"徙"字的古文。② "遅"即"遲",均从"尾"。"徙",《说文》古文作"𢕠",亦从"尾"。故"𡰪"可读"徙"。"△",从"木",从"𡰪",自应释"樵"。

《正字通》:"樵,与杫同。"《说文》"徙"或体作"征",可资类比。《广韵》:"杫,肉机也。"《集韵》:"杫、樵、榿,《方言》俎机,西南蜀汉之郊曰杫,或从徙,亦作榿。"由此可见,"樵"是一种肉案,即"俎"。《信阳楚墓》图版不仅著录上举漆木"杯"、"杯豆"、"敛豆"、"皇豆",而且恰恰也著录两类漆木"俎"(图版二〇),与竹简"樵"字可以印证。据发掘报告,该墓出土这种"俎"计25件。③ 望山简有"皇俎"(《文物》1966.5图版伍)。"俎"与"樵"虽属同类,但形制应有某些区别,其详待考。

柧

"遣策"2—018号简云:

乐人之器,一□王(桯)肯(?)钟,小大十又三,△条(修)剝(漆)劃(畫),金玏。一棠王(桯)□□,小大十又九,△条(修)剝(漆)劃(畫),絆维。

"△",原篆作:

[字形]

柧旧多释"柜",读"虡"。其释义犹有可取,释形则似是而非。其实"遣策"

---

① "碑=之硅"疑读"石缝之蛭",指石蛭形图案。《本草·水蛭》集解"惟采水中小者用之,别有石硅,生石上。"2—011号简"一碑=之旅"疑"一碑=之硅之旅"之省。

② 李零:《长沙子弹库战国楚帛书研究补正》,中国古文字研究会成立十周年学术研究会论文(复印件),1988年。

③ 河南省文物研究所:《信阳楚墓》,北京:文物出版社,1986年,第33页。

2—03号简已有"柜"字：

柾

此字右旁可与《说文》"巨"之古文"𠯑"，相互印证。"△"与2—03号简这一明确无疑的"柜"字判然有别，肯定不是一字。

"△"的右旁应释"瓜"。"瓜"最早见于晚商铜铭文"䚇（孤）竹"的"䚇"字偏旁之中①。战国文字"瓜"及从"瓜"的字习见：

瓜　　　　令狐君壶
狐　　　　《玺汇》3610
弧　　　　《侯马》304②
疝　　　　《玺汇》2670
瓤　　　　《中山》53③
柧　　　　《玺汇》2605

秦汉文字"瓜"及从"瓜"的字，多见《秦汉魏晋篆隶字形表》：

瓜　　　496
狐　　　703　　　孤　　　1058
弧　　　911　　　瓠　　　496
柧　　　393　　　窳　　　517

从战国秦汉文字中不难看出，"瓜"的果实部分既可作弧笔象形，也可填实弧笔，还可浓缩为一点或一横。其演变顺序大致如下：

圆—𠂤—巨—𠂤—𠂤—巨

"△"，从"木"，从"瓜"，自应释"柧"。其演变顺序如次：

柾—柧—柧

《说文》："柧，棱也。从木，瓜声。又柧棱，殿堂上最高处也。"徐锴《说文解字系传通释》："班固《西都赋》曰，设璧门之凤阙，上柧棱而镂金雀。臣锴以为最高转角处也。"王观国《学林》："所谓觚棱者，屋角瓦脊方角棱瓣之形，故

---

① 李学勤：《北京、辽宁出土青铜器与周初的燕》，载《考古》，1975年第5期。
② 李学勤、裘锡圭、郝本性释，见高明：《侯马载书盟主考》，《古文字研究》1辑，北京：中华书局，1979年，第114页。
③ 吴振武：《释平山战国中山王墓器物铭文中的瓤和私库》，载《史学集刊》，1982年第3期。

谓之觚棱。"① 又《通俗文》："木四方曰棱，八棱为觚。"按，"柧"与"棱"，对文则殊，散文则通。综上旧训，知"柧"本义为"棱"，典籍或作"觚"。"最高转角处"、"方角棱瓣"则其引申义。简文"柧"似用其引申义，指钟、磬架的立柱与横梁"最高转角处"。

"条"，原篆作：

[篆文字形] [篆文字形]

商承祚释"樛"，刘雨释"槃"。按，"条"上从"攸"，参见下列战国文字：

攸 [字形]（郏陵君鉴）　　攸 [字形]（《玺汇》4496）

莜 [字形]（《玺汇》2289）　　脩 [字形]（《玺汇》3980）

"条"可读"脩"。《史记·汉兴以来将相名臣年表》"中尉条侯周亚夫为太尉"，索隐"条"作"脩"，是其证。"脩"同"修"。《说文》："修，饰也。从彡，攸声。"

简文两处"柧条刹划"，均可读"柧修漆画"，分别指钟、磬架的立柱与横梁"最高转角处"饰有漆画。《信阳楚墓》图版七八（参本文页右上角平面图）钟架"最高转角处"恰好有漆绘花纹。所谓"梁髹黑漆，两端各雕卷云纹"。以及磬架"先雕出云纹，然后顺着云纹漆绘银灰色线条"。很可能就是"柧条刹划"。当然也不排除"柧"指钟磬木架，因为"两根立柱皆为圆角四棱形，柱亦髹黑漆"。②

1991年7月于长春

---

① 引桂馥：《说文解字义证》，上海：上海古籍出版社，1987年。
② 河南省文物研究所：《信阳楚墓》，北京：文物出版社，1986年，第86页。

信阳竹书与《墨子》佚文①

1957年,河南信阳长台关出土一批战国楚简。② 其中"竹书"部分,是郭店楚简发表以前出土资料中最早的"典籍"。"竹书"均为断简残篇,但1—01号和1—02号文字较多,且出现"周公",故而引起学术界高度重视,学者论述也颇为集中深入。本文拟结合传世典籍对二简的关系提出若干与旧说不尽相同的观点,以供研究者参考。

一、竹书与《墨子》参读

2简释文(采取宽式隶定)如下:

周公壹③然作色曰:"易夫贱人格上,则刑戮至。刚……"1—01
……曰:"易夫贱人刚恃,而扑於刑者,有上贤。"1—02

中山大学古文字研究室将1—02号与1—014号缀合,④又在"曰"字上拟补"公"字。则全文释作:

---

① 原载《安徽大学学报》,2001年第1期,第27—29页。
② 河南省文物研究所:《信阳楚墓》图版,北京:文物出版社,1986年,第113—128页。
③ 何琳仪:《古陶杂识》,载《考古与文物》,1992年第4期。"壹"原篆从"月",从"一"之古文,疑"瞕异文。"瞕然"应读"慨然",激愤之貌。《说文》"爱"古文作"悉",均从"旡"得声。而"霓"与"瞕"相通(《古字通假会典》514页)。是其佐证。《文选·李陵答苏武书》"陵虽不敏,能不慨然。"
④ 中山大学古文字学研究室:《战国楚简研究》(油印本),1977年。

> "……乎哉！不智也夫。"周[公]曰："易夫贱人刚悑，而扑於刑
> 者，有上贤。"

其实在未能通读文意以前，很难确定这段话是否出自周公（详下文）。因此在讨论 1—02 号时，姑且将 1—014 号剔出不论。①

中山大学古文字研究室最早指出，信阳竹书与《太平御览·珍宝部》《墨子》佚文"周公见申徒狄曰，贱人强气则罚至"可以参读。② 这一发现至关重要。嗣后有学者对此亦多有阐发。③ 或进而指出竹书的"易"即《墨子》佚文"申屠狄"（"易"、"狄"音近可通）。④ 以上诸家之说，皆着眼于以竹书与《墨子》参读，这无疑是非常正确的。

《墨子》佚文周公这段话之后，还有申徒狄的对话。另外，《太平御览·鳞介部》也有一段《墨子》佚文。兹一并抄录如下：

> 周公见申徒狄曰："贱人强气则罚至。"申徒狄曰："周之灵珪出
> 于土，楚之明月出于蚌蜃，五象出于污泽，和氏之璧、夜光之珠、三棘
> 六里，此诸侯所谓良宝也。"

> 申屠狄谓周公曰："贱人何可薄耶？周之灵珪出于土石，楚之明
> 月出于蚌蜃，少家大豪出于污泽。天下皆以为宝，狄今请退也。"

显而易见，上揭两段《墨子》佚文反映周公和申徒狄对待"贱人"的态度截然相反。值得注意的是，佚文中二人对话内容均涉及"贱人"。这使人怀疑，竹书 1—01 号为周公所言，1—02 号则为申徒狄所言。1—02 号"曰"前主语适有残缺，因此，竹书"易"不一定必是"申徒易（狄）"（详下文）。至于"刚悑"即便读"强悑"，与"强气"也有一定距离。因此竹书似应有别解（详下文）。总之，竹书 1—01 号、1—02 号确如诸家所云，当与《墨子》佚文有关。然而如何断句和释读，似可重新考虑。

---

① 刘雨：《信阳楚简释文与考释》，《信阳楚墓》，北京：文物出版社，1986 年。
② 中山大学古文字研究室楚简整理小组：《一篇浸透着奴隶主思想的反面教材——谈信阳长台关出土的竹书》，载《文物》，1976 年 6 期。
③ 李学勤：《东周与秦代文明》，北京：文物出版社，1984 年，第 339 页。又《长台关竹简中的墨佚文》，《徐中舒先生九十寿辰纪念文集》，成都：巴蜀书社，1990 年，第 1—8 页。
④ 李家浩：《从曾姬無卹壶铭文谈楚灭曾的年代》，《文史》33 辑，北京：中华书局，1990 年，第 11—18 页。

二、1—02 号简释读

"昜",应读"役"。众所周知,"昜"是"益"的简化字。① 而"益"与"役"声系可通。《仪礼·士虞礼》"取诸左脮上",注:"古文曰,左股上。此字从肉、殳,殳矛之殳声。"疏:"字从肉义可知,而以殳与股不是形人之类。其理未审。"关于"脮"之异文作"股",旧注未了,且注疏文字多有舛错。② 唯段玉裁精通音理,独具悬解。段氏云:

股与脮当是同音,盖从肉,役省声。如垼、疫、羿皆从役省声之比。役与益同部,此股非股肱字。注当云,此字从肉,从役省声,非从殳矛之殳声。今本脱误不完。③

今案,段说甚确。检《古玺汇编》2623 著录一方三晋姓名私玺,其中一字从"肉",从"役"声。此段说"股"从"役"省声之佳证。"昜"、"益"、"役"均属支部字,"昜"可读"役",犹"益"与"役"声系相通。竹书"昜夫"即典籍之"役夫"。《左传·文公元年》:"呼!役夫。"注:"役夫,贱者称。"《楚辞·大招》"不歡役只",注:"役,贱也。"由此可见,"役"与"贱"同义。竹书"役夫"与"贱人"对文见义,均指出身卑微之人。"役夫",先秦典籍习见。除上文引《左传》之外,又见《荀子·王霸》"役夫之道也",《管子·轻重》"谓之役夫",《列子·周穆王》"有老役夫"等。

"刚恃",诸家多以为是贬义词,即所谓"刚愎自用"。④ 然而"刚恃"似未见于典籍。今改读"强志"。"刚"与"强"音近可通。《诗·小雅·北山》"旅力方刚",《一切经音义》十三"刚"作"强"。《说文》"刚"古文作"强"。⑤ 均其佐证。"恃"与"志"均从"止"声,例可通假。《老子》二章"为而不恃",帛书甲本

---

① 郭沫若:《由周初四德器的考释谈到殷代已进行文字简化》,《文物》,1959 年第 7 期。
② 阮元:《十三经注疏校勘记》,北京:中华书局,1980 年。
③ 胡承珙:《仪礼古今疏义》,引段玉裁说。详《清经解续编》,上海:上海书店,1988 年,第 1147 页。
④ 中山大学古文字学研究室:《战国楚简研究》(油印本),1977 年。
⑤ 何琳仪:《楚官肆师》,载《江汉考古》,1991 年第 1 期。

"恃"作"志"。① 是其确证。"强志",见《淮南子·齐俗训》"博闻强志"。或作"彊志",见《荀子·解蔽》"博闻彊志"。或作"强识",见《礼记·曲礼》上"博闻强识"。凡此与竹书"刚恃"皆一音之转,指记忆力甚强。

"扑",原篆从"走之",从"反文"。《集韵》:"(反文),《说文》小击也。或作扑。"案,"攴"从"又",从"卜",会手持杖击之意,"卜"亦声。"扑",从"手",从"卜"会手持杖击之意,"卜"亦声。故"攴"与"扑"实乃一字分化。至于"攴"下加"辵"仅表行动而已。参信阳简1-04号"化"之繁文。竹书"扑刑",见《书·舜典》"扑作教刑",传:"扑,榎楚也。不勤道业则挞之。"

"贤",②原篆下从"子",左上从"臣",右上从"又"。参见长沙出土铜环权,③中山王方壶"贤"之异文。竹书"上贤",见《汉书·翼奉传》:"成王有上贤之材,因文武之业。"

综上所述,竹书1-02号可译为:

……说:"役夫贱人聪慧而受过刑罚者,也有上等的贤人。"

三、余 论

以上对竹书1-02号所作新释,与1-01号周公所言观点针锋相对。因疑1-02号应为申徒狄所言。

"申徒狄",或作"申屠狄"(《通志·氏族略·以地为氏》),或作"司徒狄"(《庄子·大宗师》释文)。旧说多误以为夏、商时贤人。孙诒让则采用韦昭"六国时人"之说,见解精到,兹征引孙氏说如下:

> 《通志·氏族略》引《风俗通》云,申徒狄夏贤人也。林宝《元和姓纂》说同。《庄子·外物篇》云,汤与务光,务光怒,申徒狄因以踣河。此即应说所本。《淮南子·说山训》高注则云,申徒狄殷末人也。《史记·邹阳传》集解服虔云,申徒狄殷之末世人也。索隐引韦昭又云,六国时人。《庄子·大宗师》释文亦云,申徒狄殷时人。案,依韦说则周公或为东西周君。《御览》八百二有和氏之璧语。又《韩

---

① 马王堆汉墓帛书整理小组:《老子》,北京:文物出版社,1976年,第19页。
② 刘雨:《信阳楚简释文与考释》,《信阳楚墓》,北京:文物出版社,1986年。
③ 商承祚:《长沙古物闻见记》上七,南京:金陵大学中国文物研究所,1939年。

诗外传》一及《新序·士节篇》并云,申徒狄曰,吴杀子胥,陈杀泄治,而灭其国。则狄非夏殷末人可知。疑韦说近是。①

信阳竹书再次出现周公与申徒狄的对话,这为韦、孙之说提供新的考古佐证。周公(东西周君)与申徒狄皆六国时人,这与信阳竹书的年代也恰好相符。

竹书1—01号和1—02号的顺序孰先孰后?一时很难确定。不过根据1—01号末尚有"刚……"残文,暂定1—02号先于1—01号。联属二简试译如下:

[申徒狄]说:"役夫贱人聪慧而受过刑罚者,也有上等的贤人。"

周公激愤地说:"役夫贱人犯上,则刑戮随之而来。至于聪慧……"

"役夫贱人"成为"上贤",古代不乏其例。最为显赫者,莫过于殷代武丁时期"胥靡"出身的傅说,其社会地位与奴隶无疑,其受刑远过于"扑于刑"。②然而后来却成为武丁的辅佐大臣,当然有资格列入"上贤"之名。饶有兴味的是,傅说为相以前亦被称为"役夫"。《后汉书·崔骃传》"或以役夫发梦於王公",注:"高宗梦得说,乃使百工营求诸野,得诸傅岩。"其中"役夫"无疑是指傅说。这与竹书之"易(役)夫"似乎不是偶然的巧合。

"上贤",本指上等贤人,引申为崇尚贤人。《礼记·王制》"上贤以崇德"。"上贤"这一引申义也写作"尚贤"。《淮南子·氾论训》:"兼爱、上贤、右鬼、非命,墨子之所立也,而杨子非之。"今本《墨子》"上贤"作"尚贤"。"尚贤"是墨翟思想核心之一。《墨子·尚贤》三篇多次引用舜、伊尹、傅说等人为证,阐述"故古者圣王唯能审以尚贤使能为政"的观点。这与竹书"役夫贱人强志而扑于刑者,有上贤"的观点完全一致。

《墨子》佚文借申徒狄之口表达"贱人何可薄也"的墨家主张。竹书关于"役夫贱人"之中也可能有"上贤"的记载,正是这一主张的具体论证。春秋战国之际正处"礼崩乐坏"的变革时代,正统的贵族观念面临"诸子百家"的挑

---

① 孙诒让:《墨子间诂》,《诸子集成》附录,北京:中华书局,1986年,第10—11页。
② 《史记·殷本纪》"是时说为胥靡",集解"常使胥靡刑人筑护此道",正义"胥靡,腐刑也。"有关"胥靡"还有若干异说(详姜亮夫:《胥靡通说》,《语言文字研究专辑》下,上海古籍出版社,1986年,第300—311页),此不赘引。

战。其中墨家的"尚贤"思想,代表社会底层的愿望,在当时有一定的进步意义。竹书中申徒狄所言有理有据,颇中肯綮。可惜1—01号"刚"字之下适有残缺,周公如何招架则不得而知了。

仰天湖竹简选释[1]

1953年,在湖南省长沙市仰天湖 M25 出土一批战国楚简,计 40 余枚,[2]内容为"遣策"。40 年来,有关著作、论文相继发表,成绩斐然可观,然而尚有许多问题未能得到彻底解决。本文拟就其中若干释读予以探讨,凡得 6 则。

䌈

中君之一𥿗(疏)[3]衣,△純,䋄(緗)繢之繕(紃)[4](2)

一𥿗(疏)布之繢,大纂(襮)[5]之韏(觳),△純,又(有)紅組之綏(緌)[6],又(有)骨夬(15)

𠈃(疏)羅[7]△之緅(繡)。(10)

一紫緈(錦)之筎(席)[8],繢(黃)䋥(裹),大△之純(11)

---

① 原载《简帛研究》3 辑,北京:法律出版社,1993 年,第 105—115 页。
② 《长沙仰天湖战国墓发现大批竹简及彩绘木桶雕制花板》,《文参》,1954.3,湖南省文物管理委员会《长沙仰天湖第 25 号木槨墓》,《考古学报》1957.2 图版肆——陆
③ 饶宗颐:《战国楚简笺证》,《金匮论古综合刊》1 期。
④ 朱德熙、裘锡圭:《信阳楚简考释》(五篇),载《考古学报》,1973 年第 1 期。
⑤ 史树青:《长沙仰天湖楚简研究》,上海:群联出版社,1954 年。
⑥ 史树青:《长沙仰天湖楚简研究》,上海:群联出版社,1954 年。
⑦ 余镐堂:《镐堂楚简释文》(晒蓝本),1957 年。
⑧ 饶宗颐:《战国楚简笺证》,《金匮论古综合刊》1 期。

以上"△"分别作下列各形：①

[字形]

罗福颐②、史树青③均释"遳"，饶宗颐释"綎"，余镐堂释"緁"，中山大学古文字研究室释"缦"④，郭若愚释"繐"⑤，至为纷歧。

罗福颐最早注意到仰天湖简"和魏三体石经上的古文，宋代郭忠恕所著《汗简》上的书体也很接近"，颇有见地。检"隐"字传抄古文作：

[字形] 《汗简》下之二·七七

[字形] 《古文四声韵》上声十五

后者右旁与上揭10号简"△"右旁形体吻合无间，故"△"应隶定"缙"。

《说文》："晋，所依据也。从受、工。读与隐同。"然而楚简文字"缙"右下并不从"又"，却从"止"。这类"又"、"止"相混的现象古文字中习见，兹仅举楚文字二例：

[字形]　[字形]　畲肯鼎　　[字形]　信阳101

寺　[字形]　包山234　　[字形]　包山232

下面将秦系文字、楚系文字、传抄古文中的"晋"旁作一番比较：

[字形]　十钟3　　[字形]　秦编994　　[字形]　说文

[字形]　仰天11　　[字形]　仰天2　　[字形]　仰天10

[字形]　汗简下2.77　[字形]　四声韵上15

从中不难看出"晋"中间"工"旁可能是由"干"旁演化而成，即：

$$羊—丫—工$$
$$壬—土—工$$

迄今尚未发现殷周文字"晋"（散盘"[字形]"旧释"晋"，不一定可信），因疑"晋"本从"受"，从"干"会意。"干"金文作"[字形]"，象盾形。《诗·大雅·公刘》"干戈戚扬"，笺："干，盾也。"战国文字"干"增饰笔作[字形]、羊等形，"晋"表示双手持盾，与《说文》所谓"依据"正相通。另外，"晋"的同源字"隐"《说文》训"蔽"，

---

① 承蒙陈松长先生核对照片，谨致谢意。
② 罗福颐：《谈长沙发现的战国竹简》，载《文参》，1954年第9期。
③ 史树青：《谈1954年第9期文物参考资料笔记》，载《文参》，1954年第12期。
④ 中山大学古文字研究室：《战国楚简研究（六）》（油印本），1977。
⑤ 郭若愚：《长沙仰天湖战国竹简文字的摹写和考释》，载《上海博物馆集刊》，1986年第3期。

"干"的同源字"扞"《左传·成公十二年》注亦训"蔽"。"晋"与"干"的内在联系不言而喻。仰天湖简11"壬"形、《汗简》"丫"虽均收缩中间竖笔,尚能保存"羊"或"屮"的主体部分。云梦秦简"干"借用"爪"左旁一笔,"土"犹未失原义,秦、楚文字"晋"所从"干"最后都演变为"工",被小篆承袭。秦陶文字中还有省"工"的"隐"作"㥯"(《陶汇》5368),则被隶书承袭。

仰天湖简"缙"即"纋"。检《广雅·释诂》二:"纋,綷也。"王念孙云:"纋者,《众经音义》卷十四引《通俗文》云,合佚曰纋。《说文》云,䤨,缝也。"① 检《集韵》:"纋,一曰,缝衣相合。"

2号简"纋純",谓疏衣有缝合边缘,15号简"纋純",谓敽有缝合边缘。仰天湖墓中出土"皮带"一件,"由两层皮革合制而成,皮带的边缘有缝合的针孔"。② 即所谓"敽"(详下文)之"纋純"。"纋純"犹"䤨缘",见《急就章》"针缕补缝绽佚缘"补注:"细刺谓之䤨,钝边谓之缘。"10号简"促罗隐",谓疏罗有缝合边缘。11号简"大纋之純",谓席子四周有缝合的宽缘。

㴊

綻(疏)布之△二墨(偶)(4)

其中△原篆作:

㴊

史氏释"罗",饶、余二氏释"组",郭氏释"纼",笔者曾隶定"㴊"释"纍组"合文③,今补充说明:

"△"右下"="两端平齐,应是合文符号。仰天湖简"组"作:

組 9 組 16 組 24

其右下两横长短不齐。当然也不排斥"△"右下合文符号也兼有"组"右下笔画的功能,不过"="更侧重表示合文。

"纍",甲骨文作"𦁐"(《甲骨文编》13.1),字书所无,传抄古文"尹"则得其仿佛:

---

① 王念孙:《广雅疏证》,南京:江苏古籍出版社,1984年。
② 《长沙仰天湖战国墓发现大批竹简及彩绘木桶雕制花板》,载《文参》,1954年第3期,湖南省文物管理委员会《长沙仰天湖第25号木椁墓》,载《考古学报》1957.2图版肆——陆。
③ 何琳仪:《战国文字通论》,北京:中华书局,1989年,第193页。

说文古文　　　　汗简上 1.13

后者"尹"下从"糸",楚简"糸"或作纟,可以互证。至于"尹"讹变作"収"形,参见"君"作:

说文古文　　　　侯马 308

帛书《老子》乙本"绲"①,疑亦"纂"之繁文,今本《老子》作"混",属音转。

"纂组"合文疑读"绚组"。《诗·大雅·韩奕》"维筍及蒲",释文"筍或作笋"可资佐证。"绚组"见《仪礼·聘礼》"朱绿八寸皆玄纁,繋长尺绚组"。注:"采成文曰绚。系无事则以系玉,因以为饰,皆采用五采组。上以玄,下以绛为地,今文绚作约。"

"纂"又疑读"绲"。《书·洪范》"鲧陻洪水",汉石经"陻"作"尹"。而《说文》"煙或作烟"可资旁证。疑"纂组"即"茵组",见《穆天子传》六载盛姬之丧:"天子使嬖人赠,用文锦衣九领。丧宗伊扈赠,用变裳。女主叔姪赠,用茵组。"郭注:"茵褥。""茵"指籍棺之席,《仪礼·既夕礼》:"加茵,用疏布,缁翦有幅。"注:"茵所以籍棺者。翦,浅也。"疏:"加茵者,谓以茵加于抗席之上。此说陈器之时。云用疏布者,谓用大功疏粗之布……有幅缘之者,别用一幅布为之缝合两边。"

笰

一△柜(櫃)、玉頁(首)。一楼(桜)柜(櫃),又(有)絵(錦)绣。(8)
"△"原篆作:

李学勤释"芹"②,中山大学隶定"笰"而不释,郭氏释"竹"。

按,"△"从"竹",从"片"即(半"木"),中山大学隶定"笰",甚确。中山王方壶"箣",于豪亮释"策"。于氏引《老子》二十七章"善数者无筹策",马王堆帛书甲本《老子》作"善数者不以梼簎",乙本作"善数者不用梼笰"为证,谓:"簎、笰是策字,则箣也是策字。因为片为半木,斦或析都是表示以斤劈木的会意字,故都是析字,因此箣字就是簎字,笰字则是簎字之省。由此知簎、笰、

---

① 国家文物局古文献研究室:《马王堆汉墓帛书》(壹)图版 229 上,北京:文物出版社,1980 年。

② 李学勤:《谈近年新发现的几种战国文字资料》,载《文物参考资料》,1956 年第 1 期。

簎都是策字。"①于说分析至为精当。"笻"字亦见：

笻　　望山简②

笻　　帛书《老子》③

楚简与帛书"笻"一脉相承，均"簎"之省简，读"策"。

"柜"即"櫃"。《正韵》："柜，箧也。亦作匮。"《集韵》："匮，《说文》匣也，或作櫃。"《广韵》"櫃，箧。"

简文"笻柜"读"策櫃"或"册匮"，"册匮"见《书·金縢》"乃纳册于今縢之匮中"，指盛放竹简的匣子。仰天湖墓中出土的这件玉首匣子一定十分精致，估计竹简出土之前早已被盗。

敨

一坆（枚）韦之韣，绘缝（缝），又（有）二锾（环）。(9)

饶氏引《龙龛手鉴》土部："坆，古文梅字。"谓："坆通枚。《方言》箇，枚也。一坆殆即一枚。"甚确。"坆"亦见马王堆三号墓出土帛书"篆书阴阳五行"。

"韣"，诸家多隶定而不释，唯郭氏释"韣"。

按，古文字"止"或仅表行动，并无确切含义，往往可有可无。例如信阳简"上"作"辵"，"艃"作"艄"等。故"韣"亦可隶定"韣"，即"敨"。

《广雅·释诂》一："敨，裹也。"王念孙云："《说文》敨，㡓也。又云㡓，裹也。又云，韦，相背也。兽皮之韦可以束枉㡓相违背，故借以为皮韦……《尔雅》妇人之袆谓之缡。注云，袆邪交落，带系于体，因名为袆，义亦与敨同。"④楚简"敨"虽不必为"妇人之袆"，但王氏谓"敨"、"袆"音义并通，则无疑义。按，楚简"敨"应读"袆"，《说文》"袆，蔽厀也。从衣，韦声。"《方言》四："蔽厀，江淮之间谓之袆，或谓之袚，魏宋南楚之间谓之大巾，自关东西谓之蔽厀，齐鲁之郊谓之袡。"《穆天子传》一："天子大服冕袆。"蔽厀为裳前之佩巾，质料多

---

① 于豪亮：《中山三器铭文考释》，载《考古学报》，1979年第2期。

② 湖北省文化局工作队：《湖北江陵三座楚墓出土大批重要文物》，载《文物》，1966年第5期，图版五。

③ 史树青：《谈1954年第9期文物参考资料笔记》，载《文物参考资料》，1954年第2期，第241页下。

④ 王念孙：《广雅疏证》，南京：江苏古籍出版社，1984年。

为皮革,故被亦作"韨","袚"亦作"韍",简文"韦之韍"更能说明"韍"为革制。

《广雅·释器》:"绘,索也。"简文"绘缚"(亦见 37 号简)疑读"绘缝",指蔽厀用绳索缝合。

夬

一纻(疏)布之繢,大繢(襮)之韍(韍),纔純,又(有)紅組之綏(緌),又(有)骨△(15)

"△",原篆作:

史氏释"耳",余氏释"扭",郭氏释"叉"。

按,"△"应释"夬",参见下列楚简文字:

  包山 260①

  望山

包山简"夬畕"应读"夬韫"。②《集韵》:"夬,所以闿弦者。"《广雅·释诂》四"韫,裹也。""夬韫",指盛放夬之袋。"夬"即"板指",详下文。③ 包山墓出土两种带皮垫的骨刺"指套"即"夬"。"皮垫"望山简"丹緅之軝(车)夬"、"□緅聃(联)縈之夬",其中"夬"均读"橛"。《礼记·礼运》:"三五而阙。"《孔子家语·礼运》"阙"作"缺"。前者"橛"与"车"联言,应指车钩心木。《汉书·王吉传》"其乐岂徒衔橛之闲哉",注:"师古曰:橛,车钩心也。"后者与马具联言,应指马衔。《庄子·马蹄》"前有橛饰之患",释文:"橛,司马云,衔也。崔云,镳也。司马云,饰,排衔也。谓加饰于马镳也。"简文"□緅聃"即马衔之饰。

战国文字从"夬"之字有:

骲④		集成 300.5		辑证 217.1		集成 310.3
快		包山 82		包山 169		包山 118
奊		包山 138		包山 150		包山 194

---

① 湖北荆沙铁路考古队:《包山楚简》,北京:文物出版社,1991 年,第 38 页。

② 何琳仪:《吴越徐舒金文选释》,待刊。

③ 湖北荆沙铁路考古队:《包山楚墓》,北京:文物出版社,1991 年,又图版 89.3,第 262 页。

④ 裘锡圭、李家浩:《曾侯乙墓鐘磬铭文释文说明》,载《音乐研究》,1981 年第 1 期。

默　[字形]　包山74　　　[字形]　包山152

曾侯乙墓所出钟、磬铭"夬"读"缺"，疑是变律的专门术语，如"浊坪皇之鈌"、"浊兽钟之鈌"、"割肄（洗）之鈌"等。

包山简"快"、"叏"、"默"等三字均为人名。

秦汉文字"夬"及从"夬"之字习见，参《秦汉》：

夬　[字形]　195　　　夬　[字形]　195
駃　[字形]　688　　　决　[字形]　801
抉　[字形]　867　　　陕　[字形]　1042
快　[字形]　745　　　缺　[字形]　432

由战国秦汉文字"夬"还可以推溯到旧所不识的商周文字"夬"：

夬　[字形]　类纂358　　　鈌　[字形]　宜桐盂

甲骨文"夬"多见甲桥刻辞，为方国之名，《说文》："决，庐江有决水，出于大别山。"刻辞中"夬"似与决水有关，估计在河南固始一带。

春秋晚期徐器桐盂铭"郐王季稟之孙宜桐作铸飤盂以贵鈌妹"。其中"贵"为动词，不识；"鈌"可读"厥"，物主代词。参上文引"阙"与"缺"相通之证。

《说文》："夬，分决也。从又，中象决形。"关于"夬"的构形及本义，清代学者多有揣测之辞，兹不具载，详《说文诂林》。朱骏声云："本义当为引弦驱也。从又，⊐象驱，丨象弦。今俗谓之板指，字亦作觖。《周礼·繕人》决拾。注，挟矢时所以持弦饰也，着右手巨指。以抉为之，《诗·车工》夬拾既佽。释文，夬本作抉。"①朱氏根据小篆分析字形，殊不可据，但以"夬"为"抉"之初文，十分正确。《集韵》："夬，所以闓弦者。""夬"从"又"，"抉"从"手"。"又"、"手"本一字分化，故"夬"与"抉"为古今字。《广韵》："抉，纵弦驱也。"

甲骨文[字形]正像右手套板指之形，属于所谓"借体象形字"。板指有"如环无端"和"如环而缺"两种。② 上文所引《集成》著录曾侯乙编钟"鈌"所从[字形]属"如环无端"，"[字形]"属"如环而缺"。上文所引汉代《纵横家书》"[字形]"亦属"如环而缺"者，后来被小篆"[字形]"所承袭。或囿于小篆以为"夬"从"又"，从"夊"③，殊误。"夬"的形体演变列表如次：

---

① 朱骏声：《说文通训定声》，北京：中华书局，1984年。
② 陈奂：《诗毛氏传疏》，引胡承珙说，上海：商务印书馆，1933年。
③ 严可钧：《说文校议》，引《说文诂林》三下1241，北京：中华书局，1988年。

丱——呙——夬——史
袁——支——支——韘

在典籍中,"夬"除作"抉"、"觖"、"决"外,亦作"玦",即"韘",乃先秦成年男子经常佩戴之物。《诗·卫风·芃兰》:"芃兰之叶,童子佩韘。"传:"韘,玦也。能射御则佩韘。"笺:"韘之言沓,所以彄沓手指。"《说文》:"韘,射决也。所以拘弦以象骨韦系,着右巨指。"《仪礼·大射仪》"袒决遂",注:"以象骨为之,箸右手巨指,所以钩弦而闿之。"仰天湖简文"骨夬"即"象骨"所制之"夬",扳指在考古遗物中习见①,望山 M1 出土 2 件,望山 M2 出土 20 件②,均为骨制。凡此说明,本文"骨夬"的释读是可信的。

15 号简文意谓:"一件有画饰之衣,宽边缘的蔽膝,(《释名·释衣服》'襈,缘也。青绛为之缘也。')缝合边缘,有红色丝组编织的系带,(《尔雅·释器》'縭,緌也。'注'緌,系也。')有骨制的扳指。"

至

黄□之△八,又(有)桧(栝)。(20)
"△"原篆作:

诸家多缺释,此字亦见下列楚系竹简:

芊　　 䉛五秉　　　　　　随县 3

夬昷(韞)……四芊……　包山 260

或释随县简此字为"芊",疑"箭"之古文③,甚有理致。今试为补充说明。首先应说明,像倒矢形的竹简文字隶定为"芊"不够精确,这是因为《说文》"芊"与"△"形音均无关。《说文》:"芊,撠也。从干,入一为干,入二为芊。读若能,言稍甚也。"信阳简 2.023 也有从"芊"形的字。

一綘(锦)索(素)䊷……組繢(綵)又(有)爵,繡綵朴,皆……

---

① 《洛阳中州路》图版捌拾 10、《曾侯乙墓》图版 154.1。
② 承蒙刘彬徽先生函示,谨致谢意。
③ 裘锡圭、李家浩:《曾侯乙墓竹简释文与考释》,《曾侯乙墓》,北京:文物出版社,1989年,第 504 页。

此字似可隶定"楠",其右上与小篆形体吻合无间。小篆"羊"从"干",此字右上从战国文字"干"。由此可见,小篆"羊"应是"干"的变体。信阳简"楠"从"木","佰"声。《广韵》:"佰,佰儞,小人儿。"简文"楠"应读"褊"。《广韵》:"褊,重缘。"随县简"𢆶"2.12或释"歃"①,其实应释"欻"("𥹛"见《说文》),详另文。《说文》"羊"声系有"炎",或作"炗"(见《诗·小雅·节南山》)"忧心如惔"释文)。这也是"羊"为"干"之证。至于"羊"声系的"南",为独体象形字,显然不从"羊"。总之,古文字并无"羊"及从"羊"之字,《说文》"羊"的形音不一定可靠。"羊"(或"干")与上揭楚系竹简三字无关。

如果参照从倒矢"至"字的构形,似乎可隶定"△"为"至"。由此类推,从倒矢的"函"应隶定"甬",不应隶定"函"。

仰天湖、随县简与包山简"至"比较,前者多一横,应属饰笔。

"至",为倒矢形,属"变体象形字",疑"晋"之初文。甲骨文从"至"者习见,如"至"、"函"、"萐"、"晋"等。其中"晋"与"至"关系最为密切。

"晋",据《说文》分析从"日",从"臸"。然而故文字"晋"多从"㞢",而很少从"臸"。《集成》著录曾侯乙编钟"晋"从"㞢","臸"者并见。

$\quad$ 290.6 $\qquad$ 322.6

这一现象似乎说明,"晋"本从"㞢",后演变为从"臸"。古文字部件往往"单复无别",《货系》著录"晋阳"尖首布"晋"或从"㞢"或从"至":

$\quad$ 904 $\qquad$ 920

可资佐证。"至"如果是"箭"之初文,则"晋"应从"至"声。"箭",精纽元部;"晋",精纽真部。声纽相同,韵部旁转,谐声吻合。其实"至"、"㞢"、"晋"有可能是一字分化。《说文》:"楷,木也。从木,晋声。《书》曰,竹箭如楷。"《周礼·夏官·职方氏》"其利金锡竹箭",注:"故书箭为晋。"《仪礼·大射仪》"缀诸箭",注:"古文箭为晋。"凡此可证,典籍"晋"(或作"楷")与"箭"实则一字。从古文字分析,"晋"从"㞢"或"至"。然则"至"为"箭"之初文似无疑义。

上揭仰天湖、随县、包山诸简中"至"均读"箭"。

仰天湖简"桧"应读"栝"。《书·禹贡》"杶榦栝柏"其中"栝"即"桧",木名。《广韵》"桧,木名,柏叶松身。栝,上同"是其确证。简文"栝"即"箭括"。

---

① 裘锡圭、李家浩:《曾侯乙墓竹简释文与考释》,《曾侯乙墓》,北京:文物出版社,1989年,第503页。

《集韵》:"桰,一曰矢桰,筑弦处。"

楚文字从"至"者有:

二十鉾　　包山 277

一弆□　　信阳 2.024

彭䥺　　鄂君启舟节

包山简"鉾","至"之繁文,仍然读"箭"。信阳简左旁不详,右从"至"。鄂君启舟节"䥺",从"弓",从"至"会意,"射"之异文。"彭射"即"彭澤"①,地名。

附言:

1. 本文已于 1992 年古文字学术研讨会(南京)宣读。

2. "蠿"或据包山简"冒"作*冒*,132、134、136、137 释"缙",然据"君"作*君*,133、134、138 似"冃"与"尹"旁有别。志此备参。

引用书目简称:

　　类纂　　姚孝遂等《殷墟甲骨刻辞类纂》
　　集成　　考古所《殷周金文集成》
　　辑证　　黄锡全《湖北出土商周文字辑证》
　　货系　　汪庆正等《中国历代货币大系》
　　侯马　　山西文管会《侯马盟书》
　　十钟　　陈介祺《十钟山房印举》
　　陶汇　　高明《古陶文汇编》
　　仰天　　史树青《长沙仰天湖楚简研究》
　　信阳　　河南省文物研究所《信阳楚墓》
　　包山　　湖北省荆沙铁路考古队《包山楚墓》
　　随县　　湖北博物馆《曾侯乙墓》
　　秦编　　张世超等《秦简文字编》
　　秦汉　　徐中舒等《秦汉魏晋篆隶字形表》
　　文参　　文物局《文物参考资料》

---

① 朱德熙、李家浩:《鄂君启节考释》(八篇),中国古文字研究会成立十周年学术研讨会(长春)论文,1988。

随县竹简选释①

1977年，湖北随县发现大批曾国竹简。② 1979年，只公布少量文字资料。③ 1989年，《曾侯乙墓》出版，所附竹简照片（图版一六九—二三一），编号215简④。至此原始资料已全部正式发表，同书还附有释文与考释（下文简称《释文》）。⑤ 嗣后，又出现两种文字编。⑥ 凡此为随县竹简的深入研究奠定了坚实的基础。随县简释文出于名家手笔，因此其后讨论文章并不多。笔者通过对旧资料的分析、新资料的比勘，觉得随县简中似乎仍有若干问题值得探讨。兹选其中8则，以供对随县简有兴趣者参考。

逆

录（绿）鱼，△聂，屯（纯）熏（左从"玉"）组之绥。　　2

---

① 原载《华学》7辑，广州：中山大学出版社，2005年，第119—126页。
② 随县擂鼓墩一号墓考古发掘队：《湖北随县曾侯乙墓发掘简报》，载《文物》，1979年第7期。
③ 裘锡圭：《谈谈随县曾侯乙墓的文字资料》，载《文物》，1979年第7期。
④ 湖北省博物馆：《曾侯乙墓》，北京：文物出版社，1989年。
⑤ 裘锡圭、李家浩：《曾侯乙墓竹简释文与考释》，《曾侯乙墓》，北京：文物出版社，1989年，第487—530页。
⑥ 张铁慧：《曾侯乙墓竹简文字编》，吉林大学硕士学位论文，1995年。张光裕等：《曾侯乙墓竹简文字编》，台北：艺文印书馆，1997年。

良(左从"方")、危(左从"金")①、△、兼、銉。　　11

△,原篆作:🖼

《释文》隶定为"敁"。检信阳简 2.023 有从"木"从"届"之字作:

🖼

其中"舌"旁与随县简△所从偏旁判然有别。其实△左上所从乃"屰"旁,参见战国文字"逆"、"朔"等字所从"屰"旁。② 然则△可分析为左上从"屰"、左下从"臼"、右上从"攴"之字,应隶定为"敐"。③ 而左上从"屰"、左下从"臼"之"舂",恰好见于《说文》:"舂,齐谓舂曰舂。从臼,屰声。读若膊。"

随县简"舂"(2)似可读"继"。《说文》:"继,缓维也。从糸,逆声。"《汉书·翟方进传》"赤韍继",注:"服虔曰,继,即今之绶也。师古曰,继者,系也。谓逆受之也。"简文意谓:绿色的鱼皮、绶带的缘饰,皆有熏组之穗。

随县简"舂"(11)的前后诸字字义不详,故"敐"(11)之字义留俟后考。

䢃

二载△　　　　　　　　　　　　2
一襎载△　　　　　　　　　　　5
二襎载△　　　　　　　　　　　19
二画载△　　　　　　　　　　　31
二郤载△　　　　　　　　　　　37
弇△　　　　　　　　　　　　　60

在随县简中,△字凡八见。汰其辞例重复者,只有上引 5 条。△,原篆作:

🖼

△所从"䢃"旁,《释文》认为,"虽与金文䢃字形近,恐非一字"。检"䢃"字在两周金文中有二式:
　A.　🖼　毛公鼎　　　🖼　盂鼎

---

① 何琳仪:《战国古文字典》,北京:中华书局,1998 年,第 1203 页。又参张铁慧:《曾侯乙墓竹简文字编》,吉林大学硕士学位论文,1995 年,第 12 页。
② 何琳仪:《战国古文字典》,北京:中华书局,1998 年,第 513 页。
③ 何琳仪:《战国古文字典》,北京:中华书局,1998 年,第 514 页。张光裕等《曾侯乙墓竹简文字编》3 页也有相同的隶定。

B. 🐚 禹鼎　　⊗ 曾仲大父簋

如果将 B 式与随县简△所从"㢲"旁比较,不难发现二者不仅仅是"形近",而是"形同"。然则△可分析为从"户",从"㢲"。按通常惯例,应理解为从"户","㢲"声。

《释文》云:"古代车的箱、轿之间有一种叫肩的木栏,可以存放兵器。"这对理解△的文意颇有启迪。先秦马车箱周围的栏杆名轸,左右两侧较高者名轿。轿顶向外横出者名耳,又名軓,或名轓。《说文》:"軓,车耳反出也。从车,反亦声。"《广雅·释器》:"轓谓之軓。"王念孙曰:"《汉书·景帝纪》令长吏二千石车朱两轓,千石至六百石朱左轓。应劭云,车耳反出,所以谓之藩屏,翳尘泥也。以箪为之,或用革。《太玄·积次》四,君子积善,至于车耳。测曰,君子积善,至于蕃也。轓、蕃、藩并通。《说文》軓,车耳反出也。軓、轓声近义同。"①曾侯乙墓出土一件车舆,推测复原图即绘出所谓"车耳反出"。而所谓"方格状围栏"②既可存放兵器,也可插立旗帜。

根据以上文献和考古资料,笔者怀疑随县简△可读"耳"。"耳",泥纽之部;"㢲",泥纽蒸部;之、蒸阴阳对转。《汉书·惠帝纪》"内外公孙耳孙",注:"仍,耳声相近。"是其佐证。

如是理解,上揭简文都可以得到合理解释:"载△",即承载之耳。"襮载△",即彩画的承载之耳。"画载△",即雕画的承载之耳。"劀载△",即漆画的承载之耳。"弇△",即掩蔽之耳。

冊

丹轮、画辕、△辖、革簟(?)粥、鞎③,铜造。　　4
△辖,组珥填　　　　　　　　　　　　　　　10

△,原篆作:

序

《释文》存原篆缺而不释。其实△之上部所从偏旁边,可与古文字"实"、

---

① 王念孙:《广雅疏证》,南京:江苏古籍出版社,1984 年,第 240 页。
② 湖北省博物馆:《曾侯乙墓》,北京:文物出版社,1989 年,第 309 页。
③ 李零:《读楚系简帛文字编》,《出土文献研究》五辑,北京:中华书局,1999 年。

"贯"等字所从偏旁比较：

实　🗚　　胡簋

贯　🗚　　陶汇 3.1175

非常明显，"实"、"贯"与△有一共同的偏旁，即"毌"。△可分析为下从"刀"，上从"毌"。按通常规律，应是从"刀"、"毌"声的形声字。

上引二简中之△可读"贯"。《广雅·释言》："贯，穿也。"简文"贯辖"应指贯穿车轴之辖。《说文》"键"下"一曰车辖"，段玉裁曰："谓铁贯于轴耑（端）。"①所谓"贯于轴耑"与简文"贯辖"，正可互证。

臤

黄□驭△庆（卿）事（士）之外（左从"邑"旁）车。　62

△，原篆作：

🗚

《释文》存原篆，缺而不释。检郭店简"臤"作下列各形②：

A.　🗚　语四 12　　🗚　六 12

B.　🗚　唐 2　　🗚　唐 5

从中不难发现，二式都有一共同偏旁，即"臤"。有学者正确地指出，"古昔下一字，下文屡见，从文义上可以断定是臤之省写，读为贤。简文臤字多作左从臣，右从🗚。"③ 随县简之△恰可与郭店简比照，然则随县简之△非"臤"字而莫属。

本简"臤"之词性，可以通过与另外几条随县简比较得知：

□□驭鬲（左从"邑"旁）君之一佾（左从"阜"旁）车　　60

黄□驭臤庆（卿）事（士）之外（左从"阜"旁）车　　62

黄豻驭枭（左从"邑"旁）君之一乘畋车　　65

所驭坪夜君之畋车　　67

所驭夲（左从"邑"旁）尹之畋车　　70

---

① 段玉裁：《说文解字注》，北京：中华书局，四部备要本，第 507 页。

② 张守中等：《郭店楚简文字编》，北京：文物出版社，2000 年，第 54 页。

③ 荆门市博物馆：《郭店楚墓竹简》，北京：文物出版社，1998 年，第 158—159 页引"裘按"。

以上简文辞例相同,可以归纳为以下固定格式:

   人名 ＋ 驭 ＋ 地名 ＋ 官名(或封号) ＋ 车名

其中地名"鬲"读"郦",见《汉书·地理志》南阳郡,在今河南南阳北①。"枲"又见包山简,应是楚国地名②。"坪夜"读"平舆",见《汉书·地理志》汝南郡,在今河南平舆北③。"弇"读"奄"(左从"邑"旁),见《说文》,在今山东曲阜④。依次类推,"臤"也应是地名。

  与"臤"关系最密切的地名莫过"坚"。检《公羊传·定公十四年》:"会齐侯卫侯于坚。"《左传》"坚"作"牵",在今河南浚县北。不过"坚"属三晋地区,且在黄河之北,其与曾国互相往来的可能性不是很大。笔者更倾向"坚"是"宛"的通假字。

  "坚"与"宛"均属匣纽,典籍往往可通。《仪礼·士丧礼》:"设决丽于掔。"注:"古文掔作捥。"《汉书·郊祀志上》:"莫不搤掔。"注:"掔,左手腕之字也。"是其佐证。

  检《战国策·西周策》:"取宛、叶以北,以强韩、魏。"程恩泽曰:"《韩世家》釐王五年,秦拔我宛。是宛本分属楚、韩二国,而秦并之者也……楚别有一宛,在今荆门州。"⑤《战国策》所载之宛在今河南南阳,而"楚别有一宛"则在今湖北荆门南⑥。随县简之"宛"应是楚二宛之一。考虑到曾侯乙墓所在地,随县简之"宛"似乎以前说近是。

畾

  䩞△铜造(原篆左从"贝",右从"告"。) 62

△,原篆作:

畾

---

① 何琳仪:《战国古文字典》,北京:中华书局,1998年,第764页。
② 何琳仪:《包山竹简选释》,载《江汉考古》,1993年第4期。
③ 裘锡圭:《谈谈随县曾侯乙墓的文字资料》,载《文物》,1979年第7期。
④ 裘锡圭、李家浩:《曾侯乙墓竹简释文与考释》,《曾侯乙墓》,北京:文物出版社,1989年,第519页。
⑤ 程恩泽:《国策地名考》7.4,粤雅堂丛书。
⑥ 洪亮吉说,引程恩泽:《国策地名考》6.19,粤雅堂丛书。

《释文》有正确的隶定,但未予解释。

按,△上从"勹",中从"皛",下从"立",字书所无。《说文》:"皛,显也。从三白,读若皎。(乌皎切)"(七下二十五)"皛"是多音字,除大徐本音"乌皎切"以外,还有"胡了切"、"普伯切"、"莫百切"等音,均见《广韵》。关于"普伯切",可能与"皛"读"拍"有关。(《文选·蜀都赋》:"皛貀氓於蔓艸。"注:"善曰,皛当为拍。《说文》曰,拍,拊也。")不过这至少说明"皛"有滂纽一读,而"白"属并纽,二者均为唇音。根据这一线索,笔者怀疑"皛"是从三"白"会意,"白"亦声的会意兼形声字。众所周知,在古文字中唇音字往往叠加"勹"为音符,这是因为"勹"亦属唇音。例如:"朋",金文加"勹"旁;"腹",侯马盟书加"勹"旁;"墨",齐刀加"勹"旁;《说文》古文"雹",楚帛书加"勹"旁等。如是理解,△大概是从"立","皛"声的形声字。

在简文中△可读"皛"。《玉篇》:"皛,明也。"《广雅·释器》:"皛,白也。"简文"皛铜"应指"白铜"。《广雅·释器》:"白铜谓之鋈。"王念孙曰:"《秦风·小戎》阴靷鋈续。毛传云,鋈,白金也。郑笺云,鋈续,白金饰续靷之环。正义云,金银铜铁,总名为金。此设兵车之饰,或是白铜、白铁,未必皆白银也。"① 简文"鞎皛铜造"似指用白铜装饰车前的皮革,这与《秦风·小戎》"阴靷鋈续"十分类似。

犮

△马驲。 170

△,原篆作:

犮

《释文》释△为"犬"。此字在"犬"右下弧笔上加一横笔,肯定与"犬"字有别。按,△可与云梦秦简"髮"、"拔"②二字比较:

髮　髮　日甲 13 背

拔　拔　法 81

从中不难看出,△应释"犮"。"犮",从"犬",加一横笔表示犬行有所障

---

① 王念孙:《广雅疏证》,南京:江苏教育出版社,1984 年,第 252 页。
② 张守中:《睡虎地秦简文字编》,北京:文物出版社,1998 年,第 143 页、183 页。

碍。"犮"是典型的指事字。《说文》:"犮,走犬皃。从犬,而丿之曳其足,则剌犮也。"典籍以"跋"为之。《诗·豳风·狼跋》:"狼跋其胡,载疐其尾。"传:"跋,躐。"《说文》:"跋,蹎跋也。从足,犮声。"所谓"蹎跋"谓"行走颠躓",与"犮"之构形正相吻合。"蹎跋"又音转为"颠沛"①。

随县简△,应读"驮",楚国疆域之外所产的马。《玉篇》:"驮,驮騻,蕃中马也。"

随县简42、44、49、97有从"雨",从"龙"之字。笔者曾根据不清晰的照片误释为从"雨",从"犮"之字②。特此更正。

帮

王△一乘(下从"车"旁)路(左从"辵"旁)下车	187、188、189
太子△乘(下从"车"旁)路(左从"辵"旁)车	190
坪夜君之△路(左从"辵"旁)车二乘	191
羕(左从"邑"旁)君之△路(左从"辵"旁)车一乘(下从"车"旁)	192
凡△路(左从"辵"旁)车九乘(下从"车"旁)	195
一乘(下从"车"旁)△车	197、203
旅阳公之一△佾(左从"阜"旁)车	198
梟(左从"邑"旁)君之△畋车	201
令尹之△畋车	202
凡△车	204

△,原篆作:

《释文》隶定"帮"正确,但未予解释。

此字明确从"助",从"市"。检《篇韵》:"助,与旨同。""助"与"市"都有作形符的可能:

1. 从"市","助"声。"帮"据《篇韵》:"助,与旨同。"应读"诣"。《小尔

---

① 朱骏声:《说文通训定声》坤部16.1,上海:上海积山书局,1887年。朱起凤:《辞通》,上海:上海古籍出版社,1982年,第1876页。
② 何琳仪:《战国古文字典》,北京:中华书局,1998年,第954页。

雅·广诂》:"诣,进也。"

2. 从"助","市"声。"助"据《篇韵》:"助,与旨同。"笔者怀疑所谓"与旨同"可能是"与诣同",当然也可作形符。而"市"与"甫"声系可通。《山海经·北山经》"其中多鲋鲋之鱼",注:"鲋,或鲕。"是其佐证。"䝞"应读"赙"。《说文新附》:"赙,助也。从贝,尃声。"《礼记·檀弓》上"使子贡说骖而赙之",注:"赙,助丧用也。"

根据上引诸辞例,第二种可能性较大,即读"䝞"为"赙"。曾侯乙墓发掘者指出"简文中出现的许多车马赙赠者和驭车者的官衔名称"①,似乎说明简文中应该有"赙"字。

骡

凡宫厩之马与△十乘　207

△,原篆作:

《释文》存原篆缺而不释。

按,△象马而无鬃之形,即所谓"减体象形"。疑"骡"之初文,是驴与马杂交的牲畜。《集韵》:"骡,《说文》驴父马母,或从赢,亦作骡。"《说文》:"赢,驴父马母。从马,𦝢声。"

关于骡的图像,可以上溯到殷商晚期。1985年,在山西省灵石县出土一件铜簋,其外底部铸有一个线条动物形象②,已有学者指出即骡。③ 战国时期,骡已见于典籍。《吕氏春秋·爱士》:"赵简子有两白骡而甚爱之。"这种杂交的牲畜可能成活率不高,即便游牧民族也不多见。《史记·匈奴列传》:"其畜之所多则马、牛、羊,其奇畜橐驼、驴、赢、䭾骒、驒骡。"西汉以后,骡已习见于典籍。如《汉书·霍去病传》:"单于遂乘六赢。"《三国志·蜀志·后主传》"后主舆榇自缚,诣军垒门。艾解缚焚榇,延请相见。"注:"《晋诸公赞》曰,刘

---

① 随县擂鼓墩一号墓考古发掘队:《湖北随县曾侯乙墓发掘简报》,载《文物》,1979年第7期。

② 山西省考古研究所、灵石县文化局:《山西灵石旌介村商墓》,载《文物》,1986年第11期。

③ 张颔:《赢簋探解》,载《文物》,1986年第11期。

禅乘骒车诣艾,不具亡国之礼。"

简文"马与△",应读"马与骒"。马与骒共驾在今天北方颇为习见,在南方则几乎见不到。这当另有原因,兹不具论。

随县简 205 一字,原篆与△非常近似:

此字是否也可释"骒",尚有待研究①。另外,战国文字中还有若干△:

　　　侯马 367　　　　　玺汇 3318

侯马盟书之△,乃人名。晋玺△应读"累",嫘祖之后,或为累氏,见《风俗通》。

补记:

本文写毕,始读陈剑《柞伯簋补释》(《传统文化与先代化》1999 年第 1 期),知其早已释出随县简"贤",乃"擘"之初文,又认为"其具体含义待考"。凡此与拙文不尽相同,特此说明。

2003 年 5 月于庐州

---

① 何琳仪:《战国古文字典》,北京:中华书局,1998 年,第 874 页。

包山竹简选释①

△歘(令)2

△原篆作"夊",包山简习见。或作"夊"166,左从"尖",其"小"与"大"借用中间竖笔。△应释"剡","尖"之繁文,右从"刀"为义符。《集韵》:"锬《博雅》锐也。或作尖。"△为地名。

盬(下文以△表示)族陀一夫 3

△所从"西"乃"卤"之省(《说文》),应隶定"盬",其"卤"见《集韵》"卤,鹽或省。"故"盬"即"鹽"。《说文》:"鹽,河东鹽池……从鹽省,古声。"△楚简习见,又见《玺汇》3444、3558,均姓氏,读作"苦"(王引之《经义述闻》卷五)。《姓源》:"老聃五世祖事康王,封于苦,因氏。"

娄顕(下文以△表示)(夏)犬 6

△原篆作夊,应隶定"顕",释"履"。《说文》"履"古文作夊,左下从"疋"与从"止"相通。△又见 54、57、80、163,均人名。

疒(下文以△表示)族髀一夫 10

△所从"坙"乃"翏"之省,参见"瘳"中山王鼎作"瘳",信阳简作"瘳"1.01。△则"瘳"之省。《说文》:"瘳,疾愈也。"由此类推,包山简"瘳"189、《陶汇》"瘳"

---

① 原载《江汉考古》,1993 年第 4 期,第 55—63 页。

9.96应释"翏"。以上"翏"、"瘳"实为一字,均姓氏。包山简"疹亞夫"188即"翌亞夫"189,是其确证。△又见《玺汇》2644、2645,与"翌"均应读"廖"。《广韵》:"周文王子伯廖之后。"廖姓包山简或作"鄝"21。信阳简"鬵"作"❂"2.03。《正字通》:"鬵同鬵,俗省。"《说文》:"鬵,器也。"《字汇》:"鬵,温器。"此亦释"翌"为"翏"省之佐证。

△瘇 12
△原篆作"❂",亦作"❂"95,随县简作"❂"143,应释"某"。《说文》古文作"❂",可资参证。以上"某"均读"谋"。《风俗通》:"周卿士祭公谋父之后,以字为氏。"至于"❂△"255则应读"蜜梅"。

大駞(下文以△表示)尹帀(師)12.126
△与近年广州所出虎节"牡"作"❂"(何琳仪)《南越王墓虎节考》,《汕头大学学报》1991.3)吻合。包山简△除官名外,均为人名73、132反、156。

迎之典匦(下文以△表示)13
△原篆作"❂",所从"❂"旧多释"贵"。随县简"贵"作"❂"137、"❂"138,(裘锡圭、李家浩释,见《曾墓》523)与△所从有别。"❂"实从"贝",从"弁",(李家浩《释弁》,《古文字研究》1.391)应释"賮"。检《篇海》:"賮,财长也。"△应隶定"匦",释"匠"。《广雅·释器》:"匠,筥也。"其它从"賮"之字亦多可释读。(何琳仪《古陶杂识》)

周△20
△原篆作"❂",从"心",从"為",应释"憢"。《字汇》:"憢,谐也。"

△尹28
△原篆作"❂",从"贝",从"攴",中从"夌"。曾姬無卹壺"陵"作"❂",其"夌"从"人"形,恰与△吻合。(何琳仪《长沙帛书通释》1986.1)△应隶定"赕","赕尹"即"陵尹"179。《七国考》《通志·氏族略》陵尹氏,楚大夫陵尹喜、陵尹招之后。陵尹,楚官。"随县简"赘尹"之"赘"作"❂"158.165(《曾墓》

498)。"赘"从"毃"声，"毃"从"来"声。(何琳仪《说文准声首辑遗》，许慎与说文学国际研讨会论文，1991。)"陵"亦从"来"声。(郑刚《战国文字中陵和李》，中国古文字研究会成立十周年学术研讨会论文，1988。)"来"、"赘"，均来纽之部；"陵"，来纽蒸部。之、蒸阴阳对转。故"赘尹"、"瞅尹"均"陵尹"之异文。以上"尹"前之字或为地名。

△△名族 32
△△原篆作"估伍"，应释"估尻"，读"贾居"。《周礼·天官·大宰》："六曰商贾，阜通货贿。"注："行曰商，处曰贾。"

邟罍之阐 33
"邟"读"扶"。《淮南子·人间》"俞跗"，《群书治要》作"俞夫"。《尔雅·释艹》："莞，苻蓠。"《说文》作"夫离"。均其佐证。"罍"读"予"，"舆"与"于"相通，典籍习见，例不备举。"邟罍"亦作"付罍"39，均读"扶予"。《水经·瀙水注》："《山海经》曰，朝歌之山沅水出焉，东南流，注于荥。经书扶予者，其山之异名乎？"在今河南泌阳西北七十里沅水发源处。

鄾右△尹 44
△原篆作"仔"，应释"仔"。"仔尹"可读"芊尹"。《史记·楚世家》："芊尹申无宇之子申亥曰，吾父再犯王命。"正义："芊尹，种芊之尹也。"《左传·昭公十三年》误作"芈尹"。释文："芋，于付反。徐又音羽。"古音犹存。至于《七国考》、《通志·氏族略》误作"芊尹"，则失之弥远。"仔"又见"审易之仔门人靰庆"71，为地名。

陂异之大市(师)陂△46
△原篆作"賮"，若参照"賮"52、"賮"64，应隶定"償"。从"人"，从"贝"，"岂"声。此类省简又见55、152、174，均人名。从"賮"得声字有"牆"240、"牆"247，均读"孽"。

△(秋)疴 47
△，原篆作"𥝩"，或作"𥝩"49，均应释"穆"。

周△47

△原篆作"▨",或作"▨"191,均应释"諻"。《集韵》:"諻,《说文》饰也。一曰,谨也,更也。或从心。"

姚左喬尹49

"喬尹"又见107,疑读"嚻尹",楚国官名,《左传·昭公十二年》"嚻尹午"。

周惑(下文以△表示)57

△原篆作"▨",应释"惥"。"国"作"▨"135,是其确证。"周惥"又作"周国"45,可知"惥"为"国"之繁文。《广韵》:"憪,恨也。"似与"惥"无关。

宣王之△58

△原篆作"▨",又见172、191,应隶定"垗"。"屯"作"▨",见"邨"166、"纯"263、"萻"203等偏旁。"垗"即"窀"。《说文》:"窀,窀穸,葬之厚夕也。从穴,屯声。"《左传·襄公十三年》:"唯是春秋窀穸之事。"疏:"以其事于葬,故今字均从穴,正义云古字作屯夕,后加穴,以窀穴为墓穴。""垗",从"土"、"宀",亦见墓穴之意。包山简"垗"正指宣王、威王墓穴。"斨垗"157为人名。

长△(尾)59、61

△从"尾","少"声,读"沙"(黄锡全《利用汗简考释古文字》,《古文字研究》15.140)"长屧"或作"长廲"78,均读"长沙"。长沙战国已是楚之名城。《史记·越王勾践世家》:"复雠、庞、长沙,楚之粟也。"

鄹郢司惪郲阳62

司惪应读"司直",法官。《诗·郑风·羔裘》:"彼其之子,邦之司直。"《淮南子·主术》:"舜立诽谤之木,汤有司直之人。"

△朔63

△与诅楚文"求"作"▨"形体吻合。包山简"救"作"▨"249,所从"求"笔势稍有不同而已。《姓氏急救篇注》:"裘氏转为求。"

宵被(下文以△表示)72

△原篆作"㦰",应释"裹"。《说文》:"裹,以组带马也。从衣,从马。""宵㦰"119反应释"宵㦰","裹"下加"心"为繁文(参上文"國"与"国")。"檋"23应释"檋"。见《说文》"檋,木长弱貌。""檋里",地名。

㔻丹76

㔻,刘钊释"舒",姓氏,见《通志·氏族略·以国为氏》。

目△田于章寰(域)77

△原篆作"敩",应释"敠"(黄锡全《厵敠考辨》,《江汉考古》,1991.1)"敠田"或作"贅田"94,又见"以赎贅"278反。"贅"与"敠"音近可通。《书·立政》:"虎贲缀衣。"《文选·西都赋》注引"缀"作"贅"。《公羊传·襄公十六年》:"君若贅旒然。"释文:"贅本又作缀。"《老子》二十四章:"馀食贅行。"敦煌唐写本"贅"作"缀"。《荀子·富国》:"嚽菽饮水。""嚽与啜同。"均其佐证。《说文》:"贅,以物质钱。从敖、贝。敖者犹放,谓贝当复取之。""敠田"、"贅田"均读"贅田"。这涉及战国土地买卖,显然十分重要。随县简"敠"50、望山简"續"均应释"缀"。

疋△79

△原篆作"㣇",应释"獨"。包山简"蜀"有㣇、㣇二式。前者见"躅"作㣇181,"癄"作㣇129。"䩱"(《集韵》"䩱,粥也。")作㣇88。后者见△所从㣇,与《汗简》㣇形体吻合。(何琳仪《长沙帛书通释》1986.1)

石瓯△80

△原篆作"㸚",应释"鴍",其"鸟"旁参见"鷄"作㸚258,"雏"作㸚183。《禽经》:"匕鸟曰鴍"。

秀顕(夏)为△80

"顕"应释"履",见上文。△原篆作"㝹"或作"㝹"94,楚文字习见。"㝹"、"㝹"除可释"芈"("差"旁)、"屮"("繁"旁)之外,多可隶定"来"。诸如"鸞"安邑下官钟作"杏","憗"包山简作"㦖"15反、194。"䊷"("綵"见《广韵》:"耗,毛起。綵,耗同。")信阳简作"䊷"2.07,"逨"("逨"见《集韵》"来或从辵。")包山简作"逨"132反(从鄁以此等逨),《陶汇》作"逨"6.123(十一年以来),"铼"包山简作"铼"254,(读"琜",《说文》:"琜瓃,玉也。")"策"(《集韵》:"䇲,竹名。")信阳简作"䇲"2.011,"淶"(水名见《说文》)《玺汇》作"淶"1915,"勑"(《说文》:"勑,劳也。")《玺汇》作"勑"3312等。上文涉及的"陵"、"赘"亦从"来"。凡此说明△应隶定"㮃"。楚文字也有标准"来"旁。如天星观简"逨"作"逨",包山简"㦖"作"㦖"138反等。"文"、"夹"不过是"本"的收缩笔画而已。"㮃"疑本"挈"之异文,见《集韵》:"挈,《方言》陈楚之间凡人兽乳而双产谓之挈孳。"(含本作"釐孳"),或省作"挈"。"挈"作"挈"犹"㦖"(随县简158)作"㦖"(包山简157)。"挈"可分析从"㮃",从"攴",即"㮃"之繁文。"来"与"里"音近可通。《书·汤誓》:"予其大赉汝。"《史记·殷本纪》引"赉"作"里"。《汗简》"貍"作"狹"。燕国陶文"俫"读"里"。(何琳仪《古陶杂识》)均其佐证。包山简"㮃"亦读"里"。《礼记·月令》:"令理赡伤。"注:"理,治狱官也。"亦作"㮃"。《史记·天官书》:"左角㮃。"索隐:"㮃即理,法官也。"包山简中"某某为㮃"句式屡见,应即"某某为法官"。其它"㮃"或为姓氏,或为人名。"㮃"姓又见《玺汇》3611,读"来"。来姓见《史记·殷本纪》。又《玺汇》2551"郲"作"㦖",即"挈"之繁文,人名。楚帛书"㮃岁","惟㮃恿匿"之"㮃"均应读"釐"。《国语·周语》下:"念前之非度,釐改制量。"《后汉书·梁统传》"岂一朝所釐",注:"釐,犹改也。"随县简"棒车"77应释"㮃车",使人之车。《左传·僖公十三年》"行李之往来"。注:"行李,使人也。"

△易公 83

△原篆作"𦥑",与三体石经"嗌"作"𦥑"形体吻合。"嗌易"即"益阳",隶属《汉书·地理志》长沙国,在今湖南益阳市东。

宵陎 86

陎原篆作"𠂇",应释"采"。《说文》:"采,禾成秀也。人所以收。从爪、禾。"

靪△93

△原篆作"●",应释"驳",与"●"234偏旁位置互易。

米塭人杏95

"杏"原篆作"●",应释"咊"。《玉篇》:"咊,喷也。"或释"本"之繁文。

羕陵攻尹△107

△原篆作"●",又见180,应释"伢"。《广韵》:"伢,巧伢,伏态之貌。"

邮异之金三益剥益116

"剥"原篆作"●",从"肉",从"刀",应释"剝"。甲骨文作"●"(《类纂》2485),亦见金文"●"偏旁"●"(利簋)。《集韵》:"剝,或从卜,亦作剝。"《说文》:"剝,裂也。从刀,彔声。彔,刻割也,彔亦声。●,剝或从卜。"《广韵》:"剝,削也。"引申为减少。"剝益"谓不足一益。"三益剝益"即三益有余而不足四益。"一益●益"146即一益有余而不足二益。战国文字从"剝"者,如"●"(殷)东陵鼎作"●","●"(朡)铸客鼎作"●"。"●"包山简作"●"95,"●"包山简作"●"193等,均为义符。

鄂△119反

△原篆作"●",或作"●"175,均为人名。应释"远",即"遬",(何琳仪《说无》,《江汉考古》1992.2)《集韵》:"赺,《博雅》迹也,或作遬。"又"烌"作"●"186,亦人名。《搜真玉镜》:"燌,同无。"又"鈂"作"●"270,疑读"镆"。《说文》:"镆,镆铘,大戟也。"

小人命为△以传之120

△原篆作"●",应释"瞀"。《说文》:"眄,蔽人视也……瞀,眄目或在下。""开"本从二"主"会意。参见《货系》1608作"●",石鼓作"●"("泘"旁),望山简作"●"("鈃"旁)。《说文》:"开,平也。象二干对称上平也。""干"作"●"、"●"、"●"等形,与"主"有别。

△▽ 120

首字△原篆作"❏",应释"倞"。左从"京",《玺汇》0279 作"❏",均可与三体石经"京"作"❏"互证。(何琳仪《战国文字通论》55)简文"倞"应读"京",姓氏。《路史》"老子后有京氏。"第二字▽原篆作"❏",或作"❏"123,应释"郲"。"大夫"合文作"❏"130,是其确证。《说文》:"郲,琅邪县也。"

屈△121

△原篆作"❏",与《玺汇》3528"❏"相同,均应释"遥"。

競不△121

△原篆作"❏",刘钊释"割",读"害"。古人名"不害"习见。

瞖(并)殺舍罩 121

瞖,应释"昆"。《正字通》:"昆同昆。"《说文》:"昆,同也。从日从比。""舍"即"舍",姓氏。《路史》:"微子后有舍氏。"

士尹 122

"士尹"亦见《玺汇》0146,楚国官名。《吕氏春秋·召类》:"士尹池归荆。"

宋客盛公鷞 125

鷞,所从"臭"(畀)为叠加声符。"畀"、"鷞"双声。

与其季父△连嚣阳必同室 127

△原篆作"❏",应释"鄂邸"合文,即"宗正",见《玺汇》0092,官名。《史记·淮安王传》:"天子使宗正以符节治。"

东周客△經 129

△原篆作"❏",应释"鄙"。"鄙經"其它简作"鄙經"126、132、140、142。其中"鄙"与"鄙"属鱼阳对转。信阳简"结芒之纯"2.023,即包山简"结无之纯"263。其中"無"、"芒"与"鄙"、"鄙"的形音义有平行对应关系。

与△卅＝139

△原篆作"𢧇"，应释"戮"。楚帛书"寮"作"𡧍"，包山简"鄝"作"𨛲"179，均可资佐证。"戮"与"熮"古文"𤐫"十分近似。但非一字。"戮"读"辌"。《说文》"辌，盖弓也。从车，寮声。一曰，辐也。""辌三十"即"辐三十"。《老子》第十一章："三十辐共一毂。"

遊逊至州△142

△原篆作"𢓡"，与"逮"144 为一字异体。应释"迅"，即"迅"。（《字汇》："吊俗弔字。"）《说文》："迅，至也。从辵，弔声。"随县简"𦘔"167 应释"郮"，读"叔"，姓氏。

△君 143

△原篆作"𢓊"，可与随县简"楔(𢇭)君"65.201 互证（《曾墓》518）。

敘△145

△原篆作"𩑋"，应释"颜"。

舍月豢之 145 反

舍，应释"舍"，楚国月名。楚帛书、《尔雅·释天》作"余"。

△卤(?)于泯 147

此四字原篆作"𣪘𪉲𣃔𣱫"，应释"煮盐于海"。刘钊有文详考，兹不赘。

骨贮之又(有)五△152

"贮"原篆作"𧵔"，应释"赒"。"周"作"𠱩"45，"𠻸"169，可资比照。"宁"《陶汇》5.31 作"𡩋"，与西周金文一脉相承。△原篆作"𥳑"，应释"篛"，读"害"。信阳简"纺𥳑"2.04 亦应释"纺篛"，读"纺盖"（"害"、"盍"相通，参王引之《经传释词》卷四），车伞盖。

敚△164

△原篆作"㐁",应释"兮"。《玺汇》3648作"㐁","贶"随县简作"㐁"178（《曾墓》499），均可资佐证。

遠△164

△原篆作"㲻",应隶定"𥻳",从二"亣"。《汗简》"𦼪"作"㲻",从一"亣"。二者繁简不同,实则一字,故△应释"𦼪"。

周△165

△原篆作"㪚",与楚帛书"散"作"㪚"显然为一字。（曹锦炎释,详何琳仪《长沙帛书通释校补》，《江汉考古》1989.4）同理,"㝵"82应释"睸"。

△人 169

△原篆作"䍏",又见 175,地名。曾侯乙钟"𩁺"作"䍏"（《集成》289.2），与△右旁应是一字。△右下"="表示"司"之"㠯"于"子"之㠯借用,本应作"䍏"（《集成》319.2)故△应隶定"鄡",释"䣝"。

莫△170

△原篆作"䲞",应释"鮬"。《集韵》"鮬,鱼名。"

娄△173

△原篆作"䪫",应释"䪫",所从"帝"有省简,参见温县盟书"啇"作"㐁","憨"作"㐁"等。"䪫"为"啇"之繁文,后者见《玺汇》3083、3114、3116、3118 等。

周△174

△原篆作"霺",下从"犮"。甲骨文"柀"作"㐁",《古文四声韵》引《古老子》"犮"作"㐁",是其证（于省吾《甲骨文字释林》26）。故△应释"雯"。《集韵》："雯,雨貌。"

△妾 177

△原篆作"󰀀",应释"晉"。参"潛"《玺汇》作"󰀀"2585、"󰀀"2584。△读"潛",姓氏。《姓氏考略》:"古潛地在楚地,以地为氏。"

周△184

△原篆作"󰀀",应释"讼"。检《正字通》:"讼,同谣。"

鄵(蔡)△184

△原篆作"󰀀",应释"䯏"。《集韵》:"䯏,骨节间也。"

△夜 194

△原篆作"󰀀",应释"鸣"。其"鸟"旁参见上文"鴄"。鸣姓见《元和姓纂》:"赵贤人窦犨,字鸣犊。非罪被杀,子孙以字为氏。""󰀀󰀀"95 应释"鸣狐",地名。以上"鸣"之"鸟"旁羽毛部分或左或右,并无本质性区别。"夜"原篆作"󰀀",应释"腋"。

聿(尽)𥄫(下文以△表示)㱿(歲)197

△原篆作"󰀀",应隶定"𧚨",("衣"与"卒"一字分化)与三体石经"狄"作"󰀀"形体吻合。"狄"、"易"音近可通。《左传·僖公十七年》"易牙",《大戴礼·保傅》作"狄牙"。《楚辞·天问》"简狄",《史记·殷本纪》索隐作"简易",是其确证。故"𧚨歲"应读"易歲",指第二年。

△攻解于人愚 198

△原篆作"󰀀",应释"思",发语词(王引之《经传释词》卷八),或作"由"246、248。周原甲骨已有发语词"由"(李学勤《续论周原甲骨》,《人文杂志》1986.1)。

叔为△纕璊 219

△原篆作"󰀀",与"󰀀"244 均应释"害"。曾侯乙钟"箾"作"󰀀",或作"󰀀",可资类比。《周礼·夏官·山师》:"辨其物与其利害。"注:"害,毒物及

鳌噬之虫兽。"

恖△226
△原篆作"🀄",应隶定"髎"。由"恖髎"也作"恖惪"249,可知"髎"所从"出"为叠加声符。"骨"、"出"均属脂部。

閍于大门一白犬 233
"閍"即《说文》"閍"之讹变,"读若悬"。(黄锡全《利用汗简考释古文字》,《古文字研究》15.135)简文"閍"应读"悬"。

高㒰下㒰 237
"高㒰"即"高丘",见《楚辞·离骚》"哀高丘之无女"注:"楚有高丘之山……或云,高丘阆风山上也……旧说高丘楚地名也。"鄂君启节"高丘"为地名,包山简"高丘"则为山名。《文选·高唐赋》:"妾在巫山之阳,高丘之岨。"应在三峡之中,为楚人膜拜之神山。屈宋赋可与包山简互证。

文坪䰇君 240
"坪䰇"即"坪夜"200、206、214。"坪"原篆作"🀄",与"🀄"206、"🀄"200 既有形变关系,也有声化趋势,即上从"皿"声。"坪"、"皿"双声。"䰇"原篆作"🀄","顗"(夏)之省。包山简"顗"或作"🀄"200、"🀄"115(又见天星观简),是其确证。"坪夏"即"坪夜",或作"坪柰"。"夜"、"柰"、"夏"均属鱼部。

△一䃍 255
△原篆作"🀄",应隶定"䆿"。其中"㝱"即"宓"之繁文,史密簋作"🀄"。简文"🀄"应读"蜜"。下文"🀄某"读"蜜梅"。"🀄饳"257 读"蜜飴"。《集韵》:"飴,饴也。"

△二箕 258
△原篆作"🀄",与帛书"枭"(曾宪通释)同形。《正字通》:"《汉仪》五月五日,作枭羹赐百官,以恶鸟,故食之。"

一△笤 263

△原篆作"👣",从"止",从"危"省,应释"跪"。"跪笤"即"跪席"。

一桯△266

△原篆作"🔣",应隶定"楻",释"樌",俎案。(何琳仪《信阳竹简选释》)

䎽戳 267

"䎽"从"召"声,"早"亦声。其造字方法与上文"䎽髎"之"髎"如出一辙。

△膌尹之人䀉偒(愆)告祠多命 278 反

△原篆作"🔣",应隶定"㮤","柔"之异文。"柔和"之"柔"本作"膌",正从"肉"声(段注)。"膌"《说文》"读若柔"。简文"㮤"(柔),地名,读"鄾"。《史记·夏本纪》"擾而毅",集解引徐广曰"擾一作柔"。《韩非子·说难》:"柔可狎而骑也"。《史记·老子韩非列传》作"可擾狎而骑也"。《国语·楚语》下"民神杂糅",《史记·历书》引"糅"作"擾"。均其佐证。"鄾"见《左传·桓公九年》:"邓南鄙鄾人攻而夺之币。"注:"在今邓县南沔水之北。"在今湖北襄阳市北。"瑈"34 应隶定"瑈",释"瑈"。《集韵》:"瓗,《说文》玉也。或从柔。"简文"瑈",人名。偒原篆作"🔣",见《侯马》323,应释"䎽"。"祠"原篆作"🔣",应隶定"絈",释"纫"。《篇海》:"纩,俗作纫。"

繙芋结缸胅 1

"缸"原篆作"🔣",应释"项"。又见望山简。

事牺(将)瀘 16

"瀘"原篆作"🔣"。其中"去"讹作"夫"形。"夫"遂声化为音符。"瀘"、"夫"双声,均属帮纽。

大伟尹 67

"伟"原篆作"🔣",又见 25,应释"伟"。《正字通》:"伟与丰同。""丰"旁参见"邦"作"🔣"7。"毛"旁则作"🔣"269、276、277、"🔣"179、262。

格(?)㫃 75

"㫃"原篆作"㫃",又见131,应隶定"扒"。其竖笔上短横为饰笔。"干"本作"丫"形,与"干"有明显区别。楚帛书"榦"作"榦",可资参证。以此类推,包山简"䡅"85应隶定"䡅"。"扒"与"扒"一字分化,偏旁中往往互换。如"戟"商鞅戟作"戟",汝阳戟作"戟";"看"《说文》或体作"䀠"。《中山》70作"肯";"榦"《中山》69作"榦",《货系》2340作"榦"。(何琳仪《燕国布币考》,《中国钱币》1992.2)故"䡅"即"䡅",见《金文编》1.16,随县简作"肯"2.13,均"𣄰"(旐)之省简。包山简"䡅"168应隶定"䡅",疑"镞"之异文。

石罄 80

"罄"即"磬",由"殸"籀文作"殸",知"罄"应释"脖",或作"臘"135。"戀"106则应释"悖"。

穆龥 88

"龥"原篆作"龥",应释"禼"。楚帛书"敢"作"敢",可资比照。(朱德熙《长沙帛书考释》,中国古文字研究会第六次年会论文,1986。)

张愻 95

"愻"原篆作"愻",又见185。应释"愻"(㤅),《广韵》:"㤅,庆也。""休"右本从"木",战国文字或从"禾",《中山》23"休"已露其端倪,《玺汇》0833"休"则明确无疑从"禾",又见1277、1702、4089。

逅楚之散(歲)120

"逅楚"与"逅郢"128反之"逅"均应读"觏"("邂逅"或作"邂觏")。《诗·大雅·公刘》:"乃觏于京。"传:"觏,见也。"

须左司马之䍝行牲(將)餇之130反

"䍝"应释"挶"。《集韵》:"挶,举也。"

坪徟公䣂(蔡)冒 138

"徟"原篆作"⿰亻羊",又见 38、60,应释"羒","射"之异文。(朱德熙、李家浩《鄂君启节考释》,中国古文字研究会成立十周年学术研讨会论文,1988)"射"与"夜"音近可通。检《左传·桓公九年》:"曹伯使其世子射姑来朝。"《史记·鲁世家》"射"作"夜"。《文选·高唐赋》:"青荃射干。"注:"见《本草》,夜干一名乌扇。"故"坪羒(射)"即"坪夜"(见上文),与"坪枀"、"坪夏"等均一音之转。

辻△之客 150

△原篆作"⿱艹⿸⿱宀回",或作"⿱艹⿸⿱宀回"150,从"艸"、"㐭"声。"㐭"旁参见鄂君启节"郫"作"⿰㐭阝",△应隶定"䕲",即"廪"。《集韵》:"菻,《说文》蒿属,或从廪。"《左传·庄公八年》:"公孙无知虐于雍廪。"《史记·齐太公世家》"廪"作"林"。典籍"林钟",《金文编》6.410—411 作"䕲钟"。故"辻䕲"可读"上林",秦苑。《史记·秦始皇纪》:"三十五年,作朝宫渭南上林苑中。""上林之客"似是秦客。

南与䣂君伛疆 153

"伛"原篆作"⿰亻㔾",应释"弫",其"弓"旁讹作"人"形,缘"疆"讹作"⿱弜畺"153 而类化。检《玉篇》:"弫,彊勇也。""弫疆"应读"距疆"。《庄子·渔父》:"距陆而至。"释文:"距,至也。"

䣂少䇂(宰)尹 157 反

"䇂"原篆作"⿱䇂",应释"宰"。"宰尹"又见随县简 154,厨官。《韩非子·八说》:"厨人轻君而重于宰尹矣。"或作"剒尹"37、157。又《玺汇》0142"剒官之钵",亦系楚玺。"剒官"与"剒尹"似属同类。"剒"从"刀",其宰割之意尤显。"剒(宰)椐(樵)"266 指宰割俎案。"剒"36,亦姓氏,读"宰"。《姓解》:"周卿士宰孔之后。又周太宰后,以官为氏。"

嚻酩尹 165

"酩"与"监"音近可通。"监"据《说文》从"𡿨省声",是其确证。"酩尹"疑即"监尹"或"蓝尹"。《七国考》:"《通志·氏族略》云,蓝尹氏,楚大夫蓝尹亹之后也。《楚书》云,蓝尹、陵尹分掌山泽,位在朝廷。""蓝尹亹"见《左传·定公五年》、《国语·楚语》下。《万姓统谱》："监尹，楚监尹大心之后。"复姓"蓝尹"、"监尹"似均源于楚官"峆尹"。

东反人 171

"反"原篆作"㡀"，应隶定"㡀"，即"宅"。"东宅人"或作"东邻人"167，与望山简"东宅公"、"东邻公"可以互证。

𤖬寑尹 171

"寑尹"，楚国官名。《七国考》："《左传》注（哀十八年），柏举之役，寑尹由于背受戈。"

陮邑人 174

"陮"原篆作"𨺅"，应隶定"鄌"，释"鄌"。下文"鄌邑人"175 之"鄌"不从"止"，是其确证。

周叜（贤）179

"叜"原篆作"𠭥"，应释"敀"。《玉篇》："敀，动也。"又见《玺汇》3864、3955，均人名。

雚𧍙 185

"雚"原篆作"𦫳"，又见 249，应释"觀"。《万姓统谱》："觀，姒姓。夏有觀扈。"《国语·楚语》下有"觀射父"。"觀"之繁文作𢡁259，从"心"。又《五音集韵》"懽同空"，不知何据。"𧍙"应释"蠆"。《集韵》："蠆，《说文》毒虫也，象形，或虿。"

虡缊 190

"虡"原篆作"𢆉"，应隶定"廈"，释"廘"。参见"𢼛"作"𢼩"202。《尔雅·释兽》："麐，其子麆"。

郲(蔡)仓 192

"仓"原篆作"㊣",应释"齐"。

自䣅尿肯＝(之月)以△䣅尿肯＝(之月)197

△原篆作"㊣",或作"㊣"209,旧释"庚",不确。近或改释"商",读"适"。(朱德熙、李家浩《鄂君启节考释》,见上文。)按,从字形分析,△释"商"可信。"商"曾侯乙编钟习见。《曾墓》或作"㊣"278.5,或作"㊣"280.1。后者与"㊣"颇为近似。至于"▽"或作"∧",参见《玺汇》"賨"作"㊣"0573,或作"㊣"1928。《广韵》:"商,降也。"简文"以商"犹"以降"、"以下"。相同的句式又见199、201、209、212、216、226、228、230、232、234,及"自龠鹿(麗)以商武王"246。"自某以商某",犹言"自某以降至某"。至于鄂君启节屡见"商某"之"某"均为地名,可以有两种解释。其一,"商"仍训"降"。自"鄂市"(裘锡圭《战国文字中的市》,《考古学报》1980.3)至某地为"降"。其二,"商"由"行商坐贾"之"商"引申其义为"至某地行商"。(《易•复》"商旅不行"释文"资货而行曰商"。)节铭"商"已由名词演化为动词。"商某"的总批发站位于"鄂市","某"楚王批准鄂君启行商的地点。"市"与"商"前后呼应,似更有助于加深对舟、车二节用途的理解。

以长△为左尹(贞)216

△原篆作"㊣",应释"崱"。《集韵》:"崱,山连皃。""长崱"或作"长恻"207,均为卜筮用具。

昋譽 224

"昋"原篆作"㊣",或省作"㊣"225,均为"顕"之省,应释"夏"。随县简"㊣"165,亦释"夏"。

逞(歸)繡△繡(冠)繡 231

△原篆作"㊣",应释"取"。"取"字或从"寸"。参见古玺"㊣"(《历博》1979.1.89)"㊣"(《玺汇》0549)等。简文"取"读"緅"。《说文新附》"緅,帛青赤色也。从糸取声。"若以《仪礼•士冠礼》"爵弁服",注:"其色赤而微黑,如爵

头然,或谓之缎。"解释简文"缎冠带",十分妥贴。"取",包山牍或从"糸"作
"䋣"牍1,信阳简习见,均为赤青色。

䑏酺一硈 255
"酺",见《玉篇》:"酺,报也。"《集韵》:"酺,醻酒也。"简文应读"醓"。《说
文》:"醓,肉牆(酱)也。从酉,盍声。"

四芓 260
"芓"原篆作"芓",又见仰天湖简 20,随县简 3,"矢"之倒文,应释"羊"
(《曾墓》503)。或作"鉾"277,增"金"旁。"圅"与"甹"均从"羊"。"羊"亦声。
"晋"本从"䉪",或讹作"箵"(大府镐)、"箵"(望山简),从"䍌"。

一升鑐 265
"升"原篆作"丂",应释"亥",读"豕"。检《说文》:"丂,古文亥为豕,与豕
同。""三豕渡河"为"己亥渡河"之讹,尤人所熟知。"一亥(豕)鑐"与"一牛鑐"
对文见义。或读"亥"为"豥"亦可通。检《尔雅·释兽》:"豕四蹢(蹄)皆
白,豥。"

载絓绢之緄 267
"载"原篆作"軒",应释"轩",楚简习见。

綝署一百△罕=(四十)△269
△原篆作"攵"、"攵",应隶定"仗","攸"之异文。古文字"攴"与"又"旁
往往通用。《玺汇》2641"蒥"作"荿",脩鱼令戟"脩"作"𢓸",均其例证。与简文
辞例完全相同者,又见牍文作"𦁖"、"攵"牍1,前者为"條"之省,后者为"攸"之
省。以上"攸"、"條"均读"条"。《尔雅·释训》:"条条,智也。"释文:"条条,舍
人本作攸攸。"《周礼·春官·巾车》:"条缨五就。"《左传·桓公二年》正义引
"条"作"條",是"攸"、"條"、"条"通用之证。简文、牍文"綝(朱)署(旌)一百攸
(条)四十攸(条)",均指一百四十条朱色旌旗。"旌"之形制呈长条形,故以
"条"计其数。

四马之首遗耀輚 276

"遗"原篆作"㔻",应隶定"遗",见望山简。"遗"与楚简中习见的"罼"实乃一字,本简"遗"读"与"。

一彫敷 270

"敷"原篆作"敫",其左从"専"。参见"専"《玺汇》1840 作"叀"。"傅"包山简作"㑗"120,"譹"(専)《中山》76 作"譹","剸"(専)《玺汇》5573 作"剸"(黄锡全《利用汗简考释古文字》,《古文字研究》15.136)"榑"《玺汇》0254 作"榑"(朱德熙、李家浩《鄂君启节考释》,见上文。)"溥"(簿)信阳简 1.05 作"溥"(何琳仪《信阳竹简选释》)"鄟"(専)《玺汇》1870 作"鄟","癙"《玺汇》1782 作"癙"等。故敷应释"敷","抟"之异文。《说文》:"抟,以手圜之也。"简文"彫敷"应读"彫榑"。《礼记·杂记》上:"载以辁车。"注:"辁读为辁,或作榑。"又《集韵》:"榑,柩车也。"

一箁鋶殈之冒 277

"冒"原篆作"冒",应释"盾",参五年师旋簋作"盾"。随县简"戚"作"戚"6,"鞴"作"鞴"37。小篆作"盾",其"人"形方向相反而已。

一縝 277

"縝"原篆作"縝",从"糸","见"声,应释"絸"。参《说文》:"茧"古文作"縝",以此类推,"靬鞅"271、273 应释"靬鞅"。检《说文》:"靬,系牛胫也。从革,见声。"二简所载于驾牛之具有关。

郭店竹简选释①

*竺(孰)能庀以迬(动)者。《老子》甲10

《注释》:"裘按,迬帛书本作重,今本作动。主与重上古音声母相近,韵部阴阳对转。"其说可信。战国文字"豕"字习见,从"主"声,读"重"。参拙文《句吴王剑补释》(载《第二届国际中国古文字学研讨会论文集》)。今郭店简以"迬"为"动",适可印证拙说。

*亡(無)执古(故)亡(无)遊(失)。《老子》甲10

《注释》:"遊,它本均作失。此字楚文字中屡见,皆读为失,字形结构待考。"关于此字结构,诸字或释"达",或释"迭",以为皆属形误。按,"遊"明确从"羊"声。羊,喻纽四等,古读定纽;失,审纽,古读透纽。定与透均属舌音,自可通假。郭店简以"遊"为"失"乃假借,与形体似无涉。至于楚帛书之"遊"疑读"逆",既有音变,亦有形误。参拙著《战国文字声系》674。

*誓(慎)冬(终)女(如)怡(始)。《老子》甲11

首字亦见郭店简《缁衣》15.30.33.《语丛四》4等。《释文》隶定"誓",待商。该字左上从"土"与左下从"言"借用一横笔,故应隶定"誓"。楚燕尾布币,"圻"所从"土"旁亦省作"十"形,郭店《成之闻之》39"型"作"𠂆"或作"𠂆",皆属此类省简。

*侯王能守之。《老子》甲13

"守"原篆作"𠂆",其"十"旁与"又"旁上下位置互换。"守"标准形体作"𠂆",从"肘"之初文得声。详拙著《战国文字声系》190。

*仆唯(惟)妻(稚),天墬(地)弗敢臣。《老子》甲18

---

① 原载《文物研究》12辑,合肥:黄山书社,1999年,第196—204页。

"妻",《释文》释"微"。按,"妻"应读"稚"。《汉书·扬雄传》:"灵犀迟兮。"《文选·甘泉赋》作"灵栖迟兮"。是其佐证。《方言》二:"稚,年小也。"亦作"穉",见《集韵》。"妻",帛书乙本、王弼本均作"小",与"稚"义同。

* 大曰澼(逝),澼(逝)曰遆(远),遆(远)曰反。《老子》甲 23

"澼"原篆作㯱,《释文》隶定"灒"。此字又见曾侯乙墓编钟,异体甚多,似应据其中㯱形隶定"澼"。字在钟铭音阶字之前,疑读"杀"。《集韵》:"杀,降也。"(详见另文)简本"澼"应据王弼本作"逝",帛书甲本、乙本作"筮"。"逝"、"筮"、"澼"、"杀"均属月部字,故可通假。

* 閔其逆(兑),赛(塞)其門。《老子》甲 27

《释文》:"閔,闭字误写,它本作塞。"按,"閔"亦见《玺汇》0734,即"閔"之误写。《说文》"閔,读若县。"参黄锡全《汗简注释》432。"县"训"虚"(朱骏声《说文通训定声》),"阅"训"穴"(段玉裁《说文解字注》)。"县其阅"与"塞其门"对文见义。至于"閔"误作"闭",参《古文四声韵》去声十四"闭"作"㥪"形。

* 夫天多期(忌)韋(讳),而民亩(离)畔(叛)。《老子》甲 30

"亩"原篆作㽕,《释文》释"尔"读"弥",它本"亩畔"作"弥贫",皆误。包山简150"藺"作㯱,从"亩",可资比照(拙文《包山竹简选释》,载《江汉考古》1993年第4期)。"亩"与"林"声系可通,参见高亨《古字通假会典》241。而战国文字"离"或从"林"声(拙文《秦文字辨析举例》,载《人文杂志》1987年第4期)。然则"亩畔"可读"离畔"。《国语·楚语》下:"民多阙,则有离畔之心。"《汉书·李寻传》:"庶民离畔。"亦作"离判"。《国语·周语》中:"七德离判,民乃携贰。"简文"忌讳"与"离畔"乃因果关系,与它本作"弥贫"则文意渺不相涉。"亩"上部似"尔"形,它本遂误作"尔"(弥)。另外,"亩"(离)与"弥"音亦颇近。参高亨《古字通假会典》"离"与"罗"673,"罗"与"觚"(676)。

* 子孙以其祭祀不丨。《老子》乙 16

"丨"原篆作㇄,《注释》以为"屯之省形",引"裘按,从字形看,似为毛字"。此字见《说文》:"㇄,钩识也。从反丨,指事,读若罽。"简文原篆"钩识"部分从照片看相当清晰,唯斜笔中间施加一饰点而已。《说文》读"丨"为"罽",与王弼本作"辍"之读音正合。帛书乙本作"绝",亦一音之转。"丨"、"罽"、"辍"、"绝"均属月部字,故可通假。

* 㡜(厌)繵(降)为上,弗媺(美)也。《老子》丙 7

首字原篆作"䣛",《释文》隶定"銛",《注释》:"简文左上半是舌,下部是肉。銛纕疑读作恬淡。帛书甲本作銛袭,整理者云,銛,恬古音同,袭、淡古音相近。裘按,第一字右上部似非舌,第二字从龏,恐亦不能读为淡。引二字待考。"今按,此字右旁又见鄂君启舟节,或释"厣"即"厭"之省文。(殷涤非、罗长铭《寿县出土鄂君启金节》,载《文物参考资料》1958年第4期)。验之包山简"轥"作"𦨖"188,"厭"作"厡"219,其"厂"旁演变序列由厂、厃、严而严,则"𦨖"无疑应释"厣"。鄂君启舟节"厭"应读"阴",在今湖北老河口市(详拙文《鄂君启舟节释地三则》,待刊)。简文"䣛"它本或作"銛"、"恬",《说文通训定声》均隶属"甘"声首,例可通假。至于简文"纕",帛书甲本作"袭",帛书乙本作"憘",王弼本作"淡",则兼有形讹和音变。首先,"憘"误作"龏"(形符相通互换),而"龏"属盍部,遂与谈部对转。其次,"袭"属邪纽缉部,"淡"属定纽谈部,邪、定均属舌音(钱玄同说),缉、谈旁转。简本"䣛纕"应读"厭降"。"龙"与"降"声系可通,详高亨《古字通假会典》13。《文选·齐竟陵文宣王行状》:"縗衣裳外除,心哀内疚。礼屈于厭降,事迫于权夺。"五臣注:"良曰,《礼》父母丧服期间为尊在,屈厭而降之。"简文上下文意大致是"战胜之后,应用丧事的礼仪哀悼战争。"凡此与《文选》"厭降"亦就丧礼言之正相吻合。

* 懃(謹)亞(惡)以淠(禦)民泾(淫)。《缁衣》6

"淠"原篆作"𣲘",《释文》隶定"洣"引"裘引"释"渫",刘信芳释"淠"(《郭店竹简文字考释拾遗》,纪念徐中舒先生诞辰一百周年研讨会论文)。按刘氏隶定可信。今本《缁衣》作"慎恶以御民之淫"。"淠"与"御"均属鱼部,故可通假。又《说文》"乍"训"止",《广雅·释诂》三"御"亦训"止",可证二字音义均近。

* 執我馘(仇)馘(仇)亦不我力。《缁衣》19

"馘"原篆作"𩒨",《释文》释"栽",非是。黄德宽,徐在国《郭店楚简文考释》(载《吉林大学古籍整理研究所建所十五周年纪念文集》)释"馘"读"仇",甚确。检《古文四声韵》上声二十引《汗简》"枣"作"𣐀",与简文左旁甚近。

* 非甬(用)㤒。《缁衣》26

㤒,今本《书·吕刑》作"命"。按,"㤒"为"晋"之省简,(参拙文《仰天湖竹简选释》,载《简帛研究》第三辑。)"晋"与"命"均属真部,故可通假。

* 斳(制)以坙(刑)。《缁衣》26

"斲"原篆作"㓷",《释文》释"折",读"制"。按,"斲"疑古玺"剬"之异文,也即《说文》"劕"之"或体"(参黄锡全《利用汗简考释古文字》,载《古文字研究》第十五辑)。今本《书·吕刑》"斲"作"制",乃一音之转。众所周知,"颛"为"専"之异文,详高亨《古字通假会典》199—200。而"颛"与"制"也可通假。《礼记·王制》"凡制五刑",《孔子家语·刑政》引"制"作"颛"。《庄子·有宥》"釿锯制焉",《太平御览》763引"制"作"颛"。是其佐证。

* 则民言不隓(危)行,不隓(危)言。《缁衣》31

《释文》:"隓,今本作危,郑注,危犹高也。简文此字从秝省。裘按,字当从禾声,读为危,禾、危古音相近。"按,"隓"从"阜","悉"声,疑"隗"之异文,即《说文》"垝"之"或体"。"悉"疑"委"之异文。包山简"悉"9.185亦从"悉"声,疑"陒"之异文。《集韵》:"隗,重累也。"笔者曾误释"悉"为"恙",特此更正。

* 行则飴(旨)其所幣(敝)。《缁衣》33

"飴"原篆作"䭒",《释文》仅隶定其右旁"旨"。今补其左旁"食","飴"疑"旨"之繁文。

* 大虘(雅)云。《缁衣》35

《释文》释"虘"为"夏"之省文,读作"雅",甚是。检包山简"坪虘君"240与本简"虘"构形全同。笔者曾据包山简"䪞"省作"虘",谓"坪虘君"即"平夜君"(参拙文《包山竹简选释》,载《江汉考古》1993年第4期)。郭店简与包山简二"虘"字可以互证。

* 厶(私)惠不壞(挠)悳(德)。《缁衣》41

"壞",《释文》隶定正确,然未解释。按,"壞"应读"襃"。《吕氏春秋·离俗》"飞兔要襃",注"襃字读如曲挠之挠"。《淮南子·原道》"驰要襃",注:"襃读撓弱之挠。"是其佐证。《吕氏春秋·知度》"枉辟邪挠之人退矣",注:"挠,曲也。"今本《缁衣》"壞"作"归",注:"归,或为怀。"按,简本"壞"与"坏"形近,故讹作"怀",又音变"归"。

* 宋人又(有)言曰。《缁衣》46

今本作"南人有言曰",正义:"南人,殷掌卜之人。"按,宋人为殷人之后,殷人每事必卜,有大量出土卜辞为证。故当据简本"宋人"为是。"南"字下半部与"宋"字形近,故今讹作"南"。

* 擇(释)板柽(校)为黽(朝)卿。《穷达以时》7

"柽"读若"嚣",参《海篇》"㒳,骄也,音嚣"。简文"柽"疑读"校"。《诗·

小雅·北山》"或不知叫号",释文:"叫本又作嚣。"《山海经·北山经》:"是名曰鹛鹎,其鸣自詨。"《读书通》:"叫、讪通作詨。"是其旁证。包山牍 1"桎"读"校",亦可资参考,详拙著《战国文字声系》284。《易·噬嗑》"何校灭耳",注:"校,若今枷项也。"《说文》:"校,木囚也。"据《史记·秦本纪》载,百里傒初为"秦穆公夫人媵于秦"。嗣后"亡秦走宛,楚鄙人执之"。秦穆公以"五羖羊皮"从楚人中买回百里傒。"穆公释其囚,与语国事"。所谓"释其囚"与简文"释板桎(校)"意同。或读"板桎"为"板梏",亦可通。

* 不亡(忘)则聰(聪),聰(聪)则闻君子之道。《五行》15

"聰"原篆作"",亦见下文 20,《释文》均直接隶定"聰"。按,此字右部明确从"囟"。"囟"与"囱"声系可通(详高亨《古字通假会典》14),故"聰"为"聪"之异文。

* 娕(淑)人君子,其义(仪)翟(一)也。《五行》16

《注释》:"翟、帛书本及《诗》均作一。可证翟当读作一。"西周金文"懿"左上均从"壶"(《金文编》704),战国秦文字"壹"亦作"壶"形(诅楚文、瓦书)。《说文》"殪"之古文从"死"从"壶"。凡此可证,"壹"由"壶"分化。壹,影纽;壶,匣纽。影、匣均属喉音。楚文字"翟"疑从"羽"声,"羽"与"壶"恰好均属匣纽鱼部。故"翟"从"羽"声,与"壹"有"壶"音,可以构成平行的音变关系。至于"壹"后来由鱼部转入至部,可从秦文字"壹"从"吉"声(商鞅量、小篆)中得到证明。"壹"、"吉"均属至部。典籍往往假借"壹"为"一",楚文字"翟"亦为"壹"(一)之假借字。又《成之闻之》18:"贵而翟(抑)纕(让),则民谷(欲)其贵之上也。"《注释》引"裘按"谓"翟纕似应读能让。"按,"壹"与"抑"可是可通。《诗·大雅·抑》之"抑",《国语·楚语》作"懿"。是其佐证。《后汉书·班固传》:"不激诡,不抑抗。"注:"抑,退也。"本简"抑让"犹"退让"。

* 能遰(差)沱(池)其翠(羽),肰(然)句(后)能至哀。《五行》17

"遰"原篆作"",《释文》误释"遍"。此字亦见楚帛书,乃"徙"之古文(参李零)。《长沙子弹库战国楚帛书研究补正》,中国古文字研究会成立十周年学术研讨会论文。简本"遰沱",帛书本作"毖池",今本《诗·邶风·燕燕》作"差池"。按,"遰"(徙),心纽支部;"毖"、"差"精纽歌部。精、心均属齿音,支、歌旁转。黄德宽、徐在国亦释"遰",但其论证与拙文不尽相同,故不废此条,权做对黄、徐二文的补充。

* 不以少(小)道赴(屠)大道。《五笔》35

"赴"原篆作"❍",《注释》释"夌",读"陵",又引"裘按"释"萬"(害)。按,此字上从"夭"中从"止",下从"土"。其中"止"与"土"借用一横笔,本应作"赴",本简此字则笔画略有脱离而已。故此字应隶定"赴",即"徒"之异文。《正字通》:"赴,徒同。""徒"可读"屠",复姓"申屠"亦作"申徒",是其佐证。《广雅·释诂》:"屠,坏也。"王念孙《疏证》:"《逸周书·周祝解》国'国孤国屠'。孔晁注云:'屠谓为人所分裂也。'《管子·版法解》'则心有崩陁堵坏之心'"堵与屠声近义同。"帛书本作"害",与"屠"义近。

* 歠(喻)而智(知)之胃(谓)之进之。《五行》47

"歠",帛书本作"喻"。喻,定纽侯部;歠,透纽东部。透、定均属舌音,侯、东阴阳对转。《注释》中之〈喻〉应更正为(喻)。换言之,"歠"为"喻"之假借,而非形讹。

* 䌛(禅)而不徝(传)。《唐虞之道》1

《注释》"徝",从"彳"、从"䍃"、"从"壬,义为禅让。"其释义是,其释形则可商"。此字原篆作"❍",其右上从"番"。参"❍"(番君鬲)、"❍"(白者君盘)、"❍"(《玺汇》3431)等,其所从"釆"众点多寡不拘。尤其古玺与竹简"番"形体吻合,均从三点。此字右下从"土",后演化为"壬"形。这类现象战国文字中习见,例不备举。"䌛"从"墦"。《广雅·释邱》:"墦,冢也。""墦"从"番"。"番"与"单"均属元部,二字与"弁"声系可通。《诗·周颂·小毖》"拚飞维鸟",《文选·谢宣远〈张子房诗〉》注引"拚"作"翻"。《汉书·严延年传》"吏皆股弁",朱琦《说文假借义证》"弁当为战之假借"。可资旁证。故郭店简之"䌛"均可读"禅"。或疑此字为"䌛"之异文,其与"禅"古音尤近。

* 旱〈甫〉正其身,肰(然)后(後)正世。《唐虞之道》3

旱原篆作"❍"。《注释》:"裘按,扗从才声。疑当属下句,似有始义。"此字又见下文28"天下❍坏。"《忠信之道》2:"至信女(如)时,❍至而不结。"《语丛二》39:"凡❍又不行者也。"《语丛二》47:"智(知)命者亡(无)❍。"《语丛三》66:"遊所不行,益。❍行,员(损)。"此字亦见楚帛书《丙篇》,笔者曾释"扗",然不见字书,置于郭店简亦难通。今按,古文字"才"可演变为"十"形,《唐虞之道》3亦作"十"形。如果比照䚂钟"旱"作"❍"(参董珊硕士论文《东周题铭校议》),疑"旱"本从"十",受"才"演变之类化而误从"才"。《说文》:"旱,相次也。从匕,从十。鸱从此。""旱"与"包"、"甫"均属帮纽,声系可通。《说文》

"鸨或作鲍"。而《吕氏春秋·异用》"搏杖而辑之"，《广韵》"杖"下引作"抱杖"。可资旁证。《周礼·春宫·小宗伯》"甫竁亦如之"，注："甫，始也。"参见杨树达《词诠》49。凡此可证"裘按"推测颇有理緻。上引《唐虞之道》、《忠信之道》诸"甹"皆可读"甫"，而《语丛》诸"甹"似可读"逋"。至于楚帛书"甹武"，疑即戎桓钟"搏武"（参拙文《吴越徐舒金文选释》，载《中国文字》新十九期）。

　　* 先圣牙（与）后𦥑（圣），考后而遮先，鼓（教）民大川（顺）之道也。《唐虞之道》6

"遮"原篆作"偃"，可参见《成之闻之》16"偬"作"𢕿"。《释文》隶定为"退"，又认为"考"字从上读，均误。《国语·周语》考中声而量之以制，注"考，合也"。《管子·侈靡》："六畜遮育，五谷遮熟。"注："遮，犹兼也。"总之，"考后而先遮"犹"合后圣而兼先圣。"

　　* 孝之杀，惢（爱）天下之民。《唐虞之道》7

"杀"原篆作"𣏂"，《释文》误释为"𧗁"（方）。此字又见《语丛一》103："礼不同，不奉（丰）不杀。"《语丛三》40："爱亲则其杀爱人。"凡此均与《说文》"杀"之古文作"𣏂"吻合无间。《礼记·文王世子》："其族食降一等，亲亲之杀也。"注："杀，差也。"《汉书·韦玄成传》"亲疏之杀"，注："杀，渐也。""杀"与"𣏂"（读"蔡"）为一字之变，因其用法各异，故形音略有不同，参见拙文《说蔡》（载《徐中舒先生百年诞辰纪念文集》）。该文第二稿（载《东南文化》1999年第5期）涉及郭店简诸"杀"字，然仍沿袭旧释"不害不杀"。最近始见陈伟《郭店楚简别释》载《江汉考古》1998年第4期），以《礼记·礼器》"不丰不杀"对读郭店简"不奉（丰）不杀"，可谓精凿不磨，顿开茅塞，特此志之。

　　* 䂽（禅）之涷（动），世亡（无）㥾（隐）直（德）。《唐虞之道》7

"涷"原篆作"𣶒"，其所从"東"旁，参见滕壬生《楚系简帛文字编》459—460。"涷"应读"动"。《国语·晋语》"是以君子省众而动"，注："动，行也。"此字又见下文17"升（登）为天子而不乔（骄），不涷（动）也"。所谓"不动"指"不为登天子之位而动心"。《素问·刺要论》"内动五脏"，注："动谓动乱。"

　　* 方才（在）下立（位），不以仄（侧）夫为至（轻）。《唐虞之道》18

《注释》："裘按，据文意，仄夫似应为匹夫之讹写。"按，"仄"疑读"侧"（参高亨《古字通假会典》423）。《正字通》："侧，卑隘也。"《书·尧典》"明明扬侧陋"，蔡传："侧陋，微贱之人也。"《书·舜典序》"虞舜侧微"，传："为庶人故微贱。"正义："不在朝庭谓之侧，其人贫贱谓之微。"故"侧夫"犹"微贱之人"。

＊四枳(肢)腾(倦)陞(惰)，耳目敢(辄)明衰。《唐虞之道》26

"敢"原篆作"𣪠"，《释文》误释"旰"。按，楚简文字"攴"旁往往误"午"形，参滕壬生《楚系简帛文字编》"救"265、"败"270、"敛"278、"教"278等字所从"攴"旁。《说文》："敢，使也。从攴，耴省声。"简文"敢"疑读"辄"，犹"则"(参刘淇《助字辨略》282)。"明"，显著。本简前后文意谓："尧七十岁致政之后，四肢倦怠，耳目则明显衰退，故禅让而授于贤人，退而养生。"顺便指出，沈子它簋"虔呼(呼)佳(惟)考，𣉢又(有)念自先王先公"。其中"敢"亦读"辄"。凡此古字"辄"之释读，为研究先秦语法中虚字的用法提供了新颖的材料。

＊不讹不匋(慆)，忠之至也。《忠信之道》1

"匋"原篆作"𦈢"，《释文》仅存原篆而不释。按，此字战国文字习见，多读"陶"，参拙著《战国文字声系》244—246。本简"匋"应读"慆"，参高亨《古字通假会典》742。《广雅·释诂》四："慆，疑也。"

＊古(故)行而鯖(请)兑(悦)民，君子弗采(由)也。《忠信之道》6

"鯖"，应读"请"。《广雅·释诂》三："请，求也。"

＊敬𧗱(慎)以圣(守)之。《成之闻之》3

"圣"原篆作"𠂇"，"肘"之初文。本简读"守"。参上文《老子》甲13。

＊《君奭》曰，唯彪(冒)不(丕)兽(单)禹(偁)悳(德)。《成之闻之》22

"彪"原篆作"𧇂"，省"虍"旁。与"處"省作"尻"形颇为相似。今本《书·君奭》以"冒"为"彪"属假借。《史记·匈奴传》"善为诱兵以冒敌"，《汉书·匈奴传》"冒"作"包"。《易·蒙》"包蒙"，释文作"苞蒙"，郑云："苞当作彪。"可资旁证。此字或可释"髟"，与"冒"读音亦近。关于古文字"髟"之构形，参林沄《说飘风》，载《于省吾教授百年诞辰纪念文集》。

＊《诏命》曰，允币(师)淒(济)悳(德)。《成之闻之》25

"诏"原篆作"𧦝"，《释文》仅存原篆而未释。"诏"亦见配儿钩鑃，本简似应读"旅"，参高亨《古字通假会典》884。《旅命》疑《旅巢命》之简称，乃伪古文《尚文》篇名，今佚，见《书序》。"允币"应读"允师"，见《诗·周颂·酌》"于铄王师，遵养时晦，时纯熙矣。是用大介，我龙受之。跻跻王之造，载用有嗣。实维尔公，允师。"其中"允师"二字为句，殊为不谐。疑句后脱"济德"二字。如果以上推测不误，则《酌》入韵字为"晦"、"矣"、"之"、"嗣"、"德"等，均属上古之部。王力《诗经韵读》400 认为此诗"无韵",盖未深思。

＊君子簸(簜)(席)之上。《成之闻之》34

"簸"应读"簜"。《书·禹贡》"筱簜既敷",传"簜,大竹也"。

＊《康弄(诰)》曰,不还(率)《大夏(雅)》,文王叴(作)罚,形兹亡(无)(赦)。《成之闻之》38

简文《康诰》今本作:"乃其速由文作罚,型兹无赦,不率大夏。"二者之文句和次序皆不尽相同。"还"、"锾"、"铎"、"率"辗转相通,皆一音之转,参高亨《古字通假会典》170、562。"夏"原篆作"夊",与战国文字习见形体"夒"相较,略有省简而已,这类省"止"之"夏",亦见包山简 224、随县简 165 等,均为姓氏。"大夏"应读为"大雅"。《墨子·天志》下:"非独子墨子以天之志为法也。于先王之书、《大夏》之道之然。"孙诒让《间诂》:"俞云,《大夏》即《大雅》也。雅、夏古字通……下文所引帝谓文王六句,正《大雅·皇矣》篇文。"本简意谓"不循《大雅》所载先生之法,文则制定刑法,惩罚他们不赦。"今本"夏"讹"夏",疏引《尔雅·释诂》训"常",已非《书》之原意。

＊酓(勝)悳(德)义。《尊德义》1

《注释》:"裘按,第一字此篇习见,从文意看,似是尊之异体。"检"酓"原篆作"酓",从"斧"得声,疑读"勝"。《吕氏春秋·诬徒》"理义之术胜矣",注:"胜,犹行也。"《国语·楚语》"德义不行",与本简"胜德义"相较,语有反正,适可互证。故《尊德义》似应称《胜德义》。

＊艣(津)忿缦(懑),改悍(忌)勍(胜),为人上者之矛(务)也。《尊德义》1

"艣"原篆作"艣",《释文》误释"滩"。《说文》"津"古文作"艣"。本简"津"疑读"尽"(均从"聿"声)。《小尔雅·广言》:"尽,止也。""忿缦"应读"愤懑"。"忿"与"愤"音义均同(《集韵》),"缦"与"蛮"声系亦通(《说文》"蛮读若蛮")。《文选·报任少卿书》:"仆终不得舒愤懑以晓左右。"简文意谓:"抑止愤怒,改正忌胜,此人主所应留意。"

＊古(故)共是勿(物)也。《尊德义》19

"共"原篆作"共",《释文》误解"冬"。按,楚帛书"共"作"共",与本简形体最近。

＊民余宪智离袭(劳)匋也。《尊德义》24

徐在国、黄德宽《郭店楚简文字续考》(载《江汉考古》1999 年第 2 期)所释"离劳",可信。按,"离劳"即"离骚"。关于《离骚》篇名义蕴,旧说颇多分歧，似应以《史记·屈原贾生列传》"离骚者，犹离忧也"。盖"离"应读"罹"，故班固《离骚赞序》曰："离犹遭也。"王逸《章句》："骚，愁也。"所谓"愁"与"忧"义本相涵。《汉书·扬雄传》："又旁《惜诵》以下至《怀沙》一卷，名曰畔牢愁。"注："李奇曰，畔，离也。按，汉人将"离"改为"畔"，是对"离"原义的误解。然以"牢"为"骚"，显然以其音义均近之故。"牢"可读"忧"。《仪礼·士丧礼》"牢中旁寸"，注："牢读为楼，今本楼为缕。"是其佐证。简本"劳"又"牢"之音转。《后汉书·应奉传》"多其牢赏"，注："牢或作劳。"是其佐证。《淮南子·精神训》"竭力而劳万民"，注："劳，忧也。"总之，"离骚"亦可作"离劳"，"离忧"等。"骚"、"忧"、"牢"、"劳"皆一音之转。

  ＊为邦而不以豊（礼），犹所人之亡（无）遅（状）。《尊德义》24

"所人"原篆为合文，应读"党人"。"所"与"党"均属舌音，鱼、阳阴阳对转。《释名·释州国》："党，所也。"《左传·哀公五年》"何党之乎"，注："党，所也。"均属声训。《楚辞·离骚》"惟夫党人之偷乐兮"，注"党，朋也。""亡遅"读"无状"。《汉书·贾谊传》"谊自伤为傅无状"，注："无善状"。

  ＊词（治）民非还（率）生（性）而已也，不以旨（嗜）谷（欲）戹（害）其义。《尊德义》25

"还"讀"率"，参上文《成之闻之》38。"还生"读"率性。"《礼记·中庸》："天命之谓性，率性之谓道，修道之谓教。"注："率，循也。"如果以简文对勘《中庸》这段名言，可见"率性"本应作"还性"，犹言"回归天性"，这似乎更接近儒家哲学思想的真諦。

  ＊遫（速）虖（乎）楷（置）蚤（邮）而遱（傅）命。《尊德义》28

首字《释文》直接隶定为"速"，不够准确。应隶定为"遫"（"欶"見春秋㭁戈），读"速"。参拙著《战国文字声系》1467。

  ＊哭之鼓（動）心也湵（浸）潡，其刾（央）繈（涟）繈（涟）如（如）也。《性自命出》30

"湵"应读"浸"。《庄子·大宗师》"浸假而化予之左臂"，注："浸，渐也。"《广韵》："潡，水也。"故"浸潡"犹言"渍水"。《孔丛子·杂训》："犹浸水之与膏雨耳。""刾"应读"央"。《广雅·释诂》："央，尽也。""繈繈"应读"涟涟"。《诗·卫风·氓》"泣涕涟涟"，释文："涟，泣貌。"本简意谓："发自内心的哭泣如渐渍之水，最终涟涟不已。"下文31"其刾（央）则流女（如）也，"与本简意近。下文"凡交毋刾（央），必使又（有）末。"60 其"央"与"末"对文见义。

＊□□者,又(有)受者。《六德》9

"受"原篆作"☒",与《成之闻之》"受"作"☒"34同形。此段指"六职"之一的"父子之职"。

＊六哉(职)既分,以礽(攀)其惪(德)。《六德》10

"礽"原篆作"☒",从"衣","八"声。《韵会》:"礽,同襻。"《集韵》:"衣系曰襻。"本简"礽"应读"攀"。《广雅·释诂》:"攀,引也。"此字或释"裕"之省文。

＊忧之力弗敢单(惮),也危其死弗敢恋(爱)也。《六德》16

"忧"原篆作"☒",参信阳简1.039"忧"作"☒",《玺汇》2154"宪"作"☒"等。《说文》:"忧,不动也。"

＊上共(恭)下之宜(义)以奔(睦)禋(姻),禋(姻)胃(谓)之孝。《六德》22

"奔",见《说文》:"☒,两手盛也。从収,兂声。""禋"原篆作"☒",《释文》不识。本简"奔禋"应读"睦姻"。《说文》"煙"或作"烟",可资佐证。"睦烟",典籍又作"睦婣"。《周礼·地官·大司徒》:"二曰六行,孝友睦婣任恤。"注:"睦,亲于九族。姻,亲于外亲。"所谓"六行"似与本简上文"六位"、"六职""六德"关。"奔"字右下有重文符号,如是全句应释:"恭下之义以睦姻,睦姻谓之孝。"

＊可以纬(讳)其亞(恶)。《六德》43

"纬"原篆作"☒",其"韦"旁省"口"形,参拙著《战国文字声系》1176。本简"纬"应读"讳"。《广雅·释诂》三:"讳,避也。"

＊六,其覣(觊)十又(有)二。《六德》45

"覣"应读"觊"。《说文》:"觊,竝视也。从见二。"简文意谓:"六德,其相对有十二德。"

＊天生鯀(玄),人生化。《语丛一》3

"化"原篆作"☒",其所从"人"和倒"人"皆稍有变异。《语丛》此字甚多,《释文》均释"卯",文意难通。"玄"、"化"联文,参《文选·曹植责躬诗》"玄化滂流"。下文"又(有)蚕(本)又(有)化"。48参《楚辞·天问》"何本何化"。

＊楥(諼)於念(欲),号(饕)生於楥(諼),怍生於吁(訏)。《语丛二》15—16

"楥"应该读"諼"。《说文》:"諼,诈也。""号"原篆作"☒",与下句"吁"作"☒"偏旁位置有别。《释文》将二者均释为"吁",非是。"号"应读"饕"。《说文》:"饕,贪也。""吁"应读"訏"。《说文》:"訏,诡讹也。"

＊遊(游)蒽(佚),益。嶠(高)志,益。《语丛三》14—15

《说文》:"菌,粪也。从艸,胃省。"《集韵》:"菌,或作屎,通作矢。""矢"与"失"音近可通。《公羊传·文公七年》:"眣晋大夫使与公盟也。"释文"眣"作"眹"。是其佐证。"游蒽"疑读"游佚"。《墨子·尚同》下:"非特富贵游佚而绎之也。""嶠"原篆上从"高"下从"山",与"嵩"并非一字。《集韵》:"嶠,嶠嶤,山峻。""嶠志"应读"高志"。《荀子·修身》:"抗之以高志。"

＊飤(食)韭亚(恶)智(知)冬(终)其菒《语丛四》11

"亚"读"恶",犹"何",疑问副词。参杨树达《词诠》534。"菒"原篆作"茉"。从"艸","某"声。《集韵》:"菒,艸名。"简文意谓:"食韭那知最终如同食草。"

＊三骹(雄)一觓(雌),三鿌(瓠)一薏(柢),一王母保三殹(嬰)兒(婗)。《语丛四》26—27

"鿌"读"瓠"。《说文》:"瓠,匏也。""薏"读"柢",参高亨《古字通假会典》461。《说文》:"柢,木根也。""殹兒"读"嬰婗"《说文》:"嬰,嬰婗也。"《释名·释长幼》:"人始生曰嬰兒……或曰嬰婗。"《礼记·杂记》注"鷖弥"、《孟子·梁惠王》注"緊倪",与"嬰婗"皆一音之转。简文以动物、植物、人类为喻,深得修辞之三昧。

郭店简古文二考①

上世纪 70 年代以来，传抄古文在学术界的地位日益得到认同。其中北宋夏竦《古文四声韵》一书，由于收录传抄古文资料十分丰富，所以倍受学者青睐。近年随着楚简的不断发现，一些高难度的文字考释，往往借助于《古文四声韵》才得以迎刃而解。本文试举郭店简中这类已识字而结构不明和未识字的例证各一则，用以说明《古文四声韵》在考释战国文字中不可替代的字典作用。

释"达"

郭店《老子》甲篇："长古之善为士者，必非（微）溺玄达，深不可志（识），是以为之颂（容）。"(8)《释文注释》："达，简文作逹，《古文四声韵》引《古老子》达作逹，与简文极近似。《包山楚简》第 119 号有此字，系人名司马达。"②另外，《性自命出》："达于义者也。"(54)《究达以时》："童（动）非为达也。"(11)"穷达以时。"(14)"达"字还见于《五行》"疋肤肤达者君子道"(43)等。这些明确的辞例，证明"达"字的释读不可移易。

九店 56.30："是胃（谓）达日。"《释文》早已隶定为"达"，③后来《释文与注

---

① 原载《古籍整理研究学刊》，2002 年第 5 期，第 1—3 页。
② 荆门市博物馆：《郭店楚墓竹简》，北京：文物出版社，1998 年，第 114 页。
③ 湖北省文物考古研究所：《江陵九店东周墓》，北京：科学出版社，1995 年，第 507 页。

释》又详加解释:"达"字原文作"[字形]"。按包山墓竹简 111 号、112 号有人名[字形],113 号有人名[字形],119 号有人名[字形]。第二个字跟第一字比较,唯"[字形]"旁中间一竖与其下二横相连,第三个字跟第一字比较,唯"[字形]"旁多一口。战国文字从"口"与不从"口"往往无别……《古文四声韵》卷五曷韵达字引《古老子》作"[字形]","[字形]"与之十分相似,可见上引包山竹简文字都应当是古文"达"。本简"[字形]"与包山竹简"[字形]"的写法十分相似,唯"[字形]"旁下多一短横,它们显然是同一个字,也应当是古文"达"。本简日名之字,秦简《日书》甲、乙种楚除皆作"达",也可以证明把"[字形]"释为"达"是可信的。①

长沙楚帛书甲篇:"咎(晷)而〈天〉步达。"有学者指出:"所谓咎(晷)天步达,就是说通过规测周天度数,制定历法,推步达致神明之境。"②按,"咎而之达"其义待考,然而"达"之隶定则毫无疑义。

以上郭店简中"达"的出现频率较高,异体也较多,例如:

[字形] 郭店·五43　　[字形] 郭店·穷11　　[字形] 郭店·语一60

众所周知,在战国文字中"="形和"口"形往往是装饰部件,且可以互换。其例甚多。③ 饶有兴味的是,"="形和"口"形有时在一字中共见,④这与"达"的异体变化完全吻合。下面将这类例证一并列举如次:

	原形		加"="		加"口"		加"="、"口"	
命	[字形]	侯马311	[字形]	包山18	[字形]	包山12	[字形]	包山2
若	[字形]	盂鼎	[字形]	三体石经	[字形]	诅楚文	[字形]	兆域图
向	[字形]	乙编5849	[字形]	秦陶895	[字形]	古币90	[字形]	玺汇3059
仓	[字形]	古币162	[字形]	玺汇1323	[字形]	玺汇0967苍	[字形]	玺汇3996苍
石	[字形]	京都3113	[字形]	古研17.182	[字形]	中山王圆壶	[字形]	包山189

---

① 湖北省文物考古研究所、北京大学中文系:《九店楚简》,北京:中华书局,2000 年,第 87 页。

② 曾宪通:《楚帛书文字新订》,《中国文字研究》1 辑,长春:吉林大学出版社,1999 年,第 91 页。

③ 何琳仪:《战国文字通论》,北京:中华书局,1989 年,第 232—233 页。

④ 何琳仪:《楚官肆师》,载《江汉考古》,1991 年第 1 期。

匀	〔图〕货系2930	〔图〕玺汇1565	〔图〕古钱1993筒
戒	〔图〕玺汇0163	〔图〕蚯生丕戈	〔图〕玺汇1238
治	〔图〕㚔奴戈	〔图〕七年得工戈	〔图〕新城戈
尸	〔图〕鱼颠匕	〔图〕中山王鼎	〔图〕右迟尹壶	〔图〕舍忏鼎
危	〔图〕陶汇5.145	〔图〕货系543		〔图〕随县11鎺
达		〔图〕郭店·五43	〔图〕郭店·穷11	〔图〕郭店语—60

细审上表这类有规律的变化,有理由推测战国文字"达"的主体部分应由"辵"旁和"午"形所构成。如果上溯西周金文、横比秦系文字:

A. 〔图〕墙盘　　B. 〔图〕师寰簋　　C. 〔图〕秦印

不难发现,金文B、秦印与楚简必有关联。具体而言,由"十"形演变为"木"形,又演变为"伞"形。至于小篆"達",右上从"大"旁(参《说文》"達"或作"达"),显然是形变所致,而兼有声化的趋势("达"、"大"双声叠韵)。当然,墙盘"达"右上何以从"十"形("十"、"达"双声),尚有待研究。

还有一种可能,根据上表"危"的原形,可以推测郭店简"达"所从"="形乃省形符号。① 参见"马"作"〔图〕"(玺汇3820),"为"作"〔图〕"(左师壶),"则"作"〔图〕"(信阳1.01),"艺"作"〔图〕"(郭店·语二50)等。如是理解,郭店简"达"所省者为"羊"旁。

总之,"〔图〕"属周秦文字,"〔图〕"属六国文字,后者应是前者的省变。

释"竞"

郭店简《语丛》2.3和1.93两条简文如下:

A生于敬,耻生于B。仁义为之C。

其中原篆分别作:A.〔图〕　　B.〔图〕　　C.〔图〕

《释文注释》隶定A为"室",释"望";隶定B为从"心"从"室",亦释

---

① 何琳仪:《战国文字通论》,北京:中华书局,1989年,第225—226页。

"望"。① 或释 A 为"枉",读"狂"。② 《释文注释》隶定 C 为"桯",未予解释。③ 或释 C 为"枉",训"邪曲",④ 或释 C 为"棿",通"臬",训"法度"。⑤

上揭三字都有一共同的偏旁,以上学者或放在一起讨论,无疑是十分正确的。然而其隶定则有可商。下面列举诸家所涉及相关郭店楚简文字如次:

室　[字]　郭店《语丛》1.1;　　　往　[字]　《语丛》4.2;
毁　[字]　郭店《语丛》1.108;　兒　[字]　郭店《语丛》4.27

其中"室"所从"亡"旁,"往"所从"之"旁,"毁"所从"臼"旁,"兒"所从"臼"旁,与上揭三篆同属一批竹简资料。细审各自形体,判然有别,其间似无切合之点。三篆形体诡异,在现有古文字资料中,恐怕很难找到可以比照者,大概只能在传抄古文中寻觅。检《古文四声韵》下平二十八引《古老子》"兢"作"[字]":

此字与上揭 A 字比较,仅增一弧笔而已。其实这一弧笔也是可以解释的。自西周以来,"兢"作下例各形:

[字]　鬲比盨　　　[字]　七年相邦吕不韦戈　　　[字]　小篆

以上"兢"字上方为三横笔或三斜笔,而郭店简 A、B 这一部位为二曲笔,无疑应属简化。至于 A、B 与 C 之间的递变关系,应属"收缩笔画"现象。⑥"[字]"是周秦文字,"[字]"是六国文字。尽管两者间的演变关系尚缺少中间环节,然而据《古文四声韵》隶定郭店简"[字]"为"兢"应该是有根据的。

郭店简 A 之"兢"当训"恐惧"。《诗·大雅·云汉》"兢兢业业",传:"兢兢,恐也。"《尔雅·释训》:"兢兢,戒也。"凡此皆由《说文》"兢,敬也"所引申。其中以"敬"训"兢",恰好与郭店简"兢生于敬"可以互证。先秦以后,这类词汇甚多,诸如"兢栗"、"兢悚"、"兢恪"、"兢戒"、"兢畏"、"兢悸"、"兢业"、"兢

---

① 荆门市博物馆:《郭店楚墓竹简》,北京:文物出版社,1998 年,第 203 页。
② 黄德宽、徐在国《郭店楚简文字考释》,《吉林大学古籍整理研究所建所十五周年纪念文集》,1998 年。
③ 荆门市博物馆:《郭店楚墓竹简》,北京:文物出版社,1998 年,第 198 页。
④ 黄德宽、徐在国:《郭店楚简文字考释》,《吉林大学古籍整理研究所建所十五周年纪念文集》,1998 年。
⑤ 刘钊:《读郭店楚简字词札记》,《郭店楚简国际学术研讨会论文集》,2000 年。
⑥ 何琳仪:《战国文字通论》,北京:中华书局,1989 年,第 216—217 页。

惧"、"兢惭"等等,均可由"兢"之义训而推求。简文"兢生于敬",可参读《新苑·反质》:"君子服善则益恭,细人服善则益倨;我以自备,恐有细人之心也。"

郭店简 B 从气"心",从"兢",应是"兢"之繁文。同文求异,所谓"避复"者也。《论语·学而》:"恭近于礼,远耻辱也。"可以为郭店简"耻生于敬"作注("恭"与"敬"对文见义)。

《语丛》2.3 简文:"兢生于敬,耻生于兢。"大意谓:"兢戒由恭敬而生,羞耻由兢戒而生。"

郭店简 C 从"木",从"兢",字书所无,疑是"棡"之异文。检《老子》七十六章"木强则共",马王堆汉墓帛书甲本"共"作"恒",乙本作"兢",乙本注:"兢,甲本作恒,疑读为棡,兢是假借字。"① 是其佐证。《说文》:"棡,竟也。从木,恒声。亙,古文棡。"

郭店简 C 应读"恒"。《说文》:"恒,常也。"

《语丛》1.93 简文"仁义为之棡(恒)。"大意谓:"以仁义为典常。"这应是汉代"五常"之滥觞,参读《汉书·董仲舒传》:"夫仁谊(义)礼智信,五常之道。"《白虎通·性情》:"五常者何?谓仁义礼智信也。"

引用书目简称:

乙编　《殷墟文字乙编》
京都　《京都大学人文科学研究所藏甲骨文字》
货系　《中国历代货币大系》
古钱　《古钱大辞典》
古币　《古币文编》
玺汇　《古玺汇编》
陶汇　《古陶文汇编》
秦陶　《秦陶文编》
侯马　《侯马盟书》
信阳　《信阳楚墓》

---

① 国家文物局古文献研究室:《马王堆汉墓帛书(壹)》,北京:文物出版社,1980 年,第 94 页。

随县　《曾侯乙墓》
包山　《包山楚简》
九店　《九店楚简》
郭店　《郭店楚墓竹简》
古研　《古文字研究》

沪简诗论选释①

近年,学术界翘首期盼的上海博物馆藏战国楚简终于面世。尽管这次公布的《孔子诗论》、《缁衣》、《性情论》②三种,只是沪简资料中的一小部分,然而其学术价值并不亚于郭店楚简。北京大学、上海博物馆的专家,对这批资料予以精审的隶定和深入的研究,其首创之功自不可没。笔者粗读《诗论》一过,略有心得,敝帚自珍,草成此文,以抛砖引玉云。

本文释文一般采用严式隶定,不过若干文字则采用宽式隶定,以便打印,并不统一。引用简文后的小括号内数字为《诗论》序号,《孔子诗论·释文考释》简称《考释》。

孔子曰:诗亡(无)陞(陵)志,乐亡(无)陞(陵)情,文亡(无)陞(陵)言。(1)
"孔子"为合文,其中"孔"原篆作"𤔔"。或释"卜子"③,或释"子上"④,均误。"孔"的这种形体比较特殊,其演变规律可参见:

夜 𤯅　元年埒令戈　　　　冢 𠂤　宁鼎
亘 𣥐　楚帛书乙8.10　　　昭 𤔔　香港简6

---

① 原载《上海博物馆藏战国楚竹书研究》,上海古籍出版社,2002年,第243—259页。
② 马承源:《上海博物馆藏战国楚竹书》(一),上海:上海古籍出版社,2001年。
③ 裘锡圭说:新出简帛国际学术研讨会发言,北京大学,2000年。
④ 黄锡全:《孔子乎?卜子乎?子上乎?》,国际简帛网,http://www.bamboosilk.org.,2001年2月26日首发。2000年北京大学国际简帛会议论文集,待刊。

䫊 ▨ 随县简 147　　　　鹿 ▨ 包山简 246①
猒 ▨ 郭店简《缁衣》46　　孔 ▨ 上海简《诗论》1

以上各字与标准字形相比较，显然都增加一"卜"旁，或弯曲作匕形。凡此乃战国文字特殊的附件。至于下列字形由卜旁变异为宀的平行现象，也颇值得注意：

悁 ▨ 上海简《诗论》18　　孔 ▨ 上海简《颜渊》

另外，《古文四声韵》卷三引《籀韵》"孔"作"孖"形②，更能说明《考释》对《诗论》"孔"字的隶定是正确的。

"陜"，原篆作"▨"。其下从"心"，疑是叠加"无义偏旁"③。"陜"所从"巠"，在战国秦汉文字中习见，多读"邻"。然则"陜"可直接释"隣"，即"邻"之异文（《集韵》）。

"邻"与"陵"双声，典籍往往可以通假④。另外，传世邻阳壶之"邻阳"应读"陵阳"⑤，地名。见《楚辞·九歌·哀郢》、《汉书·地理志》等⑥。凡此可证，简文"陜"，应读"陵"。

《礼记·学记》："不陵节而施之谓孙。"疏："陵，犹越也。"字亦作"凌"。《吕氏春秋·论威》："虽有江河之险，则凌之。"注："凌，越也。"至于 20 号简"其陜志必有以俞（逾）。"其中"陜（陵）"训"越"与"俞（逾）"训"越"，恰可互证。

另外，《书·泰誓》："予盍敢有越厥志。"其中"越志"似乎可以作为对简文"陵志"的注解。

总之，"陜"有驰骋超越之意，在简文中为使动用法。其大意谓："诗歌不可使心志陵越，音乐不可使感情陵越，文章不可使言辞陵越。"凡此种种，都合乎儒家"过犹不及"的中庸之道，"游于艺"则应体现所谓"温柔敦厚"之恉也。

---

① 何琳仪：《包山竹简选释》，载《江汉考古》，1993 年第 4 期；又《楚王熊丽考》，载《中国史研究》，2000 年第 4 期。
② 朱渊清：《孔字的写法》，国际简帛网，http：//www.bamboosilk.org.，2001 年 12 月 18 日首发。
③ 何琳仪：《战国文字通论》，北京：中华书局，1989 年，第 197—198 页。
④ 高亨：《古字通假会典》，济南：齐鲁书社，1989 年，第 38 页。
⑤ 陈平：《北京出土征集拣选青铜器的铭文》，《首都博物馆丛刊》15 集，2001 年。
⑥ 何琳仪：《邻阳壶考》，待刊。

讼(诵),塝(旁)惪(德)也,多言後。(2)

"塝",《考释》误释"坪(平)"。"坪"在战国文字中习见,与该字不同。"塝"原篆所从"旁"旁可与楚帛书"旁"字相互比较:

塝　[图]　上海简《诗论》2

该字从土从雱("旁"之籀文),雨旁与方旁借用一横笔。《集韵》:"塝,地畔也。"

简文"塝"应读"广"。"旁"与"黄"声系可通。《国语·齐语》:"以方行于天下。"《管子·小匡》"方"作"横"。是其佐证。另外,《广雅·释诂》二"旁,广也"。亦属声训。

简文"坪德"应读"广德"。"广德",见《逸周书·太子晋解》"其孰有广德"。《老子》四十一章"广德若不足"。简文意谓"广大之德"。

丌(其)乐安而犀(迟),丌(其)訶(歌)绅(伸)而蕩,丌(其)思深而远。(2)

"蕩",《考释》隶定"茐"读"麂",非是。按,该字下从"易"旁可与楚简"惕"相互比较:

[图]　上海简《诗论》2

[图]　包山简157

准是,《诗论》该字可隶定为"蕩",即"蘬"之省文。《说文》:"蘬,艸也。从艸,赐声。"

简文"蕩"读"易"。《礼记·乐记》:"大乐必易,大礼必简。"其中"易"、"简"对文见义,乃简文"蕩"之确解。简文"绅"应读"申"。《论语·述而》:"子之燕居,申申如也。"《集解》:"和舒之貌也。"或作"伸"。《淮南子·本经训》:"伸曳四时。"注:"犹押引和调之也。"

简文"绅而蕩"读"伸而易",意谓"舒缓而简易"。

诗丌(其)犹塝(旁)门,与戋(贱)民而豫之,丌(其)甬(用)心也酒(将)可(何)女(如)?(4)

"塝门",应读"广门",参上文2号简"广德"。

"豫",《考释》误隶定为从"谷"从"兔"。按,《诗论》该字可与楚简"豫"字相互比较:

[图]　上海简《诗论》4

☒ 包山简 11

《尔雅·释诂》:"豫,乐也。"字亦作"娱"。

简文意谓:"《诗》之义理犹如宽广之门,由此登堂入室,从而达到与贱民同乐的目地。"孔子这一平民思想,殊为难能可贵,值得珍视。

民之又(有)榖惓(怨)也,上下之不合者,丌(其)甬(用)心也酒(将)可(何)女(如)?(4)

"榖"已见郭店楚简《性自命出》34,且与郭店简《语丛》四 9 的另外一字有共同的偏旁,三者可以相互比较:

☒ 上海简《诗论》4

☒ 郭店简《性自命出》34

☒ 郭店简《语丛》四 8

郭店简《语丛》四 9"榖钩者毇",今本《庄子·胠箧》作"窃钩者诛"。郭店简《性自命出》34:"忧斯榖,榖斯叹。"其中"榖"可读"憯"。"窃"与"祭"均属月部,可以通假①。准是,《诗论》该字亦可读窃。《广雅·释诂》四:"窃,私也。"

"惓",可读"怨"。《诗·豳风·九罭》"衮衣绣裳",《释文》"衮字或作卷"。而《玉篇》系部引《韩诗》"衮"作"绻"。是其确证。

简文"榖惓"应读"窃怨",意谓"私下怨恨"。参见《汉书·金日䃅传》:"出则联乘,入侍左右,贵戚多窃怨,上闻愈厚焉。"

少(小)䏌(宛)丌(其)言不亚(恶),少又(有)忎(仁)安(焉)。(8)

"少䏌",《考释》认为与《诗》之《小宛》相当,可以信从。然而未能释出"䏌"字,尚隔一间。《诗论》该字原篆作"☒",其上部所从偏旁可能有误,参见《诗论》18"悁"作"☒"形。此字上部所从"卜"属"无义偏旁",参见上文 1 号简。以此类推,《诗论》该字似可读"䏌"。至于该字下部所从二"肉",可能属繁化现象。"宛"、"䏌"均属元部,故"少䏌"可读"小宛",见《诗·小雅·小宛》。

"忎",曾误释"委"之异文,今仍从《考释》隶定,读"仁",即"忎"之异文,属"叠韵音符互换"②现象。《诗论》意谓"《小宛》并非恶言,且有仁人之心",似

---

① 裘锡圭说,引《郭店楚墓竹简》,北京:文物出版社,1998 年,第 218 页。
② 裘锡圭说,引《郭店楚墓竹简》,北京:文物出版社,1998 年,第 135 页。

与《小宛》"衰我填寡,宜岸宜狱"诗意相当。

实咎於其也。(9)
"实",《考释》误释为"贵"。该字已见楚简,以下对比其形体:

[字形] 上海简《诗论》9
[字形] 信阳简 2.09①
[字形] 郭店·忠 8

"实",副词。《广雅·释诂》一:"实,诚也。"

害(曷)曰:童(动)而皆臤(贤)於丌(其)初者也?(10)
《考释》作:"害曰童而皆臤於丌(其)初者也。"缺释文"曷"、"动"、"贤"三字,应补入括号之内。

鹊榡(巢)之归,则遃(荡)者……(11)
鹊榡(巢)出以百两(辆),不亦又(有)遃(荡)虖(乎)?(13)
"遃",《考释》缺释。按,此字又见 27 号简。所从"邕"金文习见,以下举例比较:

[字形][字形] 上海简《诗论》11   [字形] 上海简《诗论》27
[字形][字形] 绅卣   [字形] 邵钟(《集成》230)

值得注意的是,邵钟"邕"之上所从"十"形,与上海简吻合。这可能是饰笔,也可能属"形声标音"②("邕"、"十"均属舌音)。
"遃",可读"荡"。《礼记·曲礼》下:"天子邕。"《春秋繁露·执贽》:"天子用畅。"《史记·封禅书》:"草木畅茂。"《汉书·郊祀志》引"畅"作"邕"。是其佐证。《左传·襄公二十九年》:"美哉荡乎。"疏:"宽大之意。"

……可叓(得),不攻不可能,不亦智互(恒)虖(乎)?(13)
"攻",原篆作"[字形]",上从"工",下从"又"。战国文字"又"旁与"攴"旁往往

---

① 何琳仪:《战国古文字典》,北京:中华书局,1998 年,第 1090 页。
② 何琳仪:《战国文字通论》,北京:中华书局,1989 年,第 202 页。

可以互作①，故疑该字为"攻"之异文。简文"攻"训"作"，参《诗·大雅·灵台》"庶民攻之"。传："攻，作也。"

《考释》认为该句"系就《汉广》而下的评语"，十分正确。检《诗序》："德广所及。文王之道，被于南国，美化行乎江汉之域，无思犯礼，求而不可得也。"简文"不攻不可能"，意谓"不做不可能的事"。这与《诗·周南·汉广》"南有乔木，不可休思。汉有游女，不可求思。汉之广矣，不可泳思。江之永矣，不可方思"诗义完全吻合。

虔（吾）以萬（葛）寻（覃）旻（得）氏初之诗，民眚（性）古（故）然。（16）

"萬"，从"艸"，从"禹"。"禹"从倒"趾"，从"禹"。"萬"亦见楚帛书：

萬　　上海简《诗论》16

萬　　楚帛书乙5.6②

两相比较不难看出，上海简"萬"旁是楚帛书"萬"之省简。这类简体亦见《玺汇》0904。

甲骨文早已出现"萬"，睡虎地秦简也有"萬"。根据《说文解字系传》（《四部丛刊》影印宋钞本）"辖"从"萬"，可知"萬"读若"害"③。

"寻"之右旁似从"古"形，疑乃小篆"寻"所从"工"、"口"之滥觞。"寻"旁已见楚简：

寻　　　上海简《诗论》16　　　　甚六钟

籑　　　郭店简《成之闻之》34④

简文"萬（害）寻"，可读"葛覃"。

首先，"害"与"曷"声系相通。《书·汤誓》："时日曷丧。"《孟子·梁惠王》上引"曷"作"害"。《逸周书·度邑》："害不寝。"《史记·周本纪》作"曷为不寝"。《管子·地数》："而葛卢之山发而出水。"《汉书·高帝纪》注引"葛"作"割"。是其佐证。而《易·损》"曷之用二簋"。帛书本"曷"作"萬"，更是简文"萬"可读若"曷"的佳证。

其次，"寻"与"覃"声系相通。《淮南子·天文训》："火上荨。"注："荨读若

---

① 何琳仪：《战国文字通论》，北京：中华书局，1989年，第207页。
② 李家浩说引曾宪通《长沙楚帛书文字编》，北京：中华书局，1993年，第78页。
③ 裘锡圭：《释萬》，《古文字学论集》初编，香港：香港中文大学，1983年。
④ 李零：《郭店楚简校读记》，《道家文化研究》17辑，1999年。

《葛覃》之覃。"《淮南子·原道训》:"故虽游於江浔海裔。"注:"蕁读若《葛覃》之覃。"《尔雅·释言》:"流,覃也。覃,延也。"《释文》:"覃本又作蕁。"是其佐证。

综上,简文"萬寻",应读"葛覃",即《诗·周南·葛覃》。

简文"氏",疑"师氏"之省称。《诗·周南·葛覃》:"言告师氏,言告言归。"

见亓(其)岂(美)必谷(欲)反(返)一本,夫(扶)萬(苏)之见诃(歌)也。(16)

简文"一本",一个根源。《孟子·滕文公》上:"且天之生物也,使之一本,而夷子二本故也。"

"萬",《考释》缺释。《说文》:"萬,艸也。从艸,禹声。"

简文"萬",疑读"苏"。二字均属鱼部,声纽分别为牙音和齿音。牙音和齿音偶尔也可相通,如"渠"与"疽"可以通假①。而《周礼·考工记·轮人》:"萬知以眡其匡也。"注:"萬,郑司农云,《书》或作矩。"可资参证。

简文"夫萬",疑读"扶苏",即《诗·郑风·山有扶苏》之"扶苏"。检《诗论》中载《诗》之篇名,往往可以省简。例如:

今本	简本
《十月之交》	《十月》(8)
《遵大路》	《遵路》(9)
《山有扶苏》	《扶苏》(16)
《将仲子》	《将仲》(17)
《无将大车》	《将大车》(21)

《诗序》:"刺忽也。所美非美然。"其中"美"与《诗论》之"美"恰可互证。这也说明上文对"扶苏"的考释,并非是无根之谈。

《诗·郑风·山有扶苏》:"山有扶苏,隰有荷华。不见子都,乃见狂且。山有桥松,隰有游龙。不见子充,乃见狡童。"《诗序》和《诗论》之"美",显然是美男子"子都"、"子充"。《诗论》意谓:"见到美色必然想返回人之本性,这是《扶苏》之所以被歌咏的原因啊。"

---

① 高亨:《古字通假会典》,济南:齐鲁书社,1989年,第872页。

菜(采)萬(葛)之爱妇。(17)

"菜",上从"艸",中从"爪",下从"木"。其中"木"旁中间竖笔收缩,颇似从"土"旁。类似现象可参见"艺"、"树"等字所从"木"旁。所以《考释》隶定为"菜",可以信从。

"萬"所从"禹",疑"蔿"之省简,即少一弧笔。如果这一推测不误,"萬"可直接读"葛"。参见上文16号简。

还有一种可能,"萬"读若"葛"。二字均属牙音,但"萬"属鱼部,"葛"属月部。关于鱼部与月部相通,曾侯乙墓出土编钟乐律名"割先"读"姑洗",是其例证。这一现象已有学者做过讨论①,兹不赘述。

简文"菜萬"应读"采葛",即《诗·王风·采葛》。诗云:"彼采葛兮,一日不见,如三月兮。彼采萧兮,一日不见,如三秋兮。彼采艾兮,一日不见,如三岁兮。"其诗义与简文"爱妇"可谓密合无间。《诗序》"采葛,惧谗也"。《诗集传》以为"淫奔",均不如简文更为接近诗之本义。

折(杕)杜则情意(喜)亓(其)至也。(18)

《考释》以为"折"为"杕"之形误,于字形不合。按,"折"乃"杕"之音变,二字均属舌音月部,故可相通。

溺志,既曰天也,犹又(有)悁(怨)言。(19)

"溺",《考释》存原篆(摹写不准确)而未释。该字左从"弓",右下从"水",右上仅存残画,可与郭店简"溺"相互比较:

[字形] 上海简《诗论》19
[字形] 郭店简《老子》甲37

简文"溺志",见《礼记·乐记》"郑音好滥淫志,宋音燕女溺志"。疏:"燕,安也。溺,没也。"

亓(其)言又(有)所载而后内(纳),或前之而后,交(佼)人不可盱也。(20)

《考释》句读及释字均误。简文"交人",读"佼人",见《诗·陈风·月出》:

---

① 裘锡圭、李家浩:《曾侯乙墓钟磬铭文释文与考释》,引《曾侯乙墓》,北京:文物出版社,1989年,第554—555页。

"月出皎兮,佼人僚兮。舒窈纠兮,劳心悄兮。"《诗论》往往截取《诗》中之句,以代《诗》之篇名。例如:

今本	简本
《月出》"佼人僚兮"	"交(佼)人"(20)
《生民》"时维后稷"	"后稷"(24)
《兔爰》"有兔爰爰"	"又(有)兔"(25)
《殷其雷》"何斯违斯"	"可(何)斯"(27)
《褰裳》"褰裳涉溱"	"涉秦(溱)"(29)
《甫田》"总角卯兮"	"角幠(丱)"(29)
《新台》"河水浼浼"	"河水"(29)

《说文》:"盱,目多白也。一曰,张目也。"简文:"交(佼)人不可盱也"意谓"不可以盯着美人瞧",这与《诗序》"刺好色也。在位不好德而说(悦)美色焉"的诠释是十分吻合的。

孔子曰,备(宛)丘虐(吾)善之。(21)
"备"旁亦见楚简和金文:

备 ![] 上海简《诗论》21
蒷 ![] 九店简 56.13
原 ![] 鲁原钟

鲁原钟之"原"乃"邍"之省文,人所尽知。九店简"蒷"见《说文》[①],有学者读"畹"[②],无疑也是合理的推测。《诗论》之"备"与鲁原钟之"邍"有相同的偏旁,这应是"备"的省变形体,读若"原"。

"原"与"宛"均属元部,故简文"备丘"应读"宛丘",即《诗·陈风·宛丘》。

尸(鳲)鸠曰,丌(其)义(仪)一氏(只)。(21)
《诗论》引《诗》,今本《诗·曹风·鳲鸠》作"其仪一兮"。简文"氏"应读"只"。《说文》"扺,读若抵掌之抵",是其佐证。"只"与"兮"均为语尾叹词,在

[①] 何琳仪、徐在国:《释蒷》,国际中国文字学学术研讨会(天津)论文,2001年。
[②] 李零:《读楚系简帛文字编》,《出土文献研究》5集,北京:中华书局,1999年,第159页。

《诗经》、《楚辞》中习见。

　　象(桑)薦(扈)丌(其)甬(用)人则虐(吾)取。(23)

　　"象",《考释》误释"兔"。检楚系文字"象"、"豫"作如下之形:

　　象　𧰼　上海简《诗论》23

　　象　𧰼　鄂君启节

　　豫　𧳢　包山简 7

　　豫　𧳢　郭店简《六德》33

　　"象",可读"桑"。"桑"、"相"、"象"声系相通。《尔雅·释虫》:"诸虑奚相。"《释文》:"相,舍人本作桑。"朱骏声以为"相"假借为"像"。《诗·棫朴》:"金玉其相。"《诗·桑柔》:"考慎其相。"传:"相,质也。""想"假借为"像"。《周礼·眂祲》:"十曰想。"注:"杂器有似可形想。司农注,辉光也。"①可资参证。

　　"薦",可读"扈"。"户"、"疋"、"且"声系相通。《管子·弟子职》:"问所何趾。"《说文》"足"下引作"问疋何止"。《易·夬》:"臀无肤,其行次且。"汉帛书本引"且"作"胥"。

　　综上,简文"象薦"可读"桑扈",即《诗·小雅·桑扈》。诗云:"君子乐胥,万邦之屏。""之屏之翰,百辟为宪。"与《诗论》"甬(用)人"之义相涵。

　　隰又(有)长(苌)楚旻(得)而悔之也。(26)

　　"悔",见《玉篇》:"悔,受也。"《集韵》:"悔,《说文》伤也。一曰,慢也。古作悔。"

　　简文"悔",疑读"悔"。《诗·桧风·隰有苌楚》:"隰有苌楚,猗傩其枝。夭之沃沃,乐子之无知。隰有苌楚,猗傩其华。夭之沃沃,乐子之无家。隰有苌楚,猗傩其实。夭之沃沃,乐子之无室。"《诗序》:"疾恣也,国人疾其君之淫恣,而思无情欲者也。"所谓"思无情欲者"无疑有"悔"之义。

---

① 朱骏声:《说文通训定声》壮部。

可(何)斯雀(爵)之矣,遄(伤)丌(其)所爱。必曰,虡(吾)奚舍之?宾赠氏(是)也。(27)

《考释》读"可斯"为"何斯",并认为截取《诗·召南·殷其雷》"何斯违斯"首二字,十分正确。参见上文20号简。

"雀",应读"爵"①。《白虎通·爵》:"爵者,尽也。各量其职,尽其才也。"

"遄",应读"伤"。参见上文11号简。《尔雅·释诂》:"伤,思也。"

"宾",参见《礼记·月令》"鸿雁来宾"。注:"来宾,言其客止未去也。""赠",参见《诗·秦风·渭阳》"何以赠之,路车乘黄"。传:"赠,送也。"又清人希韶阁《琴谱·阳关三叠》"闻雁来宾",说明后人也是认为"宾"确实与送别有关。

简文大意谓:"《何斯》(即《殷其雷》)情感淋漓尽致,思念所爱之人。当然要说,如何才能停止对他的思念?这是一首赠别之诗。"如果参照今本《诗·召南·殷其雷》"殷其雷,在南山之侧。何斯违斯?莫敢遑息"。传:"息,止也。"则《诗论》之评语颇中肯綮。尤其是《礼记·月令》注"来宾,客止未去也"之"止",与毛传"息,止也"更是密合无间。

七(蟋)率(蟀)智(知)难,中(螽)氏(斯)君子,北风不绝。(27)

"中",可读"螽"。《书·禹贡》:"终南惇物。"《左传·昭公四年》引"终南"作"中南"。《国语·晋语》九:"胜左人中人。"《淮南子·道应训》引"中人"作"终人"。是其佐证。

"氏",可读"斯"。三孔布"封氏"(《货系》2486),读"封斯",地名②。是其佐证。

综上,"中氏"应读"螽斯",即《诗·周南·螽斯》。《诗序》:"后妃子孙众多也。言若螽斯不妒忌,则子孙众多也。"所谓"不妒忌"即《诗论》"君子"应有之德。

䏦(墙)又(有)茡(茨)慎密而不智(知)言。(28)

"䏦",《考释》隶定该字右旁为"章",殊误。按,该字右旁乃"墉"或"郭"之

---

① 高亨:《古字通假会典》,济南:齐鲁书社,1989年,第802页。
② 汪庆正:《中国历代货币大系·先秦货币》,上海:上海人民出版社,1988年,第20页。

初文①,象城郭两亭相对之形(参《说文》)。战国文字习见。② "牆",亦见楚简:

⿰⿸广片 上海简《诗论》28

⿰爿⿸广片 包山简170

"牆"与"墙"均从"爿"声,故"牆"可读"墙"。

"荠",可读"茨"。《诗·鄘风·墙有茨》:"墙有茨。"《说文》引"茨"作"荠"。是其确证。

综上,简文"牆又荠",应读"墙有茨",即《诗·鄘风·墙有茨》。《考释》:"《诗》篇名。今本无。"失检。

青蠱智。(28)

"青蠱",《考释》疑为今本《诗·小雅·青蝇》,甚确。然而未能释出该字其上所从。按,该字上从"兴"旁,已见楚简:

⿱兴蟲 上海简《诗论》28

⿱兴蟲 郭店简《穷达以时》5

郭店简"兴",释文误释"迁"之所从。其实郭店简此字与上海简"蠱"有共同的偏旁,均应释"兴"。郭店简《穷达以时》载吕望"兴而为天子师",文义条畅。"兴"与"蝇"均属蒸部,故简文"青蠱",读"青蝇",即《诗·小雅·青蝇》。③

惓(卷)而(耳)不智(知)人,涉秦(溱)丌(其)绝,柎(芣)而(苢)士,角幡(卄)妇,河水智(知)。(29)

"柎",下从"木",上从"付",至为明显,《考释》隶定从"人"从"聿",殊误。《说文》:"柎,阑足也。从木,付声。""柎",可读"芣"。《诗·小雅·常棣》"鄂不韡韡。"笺:"不当作柎,古声不、柎同。"《礼记·月令》:"坏墙垣。"《吕氏春秋·孟秋纪》引"坏"作"柎"。是其佐证。

---

① 朱德熙:《古文字考释四篇》,《古文字研究》8辑,北京:中华书局,1983年。何琳仪:《古玺杂识》,《辽海文物学刊》,1986年第2期。

② 何琳仪:《战国古文字典》,北京:中华书局,1998年,第492—493页。

③ 魏宜辉函示亦有此说。

"而",可读"苡"。《易·系辞》下:"上古结绳而治。"《论衡·齐世》引"而"作"以"。《周礼·考工记》:"石有时以泐。"《说文》水部引"以"作"而"。是其佐证。

综上,"栵而"应读"芣苡",即《诗·周南·芣苡》。

"幡",可读"丱"。"关"从"丱"得声,与"䜌"声系相通。《韩诗外传》六:"弯弓而射之。"《新序·杂事》四"弯"作"关"。《左传·昭公二十一年》:"豹则关矣。"释文:"关本又作弯。"而"䜌"声系又与"番"声系相通。《书·尧典》:"黎民于变时雍。"《汉书·成帝纪》引"变"作"蕃"。是其佐证。

简文"角幡"应读"角丱",见《诗·齐风·甫田》:"婉兮娈兮,总角丱兮。未几见兮,突而弁兮。"传:"总角,聚两髦也。丱,幼稚也。"

《诗论》:"芣苡士,角丱妇。"似应作"芣苡妇,角丱士"。因为《芣苡》是有关妇人求子之诗,而《角丱》(即《甫田》)则是有关思恋少艾之诗。"妇"与"士"互倒,可能是当时书写者之误笔。古书往往有"上下两句互误例"①,然则《诗论》该句互倒,不足为怪。如果不改字,将"芣苡士,角丱妇"理解为"妇人采芣苡求子以取悦于士,少艾是妇人思恋的对象"。如此解释虽然也勉强可通,但是毕竟颇为牵强,况且有"增字解经"的嫌疑。因此本文更倾向"改字解经",即《诗论》本应作"芣苡妇,角丱士"。

"河水",《考释》以为晋文公重耳所赋《河水》,见《国语·晋语》四,应属逸诗。这种可能当然不能排除,然而《诗》中"河水"一词也见于下列三诗:《邶风·新台》"河水弥弥""河水浼浼",《卫风·硕人》"河水洋洋",《魏风·伐檀》"河水清且涟猗"、"河水清且直猗"、"河水清且沦猗"。因此也不能排除"河水"是截取以上三诗之词为篇名的可能。这除本简"涉秦(溱)"、"角幡(丱)"之外,还可参考第二十号简所举例证。

简文"河水智",似可读"河水知"。"知"之义训,参见《诗·桧风·隰有苌楚》"夭之沃沃,乐子之无知"。笺:"知,匹也。"关于"知"训"相交匹合"之义,清儒已有精确的解说②。

《诗·邶风·新台》:"新台有泚,河水弥弥。燕婉之求,籧篨不鲜。新台有洒,河水浼浼。燕婉之求,籧篨不殄。鱼网之设,鸿则离之。燕婉之求,得

---

① 俞樾:《古书疑义举例》,北京:中华书局,1963年,第109—112页。
② 马瑞辰:《毛诗传笺通释》卷14,北京:中华书局,1989年。

此戚施。"显而易见,诗义为男女之辞。简文"河水知"意谓"《河水》是一首男女匹合之诗"。至于《卫风·硕人》和《魏风·伐檀》之"河水",则很难与"智"或"知"联系在一起。故《诗论》"河水"应指《邶风·新台》。

2002年1月11日

新蔡竹简地名偶识①
——兼释次竝戈

河南省新蔡县平夜君墓新出楚简1500余支，无疑是楚国文字中又一次重大发现。全部竹简尚在整理之中，最近《文物》只公布其中10支竹简照片。② 其中乙一14号简文"以事纪年"，涉及两个地名，比较重要：

句△公莫（郑）余骰（原篆左下从"子"）大城邺竝之岁

发掘整理者认为，新蔡简△左从"邑"，右从"羊"。一般说来，"羊"中间一竖均为直笔，而△之右旁所从则明显为向左曲笔。其实△之右旁所从乃"于"之异体，春秋金文齐良壶、王子申盏盂"盂"之所从"于"旁（《金文编》0784）可以类比：

A—1 ![字] 齐良壶

2 ![字] 王子申盏盂

3 ![字] 新蔡简

这类特殊的"于"旁，还可参考春秋金文鲁大司徒元匜（《集成》10316）：

B—1 ![字] 鲁大司徒元匜

以上A式"于"旁上从拐角状，B式"于"旁下从二撇，可能均为饰笔，只不过位置不同而已。

---

① 原载《中国历史文物》，2003年第6期，第67—69页。
② 河南省文物考古研究所、河南省驻马店文化局、新蔡县文物保护管理所：《河南新蔡平夜君墓的发掘》，载《文物》，2002年第8期。

综上形体分析，△疑为从"邑"，从"孟"省的形声字，也可直接隶定为"邟"。新蔡简"句△"，应如发掘整理者所云为地名，笔者疑读"皋浒"。

首先，"句"与"皋"双声，音近可通。《左传·哀公二十六年》"皋如"，《吴越春秋·勾践归国外传》作"句如"。是其确证。其次，"于"与"午"声系相通。《楚辞·九章·怀沙》"重华不可遻兮"，注："遻音忤，与迕同。"是其确证。

《左传·宣公四年》："秋七月戊戌，楚子与若敖氏战于皋浒。"注"皋浒，楚地。"顾栋高云："案，传上文云，若敖师于漳澨。漳水在荆州府枝江县北四十里，此亦当在其境。"① 沈钦韩云："《水经注》河水东迳万山北下水曲之隈。云，汉女昔游处也。张衡《南都赋》曰，游女弄珠于汉皋之曲。汉皋即万山之异名也。《名胜志》万山在襄阳府城西十里。"②《中国历史地图集》即采韩说，在今湖北襄樊北。③

△字左从"邑"右从"此"，发掘整理者认为，"此竝"即"兹方"，见《史记·楚世家》，其说甚确。然语焉不详，今补充如下：

首先，"此"与"兹"均属齿音，音义均近，或可通假。《书·立政》"以并受此丕丕基"，汉石经引"此"作"兹"。《尔雅·释诂下》："兹、斯、咨、呰、已，此也。"多属声训。郝懿行曰："《老子》云，吾何以知众甫之然哉？以此。又云，吾何以知其然哉？以此。河上公注竝云，此，今也。今亦为此，此亦为今，互相训也……《广雅》云，兹，今也。兹训今与此训今义亦同。《吕览·任地篇》云，今兹美禾。高诱注，兹，年也。盖亦缘词声生训，实则今兹即今此也。"④可资参考。其次"竝"与"方"声系相通。《老子》十六章"万物竝作，吾以观其复。"马王堆帛书甲本、乙本"竝"皆作"旁"。是其佐证。

新蔡简"此竝"即典籍之"兹方"。《史记·楚世家》："肃王四年，蜀伐楚，取兹方。于是楚为扞关以距之。"索隐："地名，今阙。"正义："《古今地名》云，荆州松滋县古鸠兹地，即楚兹方是也。"集解："李熊说公孙述曰，东守巴郡，距扞关之口。"索隐："按，《郡国志》巴郡鱼复县有扞关。"正义所言非是。钱大昕曰："《左传》楚子重伐吴，克鸠兹。杜预云，鸠兹，在丹阳芜湖县东。今皋夷

---

① 顾栋高：《春秋大事表》，《清经解续编》1册，上海：上海书店，1988年，第508页。
② 沈钦韩：《左传地名补注》，《清经解续编》3册，上海：上海书店，1988年，第87页。
③ 谭其骧：《中国历史地图集》一册29—30(4)4，北京：中国地图出版社，1996年。
④ 郝懿行：《尔雅义疏》，四部备要本，第41页。

也,与兹方异。"①已知正义之误。今按,扞关的地望是明确的。《史记·张仪传》:"秦西有巴、蜀,大船积粟,起于汶山,浮江以下,不至十日而距扞关。"集解:"徐广曰,巴郡鱼复有扞水、扞关。"索隐"扞关在楚之西界。"正义:"在硖州巴山县界。"钱穆曰:"鱼复故县,今四川奉节县东北,则扞关即瞿唐关也。《汉志》鱼复县有江关是已。"②既然扞关在今四川奉节,那么据《楚世家》"蜀伐楚,取兹方,于是楚为扞关以距之"的记载,兹方应在奉节之西,而不应在奉节之东。其确切地望则不得而知。

新蔡简地名"此竝"很容易使人联想到上海博物馆所藏次竝戈③:

次(原篆左从"邑"右从"次")竝杲之造(原篆左从"告"右从"攴")戈

这件兵器铭文过去已有学者对其进行过研究④。或以为"次"是地名,与湖南资水有关;并以为"竝"应属下读"竝果(应释"杲")",人名⑤。现在看来,戈铭"次"应属上读"次竝",即新蔡简之"此竝",乃"城"之宾语。这是因为"此"与"次"声韵均近(齿音脂部),可以通假。《荀子·非十二子》"离纵而跂訾者也",注:"訾读为恣。"《管子·立政》"虽有富家多资",《春秋繁露》引"资"作"訾"。《汉书·董仲舒传》"选郎吏又以富訾",注:"訾读与资同。"均其佐证。楚兵"次竝"与楚简"此竝"文字略有不同,这在楚简文字中也有类似的歧异现象。例如:《史记·秦始皇本纪》所载地名"平舆",随县简作"坪夜"(69)⑥;包山简亦作"坪夜"(200),或作"坪射"(138)、"坪亦"(203)、"坪夏"(240)等。⑦凡此都并不影响新蔡简之"此竝"即次竝戈之"次竝"的结论。至于戈铭之"杲",才是人名,旧误释为"果"。"杲"所从"日"旁较为特殊,可参看信阳简"杲"(1.023)。⑧

众所周知,次竝戈属巴蜀式兵器,其铭文则无疑属于楚文字。这一现象

---

① 泷川资言《史记会注考证附校补》1014,上海:上海古籍出版社,1986年,第50页。
② 钱穆:《史记地名考》,北京:商务印书馆,2001年,第567页。
③ 载《文物》,1963年第9期。
④ 沈之瑜:《蔡竝□戈跋》,载《文物》,1963年第9期。
⑤ 孙稚雏:《次竝果戈铭释》,载《古文字研究》7辑,北京:中华书局,1982年。
⑥ 裘锡圭:《谈谈随县曾侯乙墓的文字资料》,载《文物》,1979年第7期。
⑦ 何琳仪:《包山竹简选释》,载《江汉考古》,1993年第4期。
⑧ 何琳仪:《战国古文字典》,北京:中华书局,1998年,第297—298页。

曾引起许多学者的疑窦,现在看来并不难理解。地名"次竝"(新蔡简作"此竝")在今四川,属于先秦时代的巴国,铭文地名与兵器型制吻合无间。铭文可能是居住在兹方的楚人在所得巴蜀兵器上所为,所以呈现典型的楚文字风格。新蔡简为正确地释读次竝戈铭文,乃至判断其国别,提供了珍贵的线索。

总之,新蔡简"句邟"即《左传》之"皋浒"。新蔡简"此竝"及次竝戈之"次竝",均为《左传》之"兹方"。

附记:

与"此竝"音近者尚有二地:

1. "訾梁"。"梁"、"竝"均属阳部,或可假借。《左传·昭公十三年》"师及訾梁而溃",注:"灵王还至訾梁而众散。"顾栋高云:"訾,亦在信阳州境。昭十三年,楚灵王师及訾梁而溃。即此訾水之梁也。"(《春秋大事表》,见注②)在今河南信阳。

2. "訾母"。"母",明纽鱼部;"竝",并纽阳部。并、明均属唇音,鱼、阳阴阳对转。也具备假借条件。《左传·襄公十年》:"六月,楚子囊、郑子耳伐宋,师于訾母。"注:"宋地。"战国属楚,在今河南鹿邑。

考虑到"此竝"读"訾梁"、"訾母",在文献中均无通假例证,故暂不取此说。

2002年10月20日于合肥

新蔡竹简选释①

继上世纪中叶出土信阳长台关竹简以来,上世纪末叶又出土新蔡葛陵竹简。这是在河南省境内第二次楚简大发现,《文物》2002 年第 8 期只公布 10 枚竹简照片。② 最近,全部竹简照片公开发表③,始窥全豹。竹简共 1571 枚,贾连敏《新蔡葛陵楚墓出土竹简释文》(下文简称《释文》)④的文字隶定相当精确,惜阙考释。本文拟在《释文》的基础上,讨论若干释读及相关问题。为便于印刷计,下文多采用宽式隶定。

王徙於鄩郢之岁(甲一:3)

"鄩郢",又见甲二:6、甲二:14、甲二:22、甲三:159—2、甲三:178、甲三:183—2、甲二:204、甲三:215、甲三:221、甲三:223、甲三:225、甲三:240、甲三:258、甲三:259、甲三:299、乙一:12、乙一:16、乙一:18、乙一:20、乙一:26、乙三:29、乙四:2、乙四:15、乙四:66、乙四 67、零:79、零:113、零:580 等。如果再加上残辞,大概有 30 余条,可见这是一相当重要的地名。《说文》"鄩,周邑也。从邑,寻声。"(6 下 13)。亦作"寻",《左传·襄公四年》载寒浞"使浇用师,灭斟灌氏及斟寻氏"。《史记·夏本纪》"斟寻氏",索隐:"《系本》寻作鄩。"

---

① 原载《安徽大学学报》,2004 年第 3 期,第 1—11 页。
② 河南省文物考古研究所、河南省驻马店文化局、新蔡县文物保护管理所:《河南新蔡平夜君墓的发掘》,《文物》,2002 年第 8 期。
③ 河南省文物考古研究所:《新蔡葛陵楚墓》图版,河南:大象出版社,2003 年,第 69—196 页。
④ 河南省文物考古研究所:《新蔡葛陵楚墓》,河南:大象出版社,2003 年,第 187—231 页。

其地望有三说：

1. 周地。《史记·夏本纪》"子帝少康立"，正义引《括地志》："故鄩城在洛州巩县西南五十里。"在今河南偃师与巩县之间。

2. 卫地。《史记·夏本纪》"子帝少康立"，正义引《帝王纪》："帝相徙于商丘，依同姓诸侯斟寻。"《水经·巨洋水注》："余考瓒所据，今河南有寻地，卫国有观土。《国语》曰，启有五观，谓之奸子。五观盖其名也。所处之邑，其名曰观。皇甫谧曰，卫地。又云，夏相徙帝丘，依同姓之诸侯于斟寻氏。即《汲冢书》云，相居斟灌也。既依斟寻，明斟寻非一居矣……是盖寓其居而生其称，宅其业而表其邑。纵遗文沿褫，亭郭有传，未可以彼有灌目，谓专此为非，舍此寻名，而专彼为是。"在今河南清丰南。

3. 齐地。《左传·襄公四年》载寒浞"使浇用师，灭斟灌氏及斟寻氏"。注："乐安寿光县东南有灌亭，北海平寿县东南有斟亭。"《汉书·地理志》北海郡"平寿"，注："应劭曰，古斟（斟）寻，禹后，今斟（斟）城是也。"《史记·夏本纪》"子帝少康立"，正义引《括地志》："斟寻故城，今青州北海县是也。"在今山东安丘东北。在春秋青铜器铭文中，与山东有关的"鄩"已发现2件：齐侯镈"侯氏赐之邑二百又九十又九邑与鄩之民人都鄙"（《集成》271）①和寻仲盘"挦（鄩）仲媵仲女子宝盘"（《集成》10135）②。

以上三说：第一说，典籍有明确史料和地望的记载。然而典籍中未见有楚国侵占东周的记载，况且楚王欲"徙于鄩郢"，韩国是必经之地。这在当时似乎也是不可能的。第三说，即山东之"寻"与楚国也无关系。然而山东之"寻"距杞国的都城淳于甚近，所谓"淳于在安丘东北，斟亭在潍县东南"。③（山东之"寻"，见《水经·汶水注》"又北过淳于县西，又东北入于潍。故夏后氏之斟灌国也。周武王以封淳于公，号曰淳于国。"叶圭绶认为"斟灌"为"斟寻"之误④尽管典籍有楚灭杞的记载，（《史记·楚世家》惠王"四十四年，楚灭杞。与秦平。是时越已灭吴，而不能正江、淮北。楚东侵，广地至泗上。"）

---

① 唐兰：《天壤阁甲骨文存》42片甲，引李孝定《甲骨文字集释》，台北：台湾"中央研究院"，1975年，第1035页。

② 孙敬明、何琳仪、黄锡全：《山东临朐新出铜器铭文考释及有关问题》，载《文物》，1983年第12期。

③ 王献唐：《山东古国考》，济南：齐鲁书社，1983年，第256页。

④ 杨守敬：《水经注疏》，南京：江苏古籍出版社，1989年，第2262页。

不过关于杞国迁徙的问题，十分复杂。近年学者多倾向于最后一次迁徙地应在今山东新泰。① 传统观点认为，楚国的势力范围东北方不会越过齐长城，而新蔡竹简"王徙於鄩郢"之"鄩"不大可能远在潍坊地区。因此，第三说也可以暂置不论。

第二说，典籍记载扑朔迷离，地望亦不十分明确。不过上古诸侯之名，也是所居地名。斟鄩氏居于卫地，"鄩"之地望大致可知。此即郦氏所谓"寓其居而生其称，宅其业而表其邑"。如果采取第二说，必须弄清与新蔡竹简时间相当的历史事件。

检《史记·赵世家》敬侯六年（楚悼王二十一年），"借兵于楚伐魏，取棘蒲"。又《战国策·齐策五》："楚人救赵而伐魏，战于州西，出梁门，军舍林中，马饮于大河。赵得是藉也，亦袭魏之河北，烧棘蒲，坠黄城。"杨宽对这一战争的分析是：楚军前锋已越过黄河，切断魏之河内与首都安邑之联系。战役长达三年，必在楚悼王未卒以前。② 据发掘报告推测，新蔡竹简的时代可定在悼王末年。③ 首先，时间吻合，这是将"楚人救赵而伐魏"与"王徙于鄩郢"联系的前提。其次，所谓"军舍林中（在今河南尉氏西），马饮于大河"。表明楚军已深入魏境。楚军西路到达魏之"州西"，北路可能到达卫之"鄩"。这是因为在这场战争中，楚、赵为一方，齐、魏、卫为另一方。参《史记·赵世家》敬侯四年（楚悼王十九年）"魏败我兔台，筑刚平以侵卫"。五年，"齐、魏为卫攻赵，取我刚平"。而"斟鄩"旧地恰好在刚平附近，楚军在此助赵攻卫，是完全有可能的。另外，下文将要讨论的"林（廩）丘"（甲三：1）、"肥"（甲三：240）、"长城"（甲三：36）均属齐地，楚军北征一路横扫，也合乎当时的军事情势。楚军北路攻齐、卫救赵，以呼应西路攻魏救赵。地下和地上文献互相补充，益见简文之弥足珍贵。

新蔡竹简不但有楚王在"鄩"驻跸的记载，而且也有在此加固城墙的记载（甲三：30"城鄩"）。这至少说明，楚国有长期占领霸占此地的企图。不过楚悼王"徙于鄩郢之岁"，"自肥还鄩"（甲三：240）之后，死于宫中（悼王二十一年），吴起被杀，国内大乱。楚国势力当然也就退出魏境，估计"徙于鄩郢"的

---

① 王恩田：《从考古材料看楚灭杞国》，载《江汉考古》，1988年第2期。
② 杨宽：《战国史料编年辑证》，上海：上海人民出版社，2001年，第239—240页。
③ 河南省文物考古研究所：《新蔡葛陵楚墓》，河南：大象出版社，2003年，第182—184页。

时间不会太久。

在楚文字资料中,已出现"郢"、"郊郢"、"蓝郢"、"并郢"、"朋郢"等,现在又出现"鄂郢"。这再一次证明,凡楚王驻跸之处皆可称"郢"。

雁怆以大央(甲一:3)

"怆"前之"雁",《释文》误脱。

"央",读"△"(上从"央",下从"龟")。《集韵》:"△,龟属。头喙似鸥。""大央",已见天星观简,或作"大英",皆占卜所用大龟。旧以为蓍草,不确。

司侵司折(甲一:7)

"司折",疑读"司慎"。邢人佞钟"克质厥德",或读"质"为"慎"。① 而"质"与"折"恰好可以通假。《礼记·礼器》"质明而始行事",《说文》引"质"作"晢"。是其佐证。"司慎",天神名。《左传·襄公十一年》:"司慎司盟,名山大川。"注:"二司,天神也。"疏:"盟告诸神,而先称二司,知其是天神。"由此类推,"司侵"亦应是神名,待考。

於司命一鹿(甲一:15)

"鹿",原篆上从"鹿",下从"力"。"力"为"鹿"的叠加音符,二字来纽双声。樊君簠(《集成》4487)"鹿"下似从"十"形,应与本简同字。

恒贞吉,无咎。疾△蠶△巳,至九月有良間。(甲一:22)

△,原篆上从"羽",下从"能"。以郭店简《五行》16"其仪△也",与今本《诗·曹风·鸤鸠》"其仪一兮"对勘,可知△应读"一"。王引之曰:"一犹或也……《礼记·乐记》曰,一动一静者,天地之间也。"② 吴昌莹更进一步推断:"一犹或,或者不定之意,犹忽然之词也。"③

"蠶",原篆从"疒",从"贝",从"人",从"凿"得声,故在本简中可读"蠶"。

---

① 陈伟武:《旧释折及从折之字平议》,《古文字研究》22辑,北京:中华书局,2000年。
② 王引之:《经传释词》,长沙:岳麓书社,1985年,第70页。
③ 吴昌莹:《经词衍释》,北京:中华书局,1983年,第58页。

《说文》:"禽兽虫蝗之怪谓之䗊。"《玄应音义》:"䗊,灾也。"①《楚辞·天问》"卒然离䗊",注:"䗊,忧也。""䗊",典籍亦作"孽"。此字又见包山简"疾变有䗊,递瘥"(24)、"病有䗊"(247)、天星观简"夜中有䗊"等。以其与本简比较,可知"孽"特指病灾。

"巳",又见甲三:284,《释文》均隶定"也",殊误。此字与新蔡简"己巳"(甲一:10)、"丁巳"(甲二:25)之"巳"吻合,而与新蔡简"也"(甲三:10)有别。

"良",诚然。《汉书·吴王刘濞传》"诛罚良重",注:"良,实也,信也。"
"閒",病愈。《左传·文公十六年》"请君俟閒",释文:"閒,疾差也。"《集韵》"閒。瘳也。""良閒",诚然痊愈。新蔡简"而不良有閒"(甲二:28),与本简语有反正。

本简大意谓:多次占卜的结果乃吉,没有灾害,病情忽而发作,忽而消失,一直到九月果然痊愈。

我王於林丘之岁(甲三:1)

"林",可读"廪"。《左传·庄公八年》:"初,公孙无知虐于雍廪。"《史记·齐太公世家》"廪"作"林"。金文习见之"替钟",即《左传·襄公十九年》"林钟"②。均其佐证。

本简"林丘"即"廪丘"。《史记·赵世家》敬侯三年:"救魏于廪丘,大败齐人。"在今山东范县东南。另外,同名异地者尚有:《史记·六国年表》韩昭侯六年"廪丘"属东周国,《史记·六国年表》魏安釐王十一年"廪丘"(或作"邢丘")属魏国③,均与本简无关。

有祟与△(甲三:3)

"与",犹"及"。《尔雅·释诂下》:"逮,与也。"郝懿行:"《檀弓》、《论语》郑注并云,与,及也……迨、逮,《释言》并云,及也。及亦与也。"④

△,原篆左上从"日"、"火"(非从"炅"),右上从"匕",下从"黾"。疑"鼂"

---

① 王筠:《说文句读》,北京:中华书局,1998年,第537页。
② 王辉:《古文字通假释例》,台北:艺文印书馆,1993年,第924页。
③ 钱穆:《史记地名考》,北京:商务印书馆,2001年,第432页。
④ 郝懿行:《尔雅义疏》四部备要本,北京:中华书局,第42页。

之异文。《说文》:"鼂,匽鼂也。读若朝。扬雄说,匽鼂,虫名。杜林以为朝旦,非是。从黾,从旦。鼂,篆文从皀。"(13下5)"皀,望远合也。从日、匕。匕,合也。读若窈窕之窈。"(7上3)"匕"乃"比"之省,参段注。通过以上偏旁分析,△上方偏旁可理解为从"火",从"皀",会火光微弱之意。"皀"亦声,读若窈,乃皛之繁文。而△则可理解为从"黾",从"皀"声的形声字,读若朝,乃"匽鼂"之本字。△亦见包山简85、194等,均为人名。"朝暮"之"朝",典籍或以"鼂"为之。《楚辞·九章·哀郢》:"甲之鼂吾以行。"注:"鼂,旦也。"此字亦见乙二:8"君鼂於答。""鼂"应读"朝"。△与"鼂"在新蔡竹简中互见,在《说文》中也均有反映,这正说明《说文》的可贵。

简文"与鼂"犹"及朝",参《汉书·严助传》"鼂不及夕"。注:"鼂,古朝字也。"

赛祷司命司录(甲三:4)

"司命",又见望山简、天星观简等,乃掌管生命之神。与之相应,"司录"亦为神名。其在天界作为星名尚保存在典籍之中。《周礼·春官·天府》:"祭天之司民,司录,而献民数谷数。"注:"司录,文昌第六星。或曰,下能也。"《史记·天官书》:"斗魁戴匡六星曰,文昌宫。一曰上将,二曰次将,三曰贵将,四曰司命,五曰司中,六曰司录。"《宋史·天文志》:"司录二星在司命北,主增年延德,又主管功赏食料官爵。""司命"与"司录"对举,是分别掌管生命与长寿之神。

赛祷於荆王以逾,训至文王以逾。(甲三:5)

《释文》于二"王"字下断句,不确。兹根据文意改正。

"以逾",犹"以降"。《老子》32章"以降甘露",郭店简、汉帛书"降"均作"逾"。此二字义近之证。①

"训至",典籍作"驯致"。《易·坤》:"象曰,履霜坚冰,阴始凝也。驯致其道,至坚冰也。"集解引《九家易》:"驯犹顺也。"

---

① 何琳仪、程燕:《郭店简老子校记(甲篇)》,《简帛研究》待刊。

癸嬛之日(甲三:8、18)

"癸嬛",《释文》读"癸亥",甚确。战国文字通假泛滥成灾,干支字也不例外。者旨於赐戈"圭亥"读"癸亥",①应属同类。而干支上下字均为双声通转,尤堪注目。另外,新蔡简"嬛"亦作"罬",如"丁亥"作"丁罬"(乙四:102)。

昔我先出自△,追宅兹▽漳,以选迁处……(甲三:11、24)

"先",先君,先祖。《战国策·赵策一》"事先者",注:"先,先君。"《文选·报任少卿书》"行莫丑於辱先",注:"先,谓祖也。"

△,从"邑",从"川"得声,可读"均"。《管子·立政》"以时钧修焉",《荀子·王制》"钧"作"顺"。另外,"旬"从"勻"得声,也可以与从"川"得声的字通假。例如《国语·郑语》"伯霜、仲雪、叔熊、季䊷",《史记·楚世家》"䊷"作"徇"。《管子·入国》"四旬五行九惠之教",注"旬即巡也"。凡此均"川"与"勻"声系相通的佐证。

本简△从"邑",自应是地名,疑即"均陵"。《史记·苏代传》:"残均陵,塞䣕陉,苟利于楚,寡人如自有知。"索隐:"均陵在南阳,盖今之均州。"正义:"均州故城在随州西南五十里,盖均陵也。"在今湖北丹江口附近。

"追",《释文》从上读,恐非是。"追"之原篆上似从"屮"形,参陈肪簋"追"字,天星观简、随县编钟"追"、"归"及从"归"诸字之偏旁。"追"、"归"同一声系,故"追"亦可读"归"。《孟子·离娄上》"而归之",正义引《广雅·释诂一》:"归,往也。"《尔雅·释言》:"宅,居也。"本铭"归宅",有往居之意。其与《潜夫论·遏利》"子罕归玉,晏子归宅"之"归宅"虽不尽相同,然可证明"归"与"宅"确实可以连文。

▽,从"水",从"疋"得声。"▽章",又见甲三:268,《释文》均读"沮漳",甚确。"疋"与"且"声系相通,已见典籍。②

"以",犹"又"也。《淮南子·人间训》:"冬间无事,以伐林而积之。"《太平御览》引"以"作"又"。③

---

① 何琳仪:《皖出二兵跋》,《文物研究》3辑,合肥:黄山书社,1988年。
② 高亨:《古字通假会典》,济南:齐鲁书社,1997年,第900页。
③ 裴学海:《古书虚字集释》,北京:中华书局,1980年,第33页。

"迁处",读"迁居"。楚简之"处",①《说文》以为即《孝经》"仲尼居"之"居"(14上13)。《书·多方》:"予惟时其迁居西尔。"

"迁处"之后可能有脱字,拟补"于郢"二字。

以上简文可以标点释读如下:"昔我先出自△(均),追(归)宅兹▽(沮)章(漳),以选迁处(居)[于郢]。"简文大意谓:"过去,我的先辈出自均陵,往居此沮、漳流域,又选择迁居在郢。"

这两枚竹简记载的史料,与传世典籍所载完全吻合。《史记·韩世家》宣惠王"二十一年,与秦共攻楚,败楚将屈丐,斩首八万于丹阳"。索隐:"故楚都,在今均州。""均陵"或"均州"皆以"均水"得名。西汉的"均水"就是后代的"淅川"。古代邑名和水名都不妨有二名,并不足为奇。以往学者多以为均州设置甚晚,未敢轻信。现在看来:楚简"均"与《史记》"均陵",乃至后代的"均州",皆一脉相承,远有所本。

惟潙栗恐惧(甲三:15)

"潙",原篆左从"水",右从"象"。这类省"爪"的"为",在西周金文中即已出现,参《金文编》176页。然则"潙"所从"为"以"象"代替,不足为奇。《韵会》:"潙,《说文》水名,出河东虞乡县历山西,西流蒲阪。通作溈。"

"为"与"危"声系相通。例如:《庄子·渔父》"以危其真",释文:"危或作伪。"《庄子·齐物论》"道恶乎隐而有真伪",释文:"真伪一本作真诡"。均其佐证。"危"与"畏"声系亦相通。《书·汤诰》"慄慄危懼",《初学记·帝王部》引作"栗栗畏懼"。是其佐证。

简文"潙栗"可读"危栗"。《易林》:"鸟鸣葭端,一呼三颠。动摇东西,危栗不安。"亦可读"畏慄"。《后汉书·左雄传》:"济阴太守胡广等皆坐谬举孝廉免黜,自是牧守畏慄莫敢轻举。"

昭告大川有△,小臣……(甲三:21)

有祟见於大川有△,小臣成警之惧。(零:198、203)

△,原篆左从"水",右从"介"声。字书所无,疑水害之"害"的专用字。硕

---

① 林沄:《读包山楚简札记七则》,载《江汉考古》,1992年第4期。

叔多父盘"受害福"、大篡"害(右从"凡"旁)璋马两"之"害",诸家多读"介",①可资旁证。这一本义在典籍中也有孑遗。《太玄·傒》"傒祸介介也"。注:"介介,有害也。"

△日癸丑(甲三:22、59)

《说文》:"△,埃△,日无光也。从日,能声。"

△,疑读"若"。有关"能"与"若"声系可以通假,王念孙有精密的考证。②王引之曰:"若,犹及也,至也。《书·召公》曰,越五日甲寅,位成,若翼日乙卯。言及翼日乙卯也。"③简文"△日癸丑"与《书》"若翼日乙卯"句式基本相同。另外,△的这一用法典籍亦作"该"。"能"与"该"声系亦可相通。《释名·释言语》"能,该也"。是其佐证。《文选·吴都赋》"耳目之所不该",注:"李周翰曰,△,及也。"

小臣成奉害虐(甲三:64)

"奉",读"逢"。

"虐",原篆右从"戈",为义符;左从"虐"之异文,参《说文》古文(五上十七)。

"害虐",残害。《书·武成》:"暴殄天物,害虐烝民。"

赓於競平王昭王(甲三:69)

秦王钟是一件著名的楚金文,铭曰:"秦王卑命,競平王之定,救秦戎。"以往研究者对其断句颇多分歧,尤其以"競平"连读者为多;或从上读,或从下读。根据简文上下语境,以及下文"延祭競平王"(甲三:69),"競平"大概只能从下读为"競平王",即"强盛的楚平王"。④

画良受一(甲三:89)

"画",《释文》误释"彖",详另文。⑤"受",照片不清晰。故本简文意待考。

---

① 王辉:《古文字通假释例》,台北:艺文印书馆,1993年,第722页。
② 王念孙:《读书杂志·荀子第八》,北京:中国书店,1985年,第7页。
③ 王引之:《经传释词》,长沙:岳麓书社,1985年,第152页。
④ 黄锡全:《救秦戎钟铭文新解》,《古文字论丛》,台北:艺文印书馆,1999年,第257页。
⑤ 何琳仪:《信阳竹简选释》,《文物研究》8辑,合肥:黄山书社,1993年。

长阳人（甲三：92）

"长阳人"，即随县简之"长肠人"（164、166）。"尚"与"长"声系可以相通，①故"长阳"或"长肠"似皆可读"当阳"。"当阳"，见《汉书·地理志》南郡，在今湖北荆门。

先之以一璧，乃而归之。（甲三：99）

"乃"，原篆下从"辶"，见《集韵》。训"往"或"及"，即《说文》训"惊声"之"迺"（五上十二）的异文。

"乃而"，应读"乃若"。（"而"、"若"相通，典籍习见。）王引之曰："乃若，亦转语词也。《墨子·兼爱》篇曰，然而今天下之士子君曰然，乃若兼而善矣。《孟子·离娄》篇曰，乃若所忧则有之。"②

鹽痐以△黽为坪夜君[贞]（甲三：115）

△，原篆左从"黾"，右从"古"声。字书未见。"古"与"句"声系相通。《淮南子·氾论》"纣居于宣室不返其过"，《群书治要》"居"作"拘"。《仪礼·士相见礼》"夏用腒"，《文选·四子讲德论》注引"腒"作"朐"。均其佐证。疑△为"鼀"之异文。《说文》："鼀，鼁属。头有两角，出辽东。从黾，句声。""△黽"，占卜用龟，又见甲三：192、甲三：209 等。

脡钟乐之，百之。（甲三：136）

《说文》："脡，生肉酱也。从肉，延声。"（4 下 13）段玉裁曰："按，此字从延，非从延也。"③验之简文，段说至确。

"脡钟"，疑读"县（悬）钟"。《仪礼·乡饮酒礼》疏："诸侯之卿大夫，半天子之卿大夫，西县钟，东县磬。""脡钟乐之"，又见甲三：145、甲三：200、甲三：209、甲三：199－3、甲三：261 等。《淮南子·时则训》"季夏之月……律中百钟"，注："百钟，林钟也。是月阳盛阴起，生养万物，故云百钟。"此"百钟"与简

---

① 高亨：《古字通假会典》，济南：齐鲁书社，1997 年，第 299—399 页。
② 王引之：《经传释词》，长沙：岳麓书社，1985 年，第 124 页。
③ 段玉裁：《说文解字注》四部备要本，北京：中华书局，第 130 页。

文"百之"暗合。

肥陵(甲三:175)

"肥陵",地名。《史记·淮南衡山列传》载淮南厉王"葬之肥陵邑",正义:"《括地志》云,肥陵故县在寿州安丰县东六十里,在故六城东北百余里。"《汉书·淮南衡山济北王传》注:"肥陵,地名,在肥水之上。"在今安徽寿县。

卜筮为△(甲三:189)

△,原篆左从"示",右从"工"声。《释文》误释右从"立"。此字已见包山简124、天星观简等,又作"攻"(包山238)。《周礼·春官·大祝》"五曰攻",注:"郑司农曰,攻,祭名。玄谓,攻用币而已。"

鄾尹羕(甲三:193)

"鄾",地名,见《汉书·地理志》江夏郡,在今河南罗山西。

且疥不出,以有△,尚速出。(甲三:198)

△,原篆左从"疒",右从"告"声。此字见《龙龛手鉴》"俗音角"第475页,义未详。简文△疑读"造"。《广雅·释诂二》:"造,猝也。"

吴殹无受一赤,又△,弇呈,又颜首。(甲三:203)

受二赤,弇呈,宝人黾闻受二,又△。(甲三:244)

"呈",《释文》仅存原篆。此字左上多一饰笔,参中山王方壶"罯"之饰笔。《广韵》"埕(从"土"从"呈"),塞也。呈,上同。"

简文"呈"疑读"涅",染黑之石。《山海经·西山经》:"女床之山,其阳多赤铜,其阴多石涅。"注:"即矾石也。楚人名为涅石,秦名为羽涅也。"《淮南子·俶真训》:"今以涅染缁,则黑于涅。"注:"涅,矾石也。"简文"呈"与"赤"对文见义。

"弇呈",又见(甲三:92),疑指覆盖黑色。

王自肥还郢,王徙於鄩郢之岁。(甲三:240)

"肥",地名,《汉书·地理志》泰山郡"肥成",注:"应劭曰,肥子国。"在今山东肥城。按,肥子国本在今河北藁城,山东之"肥"应是河北"肥子国"之后裔。① 春秋时代肥应属齐地,战国前期或一度被楚占领。参上文。

△疾,以心……(甲三:245)

△,原篆左从"骨",右从"㽞"声。简文△疑读"瘖"(从"疒"从"㽞")。《广韵》:"瘖,短气也。"

王虚二社(甲三:250)

"虚",假借为"居",《荀子·大略》"仁非其里而虚之",注:"虚,读为居。声之误也。"是其佐证。

及江、汉、沮、漳,延至于㵲。(甲三:268)

"㵲",《释文》隶定为从"水",从"衣",从"目",从"米",显然不能释读。

按,此字所谓"米"旁实乃"水"旁之误认。中间横笔为饰笔,古文字中习见,例不赘举。《说文》"霸"之古文(七上九)所从"雨"旁的"水"形,亦作"米"形,应属同类。然则此字无疑应隶定为"㵲"。《说文》:"㵲,北方水也。从水,褱声。"

简文"㵲"应读"夔"。首先,"褱"是"懷"之异文。司夜鼎(《集成》2108)之"褱"作"裹"。② 云梦秦简《为吏之道》"以此为人君则鬼"之"鬼"读"懷"。③《隶释》三公山碑"咸褱人心",洪适曰:"褱即懷字。"《汉书·外戚传》"褱诚秉忠",注:"褱,古懷字。"《玄应音义》"懷孕"作"褱孕"。至于《诗·小雅·小弁》"譬彼坏木",《说文》引"坏"作"瘣"。亦可资旁证。其次,"褱"与"夔"声系相通。《左传·僖公二十六年》"楚人以夔子归",《谷梁传》"夔"作"隗"。是其佐证。另外地名"夔"亦作"归",见《左传·宣公八年》疏、《史记·楚世家》索隐、《水经·江水注》等。而《礼记·缁衣》"私惠不归德",注:"归或为懷。"(上海简《缁衣》21 作"褱")凡此可证,"褱"、"裹"、"归"、"夔"皆可通,然则"㵲"自可读"夔"或"归"。

---

① 王先谦:《汉书补注》,北京:中华书局,1983 年,第 737 页。
② 何琳仪:《司夜鼎考释》,待刊。
③ 睡虎地秦墓竹简整理小组:《睡虎地秦墓竹简》,北京:文物出版社,1978 年,第 285 页。

"夔",本周方国名,与楚同姓,后被楚所灭。《春秋·僖公二十六年》:"秋,楚人灭夔,以夔子归。"注:"夔,楚同姓国。今建平秭归县。"在今湖北秭归。简文出自战国楚人手笔,又与《春秋》记载吻合。结合甲三:11、24"昔我先出自均,遣宅兹沮、漳"来看,楚都"先丹淅后秭归说"①亦并非空穴来风。

槩二△,祷二豦(甲三:278)

"槩",原篆下从"刀",上从"既"声。《玄应音义》:"栓,槩,钉也。"字亦作"楷"。《广雅·释器》:"栓,楷,钉也。"王念孙曰:"《玉篇》栓,木钉也。《众经音义》卷十四引《字林》云,楷,木钉也。"②《类篇》:"槩,杙也。"简文应是用牲法。

△,原篆左从"豕",右从"古"声。疑读"豭"。③《说文》:"豭,牡豕也。"
"豦",疑读"豵"(左从"豕",右从"宗")。④《集韵》:"豵,豕子也。"

莫嚣易为晋师狩於长……(甲三:296)
根据甲三:36"大莫嚣易为[狩]於长城之[岁]",本简"长"后可补"城"字。
"长城",又见晋器驫羌钟。《水经·汶水注》引《纪年》云:"晋烈公十二年,王命韩景子、赵烈子及翟员伐齐,入长城。"战国前期三晋和楚都曾染指于齐地。参上文。

△一豕(甲三:323)
△,原篆下从"鼎"(参甲三:342"则"所从"鼎"旁),上从"开"声。简文疑读"铏"或"鈃"。《仪礼·特牲馈食礼》"祭铏",注:"铏,肉味之有菜和者。"《礼记·礼运》"鈃羹",释文:"鈃,本又作铏,盛和羹器,形如小鼎。"△可能是"鈃鼎"的转用字。

---

① 蒙文通:《古史甄微》,成都:巴蜀书社,1993年,第97页。
② 王念孙:《广雅疏证》,南京:江苏古籍出版社,1984年,第253页。
③ 高亨:《古字通假会典》,济南:齐鲁书社,1997年,第863、864页。
④ 何琳仪:《战国古文字典》,北京:中华书局,1998年,第360页。

莆泉一冢(甲三:355)
"泉",《释文》误释"易"。

句邟公郑余戬大城次竝之岁(乙一:14)
相同的句例亦见乙一:32、23、1,乙四:21等。邟,原篆左从"邑",右从"盂"省声(并非从"羊")。"句△",疑读"皋浒"。凡此详见另文。①

公子虢命後生(乙一:14)
"後",原篆左从"言",右从"後"初文。
"後生",後嗣子孙。《诗·商颂·殷武》:"以保後生。"本简应是人名,参齐兵後生戈"後生"。②

老童、祝融、穴𪏭(乙一:22)
"童",原篆左从"女",右从"童"。疑"�"之异文。《集韵》:"媷,女字。"依此类推,"老童"可能也是女性。这大概是母系社会的折光反映,值得注意。
"穴",原篆下从"土",上从"穴"。乃"穴"之繁文。另外,此字与《集韵》"坎,空深皃"可能有一定关系。至于《龙龛手鉴》"塞"之俗字也与此字字形吻合,但绝非一字。

△璜(乙三:44、45)
△,原篆左从"玉",右从"疋"声。可读"疏"。《周礼·春官·典瑞》"疏璧琮以敛尸",注:"疏璧琮者通于天地。"孙诒让曰:"《月令》孟春其器疏以达。注云,器疏者刻镂之。《有司彻》疏匕。注亦云,匕柄有刻饰者。谓六玉之内唯璧琮更刻镂之,使两面疏通。"③简文"△璜"读"疏璜",应指刻镂之璜。战国墓葬已出土许多"珩"形佩,④附加有精美的透雕纹饰,大概就是这类"疏璜"。或读△为"珇",亦可备一解。

---

① 何琳仪:《新蔡竹简地名偶识》,待刊。
② 何琳仪:《莒县出土东周铜器铭文汇释》,《文史》,2000年1辑。
③ 孙诒让:《周礼正义》卷39,北京:中华书局,四部备要本,第13页。
④ 孙机:《中国古舆服论丛》,北京:文物出版社,2001年,第134页。

渚沮、漳,及江,上逾取△(乙四:9)

在鄂君启舟节中,"上"表示逆流而上,"逾"(降)表示顺流而下。简文"上逾"可能表示首先逆流而上,然后顺流而下。又甲一:12:"将逾取△,还返尚毋有咎。"可与本简参读。

"△",原篆上从"艸",下从"㐭"之初文,应是"菻"的通假字(《说文》"菻,蒿属。")。鄂君启舟节铭文中地名"郴"的通假字,原篆左从"邑",右从"㐭"之初文。① 二者应是一地,即《汉书·地理志》桂阳郡"郴县",在今湖南郴州。《后汉书·南蛮传》:"吴起相悼王,南并蛮越,遂有洞庭、苍梧。"据此,本简内容当与悼王时"南平百越"(《史记·吴起列传》)有关。

祷祠,麻有咎。(乙四:53)

"麻",原篆上不从"广"(《说文》训"葩之总名")。此字与"麻"为一字分化。

"麻有咎",应读"靡有咎",相当"无咎"。参中山王墓所出玉饰铭"麻不卑",读"靡不卑"。②

以△首之▽为君三岁贞(乙四:98)

△,原篆上从三"黾",下从"弁"声。疑读"鼍"。"弁"、"鼍"均属元部,或可通假。《汉书·严延年传》:"吏皆股弁。"朱珔曰:"言其悚惧也。弁当为战之假借。"③《说文》:"鼍,水虫。似蜥易,长丈所,皮可为鼓。从黾,单声。"

▽,原篆下从"黾",左下从"皿(疑黾之叠加音符)",上从"瞿"声。疑读"𪓰"(下从"龟",上从"崔")。《字汇》:"𪓰,大龟,形如山。"

简文"△首之▽",应指头部如鼍形,背部如山形的大龟。

八月有女子之△(乙四:106)

△,原篆下从"贝",上从"之"声。应读"㫑"(左从"贝"右从"寺")。《集韵》:"㫑,畜财也。"

---

① 朱德熙:《古文字论集》,北京:中华书局,1995年,第197—198页。
② 何琳仪:《战国文字通论》,北京:中华书局,1989年,第128页。
③ 朱珔:《说文假借义证》,合肥:黄山书社,1997年,第484页。

司救(零:6)

"司救",官名。《周礼·地官·司救》:"司救,掌万民之衺恶过失,而诛让之,以礼防禁而救之。"

是△▽而口亦不为大诟,勿卹,无咎。(零:115、22)

△,原篆上从"首",下从"册"声。即"頪"(左从"册"右从"页")之异文,见《吕氏春秋·知士》"太子之不仁过頪涿",注:"頪涿,不仁之人也。"简文△疑读"赜"。《易·系辞上》:"圣人有以见天下之赜。"释文:"赜,九家作册。"《释名·释书契》:"册,赜也。"是其佐证。《小尔雅·广诂》:"赜,深也。"

▽,原篆左从"土",右从"刅"声。字已见中山王方壶,不过壶铭▽从"立",战国文字"土"与"立"往往通用。诸家多读"▽辟封疆"之▽为"创",可从。① 简文"△▽"意谓头部"深创"。

"大诟",参《史记·李斯列传》"诟莫大於卑贱",正义:"耻辱也。"

尚敚祛(零:148)

"敚祛",亦见楚帛书《丙篇》"敚祛不义",读"舍去"。②

黄佗以詨□□为君……(零:170)

"詨",《集韵》:"詨,呼也。"《玉篇》:"詨,唤也。"简文读"珓"。《集韵》:"珓,杯珓,巫以占吉凶器者。"《演繁露》:"问卜于神,有器名杯珓,以两蚌壳,投空掷地,观其俯仰,以断休咎。"

2003年12月2日于庐州

---

① 张守中:《中山王𩰬器文字编》,北京:中华书局,1981年,第36页。
② 何琳仪:《长沙帛书通释》,载《江汉考古》,1986年第2期。

楚都丹阳地望新证①

关于楚国早期都城丹阳的地望,自来众说纷纭,主要有"当涂"、"秭归"、"枝江"、"丹淅"等一元说。另外,还有"秭归迁枝江"二元说,以及"丹淅迁秭归和枝江"、"商县迁内乡又迁丹淅再迁均县"多元说等等。近年来以"丹淅"为中心之多元说逐渐受到学术界的重视,但多元说的先后顺序人言人殊,迄今为止尚未有定论。值得欣喜的是,最近在古文字材料中已出现了有助于"丹淅"说的新资料。

新蔡葛陵楚墓所出两枚竹简,②简文隶定如下(采取宽式):

昔我先出自邔追宅兹沮章　　　　甲三:11

以选迁处　　　　　　　　　　　甲三:24,

《释文》③对以上简文予以准确的隶定,多可信从。例如:"邔",从"邑",从"川";"沮",从"水",从"疋",读"沮";"章",读"漳"等。笔者拟在《释文》的基础上,讨论相关问题。

"先",先君,先祖。《战国策·赵策一》"事先者",注:"先,先君。"《文选·报任少卿书》"行莫丑于辱先",注:"先,谓祖也。"

"出自",从某某所出。"出自"的宾语既可以是人名,如《史记·楚世家》"楚之先祖出自颛顼高阳"。《汉书·地理志》"秦之先曰伯益,出自帝颛顼"。

---

① 原载《文史》,2004年第2期,第11—18页。
② 河南省文物考古研究所:《新蔡葛陵楚墓》图版七七,郑州:大象出版社,2003年。
③ 贾连敏:《新蔡葛陵楚墓出土竹简释文》;河南省文物考古研究所:《新蔡葛陵楚墓》,郑州:大象出版社,2003年,第189页。

也可以是方位名词、国名或地名,如《诗·邶风·日月》"日居月诸,出自东方"。《诗·邶风·北门》"出自北门,忧心殷殷"。《楚辞·天问》"出自汤谷,次于蒙汜"。《左传·昭公十六年》"昔我先君桓公与商人皆出自周"。《资治通鉴·孝献皇帝》卷五九"明公(董卓)出自西州,少为将帅"。其中《左传》"昔我先君……出自周",与本简"昔我先出自邟"辞例相较,如出一辙,而"邟"恰好从"邑",这就基本限定了本简"邟"为国名或地名。

《三代》5.12.1 著录邟子良人甗,铭文首字《三代》目录隶定甚确。《集成》945 释文隶定"邕",殊误;然而定其时代为春秋早期,则可以信从。按,铭文字体呈楚系风格。铭文与新蔡简文"邟"可以互证,说明这是楚国一重要的地名。

"邟",从"川"得声,可读"均"。《管子·立政》"以时钧修焉",《荀子·王制》"钧"作"顺"。另外,"旬"从"勹"得声,也可以与从"川"得声的字通假。例如《管子·入国》"四旬五行九惠之教",注:"旬即巡也。"《国语·郑语》"伯霜、仲雪、叔熊、季纣",《竹书纪年》、《史记·楚世家》"纣"作"徇"。《尔雅·释言》"徇,遍也"。释文"张揖《字诂》徇,今巡"。凡此均"川"与"勹"声系相通的佐证。

本简"邟"(均)从"邑",应是地名,疑即"均陵"。《史记·苏秦列传》:"残均陵,塞鄳阨,苟利于楚,寡人如自有之。"索隐:"均陵在南阳,盖今之均州。"正义:"均州故城在随州西南五十里,盖均陵也。"在今湖北丹江口以西水库之中。

"追",《释文》硬性隶定为从"追",从"中",本不误。然从上读,则未必是。今改从下读。

首先,分析"追"字构形。"追"原篆"自"旁上方从"中"形为饰笔,这类"自"旁比较特殊,参见下列两周文字:

追 追 新蔡简甲三:11　　追 陈眆簋盖
归 追 不其簋　　　　　　追 应侯钟
　 追 天星观简①
　 追 随县编钟(集成 291.4)

---

① 滕壬生:《楚系简帛文字编》,武汉:湖北教育出版社,1995年,第121页。

▨ 随县编钟(集成286.4)

官 ▨ 随县简67

笔者曾指出:这类"𠂤"旁上方所从"屮"形,乃饰笔,或"缘𠂤字而类化",①不足为奇。如果将以上"追"、"归"及从"归"诸字之偏旁,与本简"追"字互相比照,不难看出隶定后者为"追",无庸置疑。

附带说明,本简"追"与郭店简《穷达以时》7"白(百)里逦(转)追五羊"之"追"基本同形:

追 ▨ 新蔡简甲三:11 ▨ 郭店简《穷达以时》7

显然都应该释"追"。郭店简《注释》②引唐兰说释其为"馈",③也有一定道理。下面列出西周铜器铭文"赗"及字书中相关之字:

▨ 埶驭觥 赗 《字汇补》

如果仅就埶驭觥"赗马"而言,唐说在形、音、义三方面都可以贯通。觥铭"赗"从"贝",从"追",与《字汇补》"赗,遗也,贶也"。④似可比照。另外,"赗"与"馈"亦确可相通。然而用其解释郭店简就比较困难。有鉴于此,《注释》"裘按"疑该字读"鬻",以牵合《淮南子·修务》"百里奚转鬻"。按,郭店简"追",应读"归"。众所周知,"归"本从"追"声,以往音韵学家均列"追"、"归"为同一声系,属脂部。检《史记·货殖列传》"是以廉吏久,久则富,廉贾归富"。集解:"归者,取利而不停货也。"此乃"归"之引申义,与"鬻"义近。郭店简"百里转追(归)五羊",意谓"秦穆公以五羖羊皮赎百里奚之身"(其事详见《史记·秦本纪》)。这一珍贵的训诂资料却被日本学者轻易否定,⑤未免卤莽灭裂。

本简"追"亦可读"归"。《孟子·离娄上》:"二老者,天下之大老也,而归

---

① 何琳仪:《战国古文字典》,北京:中华书局,1998年,第1072、1215页。
② 荆州市博物馆:《郭店楚墓竹简》,北京:文物出版社,1998年,第146页。
③ 唐兰:《论周昭王时代的青铜器铭刻》,《古文字研究》2辑,北京:中华书局,1981年,第72页。
④ 《字汇补》"赗"可隶定从"贝","追"("辶"旁省简为一竖笔)声。读"虞怨切",可能是变音。
⑤ 冈白驹说,引泷川资言《史记会注考证附校补》,上海:上海古籍出版社,1986年,第2047页。

之,是天下之父归之也。"焦循引《广雅·释诂一》云:"归,往也。"①"归"或作"歸"。《集韵·微韵》:"歸,往也。"《尔雅·释言》:"宅,居也。"本铭"归宅",有"往居"之意。其与《潜夫论·遏利》"子罕归玉,晏子归宅"之"归宅"词义虽不尽相同(又参《晏子春秋·内篇·杂下》、《水经·淄水注》等),然亦可证"归"与"宅"确实可以连文。

"疋章",又见甲三:268、乙四:9等。《释文》均读"沮漳",甚确。"疋"与"且"声系相通,已见典籍异文。②

"以",犹"又"也。《淮南子·人间》"冬间无事,以伐林而积之"。《太平御览》引"以"作"又"。③ 是其确证。

"迁处",读"迁居"。楚简之"处",④《说文》以为即《孝经》"仲尼居"之"居"(14上13)。《书·多方》:"予惟时其迁居西尔。"

"迁处"之后可能有脱字,拟补"于郢"二字。

以上简文可以标点释读如下:

　　昔我先出自郍(均),追(归)宅兹疋(沮)章(漳),以选迁处(居)〔于郢〕。

简文大意谓:"过去,我的先辈出自均陵,往居此沮、漳流域,又选择迁居在郢。"

当然,甲三:11和甲三:24是否可以系联,直接影响到拙文拟补之字。凡此种种,还都有商榷的余地。不过,这并不影响拙文的主要观点。因为,甲三:11的文意仍然完整。

新蔡葛陵楚墓的墓主坪夜君成,乃楚昭王之子坪夜君子良的后代。⑤ 因此,墓主的"我先"理所当然也就是楚国王室的先辈。据简文可知其发祥地在战国时代的均陵,即唐代的均州。这与传世典籍所载完全吻合,参见《史记·苏秦列传》"残均陵,塞鄳陀,苟利于楚,寡人如自有之"。索隐:"均陵在南阳,盖今之均州。"正义:"均州故城在随州西南五十里,盖均陵也。"《史记·韩世

---

① 焦循:《孟子正义》,《诸子集成》1册,北京:中华书局,1986年,第302页。
② 高亨:《古字通假会典》,济南:齐鲁书社,1997年,第900页。
③ 裴学海:《古书虚字集释》,北京:中华书局,1980年,第33页。
④ 林沄:《读包山楚简札记七则》,载《江汉考古》,1992年第4期。
⑤ 河南省文物考古研究所:《新蔡葛陵楚墓》,郑州:大象出版社,2003年,第183页。

家》宣惠王"二十一年,与秦共攻楚,败楚将屈丐,斩首八万于丹阳"。索隐:"故楚都,在今均州。""均陵"或"均州"皆以"均水"得名。西汉时的"均水"即后代的"育水"或"淅川"。古代邑名和水名都不妨异名,并不足为奇。值得注意的是,"顺水"和"顺阳"的来历。检《水经·均水注》:"均水南径顺阳县西,汉哀帝更为博山县,明帝复曰顺阳。应劭曰,县在顺水之阳。今于是县,则无闻于顺水矣⋯⋯西有石山,南临沟水,沟水又南流注于沔水,谓之沟口者也。"杨守敬曰:"应劭凡遇县有阳字,皆曰某山、某水之阳,其实多无此山水。"①按,"沟水"即"均水","沟口"即"均口"。② 至于"顺水",郦道元、杨守敬持怀疑或否定的态度。其实根据《水经·均水注》方位所述,可知"沟口"即"均口",其附近的"顺阳"即"均县"。由此类推,"顺水"即"均水"。"顺"通"均",犹上文所论"𨛫"通"均"("顺"与"𨛫"均从"川"声)。笔者过去认为均州设置甚晚,未敢轻信。现在看来:楚简"𨛫(均)"与《史记》"均陵",乃至后代的"顺阳"、"均州"、"均县",皆一脉相承,远有所本。

新蔡葛陵楚墓墓主家族迁徙的路线,恰好与学界所称的楚人自北向南大迁移的趋势相互吻合,看来绝非偶然。有学者明确提出,武王前期,丹阳仍在淅川,南迁在武王后期。③ 姑且不论这一时间的推断是否准确,而综合出土和传世文献考察,楚王南迁以前都城的地望在今湖北丹江水库一带,应是迄今最可信的一种说法。

新蔡葛陵楚墓还出一枚竹简,也非常值得注意:

及江、汉、沮、漳,延至于瀼。是日就祷楚先老童、祝[融]

甲三:268

"瀼",《释文》隶定为从"水",从"衣",从"目",从"米",显然不能释读。其实此字原篆作:

㲻

按,《释文》所谓"米"旁实乃"水"旁之误认。中间横笔乃饰笔,古文字中习见,例不赘举。《说文》"霸"之古文(七上九)所从"雨"旁的"水"形,亦作"米"形:

---

① 杨守敬:《水经注疏》,南京:江苏古籍出版社,1999年,第2472页。
② 杨守敬:《水经注疏》,南京:江苏古籍出版社,1999年,第2473页。
③ 石泉:《古代荆楚地理新探》,武汉:武汉大学出版社,1988年,第352页。

此字与简文"瀼"所从"褱"旁应属同类。然则此字无疑应隶定为"瀼"。《说文》:"瀼,北方水也。从水,襄声。"

简文"瀼"应读"夔"。首先,"襄"是"懷"之异文。《汉书·外戚传》"襄诚秉忠",注:"襄,古懷字。"《玄应音义》"懷孕"作"襄孕"。《诗·小雅·小弁》"譬彼坏木",司夜鼎(《集成》2108)之"襄"应读"襄"。① 云梦秦简《为吏之道》"以此为人君则鬼"之"鬼"读"懷"。②《隶释》三公山碑"咸襄人心",洪适曰:"襄即懷字。"至于《说文》引"壞"作"瘣"。亦可资旁证。其次,"襄"与"夔"声系相通。《左传·僖公二十六年》"楚人以夔子归",《谷梁传》"夔"作"隗"。是其佐证。另外地名"夔"亦作"归",见《左传·宣公八年》疏、《史记·楚世家》索隐、《水经·江水注》等。而《礼记·缁衣》"私惠不归德",注"归或为懷"(上海简《缁衣》21作"襄")。凡此可证,"襄"、"襄"、"归"、"夔"皆可通,而"瀼"自可读"夔"或"归"。

"夔",本周方国名,与楚同姓,后被楚所灭。《春秋·僖公二十六年》:"秋,楚人灭夔,以夔子归。"注:"夔,楚同姓国。今建平秭归县。"在今湖北秭归。简文记载春秋早期楚人向西发展与《春秋》"灭夔"十分吻合。

结合上揭两条竹简资料"昔我先出自均,归宅兹沮、漳,以选迁处[于郢]"(甲三:11、24)与"及江、汉、沮、漳,延至于瀼"(甲三:268)来看,楚都"先丹淅后秭归"之说③亦并非空穴来风。

另外,下面一枚竹简也与"沮漳"有关:

渚沮、漳,及江,上逾取蓄   乙四:9

"渚",江水之支流。《诗·召南·江有汜》"江有汜",释文:"水枝成渚。"简文"渚"已引申为动词,"渚沮、漳,及江"意谓"沿支流沮、漳,到达长江"。楚国著名的宫殿"渚宫"(见《左传·文公十年》),其命名可能也与"渚"字这一义训有关。

在鄂君启舟节铭文中,"上"表示逆流而上,"逾"(降)表示顺流而下。简

---

① 何琳仪:《司夜鼎考释》,待刊。
② 睡虎地秦墓竹简整理小组:《睡虎地秦墓竹简》,北京:文物出版社,1978年,第285页。
③ 蒙文通:《古史甄微》,成都:巴蜀书社,1993年,第97页。

文"上逾"可能表示首先逆流而上,然后顺流而下。又甲一：12:"为君贞,将逾取莒,还返尚毋有咎。"也可与本简参读。

"莒",原篆右半旁已折断,然从左半残缺部分分析,仍可辨识该字为：上从"艹",下从"㐭"声,似为"菻"之通假字(详见下文)。《说文》："菻,蒿属。""莒",又见包山简"上莒"(150),亦地名。①

"莒",疑是"郴"的通假字。鄂君启舟节铭文有地名字,其原篆左从"邑",右从"㐭",学者多倾向读"郴"。② 二字均从"㐭"声,或为一字异文。"㐭"与"林"声系每多通假。《左传·庄公八年》："初,公孙无知虐于雍廪。"《史记·齐太公世家》"廪"作"林",索隐："亦有本作雍廪。"是其佐证。另外,《说文》"菻,蒿属"。段玉裁曰："按,藜同菻。"③《广雅·释器》"箖,翳也"。王念孙曰："箖,曹宪音廪。古通作廪。"④乐器铭文中习见之"㐭钟"即典籍之"林钟",亦可资参证。

"郴"即《汉书·地理志》桂阳郡"郴县",在今湖南郴州。据甲一：12上下文意,知本简"将逾取郴"的主语应是时王,即楚悼王。《后汉书·南蛮传》："吴起相悼王,南并蛮越,遂有洞庭、苍梧。"因此,甲一：12和乙四：9二简所记载的内容当与楚悼王"南平百越"(《史记·吴起列传》)有关。

简文"渚沮、漳,及江,上逾取郴",可译为："沿支流沮水、漳水,到达长江;逆湘水而上,又顺耒水而下,攻占郴县。"

至于"逆湘水而上"之后,又从何处"顺耒水而下",则有待研究。

新蔡葛陵楚墓所出竹简所载与"沮、漳"相关的三条史料,学术价值甚高。下面从三方面简述：

楚国早期都城丹阳的地望,除东方系"当涂"之说明显不可信之外；其它西方系"秭归"、"枝江"、"丹淅"(包括"均县"、"商县"、"南漳")四说,各有其文献和考古方面的依据。笔者一直相信"丹淅"说,今见出自战国时代楚人手笔"昔我先出自均,归宅兹沮漳"的记载,则更加倾向于这种说法。

首先,"丹淅"说有较早的传世文献记载。楚都"丹阳"最早见于战国末年

---

① 何琳仪：《包山竹简选释》,载《江汉考古》,1993年第4期。
② 朱德熙：《古文字论集》,北京：中华书局,1995年,第197—198页。
③ 段玉裁：《说文解字注》1下,四库备要本,北京：中华书局,第28页。
④ 王念孙：《广雅疏证》,南京：江苏古籍出版社,1984年,第236页。

的《世本》,其《居篇》云:"鬻熊居丹阳,武王徙郢。"《史记·楚世家》:"熊绎当周成王之时,举文、武勤劳之后嗣,而封熊绎于楚蛮,封以子男之田,姓芈氏,居丹阳。"而"丹阳"地望则多为后人的解释,如《史记·屈原贾生列传》:"秦发兵击之,大破楚师于丹、淅。"索隐:"二水名。谓于丹水之北,淅水之南。丹水、淅水皆县名,在弘农,所谓丹阳、淅。"《史记·韩世家》宣惠王:"二十一年,与秦共攻楚,败楚将屈丐,斩首八万于丹阳。"索隐:"故楚都,在今均州。"看来司马贞对"丹阳"地望的定位也并不一致。若据《屈原贾生列传》索隐之说,熊绎时的"丹阳"似在今丹江口水库西北端,旧丹水之北,即《汉书·地理志》弘农郡所辖之"丹水县"。若据《韩世家》索隐之说,则"丹阳"似在汉水之滨。唐代均州包括汉水两岸西起白河东至今丹江口的广大地区,其州治即《汉书·地理志》南阳郡"武当"。① 有的学者认为:熊通由淅川"迁入均县、郧县一带的汉水之南",②不是没有道理的。《山海经·海内南经》:"丹山在丹阳南,丹阳居属焉。"③和《水经·沔水注》引《地说》曰:"水出荆山,东南为沧浪之水,是近楚都。"都是此说的文献依据。不过考虑到最流行的说法"丹、淅二水交汇处",④和淅川下寺龙城遗址,⑤西南距均县都不远;而唐代均州东至可达今丹江口,则完全可以把司马贞二说统一起来。即熊绎时的"丹阳"可能在今习家店与草店之间的丹江水库中。这一地区曾经发现过朱家台西周遗址,"其上限为西周中期,下限为西周晚期至春秋中期"。⑥ 有学者把朱家台遗址与沮、漳流域西周中期文化相互比较,指出楚式鬲有"自北向南依次晚进的发展线索"。⑦ 遗憾的是,今天古均州和"丹、淅二水交汇处"多被丹江水库所淹没。将来试图用更丰富的考古资料来印证"丹淅"说,恐怕已失去历史的机

---

① 谭其骧:《中国历史地图集》5册,北京:中国地图出版社,1996年,第47—48页。
② 周光林、郭云进:《楚丹阳地望新探》,《楚文化研究论集》4集,郑州:河南人民出版社,1994年。
③ 石泉:《古代荆楚地理新探》,武汉:武汉大学出版社,1988年,第421页。
④ 宋翔凤:《楚鬻熊居丹阳武王徙郢考》,《过庭录》卷4;引徐旭生:《中国古史的传说时代》,北京:文物出版社,1985年,第168—169页。
⑤ 裴明相:《楚国丹阳地望新探》,载《文物》,1980年第10期。
⑥ 中国社会科学院考古所长江工作队:《湖北均县朱家台遗址》,载《考古学报》,1989年第1期。
⑦ 谭远辉:《试论朱家台西周遗址与楚文化的关系》,《楚文化研究论集》3集,武汉:湖北人民出版社,1994年。

遇。欲答"丹阳"在何处？聊以解嘲云"君其问诸水滨"。

其次，简文"及江、汉、沮、漳，延至于瀺（夔）"。最有可能是春秋楚成王西进"灭夔"的史影。但这与"秭归"说显然无关，因为"延至"已使江、汉、沮、漳与夔的先后顺序昭然若揭。夔与楚虽为同姓，夔却不是楚的最初发祥地。至于"枝江"说，尽管也有较早的文献记载为依据，不过遗憾的是，沮、漳河中下游尚未发现春秋以前的文化遗址。① 而当阳磨盘山遗址虽然可以早到西周，但是"从地望、规模、性质等角度综合考察，该遗址应该与早期楚郢都无涉"。② 另外，简文"渚沮、漳，及江，上逾取郴"。可能是战国楚悼王"南平百越"的史影，弥足珍贵。

综上所述，新蔡葛陵竹简的吉光片羽为我们提供了难得的文字数据。地下文献"均"即熊绎时的"丹阳"，这与地上文献"丹阳"在"均陵"或"均州"的记载完全吻合，且有零星的考古资料为参证。因此在有关"丹阳"地望的众说之中，"丹淅"说的分支"均州"说可能性最大。笔者并不是一元论者，以上观点并不排斥"秭归"、"枝江"二说。众所周知，"丹阳"和"郢"同样可以"侨置"，不过与楚同姓的夔、罗之"丹阳"不会早于均州之"丹阳"，则是近情近理的推断。凡此种种，本文也顺便涉及。有几分材料说几分话，我们不敢奢望这是最后的结论，只是期盼今后有更直接更完整的出土文献来验证此说。

2003年11月20日初稿
2003年12月27日订补

追记：

《三代》5.12.1著录郧子良人甗，铭文首字《三代》目录隶定甚确。《集成》945释文隶定"邕"，殊误；然而定其时代为春秋早期，则可以信从。按，甗铭字体呈楚系风格。铭文与新蔡简文"郧"可以互证，说明楚国这一重要地名"均"渊源有自。

---

① 湖北省博物馆：《沮漳河中游考古调查》，载《江汉考古》，1982年第2期。
② 王红星：《关于早期楚郢都探索如何深化的思考》，《楚文化研究论集》5集，合肥：黄山书社，2003年。

贵尹求义①

上海博物馆藏楚竹书(五)《鲍叔牙与隰朋之谏》5—6号有如下一句：

含豎遌伆夫而欲智蘴輚之邦而贵尹亓为忢也深矣偒臿人之與偖而飤人亓为不㤅厚矣公弗煮必蠚公身②

有关上揭简文的释文和句读，诸家之说颇有分歧，主要有下列六种：

1. 今(今)豎(竪)遌(刁)伆夫而欲智。蘴(萬)輚(乘)之邦而贵尹，亓(其)忢(災)也深矣。偒(易)臿(牙)人之与偖(擖)而飤(食)人，亓(其)为不㤅(仁)厚矣，公弗煮(堵)，必蠚(害)公身。③
2. 今豎刁伆夫而欲智。萬乘之邦而贵尹，其為災也深矣。公弗惕。④
3. 今豎刁匹夫，而欲知萬乘之邦，而貴尹。其為災也深矣。易牙，刀(刁)之與者，而食人，其為不仁厚矣。公弗圖，必害公身。⑤
4. 今豎刁匹夫而欲知萬乘之邦，而貴尹，其為災也深矣。易牙，刀(刁)之與者，而食人，其為不仁厚矣。公弗煮(圖)，必害公身。⑥

---

① 原载《中华文史论丛》，2007年第4期，第315—367页。
② 马承源：《上海博物馆藏战国楚竹书(五)》，上海：上海古籍出版社，2005年，第35—36页。
③ 马承源：《上海博物馆藏战国楚竹书(五)》，上海：上海古籍出版社，2005年，第186—187页。
④ 季旭昇《上博五刍议(上)》，简帛网，2006年2月18日。
⑤ 陈剑：《谈谈上博(五)的竹简分篇拼合与编联问题》，简帛网，2006年2月18日。
⑥ 李天虹：《再谈鲍叔牙与隰朋之谏中的息字》，简帛网，2006年3月1日。

5. 今竖刁匹夫，而欲知萬乘之邦而貴。伊其為災也深矣。①
6. 今豎刁，匹夫而欲知萬乘之邦而貴尹，其為忎也深矣。②

笔者认为，以上六种意见都有待商榷。正确的释文和句读应如下：

今豎（竪）遻（刁），佁（匹）夫而欲智（知）。䡙（萬）輛（乘）之邦，而貴尹，亓（其）为忎（戈）也深矣。愓（易）肙（牙），人之與偖（者），而飤（食）人，亓（其）为不𢚩（仁）厚矣。公弗煮（图），必𩏂（害）公身。

"佁"，诸家多释"匹"，可从。

"智"，读"知"，见《诗经·卫风·芄兰》"虽则佩觿，能不我知"。马瑞辰云："《尔雅·释诂》：知，匹也。匹，合也。"③俞樾云："知者，接也。《墨子·经篇》曰，知，接也。古谓相交接曰知，故《后汉书·宋宏传》贫贱之交不可忘，《群书治要》作贫贱之知。是知有交接之义也。"④由此可见，"匹"、"接"义本相涵，而"知"确有"相匹交接"之意，这恰与本简文意吻合。

"邦"，诸侯。《论语·阳货》"恶利口之覆邦家者"，疏："邦，诸侯也。"

"贵尹"，整理者解释为"尊贵的官员"。已有学者指出不合适，并据传世文献将易牙"食子"和竖刁"自宫"之事并记，认为"对比来看，尽管我们不能确定简文贵尹读作什么，但其含义应该是指竖刁自残之事"。⑤ 从大量传世文献的记载来看，认为竖刁的"贵尹"与其自残之事有关，无疑是非常正确的推断，可惜未做进一步解释。本文则在这一认识的基础上试予以补充。

"尹"，疑读"胺"。二者均属文部，读音甚近。"夋"与"勻"、"尹"声系相通，《史记·李将军列传》"悛悛如鄙人"，索隐："悛悛，《汉书》作恂恂。"《礼记·大学》"瑟兮僩兮者，恂慄也"，注："恂字或作悛，读如严峻之峻。"《公羊传·文公十五年》"笋将而来也"，《史记·张耳陈余列传》集解："笋作峻"。《诗·商颂·长发》"为下国骏庞"，《大戴礼记·卫将军文子》引"骏"作"恂"。又《礼记·聘义》"孚尹旁达，信也"，注："尹读如竹箭之筠。"《诗·大雅·韩奕》"维笋及蒲"，释文："筍字或作笋"。均其旁证。然则"尹"可读"胺"。

---

① 陈伟：《鲍叔牙与隰朋之谏零识（续）》，简帛网，2006年3月5日。
② 张富海：《上博简五鲍叔牙与隰朋之谏补释》，简帛网，2006年5月10日。
③ 马瑞辰：《毛诗传笺通释》6卷，北京：中华书局，1936年，第14页。
④ 俞樾：《群经平议》，引《清经解续编》5册，上海：上海书店，1988年，第1070页。
⑤ 李天虹：《再谈鲍叔牙与隰朋之谏中的息字》，简帛网，2006年3月1日。

检《老子》五十五章"骨肉筋柔而握固,未知牝牡之合而全作,精之至也",释文:"全,河上本作峻,一本作朘(笔者按,傅本),《说文》云,赤子阴也。"(今本《说文》无,《玉篇》有)。帛书本作"朘"。①

"尹"、"峻"、"朘"、"全"皆一声之转,在《老子》中特指小儿的阳物,本简"尹"则泛指男子的阳物。

"贵",可读"殨",《释名·释疾病》:"阴肿曰殨,气下殨也。"也可读"溃",《荀子·议兵》"当之者溃",注:"坏散也。"不过本简"贵"字最有可能读"癀"字,《集韵》:"癀,《仓颉篇》阴病。或作癞、痕、㾗。"②"癀"字大概就是"殨"或"溃"具有"阴病"之义的专用字。

"殨"、"溃"、"癀",皆从"贵"得声,可以通读。盖"去势"乃阉割阳物,广义而言,也可以理解为阳物的疾病。去势后阴部肿胀,精气流失是不言而喻的,即所谓字书之"殨"。去势之后,阳物受到破坏,精气溃散,自是情理中事,即字书所谓"溃"。

总之,简文"贵(癀)尹(朘)"应指"去势"。其与"飤(食)人"对文见义,同属动宾结构。

"去势"属古代宫刑,史书记载不绝如缕。《尚书·吕刑》:"宫辟疑赦,其罚六百锾。"注:"宫,淫刑也。男子割势,妇人幽闭,次死之刑。"是传世文献中关于"去势"的最早记载。又见于《周礼·秋官·司刑》"宫罪五百",注:"宫者,丈夫则割其势,女子闭于宫中,若今宦男女也。"众所周知,古代的太监入宫以前必须去势,见《周礼·秋官·掌戮》:"宫者,使守内。"疏:"此所守则寺人之类。"所谓"寺人"即后世的"太监"。有关宫刑的发展及演变,已有学者综合研究,③此不赘述。

本简"豎迅"即典籍的"竖刁",见《管子·戒》、《管子·小称》、《史记·齐太公世家》、《说苑·权谋》等。齐桓公的弄臣竖刁为了取宠于君王,"自宫以适君",这是大家熟知的历史故事。据《礼记·文王世子》,"公族无宫刑,不翦其类也",知竖刁自宫之后,其身份地位虽然十分卑微,但是却能够达到他接

---

① 国家文物局古文献研究室:《马王堆汉墓帛书[壹]》,北京:文物出版社,1980年,第4页。

② 丁度:《集韵》平声十五灰,上海:上海古籍出版社,1985年,第108页。

③ 刘达临:《中国古代性文化》,银川:宁夏人民出版社,2003年,第310—314页。

近齐桓公的阴险目的。颇疑竖刁自宫以后,即成为类似后世的太监。

"忎",读"戋"。《说文》:"戋,伤也。从戈,才声。"(十二下十七)

"人",有学者改"易牙"后一字为"刀"而读"刁"。① 今核原简,所谓"刀"乃"人"之误认,整理者所释其实不误。

"与",诸家多未诠释,按,"与"犹"比类"。《国语·周语下》:"夫礼之立成者为饫,昭明大节而已。少典与焉。"注:"节,体也。典,章也。与,类也。言饫礼所以教民敬式,昭明大体而已,故其诗乐少,章典威仪少,皆比类也。"

"煮",有学者读"图",②甚确。《汗简》中1.33"图"作"𢎘"(内从古文"者")",是其佐证。

综上对《鲍叔牙与隰朋之谏》5—6简文字词的疏通,知其大意如下:

> 竖刁乃一介匹夫,而想要接近万乘之诸侯(齐桓公),于是(自己)去势,这种行为实在过于自戕。易牙本是正常之人,但把自己的儿子烹饪后献给别人(齐桓公),这种行为实在过于不仁。您(齐桓公)不早作打算,必被其所害。

顺便讨论与本文"尹"相关的一个奇字。上揭《老子》五十五章之"全",诸本或作"朘"、"脧"等,而郭店简《老子·甲》34 与之对应的字则作:

𡴅

其"释文注释[71]"引:"裘按,此字之义当与帛书本等之'脧'字相当。"③甚有见地。

按,此字上从"士",楚文字中习见,例不赘举;下从"勿",唯省一撇笔而已,这类"勿"字恰好也见于郭店简《老子·甲》:

勿 勿 勿 勿
17　24　35　37 ④

故此字可隶定为"𡴅",字书未见;疑是从"士"从"勿"的会意兼形声字,读若"物";战国新创,后世则被淘汰。士之物,即年青男子的阳物。在典籍中,"士女"、"乾坤"、"阳阴"对文见义。男子生殖器旧时雅称"阳物",似由《易·

---

① 陈剑:《谈谈上博(五)的竹简分篇拼合与编联问题》,简帛网,2006年2月18日。
② 陈剑:《谈谈上博(五)的竹简分篇拼合与编联问题》,简帛网,2006年2月18日。
③ 荆门市博物馆:《郭店楚墓竹简》,北京:文物出版社,1998年,第116页。
④ 李守奎:《楚文字编》,上海:华东师范大学出版社,2003年,第558页。

系辞下》"乾,阳物也;坤,阴物也"所引申。凡此种种,都是郭店简"丂"构形的最好注解。郭店简《老子》"丂"与传世、出土文献"峻"、"朘"、"尹"等异文,属义近互换现象,不足为奇。

2006年5月25日于庐州

长沙帛书通释①

　　1942年在长沙东郊子弹库战国古墓中发现的帛书,是我国最古老的缣帛文字资料。这件中外瞩目的瑰宝,不仅有无与伦比的文物价值,而且有极其珍贵的史料价值,帛书载有墨书六国古文900余字和彩绘图像,内容异常丰富,涉及楚文化研究的广泛领域,诸如历史、地理、考古、民俗、宗教、神话、天文、历法、文学、美术、方言、文字等。尤其乙篇为我们展现出一幅光怪陆离、栩栩如生的古代神话图卷,为探索楚国的古史传说和文化艺术提供了新颖的文字资料。

　　准确地辨识文字和通读文意是研究帛书的基础工作。以往帛书摹本甚多,文字互有异同,使人无所适从。近若干年国外红外线摄影帛书问世以来,才使这项基础研究成为可能。本文试图以1973年澳大利亚国立大学巴纳(Abei Barnard)博士出版的《Chu Silk manuscript Translation and Commentary》所附帛书红外线照片为依据,参考诸家之说,重新诠释帛书全文(若照片偶有不清晰者,则参考其摹本。凡由此造成本文隶定有误者,俟更清晰的原始资料公布后,再予修正)。

　　帛书原是图文并茂,类似《山海经》形式的先秦文献。其图像部分与文字部分应有一定之联系,丙篇则尤为明显。不过,我们一时还难以将二者的关系彻底弄清。因此,本文只侧重文字部分的考释,图像部分暂付阙如。

　　本文使用各类符号如下:入韵字下的"·"和"〜〜"示换韵,"☒"示阙文,

---

①　甲篇原载《江汉考古》,1986年第1期,第51—57页;乙、丙篇原载《江汉考古》,1986年第2期,第71—87页。

"▨"示残文,(若稍有残缺,而并不影响隶定者,则不用"▨",而直接隶定之)。"[ ]"示补文。"(?)"示隶定仅供参考,合文、重文随文注明。

关于帛书的结构,一般认为:中间正逆两大段,十三行者为甲篇,八行者为乙篇。四周边文十二段,每边各三小段,总称丙篇。丙篇以"取于下"为起点,顺时针回环读之,帛书还有其他一些不同的读序和称谓,参李零《长沙子弹库战国帛书研究》(第三届古文字研究会论文)。帛书原文以长方形朱色符号作为划分章节的标识,今一仍旧惯分段隶定:

甲篇

隹(惟)▨▨四,月䎽(则)經(盈)絀【1】。不尋(得)丌(其)夒(当)。【2】旽(春)顓(夏)眯(秋)夂(冬),【3】▨又▨尚(常)。日月(合文)星唇(辰),【4】䎽(乱)遜(送)丌(其)行。【5】經(盈)絀遜(送)[襄](让),【6】卉木亡(无)尚(常)。【7】[上下](合文)▨宎(妖),【8】天陞(地)乍(作)羕。【9】天楀(棓)酒(将)乍(作)灉(荡),【10】降于丌(其)▨方。山陵丌(其)癹(发),【11】又(有)屵(渊)丌(其)浘(汩)。【12】是胃(谓)孛(?)悖)散(岁),【13】▨月内月。七日(合文)▨▨,又(有)雷雲(霜)雨土。【14】不尋(得)丌(其)参职。【15】天雨▨▨(合文)是遜(送),月闰之勿行。【16】一月(合文)、二月、三月是胃(谓)遜(送)终。【17】亡(无)奉,【18】▨丌(其)邦。四月、五月,是胃(谓)䎽(乱)絽(纪),【19】亡(无)尿(矽),【20】▨▨▨散(岁)。西臧(国)又(有)吝,【21】女(如)日月(合文)既䎽(乱),乃又(有)兒(阅)▨。【22】东臧(国)又(有)吝,【23】▨▨乃兵,虞(禹)于丌(其)王。【24】

凡散(岁)悳(侧)匿,【25】女▨▨(合文),▨邦所。▨宎(妖)之行,卉木民人,【26】目(以)▨四浅(践)之尚(常)。【27】▨▨上宎(妖),三寺(时)是行。【28】隹(惟)悳(侧)匿之散(岁),三寺(时)▨▨,[系]之目(以)素(索)降。【29】是月目(以)▨,唇为之▨。【30】隹(惟)十又二[月],隹(惟)孛(?)悖)悳(侧)匿。出自黄屵,【31】土身亡(无)襄(?),【32】出[内](入)▨同,乍(作)丌(其)下凶。日月(合文)膚(皆)䎽(乱),【33】星唇(辰)不同。日月(合文)既䎽(乱),散(岁)季乃▨。【34】寺(时)雨进[退]亡(无)又(有)尚(常)互(恒)。【35】恭(供)民未智,【36】唇目(以)为䎽(则)。母(毋)童(动)群民,目(以)▨三互(恒)。【37】癹(发)四兴兒(阅),【38】目(以)䎽(乱)天尚(常)。【39】群神五正,【40】四□尧(敖)羊(翔)。【41】聿(律)亙(恒)襡(属)民,【42】五正(政)乃明,【43】群神是亯(享)。是胃(谓)悳(德)㥯匿,群神乃惪(陟)。【44】帝曰:"繇,【45】□之哉!母(毋)弗或(有)敬。"【46】隹(惟)天乍(作)福,【47】神則(则)各(格)之。【48】隹(惟)天乍(作)实(妖),神則(则)惠之。【49】□敬隹(惟)备,【50】天像(象)是惥。【51】成(诚)隹(惟)天□,下民之衣(式),【52】敬之母(毋)弋(忒)。【53】

民勿用□□百神,山川滿浴(谷)。【54】不欽□行,民祀不痒(莊)。【55】帝硒(将)繇(由)目(已),【56】蹫(乱)□之行。民則(则)又(有)敄(彀),【57】亡(无)又(有)相蠼(扰)。不见陵□,是則(则)兒(鬩)至。民人弗智,戕(岁)則(则)舞結。【58】祭[参]則(则)□,【59】民少又(有)□。土事勿从,【60】凶。【61】

【1】"則",原篆作"𠛱"。"则",三体石经《无逸》作"𠛱",《汗简》引《义云章》作"𠛱",均与帛书同。"绖",严一萍《楚缯书新考》(《中国文字》26—28册)引《说文》"绌,缓也……绖,或从呈。"谓绌通作盈,又通作赢。《荀子·非相》"缓急赢绌",注:"犹言伸屈也。"按,"绖绌"典籍或作"赢缩"、"盈缩"。岁星有"盈缩",《史记·天官书》:"其趋舍而前曰赢,退舍曰缩。"月亦有"盈缩",见《开元占经》卷十一《月行盈缩》章。古人认为星月运行失道会引起灾异。

【2】"尃",原篆作"𢍆"。李学勤《论楚帛书中的天象》(下文简称"李(乙)"),见《湖南考古辑刊》第一集释"当",可从。

【3】"春夏秋冬",原篆作"𣜩"、"𢍆"、"𠂑"、"𠂇",均以日为形符,分别以屯、夏、禾(秋省形)、冬为音符。甲骨文只有春秋二季,帛书则四季连文,殊堪注目。

【4】"辰",原篆作"𨑔"。《古文四声韵》引《籀韵》"辰"作"唇",亦日在辰下。

【5】"蹫",原篆作"𢍆",与三体石经《无逸》"乱"作"𢍆"同。"遊",原篆作"𢍆",旧多释"达",殊误。日本林巳奈夫(转引巴书)释"送",甚确。按,"遊"乃"送"之繁化,下文"汤"作"瀺"亦从癶,是其例。《玉篇》:"送,进退貌。"

【6】"襄",据残文"𨤑"补。("襄"从"羊",亦见乙篇)"遊襄"应读"送让"。《隶释》四李翕析里𣪘郙阁颂"汉水送让",王念孙《读书杂志·汉隶拾遗》引作"汉水逆让"谓:"《管子·君臣篇》注云,让犹拒也。言汉水暴涨,逆拒

水不得下注也。"按，迲、逆音义均近，故帛书中"遴"又可读"逆"。

【7】"卉木"，《文选·吴都赋》"卉木鳦蔓"，注："卉，百草总名，楚人语也。""亡尚"应读"无常"，亦见周原甲骨文。

【8】"上下"，据残文"⺊"补，合文。"奀"，陈槃《先秦两汉帛书考》(《历史语言研究所集刊》24本，1954年)释"灾"，商承祚《战国楚帛书述略》(《文物》1964.9)释"夷"。严引龙宇纯、李棪斋隶定为"奀"，读"妖"。按，原篆作"奀"，从宀从夭，至为明晰。《古玺汇编》"史奀"5621。"弗袄(袄)"3126、3865、"脂(阎)詃(訑)"0911均从"奀"。《庄子·徐无鬼》"鹎生于奀"，疏："奀，东南隅。"帛书"奀"凡四见均应读"妖"。《左传·宣公十五年》："天反时为灾，地反物为妖。"《说文》作"袄"。

【9】"陲"，"陁"之繁文(战国文字从"阜"复增"土"者习见)，帛书借为"地"。小篆"地"盖"陲"之省简，籀文"墜"即三晋文字"墜"。也、象一声之转，故可通用。帛书"天地"连文，古文字资料中仅见，弥足珍贵。"羕"，旧释"義"，殊误。严据曾姬无卹壶"漾"之所从释"羕"，甚确。

【10】"桮"，饶宗颐释"桮"(转引巴书)，严释"根"。按，原篆作"桮"，右上方从豆，畬忎鼎"腥"作"䇐"，是其确证。《玉篇》"豆"作"𠁁"，犹存古意。至于"桮"右下方从"⋃"，乃战国文字习见的装饰符号，无义。下文"纪"作"絽"，"丙"作"酉"均其例。《说文》："木豆谓之桮。"豆、音均属侯部字，音近可通。《说文》"音"或作"歆"，是其确证。然则"大桮"可读"天桮"。《史记·天官书》："紫官左三星曰天枪，右五星曰天桮……天一、枪、桮、矛、盾动摇，角大，兵起。"天桮"动摇"与帛书"作荡"意同。"瀳"，"汤"之繁文。严读"荡"。《礼记·乐记》"天地相荡"，注："犹动也。"

【11】"陵"，原篆作"墜"。蔡季襄《晚周缯书考证》释"陵"，明确不刊。类似的形体在楚系文字中习见，与中原地区作"墜"形者有别。但两者间犹有蜕变之迹。检曾姬无卹壶"墜"比常见的"墜"显然多一撇笔。其中"夌"即"夌"，下从"人"形。金文"夌"所从"𠂉"亦"人"形。帛书"䭫"、"䭬"所从"𠂉"是其证。至于"火"作"夊"，可从"豈"(《侯马盟书》344"嘉"旁)、"豈"(同上)、"豈"(小篆)，与"夌"(陈纯釜"陵"旁)、"夊"(见上)、"夌"(小篆)的平行演变关系中得到佐证。"登"原篆作"𤼴"，从四"止"者乃繁化。"登"读"发"。《诗·邶风·谷风》"無发我笱"，释文引韩诗："发，乱也。"字亦作"拨"，见《诗·大雅·荡》"本实

先拨",笺:"犹绝也。"《列女传》又引作"败"。综观"发"之旧训,疑帛书"山陵其发"言"山崩"。

【12】"淵",原篆作"✦",与中山王鼎"✦"、《古文四声韵》引《古老子》"✦"形同,《说文》古文作"✦",稍有讹变。"湿",李学勤《补论战国题铭的一些问题》(下文简称"李(甲)",见《文物》1960.7)释"溜",李(乙)改释"湿",读"溃"。商释"洄",饶释"汨",严释"涅",至为分歧。按,原篆作"✦",从水从日从巜,应隶定为"湿",同"湿"或"汨"。根据如次:帛书"日"作"✦","曰"作"✦",形体有别,但偶有互混者,如甲篇"晷"从"曰",籀文"督"则从"日"。乙篇"汨"读"汨"。至于典籍"汨"、"汨"相混之例更不胜枚举。然则帛书"✦"虽从"日",实可视从"曰"。"✦"即《说文》"巜,水流浍也"。与《古文四声韵》引《汗简》"浍"作"✦"吻合无间。偏旁中"巜"与"川"义近可以互用,如丙篇中"训"作"✦"(亦见楚简和《古玺文编》3.4),《诗·唐风·扬之水》"白石粼粼",《校勘记》作"✦",均其证。准是,"湿"即"湿",《说文》"昃,水流也"。与"汨"为古今字(详《说文诂林》)。"昃"本从"川"复增"水"作"✦",实乃繁化。总之,"昃"、"昃"、"汨"分别从"巜"、"川"、"水",与"湿"并无本质的区别。另外,"汨"与上下句的"发"、"散"、"月"均属月部字而入韵,也可资旁证。《诗经》屡见所谓"有A其N"句式者,如"有蕡其实"、"有实其阿"等。王引之《经义述闻》卷六:"凡言有者皆形容之词……末一字皆实指其物。"准是,帛书中"渊"必是形容词,"汨"必是名词。检《小尔雅·广诂》"渊,深也"。《文选·束晳补亡诗》注引《字林》:"汨,深水也。"此"渊"和"汨"词性和词义相涵的佳证。"有渊其汨"意谓"洪泉甚深"(见《楚辞·天问》)。

【13】"胃",原篆作"✦",从"目"。按,战国文字"目"、"田"二形最易相混。如"✦"或作"✦"(《中山王譽器文字编》70),"✦"或作"✦"(《古玺文编》10.2)是其例。然则商释"✦"为"胃"读"谓",勿庸置疑。饶、严释"獣"并误。"孛",原篆作"✦",商释"悖"。朱德熙、裘锡圭《平山中山王墓铜器铭文的初步研究》(《文物》1979.1)引三体石经《僖公》"✦",释"殽"。"悖"训"逆","殽"训"乱",义相近,然孰是待考。字右下方原有"=",乃装饰性笔画,无义。"散",原篆作"✦"。李(甲)释"载",李(乙)释"岁"。按,释"岁"正确。西周金文作"✦",春秋楚系文字省两"止"增"月"作"✦"(《考古》1965.3)或"✦"(《考古》1981.2),战国楚系文字则省一"止"作"✦"(其中"止"与"戈"共用一横笔)。

汉"千秋万岁"(《秦汉瓦当文字》2.34)瓦当,尚保存战国古形。另外,乙篇"步以为歲"亦"歲"从"步"省之证。

【14】雷,原篆作"▨"。诸家多释"電",安志敏、陈公柔《长沙出土战国缯书及其有关问题》(《文物》1963.9)释"雷"。按,楚文字"申"习见,均作"▨"形。下文"神"作"▨",即其内证。众所周知,"電"本从"申",若释"▨"为"電",于楚文字不合。其实此字本从"田"形,中山王方壶"畬"作"▨"是其例。故应释"雷"。"雹",诸家多释"震"。李释"雹"读"霜",甚确。按,原篆作"▨",其所从"▨"帛书屡见,均释"亡"读"无"。"雹"即"霜"之异文。《白虎通·灾变》:"霜之言亡也。"《释名·释天》:"霜,丧也。""丧"亦从"亡"得声。《古文四声韵》引《义云章》"霜"作"▨",从"亡",尤为明证。《淮南子·天文训》:"阴阳相薄,感而为雷,激而为霆,乱而为雾。阳气胜则散而为雨露,阴气胜则凝而为霜雪。"帛书"雷霜"乃"阴气胜"所致。"雨土",安、陈引《太平御览》87 咎征部四:"京房《易》传曰,内淫乱,百姓劳,则天雨土。"

【15】"参职",《后汉书·窦融传》:"帝以三公参职,不得已,乃策免融。"《通典·职官》二:"天子无爵,三公无官,参职天子,何官之称?""三公论道经邦,燮理阴阳。"三公"参职"还可参《汉书·丙吉传》"三公典调和阴阳,职当忧"。帛书"不得其参职"谓"不能燮理阴阳",与上文"阴气胜"相涵。

【16】"之",唐健垣《楚缯书文字拾遗》(《中国文字》30 册)引《经传释词》卷九释"则",可从。"月闰",即所谓"非常月"(《礼记·玉藻》注)。《荆楚岁时纪》:"是月也,不举百事,以非中气也。"

【17】"终",原篆作"▨"。商释"索",严释"终"。按,上文"冬"作"▨",知严释正确。

【18】"奉",《国语·晋语》"是之不果奉",注:"奉,行也。"

【19】"是谓乱纪",《汉书·天文志》:"太白经天,天下革民更王,是为乱纪。"

【20】"厌",原篆作"▨"。饶释"砅"读"厉",严引三体石经《僖公》"▨"释"泉"。按,《六书略》"厌,古货字"。"货",歌部;"砅"(厉),月部;"泉",元部。三字阴、入、阳对转。"厉"、"戾"音近可通。《诗·小雅·小宛》"翰飞戾天",《文选·西都赋》注引韩诗作"厉",是其证。"亡厌"应读"无戾"。《列子·力命》"穷年不相谪发,自以行无戾也",释文:"无戾,无违戾也"。

【21】"畣",亦见师寰簋。李释"国",甚是。《说文》:"㕇,恨惜也。《易》曰,以往㕇。"《释辞》:"悔㕇者,忧虞之象也。"

【22】"兒",原篆作"⿳",饶释"麇",李(甲)释"胄",商释"鼠",严释"豸",巴释"㫊",唐释"兒",莫衷一是。按,"兒"或作"⿳"、"⿳"等形(《金文编》1164),其所从"儿"多两赘笔,与"⿳"所从吻合无间。"⿳"从臼从儿,释"兒"无疑。"兒"帛书凡四见,均应读"鬩"。《说文》:"鬩,恒讼也。字从鬥从兒,兒亦声。"(参《说文诂林》)《诗·小雅·常棣》"兄弟鬩于墙",传:"鬩,很(狠)也。"

【23】"东畣",见《古玺汇编》0310。

【24】"虡",原篆作"⿳"。其下所从之"禹"形,亦见《古玺文编》14.8、《说文》古文。"虡"应读"禹",《风俗通·皇霸篇》:"禹,辅也。""虡"读"虞"训"忧"亦通。

【25】"凡",原篆作"⿳"。商释"戌",巴释"凡"。按,《古玺汇编》5461"⿳"与"⿳"右下方均有一撇,实为赘笔,"风",乙篇作"⿳",《说文》古文作"⿳",则是"凡"可饰赘笔之确证。"慝匿",商读"侧匿"或"仄匿",甚确。(慝、侧、仄均与从寺得声之字相通,例不备举)《汉书·孔光传》:"时则有日月乱行,谓朓、侧匿。"《五行志》下:"晦而月见西方谓之朓,朔而月见东方谓之仄慝。"孟康注:"朓者,月行疾在日前,故早见;仄慝者,行迟在日后,当没而更见。"总之,"慝匿",系指月踰轨而乱行,与上文"月则缩絀"互足其义。"慝匿"于甲篇凡四见,对理解全文得中心内容至关重要。

【26】"民人",见《汉书·礼乐志》"民人归本"。

【27】"浅",商读"践"。按,"四践"犹"四履"。《文选·任昉宣德皇后令》"地狭乎四履,势卑乎九伯",李注:"《左氏传》管仲曰,昔召康公赐我先君履,东至于海,西至于河,南至于穆陵,北至于无棣。杜预曰,履,践履也。"

【28】"三时",见《左传》桓公六年"三时不害",注:"三时,春、夏、秋。"

【29】"系",饶、严等根据残文"⿳"释"系",近是。"素",原篆作"⿳",商释"乱",严释"策",饶、唐等释"素"。按,随县简从"巿"多与从"糸"之字同,然则帛书"素"从"巿",不足为异。"素"、"索"一字之分化,"系之以素"若读"系之以索"亦文意条畅。《风俗通》:"五月五日以五彩丝系臂,名长命缕……一名朱索。"《提要录》:"午日彩丝结合欢索系臂。"凡均可证古人有用"系索"祛邪的风俗。

【30】"脣",《说文》:"晵,盛貌。从弄从日,读若薿薿。一曰若存。晵,籀文晵从二子。一曰,晵即奇字簪。"严引《易·簪》之"簪"孟喜本作"齐",读"脣"为"齐"。李(乙)读"存"。按,"脣"应读"拟"。下文"拟以为则"与《汉书·扬雄传》"常拟之以为式",适可互证。"则"、"式"音义均通。

【31】"黄渊"即"黄泉"。

【32】"燹",原篆作"▨"。李(乙)释"鬚"。按,"燹"疑读"据"(《说文》"虞"或体作"鐻")。"土身无据",其意待考。

【33】"虐",陈邦怀《战国楚帛书文字考证》(《古文字研究》第五辑)隶"虐",释"皆"。李(乙)隶"虐",亦释"皆"。按,原篆作"▨",其下从"▨",与江陵简"皆"作"▨"形体吻合。然则"虐"乃"譬"之省变,"皆"又"虐"之省简。"日月皆乱,星辰不同"与《尚书大传·五行传》"日月乱行,星辰逆行"语意相仿。

【34】"岁季",犹"岁末"。湛方生《七叹》:"岁季月除,大蜡始节。"

【35】"时雨进退,无有常恒",与《易乾·文言》"进退无恒"辞例相似。

【36】"恭",读"恄"。《说文》:"恄,战栗也。"《方言》六:"蛮恄,战栗也。荆吴曰蛮恄。蛮恄,又恐也。"郭注"蛮恄"者,"蛮恭两音"。此楚方言"恄"、"恭"同音训"恐"之明证。又"恭民未智"与鱼鼎匕铭"下民未智"句式相同。

【37】"三恒",即"三常"。《管子·君臣》:"天有常像,地有常形,人有常礼。一设而不更,此谓三常。"又《国语·晋语》"爱粪土,以毁三常",注:"三常,政之干,礼之宗,国之常也。"典籍"恒"多作"常",盖避汉文帝刘恒讳而改。

【38】"四兴",见《汉书·礼乐志》"四兴遞代八风生",注:"应劭曰,四时递代成阴阳,八风以生也。臣瓒曰,舞者四悬代奏也……师古曰,瓒说是也。"以帛书"发四兴閩"验之,应劭说并非无据。又参《新书·容经》。

【39】"乱",陈据《左传·文公十八年》"以乱天常"补足残文,可信。

【40】"五正",《左传·隐公六年》"翼九宗五正",注:"五正,五官之长。"《左传·昭公二十九年》:"故有五行之官,是谓五官。木正曰句芒,火正曰祝融,金正曰蓐收,水正曰玄冥,土正曰后土。"

【41】"尧",原篆作"▨"。饶释"元",严释"失"。李(乙)释"尧",读"尧羊"为"尧祥"。按,"▨"与《说文》"尧"古文"栞"单复无别。《甲骨文编》1598"尧"作"▨"亦只从一"人"形。楚币文"▨比"(《古钱大辞典》249)据帛书自当释"桡"

币"。"桡"亦见《古玺汇编》5362作"㧑"。"桡"有长曲之意。与该类燕尾足布呈束腰狭长形吻合(汤余惠近示新作《战国货币新探》油印本,其中亦有"桡比"说,不谋而合)。帛书"尧羊"应读"敖翔"或"翱翔"。"尧"、"敖"音近可通。《左传·襄公四年》"生浇及豷",《说文》"豷"下引"浇"作"敖"。《尔雅·释丘》"多小石礈",释文或作"磝"。《释名·释山》"礈,尧也"。均可资佐证。"羊"读"翔"。《诗·齐风·载驱》"齐子翱翔",阜阳汉简作"皋羊",是其证。

【42】"聿",原篆作"聿",其"止"形半残。"聿"虽不见字书,但与"律"(《说文》训"均布")、"建"(《玉篇》训"分布")必为一字。《尔雅·释诂》:"律,法也。""襡",原篆作"䘏",诸家均释"裹"。按《金文编》1128"裹"作"䘏"、"䘏"等形,从"罒"。"䘏"则从"䖵",与《汗简》引《林罕集缀》,王庶子碑"蜀"作"䖵"形体吻合,均从"目"从"虫"。"䖵"加饰笔则成"䖵",故《古玺汇编》3302"䖵"亦应释"蜀"。帝喾支子封于蜀,其后以国为氏,详《路史》。准是,下列从"蜀"之字可迎刃而解:《古陶文莩录》附20"䖵"即"臅"。《礼记·内则》"小切狼臅膏",注:"狼臅膏,臆中膏也。"仰天湖简"䖵"(罗福颐摹本),即"㸂"。《玉篇》:"㸂,动头貌。"信阳简"䖵"即"燭"、"䖵"即"襡"。(李家浩《信阳楚简浍字及从䖵之字》已释出"燭"和"襡",载《中国语言学报》第一期)。帛书"䘏"与信阳简"䖵"实乃一字,读若"属"。《集韵》:"襡,《说文》短衣也。或作襩。"《释名·释衣服》:"襡,属也。"均其证。"属民",见《周礼·地官·党正》"及四时之孟月吉日,则属民而读邦法以纠戒之",注:"弥亲民者,于教亦弥数。"《国语·楚语》下"颛顼受之,乃命南正重司天以属神,火正黎司地以属民",注:"属,会也。"《国语》之"火正黎"与帛书之"群神五正"均能"属民",可谓密合无间。

【43】"五正",陈引《管子·禁藏》"发五正",张佩纶云:"正,政通。五正与五法、五刑、五藏相次,非五官正也。"按,"五正"读"五政",与上文"群神五正"不同。参俞樾《古书疑义举例》"上下文同字异义"条。

【44】"悳",同"德"。"德"与"陟"同源。《周礼·春官·太卜》"三曰咸陟",注:"陟之言得也,读若王德翟人之德。"《书·舜典》"汝陟帝位",传:"陟,升也。"《说文》:"德,升也。"是其证。"群神乃陟",意谓:侧匿之岁,群神升回天国,不再佑民。

【45】"繇",语首叹词,金文习见,《尚书》作"猷"。

【46】"毋弗有敬",与中山王圆壶"毋有不敬"字有颠倒,即《礼记·曲礼》

"勿不敬"。

【47】"惟天作福",与《书·洪范》"惟辟作福"辞例相同。

【48】"格",《尔雅·释诂》:"格,至也。"

【49】"惠",郭沫若《古代文字之辩证的发展》(《考古学报》1972.1)读"违"。按,《尔雅·释诂》"惠,顺也"。帛书"惟天作妖,神则惠之"。意谓"天为妖祥,神则顺从之"。古代"天"和"神"并非同一概念。观《淮南子·时则训》"以供皇天上帝,名山大川四方之神"。知帛书"天"即"皇天上帝",而"神"则"名山大川四方之神"。

【50】"備",原篆作"[字]"。旧释"永"、"襄",均非。朱德熙释"備"(引李家浩《战国邨布考》,载《古文字研究》第三辑)。按,"備"中山王鼎作"[字]",望山简作"[字]",均与帛书合。《说文》:"備,慎也。""惟"犹"与"或"及",见《经传释词》卷三。

【51】"天象",参《易·系辞》"天垂象见吉凶"。"恻",《一切经音义》四"恻古文作悥"与帛书合,《说文》训"痛"。"天象是恻"承"惟天作妖"而言。意谓:对"作妖"之"天象"伤悼敬慎之,始可免除灾难。或借读为"测"、"则",似可不必。

【52】"下民",见鱼鼎匕"下民未智"。"弌",原篆作"[字]"。郭释"戒",非是。李(乙)释"弌"读"式",可从。《说文》:"式,法也。"帛书"弋"作"[字]","戈"作"[字]"。二者区别虽微,屡验不爽。

【53】"弌",诸家多读"忒","敬之毋忒",参《管子·内业》"敬慎无忒"。

【54】"滴",亦见石鼓文"滴有小鱼"。"滴"同"砅"。《说文》:"砅,履石渡水也。从水从石。《诗》曰,深则砅。濿,砅或从厉。"字亦通"濑"。《史记·南越传》"下厉将军",《汉书·武帝纪》作"下濑将军",是其证。《说文》"濑,水流沙上也。""浴"应读"谷"。《老子》六章"谷神不死",马王堆帛书作"浴神"。《诗·小雅·鹿鸣》"出自幽谷",阜阳汉简作"幼浴",均其证。

【55】"喾",商读"庄"。《礼记·表记》"不矜而庄",疏:"庄,敬也。""不庄"与上句"不钦"义同。《尔雅·释诂》:"钦,敬也。"

【56】"繇",通"由",见《经传释词》卷一。"目"、"已"一字之分化。《孟子·尽心》上"于不可已者而已者",注:"已,弃也。"

【57】"毃",商读"穀"。按,《庄子·骈拇》"臧与穀",释文"崔本作毃"。是

其证。《诗·陈风·东门之枌》"榖旦于差",传:"榖,善也。"

【58】"緙",原篆作"㠯",或释"緙"。按,帛书"又"作"㠯","七"作"十"。(参上文"七日"合文)准是,"㠯"自应从"七"。《集韵》"綥"或作"綨",与"緙"结构颇似,均以"七"为声符。"緙"或者从"綨"省声。疑即"七政"或"七纬"的专用字。因其指日月、五星,故以"月"为形符。

【59】"参",陈槃据残文补。又曰"祭参者,祭参星也。"按,"祭星"见《礼记·祭法》、《尔雅·祭天》等。

【60】"土事",诸家多释"社事",非是。按,《礼记·月令》"仲冬之月,命有司曰,土事毋作。慎毋发盖,毋发室屋,及起大众,以固而闭",疏:"土地之事毋得兴作。""从",《广雅·释诂》训"行"。

【61】"凶","从则凶"之省略。参俞樾《古书疑义举例》"蒙上文而省例"条。

甲篇入韵字如下:

四、绌、脂部。舛、尚、行、襄、尚、羕、瀼、方,阳部。发、洰、散、月,月部。土,鱼部。职,之部;鱼之合韵。逆、行,阳部。终、奉、邦,东部。尿、散,月部。吝、吝,文部。兵、王,阳部。匿,之部;所,鱼部;之鱼合韵。行、尚、行,阳部。降,东部;阳东合韵。匿,之部;裹,鱼部;之鱼合韵。同、凶、同,东韵。亘,蒸部;则,之部;亘,蒸部;蒸之通韵。尚、羊、明、盲,阳部。匿、惪、哉、福、之、之、備、侧、袄、弋,之部。行、祏、行,阳部。敠,侯部;蠚,幽部;侯幽合韵。至、緙,脂部。从、凶,东部。

乙篇

曰故[黄]能(熊)䨓(雹)虘(戯)。【1】出自□雹,【2】尻(居)于韼(雷)[夏](泽)。【3】垩(厥)□偟(吾)(重文),【4】□□□女。夢(茫)(重文)墨(昧)(重文),【5】亡(无)章弼(脥)(重文)【6】。□□水□,风雨是於(谒)。【7】乃取(娶)叡(且)□,【8】□子之子曰女瑝(珮),【9】是生子四。□(合文)是襄,【10】天㦨(钱)是各(格)。【11】参祡(化)虖逃(咷),【12】为虫为萬。【13】旦(以)司域(?)襄(壤),【14】咎天步遃(逞)。【15】乃上下(合文)朕(腾)遖(傳),【16】山陵不斌(疏)。【17】乃命山川四晦(海),【18】□燎燹(氣)卤燹(氣),【19】旦(以)为丌(其)斌(疏)。【20】旦(以)涉山陵,泷汨凼(益)溳(厉)。【21】未又

(有)日月(合文),【22】四神相弋(代)。【23】乃步目(以)为哉(岁),是隹(惟)四寺(时)。

伥(长)曰青榦(榦),【24】二曰朱㔹单。【25】三曰翏(?)黄难,四曰澰墨(黑)榦(榦)。【26】千又百哉(岁),日月(合文)夋(允)生。【27】九州不塝(平)。【28】山陵备峡(侐),【29】四神㔹乍(作),至于逡(复)。【30】天旁(方)遑(动),【31】攼(扞)毄(掖)之。【32】青木、赤木、黄木、白木、墨(黑)木之精(精)。【33】赤帝乃命祝䰠(融),【34】目(以)四神降。奠三天,【35】㔹思敦(保)。【36】奠四[亟][极]【37】,曰非九天剿(则)大峡(侐)。【38】剿(则)母(毋)敢(敢)散(冒)天䨓(灵)。【39】帝夋(俊)乃为日月(合文)之行。【40】

共攻(工)㔹步十日,【41】四寺(时)㔹(合文),㔹神剿(则)闰,【42】四[兴]母(毋)思(息)。百神风雨,辰(辰)祎(纬)躔(乱)乍(作)。【43】乃㔹日月(合文),目(以)迵(传)相㔹思(息)。又(有)宵又(有)朝,又(有)昼又(有)[夕]。【44】

【1】"曰故",读"曰古"。见墙盘"曰古文王",相当《书·尧典》"曰若稽古"。"黄",金祥恒《楚缯书雹虘解》(《中国文字》28册)补足残文,并谓"黄能"即"黄熊",可信。《礼记·月令》疏载"伏羲"一号"黄熊氏"。"雹虘",即"包牺"或"伏羲"。按,金说至确。"雹",原篆作"",从""省形(《说文》"雹"古文)、"勹"声,帛书""即"⊙"。""或作"",""或作""(《金文编》1117、1442)是其证。三雹粒省为二雹粒。"勹"乃"伏"之初文(《甲骨文字释林》374),古无轻唇音,故"伏"读若"包"。《字汇补》"雹"字作"䨺",虽有讹变,然与帛书形体尚近。

【2】"䨓",诸家多释"震"。"㔹䨓",饶读"听訞",金读"华胥"。按《帝王世纪》载"伏羲"乃"出于震","震"可能是"䨓"之误字,地望待考。

【3】"",或释"",或释""。金释"瞿"。按,原篆作"",右从"寽",毋庸置疑。"",从隹䏠声;"䏠",从肉寽声。《说文》"寽"下云"读若律"。"雷"亦读若"律"(《释名·释典艺》"律,累也。"而"累"从"雷"省声)。然则"㔹"应读"雷夏"。《书·禹贡》"雷夏既泽",传:"雷夏,泽名。"亦称"雷泽",《水经注》瓠子河:"雷泽在成阳故城西北。"《周礼·夏官·职方氏》又作"卢维"。""、"雷"、"卢"皆一音之转。《帝王世纪》:"燧人之氏有巨人迹出于雷泽,华胥以足履之,有娠,生伏羲。"(关于"雷泽"的地望。旧解均谓在山东,而吴承志《山海经地理今释》卷六所引《海内东经》云"雷泽中有雷神,龙身而人头,鼓

其腹,在吴西。"认为"雷泽"即今江浙一带的太湖,古称"震泽"。)

【4】"儵儵",读"鱼鱼"或"吾吾",《国语·晋语》二"暇豫之吾吾,不如鸟乌",注:"吾读如鱼。吾吾,不敢自亲之貌也。"所谓"不敢自亲",乃锥鲁无知之貌。这与《列子·黄帝篇》载华胥氏之民"不知亲己,不知疏物,故无爱憎"适可互证。严引《淮南子·时则训》"渔人"为证,释"儵="为"鱼人"合文,亦可备一解。伏羲"结绳为网以渔",见《潜夫论·五德志》。

【5】"梦梦墨墨",严引《文选·叹逝赋》"何视天之芒芒",李注:"犹梦梦也。"《淮南子·俶真训》"至伏羲氏,其道昧昧芒芒",注:"昧昧,纯厚也;芒芒,广大貌也。"

【6】"亡章",即"无别"。《家语·子贡问》"上下有章",注:"章,别也。""弻",读若"柲"。徐灏《说文解字注笺》谓二字乃"一声之转"。王国维《观堂集林·释柲》云:"弻者,柲之本字……其音当读如弻,或作柲,作柴,作闭,皆同音假借也。"帛书"弻弻"应读"瞇瞇"。《广韵》入声五质:"瞇瞇,不可测量也。"或作"瞇瞇"。"无章弻弻"意谓洪荒缥缈之时"万物无别,不可测量",一片混沌而已。

【7】"於",商释"语助词"。陈引《广雅·释诂》二"於,居也"。谓"风雨亦居于此"。按,《山海经·大荒北经》"不食不寝不息,风雨是谒",郭注:"言能请致风雨。""谒"、"於",影纽双声。《书·舜典》"遏密八音",《春秋繁露》引作"閼"。《左传·襄公二十五年》"虞閼父",《史记·陈世家》索隐作"遏"。《吕览·古乐》"民气郁阏而滞者",注:"阏读遏止之遏。"《一切经音义》一:"遏,古文阏同。"《左传·襄公二十五年》"吴子遏",《公羊传》、《谷梁传》作"谒"。凡此均"谒"、"於"相通之证。郭注以"请致"释"谒",迂曲难通。据帛书"谒"又作"於",又参以"谒"从"言",知"谒"应读如"呜"或"歍"。(从"言"、"口"、"欠"义同。)"乌"、"於"古本一字。检《说文》"歍,一曰口相就也"。亦作"喝"。《素问·生气通天论》"炊则喘喝",注:"大呵出声也。一作呜。"总之,"於"、"呜"、"歍"、"谒"、"喝"均一声之转。《山海经》"风雨是谒"谓"烛龙",帛书"风雨是於"谓"伏羲",二者均有呼风唤雨之神力。

【8】"叡",《汗简》引王庶子碑"且"作"叡"与帛书合。

【9】"瑝",原篆作"𤣩"。李释"董",安、陈释"童",严释"皇",均与字形不合。按,原篆上从"出",参甲篇"出自黄渊",乙篇"出自□霝",丙篇"可以出师",诸"出"字。中从"曰",乃装饰符号,无义。下则从"玉",参江陵、仰天湖

简诸"亞"形。然则"📷"只能隶定为"瑞"或"玼",以声韵求之,即"瑰"。《集韵》:"瑰,玉名。""出"或"屈"可读若"骨"。如《说文》顑"读又若骨"。《左传·哀公二十六年》"掘褚师定子之墓",释文本或作"搰"。《左传·昭公十七年》"鹘鸠氏",《尔雅·释鸟》:"鹘鸠,鹘鸠。"《列子·杨朱》"禽滑釐",《汉书·古今人表》作"禽屈釐",是其证。"咼"也可读若"骨",如"緺"《说文》"读若骩"。然则帛书"女玼"实应读"女瑰"。"玼",溪纽,脂部;瑰,见纽,歌部。见、溪同属牙音,脂、歌例可旁转。《世本·姓氏》(张澍稡集补注本):"女氏,天皇封弟(娣)瑰于汝水之阳,后为天子,因称女皇。"此"女瑰"即"女娲"。"瑰"从"玉"与帛书契合,盖取"玉"有"嘉美之意"。"女娲"亦名"女希"(《三皇本纪》)。南方少数民族称"伏羲"为"Kuel"(芮良夫调查引自闻一多《伏羲考》)。总之,"娲"、"瑰"、"瑶"、"玼"、"希"均牙音[K]之转读。帛书中"女娲"作"女玼",与"伏羲"作"雹虖","祝融"作"祝盧"属同类现象。帛书的记载证实了在战国楚人传说中,伏羲和女娲确属夫妇关系。可惜女娲出于"□子"适有残文,影响了对于这一问题的深入探讨。

【10】"襄",原篆作"📷"。饶释"襄"。按,郱陵君豆"📷",李零、刘雨《楚郱陵君三器》(《文物》1980.8)释"襄",与帛书甚近。"襄",甲骨文作"📷",金文作"📷"或"📷"(《甲骨文字释林》132—133),战国文字则讹形为音作"📷"、"📷"从"羊"得声,或作"📷"从"羌"得声(均见《古玺文编》8.6)。《尔雅·释言》:"襄,驾也。"本句"□是襄,天㧇是格"为骈句,故"□"下应有合文符号。

【11】"天㧇",疑读"天钱"。《晋书·天文志》:"垒壁阵西北有十里,曰天钱。"

【12】"参㚑",陈引《礼记·中庸》"可以赞天地之化育,则可与天地参矣"为证,读"参化"。按,"㚑"同"傀",读"化"。《汗简》引《义云章》"化"作"傀"。"鬼"和"示"义近可通。《说文》"鬼"之古文作"禬",《汗简》引华岳碑"神"作"魈",是其证。《楚辞·天问》:"阴阳三(叁)合,何本何化?"所谓"叁化"的神秘气息是不言而喻的。"虖"原篆作"📷",亦见善鼎、秦公钟等器。或据《说文》"虐"古文"📷"释"📷"为"虐"。按,此字应隶定为"虖"。"虖",晓纽,宵部;"虐",疑纽,宵部入声。古喉牙音相通,故《说文》古文以"虖"为"虐"。"逃",原篆作"📷"。商释"迹",严释"徙"。或以之与《汗简》引王庶子碑之"兆"作"📷"相互比较,颇值得注意。按,《金文编》3446"📷"、"📷"等形旧释"姚",学

者多疑之。今以《汗简》验之,所释不误。又《古玺汇编》2405"桃"作"㮈",兆域图"逃"作"㔾",亦可资佐证。"唬逃"即"唬咷",汉冀州从事郭君碑"卜商唬咷"。亦作"号咷",《古文四声韵》"号"作"唬",而"号"作"虐",是其证。《楚辞·九叹·怨思》"挚臣之号咷子",王注:"号咷,谨呼",洪兴祖《补注》:"咷,音逃。"

【13】"为虫为萬",陈读"为禹为离",严读"为禹为萬"。按,云梦简942"憂"作"㥑",青川木牍"離"作"雖",仰天湖简"壄"作"壄",帛书"萬"作"萬","滿"作"滿",凡此可证战国文字"禹"、"禺"、"萬"均应从"厸"(蹂)。而帛书"禹"并不从"厸",其非"禹"和"禺"可以断言。其实帛书自有"禹",见甲篇"虞"字所从之"禹"。"虫"乃"虫"。战国文字"虫"作"㠯"或"㠯",头呈尖形。这与"㠯"(见《说文》"蚩"古文"蚌"之所从)或"㠯",头呈圆形,应是平行演变关系。另外,《古文四声韵》引王存乂《切韵》"獨"作"獨",其右下作"㠯",与帛书正合。尖形和圆形"虫"亦见甲骨文和金文,在斜笔上加赘划是晚周文字的通例。"禹"虽亦"虫"之分化,(禹,匣纽;虫,晓纽;均属喉音。)但二者形体在晚周则判然有别。《广韵》上声尾部:"虫,鳞介总名。"《说文》:"萬,虫也。"以古文字验之,虫属蛇类,萬属蝎类,后来均由专名转为泛称。"为虫为萬"是上文"参化"的结果。严谓"似言万物化生之意",近是。《说文》:"娲,古之神圣女,化万物者也。"《淮南子·说林训》:"黄帝生阴阳,上骈生耳目,桑林生臂手,此女娲之所以七十化也。"《山海经·大荒西经》注:"女娲,古神女而帝者,人面蛇身,一日七十变。"《路史·后纪》二注又谓女娲"七十二化处其位"。帛书"参化唬咷,为虫为萬"指女娲化育万物,与典籍均言变化之多(参闻一多《神话与诗·七十二》)。

【14】"域襄",饶释"域壤"。按,《淮南子·时则训》"黄帝后土之所司者,万二千里"与"以司域壤"文意颇近。

【15】"咎",犹极也。见《尚书大传》"用咎于下"注("咎"读"暑"亦通)。"天步",古天文术语。《后汉书·张衡传》:"风后察三辰于上,迹祸福乎下,经纬历数,然后天步有常。""逞",原篆作"逞",旧不识。按,上从"壬",下从"日"。"日"乃装饰符号,参上文"瑨"。然则此字可直接隶定为"迋",即"逞"之省文。《说文》之"郢"或作"邳"(亦见楚简),乃"呈"可省作"壬"之明证。《说文》:"逞,通也……楚谓疾行为逞"。

【16】"遱",从辵从剚。"剚"即"剌",见信阳简和古玺。"遱"乃"傅"之异文,其从"辵"行动之义尤显(亦见楚龙节)。陈引《说文》"腾,传也"。谓:"腾传为同义连文,在此腾有上升意,传有下递意。"甚确。

【17】"斌",严释"茂",饶先释"爻",后释"延"。按,"斌"之所从"爻"、"武"均有做声符的可能。然而结合上下文两"斌"字的释读,知释"斌"(疏)较妥。《说文》"延,通也。从爻从疋,疋亦声。"这与帛书"斌,从爻从武,武亦声"应是平行现象。首先,"疋,足也"(《说文》)。"武,迹也"(《尔雅·释训》)。义本相近。其次,"疋"与"武"均属鱼部,音亦相近。"乃上下腾传,山陵不延"与典籍载"绝地天通"的传说有密切关联。《国语·楚语》:"古者民神不杂……及少昊之衰也,九黎乱德,民神杂糅……颛顼受之,乃命南正重司天以属神,令火正黎司地以属民,使复旧常,无相侵渎,是谓绝地天通……重寔上天,黎寔下地。"注:"言重能举上天,黎能抑下地,令相远,故不复通也。"这里"民神杂糅"的"天梯"应该就是帛书中的"山陵"。《山海经·海内经》:"有山名曰肇山,有人名柏高。柏高上下于此,至于天。"是神人凭借"山陵",上下天地间的确证(参徐旭生《中国古史的传说时代》82页和袁珂《山海经校注》)。

【18】"晦"即"晦",帛书读"海"。《释名·释水》:"海,晦也。"《老子》二十章"淡号其若海",严遵本,景龙写本作"晦",是其证。商引《周礼·夏官·校人》"凡将事于四海山川",注:"四海犹四方也。"

【19】"尞",原篆作""。饶释"熏",今从严读"燎",《说文》:"燎,放火也。""熨",同"气",见《汗简》引碧落文。"熨"从火犹"炁"从火(行气玉铭),两者异作可能反映晋、楚文字的地域性的特点。卥,原篆作""。下有短横乃赘笔,帛书"至"作"",是其佐证。""与金文习见的""显然一字。《说文》:"卥,气行貌……读若攸。"《史记·赵世家》"烈侯卥然",正义:"卥音由,古字与攸同……悠悠,气行貌。"《左传·哀公三年》"郁攸从之",注:"郁攸,火气也。"帛书"卥熨"即"火气",与"燎气"对文见义。

【20】"乃命……以为其疏",与《国语·周语》"疏为川谷,以导其气"意近。

【21】"汩",原篆作""。"口"上尚存残笔。陈谓"泷汩皆楚国之水名",释""为"益",均可从。按,"泷汩益厉"皆楚国水名,详《水经注》。"泷"见溱水"武水南出重山……名之泷水"。"汩"见湘水"纯水又右会汩水,汩水西迳罗县北"。"益"见资水"茱黄江又东迳益阳县北,又谓之资水。应劭曰,县

在益水之阳。今无益水,亦或资水之殊目矣"。"厉"见瀏水"瀏水北出大义山,南至厉乡西赐水入焉。水源东出大业山,分为二水。一水西迳厉乡南水。南有重山,即烈山也……亦云乡故赖国也。有神农社赐水,西南流入于瀏,即厉水也。赐、厉声相近"。如果以湘水为南北中轴线,"泷汨益厉"四水恰在其南东西北四方。这或与帛书出地——长沙处于南楚中心有关。

【22】"未有日月",陈引《书·洪范》之"日月之行,则有冬有夏",谓:"古以日月正天时,未有日月,则无四时。"

【23】"四神",即上文"是生子四",女娲之四子。"弋",商释"戈",读"过"。李家浩《战国邙布考》(《古文字研究》第三辑)释"弋",读"代"。按,李说可从。

【24】"伥",见《说文》"伥,狂也;一曰,仆也"。商谓:"伥为长幼之长的异文。"

"橪",即"樿",严释"榦",可从。

【25】"朱",原篆作"", 中间横划向上弯曲,致使其字与上文"未有日月"之"未"同形,可能是书写者的误笔。《汗简》引王庶子碑"朱"作"",亦误从"未"。"单"原篆作"",旧释"兽"。按,《古文四声韵》"单"引籀韵作"",与帛书合。单、兽一音之转,古均属舌头音。

【26】"溷",略残。《广雅·释诂》三:"溷,浊也。"楚四时神名与中原地区不同,具体如何对应,有待进一步研究。

【27】"矣",原篆作"",与下文"帝矣"均从目从身。后者缺一笔,犹金文""或作""。"矣",本应从"人",帛书从"身"。其实"人"、"身"亦一字之分化。战国文字"信"或作"訋",是其证。商谓"日月矣生,即矣生日月。"按,"矣"读"允",亦可通。

【28】"塝",原篆作""。其"旁"省简一撇笔,与甲骨文""或作""(《甲骨文字释林》)属同类现象。《集韵》去声宕韵"塝,地畔"。乃楚方言,在楚文字中均读"坪"或"平"。"旁"、"平"音近可通。随县新出钟律名"坪皇",石磬则作"塝皇",是其证。参裘锡圭《谈谈随县曾侯乙墓的文字资料》(《文物》1979.7)。

【29】"备"。《礼记·月令》"农事备收",注:"备,犹尽也。""嶔"原篆作"",从血从矢。李、商或隶定为"衃"。按,"矢"双臂下垂,"夭"双臂一扬一垂作摇摆状。帛书"嶔"作"",从矢;"实"作"",""作""("夭",红外线

照片清晰,摹本右臂稍作向下回锋之势,误)。均从"夭",两者判然有别。小篆"矢"、"夭"双臂均下垂,而以头的左右倾斜以示区别,分别作"夨"和"夭"形,不足为训。"衄",从矢血声,乃"侐"之异文。"仄",籀文作"厌",是"矢"、"人"相通之证。"侐",典籍或作"洫"。《庄子·齐物论》"以言其老洫也",释文:"本亦作溢。"《则阳》"所行之备而不洫",释文:"洫音溢。李注,洫,滥也。王云,坏败也。"林希逸《南华真经口义》释"洫"为"泥着而陷溺之意"。"山陵备侐"应释为"山陵尽坏",与上句"九州不塝(平)"意亦相涵。

【30】"復",原篆从辵,亦见侯马盟书、中山王鼎、三体石经、《汗简》等。"四神囗作,至于復"。意谓"四神……行动起来恢复了原来的正常的秩序"。

【31】"旁",原篆作"方"。"旁",金文作"方",小篆作"旁"。帛书正其过渡形体。"方",上文或作"方"("塝"偏旁),乃同篇异体互见的现象。帛书中"四"、"夋"、"青"等字均异体互见,不足为奇。"逹"即"運",见《说文》"动"之古文。

【32】"扞择",原篆均从支旁。古文字"支"与"手"旁往往互作。"择",原篆作"斁"。饶、李释"择"。按,战国文字"目"可作"田"形,参甲篇注[13]"胃"条下。栾书缶"择"作"斁",与"斁"实乃一字。帛书"择"应读"掖"。《周礼·考工记·弓人》"春液角",注:"液读为醳。"《释名·释形体》:"腋,绎也。"是其证。《说文》:"掖,以手持人臂也投地也。"引申为扶持,如《诗·陈风·衡门》序"诱掖其君",笺:"扶持也。"

【33】"精",原篆作"精"。"青木"之"青"作"青"。这两种"青"的异体均见于《古玺文编》5.7。《玉篇》"精,木名。"帛书"精"读"精",诸家无异词。《说文》"精,择也"。段注:"引申为最好之称。"帛书青、赤、黄、白、墨等"五木",或云即"改火"之五木。按,帛书"五木"疑与典籍"建木"、"若木"等神木相似。据上下文意,知其可以支撑天体。"五木"之颜色与五行的关系颇值注意。

【34】"赤帝"即"炎帝"。"祝嚧"即"祝融",武梁祠画像作"祝诵"。《史记·周本纪》"成王名诵",《竹书纪年》作"庸"。《国语·周语》"服物昭庸",王引之《经义述闻》卷二十"庸与融同"。然则"融"、"庸"、"诵"、"嚧"(蠾)皆可通用。《礼记·月令》:"孟夏之月,其帝炎帝,其神祝融。"

【35】"奠",《太玄·元摘》"天地奠位",注:"奠,定也。""三天",《宋书·律志序》"三天之说,纷然莫辨"。《云笈七籤》:"其三天者,清微天,禹馀天,大赤

天是也。"

【36】"思敚",疑读"兹保"。"思"与"丝"音近,《释名·释器》:"緦,丝也。""孳",《说文》籀文作"𡥩",从丝得声,此"思"可读"慈"之证。"敚",即"捊",同"抱"。参《说文》"捊,引取也。抱,捊或从包"。而"抱"又是"保"的同源字,又《说文》"保"古文作"孚",均"敚"、"保"相通之证。《国语·周语》"慈保庶民",注:"慈,爱也。保,养也。"

【37】"亟",严引李棪斋补足残文,读为"极",可从。"四极"见《淮南子·览冥训》"苍天补,四极正。"

【38】"九天",《楚辞·天问》"九天之际,安放安属",注:"九天,东方皞天,东南方阳天,南方赤天,西南方朱天,西方成天,西北幽天,北方玄天,东北方变天,中央钧天。"

【39】"敩",原篆作"𩯋"。商释"叡",曹锦炎释"冒"。按,曹说可从。"天霝"即"天靈",《吴越春秋》:"蒙天靈之佑。"

【40】"帝夋"即"帝俊"。《史记·五帝本纪》索隐"帝嚳名俊也","日月之行",《书·洪范》:"日月之行,则有冬有夏。"又《史记·五帝本纪》:"高辛生而神靈……历日月而迎送之。"

【41】"共攻",即水神"共工"。《路史·后纪》引《帝王世纪》"女娲未有诸侯,共工氏任智刑以强霸而不王。"帛书中"共攻"则赞助其父祝融(见《山海经·海内经》)和四神"授民以时",并非如大多数典籍中描绘得那么凶顽。中原和南楚地区神话中的这种歧义现象,说明流传至今的典籍已打上"华夏"对"蛮夷"同仇敌忾的深刻烙印。顺便提及,很多学者都认为"伏羲"、"女娲"是"苗蛮"的先祖。蒙文通早就指出:"炎帝"、"祝融"、"共工"属于"江汉"民族。"帝俊"之所属虽然历来说法纠缠不清,但是根据帛书知其亦应属楚神话系统的人物。凡此,对研究楚神话和探讨中国古史传说,无疑具有重大意义。

【42】"四寺",《书·尧典》载帝令羲和"以闰月定四时成岁"。

【43】"祎"见《集韵》引《尔雅》,今本《尔雅·释诂》作"祎"。"晨祎"即"辰纬。"《宋书拓跋氏传》"嘉谋动苍天,精气贯辰纬"。亦作"星纬",本指星辰的经纬。

【44】"晝",原篆作"𣆶",从日从聿,亦见猷簋。按,"晝"从日聿声,详《猷簋考释六则》(《古文字研究》第七辑)。"夕",诸家据残文和文意补,可信。

乙篇入韵字如下:

虐、夏、䚻、女、於，鱼部。墨，之部；弼、瑁、四，脂部；之脂合韵（鱼脂交韵）。襄、襄，阳部；各、斌、斌，鱼部；鱼阳通韵（交韵）。满、月、散，月部；弋、寺，之部（之月交韵）。槫、单、难、槫，元部。生，耕部；㫄，阳部；阳耕合韵。遠，幽部；之，之部；之幽合韵。盧、降，东部。敦，幽部；峡，脂部；幽脂合韵。霝，耕部；行，阳部；耕阳合韵。思、思，之部；乍、夕，鱼部；之鱼合韵（交韵）。

丙篇

取于下【1】曰取。巳（範）剬（则）至，【2】不可目（以）□敖（敫）。【3】壬子酉（丙）子凶乍（作）。【4】□北征衛（率）又（有）咎。【5】武□□亓（其）敊（撺）。【6】

女北武。【7】曰女。可目（以）出市（师）簋（筑）邑【8】不可目（以）豪（嫁）女取（娶）臣妾。【9】不夹导（得）【10】不成。

秉司旽（春）【11】。曰秉。□□□□妻备（遑）生分女□□。【12】

余取（娶）女。【13】曰余。不可目（以）乍（作）大事。【14】少杲亓（其）□【15】［句］龙其□。【16】取（娶）女为邦芙（莽）。【17】

欿（臽）出睹【18】，曰欿（臽）。瀸衛（率）导（得）【19】目（以）匿不见。月才（在）□□，不可目（以）言（享）祀凶。取（娶）□□为臣妾。

藃司顕（夏）。【20】曰藃，不可目（以）出市（师），□市不逯（復）。亓（其）［败］亓（其）遠。【21】至于（合文）亓（其）大□，不可目（以）言（享）。

仓莫导（得）。【22】曰仓。不可目川，【23】□大不训【24】于邦又（有）须，【25】宎（妖）于上下（合文）。

臧（臧）族（？）□【26】。曰臧（臧）。不可目（以）簋（筑）室【27】不可目（以）［出］市（师）。膌（瘠）不逯（復）。【28】亓（其）邦□大龤（乱）。取（娶）女，凶。

玄司眛（秋）。【29】曰玄。不可目（以）簋（筑）［室］（？），【30】吁□□□遂（？）乃咎（？）【31】。

昜□義【32】。曰昜。不燬（毁）事【33】，可目（以）折。【34】歙（捨）攱（袪）不义于四【35】。

姑分长【36】。曰姑。利戩（侵）伐。【37】可目（以）攻城，可目（以）聚众会者（诸）侯【38】型（刑）百事，【39】殩（戮）不义【40】。

荃（荼）司奋（冬）【41】。曰荃（荼）。不可目（以）□□敍（叙）。

【1】"取",即"陬月"。见《尔雅·释天》"正月为陬"。《周礼·秋官·硩簇氏》作"陬",《史记·历书》作"聚"。

【2】"巳",原篆作"?"。饶释"乙"(?),严引鄂君启舟节"?"释"巳"。按,中山王圆壶"?"(?)。《古玺汇编》"?"(杞)0054、"?"(?)1825。"?"(?)2169、"?"(?,即"肥",古姓氏。肥从巳声,《说文》从卩,殊误。吴振武《古玺汇编释文订补及分类修订》亦释"肥",见香港古文字研讨会论文集。)3273、"?"(?)3517等字所从之"巳"于帛书"?"均为一字。至于鄂君启舟节"逾夏内?"应读"逾夏入汜"。旧释"?"为"?",非是。对照节文"芑"作"?",即可知。"汜"同"氾",见《水经注》沔水"氾水又东流注于沔,谓之氾口也"。帛书"巳"读如"範"。《说文》:"範,軷也。从车笵省声(当云巳声)。""軷,出将有事于道,必先告其神。"帛书"巳"为祖道之祭,与下句"?"辞义贯合。

【3】"?",原篆作"?"。旧不识。按,从禾与从木往往互作,下文"利"作"?"是其证。然则"?"与三体石经《僖公》"?"作"?"实为一字。《说文》:"?,楚人谓卜问吉凶曰?。"

【4】"壬子,丙子凶作",严引《淮南子·天文训》"壬子干丙子雹","丙子干壬子星坠"证"凶作",甚确。

【5】"衘",即"率",语首助词,无义。见《词诠》。

【6】"敳",从丙。"丙"《说文》"读若三年导服之导"。"导"即"禫"(详《仪礼·士虞礼》注)。"丙",乃"簟"之初文,象席形(见《古文字学导论》58页)。"敳",疑"撢"之异文。"撢",《说文》训"探",《仓颉篇》训"持"。

【7】"女",即"如月",见《尔雅·释天》"二月为如"。"北",原篆作"?",从匕才声,疑读"材"。"材武"见《史记·韩信列传》"上以韩信材武"。

【8】"筮",原篆作"?"。严释"筑",至确。按,"筮",从支箸声。《说文》"筑"之古文作"?"(小徐本),从土箸声(见段注)。从支和从土均与建筑有关,然则"筮"和"?"均"筑"之异文。"筑邑",见《礼记·王制》"与事任力",注"事谓筑邑",疏"筑邑,则筑城也"。《淮南子·时则训》仲秋之月"可以筑城郭,建都邑",注:"都曰城,邑曰筑。"

【9】"豪",亦见楚王豪钟、戈、望山楚简,旧读"家"。帛书"豪"应读"嫁",

"嫁女"与"娶臣妾"对文见义(参中山大学古文字研究室《战国楚简研究》油印本)。

【10】"夹"旧释"亦"。按,原篆作"夾",应释"夹"。"在左右曰夹"(见《仪礼·既夕》"囷人夹牵之"注)。"不夹得"谓"不兼得"。

【11】"秉",即"窉月",见《尔雅·释天》"三月为窉",又《广韵》上声梗韵下引《尔雅》作"窉"。

【12】"妻",原篆作"叀",与《古文四声韵》引古《孝经》"妻"作"叀"形体吻合。据此陶文"叀"(《季木藏陶》111.2)亦应释为"妻"。"备",原篆作"备",疑"遷"之省文。

【13】"余",即"余月",见《尔雅·释天》"四月为余"。郝懿行《尔雅义疏》:"孙作舒……日月其除。郑笺,四月为除。"按,"余"、"除"、"舒"皆一音之转。

【14】"大事",范围甚广。如《左传·成公十三年》"国之大事在祀与戎"。《礼记·月令》"季夏之月,毋举大事",注"兴徭役以有为"。帛书孟夏之月云:"不可以作大事。"《吕览》于是月云:"无起土功,无发大众,无伐大树,无大田猎。"凡此均属"大事"之列。

【15】"少杲",严读"少昊",疑即"少皞"。

【16】"句龙",《左传·昭公二十九年》:"共工氏有子曰句龙,为后土。"("句",诸家据残文补。)

【17】"芺",原篆作"芺"。严释"光",饶释"尤",曾宪通《楚月名初探》(《古文字研究》第五辑)释"笑",陈梦家《战国楚帛书考》(《考古学报》1984.2)释"芫"。按,"芺"下从犬。楚简"犬"旁皆作"犬"形,陶文作"犬"(《古陶文舂录》附30),是其确证。《康熙字典》引《集韵》"疑"古文作"芺",检今本《集韵》无"芺"。复检《古文四声韵》(旧或称《集韵》)引崔希裕纂古"凝"作"奘",知《字典》"芺"实乃"奘"("蘉"之讹变)之误写,而与"疑"无涉。帛书"芺"应是"莽"之省。古文字二"屮"与四"屮"每通用。"莽"读若"芒",《淮南子·精神训》"芒冥收藏",又"茫然仿佯",注并云:"芒读王莽之莽。"《方言》十三:"芒,灭也。"其义近"亡",《史记·范雎传》"亡其言",索隐:"亡犹轻蔑也。"

【18】"歆",郭释"好",严释"敢"。此字又见越王歆潜剑和越王之子歆骼剑,"歆"旧释"鸠",于省吾先生改释"歆"(曹锦炎见告)。按,"歆"乃"咎"之繁文。《说文》:"咎,高气也。从口九声。""口"、"欠"义近可通,故"咎"从口复从

欠作"歓"。此犹"喜"本从口,古文则复从欠作"歡"。帛书"歓",即"皋月",见《尔雅·释天》"五月为皋"。释文"或作高"。按,"歓"、"皋"、"高"均为一音之转。"睹",见《说文》训"旦明"。

【19】"㦰",原篆作"㦰",从戈须声,疑读"頯"。《说文》:"頯,待也"。

【20】"虘",同"且",详乙篇注[8]下。"虘",即"且月",见《尔雅·释天》"六月为且"。

【21】"敓",严据残文"攴"补,可参。

【22】"仓",原篆作"仓",亦见战国玺文、陶文,与《说文》"仓"之古文"仝"实为一字。"仓",即"相月",见《尔雅·释天》"七月为相"。"仓"、"相"一音之转。

【23】"川",动词。《说文》:"川,贯穿通流水也。"《释名·释水》:"川,穿也,穿地而流也。"

【24】"训",原篆作"训",或释"訢",殊误。李释"训",甚确。此字亦见《古玺文编》3.4 和楚简。《广韵·释诂》一:"训,顺也。"

【25】"须",原篆作"须"。《方言》三:"褛裂、须捷、挟斯,败也。南楚凡人贫衣被丑弊谓之须捷,或谓之褛裂,"《说文》:"褛,衽也。"段注:"衽者杀而下。故引申之衣被丑弊或谓之褛裂。"按,帛书"须"乃"褛"之假借,引申训"败",乃楚方言。

【26】"臧",原篆作"臧",金文习见,同"臧"。"臧"即"八月",见《尔雅·释天》"八月为壮"。

【27】"筑室",即"筑室"。《诗·小雅·斯干》:"筑室百堵,西南其户。"

【28】"脨",原篆作"脨"。其右从束,与三体石经《君奭》"束"作"束",吻合无间。"脨",应是"膌"之初文。《说文》:"膌,瘦也,从肉脊声。瘠,古文膌,从疒从束,束亦声。"典籍或作"瘠","瘠",训"瘦",引申训"病"。

【29】"玄",即"玄月",见《尔雅·释天》"九月为玄"。

【30】"室",原篆稍残。或释"西"或释"凶",或释"室"。按,以文意推勘,似释"室"较妥。

【31】"咎",原篆作"咎",或"咎"之倒文。

【32】"昜",即"阳月",见《尔雅·释天》"十月为阳"。《淮南子·时则训》作"畼",《吕览》作"畅"。按,"阳"、"畅"均从"昜"得声。

【33】"毁事",见《周礼·地官·牧人》"凡外祭毁事",杜子春云:"毁谓䃺辜侯禳毁除殃咎之属。"孙诒让《正义》:"毁折牲体之言……《国语·周语》随会问郤犨云,吾闻王室之礼无毁折。与此事异而义同。杜以毁除殃咎为释,殊未当。"

【34】"折",毁折牲体。

【35】"捨抾",原篆皆从"攴"。古文字偏旁从"攴"与从"手"每多通用。《广雅·释诂》:"抾,去也。""不义",者汈钟铭"勿有不义"。

【36】"姑",即"辜月",见《尔雅·释天》"十一月为辜"。"分长",疑读"分张",犹"分布"。《文选·檄楚文》:"巴蜀一州之众,分张守备。"

【37】"侵伐",见《易·谦》"利用侵伐"。

【38】"会诸侯",见《淮南子·时则训》"不可以合诸侯"。"合"、"会"乃同源字。

【39】"型",读"刑",亦见信阳简"天这于型"。《广雅·释诂》三:"刑,成也。"王念孙《疏证》:"刑、成声相近。"按,"刑百事"犹"遂成百事"。《淮南子·时则训》"百事乃遂",注:"遂,成也。"此可与帛书互参。

【40】"㵞",同"戮"。中山王鼎"以征不义"、《淮南子·时则训》"以征不义"与帛书"戮不义"意近。

【41】"荼",原篆作"𦷣"。李、严等释"荃",商释"董"。按,原篆从艸从余从土,至为明晰。战国文字往往增"土"为饰,下文"叙"亦从土作"敍",是其例。然则"𦷣"同"荼",即"涂月",见《尔雅·释天》"十二月为涂"。《周礼·秋官·䎱蔟氏》注"月谓从娵至荼",作"荼"与帛书合。

译文

甲乙篇为韵文,本应以韵文译之,然帛书残缺颇多,故以散文译之。

甲篇:

……四,月于是"盈缩"。春夏秋冬……有……常规。日月星辰轨道紊乱逆违,"盈缩"逆拒,草木无常。[上下]……妖,天地泛滥。天梧星将动摇,降落在……方。山陵崩坏,洪水深不可测。所谓"悖岁"……月内月。七日内……,有雷霜和雨土,阴阳失调。天雨……逆违……闰月则不要行动。一月、二月、三月,是所谓违逆常道。不可行动……其邦。四月、五月,是所谓紊乱纲纪。不要违背……岁。西方有忧虞,如果日月既乱,就有忿争之事……东方有忧虞……乃有兵事,于其王有忧。

凡值"侧匿"之岁,女……,……邦之所妖气盛行,草木人民以……四境之常规。……上妖,行于春夏秋。"侧匿"之岁,春夏秋三时……用绳索系(臂)而降。此月以……拟为其……。十二[月],违背"侧匿"。从黄泉而出,土身无据。出入……相同,下界有凶。日月皆乱,星辰与往日不同。日月既乱,岁终就……。时雨阴晴,没有常规。恐惧之民无知拟以为法式。不要妄动群民,而……[毁]"三常"。发动四时忿争,而[乱]"天常"。群神和"五正",四……翱翔。导循常规,会合人民,"五政"才能昭明,群神来享。所谓"侧匿",群神就升回(天国)。上帝说:"喂,……它啊!不要有不敬。"上天降福,神就来享;上天降妖,神则顺从其意。……恭敬和谨慎,儆悼天象。诚然天……下界之民的法式,敬慎它不要有差错。

人民勿用……百神,山川溪谷,不敬……行,民祭不庄重。上帝将因此而抛弃(他们)。动乱……之发生。人民于是向善,不相扰乱。不见陵……于是忿争随之而来。人民不智。岁则祭祀日月五星,祭[参星]则……人民很少有……。勿动"土事",(否则)凶。

乙篇:

往古[黄]熊氏伏羲,出自……霆,居住在雷[泽]。其……昏昏霾霾,……女。蒙昧混沌,没有区别杳不可测。……水……呼吸风雨。于是娶且……,……子之女儿是女娲,生四子,驾驭……,穿过天钱星。欢呼声中发生了神奇的变化,生成万物。管辖下土,"天步"通畅,于是上腾下递,山陵不通。于是又命令山川四海……火光烟光,使之疏通。度过山陵,泷、汩、益、厉(四方之水)。未有日月(之时),四神更替,于是规步而成岁,这就是四季。

老大是青榦,老二是朱……单。老三是翏黄难,老四是湿墨榦。千百年后,日月诞生,九州不平,山陵尽坏。四神……行动,恢复了原貌。天体始动,扞禦扶持之,(用的是)青木、赤木、黄木、白木、黑木之精华。炎帝于是命令祝融,带领四神降落,固定三天……慈爱抚养(万民),固定四极。如果不是九天(之力),那么就要大坏,不敢冒天命。帝俊于是安排日月的运行。

共工……运行十日,四季……[四]神则置闰,四时不息。百神[兴起]风雨,星辰经纬乱为一团。于是……日月,而传相……息。有宵有朝,有昼有[夜]。

丙篇：

取月主在下。所谓"取"，(出发之前)告神就能达到，不可以……卜问吉凶。壬子、丙子是凶日。……北行，有咎。武……特。

如月主材武。所谓"如"，可以出师和筑城，不可以嫁女娶妾。不能兼得，不能成功。

痾月司春。所谓"痾"，……。……妻原生分女……。

余月主娶女。所谓"余"，不可以兴举大事。少昊其……，句龙其……。娶女被邦人所轻蔑。

皋月主晨。所谓"皋"，等待可得，藏而不见。月在……不可以享祀，(否则)凶。娶……为妾。

且月司夏。所谓"且"，不可以出师，[出]师则不能返回，[大败]而归。至于其大……不可以享。

相月主莫得。所谓"相"，不可以横渡河川……大不顺，对于邦不利，上下有妖。

壮月主……。所谓"壮"不可以筑室，不可以[出]师。(师)败不归。其邦……大乱。娶女凶。

玄月司秋，所谓"玄"，不可以筑[室]，于……就有咎。

阳月主……义。所谓"阳"，不进行外祭，可以毁折牲体。捨去不义于四……。

辜月主分布。所谓"姑"，有利于侵伐，可以攻城，可以聚众，会合诸侯，成就百事，杀戮不义。

涂月司冬。所谓"涂"，不可以……，……叙……。

附记：

本文标题承蒙罗继祖教授赐字，在撰写过程中，又承蒙黄锡全、曹锦炎同志先后以帛书红外线摹本复制品惠赠，吴振武同志以巴书借阅，获益匪浅。雅意可感。今并谨致谢悃。

长沙帛书通释校补

　　1984 年，笔者根据澳大利亚学者巴纳（Noel Barrad）专著 The Chu Silk Manuscript Translation and Commentary 所附帛书照片和摹本，曾撰写《长沙帛书通释》一文，已连载于《江汉考古》1986 第 1 期、第 2 期。拙文正式发表先后，国内又有许多研究帛书的论著相继问世。兹仅举与本文有关的论著如次：

　　李学勤《楚帛书中的古史与宇宙观》，《楚史论丛》初集，湖北人民出版社，1984 年 10 月（简称"李（丙）"）

　　曹锦炎《楚帛书月令篇考释》，《江汉考古》1985 年第 1 期。

　　李零《长沙子弹库战国楚帛书研究》，中华书局，1985 年 7 月（简称"李零（甲）"）

　　饶宗颐、曾宪通《楚帛书》，中华书局香港分局，1985 年 9 月。

　　高明《楚缯书研究》，《古文字研究》，第十二辑，1985 年 10 月。

　　朱德熙《长沙帛书考释（五篇）》，中国古文字研究会第六次年会论文，1986 年 9 月。

　　李学勤《再论帛书十二种》，《湖南考古辑刊》第四集，1987 年 10 月（简称"李（丁）"）。

　　李零《长沙子弹库战国楚帛书研究补正》，中国古文字研究会成立十周年学术研讨会论文，1988 年 7 月（简称"李零（乙）"）。

　　《通释》与以上诸家考释各有异同，得失互见。最重要的是，《楚帛书》所

---

① 原载《江汉考古》，1989 年第 4 期，第 48—53 页。

附"分段图版"为放大 3.3 倍的帛书全文照片,文字清晰,使帛书"庐山真面目"披露殆尽。《通释》曾云:"俟更清晰的原始资料公布后,再予修定。"现在看来,已有必要根据新材料和新观点对照《通释》予以修订。

本文首列《通释》隶定,其右上方标明原注号码,然后逐条讨论,凡得 53 例。

甲篇

蹓(乱)遱(送)丌(其)行。【5】

《通释》已在下文"绻(盈)绌遱(送)[襄]"句注明"送、逆音义均近,故帛书中遱又可读逆。"而在本句只引《玉篇》"送,进退貌",容易引起误解。按,"逆",银雀山简《孙膑》一〇六作"䢐"形。隶书作"送"形者,均读"逆"。诸如李翕析里槁郙阁颂"汉水送让"、白石神君碑"时无送數"、曹全碑"嗟送贼"等。"逆"字作"送"形,可能属形讹。然二字声韵亦近:"逆",疑纽鱼部;"送",喻纽阳部。疑、喻均属次浊音,鱼阳为阴阳对转。"逆"通"送",犹"逆"通"迎"(古读"仰")。帛书"遱"实乃"送"之繁文,故可读"逆"。(帛书自有"逆",详下文。)本句应注明"蹓遱"读"乱逆"。《尚书大传·五行志》"星辰逆行"与帛书"乱逆其行"文意颇近。下文诸"遱"字,亦均读"逆"。

天陞(地)乍(作)羕。【9】

饶引中山王方壶"不羕莫大焉"、马王堆帛书《天文气象杂占》"黄为大羕",谓"羕"读"祥"。李零(乙)引《洪范五行传》"五色之眚"、"五色之祥",郑玄注"眚生于此,祥自外来",谓"祥"是"外来的灾祸",均可从。

又(有)𣶒(渊)丌(其)汩(汨)。【12】

第三字原篆作"𠀁",李零(甲)隶定"㐫",即"厥"之古文。《尔雅·释言》:"厥,其也。""厥"与"其"均属见纽,音义相通。故"又𣶒㐫汩"仍为"有 A 其 N"句式。而《诗经》中此类句式的"其",亦假"斯"、"基"等字为之,如《小雅·白华》"有扁斯石"、《周颂·昊天有成命》"基命宥密"等。(石晓《有 A 其 N 句式浅析》,《松辽学刊》1988.2)帛书以"㐫"为"其"不足为异。

是胃(谓)孛(?)(悖)歲(岁)【13】

"孛"字右下原有"="号,《通释》谓"装饰笔画",殊误。细审"分段图版"25 页"歲"右下亦有"="号。故"孛₌歲₌"应读"悖岁悖岁"。上下文句为:"是胃(谓)孛(悖)哉,孛(悖)哉(岁)八月。内(入)月七日(合文)八日(合文)。"末句参见《秦简·日书》"入月一日二日,吉"。

又(有)雷雺(霜)雨土。【14】

第二字原篆作"雨",应据诸家释"电"。

天雨▢▢(合文)是遊(逄)

饶据残文释"㖾"补"喜喜"重文,又引《左传·襄公三十年》:"或叫于宋大庙,曰谞谞,出出;鸟鸣于亳社,如曰谞谞。"谓重文读"谞谞",可信。杜注:"谞谞,热也。""喜"与上句"不得其参职"之"职"叶韵,属之部。"是遊"属下应读作"是遊月,闰之勿行。"

乃又(有)兒(阅)▢。【22】

"兒",《通释》读"阅",训"忿争"。高读"毁",训"毁";李零(乙)读"霓",指一种"凶咎"。末字原篆作"木",李零(乙)释"方"。按,原篆左部似仍有"彳"旁,故应隶定"彷",同"徬"。《说文》:"徬,附行也。"

虘(禹)于丌(其)王。【24】

首字原篆作"㚒",《通释》隶定其下从"禹",不误,但其上不从"虍"。此字应依朱文引裘锡圭说隶定为"蒿",读"害",《开元占经》引《甘氏岁星法》"其国有诛,必害其王",与帛书"害于其王"辞例正合。

▢▢邦所

首字原篆作"刃",饶释"亥"。第二字原篆作"隹",诸家释"佳",读"惟"。"亥佳(惟)邦所",饶释为"岁星所在,于我邦属于星次之亥"。

▢突(妖)之行

首字饶据残文"五"补"五",可从。按,"五妖"应与《荀子·儒效》"三日而五灾至"有关。帛书"五木之精"、"五正"、"五妖"都是五行思想的反映。

目(以)▢四浅(践)之尚(常)。【27】

第二字原篆上残作"𠆢乂",与帛书乙篇"凬"形甚近。疑"风"之残文。《书·费誓》"马牛其风",郑注:"走逸也。"《广雅·释诂》一:"风,动也。"帛书"以风四践常"似有"动乱四践之常"之意。

是月目(以)▢

末字原篆作"娄",李(丙)、李零(甲)均释"娄",读"數",且属下读。按,本句下接"曆为之正",与下文"曆以为则"句式相近,均为四字句。这说明"娄"

与"屠"连读不妥。众所周知,"娄"是二十八星宿之一,属西方白虎七宿之第二宿,由娄一、娄二、娄三等三星组成,即白羊座(Aries)。曾侯乙墓所出漆箱铭文"▢"(《文物》1979.7图版五),与帛书"▢"均为娄宿。《吕览·有始》:"西北曰幽天,其星东壁奎、娄。"《礼记·月令》:"季冬之月,日在婺女,昏娄中,旦氐中。"古人每以二十八宿与四时十二月相配。帛书上文言"亥惟邦所",此言"是月以娄,屠为之正,惟十又二[月],惟悖德匿"。可参见《开元占经》引《甘氏岁星法》:"摄提在亥,岁星在辰……其失次见于娄,其名曰屏营,天下尽惊。"

屠为之▢。【30】

末字诸家据残文补"正",可信。"屠"读"拟"。《说文》:"拟,度也。"

土身亡(无)毳(?)【32】

末字原篆作"▢"。曾宪通函告:"从鸟从異,疑是翼之异构,丙篇▢当释鸢,▢当释枭。三字所从之鸟头或鸟形与蔡侯钟鸣字所从之▢,曾侯乙编钟鈌字所从之▢大同而小异,旧释从须或从鼠,实误。"按,晚周文字"鸟"旁多有变异,齐系作"▢"(齐侯镈),燕系作"▢"(《玺汇》1976),晋系作"▢"(《玺汇》3063),楚系作"▢"(蔡侯钟),秦系作"▢"(石鼓文)等,楚、秦二系嬗变之迹最为明显,"目"乃鸟头"▢"之讹变。曾函引楚系文字证帛书"▢"(翼)、"鸢"、"枭"三字均从"鸟",甚确。本句"出自黄渊,土身无翼"之"土身",疑为"土枭"之身。罗愿《尔雅翼·释鸟》:"土枭穴土以居,故曰土枭。而《荆楚岁时记》称鸲鹆为土枭。"《春秋考异邮》:"鸲鹆者飞行属于阳,夷狄之鸟,穴居于阴。"(引《太平御览》卷九二三·羽族部一〇)《荆楚岁时记》:"以五彩丝系臂,名曰辟兵,令人不病瘟。又有条达等织组杂物以相赠遗。取鸲鹆教之语。按,仲夏茧始出,妇人染练,咸有作务。日月星辰鸟兽之状。文绣金缕,贡献所尊。一名长命缕,一名续命缕,一名辟兵缯,一名五色丝,一名朱索,名拟甚多……此月鸲鹆子毛羽新成,俗好登巢取养之,以教其语也。"这一楚风俗与帛书记载相关。帛文上文"[系]之目(以)素(索)降",即"系索"祛邪(详《通释》)。本句"土身无翼"疑指鸲鹆幼鸟毛羽未丰。鸲鹆"穴居于阴",与帛书"出自黄渊(泉)",亦正相吻合。

星屠(辰)不同

末字原篆作"▢",李零(甲)释"同",读"炯"。饶谓"不▢笔有残泐",释

"不问",并引《吕览·大乐》"日月星辰,或疾或徐,日月不问,以尽其行"为证。两说存参。

祭[参]劓(则)☐【59】

第二字原篆作"祀",李(乙)释"祀"。按,此字偏旁可参上文"祇"(贰),丙篇"祀"(祀)。

乙篇

曰故[黄]能(熊)䨻(雹)虐(羲)。【1】

第四字原篆作"虐",应隶定"虐","能",故可读"熊"。

尻(居)于瞿(雷)[夏](泽)。【3】

末字原篆作"尺",第一横笔右端甚粗,且与第二横笔有相连的痕迹,疑本作"尺"形。因缣帛稍有折叠,故致笔画有损而断裂。此字与青川木牍"尺"均应释"尺"。典籍"尺"与"斥"实为一字(详另文)。《尔雅·释虫》"蚇蠖",《周礼·考工记·弓人》作"斥蠖"。《文选·七启》"山鷅斥鷃",注"斥与尺古字通。银雀山简《王兵》"尺卤"即"斥卤"(《文物》1976.12.37)。而"斥"亦与"泽"通。《书·禹贡》"海滨广斥",《史记·夏本纪》注引徐广本则作"广泽"。至于《庄子·逍遥游》"斥鷃笑之",释文:"司马云,斥,小泽。斥古本作尺,古字通。"更能说明"尺"与"泽"音近可通。帛书"瞿尺"即"雷泽"("瞿"读"雷",详《通释》)。《帝王世纪》:"燧人之世有巨人迹出于雷泽,华胥以足履之,有娠,生伏羲。"与帛书载"雹羲"氏"居于瞿尺",适可互证。

☐☐水☐

首字左下残泐作"丂"形,与齐侯镈之"𠷎"甚近,应释"啚",读"鄙"。远古自无都鄙之制,此帛书作者以后世观念的追述之辞。又"鄙"亦可引申训"方",《文选·东京赋》"旁震八鄙",注:"综曰,八鄙,四方与四角也。"第二字原篆作"𣫸",饶释"每",读"晦",甚是。第四字照片不清,《楚帛书》"写本"摹作"汋"形,"文字编"摹作"洒"(三一八页),互参两摹,其左似"氵"(水)之残泐,其右则从"丂",然则此字应释"洒"。石鼓文之"洒"作"洒",可资佐证。《诗·小雅·沔水》"沔彼流水",传:"沔,水流满也。"帛书"[啚](鄙)每(晦)_水[沔]",意谓"四方阴晦,大水横溢"。远古的洪水传说,遍及世界各民族。

(Sir James George Frazer, Folk-Lore in Old Testament.)我国早在大禹治水很久以前,也发生过一次可怕的洪水,详见《淮南子·览冥训》:"然犹未及虙戏氏之道也。往古之时,四极废,九州裂,天不兼覆,地不周载;火爁炎而不灭,水浩漾而不息,猛兽食颛民,鸷鸟攫老弱。于是女娲炼五色石以补苍天,断鳌足以立四极,杀黑龙以济冀州,积炉灰以止淫水。"其中"水浩漾而不息"与帛书"水沔"均指伏犠、女娲时代之洪水。

乃取(娶)叔(且)☐,【8】

末字原篆作"㞢",李零(乙)据饶文隶定为"遲",但未解释。此字又见丙篇,李零(乙)云:"此字当是徙字的古文。《说文》徙古文作屎。叔夷钟、镈和陈肪簋毁字从之,皆作屎。"按,以"遲"为"徙"之古文,可信。"屎",从"尾"从"米"(《说文》讹作"屎"),属脂部。"徙",属歌部,或属支部。脂、支、歌三部最近。"遲"读"徙"疑为音转。"遲"与下文"瑅"、"四"脂部字相谐,可资旁证。"乃取叔遲"应读"乃娶且徙"。"乃"犹"方"(王引之《经传释词》卷六),"且"犹"又"(《经传释词》卷八),均为虚词。这类句式与《诗·邶风·终风》"终风且暴",《鄘风·载驰》"众(终)穉且狂",晚周铭文沇儿钟"中(终)翰(翰)叔(且)鴋(鴋)"等句式应属同类。"乃娶且徙"意谓"才娶妻又迁徙"。远古的氏族部落经常迁徙,帛书所记这次迁徙显然与上文"鄙晦水沔"有关。《淮南子》所记女娲补天的传说多涉神话,反不如帛书所记载平实可信。伏犠、女娲时代鲁因一次洪水而举族迁徙,这对研究"华夏集团"与"苗蛮集团"的分合颇有启示(徐旭生《中国古史的传说时代》二四一页)。"沔",元部;"于"读"谒",入月部。元、月通韵。如果以"谒"叶"弼",则属月、脂合韵。

是生子四

"是",犹"于是"(《经传释词》卷九)。"是生子四"即"在那时生育四子"。

目(以)司域(?)襄(壤),【14】

第三字原篆作"域",李零(乙)、饶并谓与"歔出睹"(丙篇)之"睹"字所从偏旁相同,而释"堵"。饶读"堵襄"为"堵壤",谓"与平水土有关"。按,《说文》:"堵,垣也,五版为堵。""堵壤"则见《管子·版法解》"众劳而不得息,则必有崩弛堵坏之心。"所谓"堵壤"应指房屋和土地而言(戴望《校正》"中立本阤作弛,坏作壤。"然据郭沫若《集校》知古本、刘本作"壤"。帛书亦"堵壤"连文。凡此可知戴校非是)。

咎天步适（逞）。【15】

"咎"读"晷"。《释名·释天》："晷，规也，如规画也。""天"，原篆作"禾"（亦见上文"天浅是各"）。朱文引李家浩释"而"。按，甲篇"隹禾乍福"、"隹禾乍寒"，其中二"天"字形体不同，应属同文异体。"适"，楚简或作"𡓷"，均为"逞"之异体。帛书"晷天步"与《文选·演连珠》"仪天步晷"语有反正，似可互证。

▢寮（燎）熨（气）卤熨（气），【19】

"寮"，同"竂"，《说文》："竂，穿也。"《广雅·释诂》三："寮，空也。"帛书"寮熨"谓"空隙之气"。第四字原篆作"鱼"。《通释》交稿后，已觉释"卤"不妥。后见李零（甲）释"害"，旋悟应释"百"。今曾已释"百"，可谓先获我心。帛书"寮熨百熨"似指山陵空隙中之各种气脉，与上文"山陵不斌（疏）"、下文"以为其斌（疏）"意本相涵。

倀（长）曰青𣟛（干），【24】

李（丙）谓"青"字下因断损叠压少去一字，以下四行亦同。故本句应更正为"倀曰青▢𣟛"。如是则使"青▢𣟛"与下句"朱口（?）单"、"翏（?）黄难"、"洩墨𣟛"均成为由三字组成的人名。此四神即上文"是生四子"之"四子"，其分别以"青"、"朱"、"黄"、"墨"四色以配四时。然而以"黄"代替典籍之"白"，殊不可解，待考。李说补足巴纳棋格式摹本最后一横行四字的空档，使甲、乙篇行款一致。这不但说明帛书作者在书法布局方面颇为考究，而且为正确处理第四至第七行的句读提供了依据。

至于返（复）。【30】

应更正为"▢至于返（复）"，参上注。

▢思敄（保）。【36】

应更正为"▢▢思敄（保）"，参上注。

曰非九天剆（则）大峡（洫）。【38】

李（丙）谓"非字读彼"，又谓"则的用法同即"，均确不可易。

剆（则）母（毋）敢（敢）散（冒）天需（灵）。【39】

第四字原篆作"𣪘"，曹锦炎释"冒"（见《通释》），语焉不详，今试作说明。此字左上从"𠑹"，由三部分组成：上从羊角形，下从人形。中间所从"曰"旁，亦见甲篇"𣪘"（敫）字偏旁。故"𠑹"可隶定为"兑"，与甲骨文"兑"非一字而莫属。"兜"之释读颇为分歧,然多读唇音,如释"蒙"(叶玉森)、"髳"(于省吾)、"冕"(李孝定)等。而诸家以"⌧"旁为"冃"("帽"之初文),则无疑义。考虑"敽"左下从"目",右从"攴",疑"敄"之初文。《类篇》"敄,抵也。"典籍则以"冒"为之。《国语·周语》中"夫戎翟冒没轻儳",注:"冒,抵触也。"然则"敽天霝"自应读"冒天命",意谓"抵触天命"。由战国文字"敄"的确认,亦可推溯甲骨文"⌧"应释"冒"。

共攻(工)囗步十日,【41】

第三字原篆作"⌧",饶释"夸",近是。"夸",疑读"刳"。《说文》:"刳,判也。""刳步"似即"推步"。帛书"共工刳步,十日四时"。与《山海经·海内经》"共工生后土,后土生噎鸣,噎鸣生岁十有二"可能有关("夸步"读"夸父"亦备一解,待考)。上下文句读应更正为:"共攻(工)夸(刳)步,十日四时。囗囗神剒(则)闰,四囗母(毋)息。"其中"时"与"息"叶韵,属之部。

乃囗日月(合文)

第二字原篆作"⌧",饶释"逆",训"迎",并引《史记·五帝本纪》"历日月而迎送之"为证,甚确。按,鄂君启舟节铭"逆"作"⌧",与帛书"逆"吻合无间。

丙篇

不可目(以)囗敠(殺)。【3】

第五字原篆作"⌧",《通释》根据三体石经"殺"作"⌧",而释"敠",也即"殺"。然诸家多释"杀"。其实"敠"与"杀"音近可通。沈兼士早就指出,"祟"通"名",即"杀之古文"(《希杀祭古语同源考》,《沈兼士学术论文集》222页)。帛书"敠"读"殺",抑读"杀",取决于对上文"巳则至"和下文"北征"的理解。若读"巳"为"范",则可读"敠"为"殺","北征"指"北行";若读"巳"为"犯",则可读"敠"为"杀","北征"指征伐北方(参李〈丁〉)。字从"殳",隶定"杀"较妥。

囗北征

应更正为"乍(作)囗北征"

武囗囗丌(其)敭(擖)。【6】

末字原篆作"⌧",朱释"敭",甚确。按,"敭"应是"揭"之异文。

不夹寻(得)【10】
第二字原篆作"夾",饶释"火"。以帛书"赤"、"炎"等字所从"火"旁来检验,可信。饶又引《元命包》"火之为言委随也",释之,亦备一解。
曰秉
应更正为"[曰][秉]"
☒☒☒☒妻备(遭)生分女☒。【12】
"妻"后原篆作"兽",诸家多释"畜",可信。"畜生"即"畜牲",见《秦简·日书》。本段句读似为:"☒☒☒☒妻,畜生(牲)分女(?)☒。"曹引《秦简·日书》"聚畜生牲及夫妻同衣",可供参考。
祴衔(率)寻(得)【19】
首字原篆作"戜",应隶定"鸢"(参上引曾函),即后世之"鸢"。甲骨文、商代金文"鸢"本从"戈"(于省吾《甲骨文字释林》325页)。清代学者早就指出,"鸢"应从"戈"得省(王念孙《广雅疏证·释鸟》)。"鸢",元部;"戈",歌部。二者为阴阳对转。古文字材料再一次证实王说确不可易。"鸢",鸷鸟,俗名鹞鹰。本句应更正为"鸢(鸢)衔(率)寻(得)"。
不可目(以)出帀(师)。
应更正为"不可出帀(师)"。
☒帀(师)不遝(復)
首字原篆作"氵",李零(甲)释"水"。饶引《左传·昭公十九年》"楚为水师以伐濮"证楚有水师,甚确。按,"水"的这种特殊写法已见曾侯乙墓编钟铭"浊"、"滈"等字"水"旁。
丌(其)[败]丌(其)遝。【21】
应更正为:"丌(其)☒丌(其)遝(復)"。
于邦又(有)枭
末字原篆作"鼎",应释"枭"(参上引曾函,此字从"鼎",从"ꟼ",并借用部分笔画,颇值得注意。"枭"在古人心目中是"恶鸟"(《太平御览》卷九二七·羽族部一四)。楚人忌枭,详饶文。本段句读《通释》多误,应更正为:"曰仓,不可目(以)川☒,大不训(顺)于邦,又(有)枭,内(人)于上下(合文)。"
宎(妖)于上下(合文)
首字原篆作"宎",应依诸家释"内",读"入"。

臧(臧)族(?)☐【26】

第二字原篆作"夲",李零(甲)、(乙)隶定为"杢",近是。此字亦见中山王圆壶"于皮(彼)新杢"。张政烺谓"杢"为"埜"之省体(《中山国胤嗣奵蚉壶释文》,《古文字研究》第一辑第 242 页)。

不可㠯(以)出帀(师)

应更正为"不可[㠯](以)☐"。

丌(其)邦☐大酈(乱)

应更正为"丌(其)邦又(有)大酈(乱)"。

不可㠯(以)筑(筑)[室](?)【30】

应更正为"可㠯(以)筑(築)[室](?)"。

吁☐☐遂(?)乃咎(?)【31】

"乃"前之字原篆作"遂",曹、饶均隶定为"遌",李零(乙)读"徙",均可从。本句应更正为"……吁☐☐遌(徙)乃咎(?)……"意似谓"……吁……迁徙则有咎……"。

不燬(毁)事【33】

应更正为"不☐燬(毁)事"。高补缺文为"可",近是。

可㠯(以)折。【34】

应更正为"可☐☐折"

敜(捨)故(祛)不义于四【35】

应更正为"敜(捨)故(祛)不义于四☐"

可㠯(以)聚众

曹引《吕览·正月纪》"无聚大众",甚适。

曰荼(荼)。不可㠯(以)☐☐敘(叙)……

应更正为"曰[荼](荼)。……敘(叙)不可㠯(以)攻……"。

《楚帛书》所附放大 3.3 倍的照片,是迄今国内正式发表的最佳原始资料。至于放大 12 倍的照片,只选用 12 字,而未能全文附入,殊为可惜。有几分材料说几分话,笔者相信,如果有机会亲视放大照片,或接触帛书原件,还会对《帛书》有所补苴。

承蒙孙常叙先生赐书文题,谨致谢悃。

第六编 秦汉文字

秦文字辨析举例①

秦文字远绍两周文字，这已是古文字学界公认的事实。春秋后期，东方诸国的文字发生了急剧的变化，形成所谓"六国文字"。秦国久据宗周旧地，文化深受其影响，因此秦文字远不如六国文字那么奇谲难识。然而秦文字之中也有少数形体殊异者，辨析其与标准秦篆的异同，对研究周秦系统的文字也许不无小补。本文试举五例，以供读者参考。

释"橐"

石鼓文《汧沔》："可（何）吕（以）橐之，隹（惟）楊及柳。"

"橐"，自薛尚功以来皆隶定为"橐"②，郑樵读"标"③，段玉裁读"苞"④，郭沫若读"罩"⑤，马叙伦谓与"束"同⑥。按晚周文字自有"橐"字，例如：

　※　徐太子伯辰鼎《江汉考古》1984.1.101
　※　信阳楚简 203《文物参考资料》1957.9

橐，确从"束"从"缶"，与小篆吻合，而与"橐"有别。

"橐"，细审先锋本，确如郭沫若所摹作"※"形，"束"内从"壬"。"壬"，甲骨

---
① 原载《人文杂志》，1987 年第 4 期，第 82—85 页。
② 薛尚功：《历代钟鼎彝器款识》卷 17，辽沈书社，1985 年。
③ 郑樵：《石鼓音序》。
④ 段玉裁：《说文解字注》，上海：上海古籍出版社，1981 年。
⑤ 郭沫若：《石鼓文研究》，北京：科学出版社，1982 年，第 26 页。
⑥ 马叙伦：《石鼓文疏记》，上海：上海商务印书馆，1935 年。

文作"⼯"形(《甲骨文编》14.14),西周金文作"⼯"(师旋簋),增加了一装饰性圆点;晚周文字承袭西周金文作下列各形:

　　⼯　吉日剑　　　　　⼯　《货币》14.212
　　⼯　《玺汇》2291　　 ⼯　《匋文》14.98

其中装饰性圆点延长即成为秦简中的"王"形(《云梦》1101),这与小篆"壬"形已非常接近。"橐",从"束"从"壬",本应隶定为"橐"。旧隶定为"橐",殊误。橐,字书失载。《说文》所收"诡"、"橐"、"囊"、"橐"、"橐"五字均外形内声。以此类推,"橐"亦"从束壬声"。

　　石鼓"可㠯橐之"应读"何以任之"。《诗·大雅·生民》"是任是负",传:"任,犹抱也。"《淮南子·道应训》"于是为商旅将任车",注:"任,载也。"

释"司"

　　30年代,在长沙出土的廿九年漆樽是著名的一件战国漆器铭文。旧或称"漆匠"①,或称"漆卮"②。关于漆樽的国别,以往学者多根据出土地定为战国晚期楚器。裘锡圭首先根据铭文字体、格式、职官等,定漆樽为战国晚期秦器,③从此该器的国别得以确定。其铭文如次:

　　廿九年,大后全告(造),吏丞向,右工帀(师)象,工大人橐。

　　"告"上一字上方略有斑剥,据云在美国旧金山亚洲艺术博物馆所藏原器已无此字④。但细审《长沙》照片,此字明确从"工"⑤,应释"空"。如果此释不误,"空"上一字自应释"司"⑥。

　　战国文字形体的方向往往正反无别,例如:

　　石　⼚　《货币》9.134　　　　　司　《货币》9.135
　　羌　⽺　䚡羌钟　　　　　　　⽺　《玺汇》0413
　　千　千　《玺汇》4463　　　　　千　《玺汇》4464

---

① 商承祚:《长沙古物闻见记》卷上,南京:金陵大学中国文化研究所,1939年,第16页。
② 李学勤:《论美澳收藏的几件商周文物》,载《文物》,1979年第12期。
③ 裘锡圭:《从马王堆一号墓遣册谈关于古隶的一些问题》,载《考古》,1974年第1期。
④ 李学勤:《东周与秦代文明》,北京:文物出版社,1984年,第290页。
⑤ 蒋玄佁:《楚民族及其艺术》,《长沙》第一卷图版玖B,美术考古学社,1949年。
⑥ 李学勤:《战国题铭概述》下,载《文物》,1959年第9期。

长 ☒ 《玺汇》0696　　　☒ 《玺汇》0697

古玺"司"字也有作反书者,例如:"☒马之鉨"(《玺汇》0027),"杻里☒寇",(《玺汇》0066),"☒職之鉨"(《玺汇》3759),这更是"司"可作"后"形的确证。《说文》"反后"为"司",验之战国文字不无道理。或读"大☒"为"太后",非是。

《周礼·冬官》旧传属"司空之官"。《周礼·冬官·考工记》"国有六职,百工与居一焉",注:"百工,司空事官之属。"这与铭文"工大人臺"隶属于"大司空"适可互证。"大司空"是漆樽名义监造者,"吏丞"、"右工师"、"工大人"才是漆樽的实际监造者。"大司空"是秦汉地位甚高的职官,亦见封泥印文"大司空印章"①。

释"畞"

《说文》:"畮,六尺为步,步百为畮;从田每声。畞,畮或从田、十、久。"畮,西周金文作:

☒ 贤簋　　　☒ 兮甲盘

这与小篆形体吻合。而"畮"的或体"畞"作☒形。徐铉曰:"十,四方也,久声。"关于"畞"从"久"声,诸家无异词;而"畞"从"十",则众说纷纭。除上引徐铉说之外,尚有徐锴《系传》"十其制",段玉裁《注》"十者阡陌之制",孔广居《疑疑》"十象从横形",林义光《文源》"古每或作☒,上类十,而下类久,此隶书以形近省变也"等说法。青川木牍"畞"字的发现,不仅为研究先秦田畞制度提供了珍贵的史料,而且也为解决"畞"字的构形找到了一把钥匙。

牍文"畞"原篆作☒形。离析其偏旁,从"田"、从"久"、从"又",至为明晰。"又"偏旁在牍文中也作下列各形:☒("史"偏旁)、☒("封"偏旁)、☒("時"偏旁)。这些字所从"又"的末笔均作弯曲状,而"畞"所从"又"的末笔垂直而不弯曲。这是因为后者夹在"田"和"久"之间不便弯曲的缘故。

"久"是"畞"的声符,因为二者迭韵,均属之部。我认为,"又"也是"畞"的

---

① 吴式芬、陈介祺:《封泥考略》1.10。

声符:"又",于求切。喻纽三等,古读匣纽①,之部;"畞",莫厚切。明纽,之部。匣、明二纽例可通转,这是舌根音〔x〕和唇音〔m〕相谐的原因②。然则"又"、"畞"双声迭韵,故"畞"从"又"得声,于音理尤为契合。"畞"有两个声符,这也并不奇怪。战国文字中类似的"双重声符"屡见不鲜,例如:"定"作"𡧱"(《玺文》附录45),"正"、"丁"皆为声符;"坠"作"𡊨"(《玺文》14·6),"象"、"也"皆为声符;"臧"作"𢦒"(《玺文》5.6),"爿"、"皿"皆为声符;"绞"作"𦆯"(长陵盉),"爻"、"刀"皆为声符③;"陉"作"𨽏"(石鼓文),"齐"、"妻"皆为声符;"悟"作"𢡦"(诅楚文),"吾"、"午"皆为声符,均其证。

总之,"畮","从田每声",是西周文字;"畞","从田久声,又亦声",是战国秦系文字。

释"蚩"

青川木牍"𧊒非除道之时"。首字或释"離"④,或释"雖"⑤,得失互见,今辨析如次:"雖",秦文字中习见,例如:

𧊒 秦公簋　　　𧊒 新郪虎符　　　𧊒 《云梦》292

上揭诸"雖"字均从"虫"、从"唯",与小篆形体吻合,而与牍文形体有别。按,牍文应与下列秦汉文字有关:

𠂇 《云梦》942　　　𠂇 帛书《周易》⑥

《云梦》编者隶定此字为"夒",甚确。帛书《周易·损》"夒之用二簋",《大有》"无交夒",今本《周易》作"曷之用二簋"、"无交害"。"禹",王矩切,喻纽三等,古读匣纽;"曷"胡葛切,匣纽;"害",胡盖切,匣纽。然则"禹"、"曷"、"害"

---

① 曾运乾:《喻母古读考》,载《东北大学季刊》,1927年第2期。
② 董同龢:《上古音表稿》,"中央研究院"历史语言研究所,1944年。
③ 何琳仪:《古玺杂识续》,中国古文字研究会第六届年会论文(油印本)。
④ 于豪亮:《释青川秦墓木牍》,载《文物》,1982年第1期;李学勤:《青川郝家坪木牍研究》,载《文物》,1982年第10期。
⑤ 李昭和:《青川出土木牍文字简考》,载《文物》,1982年第1期;黄盛璋:《青川新出土秦田律木牍及其相关问题》,载《文物》,1982年第9期。
⑥ 裘锡圭:《释蚩》,《古文字学论集》(初编),香港:香港中文大学中国文化研究所、吴多泰中国语文研究中心,1983年。

三字均为双声,故帛书与今本通用。由帛书"爱"可推知牍文应隶定为"㕸"。

《字汇》以"㕸"为"離"之"讹字",由牍文知"䧹"远有所本。曹全碑、魏七兵尚书寇治墓志等汉代以后的"䧹",均承袭战国文字形体,从"禹"、从"隹"[1]。

于豪亮隶定牍文此字为"離",亦是。但是以为"離"属上句读作"鲜草離",并读"離"为"莱",则非是。按,"離"应依李昭和属下句读作"離非除道之时"。"離"(䧹)、"雖"并非一字,但二者音近可通。"雖",心纽,脂部;"離",来纽,歌部。心、来可构成齿音复辅音[sl],脂、歌例可旁转[2]。《荀子·解蔽》"是以与治雖走而是已不辍也",注:"雖或作離。"是"離"可读"雖"之佳证。牍文"㕸(離)非除道之时"读作"雖非除道之时",文意畅通,不必读"離"为"莱"。

赵国货币文字"離"作"𦊱"(《货币》14.206)。"𦊱"、"𦊱"、"𦊱"(同上)诸形,均从"林"(或从木)从"禽"。小篆"离"作"𦊱",从"中"从"禽",显然是由从木的"離"字简化而来。古文字中"木"作"中"者,其例甚多,兹不备举。《说文》:"离,山神兽也。从禽头从厹从屮。"由上揭从"林"的"離"字分析,"离"也有可能是"从禽林声"的形声字(离、林均属来纽)。"林"或作"木",又作"中",遂与小篆同。"离",典籍也作"樆"。《尔雅·释木》"梨,山樆",疏:"在山曰樆,人植曰梨。"

总之,"䧹"是秦文字"離","离"是六国文字。"離"与"雖"是不同的两个字,只不过因为音近在青川木牍中通用而已。

释"丞"

《说文》:"丞,翊也。从廾、从卪、从山。山高,奉承之义。"又:"承,奉也,受也。从手、卪、廾。"许慎将"丞"和"承"分为二字,是没有必要的。"丞"和"承"的形体来源如次:

丞　　《甲骨》3.5　　　石鼓文　　　　小篆

承　　《甲骨》3.5　　　中山王圆壶　　小篆

似乎秦文字"丞"和六国文字"承"各有其来源,但追溯甲骨文,"丞"、"承"

---

[1] 罗振鋆、罗振玉:《增订碑别字》1.7,北京:文字改革出版社,1957 年。
[2] 章炳麟:《文始》2.1,杭州:浙江图书馆,1913 年。

实为一字，因为二者的区别仅是有无"凵"形而已。《甲骨文编》、《金文编》均将"丞"、"承"列为一字，是正确的。许慎所谓"丞，从山"，实乃"凵"形之讹变①。至于秦铭刻中较为草率的"丞"，则是由石鼓文"丞"演化而来的。例如：

　　　石鼓文　　　　　廿九年漆樽　　　　吕不韦戈

尽管漆器和兵器铭文"丞"字的"卩"形讹变甚巨，但是其从"収"、从"山"还是相当明确的，这恰好是秦文字的特点。

六国文字"丞"，除上引中山王圆壶外，还见于："　"（令狐壶）、"　"（天星观楚简）。可见六国文字"丞"不从"山"，但必须从"卩"、从"収"。下面用六国文字"丞"的特点检验燕国玺文的所谓"丞"。此字见《玺文》3.7：

诸家多释"丞"。唯丁佛言曰："案，《古尚书》危作卪，《玉篇》同；《集韵》作㕣，此与㕣极形似，或者为古危字。"②于省吾曰："晚周《孝经》古文危作　（见《古文四声韵》五支），可以与古钵文相验证。"③案，此字不从"収"，其"翊"或"奉"之意无法表现，且与上揭六国文字不合，因此断非"丞"字。丁、于二氏引传钞古文为证，释为"危"，甚确，但未具体分析玺文辞例，今补证如次：古玺"危"字的位置与"鉨"的位置相当，大致可分三类：

1. 官玺（《玺汇》0117～0126），如"庚都危"、"沟城都危"、"左军危镅（瑞）"、"堵城河危"等。

2. 单字玺（《玺汇》5103～5106）。

3. 姓名私玺（《玺汇》3170～3171），如"危女"、"危辰"等。

检《广雅·释诂》一："端、直、镅、危……正也。"其中"端"、"镅"、"危"均训"正"，与"镅"（瑞）、"鉨"、"危"均为玺印名称，应属平行现象。"正"也有以物为凭证之义，如《仪礼·士昏礼》："父戒女必有正焉，若衣若笄。"《楚辞·离骚》："指九天以为正兮。""危"训"正"，既有"正直"之义，也有"凭证"之义。第一、第二类玺文中的"危"均为"玺"之别称，有凭证之义；第三类玺文"危"为姓氏。《古今姓氏书辨证》卷三："谨案，危氏不著于隋唐之前。"据战国古玺，可

---

① 罗振玉：《增订殷墟书契考释》中，台北：艺文印书馆，1981年，第63页。
② 丁佛言：《说文古籀补补》附录13，北京：中华书局，1988年。
③ 于省吾：《甲骨文字释林》，北京：中华书局，1979年，第19页。

知危氏源远流长。

燕系"危"可能是会意字,楚系"危"则是形声字。曾侯乙墓漆箱二十八星宿名"危"作"氜",从"氏"、"几"声。"危",疑纽,脂部①;"几",见纽,脂部。见、疑同属牙音。"氜"(危)以"几"为声符,声韵均合。

总之,秦系文字"丞"从"卩"、"収"、从"山"(依《说文》);六国文字"丞"从"卩"、从"収"。燕系文字"危"是会意字,楚系文字"危"是形声字,均与"丞"字无涉。

引用书目简称:

《货币》 商承祚等《先秦货币文编》

《玺汇》 罗福颐《古玺汇编》

《玺文》 罗福颐《古玺文编》

《匋文》 金祥恒《匋文编》

《云梦》 睡虎地秦墓竹简整理小组《云梦睡虎地秦墓竹简》

《甲骨》 孙海波《甲骨文编》

---

① 唐作藩:《上古音手册》134页入微部,南京:江苏人民出版社,1982年。

附录

生命的光华在字里行间闪烁[①]

黄德宽

《古文字谱系疏证》经过十二年的努力,终于作为国家社科基金优秀成果文库的一种问世了。面对这部印制精美的著作,我感到的不是欣喜,却是满怀惆怅!因为这部书的两位重要作者,我学术上多年的同道和挚友,陈秉新、何琳仪先生前后相继逝世,竟未能见到他们辛勤耕耘数年所取得的成果。

我们三人是同一年相识的。为了使古文字学这门绝学不绝,1983年国家文物局和教育部委托吉林大学著名古文字学家于省吾先生,开办古文字研修班,在全国招收十余名文物考古和高校骨干教师传授古文字学。刚调到安徽省文物考古研究所不久的陈秉新,被派往该班学习。我当时正在南京大学读研究生,也由学校送进了这个班。于老年岁已高,具体授课的是姚孝遂、陈世辉、林沄和何琳仪先生。何琳仪是"文革"后于老招收的首批硕士生,当时刚毕业留校。他为我们讲的课是《战国文字研究》,在全国高校这是第一次,因此他也就成为第一个开设这门课的学者。研修班的同学许多已相当有成就,何老师比较年轻,经常到宿舍和大家交流,相处甚为愉快融洽。

陈秉新和我都是安徽人,自然多了一份乡情,交流的机会也更多一些。我也深为他自学成才、勤奋刻苦的读书精神所折服。我比其他同学提早离开,回南大准备毕业论文和答辩。临别时陈秉新还为我赋诗一首:"戴公曾负

[①] 原载《学术界》(双月刊),总第126期。

一时名，文章何必藉地灵。珍重岁月黄金贵，发扬朴学不让翁。"1984年底我从南京大学毕业到安徽大学任教，秉新也完成学业回文物考古研究所工作。此后我们即开始了二十多年的交往与合作。他主编《文物研究》杂志，经常约我写稿，在古文字文章发表困难的情况下，他为同行创造了一个很好的交流成果的园地，这个刊物的古文字栏目，在他的辛勤努力下在古文字学界迅即产生影响。我那时正在撰写《汉语文字学史》，因出版社催得急，1989年我邀请他合作，他欣然应允，从此我们的合作进一步走向深入。这部书虽然他是半途参加，由于我们师出同门，非常容易沟通，合作十分顺利。随后我校申报了汉语史硕士授权点，我们经常邀他参加硕士生的答辩和其他学术活动。1995年我负责申报的"商周秦汉汉字发展沿革谱系研究"获得国家社科基金"九五"重点项目资助，秉新是课题组重要成员，《古文字谱系疏证》就是这个项目的最终成果。1998年陈秉新作为我校兼职教授，参与了汉语言文字学博士点的申报，这个点申报成功后，他更是常常参加学科的活动。每次参加学生答辩，他都是一丝不苟，准备充分，质疑纠错，毫不含糊，给大家留下了深刻的印象。他为人谦和谨严，生活十分有规律。退休后深居简出，著书不已，不断有新成果问世。就在他逝世不久，他的《出土夷族史料辑考》还获得安徽省第七届图书奖一等奖。

2007年1月15日，我正在美国芝加哥，收到徐在国教授的信息，告知秉新君突然病逝，不胜惊愕！虽然知道他心脏有些问题，但他给我的感觉始终是健康的。我从美国回来后得知，秉新突然发病实际与他过于辛劳有关。他正忙于撰写新著，当天写作到晚7点，随即突发心肌梗塞而病故。书案上未完成的著作，未及收理的卡片文稿依旧，他却永远离开了他的书案。

陈秉新夫人异常悲痛，清明前后，要我为秉新撰写碑文，这是我不能不从命的。3月29日我将碑文写好，当天下午5点半时分博士生王秀丽来取碑文，告诉我刚听完何琳仪老师的《金文研究》。第二天差不多在这个时候。何琳仪就住进了安徽医大附院抢救。

3月30日下午6点40分前后，我刚从办公室回到家，徐在国来电话，急告何老师病危。我即刻赶到医院，进了病房，医生告诉我何老师已经不行了。我无法接受这个现实，要求他们尽一切可能抢救。医院调动了精干力量，动用了各种可能的手段，但最终未能将他的生命挽回。31日凌晨3时许，何老师离开了我们。

还没有从秉新君病逝的哀思中走出,又面对何琳仪先生的突然病故,两位故交和长期合作的伙伴骤然别我而去,其情何堪!

我与何琳仪先生自古文字进修班结识后一直保持联系和交往。当时上他的课,我写了一篇《鸟虫书考释拾遗》,考释了蔡侯产剑、虞公剑和"夏衣带钩"上未识的鸟虫书,并探讨释读鸟虫书的方法和途径。何老师看后大为赞誉,建议尽快发表。一年之后,他在读《晋书》时发现一条材料可以证明我的一个观点,还专门写信告知。这篇文章一部分发表在陈秉新主编的《文物研究》第二期上。关于"鸟带钩"铭文因已有先生著文发表,终未公之于世,何老师是仅有的读者吧。此后,我们在几次会上见过面。八九十年代,是何琳仪先生学术上突飞猛进的时期,他取得了许多成绩。先是参加了姚孝遂先生主持的《殷墟甲骨刻辞摹释总集》、《殷墟甲骨刻辞类纂》等书的编纂,其后又修订他的《战国文字研究》讲稿,在此基础上撰写出《战国文字通论》出版。他还经常发表关于战国文字考释方面的文章。1996 年,台湾出版了他的《古币丛考》;1997 年,他以一人之力撰著并手抄影印出版了 160 多万字的《战国古文字典》。经过十多年的努力,他成为古文字研究尤其是战国文字研究最活跃的代表性学者之一。

虽然学术上成就斐然,但他并不顺心。1997 年,朋友告诉我他准备调到江西九江一所师范学校任教。我得知后立即与他联系,邀他到安徽大学工作。1998 年 4 月,他来到安大,由此开始了他学术和人生的一段辉煌时期,我们的合作和交往也更为密切。由于他成就突出,1999 年被晋升为教授,2000 年被增列为汉语言文字学专业博士生导师,开始招收古文字学博士生。他的科研工作也异常活跃,不仅参加了《古文字谱系疏证》的撰写工作,为这部书的实质性推进和最终完成做出很大贡献,还申请国家社科基金项目两项,完成《战国文字通论》的订补。先后获得教育部"中国高校人文社会科学研究优秀成果奖"二等奖一项,安徽省社会科学文学艺术优秀成果奖一等奖两项等。在学科建设方面,他也发挥了很好的作用。2003 年讨论历史系学位点建设,基于我校历史文献学情况,我提出将古文字和出土文献研究、徽州文献整理研究与历史系有关力量整合,申报历史文献学博士点的想法,得到何老师和各位教授的支持,何老师当之无愧地成为这个学科首要带头人。这个点申报非常顺利,与何老师的学术影响有直接关系。新的博士点建立之后,何老师自然更忙,他同时兼任汉语言文字学和历史文献学的博士生导师。

这两个学科互相支撑,由何老师、刘信芳、徐在国为学科带头人和骨干,加上几位年轻的博士,使我校的古文字和出土文献研究队伍引人注目,近几年承担了多项国家社科基金项目,在前沿问题研究方面发表了不少有影响的论文和著作,已完成的一批成果即将陆续出版。然而,就在学科发展顺风顺水的最好时期,何老师却突然离去。今年他才64岁,这是一个从事古文字研究的学者出成果的黄金年华。

何老师的健康隐患几年前就已经发现,虽然一直在治疗,但是他并没因此减轻教学任务,放松科研工作,一如既往地活跃在学术前沿。我每次遇到他都提醒他注意节劳,他却常说:"没事,我感觉很好!"3月29日下午,他为汉语言文字学博、硕士生讲授《金文研究》至5点半;3月30日下午,他为历史文献学研究生讲授《〈诗经〉研究》。学生事后告诉我,上课不到半小时,他就脸色发白、冒虚汗,但他坚持继续讲课。学生们发现老师身体不适后,一再劝阻,他才依依不舍地由学生搀扶着离开了他心爱的讲台。学生们怎么也不会想到,他们再也不会有机会在这儿聆听老师讲课了!

3月30日夜从医院回到家,我彻夜无眠。得知何老师在医院抢救的消息,家人告诉我,这天早晨何老师曾打电话到我家,我却到了办公室,旋即又去了会议室,没能接到他的电话。这些年虽然我们学术上密切合作,但他非常体谅我,从不为琐事找我。他找我必然有事,他要告诉我什么呢?徐在国先我赶到医院,何老师正处在生命垂危之际,他对在国说:"告诉黄老师……"在国说我正在赶来的路上。这是何老师说的最后一句话,此后他再也没能醒来。何老师到底有什么话要对我说?是学术上有了新的发现,还是有什么为难之事要办,抑或有什么不放心的要托付我?我无由得知。

3月31日凌晨,我想躺下来休息一会,眼前却总是晃动着抢救何老师的那些医护人员的身影,交织叠加着与何老师交往的一幅幅画面:

2000年11月,我与何琳仪应邀到台湾参加国际学术会议,会后我们与黄锡全教授到台湾几所大学访问并演讲交流;

2002年12月,我应邀到台湾历史语言研究所作访问学人,何琳仪、吴振武、冯时也在台湾的大学讲学,于是主人邀我们会聚史语所同台演讲;

2003年1月,我与何老师、刘信芳、徐在国四人,召集古文字学方向的学生集体研读新出《上海博物馆藏战国楚竹书(二)》;

2004年11月,在杭州召开中国古文字学术研讨会间隙,我们结伴游览西湖新开辟的生态风景区；

2005年暑假，中国文字学会学术年会在河北大学举行，我们有机会同船穿行在白洋淀茫茫芦苇丛中……

这些画面不断地在我眼前重现。

2007年3月31日上午，我为何琳仪先生撰写挽联一副：

德厚流光，情钟三尺讲坛，呕心沥血育桃李；

材高知深，意会千古疑文，名山事业垂后人。

虽然这副挽联还远远不能概括何老师的德行、才情、成就和贡献，也远远不能表达我无限的哀思，写完后我的思绪和心情却平静了许多。作为一名优秀的教师和著名的学者，何老师将长存在他的学生们的心中，长存在他那些充满智慧和才华的著作中！

新出的《古文字谱系疏证》墨香四溢。这部数百万字的著作，凝结着课题组多年的心血和汗水，字里行间闪烁着何老师与秉新君生命的光华，他们的治学精神和学术贡献将伴随着这部书长存！

编 后 记

这世间也许真的有先知先觉,老师很可能早已在冥冥中感知到自己所剩生命时日不多,2005年下半年的一天,他找我谈及将自己的论文汇为集子出版一事。当时我以为要过一段时间才会动工,哪知很快老师就找我商量分配师弟师妹们打字任务。当时分配的任务是这样的:我负责战国货币部分;高玉平负责战国楚简部分;黄欢负责战国铜器、兵器、玺印、陶文部分;涂娅负责殷商、西周春秋文字部分;罗小华负责文字音韵训诂等综合方面的论文及序跋类。本来说造字工作先不进行,等交出版社再说。可老师突然又改变主意,要我们抓紧把造字工作完成。为了提高稿子的质量,我提议交换造字,边造字边校稿。造字任务分配如下:我负责高玉平打的文稿、高玉平负责黄欢打的文稿、王文静负责我打的文稿、罗小华负责涂娅和他自己打的文稿。需要说明的是,因为当时我有身孕的缘故,老师让罗小华分担了我的部分任务。因为老师论文中有很多古文字字形,最好通过扫描处理剪贴进文档,2006年暑假由吴红松承担起这一任务。各人将自己造好字的文稿打包直接发给吴红松,由她完成最后的工序。老师去世后,吴红松由于工作、结婚生育等诸多原因将剩下的字形扫描工作转交给高玉平。

黄德宽先生一直非常关心文集的编辑和出版事宜,帮助老师完成遗愿。2010年夏,他让我选出老师部分论文编成选集在"安徽大学汉语言文字研究丛书"中出版。当年11月份,我初步选好文章,请黄德宽先生最后定夺,共选编了老师生前发表的56篇论文。随后文集的编辑工作便断断续续地进行着,其间我发现文稿还存在一些问题:有的论文漏打、有些论文未造字、有些图片未扫或扫描不清、文字输入错讹等。之前扫描的字形图片很多是老师原稿中摹写的,效果不够理想,徐在国先生建议我最好能用原拓图片,出版效果更好。因为琐事缠身加之自身的惰性,选集的全面编辑工作于今年9月才全面动工,至10月底结束。其间所做的主要工作有:补打论文《古玺杂识再续》;补齐造字,将造得不清楚的字重造;尽量按字形出处或从文字编中剪贴清楚的字形,或从原器物中一一扫描字形;认真校对文稿中的文字错讹;出版社要求将所有的注释转成脚注,将发表时出版社、出版时间不全的注释补充完整。其中扫描字形工作最费时费力,老师早期的文章字形大多没有出处,我们只能一个一个地找出处,再扫描。学生田文静、杨蓉、李方方在扫描字形时助我良多,表示感谢!由于老师生前未来得及给自己的集子写个序,由我代拟选集的前言,若有不确或疏漏之处,还请读者见谅!

当选集所有编纂工作完成的时候,我翻着那一页页清清爽爽的文稿,心中着实轻松了很多,眼前似乎浮现出老师欣慰的笑容。但愿老师在天堂里也能看到这本选集的出版!

程 燕

2011年11月14日